2004

CHINA CITY STATISTICAL YEARBOOK

中国城市统计年鉴

国家统计局城市社会经济调查总队 编

中国统计出版社
China Statistics Press

(京)新登字 041 号

图书在版编目(CIP)数据

中国城市统计年鉴. 2004/国家统计局城市社会经济调查总队编.
—北京:中国统计出版社,2005.4
ISBN 7-5037-4595-9

Ⅰ.中…
Ⅱ.国…
Ⅲ.城市—统计资料—中国—2004—年鉴
Ⅳ.C832—54

中国版本图书馆 CIP 数据核字(2005)第 019323 号

中国城市统计年鉴—2004

作　　者/国家统计局城市社会经济调查总队
责任编辑/马　平
装帧设计/艺编广告·杨燕超
出版发行/中国统计出版社
通信地址/北京市西城区月坛南街 75 号　邮政编码/100826
办公地址/北京市丰台区西三环南路甲 6 号
电　　话/(010)63459084、63266600—22500(发行部)
印　　刷/科伦克三莱印务(北京)有限公司
经　　销/新华书店
开　　本/787×1092mm　1/16
字　　数/780 千字
印　　张/39.75
印　　数/1—2200 册
版　　别/2005 年 5 月第 1 版
版　　次/2005 年 5 月北京第 1 次印刷
书　　号/ISBN 7-5037-4595-9/F·2016
定　　价/220.00 元

《中国城市统计年鉴－2004》
编委会与编辑部

编辑说明

《中国城市统计年鉴——2004》是全面反映中国城市经济和社会发展情况的资料性年刊。本年鉴收录了全国660个建制城市(含地级及以上城市和县级城市)2003年社会经济发展和城市建设等各方面的统计数据。

《中国城市统计年鉴——2004》主要内容包括六个部分:第一部分是2003年城市行政区划,列有不同区域、不同规模的城市分布情况;第二部分是综合统计资料,包括按省、自治区、直辖市和按人口规模排列的城市名单,地级以上城市主要指标及其占全国的比重,按城市规模和东、中、西部全市分组的统计汇总资料;第三部分是地级及以上城市统计资料,列有:1.城市人口和劳动力统计资料:包括城市人口、土地资源、劳动力资源和就业;2.城市经济发展主要指标统计资料,包括综合经济、农业、工业、固定资产投资、商业、对外贸易、利用外资、财政、金融、保险等;3.城市社会发展主要统计资料,包括劳动工资、教育、文化、医疗卫生;4.城市环境与基础设施资料,包括交通运输、邮电、供水、供电、城市道路与交通和环境状况等;第四部分是县级城市资料;第五部分是城市主要指标排序资料。为了更为直观的显示各城市在单项主要指标排序中的位次,本书增加对主要指标的排序资料,以便于各城市之间的比较研究。第六部分是附录,包括城市统计分组,主要统计指标解释,对年鉴中主要统计指标的涵义、统计范围、统计口径、计算方法等作了简要的说明,以及如何使用城市统计资料的简单介绍。

本年鉴所涉及的全国或全部城市统计资料，均未包括香港特别行政区、澳门特别行政区和台湾省；书中有些表的指标，西藏自治区没有统计；资料中所列“全市”为城市的全部行政区域，包括城区、郊区、市辖县，“市辖区”包括城区、郊区，不包括市辖县。

需要说明的是，1997 年开始实行地级及地级以上城市、县级城市分开进行统计，县级市只有部分指标和城市统计指标体系相一致，故本年鉴分地级及以上城市和县级城市统计两部分。

《中国城市统计年鉴》适用于各级政府管理部门、城市规划设计部门、城市社会经济研究机构、市政建设及房地产机构、各种中介服务及信息咨询机构等单位的工作者及各大专院校师生使用。本年鉴也是境外投资者、工商界人士及关心中国城市发展的人士的重要参考资料。

《中国城市统计年鉴——2004》的编辑和出版，得到了各省、自治区、直辖市统计局、各市统计局和中国统计出版社的鼎力支持，在此表示衷心的感谢。由于工作量大、出版时间紧及编者水平有限，不当之处，热忱欢迎广大读者批评指正。

国家统计局城市社会经济调查总队

《中国城市统计年鉴》编辑部

目　录

一、2003年城市行政区划

二、综合统计资料

三、地级及以上城市统计资料

四、县级城市资料

五、城市主要指标排序资料

六、附录

一、2003 年城市行政区划

1—1 城市行政区划和区域分布

（2003 年）

单位：个

地　区	城市合计	按行政级别分组			
		直辖市	副省级市	地级市	县级市
总　计	**660**	**4**	**15**	**267**	**374**
北　京	1	1			
天　津	1	1			
河　北	33			11	22
山　西	22			11	11
内蒙古	20			9	11
辽　宁	31		2	12	17
吉　林	28		1	7	20
黑龙江	31		1	11	19
上　海	1	1			
江　苏	40		1	12	27
浙　江	33		2	9	22
安　徽	22			17	5
福　建	23		1	8	14
江　西	21			11	10
山　东	48		2	15	31
河　南	38			17	21
湖　北	36		1	11	24
湖　南	29			13	16
广　东	44		2	19	23
广　西	21			14	7
海　南	8			2	6
重　庆	5	1			4
四　川	32		1	17	14
贵　州	13			4	9
云　南	17			8	9
西　藏	2			1	1
陕　西	13		1	9	3
甘　肃	15			11	4
青　海	3			1	2
宁　夏	7			5	2
新　疆	22			2	20

1—2 2003年城市行政区划变动情况

山西省：

撤销山西省吕梁地区和县级离石市，设立地级吕梁市。市人民政府驻新设立的离石区永宁中路。吕梁市设立离石区，以原离石市的行政区域为离石区的行政区域，区人民政府驻交通路。吕梁市辖原吕梁地区的交城县、文水县、兴县、岚县、临县、方山县、中阳县、柳林县、交口县、石楼县和新设立的离石区，原吕梁地区的县级汾阳市和孝义市由省直辖。（国务院 2003 年 10 月 23 日批准 国函[2003]112 号）

内蒙古自治区：

1. 内蒙古自治区科尔沁右翼前旗人民政府驻地由乌兰浩特市市区迁至科尔沁右翼前旗大坝沟镇。（民政部 2003 年 7 月 8 日批准 民函[2003]135 号）
2. 撤销内蒙古自治区巴彦淖尔盟和县级临河市，设立地级巴彦淖尔市：(1)撤销巴彦淖尔盟和县级临河市，设立地级巴彦淖尔市。市人民政府驻新设立的临河区新华东街。(2)巴彦淖尔市设立临河区。以原县级临河市的行政区域为临河区的行政区域，区人民政府驻庆丰东街。(3)巴彦淖尔市辖原巴彦淖尔盟的乌拉特前旗、乌拉特中旗、乌拉特后旗、杭锦后旗、五原县、磴口县和新设立的临河区。（国务院 2003 年 12 月 1 日批准 国函[2003]121 号）
3. 撤销内蒙古自治区乌兰察布盟，设立地级乌兰察布市。(1)撤销乌兰察布盟和县级集宁市，设立地级乌兰察布市。市人民政府驻新设立的集宁区乌兰察布大街。(2)乌兰察布市设立集宁区。以原县级集宁市的行政区域为集宁区的行政区域，区人民政府驻恩和路。(3)乌兰察布市辖原乌兰察布盟的四子王旗、察哈尔右翼前旗、察哈尔右翼后旗、察哈尔右翼中旗、化德县、商都县、兴和县、卓资县、凉城县和新设立的集宁区。原乌兰察布盟的县级丰镇市由自治区直辖。（国务院 2003 年 12 月 1 日批准 国函[2003]122 号）

江苏省：

1. 江苏省无锡市惠山区人民政府驻地由洛社迁至堰桥镇。（民政部 2003 年 4 月 27 日批准 民函[2003]76 号）
2. 调整江苏省盐城市部分行政区划：(1)撤销盐都县，设立盐城市盐都区，以原盐都县潘黄、大纵湖、北龙港、楼王、学富、义丰、尚庄、葛武、北蒋、秦南、龙冈、郭猛、大冈 13 个镇的行政区域为盐都区的行政区域，区人民政府驻潘黄镇。(2)盐城市城区更名为盐城市亭湖区。亭湖区辖原盐城市城区以及原盐都县的便仓、伍佑、步凤 3 个镇。区人民政府驻人民中路。（国务院 2003 年 12 月 18 日批准 国函[2003]130 号）

浙江省：

设立浙江省湖州市吴兴区南浔区：(1)设立湖州市吴兴区和南浔区。(2)吴兴区辖织里、八里店、杨家埠、妙西、东林、埭溪 6 各镇和道场、环渚、白雀 3 个乡以及月河、朝阳、爱山、飞英、龙泉、凤凰 6 个街道。区人民政府驻湖东路。(3)南浔区辖南浔、练市、双林、善琏、旧馆、菱湖、和孚、千金、石淙 9 个镇。区人民政府驻南浔镇。（国务院 2003 年 1 月 2 日批准 国函[2003]2 号）

福建省：

调整福建省厦门市部分行政区划：(1)撤销厦门市鼓浪屿区和开元区，将其行政区域划归厦门市思明区管辖。思明区人民政府驻民族路。(2)将厦门市杏林区的杏林街道办事处和杏林镇划归厦门市集美区管辖。集美区人民政府驻银江路。(3)杏林区更名为海沧区。区人民政府驻地由杏林南路 29 号迁至海沧镇。(4)设立厦门市翔安区，将厦门市同安区所辖新店、新圩、马巷、内厝、大嶝 5 个镇划归翔安区管辖。区人民政府驻新店镇。（国务院 2003 年 4 月 26 日批准 国函[2003]52 号）

江西省：

江西省上饶市波阳县县名恢复为鄱阳县。（民政部 2003 年 12 月 17 日批准 民函[2003]266 号）

河南省：

1. 河南省郑州市邙山区更名为惠济区。（民政部 2003 年 12 月 25 日批准 民函[2003]270 号）
2. 调整河南省新乡市和新乡县部分行政区划：(1)新乡市新华区更名为卫滨区，北站区更名为凤泉区，郊区更名为牧野区。调整新乡市红旗区、卫滨区、凤泉区、牧野区行政区域。(2)将新乡县的关堤乡、洪门镇（不含王湾、李村、赵村、贾屯、梁任旺、定国、吕村、堡上、孙村、东聂庄、秦庄 11 个村）划归红旗区管辖；将原郊区平原乡的孟营一村、孟营二村、孟营三村、城关、东关、骆驼湾、马小营、张庄、段村、留庄营、饮马口、西马小营、臧营13个村划归红旗区管辖。调整后，红旗区辖东街、西街、渠东、南干渠、向阳5个街道和关堤乡、洪门镇。区人民政府驻新生巷。(3)将原郊区的平原乡(不含孟营一村、孟营二村、孟营三村、城关、东关、骆驼湾、马小营、张庄、段村、留庄营、饮马口、西马小营、臧营13个村)划归卫滨区管辖；将新乡县洪门镇的王湾、李村、赵村、贾屯、梁任旺5个村，大召营镇的元庄、十里铺、中召、王固城、张固城、丁固城、络丝潭7个村，合河乡的东水东、西水东、水南营、水南4个村划归卫滨区管辖。调整后，卫滨区辖中同街、铁西、解放路、胜利路、健康路、自由路、南桥7个街道和平原乡。区人民政府驻人民路。(4)将新乡县的大块镇划归凤泉区管辖。调整后，凤泉区辖原北站区的行政区域和大块镇。区人民政府驻区府路。(5)将红旗区的东干道、北干道、荣校路、花园4个街道和原新华区的新辉路、卫北2个街道划归牧野区管辖；将新乡县洪门镇的定国、吕村、堡上、孙村、东聂庄、秦庄6个村划归牧野区管辖。调整后，牧野区辖和平路、东干道、北干道、荣校路、花园、新辉路、卫北7个街道和王村镇、牧野乡。区人民政府驻学院路。(国务院2003年12月25日批准 国函[2003]134号)

广东省：

1. 调整广东省汕头市行政区划：(1)撤销汕头市升平区、金园区，设立汕头市金平区。以原升平区、金园区(不含高新技术开发区东片区域，即东起天山北麓，西至华山北路，南起汕头经济特区北界线，北至科技北三街向南转向科技西路再转向科技北二街)、原达濠区石街道浔洄居委会、龙湖区龙溪路以北区域(即东起华山北路，西至龙湖沟西侧，南起龙溪路，北至汕头经济特区北界线)的行政区域为金平区的行政区域。区人民政府驻金砂中路。(2)撤销汕头市河浦区、达濠区，设立汕头市濠江区。以原达濠区(不含石街道的浔洄居委会)和河浦区的行政区域为濠江区的行政区域。区人民政府驻府前路。(3)撤销县级潮阳市，分别设立汕头市潮阳区、潮南区。以原潮阳市文光、城南、金浦、棉北4个街道，海门、河溪、和平、西胪、关埠、灶浦、金玉、谷饶、贵屿、铜盂等10个镇的行政区域为朝阳区的行政区域。区人民政府驻中华路。以原潮阳市峡山、井都、沙陇、成田、田心、司马浦、陈店、两英、仙城、胪岗、红场、雷岭12个镇的行政区域为潮南区的行政区域。区人民政府驻峡山镇。(4)撤销县级澄海市，设立汕头市澄海区。以原县级澄海市的行政区域(不含外砂镇、新溪镇)为澄海区的行政区域。区人民政府驻文冠路。(5)将原 澄海市的外砂、新溪2个镇，原金园区高新技术开发区东片区域(即东起天山北路，西至华山北路，南起汕头经济特区北界线，北至科技北三街向南转向科技西路再转向科技北二街)划归龙湖区管辖。(国务院2003年1月29日批准 国函[2003]11号)
2. 调整广东省惠州市行政区划：(1)撤销县级惠阳市，设惠州市惠阳区。惠阳区辖原县级惠阳市的淡水、永湖、良井、平潭、沙田、霞涌、澳头、秋长、镇隆等10个镇。区人民政府驻淡水镇金惠大道。(2)原惠阳市所辖的陈江、潼湖、潼桥、沥林、水口、马安、横沥、矮陂、芦洲、大岚等10个镇以及博罗县的仍图镇划归惠城区管辖。惠城区人民政府驻新联路。(国务院2003年3月6日 国函[2003]36号)

广西壮族自治区：

1. 调整广西壮族自治区梧州市市辖区和苍梧县行政区划：(1)撤销梧州市郊区，设立梧州市长洲区。长洲区辖原郊区长洲镇及龙湖镇的新兴、龙新、平浪3个村，同时将蝶山区的新兴二路居委会、龙山里居委会、西堤三路第一居委会、西堤三路第二居委会以及苍梧县倒水镇划归长洲区管辖。长洲区人民政府驻新兴二路。(2)将苍梧县旺甫镇和原郊区城东镇划归万秀区管辖。万秀区人民政府驻阜民路。(3)将万秀区塘源居委会、原郊区龙湖镇的高旺、新民、旺步、塘源4个村和苍梧县夏郢镇划归蝶山区管辖。蝶山区人民政府驻角嘴后路。(国务院2003年1月2日批准 国函[2003]1号)
2. 调整广西壮族自治区贵港市港北区行政区划设立贵港市覃塘区：设立贵港市覃塘区，将贵港市港北区的覃塘镇、黄练镇、东龙镇、三里镇、五里镇、石卡镇、蒙公乡、山北乡、古樟乡、振南乡、大岭乡划归覃塘区管辖。区人民政府驻覃塘镇覃塘大道。(国务院2003年3月6日批准 国函[2003]37号)

四川省：

1. 撤销四川省北川县，设立北川羌族自治县，以原北川县的行政区域为北川羌族自治县的行政区域。县人民政府驻曲山珍。(国务院2003年7月6日批准 国函[2003]75号)
2. 将四川仪陇县人民政府驻地由金城镇迁至新政镇。(民政部2003年7月8日批准 民函[2003]134号)3. 调整四川省遂宁市部分行政区划：(1)撤销遂宁市市中区，以原市中区的行政区域设立遂宁市船山区和安居区。(2)船山区辖原市中区的唐家、北固、西宁、保升、老池5个乡和桂花、新桥、南强、复桥、仁里、永兴、河沙7个镇以及高升、南津、凯旋、镇江寺、介福、育才、富源路、广德、嘉禾9个街道。区人民政府驻北辰街。(3)安居区辖原市中区的聚贤、常理、大安、马家、莲花、观音、步云7个乡和安居、横山、会龙、东禅、分水、石洞、三家、玉丰、西眉、磨溪、拦江、保石、白马、中兴14个镇。区人民政府驻安居镇。(国务院2003年12月18日批准 国函[2003]131号)

云南省:

1. 云南红河哈尼族彝族自治州人民政府驻地迁移:红河哈尼族彝族自治州人民政府驻地由个旧市迁移至蒙自县。(国务院2003年1月29日批准 国函[2003]12号)
2. 撤销云南省思茅地区设立地级思茅市:(1)同意撤销思茅地区和县级思茅市,设立地级思茅市。市人民政府驻新成立的翠云区思茅镇月光路。(2)思茅市设立翠云区。以原县级思茅市的行政区域为翠云区的行政区域,区人民政府驻思茅镇过街楼路。(3)地级思茅市辖原思茅地区的普洱哈尼族彝族自治县、墨江哈尼族自治县、景东彝族自治县、镇沅彝族哈尼族拉祜族自治县、景谷傣族彝族自治县、江城哈尼族彝族自治县、澜沧拉祜族自治县、孟连傣族拉祜族佤族自治县、西盟佤族自治县和新设立的翠云区。(国务院2003年10月30日批准 国函[2003]113号)
3. 撤销云南省临沧地区,设立地级临沧市:(1)撤销临沧地区和临沧县,设立地级临沧市。市人民政府驻新设立的临翔区凤翔镇南屏西路。(2)临沧市设立临翔区,以原临沧县的行政区域为临翔区的行政区域。区人民政府驻凤翔镇南塘街。(3)临沧市辖原临沧地区的凤庆县、云县、永德县、镇康县、双江拉祜族佤族布朗族傣族自治县、耿马傣族佤族自治县、沧源佤族自治县和新设立的临翔区。(国务院2003年12月26日批准 国函[2003]136号)

陕西省:

1. 撤销陕西省宝鸡县设立宝鸡市陈仓区调整宝鸡市行政区划:(1)撤销宝鸡县,设立宝鸡市陈仓区,将原宝鸡县的胡店乡、虢镇、天王镇、拓石镇、坪头镇、贾村镇、县功镇、阳平镇、桥镇、千河镇、周原镇、香泉镇、凤阁岭镇、幕仪镇、新街镇、磻溪镇、赤沙镇、钓渭镇划归陈仓区管辖。区人民政府驻虢镇。(2)原宝鸡县的金河乡、陵原乡、硖石乡、蟠龙镇划归宝鸡市金台区管辖,晁峪乡、八鱼镇划归宝鸡市渭滨区管辖。(国务院2003年3月1日批准 国函[2003]35号)
2. 陕西省铜川市人民政府驻地由王益区红旗街迁至耀州区正阳路。(国务院2003年9月30日批准 国函[2003]103号)

甘肃省:

1. 撤销甘肃省定西地区,设立地级定西市:(1)撤销定西地区和定西县,设立地级定西市。市人民政府驻新设立的安定区中华路。(2)定西市设立安定区,以原定西县的行政区域为安定区的行政区域。区人民政府驻公园路。(3)定西市辖原定西地区通渭县、陇西县、渭源县、临洮县、漳县、岷县和新设立的安定区。(国务院2003年4月4日批准 国函[2003]46号)
2. 将甘肃省玉门市人民政府驻地由解放路迁至玉门镇。(民政部2003年4月4日批准 民函[2003]63号)

贵州省:

1. 贵州省水城县人民政府驻地由六盘水市钟山区黄土坡街道办事处迁至水城县滥坝镇。(民政部2003年5月20日批准 民函[2003]99号)
2. 设立贵州省遵义市汇川区。汇川区辖原属红花岗区管辖的董公寺、高桥2个镇,上海路、洗马路、北京路3个街道,长征镇的坪丰居委会、坪丰村,原属遵义县管辖的高坪、板桥、泗渡、团泽4个镇。区人民政府驻南京路。(国务院2003年12月26日批准 国函[2003]135号)

宁夏回族自治区:

设立宁夏回族自治区地级中卫市等有关行政区划调整:(1)撤销中卫县,设立地级中卫市。市人民政府驻沙坡头区滨河西路。(2)中卫市设立沙坡头区,以原中卫县的行政区域为沙坡头区的行政区域。区人民政府驻鼓楼西街。(3)中卫市辖从吴忠市划入的中宁县、从固原市划入的海原县和新设立的沙坡头区。(4)撤销石嘴山市惠农县和石嘴山区,设立石嘴山市惠农区,以原惠农县和石嘴山区的行政区域为惠农区的行政区域。区人民政府驻北大街。(5)撤销石嘴山市陶乐县。将原陶乐县的红崖子乡、高仁乡、马太沟镇划归平罗县管辖,月牙湖乡划归银川市兴庆区管辖。(国务院2003年12月31日批准 国函[2003]139号)。

1—3　城市辖市情况一览表

（2003年底）

省级单位	地级城市	下辖的县级城市	省级单位	地级城市	下辖的县级城市
北京				长治	潞城
天津				晋城	高平
河北	石家庄	辛集		朔州	
		藁城		晋中	介休
		晋州		忻州	原平
		新乐		临汾	侯马
		鹿全			霍州
	唐山	遵化		运城	永济
		迁安			河津
	秦皇岛				孝义
	邯郸	武安		吕梁*	离石
	邢台	南宫			汾阳
		沙河	内蒙古	呼和浩特	
	保定	定州		包头	
		涿州		乌海	
		安国		赤峰	
		高碑店		通辽	霍林郭勒
	张家口			呼伦贝尔市	满洲里
	承德				扎兰屯
	沧州	任丘			牙克石
		泊头			根河
		黄骅			额尔古纳
		河间		鄂尔多斯市	
	廊坊	霸州		乌兰察布市*	丰镇
		三河		巴彦淖尔市*	
	衡水	冀州			（二连浩特）
		深州			（乌兰浩特）
山西	太原	古交			（锡林浩特）
	大同				（临河）
	阳泉				（阿尔山）

注：加括号的城市为省直辖县级市；加*号的城市为新设或行政区域变动。

1—3 续表 1

省级单位	地级城市	下辖的县级城市	省级单位	地级城市	下辖的县级城市
辽宁	沈阳	新民			集安
	大连	瓦房店		白山	临江
		普兰店		白城	洮南
		庄河			大安
	鞍山	海城		松原	
	抚顺				（延吉）
	本溪				（图们）
	丹东	东港			（敦化）
		凤城			（珲春）
	锦州	凌海			（龙井）
		北宁			（和龙）
	营口	大石桥	**黑龙江**	哈尔滨	阿城
		盖州			尚志
	阜新				双城
	辽阳	灯塔			五常
	盘锦			齐齐哈尔	讷河
	铁岭	调兵山		鸡西	密山
		开原			虎林
	朝阳	北票		鹤岗	
		凌源		双鸭山	
	葫芦岛	兴城		大庆	
吉林	长春	九台		伊春	铁力
		榆树		佳木斯	同江
		德惠			富锦
	吉林	桦甸		七台河	
		蛟河		牡丹江	绥芬河
		舒兰			海林
		磐石			宁安
	四平	公主岭			穆棱
		双辽		黑河	北安
	辽源				五大连池
	通化	梅河口		绥化	安达

1—3 续表 2

省级单位	地级城市	下辖的县级城市
		肇东
		海伦
上海		
江苏	南京	
	无锡	江阴
		宜兴
	徐州	新沂
		邳州
	常州	溧阳
		金坛
	苏州	常熟
		张家港
		昆山
		吴江
		太仓
	南通	启东
		如皋
		通州
		海门
	连云港	
	淮安	
	盐城*	东台
		大丰
	扬州	仪征
		高邮
		江都
	镇江*	丹阳
		扬中
		句容
	泰州	兴化
		泰兴
		靖江

省级单位	地级城市	下辖的县级城市
		姜堰
	宿迁	
浙江	杭州	
		建德
		临安
		富阳
	宁波	余姚
		慈溪
		奉化
	温州	瑞安
		乐清
	嘉兴	海宁
		平湖
		桐乡
	湖州*	
	绍兴	诸几
		上虞
		嵊州
	金华	兰溪
		义乌
		东阳
		永康
	衢州	江山
	舟山	
	台州	临海
		温岭
	丽水	龙泉
安徽	合肥	
	芜湖	
	蚌埠	
	淮南	
	马鞍山	

1—3 续表 3

省级单位	地级城市	下辖的县级城市	省级单位	地级城市	下辖的县级城市
	淮北			九江	瑞昌
	铜陵			新余	
	安庆	桐城		鹰潭	贵溪
	黄山			赣州	瑞金
	阜阳	界首			南康
	亳州			上饶	德兴
	宿州			抚州	
	滁州	天长		吉安	井岗山
		明光		宜春	樟树
	六安				丰城
	巢湖				高安
	池州		山东	济南	章丘
	宣城	宁国		青岛	胶州
福建	福州	福清			即墨
		长乐			平度
	厦门*				胶南
	莆田				莱西
	三明	永安		淄博	
	泉州	石狮		枣庄	滕州
		晋江		东营	
		南安		烟台	龙口
	漳州	龙海			莱阳
	南平	邵武			莱州
		武夷山			蓬莱
		建瓯			招远
		建阳			栖霞
	龙岩	漳平			海阳
	宁德	福安		潍坊	青州
		福鼎			诸城
江西	南昌				寿光
	景德镇	乐平			高密
	萍乡				昌邑

1—3 续表 4

省级单位	地级城市	下辖的县级城市	省级单位	地级城市	下辖的县级城市
		安丘		濮阳	
	济宁	曲阜		许昌	禹州
		兖州			长葛
		邹城		漯河	
	泰安	新泰		三门峡	义马
		肥城			灵宝
	德州	乐陵		商丘	永城
		禹城		南阳	邓州
	威海	文登		信阳	
		荣成		周口	项城
		乳山		驻马店	
	聊城	临清			（济源）
	临沂		湖北	武汉	
	莱芜			黄石	大冶
	日照			十堰	丹江口
	菏泽			荆州	石首
	滨州				洪湖
河南	郑州	巩义			松滋
		新密		宜昌	宜都
		荥阳			当阳
		新郑			枝江
		登封		襄樊	老河口
	开封				枣阳
	洛阳	偃师			宜城
	平顶山	汝州		鄂州	
		舞钢		荆门	钟祥
	安阳	林州		孝感	应城
	鹤壁				安陆
	新乡*	辉县			汉川
		卫辉		黄冈	麻城
	焦作	沁阳			武穴
		孟州		咸宁	赤壁

1—3 续表 5

省级单位	地级城市	下辖的县级城市	省级单位	地级城市	下辖的县级城市
	随州	广水		佛山	
		(利川)		江门	台山
		(恩施)			鹤山
		(仙桃)			开平
		(天门)			恩平
		(潜江)		湛江	廉江
湖南	长沙	浏阳			雷州
	株洲	醴陵			吴川
	湘潭	湘乡		惠州*	
		韶山		茂名	高州
	衡阳	耒阳			化州
		常宁			信宜
	邵阳	武冈		肇庆	高要
	岳阳	汨罗			四会
		临湘		潮州	
	益阳	沅江		梅州	兴宁
	常德	津市		中山	
	郴州	资兴		东莞	
	永州			汕尾	陆丰
	怀化	洪江		河源	
	张家界			阳江	阳春
	娄底	冷水江		清远	连州
		涟源			英德
		(吉首)		揭阳	普宁
广东	广州	增城		云浮	罗定
		从化	**广西**	南宁	
	韶关	乐昌		柳州	
		南雄		桂林	
	深圳			梧州*	岑溪
	珠海			北海	
	汕头*	潮阳		防城港	东兴
				钦州	

1—3 续表 6

省级单位	地级城市	下辖的县级城市	省级单位	地级城市	下辖的县级城市
	玉林	北流		内江	
	贵港*	桂平		资阳	简阳
	百色			乐山	峨嵋山
	来宾	合山		宜宾	
	崇左	凭祥		南充	阆中
	贺州			达州	万源
	河池	宜州		广安	华蓥
海南	海口			雅安	
	三亚			眉山	
		（五指山）		巴中	
		（琼海）			（西昌）
		（儋州）	贵州	贵阳	清镇
		（文昌）		六盘水	
		（万宁）		遵义*	赤水
		（东方）			仁怀
重庆		合川		安顺	
		永川			（凯里）
		江津			（铜仁）
		南川			（兴义）
四川	成都*	都江堰			（毕节）
		彭州			（福泉）
		邛崃			（都匀）
		崇州	云南	昆明	安宁
	自贡			玉溪	
	攀枝花			曲靖	宣威
	泸州			昭通	
	德阳	广汉		丽江*	
		什邡		思茅*	
		绵竹		临沧*	
	绵阳	江油		保山	
	广元				（大理）
	遂宁				（楚雄）

1—3 续表 7

省级单位	地级城市	下辖的县级城市	省级单位	地级城市	下辖的县级城市
		(潞西)	青海	西宁	
		(瑞丽)			(格尔木)
		(开远)			(德令哈)
		(个旧)	宁夏	银川	灵武
		(景洪)		石嘴山	
西藏	拉萨			吴忠	青铜峡
		(日喀则)		固原	
陕西	西安			中卫*	
	铜川				
	宝鸡*		新疆	乌鲁木齐	
	咸阳	兴平		克拉玛依	
	延安				(石河子)
	汉中				(吐鲁番)
	渭南	韩城			(哈密)
		华阴			(昌吉)
	榆林				(奎屯)
	商洛				(伊宁)
	安康				(塔城)
甘肃	兰州				(阿勒泰)
	嘉峪关				(博乐)
	金昌				(库尔勒)
	白银				(阿克苏)
	天水				(阿图什)
	武威				(喀什)
	张掖				(和田)
	平凉				(阜康)
	定西*	玉门			(乌苏)
	酒泉	敦煌			(米泉)
	庆阳				(阿拉尔)
		(临夏)			(图木舒克)
		(合作)			(五家渠)

1—4 按行政区划为序排列的城市名单

城市名称	行政级别	市辖区总人口（万人）	城市名称	行政级别	市辖区总人口（万人）
北　　京	直辖市	1407.01	冀 州 市	县级市	8.40
天　　津	直辖市	848.39	深 州 市	县级市	3.90
河　　北			**山　　西**		
石 家 庄	地级市	235.33	太　　原	地级市	262.02
辛　　集	县级市	13.60	古 交 市	县级市	8.20
藁　　城	县级市	5.90	大　　同	地级市	150.50
晋　　州	县级市	8.10	阳　　泉	地级市	67.17
新　　乐	县级市	11.30	长　　治	地级市	68.77
鹿　　泉	县级市	6.20	潞 城 市	县级市	6.60
唐　　山	地级市	302.68	晋　　城	地级市	32.91
遵　　化	县级市	9.40	高 平 市	县级市	10.00
迁　　安	县级市	21.20	朔　　州	地级市	60.04
秦 皇 岛	地级市	82.58	晋　　中	地级市	53.83
邯　　郸	地级市	144.84	介 休 市	县级市	10.80
武 安 市	县级市	12.00	运　　城	地级市	63.11
邢　　台	地级市	59.93	永 济 市	县级市	14.00
南 宫 市	县级市	9.00	河 津 市	县级市	8.20
沙 河 市	县级市	8.80	忻　　州	地级市	51.70
保　　定	地级市	99.47	原 平 市	县级市	7.20
涿 州 市	县级市	21.00	临　　汾	地级市	80.59
定 州 市	县级市	21.20	侯 马 市	县级市	12.00
安 国 市	县级市	8.80	霍 州 市	县级市	7.90
高碑店市	县级市	13.10	吕　　梁	地级市	24.23
张 家 口	地级市	88.64	孝 义 市	县级市	10.70
承　　德	地级市	46.65	汾 阳 市	县级市	8.70
沧　　州	地级市	49.48	**内 蒙 古**		
泊 头 市	县级市	14.20	呼和浩特	地级市	126.34
任 丘 市	县级市	27.00	包　　头	地级市	203.98
黄 骅 市	县级市	7.70	乌　　海	地级市	44.40
河 间 市	县级市	9.40	赤　　峰	地级市	114.84
廊　　坊	地级市	81.92	通　　辽	地级市	80.50
霸 州 市	县级市	12.20	霍林郭勒市	县级市	6.10
三 河 市	县级市	9.50	鄂尔多斯	地级市	28.01
衡　　水	地级市	47.26	海 拉 尔	地级市	26.64

注：市辖区总人口为户籍人口加一个月以上暂住人口；县级市人口为城关镇人口。

1—4 续表 1

城市名称	行政级别	市辖区总人口（万人）	城市名称	行政级别	市辖区总人口（万人）
巴彦淖尔	地级市	53.36	灯塔市	县级市	6.10
乌兰察布	地级市	28.89	盘锦	地级市	60.20
满州里市	县级市	15.70	铁岭	地级市	43.77
扎兰屯市	县级市	13.80	铁法市	县级市	11.70
牙克石市	县级市	13.00	开原市	县级市	13.00
根河市	县级市	6.60	朝阳	地级市	48.35
额尔古纳市	县级市	8.50	北票市	县级市	16.30
乌兰浩特市	县级市	0.00	凌源市	县级市	14.40
阿尔山市	县级市	5.00	葫芦岛	地级市	94.97
二连浩特市	县级市	2.00	兴城市	县级市	13.30
锡林浩特市	县级市	12.80	**吉林**		
丰镇市	县级市	8.00	长春	副省级市	329.02
辽宁			九台市	县级市	11.70
沈阳	副省级市	504.20	榆树市	县级市	15.50
新民市	县级市	10.50	德惠市	县级市	16.20
大连	副省级市	329.93	吉林	地级市	179.89
瓦房店市	县级市	29.80	蛟河市	县级市	13.80
普兰店市	县级市	22.10	桦甸市	县级市	16.30
庄河市	县级市	17.70	舒兰市	县级市	19.50
鞍山	地级市	147.84	磐石市	县级市	11.00
海城市	县级市	33.20	四平	地级市	52.12
抚顺	地级市	150.01	公主岭市	县级市	21.50
本溪	地级市	98.10	双辽市	县级市	20.40
丹东	地级市	81.62	辽源	地级市	44.73
东港市	县级市	12.90	通化	地级市	46.18
凤城市	县级市	17.40	梅河口市	县级市	17.80
锦州	地级市	88.95	集安市	县级市	8.70
凌海市	县级市	11.00	白山	地级市	33.52
北宁市	县级市	8.50	临江市	县级市	9.50
营口	地级市	87.68	松原	地级市	56.33
盖州市	县级市	16.50	白城	地级市	49.12
大石桥市	县级市	26.70	洮南市	县级市	13.60
阜新	地级市	79.20	大安市	县级市	12.00
辽阳	地级市	73.31	延吉市	县级市	34.70

1—4 续表 2

城市名称	行政级别	市辖区总人口（万人）	城市名称	行政级别	市辖区总人口（万人）
图们市	县级市	7.50	安达市	县级市	21.90
敦化市	县级市	17.60	肇东市	县级市	24.00
珲春市	县级市	11.70	海伦市	县级市	13.60
龙井市	县级市	9.20	**上　海**	直辖市	1278.23
和龙市	县级市	8.20	**江　苏**		
黑龙江			南　京	副省级市	591.77
哈尔滨	副省级市	315.19	无　锡	地级市	302.20
阿城市	县级市	22.50	江阴市	县级市	26.10
双城市	县级市	18.20	宜兴市	县级市	29.80
尚志市	县级市	11.60	徐　州	地级市	198.81
五常市	县级市	14.00	新沂市	县级市	22.60
齐齐哈尔	地级市	144.37	邳州市	县级市	22.70
讷河市	县级市	10.80	常　州	地级市	274.65
鸡　西	地级市	92.47	溧阳市	县级市	21.10
虎林市	县级市	6.80	金坛市	县级市	16.40
密山市	县级市	10.70	苏　州	地级市	306.71
鹤　岗	地级市	70.44	常熟市	县级市	34.00
双鸭山	地级市	51.29	张家港市	县级市	30.70
大　庆	地级市	141.47	昆山市	县级市	22.50
伊　春	地级市	84.71	吴江市	县级市	13.40
铁力市	县级市	9.10	太仓市	县级市	13.90
佳木斯	地级市	81.97	南　通	地级市	99.30
同江市	县级市	4.60	启东市	县级市	17.80
富锦市	县级市	11.00	如皋市	县级市	20.40
七台河	地级市	55.16	通州市	县级市	20.70
牡丹江	地级市	77.86	海门市	县级市	15.40
绥芬河市	县级市	4.20	连云港	地级市	71.50
海林市	县级市	14.60	淮　安	地级市	274.79
宁安市	县级市	10.40	盐　城	地级市	70.23
穆棱市	县级市	7.90	东台市	县级市	21.80
黑　河	地级市	19.47	大丰市	县级市	15.40
北安市	县级市	14.10	扬　州	地级市	123.90
五大连池市	县级市	4.00	仪征市	县级市	18.90
绥　化	地级市	87.20	高邮市	县级市	18.30

1—4 续表 3

城市名称	行政级别	市辖区总人口（万人）	城市名称	行政级别	市辖区总人口（万人）
江都市	县级市	23.00	义乌市	县级市	30.20
镇江	地级市	109.28	东阳市	县级市	28.90
丹阳市	县级市	21.10	永康市	县级市	16.90
扬中市	县级市	9.60	衢州	地级市	82.19
句容市	县级市	14.80	江山市	县级市	10.30
泰州	地级市	67.15	舟山	地级市	77.22
兴化市	县级市	17.40	台州	地级市	179.99
靖江市	县级市	20.30	温岭市	县级市	21.60
泰兴市	县级市	20.70	临海市	县级市	22.60
姜堰市	县级市	16.90	丽水	地级市	39.74
宿迁	地级市	29.79	龙泉市	县级市	6.80
浙江			**安徽**		
杭州	副省级市	535.51	合肥	地级市	180.88
建德市	县级市	11.10	芜湖	地级市	77.82
富阳市	县级市	19.30	蚌埠	地级市	82.65
临安市	县级市	10.30	淮南	地级市	143.38
宁波	副省级市	300.18	马鞍山	地级市	60.18
余姚市	县级市	28.20	淮北	地级市	82.80
慈溪市	县级市	25.10	铜陵	地级市	40.09
奉化市	县级市	10.80	安庆	地级市	62.03
温州	地级市	271.32	桐城市	县级市	11.40
瑞安市	县级市	22.20	黄山	地级市	42.29
乐清市	县级市	14.70	滁州	地级市	50.80
嘉兴	地级市	93.55	天长市	县级市	25.10
海宁市	县级市	17.80	明光市	县级市	11.30
平湖市	县级市	11.80	阜阳	地级市	184.51
桐乡市	县级市	17.30	界首市	县级市	17.30
湖州	地级市	119.46	宿州	地级市	142.77
绍兴	地级市	73.80	巢湖	地级市	87.90
诸暨市	县级市	24.70	六安	地级市	176.83
上虞市	县级市	20.30	亳州	地级市	142.50
嵊州市	县级市	21.10	池州	地级市	62.77
金华	地级市	103.98	宣城	地级市	83.82
兰溪市	县级市	19.50	宁国市	县级市	10.20

1—4 续表 4

城市名称	行政级别	市辖区总人口（万人）	城市名称	行政级别	市辖区总人口（万人）
福　建			赣　州	地级市	54.68
福　州	地级市	196.10	瑞金市	县级市	10.80
福清市	县级市	8.90	南康市	县级市	9.00
长乐市	县级市	8.90	吉　安	地级市	50.21
厦　门	副省级市	214.06	井冈山市	县级市	1.60
莆　田	地级市	209.49	宜　春	地级市	95.93
三　明	地级市	32.17	丰城市	县级市	19.80
永安市	县级市	31.80	樟树市	县级市	18.80
泉　州	地级市	142.77	高安市	县级市	10.50
石狮市	县级市	3.00	抚　州	地级市	104.55
晋江市	县级市	9.00	上　饶	地级市	37.92
南安市	县级市	10.20	德兴市	县级市	5.70
漳　州	地级市	54.15	**山　东**		
龙海市	县级市	6.80	济　南	副省级市	394.30
南　平	地级市	52.04	章丘市	县级市	14.80
邵武市	县级市	10.00	青　岛	副省级市	305.84
武夷山市	县级市	5.10	胶州市	县级市	21.60
建瓯市	县级市	9.50	即墨市	县级市	33.60
建阳市	县级市	5.50	平度市	县级市	23.90
龙　岩	地级市	50.13	胶南市	县级市	28.00
漳平市	县级市	5.40	莱西市	县级市	19.00
宁　德	地级市	44.76	淄　博	地级市	295.49
福安市	县级市	12.80	枣　庄	地级市	209.47
福鼎市	县级市	12.50	滕州市	县级市	28.60
江　西			东　营	地级市	89.54
南　昌	地级市	207.05	烟　台	地级市	179.93
景德镇	地级市	43.60	龙口市	县级市	24.50
乐平市	县级市	12.10	莱阳市	县级市	21.70
萍　乡	地级市	80.87	莱州市	县级市	13.20
九　江	地级市	63.66	蓬莱市	县级市	13.50
瑞昌市	县级市	10.60	招远市	县级市	17.80
新　余	地级市	79.28	栖霞市	县级市	10.50
鹰　潭	地级市	18.98	海阳市	县级市	12.70
贵溪市	县级市	10.00	潍　坊	地级市	146.03

1—4 续表 5

城市名称	行政级别	市辖区总人口（万人）	城市名称	行政级别	市辖区总人口（万人）
青州市	县级市	24.70	开封	地级市	81.40
诸城市	县级市	27.80	洛阳	地级市	156.28
寿光市	县级市	15.20	偃师市	县级市	12.50
安丘市	县级市	22.60	平顶山	地级市	96.64
高密市	县级市	27.30	舞钢市	县级市	10.40
昌邑市	县级市	14.00	汝州市	县级市	9.60
济宁	地级市	107.38	安阳	地级市	103.27
曲阜市	县级市	12.90	林州市	县级市	12.90
兖州市	县级市	17.50	鹤壁	地级市	53.45
邹城市	县级市	23.10	新乡	地级市	81.19
泰安	地级市	160.61	卫辉市	县级市	9.30
新泰市	县级市	32.20	辉县市	县级市	14.20
肥城市	县级市	18.50	焦作	地级市	81.44
威海	地级市	66.94	济源市	县级市	17.10
文登市	县级市	16.80	沁阳市	县级市	12.30
荣成市	县级市	18.30	孟州市	县级市	6.20
乳山市	县级市	18.60	濮阳	地级市	54.64
日照	地级市	119.58	许昌	地级市	40.53
莱芜	地级市	124.21	禹州市	县级市	16.50
临沂	地级市	197.07	长葛市	县级市	12.10
德州	地级市	62.31	漯河	地级市	36.38
乐陵市	县级市	5.80	三门峡	地级市	29.47
禹城市	县级市	17.20	义马市	县级市	15.90
聊城	地级市	103.56	灵宝市	县级市	16.20
临清市	县级市	27.50	南阳	地级市	173.29
滨州	地级市	63.60	邓州市	县级市	13.70
菏泽	地级市	137.73	商丘	地级市	156.32
河南			永城市	县级市	14.20
郑州	地级市	282.09	信阳	地级市	138.45
巩义市	县级市	17.90	周口	地级市	37.64
新密市	县级市	11.00	项城市	县级市	13.80
荥阳市	县级市	14.70	驻马店	地级市	58.77
新郑市	县级市	10.20	**湖北**		
登封市	县级市	11.30	武汉	副省级市	896.19

1—4 续表 6

城市名称	行政级别	市辖区总人口（万人）	城市名称	行政级别	市辖区总人口（万人）
黄石	地级市	67.32	天门市	县级市	24.70
大冶市	县级市	30.00	**湖南**		
十堰	地级市	54.13	长沙	地级市	231.56
丹江口市	县级市	17.10	浏阳市	县级市	14.80
宜昌	地级市	127.36	株洲	地级市	88.50
宜都市	县级市	9.00	醴陵市	县级市	17.20
当阳市	县级市	19.80	湘潭	地级市	72.14
枝江市	县级市	10.90	湘乡市	县级市	11.60
襄樊	地级市	221.92	韶山市	县级市	0.90
老河口市	县级市	12.60	衡阳	地级市	94.64
枣阳市	县级市	18.80	耒阳市	县级市	24.60
宜城市	县级市	11.40	常宁市	县级市	7.30
鄂州	地级市	106.23	邵阳	地级市	64.45
荆门	地级市	75.06	武冈市	县级市	10.60
钟祥市	县级市	16.70	岳阳	地级市	99.93
孝感	地级市	90.81	汨罗市	县级市	11.10
应城市	县级市	14.30	临湘市	县级市	10.00
安陆市	县级市	14.10	常德	地级市	139.45
汉川市	县级市	17.20	津市市	县级市	13.90
荆州	地级市	111.90	张家界	地级市	47.30
石首市	县级市	14.30	益阳	地级市	128.84
洪湖市	县级市	12.80	沅江市	县级市	11.00
松滋市	县级市	10.30	郴州	地级市	71.19
黄冈	地级市	37.15	资兴市	县级市	4.40
麻城市	县级市	21.10	永州	地级市	110.40
武穴市	县级市	19.90	怀化	地级市	33.94
咸宁	地级市	57.37	洪江市	县级市	11.00
赤壁市	县级市	50.50	娄底	地级市	44.44
随州	地级市	166.52	冷水江市	县级市	8.80
广水市	县级市	26.60	涟源市	县级市	8.90
恩施市	县级市	17.70	吉首市	县级市	11.90
利川市	县级市	8.60	**广东**		
仙桃市	县级市	33.10	广州	副省级市	865.12
潜江市	县级市	101.50	增城市	县级市	18.90

1—4 续表 7

城市名称	行政级别	市辖区总人口（万人）	城市名称	行政级别	市辖区总人口（万人）
从化市	县级市	12.90	连州市	县级市	9.30
韶关	地级市	60.44	东莞	地级市	599.41
乐昌市	县级市	11.80	中山	地级市	240.38
南雄市	县级市	6.90	潮州	地级市	39.98
深圳	副省级市	557.41	揭阳	地级市	76.16
珠海	地级市	127.89	普宁市	县级市	40.50
汕头	地级市	498.86	云浮	地级市	29.63
佛山	地级市	550.86	罗定市	县级市	27.40
江门	地级市	159.97	**广西**		
台山市	县级市	17.30	南宁	地级市	168.77
开平市	县级市	23.80	柳州	地级市	116.39
鹤山市	县级市	35.70	桂林	地级市	77.58
恩平市	县级市	13.40	梧州	地级市	48.92
湛江	地级市	144.25	岑溪市	县级市	14.40
廉江市	县级市	14.40	北海	地级市	55.27
雷州市	县级市	13.60	防城港	地级市	48.29
吴川市	县级市	22.00	东兴市	县级市	3.20
茂名	地级市	126.60	钦州	地级市	121.41
高州市	县级市	24.30	贵港	地级市	173.39
化州市	县级市	24.70	桂平市	县级市	16.40
信宜市	县级市	22.20	玉林	地级市	91.82
肇庆	地级市	56.67	北流市	县级市	18.00
高要市	县级市	6.60	百色	地级市	33.49
四会市	县级市	11.60	贺州	地级市	92.64
惠州	地级市	147.46	河池	地级市	31.92
梅州	地级市	32.31	来宾	地级市	101.43
兴宁市	县级市	14.60	崇左	地级市	34.36
汕尾	地级市	48.72	凭祥市	县级市	2.40
陆丰市	县级市	20.00	合山市	县级市	8.10
河源	地级市	32.15	宜州市	县级市	10.90
阳江	地级市	65.73	**海南**		
阳春市	县级市	12.00	海口	地级市	166.92
清远	地级市	59.91	三亚	地级市	51.72
英德市	县级市	11.70	通什市	县级市	4.30

1—4 续表 8

城市名称	行政级别	市辖区总人口（万人）	城市名称	行政级别	市辖区总人口（万人）
琼海市	县级市	12.50	广安	地级市	122.28
儋州市	县级市	14.30	华蓥市	县级市	6.00
文昌市	县级市	11.40	达州	地级市	42.50
万宁市	县级市	14.20	万源市	县级市	5.60
东方市	县级市	13.70	雅安	地级市	34.76
重庆	直辖市	1060.73	巴中	地级市	128.54
江津市	县级市	11.40	资阳	地级市	105.31
合川市	县级市	27.20	简阳市	县级市	14.50
永川市	县级市	28.10	西昌市	县级市	17.00
南川市	县级市	17.90	**贵州**		
四川			贵阳	地级市	231.10
成都	副省级市	514.96	清镇市	县级市	49.90
都江堰市	县级市	16.50	六盘水	地级市	42.97
彭州市	县级市	10.90	遵义	地级市	65.21
邛崃市	县级市	14.30	赤水市	县级市	6.50
崇州市	县级市	9.70	仁怀市	县级市	7.60
自贡	地级市	107.88	安顺	地级市	79.53
攀枝花	地级市	69.76	铜仁市	县级市	16.00
泸州	地级市	141.22	兴义市	县级市	24.20
德阳	地级市	63.58	毕节市	县级市	18.60
广汉市	县级市	11.20	凯里市	县级市	19.20
什邡市	县级市	11.80	都匀市	县级市	19.90
绵竹市	县级市	10.60	福泉市	县级市	5.40
绵阳	地级市	111.93	**云南**		
江油市	县级市	7.90	昆明	地级市	224.22
广元	地级市	92.21	安宁市	县级市	13.20
遂宁	地级市	146.98	曲靖	地级市	69.14
内江	地级市	139.22	宣威市	县级市	14.50
乐山	地级市	115.45	玉溪	地级市	42.33
峨眉山市	县级市	9.20	保山	地级市	85.60
南充	地级市	186.49	昭通	地级市	75.82
阆中市	县级市	20.50	丽江	地级市	16.70
眉山	地级市	83.39	思茅	地级市	22.78
宜宾	地级市	78.64	临沧	地级市	28.90

1—4 续表 9

城市名称	行政级别	市辖区总人口（万人）	城市名称	行政级别	市辖区总人口（万人）
楚雄市	县级市	15.10	玉门市	县级市	9.20
个旧市	县级市	15.80	敦煌市	县级市	3.80
开远市	县级市	13.90	临夏市	县级市	20.80
景洪市	县级市	6.70	合作市	县级市	7.70
大理市	县级市	32.10	**青海**		
瑞丽市	县级市	2.60	西宁	地级市	108.90
潞西市	县级市	6.40	格尔木市	县级市	10.70
西藏			德令哈市	县级市	6.10
拉萨	地级市	14.00	**宁夏**		
日喀则市	县级市		银川	地级市	79.01
陕西			石嘴山	地级市	36.60
西安	副省级市	573.78	吴忠	地级市	36.04
铜川	地级市	75.45	青铜峡市	县级市	3.60
宝鸡	地级市	74.25	灵武市	县级市	2.80
咸阳	地级市	88.20	固原	地级市	50.96
兴平市	县级市		**新疆**		
渭南	地级市	91.13	乌鲁木齐	地级市	206.36
韩城市	县级市		克拉玛依	地级市	35.09
华阴市	县级市		吐鲁番市	县级市	25.50
延安	地级市	37.70	哈密市	县级市	19.40
汉中	地级市	52.60	昌吉市	县级市	19.40
榆林	地级市	48.74	阜康市	县级市	3.80
安康	地级市	94.64	米泉市	县级市	6.80
商洛	地级市	54.50	博乐市	县级市	17.20
甘肃			库尔勒市	县级市	40.80
兰州	地级市	202.91	阿克苏市	县级市	57.30
嘉峪关	地级市	16.90	阿图什市	县级市	5.00
金昌	地级市	22.44	喀什市	县级市	24.40
白银	地级市	48.39	和田市	县级市	2.10
天水	地级市	132.31	奎屯市	县级市	13.60
武威	地级市	98.77	伊宁市	县级市	37.30
张掖	地级市	50.64	塔城市	县级市	14.20
平凉	地级市	48.76	乌苏市	县级市	6.00
酒泉	地级市	36.25	阿勒泰市	县级市	6.40
庆阳	地级市	33.52	石河子市	县级市	31.00
定西	地级市	48.23			

二、综合统计资料

2—1 按城市市辖区人口和地区分组的城市数及构成*

1. 城市数(个)

	全　国	东部城市	中部城市	西部城市
合　计	**660**	**263**	**247**	**150**
巨型城市	3	3		
超大城市	6	5		1
特大城市	25	18	5	2
大城市	72	26	30	16
中等城市	113	33	53	27
小城市	441	178	159	104

2. 按规模分组(%)

	全　国	东部城市	中部城市	西部城市
合　计	**100**	**39.8**	**37.4**	**22.7**
巨型城市	100	100		
超大城市	100	83.3		16.7
特大城市	100	72.0	20.0	8.0
大城市	100	36.1	41.7	22.2
中等城市	100	29.2	46.9	23.9
小城市	100	40.4	36.1	23.6

3. 按区域分组(%)

	全　国	东部城市	中部城市	西部城市
合　计	**100**	**100**	**100**	**100**
巨型城市	0.5	1.1		
超大城市	0.9	1.9		0.7
特大城市	3.8	6.8	2.0	1.3
大城市	10.9	9.9	12.1	10.7
中等城市	17.1	12.5	21.5	18.0
小城市	66.8	67.7	64.4	69.3

注:城市分组定义请参阅附录1,县级市人口为城关镇人口。

2-2 城市规模划分及区域分布

（2003年底）

单位:个

地　区	城市数合计	按城市市辖区人口分组					
		400万以上	200—400万	100—200万	50—100万	20—50万	20万以下
全　国	**660**	**11**	**22**	**141**	**274**	**172**	**40**
北　京	1	1					
天　津	1	1					
河　北	33		2	2	18	11	
山　西	22		1	1	7	13	
内蒙古	20			3	2	8	7
辽　宁	31	1	1	4	22	3	
吉　林	28		1	3	7	15	2
黑龙江	31		1	2	16	8	4
上　海	1	1					
江　苏	40	1	4	15	17	3	
浙　江	33		2	9	18	4	
安　徽	22			6	13	3	
福　建	23		1	5	7	10	
江　西	21			3	11	5	2
山　东	48		4	17	26	1	
河　南	38		1	9	19	8	1
湖　北	36	1	1	11	18	5	
湖　南	29			7	13	8	1
广　东	44	2	2	18	12	10	
广　西	21			5	8	5	3
海　南	8			1	4	2	1
重　庆	5	1		3	1		
四　川	32	1		11	15	5	
贵　州	13			2	4	7	
云　南	17		1	1	4	8	3
西　藏	2						2
陕　西	13	1			8	4	
甘　肃	15			2	1	8	4
青　海	3				1		2
宁　夏	7				1	6	
新　疆	22			1	1	12	8

2—3 按市辖区人口排列的城市名单

城市名称	行政级别	市辖区人口（万人）	城市名称	行政级别	市辖区人口（万人）	城市名称	行政级别	市辖区人口（万人）
北京	直辖市	1407.01	石家庄	地级市	235.33	大同	地级市	150.50
上海	直辖市	1278.23	长沙	地级市	231.56	抚顺	地级市	150.01
重庆	直辖市	1060.73	贵阳	地级市	231.10	鞍山	地级市	147.84
武汉	副省级市	896.19	昆明	地级市	224.22	惠州	地级市	147.46
广州	副省级市	865.12	襄樊	地级市	221.92	遂宁	地级市	146.98
天津	直辖市	848.39	厦门	副省级市	214.06	潍坊	地级市	146.03
东莞	地级市	599.41	莆田	地级市	209.49	邯郸	地级市	144.84
南京	副省级市	591.77	枣庄	地级市	209.47	齐齐哈尔	地级市	144.37
西安	副省级市	573.78	南昌	地级市	207.05	湛江	地级市	144.25
深圳	副省级市	557.41	乌鲁木齐	地级市	206.36	淮南	地级市	143.38
佛山	地级市	550.86	包头	地级市	203.98	宿州	地级市	142.77
杭州	副省级市	535.51	兰州	地级市	202.91	泉州	地级市	142.77
成都	副省级市	514.96	徐州	地级市	198.81	亳州	地级市	142.50
沈阳	副省级市	504.20	临沂	地级市	197.07	大庆	地级市	141.47
汕头	地级市	498.86	福州	地级市	196.10	泸州	地级市	141.22
济南	副省级市	394.30	南充	地级市	186.49	常德	地级市	139.45
大连	副省级市	329.93	阜阳	地级市	184.51	内江	地级市	139.22
长春	副省级市	329.02	合肥	地级市	180.88	信阳	地级市	138.45
哈尔滨	副省级市	315.19	台州	地级市	179.99	菏泽	地级市	137.73
苏州	地级市	306.71	烟台	地级市	179.93	天水	地级市	132.31
青岛	副省级市	305.84	吉林	地级市	179.89	益阳	地级市	128.84
唐山	地级市	302.68	六安	地级市	176.83	巴中	地级市	128.54
无锡	地级市	302.2	贵港	地级市	173.39	珠海	地级市	127.89
宁波	副省级市	300.18	南阳	地级市	173.29	宜昌	地级市	127.36
淄博	地级市	295.49	南宁	地级市	168.77	茂名	地级市	126.60
郑州	地级市	282.09	海口	地级市	166.92	呼和浩特	地级市	126.34
淮安	地级市	274.79	随州	地级市	166.52	莱芜	地级市	124.21
常州	地级市	274.65	泰安	地级市	160.61	扬州	地级市	123.90
温州	地级市	271.32	江门	地级市	159.97	广安	地级市	122.28
太原	地级市	262.02	商丘	地级市	156.32	钦州	地级市	121.41
中山	地级市	240.38	洛阳	地级市	156.28	日照	地级市	119.58

注：有关口径请参照15页。

2—3 续表 1

城市名称	行政级别	市辖区人口（万人）	城市名称	行政级别	市辖区人口（万人）	城市名称	行政级别	市辖区人口（万人）
湖州	地级市	119.46	鸡西	地级市	92.47	新余	地级市	79.28
柳州	地级市	116.39	广元	地级市	92.21	阜新	地级市	79.20
乐山	地级市	115.45	玉林	地级市	91.82	银川	地级市	79.01
赤峰	地级市	114.84	渭南	地级市	91.13	宜宾	地级市	78.64
绵阳	地级市	111.93	孝感	地级市	90.81	牡丹江	地级市	77.86
荆州	地级市	111.90	东营	地级市	89.54	芜湖	地级市	77.82
永州	地级市	110.40	锦州	地级市	88.95	桂林	地级市	77.58
镇江	地级市	109.28	张家口	地级市	88.64	舟山	地级市	77.22
西宁	地级市	108.90	株洲	地级市	88.50	揭阳	地级市	76.16
自贡	地级市	107.88	咸阳	地级市	88.2	昭通	地级市	75.82
济宁	地级市	107.38	巢湖	地级市	87.90	铜川	地级市	75.45
鄂州	地级市	106.23	营口	地级市	87.68	荆门	地级市	75.06
资阳	地级市	105.31	绥化	地级市	87.20	宝鸡	地级市	74.25
抚州	地级市	104.55	保山	地级市	85.60	绍兴	地级市	73.80
金华	地级市	103.98	伊春	地级市	84.74	辽阳	地级市	73.31
聊城	地级市	103.56	宣城	地级市	83.82	湘潭	地级市	72.14
安阳	地级市	103.27	眉山	地级市	83.39	连云港	地级市	71.50
潜江市	县级市	101.50	淮北	地级市	82.80	郴州	地级市	71.19
来宾	地级市	101.43	蚌埠	地级市	82.65	鹤岗	地级市	70.44
岳阳	地级市	99.93	秦皇岛	地级市	82.58	盐城	地级市	70.23
保定	地级市	99.47	衢州	地级市	82.19	攀枝花	地级市	69.76
南通	地级市	99.30	佳木斯	地级市	81.97	曲靖	地级市	69.14
武威	地级市	98.77	廊坊	地级市	81.92	长治	地级市	68.77
本溪	地级市	98.10	丹东	地级市	81.62	黄石	地级市	67.32
平顶山	地级市	96.64	焦作	地级市	81.44	阳泉	地级市	67.17
宜春	地级市	95.93	开封	地级市	81.40	泰州	地级市	67.15
葫芦岛	地级市	94.97	新乡	地级市	81.19	威海	地级市	66.94
衡阳	地级市	94.64	萍乡	地级市	80.87	阳江	地级市	65.73
安康	地级市	94.64	临汾	地级市	80.59	遵义	地级市	65.21
嘉兴	地级市	93.55	通辽	地级市	80.50	邵阳	地级市	64.45
贺州	地级市	92.64	安顺	地级市	79.53	九江	地级市	63.66

2—3 续表 2

城市名称	行政级别	市辖区人口（万人）	城市名称	行政级别	市辖区人口（万人）	城市名称	行政级别	市辖区人口（万人）
滨州	地级市	63.60	忻州	地级市	51.70	玉溪	地级市	42.33
德阳	地级市	63.58	双鸭山	地级市	51.29	黄山	地级市	42.29
运城	地级市	63.11	固原	地级市	50.96	库尔勒市	县级市	40.80
池州	地级市	62.77	滁州	地级市	50.80	许昌	地级市	40.53
德州	地级市	62.31	张掖	地级市	50.64	普宁市	县级市	40.50
安庆	地级市	62.03	赤壁市	县级市	50.50	铜陵	地级市	40.09
韶关	地级市	60.44	吉安	地级市	50.21	潮州	地级市	39.98
盘锦	地级市	60.20	龙岩	地级市	50.13	丽水	地级市	39.74
马鞍山	地级市	60.18	清镇市	县级市	49.90	上饶	地级市	37.92
朔州	地级市	60.04	沧州	地级市	49.48	延安	地级市	37.70
邢台	地级市	59.93	白城	地级市	49.12	周口	地级市	37.64
清远	地级市	59.91	梧州	地级市	48.92	伊宁市	县级市	37.30
驻马店	地级市	58.77	平凉	地级市	48.76	黄冈	地级市	37.15
咸宁	地级市	57.37	榆林	地级市	48.74	石嘴山	地级市	36.60
阿克苏市	县级市	57.30	汕尾	地级市	48.72	漯河	地级市	36.38
肇庆	地级市	56.67	白银	地级市	48.39	酒泉	地级市	36.25
松原	地级市	56.33	朝阳	地级市	48.35	吴忠	地级市	36.04
北海	地级市	55.27	防城港	地级市	48.29	鹤山市	县级市	35.70
七台河	地级市	55.16	定西	地级市	48.23	克拉玛依	地级市	35.09
赣州	地级市	54.68	张家界	地级市	47.30	雅安	地级市	34.76
濮阳	地级市	54.64	衡水	地级市	47.26	延吉市	县级市	34.70
商洛	地级市	54.50	承德	地级市	46.65	崇左	地级市	34.36
漳州	地级市	54.15	通化	地级市	46.18	常熟市	县级市	34.00
十堰	地级市	54.13	宁德	地级市	44.76	怀化	地级市	33.94
晋中	地级市	53.83	辽源	地级市	44.73	即墨市	县级市	33.60
鹤壁	地级市	53.45	娄底	地级市	44.44	白山	地级市	33.52
巴彦淖尔	地级市	53.36	乌海	地级市	44.40	庆阳	地级市	33.52
汉中	地级市	52.60	铁岭	地级市	43.77	百色	地级市	33.49
四平	地级市	52.12	景德镇	地级市	43.60	海城市	县级市	33.20
南平	地级市	52.04	六盘水	地级市	42.97	仙桃市	县级市	33.10
三亚	地级市	51.72	达州	地级市	42.50	晋城	地级市	32.91

2—3续表3

城市名称	行政级别	市辖区人口（万人）	城市名称	行政级别	市辖区人口（万人）	城市名称	行政级别	市辖区人口（万人）
梅　州	地级市	32.31	海拉尔	地级市	26.64	普兰店市	县级市	22.10
新泰市	县级市	32.20	广水市	县级市	26.60	吴川市	县级市	22.00
三　明	地级市	32.17	江阴市	县级市	26.10	安达市	县级市	21.90
河　源	地级市	32.15	吐鲁番市	县级市	25.50	东台市	县级市	21.80
大理市	县级市	32.10	慈溪市	县级市	25.10	莱阳市	县级市	21.70
河　池	地级市	31.92	天长市	县级市	25.10	温岭市	县级市	21.60
永安市	县级市	31.80	诸暨市	县级市	24.70	胶州市	县级市	21.60
石河子市	县级市	31.00	青州市	县级市	24.70	公主岭市	县级市	21.50
张家港市	县级市	30.70	天门市	县级市	24.70	迁　安	县级市	21.20
义乌市	县级市	30.20	化州市	县级市	24.70	定州市	县级市	21.20
大冶市	县级市	30.00	耒阳市	县级市	24.60	溧阳市	县级市	21.10
瓦房店市	县级市	29.80	龙口市	县级市	24.50	丹阳市	县级市	21.10
宜兴市	县级市	29.80	喀什市	县级市	24.40	嵊州市	县级市	21.10
宿　迁	地级市	29.79	高州市	县级市	24.30	麻城市	县级市	21.10
云　浮	地级市	29.63	吕　梁	地级市	24.23	涿州市	县级市	21.00
三门峡	地级市	29.47	兴义市	县级市	24.20	临夏市	县级市	20.80
东阳市	县级市	28.90	肇东市	县级市	24.00	通州市	县级市	20.70
临　沧	地级市	28.90	平度市	县级市	23.90	泰兴市	县级市	20.70
乌兰察布	地级市	28.89	开平市	县级市	23.80	阆中市	县级市	20.50
滕州市	县级市	28.60	邹城市	县级市	23.10	双辽市	县级市	20.40
余姚市	县级市	28.20	江都市	县级市	23.00	如皋市	县级市	20.40
永川市	县级市	28.10	思　茅	地级市	22.78	靖江市	县级市	20.30
鄂尔多斯	地级市	28.01	邳州市	县级市	22.70	上虞市	县级市	20.30
胶南市	县级市	28.00	新沂市	县级市	22.60	陆丰市	县级市	20.00
诸城市	县级市	27.80	临海市	县级市	22.60	武穴市	县级市	19.90
临清市	县级市	27.50	安丘市	县级市	22.60	都匀市	县级市	19.90
罗定市	县级市	27.40	阿城市	县级市	22.50	丰城市	县级市	19.80
高密市	县级市	27.30	昆山市	县级市	22.50	当阳市	县级市	19.80
合川市	县级市	27.20	金　昌	地级市	22.44	舒兰市	县级市	19.50
任丘市	县级市	27.00	瑞安市	县级市	22.20	兰溪市	县级市	19.50
大石桥市	县级市	26.70	信宜市	县级市	22.20	黑　河	地级市	19.47

2—3续表4

城市名称	行政级别	市辖区人口（万人）	城市名称	行政级别	市辖区人口（万人）	城市名称	行政级别	市辖区人口（万人）
哈密市	县级市	19.40	台山市	县级市	17.30	楚雄市	县级市	15.10
昌吉市	县级市	19.40	禹城市	县级市	17.20	句容市	县级市	14.80
富阳市	县级市	19.30	汉川市	县级市	17.20	章丘市	县级市	14.80
凯里市	县级市	19.20	醴陵市	县级市	17.20	浏阳市	县级市	14.80
莱西市	县级市	19.00	博乐市	县级市	17.20	乐清市	县级市	14.70
鹰潭	地级市	18.98	济源市	县级市	17.10	荥阳市	县级市	14.70
仪征市	县级市	18.90	丹江口市	县级市	17.10	海林市	县级市	14.60
增城市	县级市	18.90	西昌市	县级市	17.00	兴宁市	县级市	14.60
樟树市	县级市	18.80	姜堰市	县级市	16.90	简阳市	县级市	14.50
枣阳市	县级市	18.80	永康市	县级市	16.90	宣威市	县级市	14.50
乳山市	县级市	18.60	嘉峪关	地级市	16.90	凌源市	县级市	14.40
毕节市	县级市	18.60	文登市	县级市	16.80	廉江市	县级市	14.40
肥城市	县级市	18.50	钟祥市	县级市	16.70	岑溪市	县级市	14.40
高邮市	县级市	18.30	丽江	地级市	16.70	应城市	县级市	14.30
荣成市	县级市	18.30	盖州市	县级市	16.50	石首市	县级市	14.30
双城市	县级市	18.20	禹州市	县级市	16.50	儋州市	县级市	14.30
北流市	县级市	18.00	都江堰市	县级市	16.50	邛崃市	县级市	14.30
巩义市	县级市	17.90	金坛市	县级市	16.40	泊头市	县级市	14.20
南川市	县级市	17.90	桂平市	县级市	16.40	辉县市	县级市	14.20
梅河口市	县级市	17.80	北票市	县级市	16.30	永城市	县级市	14.20
启东市	县级市	17.80	桦甸市	县级市	16.30	万宁市	县级市	14.20
海宁市	县级市	17.80	德惠市	县级市	16.20	塔城市	县级市	14.20
招远市	县级市	17.80	灵宝市	县级市	16.20	北安市	县级市	14.10
庄河市	县级市	17.70	铜仁市	县级市	16.00	安陆市	县级市	14.10
恩施市	县级市	17.70	义马市	县级市	15.90	永济市	县级市	14.00
敦化市	县级市	17.60	个旧市	县级市	15.80	五常市	县级市	14.00
兖州市	县级市	17.50	满州里市	县级市	15.70	昌邑市	县级市	14.00
凤城市	县级市	17.40	榆树市	县级市	15.50	太仓市	县级市	13.90
兴化市	县级市	17.40	海门市	县级市	15.40	津市市	县级市	13.90
桐乡市	县级市	17.30	大丰市	县级市	15.40	开远市	县级市	13.90
界首市	县级市	17.30	寿光市	县级市	15.20	扎兰屯市	县级市	13.80

2—3续表5

城市名称	行政级别	市辖区人口（万人）	城市名称	行政级别	市辖区人口（万人）	城市名称	行政级别	市辖区人口（万人）
蛟河市	县级市	13.80	霸州市	县级市	12.20	新密市	县级市	11.00
项城市	县级市	13.80	乐平市	县级市	12.10	沅江市	县级市	11.00
邓州市	县级市	13.70	长葛市	县级市	12.10	洪江市	县级市	11.00
东方市	县级市	13.70	武安市	县级市	12.00	枝江市	县级市	10.90
辛集	县级市	13.60	侯马市	县级市	12.00	宜州市	县级市	10.90
洮南市	县级市	13.60	大安市	县级市	12.00	彭州市	县级市	10.90
海伦市	县级市	13.60	阳春市	县级市	12.00	介休市	县级市	10.80
雷州市	县级市	13.60	吉首市	县级市	11.90	讷河市	县级市	10.80
奎屯市	县级市	13.60	平湖市	县级市	11.80	奉化市	县级市	10.80
蓬莱市	县级市	13.50	乐昌市	县级市	11.80	瑞金市	县级市	10.80
吴江市	县级市	13.40	什邡市	县级市	11.80	孝义市	县级市	10.70
恩平市	县级市	13.40	铁法市	县级市	11.70	密山市	县级市	10.70
兴城市	县级市	13.30	九台市	县级市	11.70	格尔木市	县级市	10.70
莱州市	县级市	13.20	珲春市	县级市	11.70	瑞昌市	县级市	10.60
安宁市	县级市	13.20	英德市	县级市	11.70	武冈市	县级市	10.60
高碑店市	县级市	13.10	尚志市	县级市	11.60	绵竹市	县级市	10.60
牙克石市	县级市	13.00	湘乡市	县级市	11.60	新民市	县级市	10.50
开原市	县级市	13.00	四会市	县级市	11.60	高安市	县级市	10.50
东港市	县级市	12.90	桐城市	县级市	11.40	栖霞市	县级市	10.50
曲阜市	县级市	12.90	宜城市	县级市	11.40	宁安市	县级市	10.40
林州市	县级市	12.90	文昌市	县级市	11.40	舞钢市	县级市	10.40
从化市	县级市	12.90	江津市	县级市	11.40	临安市	县级市	10.30
锡林浩特市	县级市	12.80	新乐	县级市	11.30	江山市	县级市	10.30
福安市	县级市	12.80	明光市	县级市	11.30	松滋市	县级市	10.30
洪湖市	县级市	12.80	登封市	县级市	11.30	宁国市	县级市	10.20
海阳市	县级市	12.70	广汉市	县级市	11.20	南安市	县级市	10.20
老河口市	县级市	12.60	建德市	县级市	11.10	新郑市	县级市	10.20
福鼎市	县级市	12.50	汨罗市	县级市	11.10	高平市	县级市	10.00
偃师市	县级市	12.50	凌海市	县级市	11.00	邵武市	县级市	10.00
琼海市	县级市	12.50	磐石市	县级市	11.00	贵溪市	县级市	10.00
沁阳市	县级市	12.30	富锦市	县级市	11.00	临湘市	县级市	10.00

2—3续表6

城市名称	行政级别	市辖区人口（万人）	城市名称	行政级别	市辖区人口（万人）	城市名称	行政级别	市辖区人口（万人）
崇州市	县级市	9.70	晋州	县级市	8.10	德兴市	县级市	5.70
扬中市	县级市	9.60	合山市	县级市	8.10	万源市	县级市	5.60
汝州市	县级市	9.60	丰镇市	县级市	8.00	建阳市	县级市	5.50
三河市	县级市	9.50	霍州市	县级市	7.90	漳平市	县级市	5.40
临江市	县级市	9.50	穆棱市	县级市	7.90	福泉市	县级市	5.40
建瓯市	县级市	9.50	江油市	县级市	7.90	武夷山市	县级市	5.10
遵化	县级市	9.40	黄骅市	县级市	7.70	阿尔山市	县级市	5.00
河间市	县级市	9.40	合作市	县级市	7.70	阿图什市	县级市	5.00
卫辉市	县级市	9.30	仁怀市	县级市	7.60	同江市	县级市	4.60
连州市	县级市	9.30	图们市	县级市	7.50	资兴市	县级市	4.40
龙井市	县级市	9.20	常宁市	县级市	7.30	通什市	县级市	4.30
峨眉山市	县级市	9.20	原平市	县级市	7.20	绥芬河市	县级市	4.20
玉门市	县级市	9.20	南雄市	县级市	6.90	五大连池市	县级市	4.00
铁力市	县级市	9.10	虎林市	县级市	6.80	深州市	县级市	3.90
南宫市	县级市	9.00	龙泉市	县级市	6.80	敦煌市	县级市	3.80
晋江市	县级市	9.00	龙海市	县级市	6.80	阜康市	县级市	3.80
南康市	县级市	9.00	米泉市	县级市	6.80	青铜峡市	县级市	3.60
宜都市	县级市	9.00	景洪市	县级市	6.70	东兴市	县级市	3.20
福清市	县级市	8.90	潞城市	县级市	6.60	石狮市	县级市	3.00
长乐市	县级市	8.90	根河市	县级市	6.60	灵武市	县级市	2.80
涟源市	县级市	8.90	高要市	县级市	6.60	瑞丽市	县级市	2.60
沙河市	县级市	8.80	赤水市	县级市	6.50	凭祥市	县级市	2.40
安国市	县级市	8.80	潞西市	县级市	6.40	和田市	县级市	2.10
冷水江市	县级市	8.80	阿勒泰市	县级市	6.40	二连浩特市	县级市	2.00
汾阳市	县级市	8.70	鹿泉	县级市	6.20	井冈山市	县级市	1.60
集安市	县级市	8.70	孟州市	县级市	6.20	韶山市	县级市	0.90
利川市	县级市	8.60	霍林郭勒市	县级市	6.10	乌兰浩特市	县级市	
额尔古纳市	县级市	8.50	灯塔市	县级市	6.10	日喀则市	县级市	
北宁市	县级市	8.50	德令哈市	县级市	6.10	兴平市	县级市	
冀州市	县级市	8.40	华莹市	县级市	6.00	韩城市	县级市	
古交市	县级市	8.20	乌苏市	县级市	6.00	华阴市	县级市	
河津市	县级市	8.20	藁城	县级市	5.90			
和龙市	县级市	8.20	乐陵市	县级市	5.80			

2—4 省会城市及计划单列城市社会经济主要指标

（全 市）

城 市	年末总人口（万人）	国内生产总值（当年价格）（万元）	工业总产值（当年价格）（万元）	客运量（万人）	货运量（万吨）
北 京	1148.82	36631000	38103630	30520	30671
天 津	926.00	24476600	40496103	3507	34679
石家庄	910.51	13779438	11981505	11843	10008
太 原	327.40	5157089	5183200	2975	15248
呼和浩特	213.89	4062029	2407794	3508	4155
沈 阳	689.10	16033795	10643612	6612	14636
大 连	560.16	16325900	15468641	11001	21081
长 春	718.23	13380369	15115270	6999	10892
哈尔滨	954.31	14147991	7215089	6458	9518
上 海	1341.77	62508100	103428195	7212	63861
南 京	572.23	15763300	25093816	16790	14805
杭 州	642.78	20997744	32025226	21349	16815
宁 波	549.07	17868542	26302862	24938	13797
合 肥	456.60	4849623	5348605	6034	4641
福 州	604.86	13476759	12889573	9680	8250
厦 门	141.76	7596934	13201500	4441	3055
南 昌	450.77	6410248	4149169	5728	4454
济 南	582.56	13653256	13185425	5810	14354
青 岛	720.68	17804200	25588695	14666	30553
郑 州	661.07	11022770	9270494	10709	7847
武 汉	781.19	16621797	13344938	11882	16610
长 沙	601.76	9294858	5339304	10609	10631
广 州	725.19	34968787	40178324	29751	28859
深 圳	150.93	28954070	52451037	10989	6793
南 宁	614.67	5025271	2083763	7016	5893
海 口	139.19	2288595	2025643	13284	3304
重 庆	3130.10	22505600	15889928	58290	32450
成 都	1044.31	18708046	9700976	72793	28798
贵 阳	344.86	3809191	3569419	18511	5318
昆 明	500.79	8120121	5809573	5126	12338
西 安	716.58	9416000	6386627	11413	9392
兰 州	304.36	4400803	5215490	2209	5581
西 宁	204.97	1448328	1148959	2788	2037
银 川	133.01	1567845	1464867	2146	2127
乌鲁木齐	181.53	4085834	3110943	2188	12754

2—4 续表

城　市	地方财政预算内收入（万元）	固定资产投资总额（万元）	城乡居民年底储蓄余额（万元）	在岗职工人数（万人）	在岗职工工资总额（万元）
北　京	5925388	19999107	64413910	434.2	10989365
天　津	2045295	9338629	18253200	174.5	3254148
石家庄	493429	4155500	10444919	86.7	1067432
太　原	333473	1973167	6601300	74.6	945212
呼和浩特	205779	1821221	2554496	28.9	407963
沈　阳	810889	5568516	14229575	101.7	1521548
大　连	1105405	4065425	13101986	82.1	1442215
长　春	459709	2936937	8313564	89.7	1244167
哈尔滨	763600	4229569	11536951	168.8	2102165
上　海	8992850	22735547	60546000	281.5	7686511
南　京	1364788	7944136	11336202	87.9	1950742
杭　州	1503888	7169624	14664200	75.7	1867776
宁　波	1394162	5546918	10596339	59.9	1418635
合　肥	358694	2445667	3592488	37.9	526577
福　州	674522	3755708	8762245	71.3	1073262
厦　门	701456	2375028	3971559	54.8	1042111
南　昌	314094	2097382	4828029	49.8	692717
济　南	761054	4293567	7583525	78.4	1256160
青　岛	1201398	5475526	9084693	104.6	1603305
郑　州	658737	3733908	10484859	84.0	1137056
武　汉	804368	6228215	12855341	136.1	1868350
长　沙	598930	4339489	7048500	60.0	1019924
广　州	2747707	10885608	37273276	182.2	5247087
深　圳	2908370	8753965	21994500	105.0	3259900
南　宁	362435	1699199	4514961	50.8	668976
海　口	122541	992462	2843664	23.0	340392
重　庆	1615618	11868146	18965569	203.8	2535070
成　都	895752	7880037	14944197	124.0	1894496
贵　阳	403855	2309086	3449487	54.5	664234
昆　明	601101	3416701	7085278	73.3	1045469
西　安	648037	4457381	12105607	113.7	1535896
兰　州	205660	2028339	4683830	54.9	740661
西　宁	84397	761128	1749293	20.6	301364
银　川	122605	1336232	1930771	29.1	393035
乌鲁木齐	409119	1803200	4203000	47.4	782873

三、地级及以上城市统计资料

3—1 人 口

城 市	年末总人口(万人)		非农业人口		自然增长率(‰)	
	全 市	市辖区	全 市	市辖区	全 市	市辖区
城市合计	**116634.80**	**34196.96**	**35541.01**	**20778.40**	**4.32**	**3.36**
北 京	**1148.82**	**1079.22**	**830.80**	**809.61**	**－1.14**	**－1.16**
天 津	**926.00**	**758.78**	**549.74**	**521.70**	**1.50**	**0.65**
河 北	**6781.82**	**1166.55**	**1809.12**	**901.20**	**5.09**	**3.68**
石家庄	910.51	211.09	331.33	208.50	5.53	3.41
唐 山	706.28	294.91	223.54	157.48	3.31	2.20
秦皇岛	273.29	73.97	113.09	73.95	2.47	1.36
邯 郸	857.09	138.21	169.90	114.25	6.83	5.14
邢 台	667.44	55.41	148.06	49.68	4.85	6.82
保 定	1076.98	95.42	250.80	83.18	5.79	4.85
张家口	450.41	85.55	137.97	71.51	2.94	2.13
承 德	359.06	45.41	86.88	33.63	3.57	3.38
沧 州	680.17	47.83	153.03	40.33	6.20	6.30
廊 坊	387.24	74.75	115.07	44.35	4.09	5.07
衡 水	413.35	44.00	79.45	24.34	6.72	5.93
山 西	**3268.13**	**873.91**	**951.44**	**551.91**	**5.32**	**5.63**
太 原	327.40	250.27	222.63	201.35	6.16	4.85
大 同	295.92	139.90	129.89	105.15	5.47	4.79
阳 泉	125.68	64.96	61.56	50.35	3.54	4.94
长 治	316.78	66.38	84.55	49.54	4.53	6.93
晋 城	211.83	28.18	44.61	19.72	3.78	5.67
朔 州	141.96	57.65	33.46	16.27	5.87	7.08
晋 中	304.73	52.81	78.27	26.98	3.31	3.59
运 城	487.78	62.11	79.61	21.13	5.28	5.64
忻 州	294.93	51.06	59.73	18.05	5.94	4.24
临 汾	411.40	76.80	95.27	33.25	6.15	7.73
吕 梁	349.72	23.79	61.86	10.12	6.84	11.77
内蒙古	**2102.62**	**647.83**	**778.89**	**417.61**	**4.15**	**4.33**
呼和浩特	213.89	109.70	97.81	83.12	4.95	5.57
包 头	238.13	178.03	143.66	130.63	3.20	3.17
乌 海	41.60	41.60	35.75	35.75	7.59	7.59
赤 峰	447.30	113.10	95.50	50.70	4.97	4.66
通 辽	309.30	80.19	74.52	33.66	4.96	3.20
鄂尔多斯	135.97	21.94	44.05	15.30	5.59	8.84
海拉尔	269.70	25.34	168.85	23.04	3.35	0.63
巴彦淖尔	176.13	52.14	57.48	22.30	2.70	3.39
乌兰察布	270.60	25.79	61.27	23.11	2.58	5.61
辽 宁	**4161.61**	**1784.96**	**1963.02**	**1452.61**	**0.66**	**－1.09**
沈 阳	689.10	488.40	440.60	401.00	－0.81	－2.60

3－1 续表 1

城市	年末总人口(万人)		非农业人口		自然增长率(‰)	
	全市	市辖区	全市	市辖区	全市	市辖区
大连	560.16	274.78	297.48	225.12	－0.53	－2.15
鞍山	345.28	145.48	174.58	128.74	0.23	－3.52
抚顺	225.47	141.51	148.14	126.67	－1.40	－2.54
本溪	156.58	96.29	103.33	83.65	－0.10	－1.60
丹东	241.22	75.67	100.22	60.00	0.01	－1.77
锦州	307.47	86.66	113.38	71.04	0.75	1.18
营口	229.20	85.10	98.20	63.50	1.29	1.29
阜新	193.02	78.20	85.94	68.80	1.67	－0.18
辽阳	182.35	71.59	78.11	58.85	1.39	－0.13
盘锦	124.39	56.60	63.45	50.14	2.90	4.54
铁岭	299.44	43.40	92.45	33.35	1.69	2.33
朝阳	336.50	47.90	87.70	31.90	3.47	7.31
葫芦岛	271.43	93.38	79.44	49.85	2.67	2.13
吉林	**2440.14**	**763.66**	**1056.26**	**574.42**	**2.77**	**1.71**
长春	718.23	310.01	313.05	234.35	2.12	1.27
吉林	431.60	179.55	211.02	125.02	1.87	0.45
四平	326.67	51.14	131.01	51.14	2.62	3.09
辽源	124.20	44.67	57.33	38.79	1.99	1.26
通化	226.22	45.43	104.88	39.37	2.13	0.76
白山	132.97	32.99	87.93	26.25	1.98	3.62
松原	279.43	51.53	70.49	31.71	6.88	6.37
白城	200.82	48.34	80.55	27.79	3.24	2.69
黑龙江	**3670.48**	**1185.97**	**1705.68**	**938.49**	**3.39**	**0.93**
哈尔滨	954.31	315.19	454.52	277.05	3.38	－0.84
齐齐哈尔	541.08	142.67	193.04	111.74	1.40	－2.03
鸡西	194.50	91.32	117.16	75.50	2.62	1.83
鹤岗	110.58	68.91	80.34	59.45	1.83	1.07
双鸭山	150.84	50.42	81.37	43.87	3.57	2.82
大庆	257.90	118.00	122.50	92.00	5.12	2.68
伊春	130.03	83.74	111.71	79.79	1.49	－0.04
佳木斯	244.73	81.97	115.33	58.62	3.59	2.34
七台河	87.44	50.31	45.57	33.49	4.64	6.28
牡丹江	270.02	77.45	146.35	64.63	1.67	－0.26
黑河	173.55	19.39	87.69	13.51	3.54	0.81
绥化	555.50	86.60	150.10	28.84	6.10	5.36
上海	**1341.77**	**1278.23**	**1041.39**	**1024.99**	**－3.26**	**－3.20**
江苏	**7164.22**	**2094.08**	**2776.43**	**1384.69**	**2.28**	**1.50**
南京	572.23	489.76	391.67	372.39	0.08	0.28
无锡	442.54	219.60	272.77	172.90	0.00	－0.38

3—1 续表 2

城市	年末总人口(万人)		非农业人口		自然增长率(‰)	
	全市	市辖区	全市	市辖区	全市	市辖区
徐州	908.66	167.33	284.50	135.44	5.68	3.57
常州	346.22	213.41	159.68	107.39	1.63	1.01
苏州	590.97	216.87	290.07	127.08	0.08	1.35
南通	777.62	83.01	234.92	83.00	−1.47	0.48
连云港	467.83	65.63	172.49	55.17	6.04	3.13
淮安	519.92	268.17	141.21	81.99	3.39	3.35
盐城	796.51	66.33	269.62	48.85	2.18	3.79
扬州	453.61	112.52	170.58	75.39	1.13	1.59
镇江	267.19	100.51	117.48	63.74	0.88	1.24
泰州	503.66	62.29	135.52	32.75	0.96	0.78
宿迁	517.26	28.65	135.92	28.60	7.96	8.60
浙江	**4551.58**	**1410.41**	**1157.49**	**612.87**	**3.71**	**2.60**
杭州	642.78	393.19	263.67	216.13	2.31	2.01
宁波	549.07	206.91	168.81	109.95	1.33	1.24
温州	742.28	134.65	142.95	59.48	9.31	7.53
嘉兴	332.96	79.82	101.31	32.59	−0.07	−0.55
湖州	256.78	107.72	74.47	37.18	−0.36	−1.40
绍兴	433.84	63.86	103.01	42.64	1.54	2.96
金华	449.91	92.18	92.97	29.07	3.70	3.03
衢州	244.83	80.23	41.80	18.95	4.46	4.89
舟山	97.12	68.96	33.59	26.03	−0.92	−0.28
台州	552.61	146.05	95.35	28.55	6.01	5.58
丽水	249.40	36.84	39.56	12.30	4.94	4.10
安徽	**6380.15**	**1651.16**	**1310.78**	**740.32**	**5.51**	**5.35**
合肥	456.60	155.87	160.18	124.99	6.15	5.61
芜湖	223.82	69.06	90.87	69.06	3.24	0.82
蚌埠	344.93	79.49	85.27	56.43	6.30	3.19
淮南	211.84	142.02	99.98	89.80	7.39	7.53
马鞍山	124.09	57.16	56.44	46.50	4.12	3.56
淮北	203.94	82.80	78.88	64.29	8.85	8.26
铜陵	70.91	39.02	38.02	32.95	3.44	4.56
安庆	605.20	59.60	95.51	39.59	4.33	3.65
黄山	146.91	41.44	30.51	15.37	1.93	2.74
滁州	432.94	50.30	97.68	23.30	5.52	6.97
阜阳	904.10	183.30	102.00	40.60	7.55	7.56
宿州	563.10	141.80	63.80	29.60	6.69	8.70
巢湖	453.30	85.90	81.30	22.90	3.85	3.87
六安	669.50	176.28	98.27	31.59	4.50	4.38
亳州	539.23	141.16	61.61	26.00	7.07	6.80

3—1 续表 3

城 市	年末总人口(万人)		非农业人口		自然增长率(‰)	
	全 市	市辖区	全 市	市辖区	全 市	市辖区
池 州	154.91	62.57	24.49	12.19	3.18	3.67
宣 城	274.83	83.39	45.97	15.16	1.43	—1.03
福 建	**3349.67**	**824.53**	**994.96**	**433.83**	**5.50**	**5.38**
福 州	604.86	166.24	205.43	133.74	5.19	4.06
厦 门	141.76	141.76	83.74	83.74	4.37	4.37
莆 田	301.84	201.63	57.40	38.80	7.65	7.54
三 明	267.66	28.25	85.04	21.02	5.94	6.32
泉 州	662.62	97.77	169.62	57.62	4.68	4.72
漳 州	453.93	51.87	125.89	30.87	4.73	4.39
南 平	304.47	49.02	101.51	27.15	5.63	5.96
龙 岩	286.72	46.24	85.72	30.22	4.86	4.63
宁 德	325.81	41.75	80.61	10.67	7.36	5.79
江 西	**4305.78**	**818.23**	**1074.33**	**438.02**	**8.47**	**8.61**
南 昌	450.77	196.37	195.46	149.53	7.67	5.57
景德镇	148.30	42.15	56.78	33.96	9.79	7.68
萍 乡	177.74	80.53	52.48	38.59	5.91	6.13
九 江	460.08	62.20	109.83	45.49	8.65	25.59
新 余	109.35	78.47	37.56	29.85	8.49	8.70
鹰 潭	109.97	18.48	30.28	12.73	7.97	8.24
赣 州	831.20	54.60	159.22	33.59	9.10	5.20
吉 安	462.61	49.86	98.56	22.32	9.97	8.08
宜 春	522.27	95.80	125.97	23.71	9.03	11.87
抚 州	376.11	103.65	92.20	28.73	8.87	8.92
上 饶	657.38	36.12	115.99	19.52	6.78	6.95
山 东	**9108.46**	**2561.16**	**2833.35**	**1382.43**	**3.25**	**3.29**
济 南	582.56	334.80	297.21	243.29	2.08	1.66
青 岛	720.68	246.77	329.96	203.39	0.41	—0.23
淄 博	413.14	273.37	182.57	155.58	2.81	2.59
枣 庄	363.76	206.94	116.16	74.36	4.32	4.64
东 营	176.81	78.80	80.74	57.11	3.35	4.05
烟 台	645.82	170.83	225.71	102.55	—1.07	—0.70
潍 坊	847.71	142.33	235.41	75.79	2.49	3.26
济 宁	798.89	105.22	228.64	52.87	3.98	5.43
泰 安	547.65	158.42	172.81	65.94	4.06	4.79
威 海	247.63	56.94	109.99	41.93	—3.35	0.56
日 照	278.48	117.79	71.51	38.54	4.43	5.53
莱 芜	123.88	123.88	42.36	42.36	2.87	2.87
临 沂	1011.05	189.67	242.24	88.65	4.39	6.37
德 州	546.02	56.83	125.94	37.58	4.12	6.73

3—1续表4

城市	年末总人口(万人)		非农业人口		自然增长率(‰)	
	全市	市辖区	全市	市辖区	全市	市辖区
聊城	563.76	100.36	135.79	36.94	3.87	5.12
滨州	366.15	61.31	86.91	25.72	3.61	2.42
菏泽	874.47	136.90	149.40	39.83	7.98	7.12
河南	**9702.25**	**1580.06**	**1930.87**	**993.27**	**4.79**	**4.90**
郑州	661.07	239.85	249.72	177.35	5.09	5.61
开封	476.70	78.34	93.94	59.30	4.99	2.19
洛阳	638.79	148.93	171.15	106.22	5.05	3.73
平顶山	489.11	92.56	116.52	70.07	4.74	6.35
安阳	533.14	100.77	112.53	65.43	1.65	0.74
鹤壁	146.31	52.17	45.84	33.81	7.71	6.22
新乡	556.74	79.86	120.90	66.03	6.23	5.66
焦作	340.19	79.83	107.15	62.47	5.23	6.25
濮阳	362.13	51.66	67.71	37.31	4.51	6.73
许昌	445.88	38.49	83.28	35.74	3.71	5.57
漯河	259.20	35.23	60.66	33.11	4.92	6.72
三门峡	220.90	27.99	62.70	21.50	3.26	3.84
南阳	1054.38	168.45	158.00	53.45	4.73	6.29
商丘	831.02	154.45	142.75	82.62	5.40	2.97
信阳	785.70	137.07	124.64	43.32	4.26	4.35
周口	1074.68	36.67	118.43	22.33	6.45	8.92
驻马店	826.31	57.74	94.95	23.21	3.45	5.87
湖北	**5173.17**	**1870.46**	**1599.73**	**966.31**	**2.62**	**3.01**
武汉	781.19	781.19	474.98	474.98	2.15	2.15
黄石	253.81	66.09	109.57	60.27	3.53	4.48
十堰	340.64	50.00	91.14	41.48	2.67	6.60
宜昌	396.89	120.97	125.03	66.88	0.64	2.56
襄樊	578.54	218.49	163.52	84.76	2.88	3.60
鄂州	104.33	104.33	30.89	30.89	7.71	7.71
荆门	300.60	72.15	84.77	39.41	2.83	4.32
孝感	508.91	89.50	94.08	25.61	3.36	3.95
荆州	647.80	109.50	166.80	62.20	1.76	1.00
黄冈	724.70	36.25	130.71	20.59	2.76	3.19
咸宁	278.32	56.17	76.39	23.06	3.42	4.26
随州	257.44	165.82	51.85	36.18	2.68	1.72
湖南	**6368.34**	**1157.62**	**1470.16**	**663.86**	**4.47**	**5.09**
长沙	601.76	196.26	205.83	162.44	1.61	4.52
株洲	373.60	80.20	99.31	59.00	3.68	5.22
湘潭	282.03	70.19	80.05	57.54	2.06	3.46
衡阳	713.90	91.47	206.43	87.24	6.98	7.96

3—1续表5

城　市	年末总人口(万人)		非农业人口		自然增长率(‰)	
	全　市	市辖区	全　市	市辖区	全　市	市辖区
邵　阳	732.35	63.37	111.48	35.71	5.50	7.38
岳　阳	527.83	94.13	117.85	54.50	4.52	8.27
常　德	600.20	136.80	136.07	46.20	2.69	3.49
张家界	157.43	46.57	26.61	13.34	3.21	3.41
益　阳	456.51	128.00	82.52	32.52	2.35	3.14
郴　州	455.27	68.56	145.72	37.36	5.24	3.90
永　州	570.65	108.40	85.30	30.48	4.25	3.24
怀　化	492.92	32.44	90.77	22.47	7.27	13.11
娄　底	403.89	41.23	82.22	25.06	6.32	8.80
广　东	**7723.19**	**2899.99**	**3544.83**	**2383.60**	**6.96**	**6.38**
广　州	725.19	588.26	493.32	456.92	2.24	2.19
韶　关	314.85	53.42	125.05	48.47	1.73	3.07
深　圳	150.93	150.93	122.39	122.39	9.43	9.43
珠　海	82.02	82.02	82.02	82.02	11.12	11.12
汕　头	484.64	477.36	480.07	477.36	10.45	16.90
佛　山	344.24	344.24	343.70	343.70	3.56	3.56
江　门	381.98	132.45	221.67	132.45	3.26	3.81
湛　江	713.94	144.25	186.39	72.44	9.93	9.70
茂　名	668.12	120.19	243.89	117.86	9.03	10.20
肇　庆	392.65	47.75	97.58	35.76	5.17	4.81
惠　州	286.36	108.74	111.85	61.05	5.40	4.91
梅　州	490.60	30.71	120.01	23.68	5.06	3.23
汕　尾	306.40	47.28	153.20	47.28	18.92	11.65
河　源	334.13	30.05	84.58	28.21	9.68	15.71
阳　江	259.53	62.86	83.29	43.61	6.16	—2.12
清　远	389.97	54.22	113.03	54.22	4.98	6.09
东　莞	158.96	158.96	56.87	56.87	5.62	5.62
中　山	137.86	137.86	58.76	58.76	4.54	4.54
潮　州	249.00	34.35	64.78	26.46	4.60	2.11
揭　阳	590.54	65.83	204.75	65.83	10.52	5.32
云　浮	261.28	28.26	97.63	28.26	4.39	4.13
广　西	**4803.04**	**1133.70**	**884.29**	**439.02**	**7.12**	**6.49**
南　宁	614.67	145.77	167.99	108.97	6.47	6.82
柳　州	351.26	95.89	121.26	84.35	7.21	4.65
桂　林	490.47	71.00	110.72	55.17	6.61	6.05
梧　州	293.69	47.24	58.68	27.46	8.40	5.71
北　海	146.77	53.93	43.09	24.84	7.73	9.89
防城港	78.85	47.44	20.05	13.09	8.90	9.34
钦　州	336.74	120.32	37.65	19.86	11.38	8.32

3—1 续表 6

城市	年末总人口(万人)		非农业人口		自然增长率(‰)	
	全市	市辖区	全市	市辖区	全市	市辖区
贵港	470.35	172.44	51.44	23.22	5.63	3.68
玉林	589.55	90.05	68.89	20.03	8.13	8.71
百色	368.44	32.82	46.26	12.69	5.28	4.42
贺州	209.22	92.64	28.85	13.92	6.40	5.66
河池	381.00	30.92	56.44	11.35	7.04	4.55
来宾	244.14	99.24	35.58	15.25	7.12	8.23
崇左	227.89	34.00	37.39	8.82	5.12	5.71
海南	**189.58**	**189.58**	**95.00**	**95.00**	**1.54**	**1.54**
海口	139.19	139.19	76.05	76.05	—1.58	—1.58
三亚	50.39	50.39	18.95	18.95	10.09	10.09
重庆	**3130.10**	**1010.12**	**753.92**	**441.16**	**3.81**	**2.69**
四川	7938.69	2199.38	1702.30	853.45	2.46	2.99
成都	1044.31	452.57	386.23	281.40	0.51	1.03
自贡	315.30	106.93	74.84	47.98	2.76	2.75
攀枝花	106.18	66.47	56.53	51.27	6.16	6.17
泸州	468.06	139.51	76.83	42.51	4.43	5.34
德阳	380.59	62.24	78.25	28.36	—0.21	1.37
绵阳	527.52	110.73	117.19	54.00	4.23	2.52
广元	304.08	90.73	59.12	29.45	1.44	2.93
遂宁	376.60	146.53	74.22	33.18	3.68	7.82
内江	421.25	138.57	78.11	34.29	3.38	3.98
乐山	347.63	113.12	84.80	42.96	1.55	0.98
南充	717.73	184.80	145.34	55.03	1.07	3.23
眉山	340.66	82.26	73.91	27.10	1.62	0.86
宜宾	515.01	76.95	86.97	32.16	3.51	2.71
广安	448.53	121.68	60.68	18.99	3.00	2.91
达州	628.46	39.57	102.15	22.04	3.32	7.56
雅安	153.15	34.14	30.18	13.59	6.07	7.20
巴中	356.06	127.54	55.40	21.41	3.69	2.67
资阳	487.57	105.04	61.55	17.73	1.36	0.92
贵州	**1601.49**	**385.35**	**377.30**	**229.70**	**6.10**	**5.91**
贵阳	344.86	199.57	165.27	141.09	3.50	4.37
六盘水	292.62	42.47	63.15	27.77	8.39	10.23
遵义	713.42	64.30	109.20	38.75	6.29	6.57
安顺	250.59	79.01	39.68	22.09	6.45	6.88
云南	**2597.25**	**548.81**	**441.83**	**243.72**	**8.33**	**6.51**
昆明	500.79	224.22	205.34	164.39	6.93	5.62
曲靖	561.19	63.31	67.99	23.31	8.73	7.54
玉溪	206.88	39.34	36.08	13.00	7.10	6.53

3—1续表7

城市	年末总人口(万人)		非农业人口		自然增长率(‰)	
	全市	市辖区	全市	市辖区	全市	市辖区
保山	239.25	84.62	24.95	11.78	6.47	4.98
昭通	507.27	75.61	39.18	11.61	12.17	10.95
丽江	111.88	14.08	14.43	6.10	4.27	2.12
思茅	253.03	19.83	31.63	8.49	9.62	7.15
临沧	216.96	27.80	22.23	5.04	5.40	5.78
陕西	**3642.99**	**1116.59**	**892.63**	**551.88**	**3.67**	**4.47**
西安	716.58	510.26	312.88	288.86	3.81	3.80
铜川	83.98	74.78	39.44	38.21	5.59	6.12
宝鸡	367.10	74.25	88.85	60.10	4.07	10.01
咸阳	483.91	83.40	97.85	49.60	4.20	5.12
渭南	533.94	90.98	95.37	24.18	4.61	5.50
延安	205.61	37.46	50.44	16.93	4.44	7.98
汉中	372.10	52.52	75.60	24.41	3.09	3.17
榆林	348.21	43.89	55.12	14.07	4.82	4.39
安康	294.06	94.57	43.26	20.24	0.62	2.45
商洛	237.50	54.48	33.82	15.28	1.09	1.29
甘肃	**2066.18**	**711.18**	**513.76**	**359.64**	**5.70**	**5.46**
兰州	304.36	194.91	175.54	162.76	4.52	3.73
嘉峪关	16.37	16.37	14.34	14.34	6.99	6.99
金昌	46.03	20.82	21.68	15.83	6.01	5.69
白银	173.64	46.97	39.22	28.81	5.61	5.57
天水	345.64	121.45	77.75	55.84	6.65	6.61
武威	187.10	98.05	28.86	19.94	4.93	5.29
张掖	126.81	49.77	30.42	17.46	3.13	5.72
平凉	222.28	48.31	29.93	14.63	5.95	6.81
酒泉	91.84	34.21	33.68	12.02	5.50	5.81
庆阳	255.76	32.71	30.49	8.78	6.97	7.14
定西	296.35	47.61	31.85	9.23	6.06	6.18
青海	**204.97**	**99.54**	**105.13**	**88.71**	**7.55**	**6.63**
西宁	204.97	99.54	105.13	88.71	7.55	6.63
宁夏	**580.18**	**192.00**	**228.47**	**118.18**	**10.28**	**9.06**
银川	133.01	71.82	79.20	60.32	8.26	4.44
石嘴山	72.78	36.18	41.21	32.66	5.92	4.91
吴忠	186.56	35.44	89.06	16.03	9.72	13.74
固原	187.83	48.56	19.00	9.17	13.94	15.30
新疆	**212.13**	**203.90**	**167.11**	**166.20**	**4.36**	**4.21**
乌鲁木齐	181.53	173.30	142.94	142.03	4.45	4.27
克拉玛依	30.60	30.60	24.17	24.17	3.86	3.86

3—2 劳动力与就业

城市	单位从业人员（万人）		私营和个体从业人员（人）		城镇登记失业人员（人）	
	全 市	市辖区	全 市	市辖区	全 市	市辖区
城市合计	**10610.64**	**6305.90**	**63370427**	**34838401**	**6702648**	**4151013**
北 京	**703.28**	**476.73**	**424509**		**69589**	**67286**
天 津	**191.01**	**179.08**	**920994**	**807802**	**120300**	**116800**
河 北	**490.75**	**252.61**	**2268572**	**846248**	**221464**	**136552**
石家庄	88.27	56.04	262159	94675	26196	20000
唐 山	71.69	48.47	251678	146965	44869	29451
秦皇岛	28.65	19.94	143847	133405	15543	11847
邯 郸	60.38	35.78	104842	33775	39842	34843
邢 台	33.94	13.70	156100	51500	17050	7950
保 定	62.58	20.81	255227	70429	27649	9925
张家口	37.01	18.96	169024	36094	16632	9646
承 德	23.45	10.06	157920	50054	9300	4741
沧 州	39.00	10.54	365782	113392	15470	1193
廊 坊	23.58	9.40	266381	42268	5067	3842
衡 水	22.20	8.91	135612	73691	3846	3114
山 西	**351.90**	**196.74**	**1257495**	**601866**	**137774**	**101063**
太 原	76.19	69.74	353300	320170	44614	42707
大 同	48.44	40.19	85453	55620	47000	41250
阳 泉	20.70	16.51	50906	24345	5046	4026
长 治	30.79	17.51	115218	43396	5654	4405
晋 城	21.82	11.10	69541	22416	4739	1199
朔 州	12.68	7.36	51610	27397	1447	756
晋 中	29.65	8.46	45703	16501	5612	1469
运 城	32.95	7.32	148206	18661	3500	420
忻 州	22.94	6.17	66667	17817	9900	1350
临 汾	35.28	8.94	154923	43249	8272	2121
吕 梁	20.46	3.44	115968	12294	1990	1360
内蒙古	**212.24**	**108.26**	**1653377**	**758186**	**156215**	**69074**
呼和浩特	31.36	25.74	236894	189535	22293	10073
包 头	35.05	32.04	452966	317900	31746	30109
乌 海	10.07	10.07	37700	37700	6615	6615
赤 峰	33.20	13.04	182132	70290	19996	3061
通 辽	22.66	8.86	121257	42127	15991	6460
鄂尔多斯	13.63	4.85	127095	48416	8793	689
海拉尔	39.99	4.21	132345	17212	25305	3316
巴彦淖尔	14.10	5.66	42988	12439	11076	5213
乌兰察布	12.18	3.79	320000	22567	14400	3538
辽 宁	**494.97**	**375.14**	**4877372**	**3219751**	**854356**	**621382**
沈 阳	101.00	93.60	1035372	912536	172298	157230

3—2 续表 1

城　市	单位从业人员（万人）		私营和个体从业人员（人）		城镇登记失业人员（人）	
	全　市	市辖区	全　市	市辖区	全　市	市辖区
大　连	87.20	72.83	1026863	823938	99310	63178
鞍　山	42.11	34.10	454646	258055	62810	51067
抚　顺	30.26	26.66	330079	246899	49969	42316
本　溪	24.61	21.66	264248	154026	45998	37354
丹　东	19.78	12.91	286735	132761	181982	119895
锦　州	29.30	15.14	255016	127971	43380	36925
营　口	17.12	13.23	205694	141782	26036	21396
阜　新	19.87	15.46	208001	138761	26170	20668
辽　阳	16.94	14.29	216147	94259	29366	22063
盘　锦	38.15	20.31	121825	85262	11416	7688
铁　岭	23.27	8.39	181043	29697	43420	22321
朝　阳	21.25	8.19	134545	20817	36782	9595
葫芦岛	24.11	18.37	157158	52987	25419	9686
吉　林	**249.01**	**145.63**	**1010145**	**590158**	**182996**	**107574**
长　春	90.54	70.43	293201	218908	56829	46615
吉　林	41.45	25.96	324864	239851	29597	20635
四　平	24.89	8.36	106595	32828	26124	8353
辽　源	10.88	7.28	39616	26399	18464	13263
通　化	21.35	9.09	70944	30320	10497	3640
白　山	17.47	6.49	27368	9253	12713	4641
松　原	22.13	9.29	79186	9689	16608	6106
白　城	20.30	8.73	68371	22910	12164	4321
黑龙江	**542.19**	**321.05**	**2312043**	**1059018**	**317556**	**163191**
哈尔滨	210.39	159.52	523983	332270	99000	35000
齐齐哈尔	47.42	26.40	288909	147093	40394	22143
鸡　西	28.32	13.59	156206	60529	11206	4570
鹤　岗	25.14	13.19	60468	54603	17457	13216
双鸭山	29.33	8.86	72834	20773	5876	3000
大　庆	43.91	36.72	291014	118769	31036	25896
伊　春	22.57	17.83	63162	44088	30437	23024
佳木斯	33.77	14.65	217592	59743	40545	17414
七台河	13.31	10.24	54276	41726	11428	9231
牡丹江	28.90	12.98	204599	67160	15886	7235
黑　河	31.10	4.35	68426	23405	2291	902
绥　化	28.03	2.72	310574	88859	12000	1560
上　海	**342.11**	**335.15**	**3563139**	**3477219**	**301134**	**289817**
江　苏	**606.95**	**336.09**	**3836941**	**2269935**	**418413**	**257164**
南　京	90.95	86.52	743429	730680	65400	61400
无　锡	50.97	36.74	536828	462276	30145	22015

3—2 续表 2

城市	单位从业人员（万人）		私营和个体从业人员（人）		城镇登记失业人员（人）	
	全市	市辖区	全市	市辖区	全市	市辖区
徐州	61.30	33.28	177317	82141	37980	26825
常州	35.45	26.44	463527	399020	28784	22836
苏州	86.57	39.26	569226	146032	53462	32303
南通	53.35	21.14	196348	24619	33423	16189
连云港	28.13	13.87	86389	54062	19254	10239
淮安	34.77	19.91	149820	99513	27128	18372
盐城	48.04	11.35	308713	56661	39111	11030
扬州	36.87	17.57	246719	104997	28067	14160
镇江	30.28	17.88	116066	51052	18764	14549
泰州	32.65	9.57	150439	33084	23247	5618
宿迁	17.62	2.56	92120	25798	13648	1628
浙江	**390.59**	**207.80**	**3504631**	**1736527**	**259525**	**138574**
杭州	80.38	67.53	726471	637062	70894	53171
宁波	65.34	40.04	519353	270119	41029	30097
温州	62.39	31.56	525531	277106	34610	11502
嘉兴	29.89	11.04	225589	87576	22912	9257
湖州	15.27	6.60	132415	76043	10534	4712
绍兴	39.18	10.68	280360	84134	23899	8115
金华	27.85	7.24	398037	55886	19661	6639
衢州	12.36	6.67	95517	34481	9047	4240
舟山	10.15	8.39	47015	38366	6910	5079
台州	34.65	14.38	411970	131653	13599	3929
丽水	13.13	3.67	142373	44101	6430	1833
安徽	**352.75**	**202.80**	**2745304**	**1343282**	**299868**	**183042**
合肥	38.65	31.44	325813	126732	33000	23400
芜湖	24.61	16.26	170176	79895	27416	23100
蚌埠	21.70	13.86	134269	66760	21344	18351
淮南	27.42	24.06	123981	106148	20970	19710
马鞍山	16.52	14.71	105468	57901	11100	10400
淮北	26.15	22.77	179149	149149	12733	9733
铜陵	11.91	10.44	64006	60863	11039	10217
安庆	29.11	12.44	429745	214872	24371	12300
黄山	9.71	4.91	111166	51464	6416	3383
滁州	22.21	6.99	119250	43272	13000	4800
阜阳	26.66	11.50	236000	86800	6315	2139
宿州	21.93	9.22	62457	32103	13700	9900
巢湖	17.40	5.17	196000	38198	38700	18100
六安	22.09	7.74	190659	62834	35500	7600
亳州	16.57	5.71	149896	120435	7319	3600

3－2续表3

城　市	单位从业人员（万人）		私营和个体从业人员（人）		城镇登记失业人员（人）	
	全　市	市辖区	全　市	市辖区	全　市	市辖区
池　州	7.19	3.32	45269	27469	6345	2909
宣　城	12.92	2.26	102000	18387	10600	3400
福　建	**340.80**	**182.34**	**1722224**	**784458**	**141534**	**70042**
福　州	75.23	43.73	398460	217664	24660	19879
厦　门	57.55	57.55	158120	158120	18820	18820
莆　田	23.40	19.21	95388	82359	5538	3869
三　明	21.89	7.18	86638	29190	20396	6392
泉　州	74.14	26.51	514749	181384	7116	2417
漳　州	32.08	9.49	138560	33233	13024	3384
南　平	21.13	6.30	150214	31028	24056	5837
龙　岩	19.51	8.40	83601	30590	16802	6844
宁　德	15.87	3.97	96494	20890	11122	2600
江　西	**310.67**	**128.70**	**2588585**	**628021**	**190888**	**101167**
南　昌	53.09	42.99	323351	134433	32861	32861
景德镇	14.86	7.89	70800	38900	10200	10200
萍　乡	12.90	10.14	114010	65900	17619	15518
九　江	33.05	11.14	284377	86809	22503	12467
新　余	59.17	24.37	92100	64600	7100	7100
鹰　潭	8.25	1.92	92329	40934	6643	3068
赣　州	33.49	6.75	529189	50477	28382	2846
吉　安	21.56	6.40	190968	16520	21392	5500
宜　春	24.74	5.76	255955	68695	13788	4307
抚　州	20.65	6.91	185906	42753	17000	3700
上　饶	28.91	4.43	449600	18000	13400	3600
山　东	**769.25**	**393.24**	**3515365**	**1792655**	**407769**	**249254**
济　南	80.80	65.10	347479	252243	56452	42462
青　岛	107.52	66.95	627788	363651	72036	66569
淄　博	47.92	38.08	158839	128659	27468	22851
枣　庄	31.66	23.51	140482	90151	13531	11320
东　营	31.95	26.14	136773	98433	8017	6089
烟　台	65.93	31.05	342345	207943	39655	33271
潍　坊	58.74	20.73	267474	119900	33496	13845
济　宁	57.98	14.30	178817	62111	27595	3790
泰　安	44.62	13.73	99966	57520	22211	8366
威　海	34.92	17.22	109643	50138	7653	4792
日　照	16.86	9.54	59883	42620	9450	4100
莱　芜	13.15	13.15	53120	53120	6801	6801
临　沂	47.89	15.91	311045	102748	26406	9484
德　州	33.10	10.50	404181	49738	19317	5927

3—2 续表 4

城市	单位从业人员（万人）		私营和个体从业人员（人）		城镇登记失业人员（人）	
	全市	市辖区	全市	市辖区	全市	市辖区
聊城	34.71	9.85	109672	50843	9865	217
滨州	26.94	7.90	50824	22614	10212	4207
菏泽	34.56	9.58	117034	40223	17604	5163
河南	**677.71**	**329.12**	**2740766**	**960338**	**261786**	**154072**
郑州	89.59	65.25	480000	268800	31535	24445
开封	31.22	17.44	129279	64470	21076	14173
洛阳	53.48	32.56	166169	102819	20136	16182
平顶山	44.95	27.00	131320	38752	15652	11411
安阳	40.85	20.63	212152	42118	13658	9602
鹤壁	15.94	10.98	41269	13822	3258	2672
新乡	43.23	20.34	177928	54219	19587	16649
焦作	32.43	18.52	156400	54837	12320	9308
濮阳	30.49	20.39	133197	44296	13211	10543
许昌	26.17	8.13	133409	16730	7977	5279
漯河	19.35	9.38	53735	19847	5984	2096
三门峡	24.15	7.19	37798	10661	10680	3787
南阳	65.66	26.79	262249	132812	27811	10455
商丘	38.84	12.96	142517	24679	21654	8081
信阳	39.73	13.38	217682	43320	13930	4451
周口	47.36	9.02	201572	15912	10260	2228
驻马店	34.27	9.16	64090	12244	13057	2710
湖北	**450.90**	**276.82**	**3507027**	**1958244**	**414450**	**259783**
武汉	140.14	140.14	1068400	1068400	119900	119900
黄石	27.36	16.75	215611	121978	18920	16069
十堰	29.59	16.71	169909	62675	18375	7154
宜昌	37.32	20.90	156009	80821	27246	13977
襄樊	44.17	23.35	430200	230400	39600	13588
鄂州	14.26	14.26	55000	55000	26403	26403
荆门	21.20	9.03	174068	44975	14278	7896
孝感	34.88	7.31	426250	68400	24632	3600
荆州	39.64	13.31	316480	117482	45324	24226
黄冈	31.87	1.61	329524	37391	22552	2870
咸宁	18.60	5.22	94772	28743	42480	13800
随州	11.87	8.23	70804	41979	14740	10300
湖南	**377.23**	**165.66**	**2741265**	**1145093**	**309464**	**127842**
长沙	63.12	47.90	580620	428275	52310	31982
株洲	28.59	18.88	401346	119371	27847	14417
湘潭	23.48	14.24	113107	88628	15968	9562
衡阳	42.81	13.99	204129	71826	30768	4908

3—2 续表 5

城 市	单位从业人员（万人）		私营和个体从业人员（人）		城镇登记失业人员（人）	
	全 市	市辖区	全 市	市辖区	全 市	市辖区
邵 阳	30.55	10.09	274599	28456	20148	3436
岳 阳	33.26	11.40	143430	73748	27800	16300
常 德	23.96	8.59	212900	82900	25209	6428
张 家 界	7.49	3.22	51910	21464	5652	2001
益 阳	26.81	8.30	79637	40365	18290	6730
郴 州	24.90	8.41	190578	56234	19600	5980
永 州	23.89	7.59	202376	87614	19400	5156
怀 化	23.65	4.73	146303	25513	24900	13200
娄 底	24.72	8.32	140330	20699	21572	7742
广 东	**778.76**	**566.16**	**6860183**	**5477696**	**437795**	**271321**
广 州	188.03	174.11	894443	815561	72823	68175
韶 关	27.43	11.00	94304	34704	18264	6938
深 圳	109.17	109.17	1305723	1305723	21914	21914
珠 海	35.86	35.86	307384	307384	11131	11131
汕 头	29.87	28.72	341126	338974	15014	12985
佛 山	46.98	46.98	1184000	1184000	28144	28144
江 门	34.70	17.12	205361	119334	53600	30344
湛 江	38.49	16.12	188643	88716	23149	7015
茂 名	28.78	8.62	135166	68216	20638	9076
肇 庆	24.21	9.81	136672	37552	11691	5169
惠 州	50.91	37.49	172103	127417	13563	8931
梅 州	22.23	4.01	86200	25920	16974	2480
汕 尾	12.09	3.87	54054	0	8798	2293
河 源	15.83	5.03	109055	18700	13484	2931
阳 江	16.63	6.47	93710	49591	61490	31787
清 远	19.56	5.62	146300	40113	10663	4021
东 莞	17.41	17.41	145228	145228	4996	4996
中 山	16.05	16.05	540618	540618	6873	6873
潮 州	11.63	5.02	136822	101708	6357	3020
揭 阳	19.94	4.88	503379	119023	8764	2110
云 浮	12.96	2.80	79892	9214	9465	988
广 西	**374.82**	**150.93**	**1585942**	**742261**	**148243**	**72531**
南 宁	53.10	34.58	317090	165664	24024	13670
柳 州	38.93	28.34	171088	90543	19610	13212
桂 林	31.34	16.12	114886	88547	17254	7202
梧 州	15.21	7.57	88175	31302	7891	3776
北 海	9.43	5.80	64794	45152	8386	5129
防 城 港	5.40	3.27	26984	14535	2975	2013
钦 州	11.33	5.52	113689	80775	8428	4882

3—2 续表 6

城　市	单位从业人员（万人）		私营和个体从业人员（人）		城镇登记失业人员（人）	
	全　市	市辖区	全　市	市辖区	全　市	市辖区
贵　港	13.87	6.81	64048	37432	5899	3243
玉　林	23.13	6.99	109660	66852	14602	4040
百　色	17.62	4.69	124768	16961	7203	3264
贺　州	5.23	3.99	98206	46378	5670	2989
河　池	17.34	3.52	153798	26238	14480	3866
来　宾	10.33	4.65	59519	19528	6014	3700
崇　左	122.56	19.08	79237	12354	5807	1545
海　南	**28.81**	**28.81**	**318207**	**318207**	**16137**	**16137**
海　口	22.63	22.63	277277	277277	14870	14870
三　亚	6.18	6.18	40930	40930	1267	1267
重　庆	**209.61**	**131.86**	**1872747**	**888660**	**161583**	**99146**
四　川	**465.42**	**252.01**	**2021901**	**995771**	**329997**	**170701**
成　都	129.37	91.34	534987	307636	65949	49087
自　贡	18.44	13.34	66312	49854	16603	12411
攀枝花	19.97	18.34	87290	81176	13941	11905
泸　州	22.47	13.88	92178	44522	0	13101
德　阳	22.98	9.51	86639	21561	12887	5909
绵　阳	31.52	15.86	166200	99276	31429	12624
广　元	14.82	7.48	98294	44843	11998	4493
遂　宁	17.00	6.90	75438	34827	26605	6006
内　江	22.16	9.73	44571	18939	0	4982
乐　山	27.10	13.91	89795	50162	13469	7438
南　充	24.83	10.97	127771	43326	18814	8277
眉　山	12.70	3.79	47500	20040	10144	3620
宜　宾	28.95	11.98	143700	52449	19660	10504
广　安	10.98	3.58	119150	21796	31339	8464
达　州	25.86	6.24	40915	12513	27973	3446
雅　安	8.87	4.25	84800	47500	8671	1701
巴　中	13.25	5.93	81418	32344	10635	4401
资　阳	14.15	4.98	34943	13007	9880	2332
贵　州	**111.00**	**70.58**	**550579**	**347524**	**70292**	**37111**
贵　阳	56.67	48.17	298300	276244	31211	24237
六盘水	17.15	8.14	66792	32557	10027	3300
遵　义	25.61	8.04	134064	19798	21800	6359
安　顺	11.57	6.23	51423	18925	7254	3215
云　南	**166.67**	**87.86**	**1146831**	**255202**	**81290**	**19081**
昆　明	76.33	60.18	332900	0	18953	0
曲　靖	24.18	6.78	160711	37929	17149	6282
玉　溪	13.01	4.74	311745	133588	3627	1161

3－2 续表 7

城市	单位从业人员（万人）		私营和个体从业人员（人）		城镇登记失业人员（人）	
	全市	市辖区	全市	市辖区	全市	市辖区
保山	9.60	4.19	63064	39036	6341	3847
昭通	15.69	5.19	114849	9268	21512	4262
丽江	5.68	1.92	32666	10234	2369	1069
思茅	13.40	4.00	72388	13902	5571	1562
临沧	8.78	0.86	58508	11245	5768	898
陕西	**320.30**	**188.75**	**2165445**	**924191**	**209425**	**119499**
西安	116.68	109.04	455000	404300	85000	85000
铜川	10.31	9.69	78429	75426	4231	4231
宝鸡	33.40	20.91	277451	152576	24959	2146
咸阳	38.37	17.30	372971	98452	22240	2714
渭南	33.89	6.91	165443	38296	17258	2265
延安	18.58	4.91	72165	17886	10313	2113
汉中	23.98	7.12	442148	90532	22084	15803
榆林	19.56	4.45	75600	13706	9774	1761
安康	12.61	5.25	66787	18922	8144	3159
商洛	12.92	3.17	159451	14095	5422	307
甘肃	**161.94**	**106.82**	**917052**	**376000**	**106975**	**72211**
兰州	55.81	50.25	198366	86520	15300	13000
嘉峪关	4.49	4.49	19818	19818	3251	3251
金昌	8.46	5.71	23038	15000	6000	5160
白银	15.80	10.56	64288	37287	8821	5933
天水	17.40	12.74	298000	107000	38000	30000
武威	10.34	7.37	56357	40168	5877	3865
张掖	8.75	4.16	64900	20207	5350	3084
平凉	11.61	3.40	61349	16000	7929	2188
酒泉	9.74	3.00	52938	9400	4900	2980
庆阳	9.77	2.57	53598	23500	7835	1854
定西	9.77	2.57	24400	1100	3712	896
青海	**21.11**	**15.30**	**251090**	**206636**	**17800**	**14240**
西宁	21.11	15.30	251090	206636	17800	14240
宁夏	**60.45**	**36.96**	**344737**	**181493**	**32767**	**20093**
银川	28.81	24.39	161570	130077	12225	9548
石嘴山	9.22	6.02	50181	23595	8807	7586
吴忠	14.65	3.83	91206	14056	8462	1520
固原	7.77	2.72	41780	13765	3273	1439
新疆	**57.44**	**56.90**	**145959**	**145959**	**25263**	**25263**
乌鲁木齐	46.00	45.46	116512	116512	23056	23056
克拉玛依	11.44	11.44	29447	29447	2207	2207

3—3 按三次产业分的单位从业人员就业状况

单位:万人

城市	第一产业(农、林、牧、渔业)		第二产业		第三产业	
	全市	市辖区	全市	市辖区	全市	市辖区
城市合计	**539.16**	**97.19**	**4522.92**	**3118.70**	**5552.23**	**3090.19**
北京	**62.74**	**2.79**	**225.76**	**165.17**	**414.78**	**308.77**
天津	**0.97**	**0.77**	**97.60**	**92.84**	**92.44**	**85.47**
河北	**9.06**	**1.04**	**200.00**	**134.83**	**281.69**	**116.74**
石家庄	0.53	0.20	37.81	28.08	49.93	27.76
唐山	3.73	0.38	36.74	29.84	31.22	18.25
秦皇岛	0.25	0.13	10.60	8.46	17.80	11.35
邯郸	0.51	0.06	29.50	24.18	30.37	11.54
邢台	0.47	0.01	11.69	6.11	21.78	7.58
保定	0.41	0.05	24.44	10.68	37.73	10.08
张家口	0.70	0.05	15.62	10.74	20.69	8.17
承德	0.88	0.05	7.58	4.75	14.99	5.26
沧州	1.23	0.02	13.21	5.09	24.56	5.43
廊坊	0.21	0.05	6.31	3.43	17.06	5.92
衡水	0.14	0.04	6.50	3.47	15.56	5.40
山西	**4.11**	**1.37**	**162.49**	**104.85**	**185.30**	**90.52**
太原	0.43	0.33	39.41	35.75	36.35	33.66
大同	0.61	0.40	23.28	21.37	24.55	18.42
阳泉	0.03	0.01	12.90	11.52	7.77	4.98
长治	0.37	0.10	15.60	11.11	14.82	6.30
晋城	0.18	0.01	10.80	7.22	10.84	3.87
朔州	0.26	0.12	5.77	3.96	6.65	3.28
晋中	0.27	0.04	14.42	4.19	14.96	4.23
运城	0.53	0.06	13.91	2.63	18.51	4.63
忻州	0.64	0.21	7.30	2.13	15.00	3.83
临汾	0.55	0.08	13.89	3.96	20.84	4.90
吕梁	0.24	0.01	5.21	1.01	15.01	2.42
内蒙古	**29.68**	**3.36**	**77.88**	**53.36**	**104.68**	**51.54**
呼和浩特	0.42	0.15	9.74	7.97	21.20	17.62
包头	0.98	0.74	23.05	22.14	11.02	9.16
乌海	0.24	0.24	7.21	7.21	2.62	2.62
赤峰	4.30	0.15	11.14	6.90	17.76	5.99
通辽	5.85	1.06	4.84	3.21	11.97	4.59
鄂尔多斯	0.52	0.07	6.44	2.59	6.67	2.19
海拉尔	14.31	0.17	9.95	1.11	15.73	2.93
巴彦淖尔	2.48	0.66	3.48	1.56	8.14	3.44
乌兰察布	0.58	0.12	2.03	0.67	9.57	3.00
辽宁	**26.70**	**4.39**	**229.63**	**198.90**	**238.64**	**171.85**
沈阳	1.00	0.70	41.00	39.40	59.00	53.50

3—3 续表 1

单位:万人

城　　市	第一产业(农、林、牧、渔业)		第二产业		第三产业	
	全　市	市辖区	全　市	市辖区	全　市	市辖区
大　连	1.64	1.12	41.70	35.12	43.86	36.59
鞍　山	0.88	0.14	24.25	22.82	16.98	11.14
抚　顺	0.75	0.27	17.82	17.18	11.69	9.21
本　溪	0.26	0.11	15.10	14.27	9.25	7.28
丹　东	0.46	0.04	8.24	6.75	11.08	6.12
锦　州	2.11	0.18	10.80	6.68	16.39	8.28
营　口	0.24	0.18	6.29	5.97	10.59	7.08
阜　新	0.58	0.13	8.40	7.99	10.89	7.34
辽　阳	0.48	0.33	8.64	8.31	7.82	5.65
盘　锦	15.42	0.83	15.45	14.53	7.28	4.95
铁　岭	1.58	0.09	10.30	3.84	11.39	4.46
朝　阳	0.85	0.07	7.97	3.26	12.43	4.86
葫芦岛	0.45	0.20	13.67	12.78	9.99	5.39
吉　林	**15.54**	**1.13**	**101.26**	**77.88**	**132.21**	**66.92**
长　春	1.89	0.43	38.53	34.92	50.12	35.38
吉　林	1.87	0.20	20.14	15.02	19.44	10.74
四　平	1.85	0.06	6.82	3.54	16.22	4.76
辽　源	0.30	0.02	5.19	4.68	5.39	2.58
通　化	0.79	0.03	9.23	5.28	11.33	3.78
白　山	3.19	0.08	7.18	3.77	7.10	2.64
松　原	2.70	0.09	7.90	6.27	11.53	2.93
白　城	2.95	0.22	6.27	4.40	11.08	4.11
黑龙江	**83.11**	**14.63**	**232.33**	**183.17**	**226.75**	**123.27**
哈尔滨	11.43	2.09	106.63	91.35	92.33	66.08
齐齐哈尔	8.30	0.55	17.57	14.38	21.55	11.47
鸡　西	6.17	0.10	12.21	9.35	9.94	4.14
鹤　岗	7.89	1.02	10.11	8.73	7.14	3.44
双鸭山	10.96	0.35	8.87	5.93	9.50	2.58
大　庆	1.26	0.32	25.40	23.97	17.25	12.43
伊　春	10.57	8.27	7.91	6.75	4.09	2.83
佳木斯	6.80	0.72	10.11	6.32	16.86	7.61
七台河	0.69	0.07	9.17	8.02	3.45	2.15
牡丹江	6.04	0.11	9.51	6.79	13.35	6.08
黑　河	11.20	0.97	7.91	0.92	11.99	2.46
绥　化	1.80	0.06	6.93	0.66	19.30	2.00
上　海	**1.67**	**1.39**	**146.81**	**143.48**	**193.63**	**190.28**
江　苏	**18.14**	**3.07**	**280.38**	**173.94**	**308.40**	**159.10**
南　京	0.89	0.70	40.35	38.59	49.70	47.23
无　锡	0.57	0.25	25.38	20.60	25.02	15.89

3—3 续表 2

单位:万人

城　市	第一产业(农、林、牧、渔业)		第二产业		第三产业	
	全　市	市辖区	全　市	市辖区	全　市	市辖区
徐　州	1.85	0.10	25.11	18.55	34.34	14.63
常　州	0.38	0.11	18.20	14.51	16.86	11.83
苏　州	1.35	0.09	52.58	24.96	32.65	14.21
南　通	1.48	0.17	26.39	12.54	25.48	8.43
连云港	2.27	0.33	9.10	5.92	16.76	7.62
淮　安	2.84	0.80	12.89	7.77	19.03	11.34
盐　城	3.73	0.14	17.78	5.82	26.53	5.39
扬　州	0.41	0.04	18.72	10.25	17.74	7.28
镇　江	0.56	0.15	13.87	8.50	15.85	9.24
泰　州	0.70	0.18	14.78	5.05	17.16	4.34
宿　迁	1.11	0.01	5.23	0.88	11.28	1.67
浙　江	**2.71**	**0.70**	**174.06**	**95.14**	**213.82**	**111.96**
杭　州	0.35	0.18	29.56	25.96	50.47	41.39
宁　波	0.22	0.06	34.18	20.22	30.94	19.76
温　州	0.18	0.02	33.29	19.12	28.92	12.42
嘉　兴	0.34	0.09	13.51	5.34	16.04	5.61
湖　州	0.08	0.02	5.16	2.05	10.03	4.53
绍　兴	0.13	0.01	21.90	6.46	17.15	4.21
金　华	0.22	0.06	9.98	2.13	17.65	5.05
衢　州	0.14	0.01	4.75	3.49	7.47	3.17
舟　山	0.02	0.01	3.56	3.25	6.57	5.13
台　州	0.62	0.18	14.68	6.17	19.35	8.03
丽　水	0.41	0.06	3.49	0.95	9.23	2.66
安　徽	**11.97**	**3.49**	**145.06**	**107.26**	**195.72**	**92.05**
合　肥	0.35	0.12	13.80	12.71	24.50	18.61
芜　湖	0.17	0.04	16.15	10.69	8.29	5.53
蚌　埠	0.71	0.03	8.06	6.41	12.93	7.42
淮　南	0.53	0.33	17.79	16.38	9.10	7.35
马鞍山	0.06	0.01	11.20	10.78	5.26	3.92
淮　北	0.15	0.15	18.41	17.47	7.59	5.15
铜　陵	0.42	0.37	7.49	6.95	4.00	3.12
安　庆	2.24	1.17	8.10	5.66	18.77	5.61
黄　山	0.31	0.11	2.60	1.24	6.80	3.56
滁　州	1.29	0.10	7.72	3.32	13.20	3.57
阜　阳	0.81	0.22	6.40	3.78	19.45	7.50
宿　州	1.27	0.13	5.60	2.57	15.06	6.52
巢　湖	0.70	0.17	5.00	2.96	11.70	2.04
六　安	1.18	0.24	6.18	2.96	14.73	4.54
亳　州	0.46	0.07	4.11	1.95	12.00	3.69

3—3 续表 3

单位:万人

城市	第一产业(农、林、牧、渔业)		第二产业		第三产业	
	全市	市辖区	全市	市辖区	全市	市辖区
池州	0.39	0.06	1.85	0.83	4.95	2.43
宣城	0.93	0.17	4.60	0.60	7.39	1.49
福建	**7.13**	**1.51**	**191.87**	**112.79**	**141.80**	**68.04**
福州	0.92	0.38	40.46	21.42	33.85	21.93
厦门	0.48	0.48	41.49	41.49	15.58	15.58
莆田	0.11	0.06	14.45	12.56	8.84	6.59
三明	0.69	0.10	9.10	4.03	12.10	3.05
泉州	0.39	0.08	52.37	19.02	21.38	7.41
漳州	2.65	0.14	15.30	5.49	14.13	3.86
南平	0.95	0.09	7.33	3.27	12.85	2.94
龙岩	0.68	0.12	7.22	4.26	11.61	4.02
宁德	0.26	0.06	4.15	1.25	11.46	2.66
江西	**41.29**	**2.75**	**110.64**	**59.68**	**158.74**	**66.27**
南昌	2.26	1.50	22.78	19.12	28.05	22.37
景德镇	1.02	0.46	7.29	3.80	6.55	3.63
萍乡	0.16	0.07	6.46	6.13	6.28	3.94
九江	1.59	0.04	13.08	5.18	18.38	5.92
新余	25.01	0.32	19.16	12.51	15.00	11.54
鹰潭	1.27	0.01	3.34	0.54	3.64	1.37
赣州	1.18	0.01	10.77	2.92	21.54	3.82
吉安	1.95	0.13	5.82	2.63	13.79	3.64
宜春	1.20	0.08	8.41	1.97	15.13	3.71
抚州	1.49	0.12	6.18	3.05	12.98	3.74
上饶	4.16	0.01	7.35	1.83	17.40	2.59
山东	**9.38**	**2.22**	**391.11**	**213.63**	**368.76**	**177.39**
济南	0.37	0.28	38.10	30.21	42.33	34.61
青岛	0.85	0.41	64.27	38.11	42.40	28.43
淄博	0.47	0.17	29.34	24.15	18.11	13.76
枣庄	0.52	0.17	16.40	12.88	14.74	10.46
东营	0.43	0.04	22.27	20.28	9.25	5.82
烟台	0.89	0.43	34.38	16.91	30.66	13.71
潍坊	0.89	0.03	27.78	11.43	30.07	9.27
济宁	0.57	0.12	28.68	6.47	28.73	7.71
泰安	0.64	0.14	24.87	5.22	19.11	8.37
威海	0.29	0.03	21.91	11.89	12.72	5.30
日照	0.13	0.08	7.16	4.14	9.57	5.32
莱芜	0.01	0.01	8.59	8.59	4.55	4.55
临沂	1.01	0.13	16.51	6.31	30.37	9.47
德州	0.59	0.00	13.19	6.03	19.32	4.47

3—3 续表 4

单位:万人

城市	第一产业(农、林、牧、渔业)		第二产业		第三产业	
	全市	市辖区	全市	市辖区	全市	市辖区
聊城	0.36	0.02	15.44	3.92	18.91	5.91
滨州	0.54	0.11	15.27	4.69	11.13	3.10
菏泽	0.82	0.05	6.95	2.40	26.79	7.13
河南	**9.78**	**1.43**	**287.67**	**183.79**	**380.26**	**143.90**
郑州	0.26	0.14	42.98	33.33	46.35	31.78
开封	0.42	0.05	10.49	8.10	20.31	9.29
洛阳	0.35	0.03	25.35	19.11	27.78	13.42
平顶山	0.19	0.02	24.96	18.80	19.80	8.18
安阳	0.27	0.17	22.05	13.52	18.53	6.94
鹤壁	0.22	0.01	9.18	7.46	6.54	3.51
新乡	0.55	0.01	18.30	10.59	24.38	9.74
焦作	0.33	0.02	17.20	12.59	14.90	5.91
濮阳	0.24	0.12	17.65	15.26	12.60	5.01
许昌	0.27	0.13	10.06	4.06	15.84	3.94
漯河	0.25	0.06	8.81	5.43	10.29	3.89
三门峡	0.22	0.02	13.51	3.81	10.42	3.36
南阳	1.54	0.30	25.23	14.63	38.89	11.86
商丘	0.44	0.11	9.67	4.37	28.73	8.48
信阳	1.08	0.17	11.26	4.98	27.39	8.23
周口	2.06	0.04	12.68	3.93	32.62	5.05
驻马店	1.09	0.03	8.29	3.82	24.89	5.31
湖北	**25.51**	**12.64**	**188.65**	**128.80**	**236.74**	**135.38**
武汉	5.42	5.42	62.18	62.18	72.54	72.54
黄石	1.25	0.20	15.10	10.69	11.01	5.86
十堰	0.42	0.05	15.43	11.56	13.74	5.10
宜昌	1.40	1.06	17.77	9.98	18.15	9.86
襄樊	2.23	0.62	18.31	11.14	23.63	11.59
鄂州	0.19	0.19	7.96	7.96	6.11	6.11
荆门	3.08	1.29	7.44	3.67	10.68	4.07
孝感	2.21	0.81	15.49	2.25	17.18	4.25
荆州	5.31	1.52	11.08	5.01	23.25	6.78
黄冈	1.84	0.19	7.64	0.38	22.39	1.04
咸宁	0.97	0.17	7.04	1.96	10.59	3.09
随州	1.19	1.12	3.21	2.02	7.47	5.09
湖南	**17.90**	**2.45**	**131.24**	**74.04**	**228.09**	**89.00**
长沙	0.30	0.12	23.45	18.46	39.37	29.32
株洲	0.45	0.01	14.28	11.93	13.86	6.94
湘潭	0.09	0.04	12.76	9.15	10.63	5.05
衡阳	0.65	0.02	17.33	7.51	24.83	6.46

3—3 续表 5

单位：万人

城市	第一产业（农、林、牧、渔业）		第二产业		第三产业	
	全市	市辖区	全市	市辖区	全市	市辖区
邵阳	1.38	0.08	9.71	5.22	19.46	4.79
岳阳	4.60	1.00	10.53	6.10	18.13	4.30
常德	0.59	0.23	6.26	2.37	17.11	5.99
张家界	0.33	0.02	1.51	0.53	5.65	2.50
益阳	6.93	0.06	5.36	2.65	14.52	5.59
郴州	0.63	0.60	7.94	2.59	16.33	5.22
永州	0.98	0.16	5.92	2.51	16.99	4.92
怀化	0.70	0.05	6.14	1.29	16.81	3.39
娄底	0.27	0.06	10.05	3.73	14.40	4.53
广东	**13.23**	**3.82**	**362.04**	**284.74**	**403.48**	**277.59**
广州	1.13	0.85	84.65	76.39	102.25	96.87
韶关	0.57	0.02	12.98	6.25	13.88	4.73
深圳	0.81	0.81	57.66	57.66	50.70	50.70
珠海	0.97	0.97	23.84	23.84	11.05	11.05
汕头	0.06	0.05	11.50	10.86	18.31	17.81
佛山	0.07	0.07	24.95	24.95	21.96	21.96
江门	0.22	0.03	18.84	9.49	15.64	7.60
湛江	3.36	0.36	11.46	5.56	23.67	10.20
茂名	1.52	0.02	9.17	3.35	18.09	5.25
肇庆	0.27	0.03	10.45	5.28	13.49	4.50
惠州	0.83	0.15	35.20	28.91	14.88	8.43
梅州	0.27	0.02	6.52	1.42	15.44	2.57
汕尾	0.93	0.11	3.14	1.50	8.02	2.26
河源	0.22	0.05	5.39	2.50	10.22	2.48
阳江	0.60	0.12	6.72	2.41	9.31	3.94
清远	0.42	0.04	7.33	2.18	11.80	3.39
东莞	0.06	0.06	7.39	7.39	9.96	9.96
中山	0.04	0.04	9.04	9.04	6.97	6.97
潮州	0.04	0.01	4.53	2.42	7.06	2.59
揭阳	0.71	0.00	5.47	1.94	13.76	2.94
云浮	0.13	0.01	5.81	1.40	7.02	1.39
广西	**107.78**	**18.02**	**91.64**	**53.65**	**178.39**	**79.26**
南宁	3.35	0.96	16.28	11.60	33.47	22.02
柳州	1.05	0.33	19.24	15.72	18.64	12.29
桂林	0.79	0.13	10.50	6.90	20.05	9.09
梧州	0.28	0.01	5.46	3.86	9.47	3.70
北海	0.54	0.32	2.27	1.45	6.62	4.03
防城港	0.84	0.38	0.94	0.39	3.62	2.50
钦州	0.67	0.20	2.51	1.38	8.15	3.94

3—3 续表 6

单位：万人

城　市	第一产业(农、林、牧、渔业)		第二产业		第三产业	
	全　市	市辖区	全　市	市辖区	全　市	市辖区
贵　港	0.47	0.35	3.46	2.16	9.94	4.30
玉　林	0.84	0.08	6.60	2.29	15.69	4.62
百　色	0.80	0.34	5.16	1.63	11.66	2.72
贺　州	0.53	0.19	2.05	1.34	5.65	2.46
河　池	0.87	0.06	5.31	1.38	11.15	2.08
来　宾	1.17	0.68	2.77	1.27	6.39	2.70
崇　左	95.58	13.99	9.09	2.28	17.89	2.81
海　南	**1.75**	**1.75**	**8.06**	**8.06**	**19.00**	**19.00**
海　口	0.34	0.34	7.47	7.47	14.82	14.82
三　亚	1.41	1.41	0.59	0.59	4.18	4.18
重　庆	**2.47**	**0.69**	**98.82**	**67.74**	**108.32**	**63.43**
四　川	**7.89**	**1.74**	**216.62**	**133.60**	**241.63**	**116.67**
成　都	0.81	0.21	63.96	45.23	64.60	45.90
自　贡	0.27	0.04	9.21	7.96	8.96	5.34
攀枝花	0.23	0.05	14.54	14.15	5.20	4.14
泸　州	0.40	0.10	10.13	7.62	11.94	6.16
德　阳	0.20	0.02	11.81	5.73	10.97	3.76
绵　阳	0.38	0.04	14.59	7.99	16.55	7.83
广　元	0.22	0.05	5.42	3.56	9.18	3.87
遂　宁	0.35	0.10	8.93	3.73	7.72	3.07
内　江	0.25	0.09	11.62	5.01	10.29	4.63
乐　山	0.87	0.36	13.90	8.15	12.33	5.40
南　充	0.64	0.11	8.84	4.84	15.35	6.02
眉　山	0.27	0.01	5.05	1.66	8.10	2.12
宜　宾	0.36	0.04	15.00	7.14	13.59	4.80
广　安	0.33	0.12	2.55	0.93	8.10	2.53
达　州	0.99	0.04	8.84	2.96	16.03	3.24
雅　安	0.17	0.02	3.33	2.08	5.37	2.15
巴　中	0.61	0.18	4.28	2.63	8.36	3.12
资　阳	0.54	0.16	4.62	2.23	8.99	2.59
贵　州	**1.56**	**0.35**	**49.89**	**36.56**	**59.55**	**33.68**
贵　阳	0.44	0.19	28.56	24.36	27.67	23.62
六盘水	0.11	0.02	9.91	5.90	7.13	2.22
遵　义	0.71	0.02	7.78	4.15	17.12	3.87
安　顺	0.30	0.12	3.64	2.15	7.63	3.97
云　南	**6.43**	**1.47**	**55.65**	**33.54**	**104.59**	**52.85**
昆　明	0.86	0.45	30.46	23.55	45.01	36.18
曲　靖	0.59	0.12	9.16	3.29	14.43	3.37
玉　溪	0.47	0.05	3.60	1.25	8.94	3.44

3—3 续表 7　　　　单位：万人

城　市	第一产业（农、林、牧、渔业）		第二产业		第三产业	
	全 市	市辖区	全 市	市辖区	全 市	市辖区
保　山	0.56	0.23	2.27	1.10	6.77	2.86
昭　通	0.64	0.21	3.62	1.90	11.43	3.08
丽　江	0.54	0.03	0.80	0.31	4.34	1.58
思　茅	1.70	0.34	4.15	1.98	7.55	1.68
临　沧	1.07	0.04	1.59	0.16	6.12	0.66
陕　西	**6.50**	**1.88**	**131.99**	**90.14**	**181.81**	**96.74**
西　安	1.03	0.76	53.23	51.34	62.42	56.94
铜　川	0.10	0.06	6.37	6.20	3.84	3.43
宝　鸡	0.74	0.22	16.09	11.58	16.57	9.11
咸　阳	0.67	0.12	17.92	11.16	19.78	6.02
渭　南	1.02	0.10	13.66	2.59	19.21	4.22
延　安	0.66	0.09	5.63	1.35	12.29	3.47
汉　中	0.74	0.11	9.10	2.98	14.14	4.03
榆　林	0.81	0.25	3.86	1.12	14.89	3.08
安　康	0.32	0.08	2.73	1.27	9.56	3.91
商　洛	0.41	0.09	3.40	0.55	9.11	2.53
甘　肃	**7.12**	**2.98**	**71.73**	**55.45**	**83.09**	**48.39**
兰　州	0.47	0.31	30.61	28.28	24.73	21.66
嘉峪关	0.02	0.02	3.63	3.63	0.84	0.84
金　昌	0.59	0.14	5.77	4.20	2.10	1.37
白　银	0.47	0.04	8.93	8.06	6.40	2.46
天　水	1.07	1.06	6.59	5.57	9.74	6.11
武　威	0.98	0.77	2.30	1.93	7.06	4.67
张　掖	1.10	0.19	2.12	1.17	5.53	2.80
平　凉	0.42	0.05	4.30	0.98	6.89	2.37
酒　泉	1.01	0.13	3.53	0.75	5.20	2.12
庆　阳	0.40	0.04	1.82	0.45	7.55	2.08
定　西	0.59	0.23	2.13	0.43	7.05	1.91
青　海	**0.46**	**0.15**	**8.07**	**5.21**	**12.58**	**9.94**
西　宁	0.46	0.15	8.07	5.21	12.58	9.94
宁　夏	**4.95**	**1.60**	**26.46**	**19.02**	**29.04**	**16.34**
银　川	2.17	1.02	14.09	12.98	12.55	10.39
石嘴山	0.37	0.02	5.52	4.15	3.33	1.85
吴　忠	2.02	0.44	5.77	1.32	6.86	2.07
固　原	0.39	0.12	1.08	0.57	6.30	2.03
新　疆	**1.63**	**1.61**	**27.51**	**27.44**	**28.30**	**27.85**
乌鲁木齐	1.62	1.60	18.52	18.45	25.86	25.41
克拉玛依	0.01	0.01	8.99	8.99	2.44	2.44

3—4 单位从业人员就业结构

单位：%

城　　市	第一产业从业人员比重		第二产业从业人员比重		第三产业从业人员比重	
	全　市	市辖区	全　市	市辖区	全　市	市辖区
城市合计	**5.08**	**1.54**	**42.63**	**49.46**	**52.33**	**49.00**
北　　京	**8.92**	**0.59**	**32.10**	**34.65**	**58.98**	**64.77**
天　　津	**0.51**	**0.43**	**51.10**	**51.84**	**48.40**	**47.73**
河　　北	**1.85**	**0.41**	**40.75**	**53.37**	**57.40**	**46.21**
石家庄	0.60	0.36	42.83	50.11	56.57	49.54
唐　山	5.20	0.78	51.25	61.56	43.55	37.65
秦皇岛	0.87	0.65	37.00	42.43	62.13	56.92
邯　郸	0.84	0.17	48.86	67.58	50.30	32.25
邢　台	1.38	0.07	34.44	44.60	64.17	55.33
保　定	0.66	0.24	39.05	51.32	60.29	48.44
张家口	1.89	0.26	42.20	56.65	55.90	43.09
承　德	3.75	0.50	32.32	47.22	63.92	52.29
沧　州	3.15	0.19	33.87	48.29	62.97	51.52
廊　坊	0.89	0.53	26.76	36.49	72.35	62.98
衡　水	0.63	0.45	29.28	38.95	70.09	60.61
山　　西	**1.17**	**0.70**	**46.18**	**53.29**	**52.66**	**46.01**
太　原	0.56	0.47	51.73	51.26	47.71	48.26
大　同	1.26	1.00	48.06	53.17	50.68	45.83
阳　泉	0.14	0.06	62.32	69.78	37.54	30.16
长　治	1.20	0.57	50.67	63.45	48.13	35.98
晋　城	0.82	0.09	49.50	65.05	49.68	34.86
朔　州	2.05	1.63	45.50	53.80	52.44	44.57
晋　中	0.91	0.47	48.63	49.53	50.46	50.00
运　城	1.61	0.82	42.22	35.93	56.18	63.25
忻　州	2.79	3.40	31.82	34.52	65.39	62.07
临　汾	1.56	0.89	39.37	44.30	59.07	54.81
吕　梁	1.17	0.29	25.46	29.36	73.36	70.35
内 蒙 古	**13.98**	**3.10**	**36.69**	**49.29**	**49.32**	**47.61**
呼和浩特	1.34	0.58	31.06	30.96	67.60	68.45
包　头	2.80	2.31	65.76	69.10	31.44	28.59
乌　海	2.38	2.38	71.60	71.60	26.02	26.02
赤　峰	12.95	1.15	33.55	52.91	53.49	45.94
通　辽	25.82	11.96	21.36	36.23	52.82	51.81
鄂尔多斯	3.82	1.44	47.25	53.40	48.94	45.15
海拉尔	35.78	4.04	24.88	26.37	39.33	69.60
巴彦淖尔	17.59	11.66	24.68	27.56	57.73	60.78
乌兰察布	4.76	3.17	16.67	17.68	78.57	79.16
辽　　宁	**5.39**	**1.17**	**46.39**	**53.02**	**48.21**	**45.81**
沈　阳	0.99	0.75	40.59	42.09	58.42	57.16

3—4 续表 1

单位:%

城市	第一产业从业人员比重		第二产业从业人员比重		第三产业从业人员比重	
	全市	市辖区	全市	市辖区	全市	市辖区
大连	1.88	1.54	47.82	48.22	50.30	50.24
鞍山	2.09	0.41	57.59	66.92	40.32	32.67
抚顺	2.48	1.01	58.89	64.44	38.63	34.55
本溪	1.06	0.51	61.36	65.88	37.59	33.61
丹东	2.33	0.31	41.66	52.29	56.02	47.41
锦州	7.20	1.19	36.86	44.12	55.94	54.69
营口	1.40	1.36	36.74	45.12	61.86	53.51
阜新	2.92	0.84	42.27	51.68	54.81	47.48
辽阳	2.83	2.31	51.00	58.15	46.16	39.54
盘锦	40.42	4.09	40.50	71.54	19.08	24.37
铁岭	6.79	1.07	44.26	45.77	48.95	53.16
朝阳	4.00	0.85	37.51	39.80	58.49	59.34
葫芦岛	1.87	1.09	56.70	69.57	41.44	29.34
吉林	**6.24**	**0.78**	**40.67**	**53.48**	**53.09**	**45.95**
长春	2.09	0.61	42.56	49.58	55.36	50.23
吉林	4.51	0.77	48.59	57.86	46.90	41.37
四平	7.43	0.72	27.40	42.34	65.17	56.94
辽源	2.76	0.27	47.70	64.29	49.54	35.44
通化	3.70	0.33	43.23	58.09	53.07	41.58
白山	18.26	1.23	41.10	58.09	40.64	40.68
松原	12.20	0.97	35.70	67.49	52.10	31.54
白城	14.53	2.52	30.89	50.40	54.58	47.08
黑龙江	**15.33**	**4.56**	**42.85**	**57.05**	**41.82**	**38.40**
哈尔滨	5.43	1.31	50.68	57.27	43.89	41.42
齐齐哈尔	17.50	2.08	37.05	54.47	45.44	43.45
鸡西	21.79	0.74	43.11	68.80	35.10	30.46
鹤岗	31.38	7.73	40.21	66.19	28.40	26.08
双鸭山	37.37	3.95	30.24	66.93	32.39	29.12
大庆	2.87	0.87	57.85	65.28	39.28	33.85
伊春	46.83	46.38	35.05	37.86	18.12	15.87
佳木斯	20.14	4.91	29.94	43.14	49.93	51.95
七台河	5.18	0.68	68.90	78.32	25.92	21.00
牡丹江	20.90	0.85	32.91	52.31	46.19	46.84
黑河	36.01	22.30	25.43	21.15	38.55	56.55
绥化	6.42	2.21	24.72	24.26	68.85	73.53
上海	**0.49**	**0.41**	**42.91**	**42.81**	**56.60**	**56.77**
江苏	**2.99**	**0.91**	**46.19**	**51.75**	**50.81**	**47.34**
南京	0.98	0.81	44.37	44.60	54.65	54.59
无锡	1.12	0.68	49.79	56.07	49.09	43.25

3—4 续表 2

单位:%

城市	第一产业从业人员比重		第二产业从业人员比重		第三产业从业人员比重	
	全市	市辖区	全市	市辖区	全市	市辖区
徐州	3.02	0.30	40.96	55.74	56.02	43.96
常州	1.07	0.42	51.34	54.88	47.56	44.74
苏州	1.56	0.23	60.74	63.58	37.72	36.19
南通	2.77	0.80	49.47	59.32	47.76	39.88
连云港	8.07	2.38	32.35	42.68	59.58	54.94
淮安	8.17	4.02	37.07	39.03	54.73	56.96
盐城	7.76	1.23	37.01	51.28	55.22	47.49
扬州	1.11	0.23	50.77	58.34	48.11	41.43
镇江	1.85	0.84	45.81	47.54	52.34	51.68
泰州	2.14	1.88	45.27	52.77	52.56	45.35
宿迁	6.30	0.39	29.68	34.38	64.02	65.23
浙江	**0.69**	**0.34**	**44.56**	**45.78**	**54.74**	**53.88**
杭州	0.44	0.27	36.78	38.44	62.79	61.29
宁波	0.34	0.15	52.31	50.50	47.35	49.35
温州	0.29	0.06	53.36	60.58	46.35	39.35
嘉兴	1.14	0.82	45.20	48.37	53.66	50.82
湖州	0.52	0.30	33.79	31.06	65.68	68.64
绍兴	0.33	0.09	55.90	60.49	43.77	39.42
金华	0.79	0.83	35.83	29.42	63.38	69.75
衢州	1.13	0.15	38.43	52.32	60.44	47.53
舟山	0.20	0.12	35.07	38.74	64.73	61.14
台州	1.79	1.25	42.37	42.91	55.84	55.84
丽水	3.12	1.63	26.58	25.89	70.30	72.48
安徽	**3.39**	**1.72**	**41.12**	**52.89**	**55.48**	**45.39**
合肥	0.91	0.38	35.71	40.43	63.39	59.19
芜湖	0.69	0.25	65.62	65.74	33.69	34.01
蚌埠	3.27	0.22	37.14	46.25	59.59	53.54
淮南	1.93	1.37	64.88	68.08	33.19	30.55
马鞍山	0.36	0.07	67.80	73.28	31.84	26.65
淮北	0.57	0.66	70.40	76.72	29.02	22.62
铜陵	3.53	3.54	62.89	66.57	33.59	29.89
安庆	7.69	9.41	27.83	45.50	64.48	45.10
黄山	3.19	2.24	26.78	25.25	70.03	72.51
滁州	5.81	1.43	34.76	47.50	59.43	51.07
阜阳	3.04	1.91	24.01	32.87	72.96	65.22
宿州	5.79	1.41	25.54	27.87	68.67	70.72
巢湖	4.02	3.29	28.74	57.25	67.24	39.46
六安	5.34	3.10	27.98	38.24	66.68	58.66
亳州	2.78	1.23	24.80	34.15	72.42	64.62

3—4 续表 3

单位:%

城市	第一产业从业人员比重		第二产业从业人员比重		第三产业从业人员比重	
	全市	市辖区	全市	市辖区	全市	市辖区
池州	5.42	1.81	25.73	25.00	68.85	73.19
宣城	7.20	7.52	35.60	26.55	57.20	65.93
福建	**2.09**	**0.83**	**56.30**	**61.86**	**41.61**	**37.31**
福州	1.22	0.87	53.78	48.98	45.00	50.15
厦门	0.83	0.83	72.09	72.09	27.07	27.07
莆田	0.47	0.31	61.75	65.38	37.78	34.31
三明	3.15	1.39	41.57	56.13	55.28	42.48
泉州	0.53	0.30	70.64	71.75	28.84	27.95
漳州	8.26	1.48	47.69	57.85	44.05	40.67
南平	4.50	1.43	34.69	51.90	60.81	46.67
龙岩	3.49	1.43	37.01	50.71	59.51	47.86
宁德	1.64	1.51	26.15	31.49	72.21	67.00
江西	**13.29**	**2.14**	**35.61**	**46.37**	**51.10**	**51.49**
南昌	4.26	3.49	42.91	44.48	52.83	52.04
景德镇	6.86	5.83	49.06	48.16	44.08	46.01
萍乡	1.24	0.69	50.08	60.45	48.68	38.86
九江	4.81	0.36	39.58	46.50	55.61	53.14
新余	42.27	1.31	32.38	51.33	25.35	47.35
鹰潭	15.39	0.52	40.48	28.13	44.12	71.35
赣州	3.52	0.15	32.16	43.26	64.32	56.59
吉安	9.04	2.03	26.99	41.09	63.96	56.88
宜春	4.85	1.39	33.99	34.20	61.16	64.41
抚州	7.22	1.74	29.93	44.14	62.86	54.12
上饶	14.39	0.23	25.42	41.31	60.19	58.47
山东	**1.22**	**0.56**	**50.84**	**54.33**	**47.94**	**45.11**
济南	0.46	0.43	47.15	46.41	52.39	53.16
青岛	0.79	0.61	59.77	56.92	39.43	42.46
淄博	0.98	0.45	61.23	63.42	37.79	36.13
枣庄	1.64	0.72	51.80	54.79	46.56	44.49
东营	1.35	0.15	69.70	77.58	28.95	22.26
烟台	1.35	1.38	52.15	54.46	46.50	44.15
潍坊	1.52	0.14	47.29	55.14	51.19	44.72
济宁	0.98	0.84	49.47	45.24	49.55	53.92
泰安	1.43	1.02	55.74	38.02	42.83	60.96
威海	0.83	0.17	62.74	69.05	36.43	30.78
日照	0.77	0.84	42.47	43.40	56.76	55.77
莱芜	0.08	0.08	65.32	65.32	34.60	34.60
临沂	2.11	0.82	34.47	39.66	63.42	59.52
德州	1.78	0.00	39.85	57.43	58.37	42.57

3—4 续表 4

单位:%

城市	第一产业从业人员比重		第二产业从业人员比重		第三产业从业人员比重	
	全市	市辖区	全市	市辖区	全市	市辖区
聊城	1.04	0.20	44.48	39.80	54.48	60.00
滨州	2.00	1.39	56.68	59.37	41.31	39.24
菏泽	2.37	0.52	20.11	25.05	77.52	74.43
河南	**1.44**	**0.43**	**42.45**	**55.84**	**56.11**	**43.72**
郑州	0.29	0.21	47.97	51.08	51.74	48.70
开封	1.35	0.29	33.60	46.44	65.05	53.27
洛阳	0.65	0.09	47.40	58.69	51.94	41.22
平顶山	0.42	0.07	55.53	69.63	44.05	30.30
安阳	0.66	0.82	53.98	65.54	45.36	33.64
鹤壁	1.38	0.09	57.59	67.94	41.03	31.97
新乡	1.27	0.05	42.33	52.06	56.40	47.89
焦作	1.02	0.11	53.04	67.98	45.95	31.91
濮阳	0.79	0.59	57.89	74.84	41.33	24.57
许昌	1.03	1.60	38.44	49.94	60.53	48.46
漯河	1.29	0.64	45.53	57.89	53.18	41.47
三门峡	0.91	0.28	55.94	52.99	43.15	46.73
南阳	2.35	1.12	38.43	54.61	59.23	44.27
商丘	1.13	0.85	24.90	33.72	73.97	65.43
信阳	2.72	1.27	28.34	37.22	68.94	61.51
周口	4.35	0.44	26.77	43.57	68.88	55.99
驻马店	3.18	0.33	24.19	41.70	72.63	57.97
湖北	**5.66**	**4.57**	**41.84**	**46.53**	**52.50**	**48.91**
武汉	3.87	3.87	44.37	44.37	51.76	51.76
黄石	4.57	1.19	55.19	63.82	40.24	34.99
十堰	1.42	0.30	52.15	69.18	46.43	30.52
宜昌	3.75	5.07	47.62	47.75	48.63	47.18
襄樊	5.05	2.66	41.45	47.71	53.50	49.64
鄂州	1.33	1.33	55.82	55.82	42.85	42.85
荆门	14.53	14.29	35.09	40.64	50.38	45.07
孝感	6.34	11.08	44.41	30.78	49.25	58.14
荆州	13.40	11.42	27.95	37.64	58.65	50.94
黄冈	5.77	11.80	23.97	23.60	70.25	64.60
咸宁	5.22	3.26	37.85	37.55	56.94	59.20
随州	10.03	13.61	27.04	24.54	62.93	61.85
湖南	**4.75**	**1.48**	**34.79**	**44.69**	**60.46**	**53.72**
长沙	0.48	0.25	37.15	38.54	62.37	61.21
株洲	1.57	0.05	49.95	63.19	48.48	36.76
湘潭	0.38	0.28	54.34	64.26	45.27	35.46
衡阳	1.52	0.14	40.48	53.68	58.00	46.18

3—4 续表 5

单位:%

城市	第一产业从业人员比重		第二产业从业人员比重		第三产业从业人员比重	
	全市	市辖区	全市	市辖区	全市	市辖区
邵阳	4.52	0.79	31.78	51.73	63.70	47.47
岳阳	13.83	8.77	31.66	53.51	54.51	37.72
常德	2.46	2.68	26.13	27.59	71.41	69.73
张家界	4.41	0.62	20.16	16.46	75.43	77.64
益阳	25.85	0.72	19.99	31.93	54.16	67.35
郴州	2.53	7.13	31.89	30.80	65.58	62.07
永州	4.10	2.11	24.78	33.07	71.12	64.82
怀化	2.96	1.06	25.96	27.27	71.08	71.67
娄底	1.09	0.72	40.66	44.83	58.25	54.45
广东	**1.70**	**0.67**	**46.49**	**50.29**	**51.81**	**49.03**
广州	0.60	0.49	45.02	43.87	54.38	55.64
韶关	2.08	0.18	47.32	56.82	50.60	43.00
深圳	0.74	0.74	52.82	52.82	46.44	46.44
珠海	2.70	2.70	66.48	66.48	30.81	30.81
汕头	0.20	0.17	38.50	37.81	61.30	62.01
佛山	0.15	0.15	53.11	53.11	46.74	46.74
江门	0.63	0.18	54.29	55.43	45.07	44.39
湛江	8.73	2.23	29.77	34.49	61.50	63.28
茂名	5.28	0.23	31.86	38.86	62.86	60.90
肇庆	1.12	0.31	43.16	53.82	55.72	45.87
惠州	1.63	0.40	69.14	77.11	29.23	22.49
梅州	1.21	0.50	29.33	35.41	69.46	64.09
汕尾	7.69	2.84	25.97	38.76	66.34	58.40
河源	1.39	0.99	34.05	49.70	64.56	49.30
阳江	3.61	1.85	40.41	37.25	55.98	60.90
清远	2.15	0.71	37.47	38.79	60.33	60.32
东莞	0.34	0.34	42.45	42.45	57.21	57.21
中山	0.25	0.25	56.32	56.32	43.43	43.43
潮州	0.34	0.20	38.95	48.21	60.71	51.59
揭阳	3.56	0.00	27.43	39.75	69.01	60.25
云浮	1.00	0.36	44.83	50.00	54.17	49.64
广西	**28.76**	**11.94**	**24.45**	**35.55**	**47.59**	**52.51**
南宁	6.31	2.78	30.66	33.55	63.03	63.68
柳州	2.70	1.16	49.42	55.47	47.88	43.37
桂林	2.52	0.81	33.50	42.80	63.98	56.39
梧州	1.84	0.13	35.90	50.99	62.26	48.88
北海	5.73	5.52	24.07	25.00	70.20	69.48
防城港	15.56	11.62	17.41	11.93	67.04	76.45
钦州	5.91	3.62	22.15	25.00	71.93	71.38

3—4 续表 6

单位:%

城市	第一产业从业人员比重		第二产业从业人员比重		第三产业从业人员比重	
	全市	市辖区	全市	市辖区	全市	市辖区
贵港	3.39	5.14	24.95	31.72	71.67	63.14
玉林	3.63	1.14	28.53	32.76	67.83	66.09
百色	4.54	7.25	29.28	34.75	66.17	58.00
贺州	10.13	4.76	39.20	33.58	108.03	61.65
河池	5.02	1.70	30.62	39.20	64.30	59.09
来宾	11.33	14.62	26.82	27.31	61.86	58.06
崇左	77.99	73.32	7.42	11.95	14.60	14.73
海南	**6.07**	**6.07**	**27.98**	**27.98**	**65.95**	**65.95**
海口	1.50	1.50	33.01	33.01	65.49	65.49
三亚	22.82	22.82	9.55	9.55	67.64	67.64
重庆	**1.18**	**0.52**	**47.14**	**51.37**	**51.68**	**48.10**
四川	**1.70**	**0.69**	**46.54**	**53.01**	**51.92**	**46.30**
成都	0.63	0.23	49.44	49.52	49.93	50.25
自贡	1.46	0.30	49.95	59.67	48.59	40.03
攀枝花	1.15	0.27	72.81	77.15	26.04	22.57
泸州	1.78	0.72	45.08	54.90	53.14	44.38
德阳	0.87	0.21	51.39	60.25	47.74	39.54
绵阳	1.21	0.25	46.29	50.38	52.51	49.37
广元	1.48	0.67	36.57	47.59	61.94	51.74
遂宁	2.06	1.45	52.53	54.06	45.41	44.49
内江	1.13	0.92	52.44	51.49	46.44	47.58
乐山	3.21	2.59	51.29	58.59	45.50	38.82
南充	2.58	1.00	35.60	44.12	61.82	54.88
眉山	2.13	0.26	39.76	43.80	63.78	55.94
宜宾	1.24	0.33	51.81	59.60	46.94	40.07
广安	3.01	3.35	23.22	25.98	73.77	70.67
达州	3.83	0.64	34.18	47.44	61.99	51.92
雅安	1.92	0.47	37.54	48.94	60.54	50.59
巴中	4.60	3.04	32.30	44.35	63.09	52.61
资阳	3.82	3.21	32.65	44.78	63.53	52.01
贵州	**1.41**	**0.50**	**44.95**	**51.80**	**53.65**	**47.72**
贵阳	0.78	0.39	50.40	50.57	48.83	49.03
六盘水	0.64	0.25	57.78	72.48	41.57	27.27
遵义	2.77	0.25	30.38	51.62	66.85	48.13
安顺	2.59	1.93	31.46	34.51	65.95	63.72
云南	**3.86**	**1.67**	**33.39**	**38.17**	**62.75**	**60.15**
昆明	1.13	0.75	39.91	39.13	58.97	60.12
曲靖	2.44	1.77	37.88	48.53	59.68	49.71
玉溪	3.61	1.05	27.67	26.37	68.72	72.57

3—4 续表 7

单位:%

城　市	第一产业从业人员比重		第二产业从业人员比重		第三产业从业人员比重	
	全　市	市辖区	全　市	市辖区	全　市	市辖区
保　山	5.83	5.49	23.65	26.25	70.52	68.26
昭　通	4.08	4.05	23.07	36.61	72.85	59.34
丽　江	9.51	1.56	14.08	16.15	76.41	82.29
思　茅	12.69	8.50	30.97	49.50	56.34	42.00
临　沧	12.19	4.65	18.11	18.60	69.70	76.74
陕　西	**2.03**	**1.00**	**41.21**	**47.76**	**56.76**	**51.25**
西　安	0.88	0.70	45.62	47.08	53.50	52.22
铜　川	0.97	0.62	61.78	63.98	37.25	35.40
宝　鸡	2.22	1.05	48.17	55.38	49.61	43.57
咸　阳	1.75	0.69	46.70	64.51	51.55	34.80
渭　南	3.01	1.45	40.31	37.48	56.68	61.07
延　安	3.55	1.83	30.30	27.49	66.15	70.67
汉　中	3.09	1.54	37.95	41.85	58.97	56.60
榆　林	4.14	5.62	19.73	25.17	76.12	69.21
安　康	2.54	1.52	21.65	24.19	75.81	74.48
商　洛	3.17	2.84	26.32	17.35	70.51	79.81
甘　肃	**4.40**	**2.79**	**44.29**	**51.91**	**51.31**	**45.30**
兰　州	0.84	0.62	54.85	56.28	44.31	43.10
嘉峪关	0.45	0.45	80.85	80.85	18.71	18.71
金　昌	6.97	2.45	68.20	73.56	24.82	23.99
白　银	2.97	0.38	56.52	76.33	40.51	23.30
天　水	6.15	8.32	37.87	43.72	55.98	47.96
武　威	9.48	10.45	22.24	26.19	68.28	63.36
张　掖	12.57	4.57	24.23	28.13	63.20	67.31
平　凉	3.62	1.47	37.04	28.82	59.35	69.71
酒　泉	10.37	4.33	36.24	25.00	53.39	70.67
庆　阳	4.09	1.56	18.63	17.51	77.28	80.93
定　西	6.04	8.95	21.80	16.73	72.16	74.32
青　海	**2.18**	**0.98**	**38.23**	**34.05**	**59.59**	**64.97**
西　宁	2.18	0.98	38.23	34.05	59.59	64.97
宁　夏	**8.19**	**4.33**	**43.77**	**51.46**	**48.04**	**44.21**
银　川	7.53	4.18	48.91	53.22	43.56	42.60
石嘴山	4.01	0.33	59.87	68.94	36.12	30.73
吴　忠	13.79	11.49	39.39	34.46	46.83	54.05
固　原	5.02	4.41	13.90	20.96	81.08	74.63
新　疆	**2.84**	**2.83**	**47.89**	**48.22**	**49.27**	**48.95**
乌鲁木齐	3.52	3.52	40.26	40.59	56.22	55.90
克拉玛依	0.09	0.09	78.58	78.58	21.33	21.33

3—5 按行业分组的单位从业人员(一)

单位:万人

城市	农林牧渔业		采掘业		制造业	
	全市	市辖区	全市	市辖区	全市	市辖区
城市合计	**539.16**	**97.19**	**459.44**	**293.51**	**2966.12**	**2111.14**
北京	**62.74**	**2.79**	**2.47**	**2.24**	**137.78**	**96.36**
天津	**0.97**	**0.77**	**6.97**	**6.89**	**77.14**	**73.23**
河北	**9.06**	**1.04**	**25.30**	**20.16**	**125.56**	**87.65**
石家庄	0.53	0.20	0.46	0.38	29.79	21.95
唐山	3.73	0.38	9.60	9.28	21.18	15.92
秦皇岛	0.25	0.13	0.28	0.03	7.69	6.17
邯郸	0.51	0.06	8.42	7.75	14.08	11.54
邢台	0.47	0.01	2.50	1.51	6.47	3.37
保定	0.41	0.05	0.25	0.00	14.10	8.57
张家口	0.70	0.05	1.86	0.50	10.70	8.27
承德	0.88	0.05	1.27	0.61	4.88	3.26
沧州	1.23	0.02	0.65	0.10	7.09	3.30
廊坊	0.21	0.05	0.01	0.00	4.56	2.44
衡水	0.14	0.04	0.00	0.00	5.02	2.86
山西	**4.11**	**1.37**	**56.92**	**34.78**	**75.44**	**48.22**
太原	0.43	0.33	7.46	4.53	21.93	21.85
大同	0.61	0.40	13.08	12.55	7.36	6.28
阳泉	0.03	0.01	8.08	7.20	3.28	2.88
长治	0.37	0.10	5.17	3.23	8.21	6.05
晋城	0.18	0.01	6.99	4.86	2.35	1.17
朔州	0.26	0.12	3.01	2.15	1.46	0.66
晋中	0.27	0.04	5.62	0.15	6.89	3.16
运城	0.53	0.06	0.16	0.00	10.77	1.78
忻州	0.64	0.21	1.87	0.02	3.57	1.36
临汾	0.55	0.08	4.11	0.09	7.14	2.60
吕梁	0.24	0.01	1.37	0.00	2.48	0.43
内蒙古	**29.68**	**3.36**	**15.11**	**7.38**	**42.54**	**32.42**
呼和浩特	0.42	0.15	0.04	0.00	6.49	5.11
包头	0.98	0.74	1.06	0.70	17.76	17.57
乌海	0.24	0.24	2.68	2.68	2.75	2.75
赤峰	4.30	0.15	4.54	3.69	4.05	1.88
通辽	5.85	1.06	0.86	0.11	1.83	1.48
鄂尔多斯	0.52	0.07	2.01	0.19	3.46	1.93
海拉尔	14.31	0.17	3.54	0.01	3.32	0.70
巴彦淖尔	2.48	0.66	0.24	0.00	1.92	0.63
乌兰察布	0.58	0.12	0.14	0.00	0.96	0.37
辽宁	**26.70**	**4.39**	**30.77**	**24.31**	**150.90**	**132.61**
沈阳	1.00	0.70	1.80	1.60	30.50	29.40

3—5 续表 1

单位:万人

城市	农林牧渔业		采掘业		制造业	
	全市	市辖区	全市	市辖区	全市	市辖区
大连	1.64	1.12	0.48	0.16	36.05	30.36
鞍山	0.88	0.14	0.95	0.79	17.17	16.26
抚顺	0.75	0.27	3.70	3.58	9.47	9.28
本溪	0.26	0.11	1.72	1.51	10.45	10.04
丹东	0.46	0.04	0.39	0.18	5.57	4.64
锦州	2.11	0.18	0.10	0.06	6.86	3.94
营口	0.24	0.18	0.18	0.18	4.69	4.50
阜新	0.58	0.13	4.30	4.30	2.23	2.04
辽阳	0.48	0.33	0.08	0.05	5.78	5.68
盘锦	15.42	0.83	9.33	9.32	3.98	3.53
铁岭	1.58	0.09	4.26	0.00	2.92	1.60
朝阳	0.85	0.07	0.86	0.04	5.76	2.31
葫芦岛	0.45	0.20	2.62	2.54	9.47	9.03
吉林	**15.54**	**1.13**	**13.65**	**10.79**	**66.76**	**51.49**
长春	1.89	0.43	0.88	0.83	29.92	27.11
吉林	1.87	0.20	1.26	0.00	14.51	11.52
四平	1.85	0.06	0.48	0.12	4.97	2.82
辽源	0.30	0.02	2.68	2.67	1.77	1.43
通化	0.79	0.03	0.69	0.05	6.04	3.62
白山	3.19	0.08	2.31	1.90	3.50	1.05
松原	2.70	0.09	5.01	4.89	1.66	0.82
白城	2.95	0.22	0.34	0.33	4.39	3.12
黑龙江	**83.11**	**14.63**	**41.32**	**35.61**	**134.29**	**102.97**
哈尔滨	11.43	2.09	1.51	0.33	79.50	67.30
齐齐哈尔	8.30	0.55	0.03	0.01	13.60	11.27
鸡西	6.17	0.10	7.27	6.80	3.06	1.27
鹤岗	7.89	1.02	6.72	6.71	2.00	1.11
双鸭山	10.96	0.35	5.56	4.92	2.00	0.54
大庆	1.26	0.32	9.37	9.35	6.96	6.26
伊春	10.57	8.27	0.38	0.16	5.73	5.09
佳木斯	6.80	0.72	1.14	0.08	5.47	3.91
七台河	0.69	0.07	7.21	7.01	1.16	0.51
牡丹江	6.04	0.11	0.23	0.02	6.75	4.85
黑河	11.20	0.97	1.87	0.21	3.76	0.39
绥化	1.80	0.06	0.03	0.01	4.30	0.47
上海	**1.67**	**1.39**	**0.03**	**0.02**	**127.04**	**124.28**
江苏	**18.14**	**3.07**	**16.57**	**14.81**	**224.86**	**136.39**
南京	0.89	0.70	0.39	0.39	32.70	31.26
无锡	0.57	0.25	0.02	0.01	23.22	19.14

3—5 续表 2

单位:万人

城市	农林牧渔业		采掘业		制造业	
	全市	市辖区	全市	市辖区	全市	市辖区
徐州	1.85	0.10	9.85	9.78	11.81	6.33
常州	0.38	0.11	0.04	0.00	16.44	13.22
苏州	1.35	0.09	0.16	0.13	49.75	23.72
南通	1.48	0.17	0.14	0.00	22.78	11.37
连云港	2.27	0.33	1.61	1.15	5.61	3.75
淮安	2.84	0.80	0.07	0.05	10.27	6.47
盐城	3.73	0.14	1.68	0.78	11.79	3.31
扬州	0.41	0.04	2.29	2.23	13.82	6.57
镇江	0.56	0.15	0.29	0.29	11.23	6.50
泰州	0.70	0.18	0.00	0.00	11.66	4.05
宿迁	1.11	0.01	0.03	0.00	3.78	0.70
浙江	**2.71**	**0.70**	**1.71**	**0.33**	**111.50**	**73.32**
杭州	0.35	0.18	0.15	0.06	25.01	22.14
宁波	0.22	0.06	0.03	0.02	20.72	16.40
温州	0.18	0.02	0.19	0.00	20.82	13.24
嘉兴	0.34	0.09	0.04	0.00	11.68	4.85
湖州	0.08	0.02	0.78	0.01	2.81	1.53
绍兴	0.13	0.01	0.26	0.20	10.66	4.23
金华	0.22	0.06	0.01	0.00	4.76	1.36
衢州	0.14	0.01	0.04	0.04	3.81	2.79
舟山	0.02	0.01	0.01	0.00	2.47	2.34
台州	0.62	0.18	0.01	0.00	6.68	3.78
丽水	0.41	0.06	0.19	0.00	2.08	0.66
安徽	**11.97**	**3.49**	**29.58**	**27.24**	**80.45**	**58.76**
合肥	0.35	0.12	0.00	0.00	10.70	10.06
芜湖	0.17	0.04	0.25	0.00	10.15	7.76
蚌埠	0.71	0.03	0.00	0.00	6.11	5.14
淮南	0.53	0.33	11.36	10.30	3.37	3.14
马鞍山	0.06	0.01	2.21	2.21	7.41	7.05
淮北	0.15	0.15	14.24	13.87	2.39	1.89
铜陵	0.42	0.37	0.51	0.40	5.94	5.64
安庆	2.24	1.17	0.14	0.09	6.21	4.93
黄山	0.31	0.11	0.02	0.01	1.74	0.81
滁州	1.29	0.10	0.51	0.16	5.18	2.26
阜阳	0.81	0.22	0.00	0.00	3.90	2.21
宿州	1.27	0.13	0.05	0.01	3.22	1.24
巢湖	0.70	0.17	0.03	0.03	3.07	2.53
六安	1.18	0.24	0.05	0.00	3.28	1.60
亳州	0.46	0.07	0.00	0.00	2.82	1.61

3—5 续表 3

单位:万人

城市	农林牧渔业		采掘业		制造业	
	全市	市辖区	全市	市辖区	全市	市辖区
池州	0.39	0.06	0.11	0.10	1.23	0.49
宣城	0.93	0.17	0.10	0.06	3.73	0.40
福建	**7.13**	**1.51**	**3.56**	**1.53**	**153.86**	**90.93**
福州	0.92	0.38	0.12	0.02	30.11	16.58
厦门	0.48	0.48	0.05	0.05	35.31	35.31
莆田	0.11	0.06	0.20	0.20	12.84	11.08
三明	0.69	0.10	0.61	0.00	6.69	3.39
泉州	0.39	0.08	0.69	0.28	45.69	15.85
漳州	2.65	0.14	0.30	0.00	12.41	4.05
南平	0.95	0.09	0.12	0.02	5.41	2.52
龙岩	0.68	0.12	1.44	0.96	3.63	1.97
宁德	0.26	0.06	0.03	0.00	1.77	0.18
江西	**41.29**	**2.75**	**10.12**	**2.63**	**68.52**	**40.84**
南昌	2.26	1.50	0.00	0.00	15.70	13.47
景德镇	1.02	0.46	0.68	0.00	5.53	3.11
萍乡	0.16	0.07	2.04	2.02	3.66	3.48
九江	1.59	0.04	0.35	0.01	8.77	3.71
新余	25.01	0.32	1.08	0.48	12.28	9.05
鹰潭	1.27	0.01	0.06	0.00	2.50	0.23
赣州	1.18	0.01	1.55	0.01	6.47	2.14
吉安	1.95	0.13	0.63	0.02	3.01	1.99
宜春	1.20	0.08	3.32	0.09	2.55	0.89
抚州	1.49	0.12	0.05	0.00	3.71	1.66
上饶	4.16	0.01	0.36	0.00	4.34	1.11
山东	**9.38**	**2.22**	**60.79**	**29.08**	**271.76**	**150.91**
济南	0.37	0.28	0.58	0.00	25.34	20.01
青岛	0.85	0.41	0.55	0.15	57.65	34.30
淄博	0.47	0.17	3.47	3.38	22.11	18.29
枣庄	0.52	0.17	7.97	7.04	6.60	4.70
东营	0.43	0.04	16.27	16.22	4.83	3.24
烟台	0.89	0.43	4.57	0.12	24.43	13.69
潍坊	0.89	0.03	0.85	0.11	23.19	10.12
济宁	0.57	0.12	12.36	0.17	12.85	5.36
泰安	0.64	0.14	11.38	0.21	10.57	3.92
威海	0.29	0.03	0.27	0.02	18.63	10.13
日照	0.13	0.08	0.18	0.08	5.16	2.84
莱芜	0.01	0.01	0.82	0.82	6.65	6.65
临沂	1.01	0.13	1.15	0.66	12.43	4.56
德州	0.59	0.00	0.07	0.00	10.15	4.64

3—5 续表 4

单位：万人

城市	农林牧渔业		采掘业		制造业	
	全市	市辖区	全市	市辖区	全市	市辖区
聊城	0.36	0.02	0.00	0.00	12.50	2.53
滨州	0.54	0.11	0.20	0.00	13.83	4.38
菏泽	0.82	0.05	0.10	0.10	4.84	1.55
河南	**9.78**	**1.43**	**48.40**	**34.70**	**156.01**	**98.27**
郑州	0.26	0.14	5.93	3.95	21.30	16.56
开封	0.42	0.05	0.00	0.00	7.15	5.53
洛阳	0.35	0.03	0.95	0.15	18.27	14.70
平顶山	0.19	0.02	11.47	10.59	10.00	5.82
安阳	0.27	0.17	1.01	0.73	11.74	8.56
鹤壁	0.22	0.01	4.93	4.80	2.83	1.54
新乡	0.55	0.01	0.50	0.00	14.30	8.83
焦作	0.33	0.02	4.54	4.53	9.77	6.42
濮阳	0.24	0.12	6.52	6.52	5.02	3.99
许昌	0.27	0.13	1.36	0.00	6.25	2.96
漯河	0.25	0.06	0.04	0.00	6.63	4.12
三门峡	0.22	0.02	5.97	0.39	4.67	1.75
南阳	1.54	0.30	3.26	2.95	15.35	7.86
商丘	0.44	0.11	1.51	0.00	4.07	2.25
信阳	1.08	0.17	0.36	0.09	5.98	2.67
周口	2.06	0.04	0.00	0.00	8.13	2.68
驻马店	1.09	0.03	0.05	0.00	4.55	2.03
湖北	**25.51**	**12.64**	**6.47**	**1.84**	**141.47**	**100.17**
武汉	5.42	5.42	0.01	0.01	49.17	49.17
黄石	1.25	0.20	2.96	0.66	9.67	8.59
十堰	0.42	0.05	0.09	0.01	13.09	10.92
宜昌	1.40	1.06	0.98	0.14	9.80	4.99
襄樊	2.23	0.62	0.05	0.01	15.25	9.22
鄂州	0.19	0.19	0.77	0.77	6.04	6.04
荆门	3.08	1.29	0.26	0.23	6.28	2.84
孝感	2.21	0.81	0.86	0.00	9.78	1.20
荆州	5.31	1.52	0.05	0.00	9.31	3.96
黄冈	1.84	0.19	0.09	0.01	5.32	0.22
咸宁	0.97	0.17	0.33	0.00	5.59	1.50
随州	1.19	1.12	0.02	0.00	2.17	1.52
湖南	**17.90**	**2.45**	**12.07**	**1.38**	**78.55**	**48.75**
长沙	0.30	0.12	0.65	0.06	13.02	9.12
株洲	0.45	0.01	0.27	0.12	11.15	9.57
湘潭	0.09	0.04	0.52	0.04	8.96	7.31
衡阳	0.65	0.02	2.60	0.12	9.70	5.38

3—5 续表 5

单位:万人

城市	农林牧渔业		采掘业		制造业	
	全市	市辖区	全市	市辖区	全市	市辖区
邵阳	1.38	0.08	1.31	0.10	4.04	2.63
岳阳	4.60	1.00	0.08	0.00	8.34	5.16
常德	0.59	0.23	0.45	0.00	4.01	1.77
张家界	0.33	0.02	0.13	0.00	0.39	0.05
益阳	6.93	0.06	0.04	0.00	3.75	1.93
郴州	0.63	0.60	3.47	0.68	2.62	1.12
永州	0.98	0.16	0.27	0.04	3.41	1.74
怀化	0.70	0.05	0.49	0.01	3.18	0.60
娄底	0.27	0.06	1.79	0.21	5.98	2.37
广东	**13.23**	**3.82**	**4.04**	**2.44**	**283.78**	**236.61**
广州	1.13	0.85	0.22	0.21	66.75	61.16
韶关	0.57	0.02	1.30	0.78	8.28	4.16
深圳	0.81	0.81	0.06	0.06	49.08	49.08
珠海	0.97	0.97	0.04	0.04	22.48	22.48
汕头	0.06	0.05	0.02	0.02	8.26	8.23
佛山	0.07	0.07	0.13	0.13	20.39	20.39
江门	0.22	0.03	0.01	0.00	14.23	8.37
湛江	3.36	0.36	0.76	0.58	7.49	3.77
茂名	1.52	0.02	0.20	0.07	4.30	2.29
肇庆	0.27	0.03	0.15	0.00	8.17	4.68
惠州	0.83	0.15	0.05	0.00	31.62	26.46
梅州	0.27	0.02	0.19	0.00	4.13	0.92
汕尾	0.93	0.11	0.14	0.14	1.83	1.20
河源	0.22	0.05	0.23	0.00	3.21	1.88
阳江	0.60	0.12	0.07	0.00	3.08	0.91
清远	0.42	0.04	0.01	0.00	5.50	1.64
东莞	0.06	0.06	0.01	0.01	6.78	6.78
中山	0.04	0.04	0.00	0.00	8.48	8.48
潮州	0.04	0.01	0.01	0.01	2.92	1.94
揭阳	0.71	0.00	0.03	0.00	2.57	1.29
云浮	0.13	0.01	0.41	0.39	4.23	0.50
广西	**107.78**	**18.02**	**5.46**	**2.04**	**60.76**	**37.53**
南宁	3.35	0.96	0.13	0.07	11.05	7.38
柳州	1.05	0.33	1.32	1.04	14.03	11.19
桂林	0.79	0.13	0.33	0.00	7.84	5.73
梧州	0.28	0.01	0.20	0.02	3.62	2.92
北海	0.54	0.32	0.17	0.12	1.51	1.06
防城港	0.84	0.38	0.00	0.00	0.50	0.16
钦州	0.67	0.20	0.23	0.18	1.35	0.69

3—5 续表 6

单位:万人

城市	农林牧渔业		采掘业		制造业	
	全市	市辖区	全市	市辖区	全市	市辖区
贵港	0.47	0.35	0.06	0.03	2.18	1.51
玉林	0.84	0.08	0.04	0.02	4.62	1.51
百色	0.80	0.34	0.68	0.22	3.48	1.10
贺州	0.53	0.19	0.07	0.07	1.18	0.72
河池	0.87	0.06	0.85	0.08	2.61	0.91
来宾	1.17	0.68	0.42	0.00	1.66	0.98
崇左	95.58	13.99	0.96	0.19	5.13	1.67
海南	**1.75**	**1.75**	**0.06**	**0.06**	**3.79**	**3.79**
海口	0.34	0.34	0.03	0.03	3.55	3.55
三亚	1.41	1.41	0.03	0.03	0.24	0.24
重庆	**2.47**	**0.69**	**7.05**	**2.83**	**54.94**	**43.09**
四川	**7.89**	**1.74**	**15.28**	**6.47**	**116.43**	**77.41**
成都	0.81	0.21	0.76	0.01	34.69	26.07
自贡	0.27	0.04	0.46	0.39	5.85	5.22
攀枝花	0.23	0.05	2.44	2.36	9.73	9.54
泸州	0.40	0.10	0.05	0.00	4.97	4.14
德阳	0.20	0.02	0.46	0.03	8.30	3.62
绵阳	0.38	0.04	0.12	0.01	10.45	6.30
广元	0.22	0.05	2.40	1.53	1.90	1.29
遂宁	0.35	0.10	0.10	0.00	3.04	0.74
内江	0.25	0.09	1.14	0.00	5.21	2.11
乐山	0.87	0.36	2.57	1.05	7.89	4.69
南充	0.64	0.11	0.03	0.03	1.89	1.37
眉山	0.27	0.01	0.21	0.00	3.40	1.54
宜宾	0.36	0.04	1.64	0.07	9.10	6.06
广安	0.33	0.12	0.61	0.00	0.49	0.16
达州	0.99	0.04	1.48	0.81	3.44	1.08
雅安	0.17	0.02	0.43	0.00	1.76	1.34
巴中	0.61	0.18	0.38	0.18	1.00	0.36
资阳	0.54	0.16	0.00	0.00	3.32	1.78
贵州	**1.56**	**0.35**	**7.41**	**3.59**	**26.60**	**21.13**
贵阳	0.44	0.19	1.62	1.00	16.50	14.11
六盘水	0.11	0.02	5.30	2.35	3.40	3.00
遵义	0.71	0.02	0.21	0.07	4.61	2.60
安顺	0.30	0.12	0.28	0.17	2.09	1.42
云南	**6.43**	**1.47**	**3.37**	**0.50**	**34.36**	**19.44**
昆明	0.86	0.45	0.83	0.17	18.66	13.43
曲靖	0.59	0.12	1.24	0.17	5.86	1.99
玉溪	0.47	0.05	0.48	0.00	2.34	0.88

3—5 续表 7　　　　单位:万人

城市	农林牧渔业		采掘业		制造业	
	全市	市辖区	全市	市辖区	全市	市辖区
保山	0.56	0.23	0.07	0.04	1.59	0.52
昭通	0.64	0.21	0.44	0.10	1.44	0.83
丽江	0.54	0.03	0.05	0.00	0.45	0.18
思茅	1.70	0.34	0.22	0.00	3.04	1.54
临沧	1.07	0.04	0.04	0.02	0.98	0.07
陕西	**6.50**	**1.88**	**14.67**	**3.63**	**88.88**	**67.23**
西安	1.03	0.76	0.15	0.01	43.35	42.42
铜川	0.10	0.06	3.30	3.20	2.26	2.23
宝鸡	0.74	0.22	0.53	0.00	13.24	10.00
咸阳	0.67	0.12	0.64	0.01	11.57	6.81
渭南	1.02	0.10	4.44	0.09	6.04	1.41
延安	0.66	0.09	3.11	0.19	1.30	0.61
汉中	0.74	0.11	0.36	0.02	6.89	2.14
榆林	0.81	0.25	1.33	0.05	1.11	0.56
安康	0.32	0.08	0.16	0.01	1.43	0.71
商洛	0.41	0.09	0.65	0.05	1.69	0.34
甘肃	**7.12**	**2.98**	**6.74**	**3.75**	**44.11**	**36.04**
兰州	0.47	0.31	1.29	1.28	17.63	15.76
嘉峪关	0.02	0.02	0.00	0.00	3.40	3.40
金昌	0.59	0.14	0.04	0.00	4.77	3.66
白银	0.47	0.04	2.13	1.97	5.49	5.00
天水	1.07	1.06	0.07	0.07	5.15	4.45
武威	0.98	0.77	0.25	0.23	1.60	1.39
张掖	1.10	0.19	0.18	0.10	1.42	0.78
平凉	0.42	0.05	1.66	0.03	1.28	0.67
酒泉	1.01	0.13	0.60	0.00	1.70	0.53
庆阳	0.40	0.04	0.48	0.07	0.64	0.14
定西	0.59	0.23	0.04	0.00	1.03	0.26
青海	**0.46**	**0.15**	**0.43**	**0.01**	**4.54**	**2.66**
西宁	0.46	0.15	0.43	0.01	4.54	2.66
宁夏	**4.95**	**1.60**	**6.12**	**5.48**	**12.36**	**7.51**
银川	2.17	1.02	5.54	5.43	4.82	3.96
石嘴山	0.37	0.02	0.37	0.02	3.62	2.68
吴忠	2.02	0.44	0.09	0.00	3.46	0.69
固原	0.39	0.12	0.12	0.03	0.46	0.18
新疆	**1.63**	**1.61**	**7.00**	**6.99**	**11.14**	**11.13**
乌鲁木齐	1.62	1.60	1.60	1.59	9.17	9.16
克拉玛依	0.01	0.01	5.40	5.40	1.97	1.97

3—6 按行业分组的单位从业人员(二)

单位:万人

城市	电力、煤气及水生产供应业		建筑业		交通运输、仓储及邮政业	
	全市	市辖区	全市	市辖区	全市	市辖区
城市合计	**278.05**	**158.33**	**819.09**	**555.81**	**560.99**	**412.79**
北京	**3.78**	**3.73**	**81.73**	**62.84**	**49.84**	**30.31**
天津	**3.55**	**3.19**	**9.94**	**9.53**	**13.47**	**13.07**
河北	**16.54**	**9.68**	**32.60**	**17.34**	**26.51**	**20.68**
石家庄	2.21	1.92	5.35	3.83	5.69	4.81
唐山	2.48	1.91	3.48	2.73	3.72	3.30
秦皇岛	1.02	0.87	1.61	1.39	3.87	3.54
邯郸	2.50	1.36	4.50	3.53	2.58	1.72
邢台	1.63	0.57	1.09	0.66	1.18	0.80
保定	2.30	0.66	7.79	1.45	2.41	1.64
张家口	1.12	1.03	1.94	0.94	1.66	1.26
承德	0.60	0.42	0.83	0.46	1.24	0.77
沧州	1.22	0.37	4.25	1.32	1.73	0.98
廊坊	0.62	0.21	1.12	0.78	1.15	0.76
衡水	0.84	0.36	0.64	0.25	1.28	1.10
山西	**11.47**	**7.79**	**18.66**	**14.06**	**19.88**	**14.83**
太原	1.88	1.37	8.14	8.00	5.11	5.03
大同	1.67	1.48	1.17	1.06	5.86	5.66
阳泉	0.88	0.80	0.66	0.64	1.01	0.91
长治	0.96	0.80	1.26	1.03	0.93	0.77
晋城	0.77	0.53	0.69	0.66	0.59	0.42
朔州	0.88	0.83	0.42	0.32	0.31	0.19
晋中	0.75	0.44	1.16	0.44	0.62	0.24
运城	1.03	0.49	1.95	0.36	0.95	0.56
忻州	0.79	0.34	1.07	0.41	0.67	0.33
临汾	1.08	0.43	1.56	0.84	3.11	0.44
吕梁	0.78	0.28	0.58	0.30	0.72	0.28
内蒙古	**8.22**	**4.60**	**12.01**	**8.96**	**10.69**	**5.93**
呼和浩特	1.31	1.12	1.90	1.74	3.05	2.97
包头	1.19	1.11	3.04	2.76	1.13	1.04
乌海	0.40	0.40	1.38	1.38	0.29	0.29
赤峰	1.13	0.65	1.42	0.68	0.93	0.30
通辽	0.83	0.53	1.32	1.09	0.77	0.32
鄂尔多斯	0.65	0.22	0.32	0.25	0.37	0.18
海拉尔	1.46	0.17	1.63	0.23	3.10	0.28
巴彦淖尔	0.56	0.22	0.76	0.71	0.56	0.40
乌兰察布	0.69	0.18	0.24	0.12	0.49	0.15
辽宁	**17.06**	**14.05**	**30.90**	**27.93**	**31.91**	**26.21**
沈阳	3.10	2.90	5.60	5.50	9.60	9.00

3—6 续表 1

单位:万人

城　　市	电力、煤气及水生产供应业		建　筑　业		交通运输、仓储及邮政业	
	全　市	市辖区	全　市	市辖区	全　市	市辖区
大　连	2.03	1.60	3.14	3.00	7.86	7.36
鞍　山	1.39	1.22	4.74	4.55	1.48	1.02
抚　顺	1.80	1.66	2.85	2.66	1.14	0.84
本　溪	0.89	0.76	2.04	1.96	0.96	0.77
丹　东	0.93	0.73	1.35	1.20	1.03	0.71
锦　州	1.76	1.14	2.08	1.54	3.39	1.99
营　口	0.67	0.58	0.75	0.71	1.22	1.03
阜　新	0.84	0.69	1.03	0.96	1.86	1.62
辽　阳	0.58	0.53	2.20	2.05	0.41	0.34
盘　锦	0.50	0.26	1.64	1.42	0.66	0.41
铁　岭	1.41	1.28	1.71	0.96	0.87	0.44
朝　阳	0.68	0.50	0.67	0.41	0.70	0.30
葫芦岛	0.48	0.20	1.10	1.01	0.73	0.38
吉　林	**7.41**	**4.65**	**13.44**	**10.95**	**15.25**	**5.60**
长　春	2.15	1.75	5.58	5.23	6.09	3.17
吉　林	1.57	1.12	2.80	2.38	1.81	1.01
四　平	0.82	0.39	0.55	0.21	2.82	0.30
辽　源	0.38	0.30	0.36	0.28	0.59	0.21
通　化	0.80	0.39	1.70	1.22	0.96	0.25
白　山	0.72	0.36	0.65	0.46	0.71	0.27
松　原	0.50	0.08	0.73	0.48	1.37	0.19
白　城	0.47	0.26	1.07	0.69	0.90	0.20
黑龙江	**15.66**	**10.93**	**41.06**	**33.66**	**31.62**	**19.08**
哈尔滨	4.51	3.63	21.11	20.09	14.35	10.12
齐齐哈尔	1.77	1.43	2.17	1.67	3.57	2.89
鸡　西	0.86	0.62	1.02	0.66	1.09	0.36
鹤　岗	0.35	0.22	1.04	0.69	1.07	0.48
双鸭山	0.58	0.28	0.73	0.19	1.34	0.36
大　庆	1.97	1.81	7.10	6.55	2.48	2.18
伊　春	0.54	0.43	1.26	1.07	0.37	0.25
佳木斯	1.91	1.19	1.59	1.14	2.55	1.14
七台河	0.21	0.17	0.59	0.33	0.45	0.26
牡丹江	1.37	0.99	1.16	0.93	1.21	0.42
黑　河	0.89	0.16	1.39	0.16	1.04	0.54
绥　化	0.70	0.00	1.90	0.18	2.10	0.08
上　海	**5.64**	**5.17**	**14.10**	**14.01**	**34.82**	**34.57**
江　苏	**12.70**	**8.71**	**26.25**	**14.05**	**35.24**	**26.09**
南　京	1.62	1.54	5.65	5.41	8.60	8.56
无　锡	1.09	0.73	1.05	0.72	2.41	1.70

3—6 续表 2

单位：万人

城市	电力、煤气及水生产供应业		建筑业		交通运输、仓储及邮政业	
	全市	市辖区	全市	市辖区	全市	市辖区
徐州	1.74	1.18	1.71	1.27	5.65	4.89
常州	0.85	0.68	0.88	0.61	1.73	1.39
苏州	1.47	0.68	1.20	0.43	3.42	1.28
南通	1.07	0.64	2.39	0.53	2.38	1.67
连云港	0.77	0.61	1.12	0.41	2.25	1.89
淮安	0.70	0.48	1.85	0.77	1.41	0.98
盐城	0.93	0.72	3.37	1.00	2.05	0.80
扬州	0.62	0.49	1.98	0.97	1.62	0.79
镇江	0.75	0.58	1.59	1.13	1.92	1.48
泰州	0.67	0.27	2.45	0.73	1.22	0.50
宿迁	0.42	0.11	1.01	0.07	0.58	0.16
浙江	**9.01**	**4.59**	**51.84**	**16.90**	**19.72**	**13.31**
杭州	1.49	1.11	2.91	2.65	5.60	5.20
宁波	1.32	0.92	12.11	2.88	3.43	2.82
温州	1.14	0.52	11.14	5.36	2.67	1.70
嘉兴	0.92	0.24	0.87	0.25	0.78	0.30
湖州	0.51	0.19	1.06	0.32	0.86	0.46
绍兴	0.67	0.29	10.31	1.74	1.40	0.35
金华	0.66	0.28	4.55	0.49	1.81	0.75
衢州	0.33	0.17	0.57	0.49	0.60	0.32
舟山	0.37	0.25	0.71	0.66	0.81	0.71
台州	1.01	0.48	6.98	1.91	1.12	0.52
丽水	0.59	0.14	0.63	0.15	0.64	0.18
安徽	**8.61**	**5.45**	**26.42**	**15.81**	**17.14**	**13.42**
合肥	0.99	0.91	2.11	1.74	2.84	2.77
芜湖	0.50	0.44	5.25	2.49	0.88	0.83
蚌埠	0.38	0.27	1.57	1.00	2.11	1.79
淮南	1.00	0.98	2.06	1.96	1.52	1.36
马鞍山	0.40	0.39	1.18	1.13	0.51	0.48
淮北	0.54	0.49	1.24	1.22	0.40	0.30
铜陵	0.30	0.30	0.74	0.61	0.54	0.50
安庆	0.65	0.28	1.10	0.36	1.48	1.04
黄山	0.22	0.13	0.62	0.29	0.66	0.45
滁州	0.25	0.10	1.78	0.80	1.11	0.46
阜阳	0.72	0.30	1.78	1.27	1.49	1.26
宿州	0.60	0.27	1.73	1.05	1.02	0.73
巢湖	0.20	0.10	1.70	0.30	0.53	0.50
六安	0.75	0.18	2.10	1.18	0.83	0.41
亳州	0.31	0.14	0.98	0.20	0.47	0.18

3—6 续表 3

单位:万人

城 市	电力、煤气及水生产供应业		建 筑 业		交通运输、仓储及邮政业	
	全 市	市辖区	全 市	市辖区	全 市	市辖区
池 州	0.24	0.17	0.27	0.07	0.43	0.32
宣 城	0.56	0.00	0.21	0.14	0.32	0.04
福 建	**8.06**	**2.82**	**26.39**	**17.51**	**11.53**	**8.42**
福 州	1.42	0.62	8.81	4.20	3.17	2.67
厦 门	0.64	0.64	5.49	5.49	2.79	2.79
莆 田	0.43	0.30	0.98	0.98	0.59	0.55
三 明	1.06	0.16	0.74	0.48	0.81	0.26
泉 州	1.08	0.21	4.91	2.68	1.35	0.90
漳 州	0.77	0.10	1.82	1.34	0.77	0.43
南 平	0.86	0.21	0.94	0.52	0.86	0.35
龙 岩	0.81	0.26	1.34	1.07	0.54	0.27
宁 德	0.99	0.32	1.36	0.75	0.65	0.20
江 西	**9.35**	**3.73**	**22.65**	**12.48**	**13.18**	**8.96**
南 昌	1.05	1.04	6.03	4.61	4.43	4.33
景德镇	0.65	0.44	0.43	0.25	0.38	0.21
萍 乡	0.38	0.31	0.38	0.32	0.51	0.45
九 江	1.15	0.48	2.81	0.98	1.33	0.85
新 余	0.47	0.47	5.33	2.51	1.72	1.11
鹰 潭	0.30	0.08	0.48	0.23	0.13	0.06
赣 州	1.33	0.20	1.42	0.57	0.96	0.25
吉 安	1.02	0.18	1.16	0.44	1.06	0.52
宜 春	1.08	0.17	1.46	0.82	1.09	0.62
抚 州	0.69	0.22	1.73	1.17	0.75	0.27
上 饶	1.23	0.14	1.42	0.58	0.82	0.29
山 东	**20.53**	**9.73**	**38.03**	**23.91**	**25.81**	**21.40**
济 南	1.87	1.40	10.31	8.80	4.69	4.57
青 岛	1.79	1.13	4.28	2.53	5.85	5.47
淄 博	1.34	1.14	2.42	1.34	0.88	0.86
枣 庄	0.93	0.73	0.90	0.41	0.72	0.56
东 营	0.20	0.08	0.97	0.74	0.87	0.77
烟 台	1.91	0.96	3.47	2.14	2.84	2.05
潍 坊	1.64	0.50	2.10	0.70	1.35	0.79
济 宁	1.87	0.60	1.60	0.34	1.54	1.04
泰 安	1.10	0.32	1.82	0.77	0.91	0.54
威 海	1.36	0.70	1.65	1.04	0.70	0.45
日 照	0.55	0.29	1.27	0.93	1.11	1.08
莱 芜	0.34	0.34	0.78	0.78	0.22	0.22
临 沂	1.12	0.23	1.81	0.86	1.12	0.81
德 州	1.48	0.63	1.49	0.76	0.70	0.41

3—6 续表 4

单位:万人

城市	电力、煤气及水生产供应业		建筑业		交通运输、仓储及邮政业	
	全市	市辖区	全市	市辖区	全市	市辖区
聊城	1.29	0.30	1.65	1.09	1.07	0.84
滨州	0.46	0.10	0.78	0.21	0.28	0.10
菏泽	1.28	0.28	0.73	0.47	0.96	0.84
河南	**22.91**	**10.96**	**60.35**	**39.86**	**22.11**	**13.17**
郑州	2.36	1.28	13.39	11.54	3.14	2.29
开封	0.95	0.56	2.39	2.01	0.97	0.54
洛阳	2.38	0.95	3.75	3.31	2.12	1.44
平顶山	1.22	0.79	2.27	1.60	1.29	0.60
安阳	1.17	0.53	8.13	3.70	1.09	0.57
鹤壁	0.47	0.25	0.95	0.87	0.29	0.19
新乡	1.29	0.52	2.21	1.24	1.03	0.71
焦作	1.62	0.71	1.27	0.93	0.83	0.46
濮阳	2.25	1.90	3.86	2.85	0.90	0.66
许昌	0.98	0.28	1.47	0.82	0.86	0.59
漯河	0.33	0.15	1.81	1.16	0.39	0.30
三门峡	1.20	0.47	1.67	1.20	0.66	0.32
南阳	1.57	0.59	5.05	3.23	2.27	0.94
商丘	1.15	0.74	2.94	1.38	1.68	1.15
信阳	1.51	0.59	3.41	1.63	1.82	0.95
周口	1.57	0.39	2.98	0.86	1.48	0.95
驻马店	0.89	0.26	2.80	1.53	1.29	0.51
湖北	**11.56**	**6.40**	**29.15**	**20.39**	**21.17**	**14.63**
武汉	2.61	2.61	10.39	10.39	8.41	8.41
黄石	0.60	0.34	1.87	1.10	0.90	0.60
十堰	1.55	0.18	0.70	0.45	0.97	0.37
宜昌	1.70	0.93	5.29	3.92	1.72	1.00
襄樊	1.32	0.76	1.69	1.15	1.79	0.92
鄂州	0.19	0.19	0.96	0.96	0.89	0.89
荆门	0.53	0.32	0.37	0.28	0.68	0.27
孝感	0.53	0.13	4.32	0.92	1.01	0.26
荆州	1.06	0.69	0.66	0.36	1.55	0.82
黄冈	0.81	0.02	1.42	0.13	1.46	0.07
咸宁	0.50	0.13	0.62	0.33	1.19	0.52
随州	0.16	0.10	0.86	0.40	0.60	0.50
湖南	**10.58**	**4.01**	**30.04**	**19.90**	**16.75**	**9.33**
长沙	0.97	0.68	8.81	8.60	3.06	2.16
株洲	0.85	0.50	2.01	1.74	1.31	0.81
湘潭	0.42	0.31	2.86	1.49	0.71	0.35
衡阳	0.91	0.45	4.12	1.56	1.79	0.94

3—6 续表 5

单位:万人

城市	电力、煤气及水生产供应业		建筑业		交通运输、仓储及邮政业	
	全市	市辖区	全市	市辖区	全市	市辖区
邵阳	1.27	0.22	3.09	2.27	1.75	1.03
岳阳	0.74	0.43	1.37	0.51	1.56	0.96
常德	0.79	0.28	1.01	0.32	1.06	0.69
张家界	0.42	0.07	0.57	0.41	0.43	0.33
益阳	0.48	0.20	1.09	0.52	0.96	0.51
郴州	0.96	0.29	0.89	0.50	1.03	0.42
永州	1.04	0.27	1.20	0.46	0.71	0.26
怀化	1.30	0.21	1.17	0.47	1.32	0.42
娄底	0.43	0.10	1.85	1.05	1.06	0.45
广东	**19.58**	**9.91**	**54.64**	**35.80**	**43.77**	**37.28**
广州	2.86	2.60	14.82	12.42	17.69	17.45
韶关	1.60	0.63	1.80	0.68	1.81	1.11
深圳	1.33	1.33	7.19	7.19	7.21	7.21
珠海	0.56	0.56	0.76	0.76	1.25	1.25
汕头	1.02	0.42	2.20	2.19	1.39	1.36
佛山	1.06	1.06	3.37	3.37	1.61	1.61
江门	0.95	0.43	3.65	0.69	1.06	0.58
湛江	0.91	0.32	2.30	0.89	2.87	2.12
茂名	0.99	0.24	3.68	0.75	1.01	0.27
肇庆	0.66	0.13	1.47	0.47	0.89	0.33
惠州	0.80	0.42	2.73	2.03	1.05	0.71
梅州	1.19	0.15	1.01	0.35	0.73	0.23
汕尾	0.53	0.11	0.64	0.05	0.40	0.16
河源	0.74	0.12	1.21	0.50	0.46	0.10
阳江	0.55	0.13	3.02	1.37	0.54	0.30
清远	0.99	0.07	0.83	0.48	1.02	0.58
东莞	0.48	0.48	0.12	0.12	0.83	0.83
中山	0.30	0.30	0.26	0.26	0.55	0.55
潮州	0.59	0.19	1.01	0.28	0.44	0.19
揭阳	1.02	0.22	1.85	0.43	0.52	0.21
云浮	0.45	0.00	0.72	0.52	0.44	0.13
广西	**8.42**	**2.92**	**17.01**	**11.17**	**18.07**	**12.58**
南宁	1.08	0.47	4.02	3.68	4.05	3.59
柳州	0.64	0.33	3.25	3.16	4.12	3.90
桂林	0.97	0.20	1.36	0.97	1.17	0.80
梧州	0.76	0.18	0.88	0.74	0.74	0.54
北海	0.18	0.11	0.41	0.16	0.61	0.51
防城港	0.25	0.12	0.19	0.12	0.78	0.72
钦州	0.24	0.13	0.70	0.38	0.54	0.48

3—6 续表 6

单位:万人

城市	电力、煤气及水生产供应业		建筑业		交通运输、仓储及邮政业	
	全市	市辖区	全市	市辖区	全市	市辖区
贵港	0.39	0.15	0.83	0.47	0.67	0.32
玉林	0.70	0.24	1.24	0.52	1.03	0.51
百色	0.72	0.18	0.28	0.13	0.71	0.49
贺州	0.52	0.32	0.28	0.23	0.34	0.09
河池	0.76	0.15	1.09	0.24	0.64	0.21
来宾	0.56	0.24	0.13	0.05	0.14	0.04
崇左	0.65	0.10	2.35	0.32	2.53	0.38
海南	**0.79**	**0.79**	**3.42**	**3.42**	**2.14**	**2.14**
海口	0.64	0.64	3.25	3.25	1.69	1.69
三亚	0.15	0.15	0.17	0.17	0.45	0.45
重庆	**5.80**	**2.95**	**31.03**	**18.87**	**14.62**	**11.66**
四川	**14.16**	**6.60**	**70.53**	**43.12**	**19.92**	**11.95**
成都	2.01	1.15	26.50	18.00	6.77	5.10
自贡	0.45	0.33	2.45	2.02	1.00	0.68
攀枝花	0.61	0.51	1.76	1.74	0.77	0.74
泸州	0.67	0.37	4.44	3.11	1.22	0.75
德阳	0.33	0.17	2.72	1.91	0.82	0.38
绵阳	1.16	0.51	2.86	1.17	1.29	0.74
广元	0.43	0.24	0.69	0.50	0.58	0.24
遂宁	0.77	0.31	5.02	2.68	0.46	0.17
内江	0.42	0.34	4.85	2.56	0.80	0.49
乐山	1.87	1.18	1.57	1.23	1.25	0.47
南充	0.81	0.21	6.11	3.23	0.68	0.37
眉山	0.33	0.06	0.89	0.06	0.60	0.16
宜宾	1.08	0.16	3.18	0.85	1.16	0.74
广安	0.62	0.33	0.83	0.44	0.35	0.08
达州	1.37	0.34	2.55	0.73	0.97	0.33
雅安	0.42	0.12	0.72	0.62	0.26	0.15
巴中	0.52	0.17	2.38	1.92	0.43	0.18
资阳	0.29	0.10	1.01	0.35	0.51	0.18
贵州	**3.15**	**1.32**	**12.73**	**10.52**	**3.91**	**3.18**
贵阳	1.32	0.66	9.12	8.59	1.98	1.85
六盘水	0.45	0.22	0.76	0.33	0.25	0.13
遵义	0.83	0.25	2.13	1.23	1.31	0.88
安顺	0.55	0.19	0.72	0.37	0.37	0.32
云南	**4.32**	**1.76**	**13.60**	**11.84**	**11.17**	**9.41**
昆明	1.40	0.98	9.57	8.97	8.16	7.94
曲靖	0.99	0.22	1.07	0.91	0.66	0.27
玉溪	0.37	0.07	0.41	0.30	0.42	0.27

3—6 续表 7

单位:万人

城 市	电力、煤气及水生产供应业		建 筑 业		交通运输、仓储及邮政业	
	全 市	市辖区	全 市	市辖区	全 市	市辖区
保 山	0.22	0.20	0.39	0.34	0.35	0.25
昭 通	0.44	0.11	1.30	0.86	0.58	0.27
丽 江	0.24	0.10	0.06	0.03	0.24	0.20
思 茅	0.36	0.07	0.53	0.37	0.39	0.19
临 沧	0.30	0.01	0.27	0.06	0.37	0.02
陕 西	**8.48**	**4.89**	**19.95**	**14.40**	**16.79**	**13.64**
西 安	2.02	1.96	7.71	6.95	8.24	8.04
铜 川	0.21	0.20	0.60	0.57	0.42	0.42
宝 鸡	0.78	0.62	1.54	0.96	2.68	2.37
咸 阳	1.08	0.66	4.63	3.68	0.96	0.50
渭 南	1.70	0.39	1.48	0.70	1.00	0.40
延 安	0.46	0.24	0.76	0.31	0.90	0.49
汉 中	0.60	0.21	1.25	0.61	0.82	0.48
榆 林	0.79	0.26	0.63	0.25	0.73	0.25
安 康	0.57	0.23	0.56	0.33	0.54	0.40
商 洛	0.27	0.12	0.79	0.04	0.50	0.29
甘 肃	**5.70**	**3.05**	**15.18**	**12.61**	**6.24**	**4.91**
兰 州	1.56	1.39	10.13	9.85	2.95	2.80
嘉 峪 关	0.11	0.11	0.12	0.12	0.06	0.06
金 昌	0.37	0.07	0.59	0.47	0.12	0.08
白 银	0.72	0.64	0.59	0.45	0.30	0.18
天 水	0.24	0.12	1.13	0.93	0.58	0.51
武 威	0.26	0.17	0.19	0.14	0.49	0.31
张 掖	0.39	0.18	0.13	0.11	0.38	0.27
平 凉	0.31	0.05	1.05	0.23	0.26	0.18
酒 泉	1.03	0.08	0.20	0.14	0.39	0.22
庆 阳	0.34	0.13	0.36	0.11	0.33	0.14
定 西	0.37	0.11	0.69	0.06	0.38	0.16
青 海	**0.83**	**0.50**	**2.27**	**2.04**	**1.58**	**1.41**
西 宁	0.83	0.50	2.27	2.04	1.58	1.41
宁 夏	**3.17**	**2.44**	**4.81**	**3.59**	**1.64**	**1.13**
银 川	0.89	0.87	2.84	2.72	0.82	0.72
石 嘴 山	0.95	0.92	0.58	0.53	0.18	0.16
吴 忠	1.16	0.52	1.06	0.11	0.28	0.08
固 原	0.17	0.13	0.33	0.23	0.36	0.17
新 疆	**1.01**	**1.01**	**8.36**	**8.34**	**4.50**	**4.49**
乌鲁木齐	1.01	1.01	6.74	6.72	4.32	4.31
克拉玛依	0.00	0.00	1.62	1.62	0.18	0.18

3—7 按行业分组的单位从业人员(三)

单位:万人

城市	信息传输、计算机服务和软件业		批发和零售业		住宿、餐饮业	
	全市	市辖区	全市	市辖区	全市	市辖区
城市合计	**112.09**	**86.63**	**669.13**	**379.08**	**191.30**	**139.17**
北京	**17.99**	**17.76**	**86.13**	**37.08**	**41.27**	**20.81**
天津	**1.54**	**1.53**	**11.87**	**11.30**	**3.51**	**3.40**
河北	**3.83**	**2.39**	**33.15**	**16.59**	**4.76**	**3.47**
石家庄	0.64	0.47	6.63	4.11	1.44	1.24
唐山	0.40	0.27	3.10	1.89	0.45	0.34
秦皇岛	0.20	0.16	1.37	0.83	0.26	0.20
邯郸	0.30	0.20	4.58	2.16	0.34	0.21
邢台	0.26	0.15	2.60	1.64	0.34	0.24
保定	0.54	0.30	4.04	1.69	0.50	0.35
张家口	0.32	0.23	3.06	1.42	0.34	0.18
承德	0.28	0.13	1.70	0.60	0.35	0.25
沧州	0.40	0.17	2.68	0.72	0.32	0.14
廊坊	0.19	0.10	1.31	0.64	0.22	0.19
衡水	0.30	0.21	2.08	0.89	0.20	0.13
山西	**2.69**	**1.83**	**25.50**	**14.21**	**3.65**	**2.69**
太原	0.79	0.78	5.52	5.27	1.65	1.62
大同	0.25	0.18	4.28	3.50	0.20	0.17
阳泉	0.12	0.09	1.29	0.84	0.16	0.13
长治	0.14	0.13	1.87	0.72	0.23	0.13
晋城	0.17	0.13	2.21	1.12	0.25	0.15
朔州	0.11	0.07	0.79	0.40	0.08	0.02
晋中	0.23	0.14	2.03	0.49	0.19	0.08
运城	0.32	0.14	1.74	0.39	0.24	0.08
忻州	0.13	0.03	2.47	0.62	0.30	0.16
临汾	0.24	0.09	2.11	0.66	0.19	0.09
吕梁	0.19	0.05	1.19	0.20	0.16	0.06
内蒙古	**1.95**	**1.29**	**7.26**	**4.26**	**2.32**	**1.68**
呼和浩特	0.45	0.36	1.08	0.98	0.92	0.77
包头	0.16	0.14	1.12	1.04	0.36	0.35
乌海	0.06	0.06	0.27	0.27	0.07	0.07
赤峰	0.23	0.11	1.25	0.32	0.24	0.09
通辽	0.25	0.18	1.06	0.77	0.16	0.11
鄂尔多斯	0.14	0.06	0.18	0.07	0.04	0.04
海拉尔	0.41	0.24	1.37	0.41	0.35	0.12
巴彦淖尔	0.08	0.05	0.42	0.19	0.09	0.07
乌兰察布	0.17	0.09	0.51	0.21	0.09	0.06
辽宁	**4.84**	**4.26**	**19.76**	**15.93**	**6.00**	**5.72**
沈阳	1.10	1.10	5.70	5.40	1.60	1.60

3—7 续表 1

单位:万人

城　市	信息传输、计算机服务和软件业		批发和零售业		住宿、餐饮业	
	全　市	市辖区	全　市	市辖区	全　市	市辖区
大　连	0.90	0.78	4.06	3.82	2.54	2.53
鞍　山	0.26	0.21	1.57	1.19	0.30	0.27
抚　顺	0.18	0.15	1.00	0.84	0.19	0.16
本　溪	0.16	0.16	0.61	0.53	0.13	0.11
丹　东	0.25	0.25	0.72	0.50	0.16	0.15
锦　州	0.31	0.14	1.22	0.92	0.17	0.13
营　口	0.23	0.22	0.62	0.50	0.16	0.15
阜　新	0.43	0.39	0.74	0.47	0.09	0.08
辽　阳	0.20	0.20	0.46	0.30	0.10	0.10
盘　锦	0.21	0.21	0.59	0.45	0.26	0.23
铁　岭	0.20	0.14	0.96	0.25	0.10	0.08
朝　阳	0.28	0.18	0.77	0.46	0.12	0.07
葫芦岛	0.13	0.13	0.74	0.30	0.08	0.06
吉　林	**2.34**	**1.75**	**13.29**	**6.24**	**2.25**	**1.92**
长　春	0.99	0.86	5.47	3.65	1.47	1.42
吉　林	0.25	0.19	1.93	0.54	0.23	0.21
四　平	0.16	0.09	1.13	0.40	0.11	0.07
辽　源	0.11	0.08	0.36	0.22	0.07	0.05
通　化	0.22	0.13	0.94	0.26	0.14	0.07
白　山	0.13	0.07	0.60	0.28	0.07	0.04
松　原	0.15	0.09	1.78	0.59	0.09	0.03
白　城	0.33	0.24	1.08	0.30	0.07	0.03
黑龙江	**4.64**	**3.19**	**37.25**	**22.98**	**8.67**	**4.72**
哈尔滨	2.00	1.69	21.19	17.26	3.80	3.52
齐齐哈尔	0.40	0.35	1.83	0.79	0.23	0.16
鸡　西	0.15	0.12	1.67	0.54	0.22	0.02
鹤　岗	0.05	0.03	1.05	0.32	0.30	0.08
双鸭山	0.12	0.09	1.31	0.19	0.28	0.04
大　庆	0.39	0.39	1.68	0.82	0.12	0.08
伊　春	0.18	0.16	0.25	0.18	0.10	0.08
佳木斯	0.21	0.11	2.60	1.27	0.32	0.17
七台河	0.06	0.04	0.27	0.11	0.09	0.08
牡丹江	0.29	0.19	1.66	0.59	0.26	0.17
黑　河	0.59	0.01	1.74	0.41	2.85	0.30
绥　化	0.20	0.01	2.00	0.50	0.10	0.02
上　海	**4.23**	**4.23**	**26.70**	**26.37**	**8.52**	**8.48**
江　苏	**5.73**	**3.73**	**37.91**	**19.28**	**7.90**	**5.55**
南　京	1.09	1.06	5.19	4.95	2.43	2.38
无　锡	0.61	0.43	2.89	1.94	0.98	0.69

3—7 续表 2

单位:万人

城市	信息传输、计算机服务和软件业		批发和零售业		住宿、餐饮业	
	全市	市辖区	全市	市辖区	全市	市辖区
徐州	0.38	0.23	4.12	1.43	0.31	0.12
常州	0.27	0.22	2.34	1.66	0.61	0.44
苏州	0.99	0.64	3.99	1.81	0.92	0.36
南通	0.40	0.17	3.83	1.39	0.38	0.19
连云港	0.18	0.11	1.29	0.67	0.23	0.13
淮安	0.26	0.18	2.57	1.51	0.36	0.28
盐城	0.42	0.18	3.63	0.87	0.41	0.15
扬州	0.41	0.22	2.31	0.95	0.44	0.34
镇江	0.28	0.15	2.13	1.35	0.44	0.35
泰州	0.36	0.10	2.20	0.62	0.33	0.12
宿迁	0.08	0.04	1.42	0.13	0.06	0.00
浙江	**4.81**	**3.08**	**20.65**	**12.62**	**8.85**	**6.11**
杭州	1.26	1.10	5.05	4.42	3.31	3.02
宁波	0.51	0.28	3.30	2.58	1.50	1.18
温州	0.64	0.31	2.99	2.01	0.91	0.66
嘉兴	0.31	0.16	1.87	0.62	0.71	0.27
湖州	0.19	0.12	0.90	0.52	0.27	0.09
绍兴	0.38	0.20	2.01	0.42	0.48	0.18
金华	0.46	0.25	1.29	0.36	0.33	0.04
衢州	0.15	0.08	0.31	0.14	0.24	0.07
舟山	0.16	0.14	0.73	0.61	0.31	0.28
台州	0.50	0.31	1.71	0.81	0.64	0.26
丽水	0.25	0.13	0.49	0.13	0.15	0.06
安徽	**2.68**	**1.75**	**21.51**	**9.83**	**3.51**	**2.66**
合肥	0.56	0.51	2.51	1.93	0.88	0.76
芜湖	0.11	0.08	0.60	0.49	0.24	0.22
蚌埠	0.17	0.12	1.45	0.61	0.25	0.16
淮南	0.08	0.08	0.76	0.56	0.20	0.17
马鞍山	0.06	0.05	0.62	0.50	0.11	0.09
淮北	0.09	0.06	0.80	0.55	0.10	0.07
铜陵	0.08	0.08	0.51	0.40	0.07	0.06
安庆	0.23	0.10	2.50	0.73	0.26	0.18
黄山	0.12	0.08	0.44	0.26	0.46	0.41
滁州	0.24	0.15	1.75	0.31	0.19	0.06
阜阳	0.16	0.10	2.08	0.80	0.26	0.20
宿州	0.22	0.12	2.10	1.30	0.12	0.05
巢湖	0.13	0.05	0.93	0.15	0.06	0.03
六安	0.12	0.05	1.55	0.41	0.07	0.05
亳州	0.14	0.07	2.08	0.60	0.12	0.09

3—7 续表 3

单位:万人

城市	信息传输、计算机服务和软件业		批发和零售业		住宿、餐饮业	
	全市	市辖区	全市	市辖区	全市	市辖区
池州	0.07	0.05	0.32	0.14	0.06	0.04
宣城	0.10	0.00	0.51	0.09	0.06	0.02
福建	**3.69**	**2.52**	**12.38**	**7.12**	**4.13**	**2.88**
福州	1.04	0.87	3.54	2.62	1.15	0.85
厦门	0.39	0.39	1.91	1.91	0.92	0.92
莆田	0.20	0.20	0.65	0.48	0.15	0.13
三明	0.25	0.15	0.88	0.35	0.19	0.09
泉州	0.62	0.31	1.75	0.64	0.68	0.41
漳州	0.33	0.15	1.30	0.45	0.28	0.17
南平	0.29	0.14	0.79	0.18	0.34	0.09
龙岩	0.29	0.17	0.71	0.24	0.24	0.15
宁德	0.28	0.14	0.85	0.25	0.18	0.07
江西	**2.54**	**1.50**	**21.44**	**11.10**	**2.76**	**2.11**
南昌	0.57	0.54	3.11	2.14	0.51	0.47
景德镇	0.12	0.10	0.75	0.41	0.11	0.10
萍乡	0.10	0.08	0.51	0.35	0.17	0.15
九江	0.32	0.12	1.61	0.49	0.35	0.22
新余	0.10	0.10	8.20	5.90	0.69	0.69
鹰潭	0.07	0.05	0.29	0.10	0.07	0.06
赣州	0.39	0.21	0.99	0.16	0.21	0.13
吉安	0.18	0.08	0.94	0.65	0.21	0.06
宜春	0.28	0.06	1.65	0.30	0.18	0.09
抚州	0.17	0.08	1.56	0.45	0.09	0.04
上饶	0.24	0.08	1.83	0.15	0.17	0.10
山东	**5.52**	**3.89**	**42.90**	**21.66**	**8.93**	**6.58**
济南	0.69	0.65	4.85	4.28	1.75	1.67
青岛	0.59	0.46	4.95	3.77	1.77	1.50
淄博	0.50	0.48	2.58	2.22	0.44	0.38
枣庄	0.15	0.15	1.66	1.08	0.17	0.17
东营	0.17	0.13	0.77	0.61	0.33	0.29
烟台	0.50	0.26	3.18	1.30	0.80	0.50
潍坊	0.36	0.21	3.28	1.04	0.60	0.34
济宁	0.39	0.18	3.50	0.95	0.53	0.20
泰安	0.39	0.24	2.72	0.98	0.34	0.22
威海	0.17	0.10	2.19	1.02	0.68	0.45
日照	0.08	0.06	1.26	0.66	0.12	0.09
莱芜	0.08	0.08	0.53	0.53	0.08	0.08
临沂	0.47	0.37	3.18	0.91	0.34	0.17
德州	0.36	0.12	2.31	0.80	0.31	0.18

3—7 续表 4

单位:万人

城市	信息传输、计算机服务和软件业		批发和零售业		住宿、餐饮业	
	全市	市辖区	全市	市辖区	全市	市辖区
聊城	0.21	0.08	1.96	0.50	0.28	0.12
滨州	0.14	0.05	1.17	0.35	0.14	0.07
菏泽	0.27	0.27	2.81	0.66	0.25	0.15
河南	**5.22**	**3.02**	**58.18**	**23.23**	**9.77**	**7.02**
郑州	0.76	0.62	6.11	4.61	2.66	2.36
开封	0.28	0.18	3.55	1.85	0.61	0.56
洛阳	0.26	0.17	2.91	1.19	0.81	0.61
平顶山	0.15	0.07	2.60	1.14	0.51	0.34
安阳	0.16	0.07	3.01	1.14	0.38	0.22
鹤壁	0.08	0.06	1.10	0.64	0.22	0.18
新乡	0.17	0.07	5.30	3.36	0.65	0.51
焦作	0.17	0.10	1.85	0.75	0.28	0.17
濮阳	0.12	0.07	1.86	0.82	0.47	0.23
许昌	0.29	0.23	2.42	0.60	0.34	0.20
漯河	0.15	0.14	1.87	0.85	0.16	0.14
三门峡	0.15	0.10	1.70	0.66	0.42	0.23
南阳	0.65	0.42	6.61	1.78	0.85	0.46
商丘	0.66	0.17	3.63	1.42	0.32	0.22
信阳	0.37	0.15	3.60	0.98	0.54	0.30
周口	0.45	0.32	6.48	0.71	0.22	0.10
驻马店	0.35	0.08	3.58	0.73	0.33	0.19
湖北	**3.50**	**2.58**	**28.12**	**16.18**	**9.90**	**8.61**
武汉	1.56	1.56	8.00	8.00	5.58	5.58
黄石	0.14	0.10	1.29	0.74	0.61	0.40
十堰	0.14	0.07	1.67	1.06	0.36	0.26
宜昌	0.26	0.17	2.15	1.43	1.57	1.44
襄樊	0.29	0.20	3.07	1.65	0.31	0.15
鄂州	0.05	0.05	0.88	0.88	0.34	0.34
荆门	0.13	0.05	1.05	0.60	0.14	0.10
孝感	0.18	0.06	1.54	0.43	0.19	0.05
荆州	0.30	0.16	4.45	0.41	0.28	0.16
黄冈	0.20	0.00	2.54	0.15	0.26	0.01
咸宁	0.14	0.06	0.65	0.15	0.19	0.06
随州	0.11	0.10	0.83	0.68	0.07	0.06
湖南	**4.23**	**2.94**	**19.01**	**9.23**	**5.47**	**3.93**
长沙	1.29	1.17	4.18	3.69	2.13	2.03
株洲	0.24	0.16	1.02	0.67	0.48	0.38
湘潭	0.12	0.11	0.90	0.62	0.21	0.15
衡阳	0.27	0.17	2.76	0.95	0.52	0.27

3—7 续表 5

单位:万人

城　市	信息传输、计算机服务和软件业		批发和零售业		住宿、餐饮业	
	全 市	市辖区	全 市	市辖区	全 市	市辖区
邵　阳	0.31	0.10	1.50	0.45	0.14	0.04
岳　阳	0.24	0.15	1.77	0.90	0.29	0.13
常　德	0.23	0.20	0.97	0.27	0.20	0.15
张家界	0.19	0.11	0.30	0.09	0.25	0.20
益　阳	0.35	0.24	0.97	0.30	0.19	0.14
郴　州	0.36	0.22	1.23	0.43	0.44	0.21
永　州	0.20	0.10	1.10	0.30	0.19	0.07
怀　化	0.28	0.15	1.00	0.24	0.28	0.09
娄　底	0.15	0.06	1.31	0.32	0.15	0.07
广　东	**11.72**	**9.32**	**40.89**	**31.02**	**19.84**	**17.74**
广　州	3.03	2.85	12.69	12.42	8.78	8.62
韶　关	0.32	0.18	0.85	0.22	0.39	0.16
深　圳	1.75	1.75	7.35	7.35	3.49	3.49
珠　海	0.35	0.35	1.13	1.13	0.98	0.98
汕　头	0.59	0.57	2.66	2.60	0.55	0.52
佛　山	0.85	0.85	2.00	2.00	0.98	0.98
江　门	0.36	0.20	1.31	0.67	0.65	0.28
湛　江	0.43	0.21	2.35	0.88	0.46	0.40
茂　名	0.30	0.11	1.46	0.28	0.26	0.14
肇　庆	0.37	0.22	0.67	0.34	0.56	0.36
惠　州	0.42	0.24	1.08	0.64	0.53	0.44
梅　州	0.33	0.12	1.01	0.18	0.20	0.06
汕　尾	0.26	0.10	0.77	0.18	0.11	0.06
河　源	0.24	0.19	0.94	0.19	0.41	0.26
阳　江	0.23	0.13	0.95	0.48	0.31	0.27
清　远	0.35	0.18	0.41	0.04	0.46	0.21
东　莞	0.49	0.49	0.55	0.55	0.08	0.08
中　山	0.30	0.30	0.36	0.36	0.23	0.23
潮　州	0.28	0.13	0.52	0.18	0.15	0.13
揭　阳	0.29	0.09	1.42	0.28	0.19	0.05
云　浮	0.18	0.06	0.41	0.05	0.07	0.02
广　西	**2.96**	**2.13**	**19.96**	**8.01**	**6.16**	**4.10**
南　宁	0.62	0.55	3.70	2.78	1.25	1.11
柳　州	0.42	0.34	1.80	1.37	0.47	0.42
桂　林	0.32	0.28	1.64	0.71	1.20	1.09
梧　州	0.26	0.18	0.88	0.38	0.22	0.15
北　海	0.15	0.11	0.36	0.25	0.39	0.36
防城港	0.03	0.02	0.19	0.12	0.14	0.09
钦　州	0.14	0.14	0.63	0.31	0.15	0.10

3—7 续表 6

单位:万人

城市	信息传输计算机服务和软件业		批发和零售业		住宿、餐馆业	
	全市	市辖区	全市	市辖区	全市	市辖区
贵港	0.04	0.02	0.82	0.50	0.11	0.06
玉林	0.13	0.05	1.31	0.45	0.30	0.22
百色	0.23	0.15	1.03	0.17	0.27	0.10
贺州	0.08	0.04	0.33	0.14	0.09	0.05
河池	0.14	0.09	0.96	0.26	0.16	0.05
来宾	0.05	0.02	0.50	0.18	0.07	0.05
崇左	0.35	0.14	5.81	0.39	1.34	0.25
海南	**0.45**	**0.45**	**1.85**	**1.85**	**2.37**	**2.37**
海口	0.42	0.42	1.43	1.43	1.29	1.29
三亚	0.03	0.03	0.42	0.42	1.08	1.08
重庆	**1.90**	**1.43**	**10.32**	**6.50**	**2.51**	**2.13**
四川	**4.26**	**2.97**	**19.38**	**10.70**	**4.28**	**3.19**
成都	1.34	1.19	6.03	4.96	2.03	1.74
自贡	0.10	0.08	0.95	0.66	0.18	0.16
攀枝花	0.12	0.12	0.29	0.22	0.08	0.07
泸州	0.22	0.12	1.22	0.69	0.20	0.17
德阳	0.26	0.20	0.49	0.17	0.12	0.07
绵阳	0.24	0.17	0.77	0.42	0.21	0.15
广元	0.14	0.06	0.48	0.23	0.20	0.08
遂宁	0.15	0.05	0.55	0.21	0.06	0.01
内江	0.14	0.09	0.79	0.38	0.11	0.06
乐山	0.14	0.11	1.52	0.58	0.18	0.15
南充	0.19	0.11	0.90	0.41	0.10	0.05
眉山	0.10	0.05	0.30	0.08	0.10	0.01
宜宾	0.24	0.17	1.19	0.49	0.27	0.18
广安	0.11	0.06	0.41	0.14	0.01	0.01
达州	0.34	0.10	1.69	0.41	0.17	0.13
雅安	0.14	0.11	0.26	0.17	0.11	0.08
巴中	0.19	0.10	0.82	0.21	0.10	0.06
资阳	0.10	0.08	0.72	0.27	0.05	0.01
贵州	**0.58**	**0.27**	**7.00**	**5.13**	**1.73**	**1.52**
贵阳	0.21	0.09	4.31	3.95	1.44	1.36
六盘水	0.16	0.05	0.54	0.26	0.09	0.02
遵义	0.09	0.01	1.38	0.37	0.11	0.08
安顺	0.12	0.12	0.77	0.55	0.09	0.06
云南	**2.22**	**1.90**	**11.00**	**6.66**	**3.06**	**2.29**
昆明	1.43	1.37	4.94	4.10	2.13	1.88
曲靖	0.21	0.16	1.36	0.35	0.16	0.07
玉溪	0.09	0.08	1.47	0.96	0.26	0.07

3—7 续表 7 单位:万人

城市	信息传输、计算机服务和软件业		批发和零售业		住宿、餐饮业	
	全市	市辖区	全市	市辖区	全市	市辖区
保山	0.09	0.09	0.76	0.38	0.08	0.05
昭通	0.16	0.08	1.17	0.55	0.07	0.03
丽江	0.06	0.05	0.37	0.15	0.14	0.11
思茅	0.12	0.07	0.58	0.12	0.13	0.06
临沧	0.06	0.00	0.35	0.05	0.09	0.02
陕西	**2.89**	**2.15**	**21.45**	**13.51**	**4.70**	**3.65**
西安	1.22	1.22	9.45	9.00	2.76	2.71
铜川	0.08	0.08	0.28	0.25	0.07	0.05
宝鸡	0.21	0.14	2.34	1.37	0.39	0.25
咸阳	0.25	0.16	2.10	0.85	0.22	0.08
渭南	0.39	0.18	2.01	0.55	0.21	0.05
延安	0.13	0.07	0.95	0.33	0.31	0.20
汉中	0.23	0.14	1.55	0.48	0.25	0.17
榆林	0.17	0.07	1.16	0.15	0.18	0.04
安康	0.15	0.08	0.78	0.39	0.12	0.06
商洛	0.06	0.01	0.83	0.14	0.19	0.04
甘肃	**1.75**	**1.48**	**8.23**	**5.46**	**1.88**	**1.44**
兰州	0.84	0.83	2.96	2.71	0.74	0.71
嘉峪关	0.03	0.03	0.12	0.12	0.03	0.03
金昌	0.10	0.07	0.32	0.21	0.01	0.01
白银	0.08	0.06	0.57	0.27	0.08	0.04
天水	0.21	0.19	1.01	0.60	0.13	0.13
武威	0.08	0.06	0.98	0.71	0.41	0.32
张掖	0.07	0.04	0.42	0.20	0.08	0.06
平凉	0.07	0.05	0.54	0.15	0.10	0.04
酒泉	0.09	0.06	0.47	0.24	0.18	0.05
庆阳	0.09	0.05	0.40	0.15	0.06	0.02
定西	0.09	0.04	0.44	0.10	0.06	0.03
青海	**0.52**	**0.51**	**1.05**	**0.87**	**0.19**	**0.17**
西宁	0.52	0.51	1.05	0.87	0.19	0.17
宁夏	**0.52**	**0.45**	**2.39**	**1.56**	**0.81**	**0.64**
银川	0.30	0.28	1.16	1.01	0.49	0.48
石嘴山	0.08	0.08	0.29	0.20	0.04	0.03
吴忠	0.01	0.01	0.60	0.25	0.16	0.10
固原	0.13	0.08	0.34	0.10	0.12	0.03
新疆	**0.35**	**0.33**	**2.60**	**2.60**	**1.60**	**1.59**
乌鲁木齐	0.32	0.30	2.40	2.40	1.54	1.53
克拉玛依	0.03	0.03	0.20	0.20	0.06	0.06

3—8 按行业分组的单位从业人员(四)

单位:万人

城市	金融业		房地产业		租赁和商业服务业	
	全市	市辖区	全市	市辖区	全市	市辖区
城市合计	**337.80**	**217.31**	**119.49**	**97.64**	**174.96**	**138.67**
北京	**14.02**	**14.02**	**19.70**	**18.70**	**39.01**	**37.39**
天津	**5.20**	**4.76**	**1.90**	**1.87**	**4.03**	**3.94**
河北	**17.77**	**8.55**	**2.45**	**1.87**	**3.38**	**2.09**
石家庄	2.89	1.66	0.39	0.31	0.80	0.71
唐山	2.40	1.65	0.31	0.26	0.55	0.43
秦皇岛	1.37	1.01	0.20	0.15	0.25	0.20
邯郸	1.76	0.81	0.23	0.17	0.32	0.06
邢台	1.52	0.64	0.11	0.08	0.19	0.05
保定	2.25	0.67	0.24	0.17	0.35	0.17
张家口	1.15	0.55	0.29	0.19	0.23	0.13
承德	0.84	0.36	0.09	0.06	0.20	0.11
沧州	1.55	0.44	0.15	0.07	0.21	0.06
廊坊	0.91	0.33	0.31	0.29	0.12	0.09
衡水	1.13	0.43	0.13	0.12	0.16	0.08
山西	**11.72**	**6.58**	**1.49**	**1.13**	**3.92**	**2.57**
太原	2.12	2.11	0.54	0.52	1.17	1.10
大同	1.12	0.90	0.28	0.25	0.41	0.28
阳泉	0.55	0.33	0.08	0.07	0.31	0.28
长治	1.36	0.98	0.07	0.05	0.38	0.17
晋城	0.75	0.31	0.08	0.05	0.22	0.07
朔州	0.49	0.35	0.06	0.01	0.16	0.11
晋中	1.35	0.45	0.13	0.09	0.24	0.11
运城	1.29	0.40	0.04	0.01	0.35	0.28
忻州	0.88	0.27	0.05	0.03	0.29	0.03
临汾	1.11	0.33	0.10	0.04	0.31	0.13
吕梁	0.70	0.15	0.06	0.01	0.08	0.01
内蒙古	**6.51**	**3.71**	**1.03**	**0.67**	**2.22**	**1.28**
呼和浩特	1.24	1.16	0.19	0.17	0.67	0.65
包头	0.86	0.73	0.17	0.16	0.22	0.21
乌海	0.25	0.25	0.04	0.04	0.06	0.06
赤峰	0.94	0.47	0.15	0.10	0.26	0.15
通辽	0.66	0.32	0.12	0.09	0.09	0.04
鄂尔多斯	0.53	0.15	0.07	0.01	0.06	0.03
海拉尔	0.87	0.20	0.18	0.05	0.69	0.07
巴彦淖尔	0.60	0.26	0.03	0.01	0.09	0.05
乌兰察布	0.56	0.17	0.08	0.04	0.08	0.02
辽宁	**18.75**	**15.79**	**6.31**	**5.53**	**8.21**	**7.24**
沈阳	4.30	4.30	1.70	1.60	2.30	2.20

3—8 续表 1

单位:万人

城　市	金融业		房地产业		租赁和商业服务业	
	全　市	市辖区	全　市	市辖区	全　市	市辖区
大　连	3.93	3.25	2.00	1.90	1.86	1.81
鞍　山	1.42	1.16	0.36	0.33	0.87	0.74
抚　顺	0.95	0.82	0.23	0.21	0.26	0.24
本　溪	0.74	0.74	0.32	0.30	0.14	0.09
丹　东	0.93	0.53	0.21	0.14	0.46	0.35
锦　州	1.21	0.78	0.28	0.19	0.42	0.29
营　口	0.79	0.79	0.20	0.16	0.32	0.23
阜　新	0.70	0.53	0.09	0.09	0.67	0.67
辽　阳	0.65	0.65	0.15	0.13	0.14	0.12
盘　锦	0.66	0.66	0.18	0.18	0.17	0.11
铁　岭	0.84	0.42	0.25	0.11	0.17	0.08
朝　阳	0.85	0.40	0.16	0.09	0.29	0.20
葫芦岛	0.78	0.76	0.18	0.10	0.14	0.11
吉　林	**8.26**	**4.80**	**2.64**	**2.00**	**2.93**	**2.22**
长　春	2.73	2.06	1.50	1.38	1.36	1.26
吉　林	1.32	0.82	0.23	0.16	0.51	0.43
四　平	0.95	0.38	0.30	0.12	0.04	0.01
辽　源	0.38	0.22	0.10	0.08	0.07	0.05
通　化	0.99	0.40	0.19	0.08	0.44	0.36
白　山	0.57	0.28	0.15	0.11	0.15	0.08
松　原	0.74	0.40	0.10	0.05	0.08	0.02
白　城	0.58	0.24	0.07	0.02	0.28	0.01
黑龙江	**12.00**	**7.12**	**6.37**	**4.25**	**5.50**	**3.34**
哈尔滨	3.68	2.73	2.77	2.57	2.38	1.85
齐齐哈尔	1.47	0.87	0.57	0.50	0.24	0.14
鸡　西	0.59	0.39	0.12	0.08	0.30	0.09
鹤　岗	0.37	0.23	0.10	0.08	0.01	0.01
双鸭山	0.41	0.17	0.12	0.09	0.09	0.06
大　庆	1.10	0.88	0.18	0.15	0.32	0.30
伊　春	0.43	0.31	0.12	0.09	0.03	0.03
佳木斯	1.09	0.45	1.23	0.40	0.35	0.28
七台河	0.26	0.23	0.07	0.03	0.13	0.10
牡丹江	1.20	0.61	0.28	0.23	0.49	0.37
黑　河	0.50	0.25	0.41	0.03	0.46	0.09
绥　化	0.90	0.00	0.40	0.00	0.70	0.02
上　海	**14.84**	**14.77**	**8.33**	**8.27**	**14.97**	**14.54**
江　苏	**21.51**	**12.10**	**6.68**	**3.97**	**8.07**	**4.10**
南　京	3.09	2.91	1.54	1.51	1.33	1.25
无　锡	2.17	1.50	0.61	0.49	0.66	0.49

3—8 续表 2

单位:万人

城　市	金　融　业		房地产业		租赁和商业服务业	
	全　市	市辖区	全　市	市辖区	全　市	市辖区
徐　州	1.81	0.77	0.39	0.21	0.31	0.13
常　州	1.20	0.86	0.29	0.22	0.35	0.24
苏　州	2.76	1.48	0.46	0.17	1.51	0.38
南　通	1.65	0.65	0.33	0.22	0.62	0.16
连云港	1.20	0.66	0.27	0.20	0.59	0.34
淮　安	1.37	1.13	0.23	0.12	0.29	0.20
盐　城	2.19	0.62	1.54	0.22	0.52	0.15
扬　州	1.19	0.41	0.27	0.18	0.90	0.36
镇　江	1.16	0.63	0.40	0.27	0.43	0.23
泰　州	1.38	0.39	0.28	0.12	0.47	0.17
宿　迁	0.34	0.09	0.07	0.04	0.09	0.00
浙　江	**18.35**	**10.51**	**5.02**	**3.67**	**8.16**	**5.16**
杭　州	3.57	2.87	1.25	1.14	2.52	2.21
宁　波	3.01	2.01	0.81	0.65	1.51	1.07
温　州	2.05	1.03	1.12	0.89	0.62	0.30
嘉　兴	1.85	0.77	0.45	0.30	0.92	0.41
湖　州	0.86	0.36	0.20	0.09	0.40	0.23
绍　兴	1.90	0.73	0.24	0.10	0.39	0.12
金　华	1.25	0.40	0.21	0.07	0.61	0.08
衢　州	0.65	0.37	0.07	0.04	0.11	0.07
舟　山	0.45	0.36	0.21	0.17	0.32	0.27
台　州	2.00	1.24	0.37	0.18	0.61	0.33
丽　水	0.76	0.37	0.09	0.04	0.15	0.07
安　徽	**12.20**	**6.96**	**2.53**	**1.74**	**3.56**	**2.95**
合　肥	1.62	1.27	0.37	0.33	0.46	0.43
芜　湖	0.92	0.71	0.25	0.19	0.10	0.07
蚌　埠	0.98	0.70	0.19	0.15	0.16	0.15
淮　南	0.79	0.68	0.12	0.11	0.12	0.11
马鞍山	0.50	0.43	0.09	0.08	0.07	0.07
淮　北	0.35	0.28	0.05	0.04	1.71	1.66
铜　陵	0.30	0.26	0.12	0.11	0.12	0.11
安　庆	1.09	0.40	0.19	0.14	0.16	0.13
黄　山	0.47	0.24	0.10	0.07	0.11	0.06
滁　州	0.74	0.25	0.16	0.04	0.05	0.03
阜　阳	1.02	0.50	0.14	0.08	0.11	0.05
宿　州	0.72	0.34	0.12	0.07	0.04	0.01
巢　湖	0.75	0.20	0.21	0.10	0.05	0.01
六　安	0.63	0.20	0.11	0.05	0.18	0.02
亳　州	0.56	0.25	0.19	0.11	0.03	0.01

3—8 续表 3

单位:万人

城市	金融业		房地产业		租赁和商业服务业	
	全市	市辖区	全市	市辖区	全市	市辖区
池州	0.37	0.20	0.06	0.04	0.04	0.03
宣城	0.39	0.05	0.06	0.03	0.05	0.00
福建	**9.45**	**4.95**	**3.49**	**2.61**	**3.57**	**2.29**
福州	2.01	1.29	1.17	1.02	1.01	0.86
厦门	1.14	1.14	0.86	0.86	0.55	0.55
莆田	0.44	0.35	0.14	0.12	0.10	0.09
三明	1.02	0.44	0.11	0.07	0.29	0.06
泉州	1.39	0.49	0.48	0.21	0.46	0.19
漳州	0.95	0.35	0.25	0.11	0.21	0.09
南平	0.91	0.27	0.19	0.04	0.26	0.06
龙岩	0.85	0.40	0.16	0.11	0.53	0.32
宁德	0.74	0.22	0.13	0.07	0.16	0.07
江西	**8.64**	**4.11**	**2.01**	**1.10**	**2.77**	**1.85**
南昌	1.73	1.63	0.36	0.36	0.52	0.47
景德镇	0.36	0.26	0.22	0.18	0.08	0.05
萍乡	0.41	0.32	0.09	0.06	0.02	0.01
九江	1.16	0.44	0.20	0.06	0.35	0.29
新余	0.24	0.24	0.03	0.03	1.11	0.64
鹰潭	0.28	0.13	0.02	0.01	0.01	0.01
赣州	1.38	0.37	0.26	0.08	0.17	0.03
吉安	0.78	0.22	0.18	0.07	0.15	0.12
宜春	0.64	0.17	0.26	0.17	0.13	0.06
抚州	0.67	0.22	0.15	0.03	0.07	0.01
上饶	0.99	0.11	0.24	0.05	0.16	0.16
山东	**25.83**	**15.13**	**5.22**	**4.00**	**7.83**	**5.36**
济南	3.45	2.93	0.84	0.75	0.65	0.60
青岛	3.11	2.27	1.37	1.22	1.53	1.17
淄博	1.56	1.02	0.24	0.20	0.24	0.20
枣庄	0.67	0.67	0.29	0.16	1.15	1.15
东营	0.71	0.43	0.14	0.11	0.46	0.46
烟台	3.17	1.88	0.61	0.44	0.60	0.40
潍坊	1.59	0.60	0.25	0.18	0.49	0.21
济宁	1.84	0.72	0.23	0.09	0.46	0.17
泰安	1.35	0.76	0.17	0.13	0.16	0.10
威海	0.74	0.34	0.33	0.20	0.26	0.14
日照	0.53	0.38	0.11	0.08	0.08	0.05
莱芜	0.28	0.28	0.04	0.04	0.03	0.03
临沂	1.89	0.83	0.14	0.08	0.64	0.35
德州	1.56	0.68	0.10	0.07	0.37	0.04

3—8 续表 4

单位:万人

城市	金融业		房地产业		租赁和商业服务业	
	全市	市辖区	全市	市辖区	全市	市辖区
聊城	1.15	0.46	0.24	0.20	0.29	0.10
滨州	0.63	0.24	0.04	0.01	0.08	0.01
菏泽	1.60	0.64	0.08	0.04	0.34	0.18
河南	**20.88**	**10.88**	**4.48**	**3.29**	**7.78**	**5.21**
郑州	3.26	2.44	0.99	0.90	1.59	1.32
开封	1.07	0.74	0.36	0.31	0.31	0.20
洛阳	1.75	1.05	0.45	0.39	0.86	0.70
平顶山	1.70	1.14	0.21	0.15	0.44	0.30
安阳	1.34	0.56	0.22	0.17	0.38	0.17
鹤壁	0.39	0.24	0.15	0.15	0.06	0.02
新乡	0.88	0.39	0.19	0.13	0.31	0.03
焦作	1.03	0.55	0.12	0.10	0.29	0.20
濮阳	0.82	0.59	0.21	0.18	0.34	0.26
许昌	0.71	0.28	0.12	0.07	0.19	0.09
漯河	0.81	0.35	0.22	0.18	0.14	0.10
三门峡	0.68	0.24	0.10	0.03	0.32	0.17
南阳	1.72	0.56	0.36	0.14	1.58	1.26
商丘	0.82	0.33	0.11	0.08	0.12	0.08
信阳	1.29	0.60	0.29	0.11	0.47	0.13
周口	1.42	0.38	0.18	0.13	0.08	0.04
驻马店	1.19	0.44	0.20	0.07	0.30	0.14
湖北	**12.26**	**7.82**	**4.12**	**3.21**	**7.07**	**4.76**
武汉	3.89	3.89	1.91	1.91	3.11	3.11
黄石	0.44	0.29	0.15	0.11	0.36	0.17
十堰	0.96	0.54	0.17	0.11	0.14	0.07
宜昌	1.15	0.67	0.37	0.30	0.73	0.60
襄樊	1.13	0.66	0.34	0.25	0.18	0.09
鄂州	0.28	0.28	0.14	0.14	0.35	0.35
荆门	0.68	0.36	0.16	0.08	0.19	0.12
孝感	0.77	0.27	0.22	0.03	0.87	0.07
荆州	1.16	0.45	0.25	0.22	0.41	0.04
黄冈	1.03	0.04	0.29	0.02	0.34	0.00
咸宁	0.51	0.19	0.08	0.02	0.26	0.03
随州	0.26	0.18	0.04	0.02	0.13	0.11
湖南	**13.57**	**6.68**	**3.23**	**2.22**	**5.41**	**3.91**
长沙	2.14	1.72	1.04	0.88	1.41	1.31
株洲	1.07	0.58	0.30	0.26	0.38	0.29
湘潭	0.88	0.55	0.17	0.13	0.17	0.13
衡阳	1.58	0.78	0.50	0.36	0.20	0.09

3—8 续表 5

单位:万人

城市	金融业		房地产业		租赁和商业服务业	
	全市	市辖区	全市	市辖区	全市	市辖区
邵阳	1.20	0.39	0.14	0.09	0.23	0.09
岳阳	1.02	0.31	0.13	0.06	0.13	0.08
常德	0.92	0.38	0.15	0.09	0.51	0.22
张家界	0.33	0.20	0.05	0.02	0.17	0.14
益阳	0.95	0.45	0.15	0.07	0.20	0.10
郴州	0.87	0.35	0.14	0.06	0.30	0.12
永州	0.92	0.36	0.12	0.02	0.18	0.05
怀化	1.02	0.31	0.19	0.10	0.18	0.08
娄底	0.67	0.30	0.15	0.08	1.35	1.21
广东	**28.14**	**22.24**	**14.49**	**12.97**	**15.56**	**12.85**
广州	6.23	5.90	4.32	4.10	5.26	5.20
韶关	0.75	0.36	0.11	0.05	0.43	0.16
深圳	3.79	3.79	5.45	5.45	3.57	3.57
珠海	0.87	0.87	0.59	0.59	0.61	0.61
汕头	1.10	1.08	0.40	0.39	0.45	0.44
佛山	2.92	2.92	0.52	0.52	0.64	0.64
江门	1.50	0.90	0.28	0.19	0.47	0.27
湛江	1.30	0.68	0.30	0.15	0.75	0.48
茂名	1.03	0.32	0.42	0.31	0.35	0.07
肇庆	0.82	0.37	0.16	0.13	0.34	0.14
惠州	0.87	0.58	0.68	0.53	0.75	0.52
梅州	0.77	0.20	0.30	0.05	0.23	0.05
汕尾	0.32	0.13	0.06	0.02	0.11	0.05
河源	0.43	0.25	0.18	0.09	0.26	0.09
阳江	0.49	0.28	0.27	0.19	0.19	0.04
清远	0.75	0.33	0.09	0.03	0.22	0.08
东莞	1.74	1.74	0.05	0.05	0.15	0.15
中山	1.00	1.00	0.03	0.03	0.11	0.11
潮州	0.43	0.21	0.08	0.03	0.15	0.07
揭阳	0.65	0.22	0.15	0.05	0.39	0.08
云浮	0.38	0.11	0.05	0.02	0.13	0.03
广西	**8.09**	**4.32**	**2.35**	**1.80**	**4.95**	**2.83**
南宁	1.63	1.14	0.93	0.85	0.78	0.64
柳州	0.92	0.63	0.33	0.24	0.61	0.52
桂林	0.95	0.44	0.44	0.35	1.07	0.88
梧州	0.52	0.28	0.12	0.11	0.25	0.12
北海	0.49	0.38	0.11	0.10	0.24	0.17
防城港	0.19	0.15	0.02	0.02	0.10	0.07
钦州	0.33	0.14	0.04	0.02	0.28	0.06

3—8 续表 6

单位:万人

城市	金融业		房地产业		租赁和商业服务业	
	全市	市辖区	全市	市辖区	全市	市辖区
贵港	0.41	0.18	0.04	0.02	0.04	0.01
玉林	0.80	0.35	0.13	0.05	0.66	0.21
百色	0.49	0.17	0.03	0.01	0.10	0.02
贺州	0.25	0.14	0.04	0.02	0.12	0.03
河池	0.53	0.18	0.05	0.01	0.10	0.03
来宾	0.25	0.09	0.02	0.00	0.08	0.03
崇左	0.33	0.05	0.05	0.00	0.52	0.04
海南	**1.08**	**1.08**	**0.90**	**0.90**	**0.63**	**0.63**
海口	0.91	0.91	0.83	0.83	0.51	0.51
三亚	0.17	0.17	0.07	0.07	0.12	0.12
重庆	**6.56**	**4.22**	**3.07**	**2.54**	**1.81**	**1.23**
四川	**15.09**	**8.32**	**4.09**	**2.82**	**3.23**	**2.34**
成都	3.85	2.85	1.57	1.24	1.66	1.54
自贡	0.62	0.41	0.11	0.07	0.13	0.04
攀枝花	0.44	0.44	0.06	0.06	0.05	0.04
泸州	0.81	0.51	0.26	0.21	0.09	0.09
德阳	0.98	0.46	0.47	0.33	0.11	0.05
绵阳	1.04	0.42	0.22	0.15	0.08	0.03
广元	0.52	0.22	0.05	0.02	0.07	0.04
遂宁	0.45	0.21	0.29	0.09	0.02	0.00
内江	0.83	0.50	0.14	0.09	0.02	0.02
乐山	0.63	0.34	0.12	0.08	0.21	0.06
南充	0.88	0.35	0.19	0.14	0.09	0.06
眉山	0.41	0.15	0.04	0.01	0.02	0.01
宜宾	0.94	0.48	0.15	0.09	0.09	0.07
广安	0.53	0.19	0.03	0.01	0.09	0.08
达州	0.88	0.28	0.15	0.05	0.23	0.10
雅安	0.34	0.16	0.04	0.03	0.11	0.03
巴中	0.39	0.19	0.14	0.12	0.10	0.06
资阳	0.55	0.16	0.06	0.03	0.06	0.02
贵州	**2.60**	**1.80**	**1.95**	**1.77**	**2.67**	**2.40**
贵阳	1.32	1.15	1.55	1.48	2.29	2.27
六盘水	0.36	0.22	0.04	0.03	0.11	0.00
遵义	0.55	0.10	0.21	0.16	0.18	0.07
安顺	0.37	0.33	0.15	0.10	0.09	0.06
云南	**4.72**	**2.65**	**1.42**	**1.19**	**1.62**	**1.32**
昆明	2.05	1.70	0.96	0.94	1.22	1.08
曲靖	0.63	0.21	0.10	0.05	0.09	0.04
玉溪	0.56	0.26	0.04	0.02	0.11	0.09

3—8 续表 7

单位:万人

城市	金融业		房地产业		租赁和商业服务业	
	全市	市辖区	全市	市辖区	全市	市辖区
保山	0.29	0.12	0.23	0.16	0.03	0.01
昭通	0.41	0.14	0.03	0.00	0.01	0.01
丽江	0.21	0.09	0.01	0.01	0.08	0.08
思茅	0.33	0.10	0.02	0.01	0.06	0.01
临沧	0.24	0.03	0.03	0.00	0.02	0.00
陕西	**10.12**	**6.12**	**1.49**	**1.15**	**2.90**	**2.32**
西安	3.75	3.63	0.81	0.78	1.67	1.65
铜川	0.30	0.29	0.05	0.05	0.05	0.05
宝鸡	0.79	0.46	0.08	0.05	0.06	0.04
咸阳	0.81	0.23	0.11	0.06	0.40	0.30
渭南	1.15	0.27	0.07	0.00	0.15	0.07
延安	0.49	0.21	0.05	0.02	0.11	0.02
汉中	0.85	0.32	0.13	0.07	0.18	0.10
榆林	0.54	0.14	0.08	0.05	0.11	0.05
安康	0.51	0.26	0.08	0.06	0.10	0.01
商洛	0.93	0.31	0.03	0.01	0.07	0.03
甘肃	**4.54**	**2.98**	**0.94**	**0.67**	**1.48**	**1.01**
兰州	1.36	1.19	0.48	0.31	0.69	0.65
嘉峪关	0.10	0.10	0.00	0.00	0.03	0.03
金昌	0.21	0.17	0.01	0.01	0.01	0.01
白银	0.41	0.26	0.01	0.01	0.09	0.01
天水	0.39	0.24	0.10	0.09	0.11	0.07
武威	0.40	0.34	0.02	0.02	0.20	0.18
张掖	0.38	0.26	0.03	0.02	0.07	0.01
平凉	0.33	0.11	0.20	0.15	0.02	0.01
酒泉	0.32	0.13	0.04	0.03	0.24	0.02
庆阳	0.36	0.09	0.02	0.01	0.01	0.01
定西	0.28	0.09	0.03	0.02	0.01	0.01
青海	**0.87**	**0.74**	**0.14**	**0.13**	**0.35**	**0.33**
西宁	0.87	0.74	0.14	0.13	0.35	0.33
宁夏	**2.23**	**1.64**	**0.57**	**0.55**	**0.41**	**0.28**
银川	1.33	1.18	0.42	0.42	0.20	0.18
石嘴山	0.26	0.17	0.07	0.07	0.07	0.06
吴忠	0.44	0.17	0.07	0.05	0.11	0.03
固原	0.20	0.12	0.01	0.01	0.03	0.01
新疆	**2.00**	**1.96**	**1.08**	**1.05**	**0.96**	**0.93**
乌鲁木齐	1.83	1.79	1.04	1.01	0.85	0.82
克拉玛依	0.17	0.17	0.04	0.04	0.11	0.11

3—9 按行业分组的单位从业人员(五)

单位:万人

城市	科研、技术服务和地质勘查业		水利、环境和公共设施管理业		居民服务和其他服务业	
	全市	市辖区	全市	市辖区	全市	市辖区
城市合计	**209.42**	**179.84**	**161.71**	**99.57**	**57.04**	**42.15**
北京	**36.32**	**36.22**	**6.08**	**5.80**	**15.79**	**9.15**
天津	**5.27**	**5.18**	**3.35**	**3.15**	**3.25**	**3.22**
河北	**7.19**	**4.87**	**7.98**	**5.03**	**1.05**	**0.76**
石家庄	1.99	1.82	1.72	1.07	0.34	0.28
唐山	0.35	0.26	1.45	1.06	0.09	0.07
秦皇岛	0.45	0.40	0.72	0.56	0.11	0.11
邯郸	0.74	0.64	1.01	0.66	0.12	0.11
邢台	0.41	0.35	0.40	0.24	0.05	0.03
保定	1.66	0.37	0.73	0.34	0.08	0.04
张家口	0.37	0.24	0.53	0.28	0.10	0.05
承德	0.26	0.17	0.32	0.14	0.06	0.04
沧州	0.27	0.22	0.50	0.25	0.03	0.01
廊坊	0.48	0.25	0.38	0.27	0.05	0.00
衡水	0.21	0.15	0.22	0.16	0.02	0.02
山西	**5.46**	**4.60**	**4.88**	**3.18**	**3.16**	**2.84**
太原	2.92	2.89	1.29	1.23	0.87	0.79
大同	0.48	0.43	0.72	0.59	1.83	1.82
阳泉	0.13	0.11	0.22	0.16	0.05	0.03
长治	0.26	0.23	0.35	0.23	0.04	0.04
晋城	0.12	0.07	0.21	0.14	0.02	0.02
朔州	0.06	0.04	0.16	0.12	0.03	0.02
晋中	0.40	0.24	0.47	0.19	0.12	0.03
运城	0.37	0.24	0.41	0.12	0.01	0.00
忻州	0.21	0.13	0.32	0.15	0.06	0.04
临汾	0.43	0.18	0.53	0.18	0.05	0.01
吕梁	0.08	0.04	0.20	0.07	0.08	0.04
内蒙古	**3.49**	**2.95**	**4.77**	**2.53**	**0.78**	**0.41**
呼和浩特	1.30	1.27	1.42	0.76	0.37	0.26
包头	0.59	0.54	0.62	0.55	0.06	0.05
乌海	0.06	0.06	0.20	0.20	0.02	0.02
赤峰	0.32	0.27	0.40	0.24	0.05	0.02
通辽	0.22	0.15	0.67	0.24	0.02	0.01
鄂尔多斯	0.16	0.14	0.31	0.16	0.01	0.01
海拉尔	0.31	0.15	0.35	0.05	0.23	0.03
巴彦淖尔	0.23	0.12	0.51	0.26	0.01	0.00
乌兰察布	0.30	0.25	0.29	0.07	0.01	0.01
辽宁	**9.07**	**7.87**	**10.50**	**7.74**	**1.90**	**1.55**
沈阳	3.30	3.30	2.60	2.30	0.50	0.40

3—9 续表 1　　　　单位：万人

城　　市	科研、技术服务和地质勘查业		水利、环境和公共设施管理业		居民服务和其他服务业	
	全　市	市辖区	全　市	市辖区	全　市	市辖区
大　　连	1.22	1.10	1.57	1.32	0.37	0.35
鞍　　山	0.76	0.62	0.88	0.70	0.16	0.14
抚　　顺	0.44	0.42	0.66	0.58	0.22	0.21
本　　溪	0.20	0.16	0.45	0.33	0.14	0.13
丹　　东	0.39	0.26	0.46	0.23	0.06	0.04
锦　　州	0.61	0.42	0.51	0.20	0.12	0.04
营　　口	0.28	0.23	0.65	0.34	0.02	0.01
阜　　新	0.27	0.21	0.43	0.30	0.08	0.06
辽　　阳	0.26	0.22	0.65	0.54	0.02	0.02
盘　　锦	0.28	0.23	0.49	0.40	0.04	0.04
铁　　岭	0.43	0.29	0.43	0.18	0.05	0.03
朝　　阳	0.30	0.17	0.34	0.16	0.08	0.06
葫 芦 岛	0.33	0.24	0.38	0.16	0.04	0.02
吉　　林	**5.60**	**4.09**	**5.88**	**3.44**	**0.96**	**0.79**
长　　春	3.18	2.95	2.43	1.84	0.35	0.33
吉　　林	0.51	0.34	0.91	0.59	0.21	0.16
四　　平	0.70	0.27	0.72	0.29	0.25	0.23
辽　　源	0.12	0.08	0.26	0.16	0.02	0.01
通　　化	0.32	0.14	0.52	0.23	0.06	0.03
白　　山	0.13	0.07	0.21	0.14	0.01	0.00
松　　原	0.34	0.11	0.33	0.05	0.02	0.01
白　　城	0.30	0.13	0.50	0.14	0.04	0.02
黑 龙 江	**8.69**	**7.29**	**6.92**	**4.04**	**5.35**	**3.63**
哈 尔 滨	3.51	3.17	2.46	1.68	3.16	3.09
齐齐哈尔	0.61	0.42	1.18	0.86	0.11	0.08
鸡　　西	0.13	0.09	0.31	0.20	0.19	0.09
鹤　　岗	0.09	0.05	0.35	0.30	0.38	0.03
双 鸭 山	0.10	0.05	0.32	0.15	0.97	0.01
大　　庆	2.92	2.86	0.27	0.18	0.03	0.01
伊　　春	0.11	0.10	0.17	0.13	0.02	0.02
佳 木 斯	0.28	0.20	0.40	0.18	0.03	0.02
七 台 河	0.13	0.10	0.14	0.10	0.03	0.02
牡 丹 江	0.29	0.21	0.42	0.19	0.07	0.06
黑　　河	0.22	0.03	0.30	0.05	0.26	0.19
绥　　化	0.30	0.01	0.60	0.02	0.10	0.01
上　　海	**10.31**	**10.25**	**5.50**	**5.42**	**4.13**	**4.07**
江　　苏	**8.42**	**6.48**	**10.72**	**5.98**	**1.96**	**1.40**
南　　京	3.01	2.99	1.80	1.73	0.38	0.38
无　　锡	0.96	0.80	0.87	0.64	0.16	0.14

3—9续表2 单位:万人

城市	科研、技术服务和地质勘查业		水利、环境和公共设施管理业		居民服务和其他服务业	
	全市	市辖区	全市	市辖区	全市	市辖区
徐州	0.47	0.21	1.48	0.91	0.12	0.09
常州	0.47	0.43	0.53	0.32	0.05	0.04
苏州	0.60	0.36	1.22	0.47	0.52	0.32
南通	0.47	0.26	0.62	0.19	0.10	0.06
连云港	0.41	0.30	0.62	0.31	0.04	0.02
淮安	0.25	0.17	0.77	0.52	0.08	0.04
盐城	0.40	0.13	0.69	0.19	0.10	0.02
扬州	0.38	0.31	0.46	0.13	0.09	0.07
镇江	0.45	0.31	0.61	0.33	0.19	0.18
泰州	0.38	0.19	0.46	0.10	0.10	0.03
宿迁	0.17	0.02	0.59	0.14	0.03	0.01
浙江	**7.07**	**5.22**	**5.33**	**2.41**	**0.90**	**0.56**
杭州	2.88	2.64	1.00	0.77	0.22	0.18
宁波	0.97	0.74	1.04	0.58	0.21	0.16
温州	0.63	0.38	0.41	0.17	0.10	0.06
嘉兴	0.52	0.25	0.44	0.11	0.09	0.04
湖州	0.25	0.17	0.31	0.10	0.02	0.01
绍兴	0.36	0.21	0.53	0.10	0.06	0.02
金华	0.46	0.21	0.57	0.10	0.04	0.01
衢州	0.14	0.07	0.12	0.04	0.02	0.01
舟山	0.15	0.13	0.15	0.13	0.03	0.02
台州	0.48	0.28	0.56	0.25	0.09	0.05
丽水	0.23	0.14	0.20	0.06	0.02	0.00
安徽	**5.05**	**4.12**	**6.08**	**3.40**	**1.12**	**0.93**
合肥	1.83	1.79	0.86	0.73	0.12	0.11
芜湖	0.22	0.19	0.25	0.20	0.01	0.01
蚌埠	0.62	0.57	0.46	0.31	0.04	0.02
淮南	0.16	0.15	0.43	0.33	0.47	0.46
马鞍山	0.29	0.27	0.24	0.20	0.03	0.02
淮北	0.29	0.28	0.27	0.16	0.01	0.01
铜陵	0.05	0.05	0.08	0.06	0.01	0.01
安庆	0.32	0.18	0.43	0.22	0.10	0.08
黄山	0.12	0.10	0.22	0.15	0.01	0.01
滁州	0.11	0.06	0.74	0.17	0.05	0.01
阜阳	0.22	0.13	0.47	0.29	0.17	0.16
宿州	0.20	0.11	0.27	0.14	0.02	0.01
巢湖	0.14	0.04	0.38	0.13	0.02	0.01
六安	0.24	0.14	0.56	0.20	0.02	0.01
亳州	0.08	0.02	0.17	0.04	0.02	0.00

3—9 续表 3

单位:万人

城　市	科研、技术服务和地质勘查业		水利、环境和公共设施管理业		居民服务和其他服务业	
	全　市	市辖区	全　市	市辖区	全　市	市辖区
池　州	0.07	0.04	0.17	0.05	0.00	0.00
宣　城	0.09	0.00	0.08	0.02	0.02	0.00
福　建	**3.75**	**2.98**	**3.25**	**1.53**	**1.30**	**1.06**
福　州	1.48	1.44	0.97	0.72	0.52	0.47
厦　门	0.69	0.69	0.23	0.23	0.42	0.42
莆　田	0.13	0.11	0.16	0.13	0.03	0.03
三　明	0.25	0.12	0.34	0.11	0.03	0.01
泉　州	0.22	0.13	0.29	0.06	0.06	0.03
漳　州	0.28	0.13	0.34	0.08	0.09	0.03
南　平	0.22	0.04	0.43	0.07	0.09	0.05
龙　岩	0.30	0.24	0.24	0.06	0.04	0.02
宁　德	0.18	0.08	0.25	0.07	0.02	0.00
江　西	**4.33**	**3.41**	**4.17**	**2.09**	**1.24**	**0.82**
南　昌	1.75	1.69	1.21	1.03	0.16	0.10
景德镇	0.34	0.32	0.16	0.11	0.11	0.05
萍　乡	0.13	0.12	0.16	0.16	0.40	0.40
九　江	0.50	0.35	0.29	0.14	0.08	0.02
新　余	0.13	0.13	0.12	0.12	0.29	0.21
鹰　潭	0.12	0.09	0.26	0.06	0.01	0.00
赣　州	0.46	0.34	0.47	0.16	0.04	0.01
吉　安	0.25	0.12	0.47	0.10	0.02	0.01
宜　春	0.27	0.11	0.36	0.05	0.03	0.00
抚　州	0.14	0.07	0.32	0.10	0.02	0.00
上　饶	0.24	0.07	0.35	0.06	0.08	0.02
山　东	**6.98**	**5.46**	**10.50**	**5.39**	**1.21**	**0.86**
济　南	2.22	2.15	1.23	0.95	0.16	0.12
青　岛	1.26	1.11	1.23	0.79	0.27	0.24
淄　博	0.24	0.20	0.52	0.42	0.03	0.03
枣　庄	0.17	0.17	0.56	0.35	0.03	0.03
东　营	0.06	0.05	0.27	0.16	0.06	0.06
烟　台	0.70	0.39	0.79	0.40	0.10	0.06
潍　坊	0.35	0.19	0.75	0.22	0.09	0.04
济　宁	0.30	0.17	1.00	0.26	0.11	0.03
泰　安	0.36	0.30	0.67	0.32	0.13	0.12
威　海	0.17	0.07	0.37	0.20	0.08	0.05
日　照	0.11	0.07	0.20	0.11	0.01	0.01
莱　芜	0.08	0.08	0.10	0.10	0.01	0.01
临　沂	0.36	0.19	0.96	0.42	0.03	0.01
德　州	0.18	0.10	0.46	0.21	0.02	0.01

3—9 续表 4

单位:万人

城 市	科研、技术服务和地质勘查业		水利、环境和公共设施管理业		居民服务和其他服务业	
	全 市	市辖区	全 市	市辖区	全 市	市辖区
聊 城	0.11	0.08	0.34	0.15	0.04	0.02
滨 州	0.08	0.03	0.25	0.06	0.01	0.01
菏 泽	0.23	0.11	0.80	0.27	0.03	0.01
河 南	**10.61**	**7.85**	**10.14**	**5.53**	**1.28**	**0.86**
郑 州	2.93	2.76	1.52	1.14	0.29	0.26
开 封	0.35	0.23	0.69	0.43	0.10	0.09
洛 阳	2.01	1.85	0.64	0.38	0.12	0.08
平 顶 山	0.45	0.30	0.79	0.50	0.04	0.02
安 阳	0.32	0.26	0.57	0.40	0.07	0.03
鹤 壁	0.11	0.05	0.31	0.14	0.02	0.01
新 乡	0.71	0.49	0.57	0.21	0.18	0.14
焦 作	0.18	0.13	0.54	0.21	0.07	0.05
濮 阳	0.11	0.06	0.34	0.20	0.04	0.03
许 昌	0.33	0.15	0.36	0.14	0.03	0.02
漯 河	0.13	0.07	0.32	0.18	0.03	0.02
三 门 峡	0.19	0.15	0.21	0.10	0.02	0.01
南 阳	1.04	0.54	1.11	0.60	0.11	0.06
商 丘	0.31	0.15	0.36	0.28	0.07	0.01
信 阳	0.84	0.39	0.88	0.29	0.03	0.01
周 口	0.19	0.09	0.45	0.15	0.02	0.01
驻 马 店	0.41	0.18	0.48	0.18	0.04	0.01
湖 北	**9.61**	**7.74**	**7.98**	**5.03**	**1.18**	**0.68**
武 汉	5.05	5.05	2.67	2.67	0.20	0.20
黄 石	0.30	0.21	0.26	0.11	0.50	0.22
十 堰	0.30	0.21	0.27	0.10	0.03	0.02
宜 昌	0.73	0.55	0.48	0.22	0.05	0.03
襄 樊	1.02	0.72	1.00	0.57	0.04	0.03
鄂 州	0.21	0.21	0.21	0.21	0.12	0.12
荆 门	0.36	0.25	0.44	0.16	0.02	0.02
孝 感	0.38	0.15	0.42	0.17	0.10	0.01
荆 州	0.50	0.22	0.98	0.53	0.05	0.03
黄 冈	0.44	0.02	0.72	0.03	0.04	0.00
咸 宁	0.22	0.08	0.28	0.08	0.02	0.00
随 州	0.10	0.07	0.25	0.18	0.01	0.00
湖 南	**6.28**	**4.27**	**6.79**	**2.72**	**0.73**	**0.47**
长 沙	2.67	2.43	0.69	0.39	0.20	0.19
株 洲	0.52	0.46	0.50	0.29	0.10	0.07
湘 潭	0.39	0.36	0.33	0.18	0.04	0.03
衡 阳	0.51	0.04	0.81	0.14	0.06	0.04

3—9 续表 5

单位：万人

城　市	科研、技术服务和地质勘查业		水利、环境和公共设施管理业		居民服务和其他服务业	
	全　市	市辖区	全　市	市辖区	全　市	市辖区
邵　阳	0.21	0.12	0.33	0.05	0.12	0.01
岳　阳	0.33	0.09	0.72	0.23	0.01	0.01
常　德	0.24	0.12	0.79	0.35	0.09	0.04
张家界	0.16	0.03	0.20	0.11	0.01	0.01
益　阳	0.18	0.10	0.61	0.22	0.01	0.01
郴　州	0.38	0.15	0.45	0.28	0.04	0.03
永　州	0.21	0.12	0.42	0.20	0.01	0.01
怀　化	0.22	0.11	0.42	0.15	0.02	0.01
娄　底	0.26	0.14	0.52	0.13	0.02	0.01
广　东	**9.29**	**8.32**	**11.22**	**7.66**	**2.97**	**2.78**
广　州	4.36	4.32	2.69	2.52	1.67	1.65
韶　关	0.30	0.22	0.50	0.12	0.03	0.01
深　圳	1.25	1.25	1.47	1.47	0.14	0.14
珠　海	0.21	0.21	0.36	0.36	0.19	0.19
汕　头	0.31	0.30	0.48	0.45	0.05	0.05
佛　山	0.33	0.33	0.49	0.49	0.05	0.05
江　门	0.29	0.17	0.48	0.22	0.04	0.04
湛　江	0.39	0.31	0.70	0.21	0.05	0.02
茂　名	0.11	0.07	0.57	0.20	0.49	0.49
肇　庆	0.26	0.19	0.40	0.21	0.04	0.02
惠　州	0.34	0.25	0.53	0.33	0.03	0.02
梅　州	0.18	0.08	0.53	0.10	0.03	0.01
汕　尾	0.07	0.05	0.23	0.07	0.01	0.01
河　源	0.16	0.08	0.20	0.05	0.01	0.01
阳　江	0.08	0.05	0.28	0.11	0.02	0.01
清　远	0.09	0.02	0.36	0.16	0.04	0.02
东　莞	0.12	0.12	0.13	0.13	0.01	0.01
中　山	0.13	0.13	0.24	0.24	0.01	0.01
潮　州	0.13	0.09	0.23	0.16	0.02	0.02
揭　阳	0.14	0.07	0.29	0.06	0.03	0.00
云　浮	0.04	0.01	0.06	0.00	0.01	0.00
广　西	**4.50**	**3.36**	**4.69**	**2.36**	**0.92**	**0.49**
南　宁	1.94	1.73	1.12	0.77	0.14	0.11
柳　州	0.48	0.37	0.55	0.39	0.17	0.17
桂　林	0.47	0.38	0.59	0.31	0.09	0.08
梧　州	0.17	0.14	0.25	0.13	0.01	0.01
北　海	0.17	0.12	0.27	0.15	0.02	0.02
防城港	0.05	0.02	0.08	0.05	0.00	0.00
钦　州	0.12	0.09	0.15	0.09	0.00	0.00

3—9 续表 6

单位:万人

城　　市	科研、技术服务和地质勘查业		水利、环境和公共设施管理业		居民服务和其他服务业	
	全　市	市辖区	全　市	市辖区	全　市	市辖区
贵　港	0.14	0.07	0.25	0.09	0.02	0.01
玉　林	0.24	0.12	0.49	0.14	0.02	0.01
百　色	0.15	0.10	0.19	0.06	0.01	0.00
贺　州	0.09	0.07	0.15	0.07	0.01	0.01
河　池	0.20	0.06	0.22	0.05	0.03	0.00
来　宾	0.08	0.07	0.17	0.04	0.00	0.00
崇　左	0.20	0.02	0.21	0.02	0.40	0.07
海　南	**0.64**	**0.64**	**0.91**	**0.91**	**0.07**	**0.07**
海　口	0.59	0.59	0.57	0.57	0.03	0.03
三　亚	0.05	0.05	0.34	0.34	0.04	0.04
重　庆	**5.94**	**5.56**	**2.34**	**1.48**	**0.38**	**0.32**
四　川	**10.09**	**8.48**	**6.74**	**3.95**	**0.88**	**0.61**
成　都	5.67	5.18	2.07	1.39	0.22	0.18
自　贡	0.15	0.14	0.22	0.16	0.04	0.03
攀枝花	0.13	0.12	0.32	0.28	0.07	0.06
泸　州	0.22	0.18	0.19	0.11	0.15	0.10
德　阳	0.22	0.17	0.39	0.20	0.02	0.01
绵　阳	1.96	1.87	0.51	0.32	0.03	0.02
广　元	0.14	0.07	0.18	0.08	0.08	0.04
遂　宁	0.05	0.02	0.16	0.09	0.02	0.00
内　江	0.17	0.13	0.18	0.07	0.01	0.00
乐　山	0.32	0.08	0.49	0.38	0.13	0.13
南　充	0.18	0.10	0.38	0.16	0.02	0.01
眉　山	0.13	0.05	0.25	0.09	0.00	0.00
宜　宾	0.15	0.10	0.39	0.24	0.03	0.01
广　安	0.10	0.03	0.13	0.03	0.01	0.00
达　州	0.28	0.11	0.39	0.17	0.03	0.01
雅　安	0.08	0.05	0.17	0.08	0.00	0.00
巴　中	0.08	0.05	0.13	0.05	0.01	0.00
资　阳	0.06	0.03	0.19	0.05	0.01	0.01
贵　州	**1.85**	**1.65**	**1.42**	**0.94**	**0.67**	**0.50**
贵　阳	1.42	1.38	0.67	0.55	0.39	0.38
六盘水	0.12	0.06	0.09	0.08	0.01	0.01
遵　义	0.20	0.11	0.38	0.19	0.01	0.01
安　顺	0.11	0.10	0.28	0.12	0.26	0.10
云　南	**4.87**	**4.07**	**2.38**	**1.19**	**0.62**	**0.47**
昆　明	3.81	3.50	0.95	0.64	0.46	0.45
曲　靖	0.27	0.19	0.44	0.18	0.11	0.01
玉　溪	0.16	0.09	0.19	0.05	0.00	0.00

3—9 续表 7 单位:万人

城市	科研、技术服务和地质勘查业		水利、环境和公共设施管理业		居民服务和其他服务业	
	全市	市辖区	全市	市辖区	全市	市辖区
保山	0.13	0.09	0.19	0.10	0.00	0.00
昭通	0.13	0.05	0.23	0.06	0.01	0.00
丽江	0.10	0.04	0.12	0.09	0.02	0.01
思茅	0.19	0.11	0.16	0.05	0.01	0.00
临沧	0.08	0.00	0.10	0.02	0.01	0.00
陕西	**10.58**	**9.16**	**4.94**	**2.55**	**1.76**	**1.58**
西安	7.52	7.46	1.01	0.84	1.48	1.42
铜川	0.12	0.11	0.14	0.13	0.02	0.02
宝鸡	0.31	0.25	0.49	0.26	0.07	0.06
咸阳	0.63	0.45	0.97	0.40	0.03	0.01
渭南	0.70	0.27	0.73	0.15	0.04	0.02
延安	0.21	0.11	0.36	0.21	0.01	0.00
汉中	0.38	0.16	0.52	0.22	0.05	0.02
榆林	0.31	0.17	0.43	0.18	0.03	0.00
安康	0.22	0.09	0.12	0.08	0.00	0.00
商洛	0.18	0.09	0.17	0.08	0.03	0.03
甘肃	**4.48**	**4.22**	**3.21**	**2.04**	**0.27**	**0.09**
兰州	2.55	2.54	1.14	0.88	0.03	0.02
嘉峪关	0.01	0.01	0.05	0.05	0.00	0.00
金昌	0.13	0.10	0.07	0.03	0.01	0.01
白银	0.11	0.07	0.23	0.16	0.01	0.01
天水	0.53	0.51	0.23	0.13	0.02	0.02
武威	0.17	0.17	0.50	0.33	0.01	0.01
张掖	0.29	0.27	0.28	0.10	0.03	0.02
平凉	0.32	0.27	0.13	0.09	0.01	0.00
酒泉	0.19	0.17	0.28	0.10	0.14	0.00
庆阳	0.09	0.06	0.19	0.12	0.00	0.00
定西	0.09	0.05	0.11	0.05	0.01	0.00
青海	**0.77**	**0.74**	**0.93**	**0.73**	**0.08**	**0.08**
西宁	0.77	0.74	0.93	0.73	0.08	0.08
宁夏	**1.24**	**1.12**	**1.58**	**0.82**	**0.20**	**0.17**
银川	1.04	1.00	0.62	0.52	0.03	0.02
石嘴山	0.07	0.05	0.19	0.09	0.03	0.02
吴忠	0.07	0.03	0.47	0.16	0.13	0.12
固原	0.06	0.04	0.30	0.05	0.01	0.01
新疆	**1.67**	**1.67**	**0.53**	**0.53**	**0.93**	**0.93**
乌鲁木齐	1.59	1.59	0.49	0.49	0.92	0.92
克拉玛依	0.08	0.08	0.04	0.04	0.01	0.01

3—10 按行业分组的单位从业人员(六)

单位:万人

城市	教育		卫生、社会保险和社会福利业		文化、体育和娱乐业		公共管理和社会组织	
	全市	市辖区	全市	市辖区	全市	市辖区	全市	市辖区
城市合计	**1334.33**	**523.50**	**452.09**	**229.60**	**121.17**	**83.31**	**1050.28**	**460.86**
北京	**32.87**	**31.52**	**16.56**	**13.15**	**12.24**	**11.77**	**26.96**	**25.09**
天津	**16.90**	**14.46**	**6.83**	**6.10**	**2.14**	**2.06**	**13.18**	**11.43**
河北	**81.53**	**19.25**	**21.62**	**8.96**	**5.11**	**2.90**	**65.36**	**19.33**
石家庄	12.45	3.96	3.54	1.81	1.52	1.24	9.89	4.27
唐山	8.77	3.71	2.76	1.58	0.50	0.27	6.37	3.16
秦皇岛	3.95	1.65	1.45	0.85	0.41	0.20	3.19	1.49
邯郸	8.51	1.62	2.24	0.88	0.48	0.22	7.16	2.08
邢台	7.32	1.36	1.61	0.45	0.27	0.16	5.52	1.39
保定	12.48	1.88	2.82	0.96	0.58	0.18	9.05	1.32
张家口	5.29	1.34	1.62	0.70	0.28	0.14	5.45	1.46
承德	4.28	0.84	1.36	0.45	0.28	0.19	3.73	1.15
沧州	7.87	0.76	1.89	0.51	0.31	0.14	6.65	0.96
廊坊	5.83	1.33	1.24	0.41	0.33	0.10	4.54	1.16
衡水	4.78	0.80	1.09	0.36	0.15	0.06	3.81	0.89
山西	**45.00**	**14.37**	**13.42**	**6.19**	**4.15**	**2.24**	**40.38**	**13.26**
太原	6.63	5.57	2.46	2.25	1.09	1.05	4.19	3.45
大同	3.25	1.74	1.28	0.80	0.55	0.29	4.04	1.81
阳泉	1.51	0.67	0.58	0.34	0.14	0.10	1.62	0.92
长治	3.71	1.06	1.12	0.64	0.59	0.13	3.77	1.02
晋城	2.65	0.41	0.88	0.23	0.12	0.07	2.57	0.68
朔州	1.94	0.81	0.45	0.24	0.09	0.04	1.92	0.86
晋中	4.26	0.76	1.29	0.34	0.33	0.10	3.30	0.97
运城	6.00	0.97	1.45	0.35	0.33	0.12	5.01	0.97
忻州	4.15	0.77	1.28	0.37	0.23	0.09	3.96	0.81
临汾	5.30	1.11	1.35	0.42	0.43	0.19	5.58	1.03
吕梁	5.60	0.50	1.28	0.21	0.25	0.06	4.42	0.74
内蒙古	**27.70**	**10.56**	**8.54**	**4.16**	**2.66**	**1.79**	**24.76**	**10.32**
呼和浩特	4.50	3.42	1.31	1.12	0.88	0.85	3.82	2.88
包头	2.31	1.63	0.92	0.77	0.24	0.21	2.26	1.74
乌海	0.41	0.41	0.19	0.19	0.06	0.06	0.64	0.64
赤峰	6.52	1.78	1.71	0.57	0.33	0.19	4.43	1.38
通辽	4.22	1.15	1.11	0.44	0.20	0.11	2.42	0.66
鄂尔多斯	1.81	0.39	0.54	0.20	0.18	0.09	2.27	0.66
海拉尔	2.93	0.45	1.33	0.23	0.41	0.11	3.20	0.54
巴彦淖尔	2.19	0.73	0.71	0.33	0.14	0.05	2.48	0.92
乌兰察布	2.81	0.60	0.72	0.31	0.22	0.12	3.24	0.90
辽宁	**52.22**	**28.11**	**21.60**	**14.48**	**5.48**	**4.45**	**42.09**	**26.97**
沈阳	11.00	8.90	5.30	4.60	1.90	1.80	8.10	7.00

3—10续表1 单位:万人

城市	教育		卫生、社会保险和社会福利业		文化、体育和娱乐业		公共管理和社会组织	
	全市	市辖区	全市	市辖区	全市	市辖区	全市	市辖区
大连	7.85	5.29	3.49	2.52	0.95	0.86	5.26	3.70
鞍山	4.12	1.91	1.51	0.89	0.34	0.23	2.95	1.73
抚顺	2.63	1.78	1.02	0.78	0.25	0.24	2.52	1.94
本溪	2.16	1.45	1.20	0.95	0.24	0.18	1.80	1.38
丹东	2.88	1.17	1.10	0.62	0.26	0.16	2.17	1.01
锦州	3.64	1.26	1.64	0.81	0.28	0.15	2.59	0.96
营口	2.45	1.10	0.94	0.56	0.21	0.13	2.50	1.63
阜新	2.45	1.12	0.79	0.42	0.19	0.14	2.10	1.24
辽阳	1.93	0.97	0.69	0.52	0.18	0.15	1.98	1.39
盘锦	1.35	0.44	0.55	0.32	0.15	0.11	1.69	1.16
铁岭	3.05	0.76	1.13	0.47	0.21	0.12	2.70	1.09
朝阳	4.01	1.01	1.19	0.48	0.16	0.09	3.18	1.19
葫芦岛	2.70	0.95	1.05	0.54	0.16	0.09	2.55	1.55
吉林	**32.47**	**13.45**	**12.39**	**5.96**	**4.05**	**3.08**	**23.90**	**11.58**
长春	12.11	7.49	3.86	2.65	1.78	1.59	6.80	4.73
吉林	5.07	2.46	2.17	1.33	0.38	0.25	3.91	2.25
四平	4.34	1.03	1.78	0.59	0.29	0.10	2.63	0.88
辽源	1.46	0.47	0.58	0.30	0.13	0.07	1.14	0.58
通化	2.54	0.61	1.12	0.30	0.18	0.08	2.71	0.84
白山	1.45	0.43	0.65	0.23	0.16	0.08	2.11	0.56
松原	2.96	0.49	1.13	0.17	0.16	0.06	2.28	0.67
白城	2.54	0.47	1.10	0.39	0.97	0.85	2.32	1.07
黑龙江	**41.00**	**16.98**	**16.34**	**7.75**	**4.95**	**2.90**	**37.45**	**16.00**
哈尔滨	14.41	7.52	5.23	3.32	1.82	1.47	11.57	6.09
齐齐哈尔	5.07	1.77	1.96	0.92	0.44	0.27	3.87	1.45
鸡西	2.03	0.72	0.84	0.27	0.28	0.08	2.02	1.09
鹤岗	1.28	0.61	0.58	0.29	0.11	0.08	1.40	0.85
双鸭山	1.85	0.45	0.76	0.19	0.11	0.08	1.72	0.65
大庆	3.72	2.13	1.31	0.88	0.17	0.10	2.56	1.47
伊春	0.64	0.36	0.39	0.27	0.10	0.09	1.18	0.76
佳木斯	2.65	1.11	1.17	0.63	1.22	0.54	2.76	1.11
七台河	0.64	0.31	0.24	0.13	0.08	0.05	0.86	0.59
牡丹江	2.81	1.07	1.28	0.69	0.18	0.10	2.91	1.18
黑河	0.30	0.11	0.78	0.02	0.24	0.02	2.30	0.41
绥化	5.60	0.82	1.80	0.14	0.20	0.02	4.30	0.35
上海	**25.01**	**24.26**	**14.33**	**13.87**	**4.82**	**4.76**	**17.12**	**16.42**
江苏	**80.04**	**31.01**	**28.71**	**13.00**	**5.44**	**3.61**	**50.12**	**22.79**
南京	10.31	9.47	3.59	3.33	1.17	1.16	6.17	5.55
无锡	6.26	3.10	2.49	1.49	0.46	0.38	3.49	2.09

3—10续表2

单位:万人

城市	教育		卫生、社会保险和社会福利业		文化、体育和娱乐业		公共管理和社会组织	
	全市	市辖区	全市	市辖区	全市	市辖区	全市	市辖区
徐州	9.68	2.08	3.09	0.99	0.66	0.41	5.89	2.14
常州	4.02	2.63	1.86	1.30	0.35	0.31	2.80	1.78
苏州	7.48	3.03	3.19	1.29	0.68	0.40	4.90	2.25
南通	7.11	1.41	2.88	0.81	0.33	0.15	4.40	1.10
连云港	4.82	1.16	1.39	0.53	0.20	0.07	3.27	1.23
淮安	5.65	2.86	1.81	1.03	0.30	0.18	3.68	2.13
盐城	7.59	0.95	2.24	0.29	0.37	0.10	4.36	0.72
扬州	4.57	1.51	1.74	0.67	0.34	0.21	3.03	1.14
镇江	3.48	1.65	1.56	0.77	0.24	0.16	2.57	1.38
泰州	4.54	0.77	2.06	0.37	0.19	0.05	3.19	0.80
宿迁	4.53	0.39	0.81	0.13	0.15	0.03	2.37	0.48
浙江	**49.65**	**19.81**	**22.40**	**10.46**	**4.53**	**2.69**	**38.38**	**16.35**
杭州	10.04	7.25	4.83	3.73	1.38	1.23	7.56	5.63
宁波	6.31	3.13	2.89	1.63	0.68	0.44	4.77	2.49
温州	7.45	1.94	2.94	1.10	0.49	0.19	5.90	1.68
嘉兴	3.76	1.00	1.68	0.55	0.36	0.14	2.30	0.69
湖州	2.54	1.00	1.06	0.52	0.14	0.08	2.03	0.78
绍兴	4.27	0.76	1.99	0.43	0.35	0.11	2.79	0.48
金华	4.58	1.17	2.11	0.59	0.30	0.13	3.63	0.89
衢州	1.94	0.67	0.84	0.29	0.12	0.06	2.16	0.94
舟山	1.18	0.87	0.60	0.43	0.14	0.11	1.33	0.90
台州	5.00	1.48	2.35	0.81	0.33	0.13	3.59	1.38
丽水	2.58	0.54	1.11	0.38	0.24	0.07	2.32	0.49
安徽	**57.89**	**18.38**	**16.33**	**7.33**	**4.32**	**2.32**	**41.80**	**16.26**
合肥	5.23	2.87	1.92	1.39	0.94	0.89	4.36	2.83
芜湖	2.31	1.19	0.79	0.54	0.06	0.05	1.55	0.76
蚌埠	3.15	1.09	1.29	0.69	0.15	0.10	1.91	0.96
淮南	2.07	1.52	0.68	0.53	0.13	0.10	1.57	1.19
马鞍山	1.17	0.63	0.37	0.26	0.12	0.10	1.08	0.74
淮北	1.81	0.77	0.54	0.26	0.08	0.07	1.09	0.64
铜陵	0.66	0.35	0.35	0.26	0.08	0.07	1.03	0.80
安庆	5.70	0.60	1.61	0.44	0.43	0.18	4.27	1.19
黄山	1.54	0.54	0.61	0.28	0.12	0.09	1.82	0.82
滁州	3.67	1.05	1.24	0.30	0.14	0.03	3.01	0.65
阜阳	6.60	1.80	1.58	0.54	0.17	0.08	4.98	1.51
宿州	5.60	1.86	1.24	0.44	0.15	0.08	3.24	1.26
巢湖	5.61	0.18	0.76	0.25	0.08	0.03	2.05	0.36
六安	5.53	1.46	1.21	0.53	0.19	0.11	3.49	0.90
亳州	3.68	1.20	0.87	0.26	0.91	0.06	2.68	0.80

3—10续表3

单位:万人

城市	教育		卫生、社会保险和社会福利业		文化、体育和娱乐业		公共管理和社会组织	
	全市	市辖区	全市	市辖区	全市	市辖区	全市	市辖区
池州	1.38	0.60	0.43	0.20	0.32	0.28	1.23	0.44
宣城	2.18	0.67	0.84	0.16	0.25	0.00	2.44	0.41
福建	**42.43**	**13.30**	**11.20**	**5.11**	**3.08**	**2.09**	**28.53**	**11.16**
福州	8.17	3.40	2.73	1.67	1.17	0.98	5.72	3.07
厦门	2.37	2.37	0.86	0.86	0.58	0.58	1.85	1.85
莆田	3.70	2.47	0.79	0.61	0.11	0.07	1.65	1.25
三明	3.74	0.52	0.93	0.22	0.17	0.08	3.09	0.57
泉州	8.02	1.82	1.58	0.61	0.29	0.14	4.19	1.47
漳州	4.83	0.73	1.12	0.31	0.25	0.08	3.13	0.75
南平	3.73	0.58	1.16	0.26	0.17	0.05	3.41	0.76
龙岩	3.96	0.80	1.02	0.38	0.17	0.07	2.56	0.79
宁德	3.91	0.61	1.01	0.19	0.17	0.04	2.93	0.65
江西	**42.98**	**11.18**	**12.97**	**5.05**	**3.29**	**1.94**	**36.42**	**11.05**
南昌	6.14	3.89	2.41	1.79	0.88	0.82	4.27	3.11
景德镇	1.77	0.66	0.54	0.36	0.14	0.10	1.47	0.72
萍乡	1.67	0.61	0.55	0.35	0.15	0.13	1.41	0.75
九江	4.25	0.84	1.38	0.46	0.78	0.26	5.78	1.38
新余	1.05	1.05	0.32	0.32	0.06	0.06	0.94	0.94
鹰潭	1.01	0.21	0.25	0.10	0.03	0.01	1.09	0.48
赣州	7.78	0.83	1.98	0.42	0.25	0.08	6.20	0.75
吉安	4.58	0.66	1.37	0.29	0.21	0.08	3.39	0.66
宜春	4.55	0.89	1.39	0.34	0.32	0.07	3.98	0.78
抚州	4.16	1.18	1.17	0.34	0.20	0.07	3.51	0.88
上饶	6.02	0.36	1.61	0.28	0.27	0.26	4.38	0.60
山东	**104.48**	**35.91**	**34.71**	**15.00**	**5.45**	**3.66**	**83.38**	**33.08**
济南	9.06	6.52	3.79	3.00	1.33	1.25	7.62	5.17
青岛	9.63	4.14	3.61	2.23	0.76	0.66	6.47	3.40
淄博	4.78	3.21	1.81	1.33	0.33	0.30	3.96	2.91
枣庄	4.31	2.52	1.34	0.88	0.16	0.16	3.36	2.41
东营	2.19	0.96	0.62	0.21	0.06	0.04	2.54	1.54
烟台	8.47	2.79	2.84	0.97	0.50	0.21	5.56	2.06
潍坊	10.71	2.18	3.37	0.91	0.35	0.16	6.53	2.20
济宁	8.58	1.44	2.59	0.79	0.34	0.10	7.32	1.57
泰安	6.34	2.30	1.94	0.90	0.16	0.10	3.47	1.36
威海	3.08	0.80	1.10	0.33	0.19	0.10	2.65	1.04
日照	2.83	1.12	0.75	0.34	0.12	0.07	2.26	1.20
莱芜	1.32	1.32	0.44	0.44	0.03	0.03	1.31	1.31
临沂	10.06	2.25	2.98	0.79	0.38	0.19	7.82	2.10
德州	5.50	0.60	1.59	0.34	0.12	0.05	5.74	0.86

3—10 续表 4 单位：万人

城市	教育		卫生、社会保险和社会福利业		文化、体育和娱乐业		公共管理和社会组织	
	全市	市辖区	全市	市辖区	全市	市辖区	全市	市辖区
聊城	5.93	1.40	1.77	0.55	0.14	0.09	5.38	1.32
滨州	3.12	0.85	1.65	0.43	0.10	0.03	3.44	0.86
菏泽	8.57	1.51	2.52	0.56	0.38	0.12	7.95	1.77
河南	**102.20**	**24.02**	**30.75**	**10.78**	**6.95**	**3.62**	**89.91**	**25.42**
郑州	9.73	5.10	3.14	1.96	1.65	1.50	8.58	4.52
开封	5.37	1.74	1.96	0.94	0.32	0.19	4.37	1.29
洛阳	7.09	2.11	2.23	1.01	0.43	0.25	6.10	2.19
平顶山	4.95	1.15	1.39	0.50	0.23	0.14	5.05	1.83
安阳	5.26	1.23	1.56	0.58	0.28	0.13	3.89	1.41
鹤壁	1.40	0.54	0.50	0.25	0.11	0.06	1.80	0.98
新乡	5.84	1.24	2.32	0.87	0.32	0.17	5.91	1.42
焦作	3.80	1.20	1.54	0.52	0.27	0.11	3.93	1.36
濮阳	3.11	0.85	0.86	0.27	0.22	0.09	3.20	0.70
许昌	4.76	0.65	1.40	0.35	0.24	0.10	3.79	0.47
漯河	2.68	0.51	0.71	0.28	0.17	0.08	2.51	0.69
三门峡	2.53	0.43	0.67	0.15	0.15	0.10	2.62	0.67
南阳	11.27	2.24	3.17	0.99	0.54	0.25	7.61	1.62
商丘	8.69	1.89	2.28	0.65	1.09	0.11	8.59	1.94
信阳	8.18	1.80	2.12	0.63	0.36	0.13	6.60	1.76
周口	10.01	0.67	2.35	0.40	0.23	0.11	9.06	0.99
驻马店	7.53	0.67	2.55	0.43	0.34	0.10	6.30	1.58
湖北	**57.42**	**27.97**	**21.51**	**10.92**	**5.55**	**3.48**	**47.35**	**21.77**
武汉	14.77	14.77	5.52	5.52	2.37	2.37	9.50	9.50
黄石	2.66	1.12	0.78	0.45	0.30	0.14	2.32	1.20
十堰	3.75	0.70	1.51	0.48	0.26	0.12	3.21	0.99
宜昌	3.74	1.44	1.68	0.67	0.31	0.17	3.21	1.17
襄樊	6.56	2.88	2.09	0.80	0.35	0.19	5.46	2.48
鄂州	1.07	1.07	0.53	0.53	0.05	0.05	0.99	0.99
荆门	2.99	0.78	1.25	0.42	0.22	0.10	2.37	0.76
孝感	4.33	1.08	1.79	0.43	0.83	0.09	4.55	1.15
荆州	5.48	1.66	2.05	0.67	0.36	0.18	5.43	1.23
黄冈	6.80	0.17	2.29	0.17	0.31	0.02	5.67	0.34
咸宁	2.94	0.86	1.13	0.26	0.11	0.02	2.87	0.76
随州	2.33	1.44	0.89	0.52	0.08	0.03	1.77	1.20
湖南	**63.58**	**15.80**	**21.65**	**6.98**	**5.06**	**2.99**	**56.33**	**17.53**
长沙	8.56	4.68	3.18	2.16	1.99	1.87	6.83	4.64
株洲	3.16	0.89	1.23	0.47	0.32	0.16	3.23	1.45
湘潭	3.03	1.03	1.04	0.45	0.13	0.08	2.51	0.88
衡阳	7.06	0.95	2.72	0.67	0.36	0.18	5.69	0.88

3—10续表5

单位:万人

城市	教育		卫生、社会保险和社会福利业		文化、体育和娱乐业		公共管理和社会组织	
	全市	市辖区	全市	市辖区	全市	市辖区	全市	市辖区
邵阳	6.00	0.73	1.78	0.41	0.37	0.08	5.38	1.20
岳阳	5.14	0.54	1.61	0.09	0.20	0.10	4.98	0.65
常德	5.38	1.41	2.04	0.65	0.23	0.11	4.30	1.31
张家界	0.99	0.27	0.51	0.07	0.47	0.03	1.59	0.89
益阳	4.79	1.50	1.53	0.49	0.18	0.11	3.45	1.35
郴州	4.79	1.23	1.61	0.51	0.24	0.09	4.45	1.12
永州	5.73	1.38	1.53	0.46	0.20	0.05	5.47	1.54
怀化	4.96	0.59	1.66	0.31	0.24	0.07	5.02	0.76
娄底	3.99	0.60	1.21	0.24	0.13	0.06	3.43	0.86
广东	**92.45**	**44.73**	**34.62**	**22.49**	**7.00**	**6.02**	**71.53**	**42.17**
广州	14.20	12.54	7.41	6.71	2.67	2.58	11.25	10.01
韶关	3.82	0.74	1.28	0.47	0.14	0.06	3.15	0.87
深圳	4.09	4.09	3.09	3.09	1.16	1.16	6.89	6.89
珠海	1.26	1.26	0.74	0.74	0.33	0.33	2.18	2.18
汕头	5.17	5.06	1.67	1.64	0.27	0.26	3.22	3.09
佛山	5.25	5.25	2.27	2.27	0.28	0.28	3.77	3.77
江门	4.12	1.62	1.70	0.82	0.18	0.12	3.20	1.52
湛江	7.63	2.22	1.99	0.80	0.30	0.20	4.15	1.52
茂名	6.69	1.38	1.52	0.37	0.21	0.12	3.67	1.12
肇庆	4.09	0.76	1.55	0.52	0.20	0.11	3.14	0.80
惠州	3.56	1.54	1.33	0.70	0.21	0.18	3.50	1.75
梅州	5.70	0.55	1.61	0.26	0.18	0.07	3.64	0.61
汕尾	2.65	0.58	0.64	0.16	0.08	0.03	2.31	0.66
河源	3.36	0.32	0.91	0.18	0.08	0.04	2.58	0.63
阳江	2.51	0.70	0.77	0.35	0.07	0.04	2.60	0.99
清远	3.85	0.62	1.09	0.28	0.08	0.05	3.00	0.79
东莞	2.12	2.12	1.52	1.52	0.09	0.09	2.08	2.08
中山	1.80	1.80	0.90	0.90	0.17	0.17	1.14	1.14
潮州	2.48	0.54	0.70	0.32	0.07	0.06	1.38	0.46
揭阳	5.40	0.74	1.24	0.27	0.17	0.05	2.88	0.77
云浮	2.70	0.30	0.69	0.12	0.06	0.02	1.80	0.52
广西	**54.27**	**16.13**	**15.47**	**6.81**	**3.61**	**1.81**	**32.38**	**12.53**
南宁	8.45	3.42	2.78	1.72	0.85	0.72	5.23	2.89
柳州	4.11	1.55	1.49	0.89	0.26	0.21	2.91	1.29
桂林	5.56	1.34	2.00	0.89	0.58	0.28	3.97	1.26
梧州	3.07	0.49	0.93	0.39	0.21	0.09	1.84	0.69
北海	1.86	0.71	0.64	0.36	0.10	0.08	1.21	0.71
防城港	0.79	0.50	0.23	0.16	0.05	0.03	0.97	0.55
钦州	3.49	1.36	0.76	0.35	0.07	0.04	1.44	0.76

3—10续表6

单位：万人

城市	教育		卫生、社会保险和社会福利业		文化、体育和娱乐业		公共管理和社会组织	
	全市	市辖区	全市	市辖区	全市	市辖区	全市	市辖区
贵港	4.37	1.72	0.86	0.39	0.08	0.02	2.09	0.89
玉林	6.45	1.16	1.62	0.57	0.17	0.07	2.34	0.71
百色	4.27	0.63	1.05	0.27	0.14	0.04	2.99	0.51
贺州	2.26	0.97	0.54	0.22	0.08	0.03	1.27	0.58
河池	4.30	0.48	1.13	0.19	0.16	0.03	2.53	0.44
来宾	2.73	1.31	0.67	0.28	0.10	0.03	1.53	0.56
崇左	2.56	0.49	0.77	0.13	0.76	0.14	2.06	0.69
海南	**2.69**	**2.69**	**1.29**	**1.29**	**0.70**	**0.70**	**3.28**	**3.28**
海口	2.17	2.17	1.02	1.02	0.57	0.57	2.79	2.79
三亚	0.52	0.52	0.27	0.27	0.13	0.13	0.49	0.49
重庆	**29.91**	**12.32**	**8.46**	**4.03**	**1.66**	**1.17**	**18.84**	**8.84**
四川	**71.13**	**26.11**	**24.11**	**10.36**	**4.80**	**2.74**	**53.17**	**22.13**
成都	14.78	8.76	6.36	3.90	1.68	1.52	10.57	6.35
自贡	2.68	1.20	0.96	0.60	0.16	0.12	1.66	0.99
攀枝花	0.98	0.58	0.47	0.35	0.14	0.13	1.28	0.93
泸州	3.64	1.29	1.20	0.54	0.16	0.10	2.36	1.30
德阳	3.41	0.70	1.17	0.27	0.10	0.06	2.41	0.69
绵阳	4.85	1.51	1.51	0.62	0.29	0.09	3.55	1.32
广元	2.98	1.32	0.93	0.40	0.07	0.03	2.76	1.04
遂宁	3.08	1.12	0.74	0.33	0.04	0.02	1.65	0.75
内江	3.59	1.27	1.08	0.52	0.16	0.10	2.27	0.91
乐山	2.92	1.07	1.17	0.62	0.32	0.15	2.93	1.18
南充	6.03	2.03	1.58	0.57	0.24	0.11	3.89	1.55
眉山	1.44	0.61	0.76	0.10	0.72	0.03	2.77	0.77
宜宾	4.27	0.90	1.20	0.34	0.24	0.09	3.27	0.90
广安	3.40	0.88	0.82	0.27	0.04	0.02	2.07	0.73
达州	5.32	0.51	1.74	0.18	0.20	0.09	3.64	0.77
雅安	1.42	0.54	0.49	0.19	0.05	0.01	1.90	0.55
巴中	2.93	0.98	0.81	0.28	0.07	0.03	2.16	0.81
资阳	3.41	0.84	1.12	0.28	0.12	0.04	2.03	0.59
贵州	**15.48**	**5.73**	**4.13**	**2.17**	**1.44**	**0.85**	**14.12**	**5.73**
贵阳	4.89	3.81	1.80	1.47	0.75	0.69	4.65	3.19
六盘水	2.04	0.36	0.51	0.10	0.21	0.04	2.60	0.86
遵义	6.12	0.71	1.26	0.38	0.40	0.06	4.92	0.74
安顺	2.43	0.85	0.56	0.22	0.08	0.06	1.95	0.94
云南	**28.96**	**8.78**	**7.54**	**3.59**	**2.87**	**1.57**	**22.14**	**7.76**
昆明	7.44	4.68	2.99	2.35	1.29	1.16	7.18	4.39
曲靖	6.04	0.84	0.99	0.31	0.18	0.07	3.19	0.62
玉溪	2.50	0.64	0.80	0.27	0.15	0.08	2.19	0.56

3—10续表7

单位:万人

城市	教育		卫生、社会保险和社会福利业		文化、体育和娱乐业		公共管理和社会组织	
	全市	市辖区	全市	市辖区	全市	市辖区	全市	市辖区
保山	2.39	0.83	0.54	0.20	0.07	0.03	1.62	0.55
昭通	4.11	0.86	0.67	0.19	0.89	0.17	2.96	0.67
丽江	1.35	0.25	0.36	0.08	0.07	0.03	1.21	0.39
思茅	2.75	0.40	0.72	0.14	0.12	0.03	1.97	0.39
临沧	2.38	0.28	0.47	0.05	0.10	0.00	1.82	0.19
陕西	**47.08**	**18.53**	**13.30**	**6.35**	**4.97**	**2.53**	**38.85**	**13.51**
西安	12.09	9.61	3.59	3.12	1.76	1.69	7.07	5.77
铜川	0.95	0.80	0.26	0.23	0.07	0.07	1.03	0.88
宝鸡	4.41	1.72	1.52	0.75	0.26	0.13	2.96	1.26
咸阳	6.69	1.31	1.67	0.50	0.35	0.11	4.59	1.06
渭南	5.43	1.04	1.45	0.30	1.01	0.13	4.87	0.79
延安	3.17	0.73	0.91	0.26	0.41	0.07	4.28	0.75
汉中	3.96	0.77	1.26	0.42	0.22	0.08	3.74	0.60
榆林	4.53	0.83	1.06	0.28	0.50	0.10	5.06	0.77
安康	3.01	1.06	0.77	0.28	0.15	0.06	3.02	1.09
商洛	2.84	0.66	0.81	0.21	0.24	0.09	2.23	0.54
甘肃	**22.94**	**9.73**	**5.76**	**3.17**	**2.83**	**1.81**	**18.54**	**9.38**
兰州	5.05	3.89	1.35	1.20	0.60	0.56	3.99	3.37
嘉峪关	0.08	0.08	0.05	0.05	0.03	0.03	0.25	0.25
金昌	0.29	0.13	0.15	0.09	0.17	0.12	0.50	0.33
白银	2.34	0.43	0.29	0.12	0.08	0.04	1.80	0.80
天水	2.59	1.35	0.76	0.45	0.76	0.67	2.32	1.15
武威	2.02	1.03	0.51	0.31	0.15	0.12	1.12	0.76
张掖	1.51	0.61	0.46	0.24	0.09	0.07	1.44	0.63
平凉	2.47	0.52	0.61	0.19	0.10	0.05	1.73	0.56
酒泉	1.09	0.44	0.43	0.19	0.15	0.05	1.19	0.42
庆阳	3.04	0.63	0.53	0.16	0.12	0.05	2.31	0.59
定西	2.46	0.62	0.62	0.17	0.58	0.05	1.89	0.52
青海	**2.48**	**1.40**	**1.06**	**0.84**	**0.28**	**0.24**	**2.28**	**1.75**
西宁	2.48	1.40	1.06	0.84	0.28	0.24	2.28	1.75
宁夏	**7.38**	**2.95**	**2.48**	**1.26**	**0.75**	**0.53**	**6.84**	**3.24**
银川	2.29	1.62	0.98	0.79	0.46	0.42	2.41	1.75
石嘴山	0.57	0.27	0.30	0.14	0.11	0.04	1.07	0.47
吴忠	2.09	0.38	0.63	0.16	0.08	0.03	1.72	0.50
固原	2.43	0.68	0.57	0.17	0.10	0.04	1.64	0.52
新疆	**4.19**	**4.06**	**2.01**	**1.99**	**0.99**	**0.99**	**4.89**	**4.73**
乌鲁木齐	3.70	3.57	1.77	1.75	0.97	0.97	4.12	3.96
克拉玛依	0.49	0.49	0.24	0.24	0.02	0.02	0.77	0.77

3—11 土地资源(一)

城　　市	土地面积(平方公里)			城市建设用地面积(平方公里)	年末耕地总资源(千公顷)
	全　市	市辖区	建成区	市辖区	全　市
城市合计	**4665126**	**565104**	**21926**	**23267**	**2282864**
北　京	**16800**	**12484**	**1180**	**1239**	**196**
天　津	**11920**	**7418**	**487**	**487**	**419**
河　北	**187693**	**4979**	**862**	**829**	**6434**
石家庄	15848	456	141	140	574
唐　山	13472	1230	187	176	545
秦皇岛	7523	363	80	80	187
邯　郸	12062	434	101	101	650
邢　台	12486	132	47	34	648
保　定	20584	312	78	77	799
张家口	36873	819	77	77	924
承　德	39548	708	40	34	341
沧　州	14053	183	35	35	807
廊　坊	6429	292	45	44	379
衡　水	8815	50	31	31	580
山　西	**164322**	**15926**	**541**	**518**	**3907**
太　原	6988	1460	177	177	146
大　同	14127	2080	87	87	381
阳　泉	4570	686	49	39	63
长　治	13896	334	45	45	340
晋　城	9490	147	30	25	183
朔　州	10623	4095	25	22	292
晋　中	16404	1327	30	30	362
运　城	21354	1203	30	30	530
忻　州	25500	1954	19	18	640
临　汾	20275	1316	37	34	463
吕　梁	21095	1324	12	11	507
内蒙古	**655315**	**23046**	**496**	**465**	**5775**
呼和浩特	17224	2054	120	133	514
包　头	27768	2969	150	124	430
乌　海	1754	1754	56	54	6
赤　峰	90021	7012	40	33	923
通　辽	59535	3212	32	32	860
鄂尔多斯	86752	2137	23	23	394
海拉尔	253356	1440	28	19	1197
巴彦淖尔	64413	2354	19	19	581
乌兰察布	54492	114	28	28	870
辽　宁	**147473**	**15316**	**1376**	**1335**	**3768**
沈　阳	12980	3495	261	261	665

3—11 续表 1

城市	土地面积(平方公里)			城市建设用地面积(平方公里)	年末耕地总资源(千公顷)
	全市	市辖区	建成区	市辖区	全市
大连	12574	2415	248	230	234
鞍山	9252	624	136	136	241
抚顺	11272	714	118	118	127
本溪	8411	1308	107	56	67
丹东	15030	830	53	84	207
锦州	10301	440	60	61	387
营口	5402	701	81	96	117
阜新	10355	448	49	49	321
辽阳	4743	574	82	71	176
盘锦	4071	266	52	52	129
铁岭	12968	643	41	41	414
朝阳	19699	557	28	26	457
葫芦岛	10415	2301	60	54	226
吉林	**146372**	**12965**	**538**	**482**	**4068**
长春	20571	3603	171	171	1083
吉林	27120	3636	163	116	464
四平	14080	407	39	37	689
辽源	5139	206	36	36	143
通化	15195	761	39	34	189
白山	17485	1388	25	24	47
松原	21090	1100	32	32	940
白城	25692	1864	33	32	513
黑龙江	**392375**	**61444**	**1047**	**1033**	**9297**
哈尔滨	53068	1660	225	225	1353
齐齐哈尔	42469	4310	103	103	1778
鸡西	22531	2300	73	73	563
鹤岗	14648	4551	58	72	384
双鸭山	22483	1767	59	55	775
大庆	21219	5107	144	141	496
伊春	32759	19566	158	149	150
佳木斯	32704	1874	56	56	1228
七台河	6221	1767	72	72	139
牡丹江	40583	1351	59	47	404
黑河	68726	14448	17	17	596
绥化	34964	2743	23	23	1431
上海	**6341**	**5299**	**550**	**1825**	**257**
江苏	**100874**	**18378**	**1459**	**1512**	**4860**
南京	6582	4723	447	499	251
无锡	4788	1623	180	175	160

3—11 续表 2

城市	土地面积（平方公里）			城市建设用地面积（平方公里）	年末耕地总资源（千公顷）
	全市	市辖区	建成区	市辖区	全市
徐州	11258	1038	89	87	601
常州	4375	1864	92	92	214
苏州	8488	1650	149	149	281
南通	8001	355	89	82	478
连云港	7500	898	63	63	369
淮安	10072	3171	79	103	487
盐城	14983	423	56	53	774
扬州	6634	980	58	58	309
镇江	3847	1082	79	79	179
泰州	5791	435	48	43	317
宿迁	8555	136	30	29	440
浙江	**103638**	**18178**	**955**	**1038**	**1595**
杭州	16596	3068	275	336	183
宁波	9365	2560	110	110	211
温州	11784	1187	114	92	160
嘉兴	3915	968	66	71	211
湖州	5818	1566	64	81	141
绍兴	8256	362	65	86	168
金华	10918	2044	60	60	166
衢州	8837	2357	36	36	101
舟山	1440	1028	50	61	18
台州	9411	1536	98	89	147
丽水	17298	1502	17	16	89
安徽	**139059**	**25098**	**897**	**990**	**5294**
合肥	7498	596	148	148	356
芜湖	3317	230	82	82	135
蚌埠	5952	456	67	129	376
淮南	2121	1091	89	89	124
马鞍山	1686	301	60	60	83
淮北	2741	375	42	42	184
铜陵	1113	280	33	32	28
安庆	15400	466	35	33	354
黄山	9807	2342	19	27	76
滁州	13523	1404	27	27	389
阜阳	9775	1796	48	49	670
宿州	9787	2868	67	89	570
巢湖	9394	2031	52	58	385
六安	17976	3583	46	60	615
亳州	8374	2226	50	35	600

3—11 续表 3

城　市	土地面积(平方公里)			城市建设用地面积(平方公里)	年末耕地总资源(千公顷)
	全 市	市辖区	建成区	市辖区	全 市
池　州	8272	2432	13	11	127
宣　城	12323	2621	19	19	222
福　建	**122827**	**11737**	**467**	**455**	**1151**
福　州	11968	1043	160	160	134
厦　门	1565	1565	104	104	25
莆　田	4079	145	29	29	60
三　明	22959	1178	19	19	165
泉　州	10866	530	58	47	135
漳　州	12608	401	40	39	154
南　平	26280	2660	20	20	207
龙　岩	19050	2678	28	28	133
宁　德	13452	1537	9	9	138
江　西	**167000**	**11569**	**436**	**483**	**2067**
南　昌	7432	617	85	102	209
景德镇	5256	423	43	39	56
萍　乡	3827	1090	63	63	46
九　江	18823	699	48	48	200
新　余	3178	1786	43	41	55
鹰　潭	3554	143	19	21	55
赣　州	39380	479	32	35	296
吉　安	25259	1340	24	25	324
宜　春	18669	2532	28	29	326
抚　州	18831	2121	30	57	223
上　饶	22791	339	21	23	277
山　东	**156492**	**32026**	**1476**	**1459**	**6792**
济　南	8177	3257	200	200	351
青　岛	10922	1349	146	146	428
淄　博	5938	2960	164	160	168
枣　庄	4550	3089	87	82	231
东　营	7923	3294	85	85	197
烟　台	13746	2722	145	145	433
潍　坊	15859	1472	110	110	783
济　宁	10685	905	47	47	522
泰　安	7762	2087	66	66	317
威　海	5436	731	51	51	181
日　照	5310	1915	50	50	168
莱　芜	2246	2246	52	50	71
临　沂	17184	1749	108	108	779
德　州	10356	539	38	37	538

3—11续表4

城　市	土地面积(平方公里)			城市建设用地面积(平方公里)	年末耕地总资源(千公顷)
	全　市	市辖区	建成区	市辖区	全　市
聊　城	8715	1254	50	45	553
滨　州	9445	1042	37	37	381
菏　泽	12238	1415	40	40	691
河　南	**164869**	**12870**	**1016**	**946**	**7924**
郑　州	7446	1010	170	149	334
开　封	6444	362	70	61	431
洛　阳	15200	544	121	118	438
平顶山	7882	459	53	53	316
安　阳	7413	544	69	54	412
鹤　壁	2182	609	40	36	108
新　乡	8169	187	68	68	464
焦　作	4071	424	67	65	194
濮　阳	4266	260	32	31	270
许　昌	4996	88	36	30	345
漯　河	2617	80	36	35	189
三门峡	10496	198	24	23	193
南　阳	26400	1981	67	74	1005
商　丘	10704	1600	55	52	723
信　阳	19541	3604	42	36	793
周　口	11959	148	29	24	854
驻马店	15083	772	37	37	855
湖　北	**151495**	**32875**	**806**	**785**	**2929**
武　汉	8494	8494	216	252	206
黄　石	4583	234	58	51	107
十　堰	23680	1193	53	53	215
宜　昌	21048	4248	67	60	336
襄　樊	19724	3673	80	80	390
鄂　州	1504	1504	44	25	36
荆　门	12404	2171	47	47	249
孝　感	8910	946	44	43	301
荆　州	14205	1576	59	54	417
黄　冈	17446	353	25	25	312
咸　宁	9861	1494	31	29	167
随　州	9636	6989	82	66	193
湖　南	**196425**	**17711**	**788**	**808**	**2950**
长　沙	11819	556	135	158	237
株　洲	11272	542	77	77	153
湘　潭	5015	279	63	61	119
衡　阳	15310	557	90	69	292

3—11续表5

城市	土地面积(平方公里)			城市建设用地面积(平方公里)	年末耕地总资源(千公顷)
	全市	市辖区	建成区	市辖区	全市
邵阳	20830	436	37	36	287
岳阳	14896	1293	128	157	270
常德	18190	2749	61	54	405
张家界	9516	2736	19	19	72
益阳	12144	1935	41	40	234
郴州	19388	2246	30	30	220
永州	22304	3183	36	36	269
怀化	27624	773	31	30	257
娄底	8117	426	40	41	135
广东	**179149**	**29149**	**2463**	**2673**	**2713**
广州	7434	3719	608	982	136
韶关	18385	339	48	47	336
深圳	1953	1953	516	527	4
珠海	1688	1688	106	91	19
汕头	2064	1956	191	222	46
佛山	3848	3848	200	182	76
江门	9541	1818	75	86	145
湛江	12471	1460	74	74	397
茂名	11458	907	34	34	265
肇庆	14856	664	46	46	168
惠州	11158	2672	63	63	140
梅州	15836	298	48	30	147
汕尾	5271	432	11	73	57
河源	15826	450	12	12	114
阳江	7813	658	33	62	103
清远	19153	927	36	51	269
东莞	2465	2465	246	36	33
中山	1800	1800	33	0	32
潮州	3110	152	38	20	42
揭阳	5240	181	27	27	92
云浮	7779	762	18	8	92
广西	**237432**	**36008**	**611**	**623**	**2885**
南宁	22293	1834	125	155	409
柳州	18617	658	99	99	249
桂林	27809	565	58	58	294
梧州	12588	1097	23	19	106
北海	3337	957	34	34	81
防城港	6181	2822	18	18	59
钦州	10843	4772	64	62	160

3—11 续表 6

城　市	土地面积(平方公里)			城市建设用地面积(平方公里)	年末耕地总资源(千公顷)
	全　市	市辖区	建成区	市辖区	全　市
贵　港	10606	3543	54	47	201
玉　林	12838	1251	45	48	206
百　色	36201	3702	29	28	309
贺　州	11855	5152	21	16	106
河　池	33508	2340	15	13	220
来　宾	13411	4364	18	18	241
崇　左	17345	2951	8	8	244
海　南	**4224**	**4224**	**97**	**97**	**48495**
海　口	2305	2305	77	77	48483
三　亚	1919	1919	20	20	12
重　庆	**82403**	**7152**	**445**	**361**	**2144365**
四　川	**193962**	**32105**	**1048**	**891**	**3480**
成　都	12163	2177	386	309	363
自　贡	4373	813	43	43	123
攀枝花	7440	2018	42	42	30
泸　州	12247	2155	49	49	211
德　阳	5954	648	51	51	194
绵　阳	20285	1570	55	49	283
广　元	16314	4535	54	41	156
遂　宁	5325	1875	49	49	155
内　江	5386	1569	27	27	165
乐　山	12826	2514	67	28	150
南　充	12479	2527	48	47	300
眉　山	7186	1331	37	31	176
宜　宾	13283	1123	33	30	241
广　安	6344	1536	41	34	174
达　州	16591	445	19	19	270
雅　安	15503	1070	14	12	60
巴　中	12301	2566	15	14	148
资　阳	7962	1633	18	16	281
贵　州	**57974**	**5296**	**227**	**232**	**1565**
贵　阳	8034	2404	128	128	263
六盘水	9914	476	28	40	166
遵　义	30762	706	47	46	836
安　顺	9264	1710	24	18	300
云　南	**199031**	**21573**	**303**	**281**	**1745**
昆　明	21111	4033	185	185	179
曲　靖	28904	1523	26	23	280
玉　溪	15285	1004	18	12	111

3－11 续表 7

城　市	土地面积(平方公里)			城市建设用地面积(平方公里)	年末耕地总资源(千公顷)
	全　市	市辖区	建成区	市辖区	全　市
保　山	19637	5011	16	0	158
昭　通	23021	2167	17	16	383
丽　江	21219	1255	18	25	94
思　茅	45385	3928	13	13	302
临　沧	24469	2652	10	7	238
陕　西	**206049**	**28740**	**488**	**479**	**3627**
西　安	9983	3547	204	202	276
铜　川	3882	2406	35	31	84
宝　鸡	18172	3574	45	45	374
咸　阳	10196	526	47	47	382
渭　南	13134	1221	36	32	557
延　安	37037	3541	16	42	532
汉　中	27246	556	28	21	347
榆　林	43578	7053	26	26	500
安　康	23529	3644	27	23	447
商　洛	19292	2672	24	10	128
甘　肃	**388147**	**36778**	**403**	**495**	**2860**
兰　州	13086	1632	141	141	212
嘉峪关	2935	2935	35	34	3
金　昌	8896	3019	29	29	48
白　银	21158	3478	51	49	298
天　水	14317	5850	46	38	417
武　威	33238	5081	22	22	255
张　掖	41924	4240	22	21	191
平　凉	11170	1936	18	21	370
酒　泉	193974	3386	22	113	112
庆　阳	27119	996	12	17	440
定　西	20330	4225	5	10	514
青　海	**7665**	**350**	**61**	**61**	**148**
西　宁	7665	350	61	61	148
宁　夏	**56252**	**7623**	**186**	**168**	**1232**
银　川	9170	1637	78	78	133
石嘴山	5630	1167	61	51	74
吴　忠	24677	1313	17	17	454
固　原	16775	3506	30	22	571
新　疆	**21548**	**16787**	**217**	**217**	**66**
乌鲁木齐	12000	7239	169	169	51
克拉玛依	9548	9548	48	48	15

3—12 土地资源(二)

城　　市	人口密度(人/平方公里)		城市建设用地占市辖区面积比重(%)	人均占有耕地资源(亩/人)
	全　市	市辖区	全　市	全　市
城市合计	**250.01**	**605.14**	**4.12**	**29.36**
北　　京	**683.82**	**864.48**	**9.92**	**0.26**
天　　津	**776.85**	**1022.89**	**6.57**	**0.68**
河　　北	**361.33**	**2342.94**	**16.65**	**1.42**
石 家 庄	574.53	4629.17	30.70	0.95
唐　　山	524.26	2397.64	14.31	1.16
秦 皇 岛	363.27	2037.74	22.04	1.03
邯　　郸	710.57	3184.56	23.27	1.14
邢　　台	534.55	4197.73	25.76	1.46
保　　定	523.21	3058.33	24.68	1.11
张 家 口	122.15	1044.57	9.40	3.08
承　　德	90.79	641.38	4.80	1.42
沧　　州	484.00	2613.66	19.13	1.78
廊　　坊	602.33	2559.93	15.07	1.47
衡　　水	468.92	8800.00	62.00	2.10
山　　西	**198.89**	**548.73**	**3.25**	**1.79**
太　　原	468.52	1714.18	12.12	0.67
大　　同	209.47	672.60	4.18	1.93
阳　　泉	275.01	946.94	5.69	0.75
长　　治	227.96	1987.43	13.47	1.61
晋　　城	223.21	1917.01	17.01	1.30
朔　　州	133.63	140.78	0.54	3.09
晋　　中	185.77	397.97	2.26	1.78
运　　城	228.43	516.29	2.49	1.63
忻　　州	115.66	261.31	0.92	3.26
临　　汾	202.91	583.59	2.58	1.69
吕　　梁	165.78	179.68	0.83	2.17
内 蒙 古	**32.09**	**281.10**	**2.02**	**4.12**
呼和浩特	124.18	534.08	6.48	3.60
包　　头	85.76	599.63	4.18	2.71
乌　　海	237.17	237.17	3.08	0.22
赤　　峰	49.69	161.29	0.47	3.10
通　　辽	51.95	249.66	1.00	4.17
鄂尔多斯	15.67	102.67	1.08	4.35
海 拉 尔	10.65	175.97	1.32	6.66
巴彦淖尔	27.34	221.50	0.81	4.95
乌兰察布	49.66	2262.28	24.56	4.82
辽　　宁	**282.19**	**1165.42**	**8.72**	**1.36**
沈　　阳	530.89	1397.42	7.47	1.45

3—12 续表 1

城　市	人口密度（人/平方公里）		城市建设用地占市辖区面积比重(%)	人均占有耕地资源（亩/人）
	全　市	市辖区	全　市	全　市
大　连	445.49	1137.81	9.52	0.63
鞍　山	373.19	2331.41	21.79	1.05
抚　顺	200.03	1981.93	16.53	0.84
本　溪	186.16	736.16	4.28	0.64
丹　东	160.49	911.69	10.12	1.29
锦　州	298.49	1969.55	13.86	1.89
营　口	424.29	1213.98	13.69	0.77
阜　新	186.40	1745.54	10.94	2.49
辽　阳	384.46	1247.21	12.37	1.45
盘　锦	305.55	2127.82	19.55	1.56
铁　岭	230.91	674.96	6.38	2.07
朝　阳	170.82	859.96	4.67	2.04
葫芦岛	260.61	405.82	2.35	1.25
吉　林	**166.71**	**589.02**	**3.72**	**2.50**
长　春	349.15	860.42	4.75	2.26
吉　林	159.14	493.81	3.19	1.61
四　平	232.01	1256.51	9.09	3.16
辽　源	241.68	2168.45	17.48	1.73
通　化	148.88	596.98	4.47	1.25
白　山	76.05	237.68	1.73	0.53
松　原	132.49	468.45	2.91	5.05
白　城	78.16	259.33	1.72	3.83
黑龙江	**93.55**	**193.02**	**1.68**	**3.80**
哈尔滨	179.83	1898.73	13.55	2.13
齐齐哈尔	127.41	331.02	2.39	4.93
鸡　西	86.33	397.04	3.17	4.34
鹤　岗	75.49	151.42	1.58	5.21
双鸭山	67.09	285.34	3.11	7.71
大　庆	121.54	231.06	2.76	2.88
伊　春	39.69	42.80	0.76	1.73
佳木斯	74.83	437.41	2.99	7.53
七台河	140.56	284.72	4.07	2.38
牡丹江	66.54	573.28	3.48	2.24
黑　河	25.25	13.42	0.12	5.15
绥　化	158.88	315.71	0.84	3.86
上　海	**2116.02**	**2412.21**	**34.44**	**0.29**
江　苏	**710.21**	**1139.45**	**8.23**	**1.02**
南　京	869.39	1036.97	10.57	0.66
无　锡	924.27	1353.05	10.78	0.54

3—12续表 2

城　　市	人口密度（人/平方公里）		城市建设用地占市辖区面积比重（%）	人均占有耕地资源（亩/人）
	全　市	市辖区	全　市	全　市
徐　　州	807.12	1612.04	8.38	0.99
常　　州	791.36	1144.90	4.94	0.93
苏　　州	696.24	1314.36	9.03	0.71
南　　通	971.90	2338.31	23.10	0.92
连 云 港	623.77	730.85	7.02	1.18
淮　　安	516.20	845.70	3.25	1.41
盐　　城	531.61	1568.09	12.53	1.46
扬　　州	683.77	1148.16	5.92	1.02
镇　　江	694.54	928.93	7.30	1.00
泰　　州	869.73	1431.95	9.89	0.94
宿　　迁	604.63	2106.62	21.32	1.28
浙　　江	**439.18**	**775.89**	**5.71**	**0.53**
杭　　州	387.31	1281.58	10.95	0.43
宁　　波	586.30	808.24	4.30	0.58
温　　州	629.90	1134.37	7.75	0.32
嘉　　兴	850.47	824.59	7.33	0.95
湖　　州	441.35	687.87	5.17	0.82
绍　　兴	525.48	1764.09	23.76	0.58
金　　华	412.08	450.98	2.94	0.55
衢　　州	277.05	340.39	1.53	0.62
舟　　山	674.44	670.82	5.93	0.28
台　　州	587.20	950.85	5.79	0.40
丽　　水	144.18	245.27	1.07	0.54
安　　徽	**458.81**	**657.89**	**3.94**	**1.24**
合　　肥	608.96	2615.27	24.83	1.17
芜　　湖	674.77	3002.61	35.65	0.90
蚌　　埠	579.52	1743.20	28.29	1.64
淮　　南	998.77	1301.74	8.16	0.88
马 鞍 山	736.00	1899.00	19.93	1.00
淮　　北	744.04	2208.00	11.20	1.35
铜　　陵	637.11	1393.57	11.43	0.59
安　　庆	392.99	1278.97	7.08	0.88
黄　　山	149.80	176.94	1.15	0.78
滁　　州	320.15	358.26	1.92	1.35
阜　　阳	924.91	1020.60	2.73	1.11
宿　　州	575.36	494.42	3.10	1.52
巢　　湖	482.54	422.94	2.86	1.27
六　　安	372.44	491.99	1.67	1.38
亳　　州	643.93	634.14	1.57	1.67

3—12续表3

城市	人口密度（人/平方公里）		城市建设用地占市辖区面积比重(%)	人均占有耕地资源（亩/人）
	全市	市辖区	全市	全市
池州	187.27	257.28	0.45	1.23
宣城	223.02	318.16	0.72	1.21
福建	**272.71**	**702.50**	**3.88**	**0.52**
福州	505.40	1593.86	15.34	0.33
厦门	905.81	905.81	6.65	0.26
莆田	739.99	13905.52	20.00	0.30
三明	116.58	239.81	1.61	0.92
泉州	609.81	1844.72	8.87	0.31
漳州	360.03	1293.52	9.73	0.51
南平	115.86	184.29	0.75	1.02
龙岩	150.51	172.67	1.05	0.70
宁德	242.20	271.63	0.59	0.64
江西	**257.83**	**707.26**	**4.17**	**0.72**
南昌	606.53	3182.66	16.53	0.70
景德镇	282.15	996.45	9.22	0.57
萍乡	464.44	738.81	5.78	0.39
九江	244.42	889.84	6.87	0.65
新余	344.08	439.36	2.30	0.75
鹰潭	309.43	1292.31	14.69	0.75
赣州	211.07	1139.87	7.31	0.53
吉安	183.15	372.09	1.87	1.05
宜春	279.75	378.36	1.15	0.94
抚州	199.73	488.68	2.69	0.89
上饶	288.44	1065.49	6.78	0.63
山东	**582.04**	**799.71**	**4.56**	**1.12**
济南	712.44	1027.94	6.14	0.90
青岛	659.84	1829.28	10.82	0.89
淄博	695.76	923.55	5.41	0.61
枣庄	799.47	669.93	2.65	0.95
东营	223.16	239.22	2.58	1.67
烟台	469.82	627.59	5.33	1.01
潍坊	534.53	966.92	7.47	1.39
济宁	747.67	1162.65	5.19	0.98
泰安	705.55	759.08	3.16	0.87
威海	455.54	778.93	6.98	1.10
日照	524.44	615.09	2.61	0.90
莱芜	551.56	551.56	2.23	0.86
临沂	588.37	1084.45	6.17	1.16
德州	527.25	1054.36	6.86	1.48

3—12 续表 4

城市	人口密度（人/平方公里）		城市建设用地占市辖区面积比重（%）	人均占有耕地资源（亩/人）
	全市	市辖区	全市	全市
聊城	646.88	800.32	3.59	1.47
滨州	387.67	588.39	3.55	1.56
菏泽	714.55	967.49	2.83	1.19
河南	**588.48**	**1227.71**	**7.35**	**1.23**
郑州	887.82	2374.75	14.75	0.76
开封	739.76	2164.09	16.85	1.36
洛阳	420.26	2737.68	21.69	1.03
平顶山	620.54	2016.56	11.55	0.97
安阳	719.20	1852.39	9.93	1.16
鹤壁	670.53	856.65	5.91	1.11
新乡	681.53	4270.59	36.36	1.25
焦作	835.64	1882.78	15.33	0.86
濮阳	848.87	1986.92	11.92	1.12
许昌	892.47	4373.86	34.09	1.16
漯河	990.45	4403.75	43.75	1.09
三门峡	210.46	1413.64	11.62	1.31
南阳	399.39	850.33	3.74	1.43
商丘	776.36	965.31	3.25	1.31
信阳	402.08	380.33	1.00	1.51
周口	898.64	2477.70	16.22	1.19
驻马店	547.84	747.93	4.79	1.55
湖北	**341.47**	**568.96**	**2.39**	**0.85**
武汉	919.70	919.70	2.97	0.40
黄石	553.81	2824.36	21.79	0.63
十堰	143.85	419.11	4.44	0.95
宜昌	188.56	284.77	1.41	1.27
襄樊	293.32	594.85	2.18	1.01
鄂州	693.68	693.68	1.66	0.52
荆门	242.34	332.34	2.16	1.24
孝感	571.17	946.09	4.55	0.89
荆州	456.04	694.80	3.43	0.97
黄冈	415.40	1026.91	7.08	0.65
咸宁	282.24	375.97	1.94	0.90
随州	267.16	237.26	0.94	1.12
湖南	**324.21**	**653.62**	**4.56**	**0.69**
长沙	509.15	3529.86	28.42	0.59
株洲	331.44	1479.70	14.21	0.61
湘潭	562.37	2515.77	21.86	0.63
衡阳	466.30	1642.19	12.39	0.61

3—12 续表 5

城　市	人口密度（人/平方公里）		城市建设用地占市辖区面积比重(%)	人均占有耕地资源（亩/人）
	全　市	市辖区	全　市	全　市
邵　阳	351.58	1453.44	8.26	0.59
岳　阳	354.34	728.00	12.14	0.77
常　德	329.96	497.64	1.96	1.01
张家界	165.44	170.21	0.69	0.69
益　阳	375.91	661.50	2.07	0.77
郴　州	234.82	305.25	1.34	0.72
永　州	255.85	340.56	1.13	0.71
怀　化	178.44	419.66	3.88	0.78
娄　底	497.59	967.84	9.62	0.50
广　东	**431.10**	**994.88**	**9.17**	**0.53**
广　州	975.50	1581.77	26.40	0.28
韶　关	171.25	1575.81	13.86	1.60
深　圳	772.81	772.81	26.98	0.04
珠　海	485.90	485.90	5.39	0.35
汕　头	2348.06	2440.49	11.35	0.14
佛　山	894.59	894.59	4.73	0.33
江　门	400.36	728.55	4.73	0.57
湛　江	572.48	988.01	5.07	0.83
茂　名	583.10	1325.14	3.75	0.59
肇　庆	264.30	719.13	6.93	0.64
惠　州	256.64	406.96	2.36	0.73
梅　州	309.80	1030.54	10.07	0.45
汕　尾	581.29	1094.44	16.90	0.28
河　源	211.13	667.78	2.67	0.51
阳　江	332.18	955.32	9.42	0.60
清　远	203.61	584.90	5.50	1.03
东　莞	644.87	644.87	1.46	0.31
中　山	765.89	765.89	0.00	0.35
潮　州	800.64	2259.87	13.16	0.25
揭　阳	1126.98	3637.02	14.92	0.23
云　浮	335.88	370.87	1.05	0.53
广　西	**202.29**	**314.85**	**1.73**	**0.90**
南　宁	275.72	794.82	8.45	1.00
柳　州	188.68	1457.29	15.05	1.06
桂　林	176.37	1256.64	10.27	0.90
梧　州	233.31	430.63	1.73	0.54
北　海	439.83	563.53	3.55	0.83
防城港	127.57	168.11	0.64	1.12
钦　州	310.56	252.14	1.30	0.71

3—12 续表 6

城　市	人口密度（人/平方公里）		城市建设用地占市辖区面积比重（%）	人均占有耕地资源（亩/人）
	全　市	市辖区	全　市	全　市
贵　港	443.48	486.71	1.33	0.64
玉　林	459.22	719.82	3.84	0.52
百　色	101.78	88.65	0.76	1.26
贺　州	176.48	179.81	0.31	0.76
河　池	113.70	132.14	0.56	0.87
来　宾	182.04	227.41	0.41	1.48
崇　左	131.39	115.22	0.27	1.61
海　南	**448.82**	**448.82**	**2.30**	**0.19**
海　口	603.86	603.86	3.34	0.05
三　亚	262.58	262.58	1.04	0.36
重　庆	**379.85**	**1412.36**	**5.05**	**1.03**
四　川	**409.29**	**685.06**	**2.78**	**0.66**
成　都	858.60	2078.87	14.19	0.52
自　贡	721.02	1315.25	5.29	0.59
攀枝花	142.72	329.39	2.08	0.42
泸　州	382.18	647.38	2.27	0.68
德　阳	639.22	960.49	7.87	0.76
绵　阳	260.05	705.29	3.12	0.80
广　元	186.39	200.07	0.90	0.77
遂　宁	707.23	781.49	2.61	0.62
内　江	782.12	883.17	1.72	0.59
乐　山	271.04	449.96	1.11	0.65
南　充	575.15	731.30	1.86	0.63
眉　山	474.06	618.03	2.33	0.77
宜　宾	387.72	685.22	2.67	0.70
广　安	707.01	792.19	2.21	0.58
达　州	378.80	889.21	4.27	0.64
雅　安	98.79	319.07	1.12	0.59
巴　中	289.46	497.04	0.55	0.62
资　阳	612.37	643.23	0.98	0.86
贵　州	**276.24**	**727.62**	**4.38**	**1.47**
贵　阳	429.25	830.16	5.32	1.14
六盘水	295.16	892.23	8.40	0.85
遵　义	231.92	910.76	6.52	1.76
安　顺	270.50	462.05	1.05	1.80
云　南	**130.49**	**254.40**	**1.30**	**1.01**
昆　明	237.22	555.96	4.59	0.54
曲　靖	194.16	415.69	1.51	0.75
玉　溪	135.35	391.83	1.20	0.80

3—12续表7

城市	人口密度（人/平方公里）		城市建设用地占市辖区面积比重(%)	人均占有耕地资源（亩/人）
	全市	市辖区	全市	全市
保山	121.84	168.87	0.00	0.99
昭通	220.35	348.92	0.74	1.13
丽江	52.73	112.19	1.99	1.26
思茅	55.75	50.48	0.33	1.79
临沧	88.67	104.83	0.26	1.65
陕西	**176.80**	**388.51**	**1.67**	**1.49**
西安	717.80	1438.57	5.69	0.58
铜川	216.33	310.81	1.29	1.50
宝鸡	202.01	207.75	1.26	1.53
咸阳	474.61	1585.55	8.94	1.18
渭南	406.53	745.13	2.62	1.56
延安	55.51	105.79	1.19	3.88
汉中	136.57	944.60	3.78	1.40
榆林	79.90	62.23	0.37	2.15
安康	124.98	259.52	0.63	2.28
商洛	123.11	203.89	0.37	0.81
甘肃	**53.23**	**193.37**	**1.35**	**2.08**
兰州	232.58	1194.30	8.64	1.04
嘉峪关	55.78	55.78	1.16	0.27
金昌	51.74	68.96	0.96	1.56
白银	82.07	135.05	1.41	2.57
天水	241.42	207.61	0.65	1.81
武威	56.29	192.97	0.43	2.04
张掖	30.25	117.38	0.50	2.26
平凉	199.00	249.54	1.08	2.50
酒泉	4.73	101.03	3.34	1.83
庆阳	94.31	328.41	1.71	2.58
定西	145.77	112.69	0.24	2.60
青海	**267.41**	**2844.00**	**17.43**	**1.08**
西宁	267.41	2844.00	17.43	1.08
宁夏	**103.14**	**251.87**	**2.20**	**3.19**
银川	145.05	438.73	4.76	1.50
石嘴山	129.27	310.03	4.37	1.53
吴忠	75.60	269.92	1.29	3.65
固原	111.97	138.51	0.63	4.56
新疆	**98.45**	**121.46**	**1.29**	**0.47**
乌鲁木齐	151.28	239.40	2.33	0.42
克拉玛依	32.05	32.05	0.50	0.74

3－13 综合经济(一)

城市	地区生产总值(万元)		人均地区生产总值(元)		地区生产总值增长率(%)	
	全市	市辖区	全市	市辖区	全市	市辖区
城市合计	**1359431024**	**761516135**				
北京	**36631000**	**35572637**	**32061**	**31892**	**10.7**	**10.7**
天津	**24476600**	**21720400**	**26532**	**28625**	**14.8**	**14.0**
河北	**73713491**	**24911716**				
石家庄	13779438	5917839	15188	28659	12.5	14.3
唐山	12953220	6488503	18387	21220	13.3	13.7
秦皇岛	3870301	2484515	14236	34039	12.1	12.2
邯郸	7625607	2317853	8934	16840	12.1	11.3
邢台	5146061	826837	7731	15029	12.1	11.8
保定	9248071	1889800	8614	20164	12.7	11.0
张家口	3199369	1610173	7102	18852	11.5	10.7
承德	2349782	827525	6555	18353	12.1	14.7
沧州	6288615	763570	9496	16014	12.1	12.7
廊坊	5285451	1079023	13704	14639	12.1	14.5
衡水	3967576	706078	9628	16217	12.1	12.8
山西	**25026418**	**11590602**				
太原	5157089	4326533	15210	16496	15.5	16.7
大同	2515415	2028149	8216	14611	13.4	11.6
阳泉	1259180	956189	9785	14089	13.0	16.0
长治	2556615	1129000	8012	17132	14.8	9.6
晋城	1985067	559223	9079	17345	14.1	13.5
朔州	1185962	600634	8013	10408	13.1	11.1
晋中	2034428	478681	6679	8845	13.2	11.8
运城	2936189	440134	5985	7144	15.1	13.5
忻州	1093822	263513	3658	5218	13.0	10.2
临汾	2953034	661540	7298	8959	15.5	10.1
吕梁	1349617	147006	3902	6164	12.1	16.8
内蒙古	**21959940**	**11051575**				
呼和浩特	4062029	2984984	18791	24415	24.9	22.0
包头	4501914	3930444	19089	22313	31.5	32.8
乌海	676298	676298	16344	16344	26.3	26.3
赤峰	2424821	812005	5315	7547	19.0	14.1
通辽	2381544	919101	7730	12106	18.1	19.5
鄂尔多斯	2713973	620122	20074	28264	23.6	22.6
海拉尔	2132626	294259	7902	11521	10.8	14.1
巴彦淖尔	1513733	488402	8643	9500	13.2	13.7
乌兰察布	1553002	325960	5739	11692	29.3	29.5
辽宁	**65600488**	**45511173**				
沈阳	16033795	13907174	23271	28443	14.2	15.0

3－13 续表 1

城市	地区生产总值(万元)		人均地区生产总值(元)		地区生产总值增长率(%)	
	全市	市辖区	全市	市辖区	全市	市辖区
大连	16325900	12546587	29206	45230	15.2	15.8
鞍山	7903681	4679969	22909	32165	13.1	14.2
抚顺	3148388	2307412	13912	16423	12.6	14.1
本溪	2346594	1748644	14985	17007	13.6	13.3
丹东	2329453	988166	9655	13030	13.1	10.0
锦州	2817002	1403847	9167	16041	14.3	12.0
营口	2533800	1014298	11074	14492	16.1	16.8
阜新	1030302	728639	5339	9318	20.2	20.0
辽阳	2387762	1293233	13104	13104	16.1	16.1
盘锦	3380089	2598483	27226	52980	8.2	7.5
铁岭	1765242	482542	5896	9050	15.6	16.0
朝阳	1198189	439007	3568	9223	15.1	14.6
葫芦岛	2400291	1373172	8857	14765	15.8	18.5
吉林	**29037735**	**16740585**				
长春	13380369	9982170	18705	32518	14.2	15.1
吉林	6001038	3653328	13816	20347	14.6	14.5
四平	2313066	587592	6972	11521	15.0	17.0
辽源	816105	413905	6570	9015	14.0	12.1
通化	1923723	588344	8464	12951	11.0	13.7
白山	1098582	336417	8264	10176	8.6	10.3
松原	2271321	771766	8153	14986	14.8	14.5
白城	1233531	407063	6152	8421	14.8	14.9
黑龙江	**43521509**	**26234875**				
哈尔滨	14147991	8212686	14872	26198	13.1	13.4
齐齐哈尔	3501690	1674968	6354	11691	5.1	13.5
鸡西	1691294	664165	8695	7230	10.5	8.2
鹤岗	880058	476779	7625	6747	10.7	11.1
双鸭山	1148876	580805	7614	11490	10.7	14.0
大庆	11256009	10626116	43927	91778	9.5	9.4
伊春	950709	623058	7150	7417	9.7	9.4
佳木斯	2008599	1025650	8226	12480	8.2	12.5
七台河	796885	602381	9171	12137	12.0	11.6
牡丹江	2669036	1065047	9866	13491	9.3	8.3
黑河	971388	176927	5595	9263	7.2	6.0
绥化	3498974	506293	6299	5600	9.0	9.1
上海	**62508100**	**61807382**	**46718**	**48506**	**11.8**	**11.9**
江苏	**127479436**	**61509853**				
南京	15763300	14530500	27307	29381	15.0	14.6
无锡	19012200	10661200	43155	48958	15.4	18.7

3—13 续表 2

城　市	地区生产总值(万元)		人均地区生产总值(元)		地区生产总值增长率(%)	
	全　市	市辖区	全　市	市辖区	全　市	市辖区
徐　州	9057900	4190600	9992	25254	12.5	16.2
常　州	9014200	6812100	26149	31920	14.5	16.1
苏　州	28015600	10105000	47693	47081	18.0	18.9
南　通	10067100	2376400	12924	28628	13.4	11.9
连云港	3449236	1554353	7536	23843	12.1	18.0
淮　安	4206400	2521200	8108	9429	12.2	14.7
盐　城	7433900	1024700	9330	17613	13.1	21.3
扬　州	6472200	3001500	14290	26886	13.4	13.9
镇　江	6405100	2839200	23995	28252	14.0	14.4
泰　州	5800400	1607800	11513	25886	13.4	14.1
宿　迁	2781900	285300	5400	10439	12.1	14.8
浙　江	**99740497**	**45877852**				
杭　州	20997744	16177737	32819	41471	15.2	16.2
宁　波	17868542	10250306	32639	49963	15.6	17.7
温　州	12264424	5305251	16558	39782	14.8	15.3
嘉　兴	8580276	2017731	25792	25337	16.9	16.2
湖　州	4907516	2346407	19102	21786	15.0	15.8
绍　兴	10892802	1871462	25115	29489	15.0	19.5
金　华	8016023	1433819	17831	15571	15.5	15.7
衢　州	2337312	951044	9560	11872	14.6	15.8
舟　山	1722656	1191037	17679	17254	15.5	15.2
台　州	9950324	3787944	18041	26037	14.9	14.4
丽　水	2202878	545114	8835	14849	14.5	12.3
安　徽	**36619128**	**18098580**				
合　肥	4849623	3817885	10720	25252	13.7	17.6
芜　湖	2848538	1907393	12786	28024	14.0	20.0
蚌　埠	2081442	1095694	6269	13868	6.3	15.4
淮　南	1705041	1271085	8081	8987	10.0	13.1
马鞍山	1925237	1617927	15638	28825	14.3	16.9
淮　北	1324689	961982	6541	11703	8.5	12.8
铜　陵	1030449	868117	14591	22432	12.5	14.9
安　庆	3204307	916578	5299	15488	9.1	17.0
黄　山	1084187	482909	7380	11685	9.6	9.9
滁　州	3005000	763243	6960	15713	3.4	17.1
阜　阳	2168607	739633	2611	4052	1.0	7.1
宿　州	2199287	705183	3725	4125	1.8	4.4
巢　湖	2482739	705559	5553	8238	9.5	8.7
六　安	2090680	448501	3127	2544	5.6	8.0
亳　州	1832512	748147	3538	5322	2.3	3.8

3—13续表3

城　市	地区生产总值(万元)		人均地区生产总值(元)		地区生产总值增长率(%)	
	全　市	市辖区	全　市	市辖区	全　市	市辖区
池　州	755027	381894	4876	6106	9.8	10.1
宣　城	2031763	666850	7553	7977	8.3	8.3
福　建	**55212175**	**23099237**				
福　州	13476759	6254875	20520	38494	14.1	8.6
厦　门	7596934	7596934	35009	35009	17.0	17.0
莆　田	2627554	2072981	9513	10939	12.4	13.1
三　明	3206821	729914	12237	21293	10.0	10.1
泉　州	13801105	2790851	18414	24753	14.0	15.2
漳　州	6033969	1312403	12973	20502	11.0	12.2
南　平	2826381	738310	9917	14790	11.1	11.7
龙　岩	2943962	1131430	10823	22194	10.8	12.8
宁　德	2698690	471539	8912	11084	10.6	10.1
江　西	**26426275**	**11243595**				
南　昌	6410248	4669654	14382	24844	15.5	19.1
景德镇	1406910	774307	9304	18370	15.6	18.2
萍　乡	1428645	958713	8089	12034	18.2	14.7
九　江	3067749	1555099	6692	24091	15.0	15.1
新　余	1091000	910100	9922	9868	15.2	15.0
鹰　潭	797237	177500	7491	9679	18.2	17.5
赣　州	3450595	591058	4293	11310	12.5	10.3
吉　安	2067244	304839	4480	12676	13.6	40.3
宜　春	2494974	374072	4754	3931	12.8	8.7
抚　州	1684110	571750	4496	5529	12.6	13.5
上　饶	2527563	356503	4048	9886	14.1	16.7
山　东	**129209356**	**58830169**				
济　南	13653256	10537330	23590	31818	14.5	14.5
青　岛	17804200	9100580	23398	34633	15.9	0.0
淄　博	10033800	8328950	24319	30553	16.6	16.9
枣　庄	3832400	2125874	10558	10292	16.1	12.7
东　营	6960800	5496906	39528	70356	16.7	15.0
烟　台	13160000	5031199	20221	29656	17.4	25.4
潍　坊	10300000	2820000	12152	20233	15.0	16.6
济　宁	8826100	1498600	11063	14299	16.7	17.6
泰　安	6040700	2166800	11043	13858	16.1	13.6
威　海	8360200	2250695	33762	39527	17.9	17.5
日　照	3116700	1655200	11211	14000	16.5	17.5
莱　芜	1700500	1700500	13727	13727	16.9	16.9
临　沂	8346000	2742000	8264	14551	17.8	21.0
德　州	5566800	1150400	10218	19614	16.6	15.3

3—13续表4

城市	地区生产总值(万元)		人均地区生产总值(元)		地区生产总值增长率(%)	
	全市	市辖区	全市	市辖区	全市	市辖区
聊城	4541900	708348	8074	7110	16.4	11.4
滨州	4065000	933766	11123	15270	16.7	17.2
菏泽	2901000	583021	3337	4161	12.3	15.5
河南	**69237947**	**22547508**				
郑州	11022770	5300753	17063	18749	14.8	13.2
开封	2820917	808222	5981	10289	6.4	14.2
洛阳	6863165	3183046	10823	21952	16.6	13.9
平顶山	3656628	1323830	7502	14303	10.7	11.0
安阳	3617866	1583049	6869	16377	14.0	17.0
鹤壁	1222482	618850	8587	12377	13.5	11.8
新乡	3789452	1176438	6940	14845	13.5	16.8
焦作	3414205	932788	10115	11832	15.0	13.2
濮阳	2650299	1379449	7495	26702	10.6	12.7
许昌	4116846	649043	9299	16863	12.8	11.4
漯河	2215676	626625	8868	17832	11.3	15.6
三门峡	2245634	388674	10181	13043	11.5	10.0
南阳	7241573	1744982	6814	10511	11.2	11.1
商丘	3397493	851437	4200	5972	—0.1	1.4
信阳	3471173	1002820	4462	7316	9.1	11.9
周口	4034625	395955	3817	11646	—3.4	12.9
驻马店	3457143	581547	4197	10133	1.2	7.5
湖北	**50773628**	**30399376**				
武汉	16621797	16621797	21457	21457	12.1	12.1
黄石	2736400	1366100	10932	20625	10.2	9.6
十堰	2423400	1436005	7052	23854	4.1	1.8
宜昌	4913566	2332767	11891	17133	9.5	9.6
襄樊	5033100	2414567	8708	11702	10.0	10.5
鄂州	1257000	1257000	12066	12066	10.6	10.6
荆门	3275115	1477638	10896	19866	9.4	12.7
孝感	3435500	554715	6812	6198	9.0	10.1
荆州	3899800	1083327	6136	9285	7.8	10.1
黄冈	3872350	340360	5343	9062	7.4	9.0
咸宁	1736800	391900	6246	6837	9.2	9.7
随州	1568800	1123200	6280	6999	9.6	9.5
湖南	**46796428**	**18990957**				
长沙	9294858	5523787	14810	24312	14.0	14.5
株洲	3830868	1890642	10707	21516	11.1	11.8
湘潭	2676868	1498863	10056	21209	11.2	11.6
衡阳	4454628	1262746	6258	14356	10.1	11.5

3—13 续表 5

城　　市	地区生产总值(万元)		人均地区生产总值(元)		地区生产总值增长率(%)	
	全　市	市辖区	全　市	市辖区	全　市	市辖区
邵　　阳	2850856	504528	3903	7962	9.3	12.7
岳　　阳	4951877	2180200	9400	23542	10.8	10.8
常　　德	4865833	2339480	8121	15887	11.3	14.5
张 家 界	819087	493536	5213	5556	10.3	7.4
益　　阳	2396731	604457	5261	4740	9.4	12.2
郴　　州	3242609	880632	7141	12873	11.3	12.8
永　　州	2803566	792850	4924	7327	10.6	13.1
怀　　化	2496138	474794	5080	14103	9.8	9.9
娄　　底	2112509	544442	5242	13315	9.0	10.0
广　　东	**153766856**	**117635410**				
广　　州	34968787	31876465	48372	54391	15.2	15.3
韶　　关	2680300	1182508	9657	21124	12.9	17.0
深　　圳	28954070	28954070	54545	54545	19.2	19.2
珠　　海	4732742	4732742	58924	58924	17.5	17.5
汕　　头	5269693	5204475	10931	11191	8.8	8.8
佛　　山	13815951	13815951	40444	40444	16.1	16.1
江　　门	7300825	3400327	19131	25762	11.1	11.6
湛　　江	5209716	2718028	8389	20341	10.1	15.4
茂　　名	6572548	2245992	9887	18801	11.3	10.3
肇　　庆	4663914	1075177	11907	22623	11.4	13.8
惠　　州	5909772	3649459	20758	33954	13.9	19.7
梅　　州	2270363	337023	5917	10984	10.4	22.6
汕　　尾	1869331	383374	7360	8190	13.0	13.7
河　　源	1368518	256515	4111	8427	16.9	29.5
阳　　江	2328630	1004565	8994	16099	12.6	14.6
清　　远	1967999	509027	6142	9896	13.9	21.4
东　　莞	9479654	9479654	60158	60158	19.5	19.5
中　　山	5014043	5014043	36614	36614	18.6	18.6
潮　　州	2364556	517864	9517	15076	10.0	9.1
揭　　阳	4878432	924574	8302	12782	10.5	11.3
云　　浮	2147012	353577	8236	12543	13.1	13.2
广　　西	**27725750**	**12607946**				
南　　宁	5025271	3036343	7874	21221	10.9	12.0
柳　　州	3266706	2192196	9337	23042	11.9	13.7
桂　　林	3882878	1375794	7940	19640	9.8	7.5
梧　　州	1619978	742056	5538	15829	9.5	15.4
北　　海	1401429	843157	9590	15787	11.8	16.5
防 城 港	719769	489155	9160	10311	10.7	11.1
钦　　州	1553338	763652	4636	6373	5.8	10.4

3—13 续表 6

城　市	地区生产总值(万元)		人均地区生产总值(元)		地区生产总值增长率(%)	
	全　市	市辖区	全　市	市辖区	全　市	市辖区
贵　港	1343959	584015	2882	3435	11.0	12.9
玉　林	2447588	770443	4160	8573	8.3	18.6
百　色	1625228	340095	4416	10378	13.4	17.3
贺　州	1149806	466330	5505	5027	10.5	14.6
河　池	1432723	232651	3768	7488	6.9	1.2
来　宾	1192224	582577	4916	5947	10.2	9.4
崇　左	1064853	189482	4687	5656	8.3	3.1
海　南	**2700254**	**2700254**				
海　口	2288595	2288595	16730	16730	12.8	12.8
三　亚	411659	411659	8236	8236	12.7	12.7
重　庆	**22505600**	**11606063**	**8077**	**11403**	**11.5**	**12.7**
四　川	**54352673**	**25196805**				
成　都	18708046	11442948	18051	25646	13.0	13.6
自　贡	2027893	1190100	6388	11032	11.2	11.7
攀枝花	1642680	1251237	15569	18924	13.3	13.6
泸　州	2163954	1106601	4634	7595	11.1	11.8
德　阳	3553762	800053	9344	12917	12.3	12.7
绵　阳	3965792	1866224	7559	17042	10.2	21.6
广　元	1040781	465163	3425	5142	10.0	7.3
遂　宁	1591880	660915	4183	4499	11.7	12.4
内　江	2003189	721972	4761	5223	11.9	11.9
乐　山	2155616	909807	6208	8060	13.4	14.2
南　充	2503236	983142	3393	5353	12.2	12.7
眉　山	1740527	546360	5113	6663	13.6	13.6
宜　宾	2910202	1122860	5665	14676	12.5	14.9
广　安	1763470	472150	3950	3934	13.7	14.8
达　州	2551400	353800	4009	8120	11.0	12.0
雅　安	1003435	278940	6564	8240	11.7	12.0
巴　中	1082321	450345	3051	3481	12.3	12.0
资　阳	1944489	574188	3986	5468	12.2	12.5
贵　州	**8842769**	**5069174**				
贵　阳	3809191	3205791	10962	16063	13.0	13.9
六盘水	1170820	431318	3956	10211	13.7	14.3
遵　义	3075252	1085905	4207	16329	11.5	11.8
安　顺	787506	346160	3042	4219	10.4	10.6
云　南	**17802071**	**10402050**				
昆　明	8120121	6308339	16312	28405	10.3	10.4
曲　靖	2816110	986878	5041	15670	9.6	9.5
玉　溪	2864738	1940618	13893	49878	4.0	5.5

3－13续表7

城市	地区生产总值(万元)		人均地区生产总值(元)		地区生产总值增长率(%)	
	全市	市辖区	全市	市辖区	全市	市辖区
保山	873000	349800	3662	4148	8.2	8.2
昭通	1212560	429565	2370	5711	6.6	1.1
丽江	414050	132482	3712	9336	12.6	16.1
思茅	769950	131215	3056	5913	9.8	12.1
临沧	731542	123153	3198	4448	10.5	13.2
陕西	**23700061**	**13710385**				
西安	9416000	8585200	12233	17040	13.5	14.0
铜川	486850	464967	5804	6218	11.5	12.0
宝鸡	2611200	1569900	7132	19800	12.6	13.8
咸阳	2876431	1358720	5960	16396	11.9	13.7
渭南	2074610	407700	3890	4654	8.2	8.2
延安	1427600	287524	7026	7820	13.9	14.2
汉中	1634440	326600	4402	6265	9.1	8.0
榆林	1381020	213800	3987	4915	14.3	13.8
安康	1036010	359374	3528	3813	8.3	10.8
商洛	755900	136600	3188	2511	9.3	9.7
甘肃	**12461732**	**7689302**				
兰州	4400803	3793079	14540	18960	11.0	11.1
嘉峪关	317731	317731	18423	18423	12.0	12.0
金昌	541581	388639	11789	18676	15.2	17.4
白银	1053445	729914	6028	15540	11.3	11.8
天水	1080145	629114	3136	5418	10.5	11.3
武威	900107	610795	4668	6061	11.8	11.5
张掖	837640	361135	6589	7253	10.2	10.7
平凉	806051	316774	3627	6538	11.1	12.3
酒泉	1066855	284036	11066	8281	10.0	7.9
庆阳	896916	135848	3513	4161	10.6	11.1
定西	560458	122237	1892	2572	10.0	10.5
青海	**1448328**	**953562**				
西宁	1448328	953562	7110	9667	13.7	12.5
宁夏	**3906238**	**2017183**				
银川	1567845	1115613	11788	15826	14.1	14.3
石嘴山	692109	447071	9693	12885	14.7	14.5
吴忠	1270346	322280	5947	9093	12.2	13.6
固原	375938	132219	2000	2760	12.0	14.9
新疆	**6248541**	**6189929**				
乌鲁木齐	4085834	4027222	19900	20420	12.7	12.7
克拉玛依	2162707	2162707	50967	50967	5.1	5.1

3—14 综合经济(二)

单位:%

城市	第一产业占GDP的比重		第二产业占GDP的比重		第三产业占GDP的比重	
	全市	市辖区	全市	市辖区	全市	市辖区
城市合计	**12.41**	**4.50**	**48.71**	**51.61**	**38.88**	**43.90**
北京	**2.68**	**2.25**	**35.81**	**35.56**	**61.50**	**62.19**
天津	**3.66**	**2.40**	**50.88**	**51.05**	**45.46**	**46.55**
河北	**15.05**	**3.94**	**50.67**	**54.51**	**34.27**	**41.55**
石家庄	13.65	1.28	48.25	47.09	38.11	51.63
唐山	14.96	8.61	55.20	60.69	29.84	30.70
秦皇岛	10.05	1.46	39.66	36.30	50.29	62.24
邯郸	14.49	0.93	51.76	77.21	33.74	21.86
邢台	18.52	1.75	54.58	65.47	26.90	32.78
保定	16.13	2.43	47.54	49.86	36.32	47.71
张家口	14.67	1.55	45.44	55.58	39.89	42.88
承德	18.50	3.90	46.72	61.10	34.78	35.00
沧州	14.93	1.42	52.35	56.64	32.72	41.95
廊坊	14.49	8.90	55.22	45.55	30.28	45.55
衡水	18.41	9.26	53.01	50.27	28.57	40.47
山西	**9.22**	**3.09**	**56.04**	**56.19**	**34.75**	**40.72**
太原	3.49	1.69	51.77	50.35	44.74	47.96
大同	6.38	2.21	57.39	60.75	36.23	37.04
阳泉	2.13	0.74	60.32	61.28	37.55	37.98
长治	10.73	1.78	60.02	67.62	29.24	30.60
晋城	5.94	1.25	57.80	58.81	36.26	39.94
朔州	14.55	7.68	52.06	61.80	33.39	30.51
晋中	13.77	9.22	53.20	51.46	33.03	39.31
运城	14.82	8.14	58.24	53.25	26.95	38.61
忻州	17.71	14.76	43.54	44.22	38.75	41.03
临汾	9.72	5.43	62.56	55.11	27.71	39.46
吕梁	13.24	3.47	54.52	61.51	32.24	35.02
内蒙古	**17.70**	**6.10**	**44.26**	**49.00**	**38.04**	**44.89**
呼和浩特	9.16	2.58	43.02	40.02	47.82	57.39
包头	5.27	1.91	56.28	58.76	38.45	39.33
乌海	2.31	2.31	71.02	71.02	26.67	26.67
赤峰	26.24	14.31	37.02	37.74	36.74	47.95
通辽	32.34	21.11	34.20	44.10	33.45	34.79
鄂尔多斯	12.49	3.30	57.28	59.68	30.23	37.01
海拉尔	24.02	9.09	27.72	31.90	48.26	59.02
巴彦淖尔	35.26	29.21	29.38	26.66	35.36	44.13
乌兰察布	30.30	2.06	42.24	38.35	27.46	59.59
辽宁	**10.15**	**3.33**	**49.42**	**52.08**	**40.43**	**44.59**
沈阳	5.50	2.19	47.32	49.04	47.18	48.76

3－14 续表 1 单位：%

城市	第一产业占GDP的比重		第二产业占GDP的比重		第三产业占GDP的比重	
	全市	市辖区	全市	市辖区	全市	市辖区
大连	8.96	4.83	47.93	45.78	43.11	49.39
鞍山	5.47	0.91	55.50	57.71	39.03	41.38
抚顺	7.78	2.61	58.54	62.18	33.68	35.20
本溪	7.16	3.65	55.46	58.05	37.38	38.30
丹东	17.43	2.42	38.45	37.47	44.12	60.11
锦州	25.80	4.92	36.90	45.68	37.30	49.40
营口	12.11	10.38	52.28	49.93	35.61	39.69
阜新	21.85	6.72	39.54	47.35	38.61	45.93
辽阳	10.58	2.66	49.69	56.98	39.73	40.37
盘锦	11.15	1.02	69.76	81.05	19.08	17.93
铁岭	28.91	6.67	37.35	57.38	33.74	35.96
朝阳	26.63	5.26	36.03	48.19	37.33	46.55
葫芦岛	14.30	5.38	48.94	57.75	36.77	36.87
吉林	**18.35**	**3.68**	**43.47**	**53.97**	**38.18**	**42.35**
长春	11.76	2.40	47.11	54.09	41.14	43.51
吉林	14.10	4.14	43.47	51.59	42.43	44.26
四平	40.62	2.54	28.40	49.11	30.98	48.35
辽源	23.59	3.48	33.09	44.50	43.32	52.02
通化	19.13	3.82	44.18	61.15	36.69	35.03
白山	20.21	10.45	48.54	62.07	31.25	27.47
松原	33.09	8.10	43.57	72.14	23.35	19.76
白城	35.21	18.56	33.33	37.50	31.46	43.94
黑龙江	**15.80**	**4.51**	**48.81**	**61.13**	**35.39**	**34.36**
哈尔滨	15.69	5.19	37.07	39.09	47.23	55.72
齐齐哈尔	22.40	5.54	35.35	44.47	42.25	49.99
鸡西	26.96	15.99	41.41	55.42	31.63	28.58
鹤岗	26.72	8.02	41.21	59.72	32.07	32.26
双鸭山	27.79	4.54	41.04	56.87	31.17	38.59
大庆	3.04	0.83	85.33	88.71	11.63	10.45
伊春	23.20	18.70	43.79	44.42	33.01	36.88
佳木斯	26.85	5.49	28.38	37.06	44.76	57.45
七台河	11.83	4.64	50.23	58.63	37.93	36.73
牡丹江	12.74	1.62	41.99	47.19	45.27	51.19
黑河	32.19	11.06	21.58	28.49	46.24	60.44
绥化	28.96	33.04	25.80	21.73	45.24	45.23
上海	**1.49**	**1.27**	**50.09**	**50.19**	**48.43**	**48.54**
江苏	**9.18**	**3.33**	**54.40**	**57.07**	**36.43**	**39.60**
南京	4.37	3.39	51.04	51.08	44.59	45.54
无锡	3.06	1.51	57.49	57.84	39.45	40.65

3—14 续表 2

单位:%

城市	第一产业占GDP的比重		第二产业占GDP的比重		第三产业占GDP的比重	
	全市	市辖区	全市	市辖区	全市	市辖区
徐州	15.22	1.87	48.70	53.92	36.08	44.21
常州	5.55	3.52	57.71	59.70	36.73	36.78
苏州	3.05	1.96	63.25	63.79	33.70	34.25
南通	14.18	1.71	51.43	62.44	34.39	35.85
连云港	23.44	5.00	42.99	58.33	33.57	36.68
淮安	23.48	18.09	46.51	53.17	30.00	28.74
盐城	24.71	5.26	43.93	50.51	31.35	44.23
扬州	11.31	3.72	51.36	55.10	37.33	41.18
镇江	5.26	2.70	57.29	57.07	37.45	40.23
泰州	12.87	2.99	51.78	66.66	35.35	30.36
宿迁	29.41	4.31	41.53	52.82	29.06	42.87
浙江	**7.67**	**4.69**	**55.25**	**52.95**	**37.08**	**42.36**
杭州	6.03	4.11	51.88	50.51	42.09	45.38
宁波	6.28	2.72	56.03	54.75	37.69	42.53
温州	4.72	1.10	57.15	56.62	38.13	42.28
嘉兴	7.97	7.21	59.28	55.15	32.75	37.65
湖州	11.29	9.32	53.34	53.40	35.37	37.28
绍兴	7.57	3.17	59.20	49.79	33.23	47.04
金华	7.16	10.35	55.71	46.43	37.13	43.22
衢州	17.17	13.80	47.24	48.02	35.58	38.18
舟山	19.15	14.84	41.30	44.22	39.55	40.93
台州	9.33	5.24	58.10	61.49	32.57	33.26
丽水	17.71	13.26	44.21	41.91	38.09	44.82
安徽	**20.37**	**7.83**	**43.56**	**53.19**	**36.06**	**38.98**
合肥	8.25	1.12	50.25	55.10	41.50	43.78
芜湖	8.58	0.37	57.12	66.10	34.30	33.53
蚌埠	19.86	2.19	43.41	56.12	36.74	41.70
淮南	10.42	5.43	51.10	54.69	38.49	39.88
马鞍山	7.05	0.92	64.90	71.32	28.05	27.76
淮北	12.85	3.56	53.19	64.53	33.95	31.90
铜陵	4.93	1.34	57.97	61.32	37.09	37.34
安庆	22.92	2.41	45.18	52.57	31.89	45.03
黄山	19.26	14.92	33.57	31.36	47.16	53.72
滁州	20.90	9.54	43.59	49.77	35.51	40.70
阜阳	35.08	21.86	28.13	37.45	36.79	40.69
宿州	42.18	35.50	23.23	27.02	34.58	37.49
巢湖	25.41	14.71	40.14	46.51	34.44	38.78
六安	31.01	28.87	34.52	34.87	34.47	36.26
亳州	37.82	23.03	26.38	35.14	35.80	41.84

3—14 续表 3

单位:%

城 市	第一产业占 GDP 的比重		第二产业占 GDP 的比重		第三产业占 GDP 的比重	
	全 市	市辖区	全 市	市辖区	全 市	市辖区
池 州	25.92	20.41	38.63	44.05	35.45	35.54
宣 城	21.66	22.61	40.66	37.37	37.68	40.02
福 建	**12.55**	**4.84**	**48.60**	**52.76**	**38.85**	**42.40**
福 州	10.66	1.96	50.57	48.73	38.76	49.31
厦 门	2.42	2.42	58.51	58.51	39.06	39.06
莆 田	15.25	14.36	49.74	51.98	35.01	33.66
三 明	24.26	6.84	41.75	57.71	33.98	35.45
泉 州	6.09	3.94	53.24	53.81	40.67	42.25
漳 州	21.01	4.35	39.35	42.69	39.65	52.96
南 平	24.88	13.59	34.95	48.51	40.17	37.89
龙 岩	21.37	8.87	42.96	58.16	35.67	32.97
宁 德	25.53	20.47	35.34	24.94	39.13	54.60
江 西	**19.16**	**5.02**	**44.57**	**53.66**	**36.27**	**41.32**
南 昌	8.24	1.22	50.57	55.31	41.19	43.46
景德镇	8.80	1.93	54.10	59.78	37.10	38.30
萍 乡	11.31	5.57	58.76	61.52	29.93	32.91
九 江	16.83	1.56	48.02	56.84	35.15	41.60
新 余	13.47	11.12	52.52	52.96	34.01	35.92
鹰 潭	15.51	3.35	47.61	24.79	36.88	71.86
赣 州	29.17	4.74	32.66	51.75	38.17	43.52
吉 安	29.83	16.15	38.32	40.70	31.84	43.15
宜 春	30.18	21.90	37.76	40.95	32.06	37.16
抚 州	27.41	20.66	42.75	42.89	29.84	36.45
上 饶	24.77	8.54	36.73	44.61	38.51	46.85
山 东	**12.27**	**5.07**	**52.96**	**57.30**	**34.77**	**37.63**
济 南	7.68	3.26	43.92	42.74	48.39	54.00
青 岛	8.48	2.43	52.64	59.16	38.88	38.41
淄 博	4.91	3.01	60.99	62.19	34.10	34.80
枣 庄	12.20	11.60	56.39	60.41	31.41	27.98
东 营	5.37	1.69	79.47	86.19	15.16	12.12
烟 台	11.10	4.80	53.57	58.08	35.33	37.12
潍 坊	15.53	4.61	50.49	60.28	33.98	35.11
济 宁	14.40	6.21	49.02	52.23	36.58	41.57
泰 安	13.39	9.83	50.41	43.78	36.20	46.39
威 海	11.06	6.55	58.85	54.49	30.08	38.96
日 照	18.53	15.97	44.60	43.16	36.88	40.87
莱 芜	9.03	9.03	56.45	56.45	34.53	34.53
临 沂	14.93	5.51	49.40	59.88	35.67	34.62
德 州	18.43	5.68	50.28	54.60	31.29	39.72

3—14 续表 4 单位:%

城　市	第一产业占GDP的比重		第二产业占GDP的比重		第三产业占GDP的比重	
	全　市	市辖区	全　市	市辖区	全　市	市辖区
聊　城	22.13	19.94	50.32	49.28	27.55	30.78
滨　州	17.92	8.95	52.14	54.69	29.95	36.36
菏　泽	39.77	24.02	35.63	40.74	24.60	35.24
河　南	**17.56**	**4.37**	**50.53**	**53.19**	**31.91**	**42.45**
郑　州	4.47	1.38	51.85	39.21	43.68	59.41
开　封	25.69	4.99	37.84	39.21	36.47	55.80
洛　阳	10.16	1.88	56.77	56.00	33.08	42.12
平顶山	12.81	1.97	55.44	62.84	31.75	35.19
安　阳	16.90	1.87	53.85	62.95	29.25	35.19
鹤　壁	19.50	5.87	51.93	58.39	28.57	35.74
新　乡	16.72	1.69	48.94	55.18	34.34	43.13
焦　作	11.61	2.21	55.47	64.47	32.92	33.32
濮　阳	16.35	3.02	59.22	73.69	24.43	23.29
许　昌	16.40	1.94	58.26	72.54	25.34	25.52
漯　河	17.45	1.65	59.06	69.81	23.49	28.54
三门峡	10.57	1.79	55.18	52.14	34.25	46.07
南　阳	27.00	14.57	48.67	54.07	24.33	31.36
商　丘	30.52	18.43	39.12	40.87	30.37	40.71
信　阳	27.79	13.17	39.81	47.69	32.40	39.14
周　口	31.13	4.65	42.23	44.59	26.63	50.76
驻马店	27.46	7.78	43.14	51.79	29.40	40.43
湖　北	**14.74**	**7.78**	**46.72**	**48.67**	**38.54**	**43.55**
武　汉	5.72	5.72	44.63	44.63	49.64	49.64
黄　石	7.92	1.72	53.14	55.85	38.95	42.43
十　堰	12.55	0.90	51.79	63.31	35.65	35.79
宜　昌	13.43	6.75	54.63	60.72	31.94	32.53
襄　樊	21.24	13.89	46.51	47.14	32.25	38.97
鄂　州	13.21	13.21	51.87	51.87	34.92	34.92
荆　门	19.93	7.49	45.49	56.94	34.58	35.57
孝　感	23.68	16.77	42.29	40.87	34.03	42.36
荆　州	25.82	15.00	42.11	45.70	32.07	39.30
黄　冈	23.04	11.04	46.20	52.60	30.76	36.36
咸　宁	21.56	15.46	46.62	55.52	31.82	29.01
随　州	24.16	22.56	46.58	47.97	29.25	29.47
湖　南	**19.33**	**5.71**	**38.26**	**43.95**	**42.41**	**50.34**
长　沙	8.96	1.58	42.35	38.25	48.69	60.18
株　洲	13.22	2.39	49.02	55.22	37.76	42.39
湘　潭	13.81	1.94	40.60	47.99	45.58	50.07
衡　阳	23.60	3.77	35.32	37.23	41.08	59.00

3－14续表 5

单位:%

城 市	第一产业占 GDP 的比重		第二产业占 GDP 的比重		第三产业占 GDP 的比重	
	全 市	市辖区	全 市	市辖区	全 市	市辖区
邵 阳	30.48	6.76	28.92	41.19	40.60	52.05
岳 阳	21.32	5.78	42.59	48.66	36.09	45.56
常 德	23.78	9.51	40.63	55.80	35.59	34.70
张家界	18.87	10.65	25.14	23.91	55.99	65.45
益 阳	24.39	22.47	29.08	34.42	46.54	43.10
郴 州	19.82	8.95	38.77	47.50	41.41	43.55
永 州	30.82	22.95	27.00	40.42	42.18	36.64
怀 化	22.74	2.75	28.43	16.36	48.84	80.89
娄 底	18.55	5.52	42.16	52.18	39.29	42.29
广 东	**9.36**	**3.73**	**49.40**	**52.17**	**41.23**	**44.10**
广 州	3.14	2.46	43.13	41.14	53.73	56.41
韶 关	19.30	2.23	46.81	62.43	33.89	35.34
深 圳	0.57	0.57	59.53	59.53	39.90	39.90
珠 海	3.81	3.81	56.37	56.37	39.82	39.82
汕 头	8.90	8.62	49.20	49.40	41.90	41.98
佛 山	5.63	5.63	55.35	55.35	39.03	39.03
江 门	10.07	6.57	48.58	46.34	41.36	47.09
湛 江	21.39	6.97	42.61	56.75	36.00	36.28
茂 名	26.40	10.17	38.33	46.22	35.27	43.61
肇 庆	28.82	7.27	33.58	41.49	37.60	51.25
惠 州	12.36	4.81	58.87	67.96	28.77	27.23
梅 州	27.18	5.96	39.49	53.66	33.33	40.37
汕 尾	28.44	24.90	34.08	35.96	37.47	39.14
河 源	30.73	8.71	32.27	53.36	37.00	37.93
阳 江	32.74	18.54	34.97	38.04	32.29	43.42
清 远	35.37	18.02	34.63	43.70	30.00	38.27
东 莞	2.96	2.96	54.04	54.04	43.00	43.00
中 山	5.43	5.43	63.01	63.01	31.56	31.56
潮 州	17.74	2.16	45.43	44.65	36.83	53.20
揭 阳	17.59	6.41	51.57	62.73	30.84	30.86
云 浮	31.43	19.96	37.86	45.68	30.71	34.36
广 西	**27.84**	**13.67**	**34.17**	**38.23**	**38.00**	**48.10**
南 宁	19.03	3.92	29.54	29.95	51.42	66.13
柳 州	13.66	1.88	49.31	57.42	37.04	40.70
桂 林	27.21	3.00	35.47	40.74	37.32	56.27
梧 州	24.83	3.84	34.58	35.88	40.59	60.28
北 海	27.89	20.80	30.56	30.79	41.56	48.41
防城港	27.71	22.75	33.34	34.55	38.95	42.71
钦 州	44.93	44.88	23.93	17.41	31.14	37.70

3—14 续表 6

单位:%

城　市	第一产业占 GDP 的比重		第二产业占 GDP 的比重		第三产业占 GDP 的比重	
	全　市	市辖区	全　市	市辖区	全　市	市辖区
贵　港	39.07	31.13	26.72	31.42	34.21	37.45
玉　林	32.55	14.08	37.08	53.11	30.37	32.81
百　色	30.96	19.79	38.01	34.71	31.03	45.51
贺　州	35.40	39.13	33.26	37.06	31.33	23.81
河　池	30.87	15.78	32.35	32.44	36.78	51.78
来　宾	40.87	36.24	34.80	42.19	24.34	21.57
崇　左	38.23	40.34	23.93	30.92	37.84	28.73
海　南	**14.05**	**14.05**	**31.55**	**31.55**	**54.40**	**54.40**
海　口	9.12	9.12	33.25	33.25	57.63	57.63
三　亚	41.46	41.46	22.12	22.12	36.41	36.41
重　庆	**14.95**	**7.78**	**43.42**	**52.08**	**41.63**	**40.14**
四　川	**18.99**	**9.53**	**42.68**	**47.18**	**38.33**	**43.30**
成　都	8.19	4.05	45.54	45.26	46.27	50.69
自　贡	19.25	7.83	42.36	48.36	38.39	43.81
攀枝花	5.89	2.54	70.34	72.99	23.77	24.47
泸　州	24.05	13.60	39.37	46.84	36.58	39.56
德　阳	20.53	13.71	45.92	46.24	33.56	40.04
绵　阳	20.46	7.93	39.50	55.67	40.04	36.40
广　元	35.26	21.65	28.35	40.71	36.39	37.64
遂　宁	30.42	31.14	33.60	33.98	35.98	34.88
内　江	20.41	19.09	45.26	36.59	34.33	44.32
乐　山	20.32	12.48	48.48	54.79	31.20	32.73
南　充	31.75	15.94	29.73	33.97	38.51	50.08
眉　山	27.27	18.04	41.85	46.92	30.88	35.04
宜　宾	19.38	5.64	49.59	68.86	31.03	25.50
广　安	28.70	25.19	36.75	32.77	34.54	42.04
达　州	33.67	12.04	34.44	41.80	31.89	46.16
雅　安	21.76	13.82	49.81	45.35	28.43	40.83
巴　中	43.17	42.32	20.63	18.15	36.20	39.54
资　阳	34.02	23.78	34.19	41.92	31.79	34.30
贵　州	**17.11**	**5.06**	**46.74**	**47.88**	**36.15**	**47.05**
贵　阳	7.56	3.85	50.39	51.10	42.05	45.05
六盘水	13.18	2.09	57.74	62.75	29.08	35.16
遵　义	28.20	6.66	39.23	37.29	32.56	56.05
安　顺	25.82	15.00	42.09	32.77	32.09	52.22
云　南	**15.98**	**4.71**	**46.02**	**52.92**	**38.00**	**42.37**
昆　明	7.32	2.33	46.51	47.62	46.17	50.06
曲　靖	21.98	6.22	50.21	58.33	27.81	35.44
玉　溪	10.85	1.81	65.75	78.67	23.41	19.52

3－14 续表 7

单位：%

城市	第一产业占GDP的比重		第二产业占GDP的比重		第三产业占GDP的比重	
	全市	市辖区	全市	市辖区	全市	市辖区
保山	37.23	33.28	20.27	23.68	42.50	43.05
昭通	29.26	14.40	29.79	41.89	40.96	43.71
丽江	26.18	10.03	29.95	38.34	43.87	51.63
思茅	32.09	16.36	29.73	35.54	38.18	48.10
临沧	38.91	27.75	31.09	30.99	29.99	41.26
陕西	**13.26**	**5.20**	**44.21**	**46.58**	**42.53**	**48.23**
西安	5.39	3.45	44.15	44.77	50.47	51.78
铜川	8.41	6.76	47.77	48.61	43.82	44.62
宝鸡	11.74	3.56	50.54	51.05	37.72	45.39
咸阳	21.00	6.09	42.84	55.14	36.15	38.76
渭南	21.25	17.27	39.73	33.48	39.02	49.25
延安	14.01	6.55	61.58	71.12	24.41	22.33
汉中	22.51	9.34	34.61	47.06	42.88	43.60
榆林	13.98	15.39	57.01	49.30	29.01	35.31
安康	26.02	17.22	24.59	32.11	49.39	50.67
商洛	28.22	22.91	29.70	36.68	42.08	40.41
甘肃	**16.37**	**8.57**	**46.91**	**50.95**	**36.71**	**40.48**
兰州	4.22	2.20	52.86	51.92	42.92	45.88
嘉峪关	2.81	2.81	81.33	81.33	15.86	15.86
金昌	9.86	3.76	71.75	79.07	18.39	17.17
白银	13.90	3.37	52.68	66.91	33.42	29.72
天水	17.95	9.43	40.44	47.53	41.61	43.04
武威	30.81	26.77	33.40	33.77	35.79	39.46
张掖	34.87	31.81	33.08	31.66	32.05	36.53
平凉	25.43	10.10	37.61	38.83	36.96	51.07
酒泉	23.64	28.18	42.94	26.22	33.42	45.60
庆阳	21.48	25.33	44.53	32.02	33.99	42.65
定西	41.57	35.40	25.51	27.50	32.91	37.11
青海	**6.53**	**1.58**	**46.78**	**39.71**	**46.69**	**58.71**
西宁	6.53	1.58	46.78	39.71	46.69	58.71
宁夏	**13.99**	**6.36**	**50.06**	**48.53**	**35.95**	**45.11**
银川	9.16	4.08	47.45	45.43	43.39	50.49
石嘴山	10.18	0.65	57.93	64.47	31.89	34.88
吴忠	17.32	15.82	54.79	44.93	27.89	39.24
固原	29.88	21.79	30.50	29.52	39.62	48.69
新疆	**1.11**	**0.72**	**52.75**	**53.12**	**46.15**	**46.16**
乌鲁木齐	1.48	0.90	35.47	35.79	63.04	63.31
克拉玛依	0.39	0.39	85.38	85.38	14.23	14.23

3—15 主要农产品产量(全市)

单位:吨

城市	主要农产品产量				
	蔬菜	水果	肉类	奶类	水产品
城市合计	**517274833**	**94164852**	**72108304**	**16077494**	**45923661**
北京	**5273417**	**701240**	**736500**	**636735**	**71249**
天津	**6027800**	**843300**	**524100**	**432300**	**298300**
河北	**60576770**	**11659468**	**4726900**	**2066260**	**862674**
石家庄	11899527	2101035	977277	498641	27005
唐山	11769669	2054145	700732	703173	455721
秦皇岛	1880139	494186	171584	44941	124282
邯郸	5670410	534862	542892	51077	32313
邢台	2510314	870278	280109	107588	5600
保定	8837885	1862010	554587	228211	57520
张家口	2919433	253158	219923	261991	10487
承德	1314529	251811	286552	56934	4231
沧州	3097600	1471400	379700	52462	102500
廊坊	5926392	1156994	300714	41035	36887
衡水	4750872	609589	312830	20207	6128
山西	**10338090**	**2354265**	**767762**	**552342**	**24926**
太原	1344398	46917	55948	76529	2490
大同	1057695	11565	74426	47035	870
阳泉	102643	9084	11223	6659	960
长治	1447386	45806	91575	15945	1601
晋城	308064	46585	49188	3927	332
朔州	521237	1605	52546	246739	388
晋中	2870280	141703	109344	55188	1190
运城	1077684	1698718	81031	13520	11387
忻州	256133	36280	92553	45445	1824
临汾	989920	213985	91269	30681	3884
吕梁	362650	102017	58659	10674	0
内蒙古	**7696706**	**194281**	**1414582**	**2880580**	**68167**
呼和浩特	557929	5542	92033	1007627	7957
包头	580796	16670	55061	433175	5252
乌海	142202	5838	8150	4202	202
赤峰	1213478	22098	307983	70571	8078
通辽	2167270	18173	309503	208358	4600
鄂尔多斯	226970	10268	122292	165845	5204
海拉尔	214904	18388	164776	472996	25020
巴彦淖尔	1363322	84888	150890	188089	9820
乌兰察布	1229835	12416	203894	329717	2034
辽宁	**21482443**	**2678104**	**3260049**	**464086**	**3825203**
沈阳	2559425	90553	472445	129751	135011

3—15 续表 1　　　　单位:吨

城市	主要农产品产量				
	蔬菜	水果	肉类	奶类	水产品
大连	2210361	791698	380586	90609	2175945
鞍山	2318492	104897	341397	14201	24428
抚顺	377551	54071	122378	25233	8673
本溪	345310	45462	67567	10260	6138
丹东	1174361	118849	117126	14881	308358
锦州	3627174	275091	473415	33457	251648
营口	564254	387102	109051	9532	324415
阜新	568492	18754	189445	30120	2900
辽阳	916380	110674	110695	18166	58891
盘锦	925250	13234	63625	13210	191256
铁岭	2914929	89654	434071	44023	13107
朝阳	1313555	80273	133910	22939	1834
葫芦岛	1666909	497792	244338	7704	322599
吉林	**5529271**	**524058**	**3859539**	**303011**	**106157**
长春	328068	64275	1483345	75583	16818
吉林	1506874	299486	536592	60265	27533
四平	1569150	26375	747513	83561	3005
辽源	228340	14626	151485	5009	1848
通化	491643	57410	328783	9085	10228
白山	251249	21807	70331	1524	8898
松原	781743	38313	330170	14085	27171
白城	372204	1766	211320	53899	10656
黑龙江	**11667892**	**452281**	**2101232**	**2730978**	**433496**
哈尔滨	1847683	80284	585746	727027	82377
齐齐哈尔	1386229	20254	370299	569141	55423
鸡西	629390	87439	84578	134389	34484
鹤岗	250290	640	51639	109661	6251
双鸭山	636318	21745	92650	44476	13227
大庆	1159932	26223	129003	567085	67000
伊春	393828	1216	60025	20105	3555
佳木斯	1164187	4956	132744	27926	42650
七台河	189608	8041	42300	4945	2704
牡丹江	1050043	109091	97869	16536	15885
黑河	375864	58212	29568	42010	6012
绥化	2584520	34180	424811	467677	103928
上海	**4605408**	**333091**	**507840**	**270508**	**354787**
江苏	**37253193**	**5474912**	**3300326**	**532504**	**3478505**
南京	3343379	466123	208417	91286	160779
无锡	978961	97367	157039	112083	112220

3—15 续表 2

单位：吨

城市	主要农产品产量				
	蔬菜	水果	肉类	奶类	水产品
徐州	8353688	996367	424100	121372	146282
常州	830721	138298	111951	14925	147112
苏州	1641162	197407	147707	100266	335693
南通	2802949	596606	325638	10359	621471
连云港	2620793	540162	165025	9297	385791
淮安	3013937	619235	285338	15886	201959
盐城	6553922	1170119	665232	13173	673856
扬州	1190641	72762	253089	10688	288475
镇江	640307	97382	71100	14434	64931
泰州	2441352	110892	234384	13264	188424
宿迁	2841381	372192	251306	5471	151512
浙江	**17801947**	**5683750**	**1700209**	**228290**	**4777208**
杭州	2882773	423637	300595	56321	130174
宁波	2750438	1140565	155431	22125	903301
温州	1670085	412670	111663	23840	624595
嘉兴	1952221	466873	308640	3794	131650
湖州	919273	233025	122516	7423	166944
绍兴	2521196	435579	147256	1222	102360
金华	949605	395758	162050	95352	47230
衢州	700560	697785	166889	2512	28617
舟山	199224	74296	15918	2731	1244864
台州	1969596	1081139	128890	12347	1382627
丽水	1286076	322423	80361	623	14846
安徽	**15134856**	**8680733**	**3650560**	**90176**	**1657838**
合肥	723340	423554	263236	19022	112968
芜湖	523700	176405	71312	2232	87950
蚌埠	1394623	568760	218080	6917	94696
淮南	468081	89669	83164	28808	44100
马鞍山	166926	52530	25328	1709	62409
淮北	350199	197935	79929	5442	25341
铜陵	95369	26640	10891	232	18422
安庆	1113724	71924	224622	405	269158
黄山	319646	47972	71458	485	15785
滁州	1107491	444726	358590	6664	214433
阜阳	2905140	469199	500543	1020	84691
宿州	1512002	2075700	398654	3755	34860
巢湖	1379230	386140	215467	784	183958
六安	676334	2879706	448101	3567	181693
亳州	1593730	528026	451142	8174	51841

3—15 续表 3

单位:吨

城市	主要农产品产量				
	蔬菜	水果	肉类	奶类	水产品
池州	213350	42037	61555	170	86132
宣城	591971	199810	168488	790	89401
福建	**12892297**	**4416803**	**1715552**	**195049**	**5727745**
福州	2493806	296572	267069	44213	1617731
厦门	521643	41108	65000	1649	176692
莆田	871052	113641	112895	19805	634232
三明	1691308	612299	152901	5162	77450
泉州	1048080	429905	273627	6886	969271
漳州	2359406	1952211	252221	5828	1363800
南平	1451784	468309	174493	106909	93293
龙岩	1565047	291037	337155	2118	46780
宁德	890171	211721	80191	2479	748496
江西	**11000109**	**777691**	**2013931**	**108862**	**1460644**
南昌	1142885	10370	229361	62273	258002
景德镇	672200	4826	42350	96	15294
萍乡	443707	8922	74204	2857	22326
九江	740721	18718	119958	1583	253015
新余	259206	17044	55861	882	27493
鹰潭	209805	27291	77402	575	26059
赣州	2559029	345643	474736	35314	175028
吉安	1047100	72394	229167	1419	117601
宜春	1292847	44572	293249	515	210070
抚州	1522960	190876	213659	2947	95589
上饶	1109649	37035	203984	401	260167
山东	**87292687**	**10599189**	**6300096**	**1483440**	**7860488**
济南	6687418	396933	369122	141465	28340
青岛	7305618	677361	710351	410093	1320818
淄博	3529158	452070	142418	73430	26028
枣庄	5383143	185623	166947	11885	39630
东营	2064044	67777	133693	40115	333200
烟台	2941899	2719249	286596	183271	1706805
潍坊	11600228	1136081	1061586	185398	581131
济宁	7002832	185886	677355	46547	194715
泰安	7553323	501159	349507	49184	67219
威海	958345	502638	104475	141293	2437428
日照	1393594	207927	153882	4725	534046
莱芜	1542312	99596	50219	1723	8046
临沂	5163794	1274331	581097	54911	86773
德州	6773542	699888	414986	32183	74797

3—15 续表 4

单位:吨

城　　市	主要农产品产量				
	蔬　菜	水　果	肉　类	奶　类	水产品
聊　　城	8078484	404959	467177	17422	52639
滨　　州	2417752	495443	238174	78899	279381
菏　　泽	6897201	592268	392511	10896	89492
河　　南	**44337831**	**4272656**	**6357007**	**622006**	**384499**
郑　　州	2363830	195360	226163	121603	61584
开　　封	4216941	207574	350954	51010	14432
洛　　阳	1526523	349869	233647	117041	12646
平 顶 山	1537590	37966	323144	7306	8110
安　　阳	4026166	346469	185102	19198	2760
鹤　　壁	447389	39446	201823	4937	2730
新　　乡	1829942	76318	306266	42012	18629
焦　　作	1722038	175946	191585	22024	5027
濮　　阳	1751920	164333	200409	11844	5665
许　　昌	2013300	61326	373036	9437	4965
漯　　河	1741826	101485	261847	22650	4521
三 门 峡	564343	918376	59979	10384	2250
南　　阳	8150806	262058	843982	118875	60077
商　　丘	4888295	984119	588918	41657	25871
信　　阳	1867551	49463	530571	1713	98998
周　　口	4365833	238761	705926	12847	21186
驻 马 店	1323538	63787	773655	7468	35048
湖　　北	**27990284**	**4250003**	**2568643**	**109643**	**2484263**
武　　汉	5592169	563655	273840	81438	376388
黄　　石	603282	87813	78909	310	88371
十　　堰	1011110	130931	119931	877	23907
宜　　昌	2256131	992232	301954	14198	104052
襄　　樊	4292048	422100	412200	1400	145100
鄂　　州	685550	180000	60425	120	130000
荆　　门	1896995	260889	216078	1098	226994
孝　　感	3248568	459139	263605	0	296252
荆　　州	2683100	604200	285500	0	605400
黄　　冈	2511595	204361	296043	3717	300098
咸　　宁	1778889	243094	119057	6359	122961
随　　州	1430847	101589	141101	126	64740
湖　　南	**22324727**	**4757102**	**5517757**	**51601**	**1547931**
长　　沙	3431256	177726	544077	15124	94235
株　　洲	1338778	203914	288511	718	56345
湘　　潭	1052458	61520	323481	2321	63380
衡　　阳	2498235	427372	667490	1565	209486

3—15 续表 5

单位:吨

城市	主要农产品产量				
	蔬菜	水果	肉类	奶类	水产品
邵阳	1535031	539456	591679	21858	71249
岳阳	2920580	626229	558347	445	303963
常德	1625829	717201	569386	7207	272768
张家界	385953	128791	98451	160	7694
益阳	1135651	194210	268177	119	186077
郴州	1531595	397691	422580	588	80380
永州	3130871	590565	552560	564	116617
怀化	1159818	570775	349923	597	35254
娄底	578672	121652	283095	335	50483
广东	**28704278**	**7448560**	**4215621**	**107925**	**6493458**
广州	3644934	455183	303332	43481	355916
韶关	2006004	181887	159618	59	82481
深圳	201400	29100	66730	24100	85300
珠海	161676	64672	25773	8307	139131
汕头	1629982	140491	115476	5914	325616
佛山	2012095	57998	340586	6820	481137
江门	1501983	122556	281918	0	651667
湛江	1969298	1191145	307132	1915	777228
茂名	2148642	1834498	626534	809	811760
肇庆	2163743	466943	334500	5215	271054
惠州	1732568	288523	149244	1283	156911
梅州	1304830	747627	251945	4118	76228
汕尾	568682	155817	117370	2	533373
河源	672615	208245	100131	810	108870
阳江	878725	207551	115219	0	860589
清远	1685694	169871	206789	2123	66792
东莞	560523	146414	154615	32	75756
中山	611193	246208	58889	17	254691
潮州	558100	103100	88600	0	156400
揭阳	1922032	389994	170100	2870	138344
云浮	769559	240737	241120	50	84214
广西	**18338999**	**4622358**	**3535179**	**38231**	**2646137**
南宁	2456652	572372	382334	15850	145468
柳州	1394934	195657	210472	8027	46603
桂林	3258429	1324148	415440	3011	82998
梧州	1180436	106055	232365	811	45561
北海	182409	55827	113443	793	914024
防城港	237281	52759	39004	2987	428900
钦州	1075252	913731	223187	982	553394

3—15续表6

单位:吨

城市	主要农产品产量				
	蔬菜	水果	肉类	奶类	水产品
贵港	1228520	127222	269142	1847	117204
玉林	1749960	259675	495035	2057	106569
百色	1560593	343605	232939	395	33274
贺州	1593304	170601	256753	393	55736
河池	845354	152986	259963	52	28869
来宾	878948	168259	282462	670	37525
崇左	696927	179461	122640	356	50012
海南	**634182**	**248531**	**101883**	**565**	**118252**
海口	379596	119001	82780	565	46856
三亚	254586	129530	19103	0	71396
重庆	**8401712**	**1285880**	**1595097**	**90608**	**224893**
四川	**24508714**	**3927947**	**7255199**	**253778**	**740644**
成都	4232307	836679	868085	93343	69563
自贡	979104	126086	273065	9032	33018
攀枝花	391624	50557	53825	2222	7114
泸州	1234257	69731	373432	6264	39610
德阳	2151257	105065	333873	9153	34668
绵阳	1321157	143391	485644	16466	51813
广元	92741	169064	271051	2377	22178
遂宁	929928	81686	320207	1062	24700
内江	1131110	170127	283100	4512	54340
乐山	955951	145987	375101	4082	35622
南充	2865563	466643	680133	20768	66305
眉山	718459	337927	368278	50793	50780
宜宾	1219800	211800	473224	3786	39334
广安	1597118	217316	382294	1966	44600
达州	1944500	227238	674800	8251	56100
雅安	512291	171335	182600	16185	6328
巴中	873232	47902	356067	381	33306
资阳	1358315	349413	500420	3135	71265
贵州	**3430697**	**167989**	**784633**	**33417**	**27490**
贵阳	824029	54058	150380	26206	8766
六盘水	323284	12821	74734	489	534
遵义	1924444	86917	466235	6108	14190
安顺	358940	14193	93284	614	4000
云南	**7049586**	**462527**	**1551457**	**88836**	**116798**
昆明	1627081	82105	289529	73430	36374
曲靖	931826	64812	524789	8867	26525
玉溪	996320	76940	157040	781	10919

3—15 续表 7 单位:吨

城　　市	主要农产品产量				
	蔬　菜	水　果	肉　类	奶　类	水产品
保　山	330000	49000	142843	1511	14000
昭　通	671000	68860	211829	1878	2043
丽　江	113690	42135	66090	1494	7483
思　茅	217700	34717	80305	279	12427
临　沧	2161969	43958	79032	596	7027
陕　西	**7233968**	**5827894**	**1135126**	**1057128**	**66642**
西　安	1696709	384262	165860	336296	9967
铜　川	95696	214547	10637	6725	855
宝　鸡	660573	385632	142719	254078	5919
咸　阳	2008920	2385213	127970	296197	7511
渭　南	620760	1566121	106177	121761	14433
延　安	269715	596284	55632	3764	1923
汉　中	953101	133304	192162	7711	17225
榆　林	221347	64532	119743	28906	3722
安　康	440143	52255	108955	419	3787
商　洛	267004	45744	105271	1271	1300
甘　肃	**6836508**	**1311286**	**594679**	**148371**	**11072**
兰　州	1314968	104803	38927	55430	1547
嘉峪关	91624	3001	2011	2627	91
金　昌	306546	8932	17337	8024	631
白　银	892775	57214	52935	4658	1685
天　水	504100	216100	55100	3763	1253
武　威	973036	66383	89535	38978	150
张　掖	917172	161533	85440	16211	1747
平　凉	561600	346800	56100	3200	1141
酒　泉	521692	123530	52563	11654	1489
庆　阳	486087	184560	58031	2948	559
定　西	266908	38430	86700	878	779
青　海	**307400**	**1277**	**51394**	**63317**	**214**
西　宁	307400	1277	51394	63317	214
宁　夏	**1710587**	**170796**	**239526**	**383570**	**50383**
银　川	562710	86525	58795	141016	32833
石嘴山	407559	13527	30418	10819	6756
吴　忠	545793	47406	102152	230181	10445
固　原	194525	23338	48161	1554	349
新　疆	**892474**	**36880**	**25925**	**53377**	**3598**
乌鲁木齐	892024	28780	22269	50317	3072
克拉玛依	450	8100	3656	3060	526

3—16 人均农产品占有量(全市)

单位:千克

城　　市	人均蔬菜占有量	人均水果占有量	人均肉占有量	人均奶占有量	人均水产品占有量
城市合计	**443.50**	**80.73**	**61.82**	**13.78**	**39.37**
北　　京	**459.03**	**61.04**	**64.11**	**55.43**	**6.20**
天　　津	**650.95**	**91.07**	**56.60**	**46.68**	**32.21**
河　　北	**893.22**	**171.92**	**69.70**	**30.47**	**12.72**
石 家 庄	1306.91	230.75	107.33	54.77	2.97
唐　　山	1666.43	290.84	99.21	99.56	64.52
秦 皇 岛	687.96	180.83	62.78	16.44	45.48
邯　　郸	661.59	62.40	63.34	5.96	3.77
邢　　台	376.11	130.39	41.97	16.12	0.84
保　　定	820.62	172.89	51.49	21.19	5.34
张 家 口	648.17	56.21	48.83	58.17	2.33
承　　德	366.10	70.13	79.81	15.86	1.18
沧　　州	455.42	216.33	55.82	7.71	15.07
廊　　坊	1530.42	298.78	77.66	10.60	9.53
衡　　水	1149.36	147.48	75.68	4.89	1.48
山　　西	**316.33**	**72.04**	**23.49**	**16.90**	**0.76**
太　　原	410.63	14.33	17.09	23.37	0.76
大　　同	357.43	3.91	25.15	15.89	0.29
阳　　泉	81.67	7.23	8.93	5.30	0.76
长　　治	456.91	14.46	28.91	5.03	0.51
晋　　城	145.43	21.99	23.22	1.85	0.16
朔　　州	367.17	1.13	37.01	173.81	0.27
晋　　中	941.91	46.50	35.88	18.11	0.39
运　　城	220.94	348.25	16.61	2.77	2.33
忻　　州	86.85	12.30	31.38	15.41	0.62
临　　汾	240.62	52.01	22.18	7.46	0.94
吕　　梁	103.70	29.17	16.77	3.05	0.00
内 蒙 古	**366.05**	**9.24**	**67.28**	**137.00**	**3.24**
呼和浩特	260.85	2.59	43.03	471.10	3.72
包　　头	243.90	7.00	23.12	181.91	2.21
乌　　海	341.83	14.03	19.59	10.10	0.49
赤　　峰	271.29	4.94	68.85	15.78	1.81
通　　辽	700.70	5.88	100.07	67.36	1.49
鄂尔多斯	166.93	7.55	89.94	121.97	3.83
海 拉 尔	79.68	6.82	61.10	175.38	9.28
巴彦淖尔	774.04	48.20	85.67	106.79	5.58
乌兰察布	454.48	4.59	75.35	121.85	0.75
辽　　宁	**516.21**	**64.35**	**78.34**	**11.15**	**91.92**
沈　　阳	371.42	13.14	68.56	18.83	19.59

3—16 续表1　　单位:千克

城　市	人均蔬菜占有量	人均水果占有量	人均肉占有量	人均奶占有量	人均水产品占有量
大　连	394.59	141.33	67.94	16.18	388.45
鞍　山	671.48	30.38	98.88	4.11	7.07
抚　顺	167.45	23.98	54.28	11.19	3.85
本　溪	220.53	29.03	43.15	6.55	3.92
丹　东	486.84	49.27	48.56	6.17	127.83
锦　州	1179.68	89.47	153.97	10.88	81.84
营　口	246.18	168.89	47.58	4.16	141.54
阜　新	294.52	9.72	98.15	15.60	1.50
辽　阳	502.54	60.69	60.70	9.96	32.30
盘　锦	743.83	10.64	51.15	10.62	153.76
铁　岭	973.46	29.94	144.96	14.70	4.38
朝　阳	390.36	23.86	39.79	6.82	0.55
葫芦岛	614.12	183.40	90.02	2.84	118.85
吉　林	**226.60**	**21.48**	**158.17**	**12.42**	**4.35**
长　春	45.68	8.95	206.53	10.52	2.34
吉　林	349.14	69.39	124.33	13.96	6.38
四　平	480.35	8.07	228.83	25.58	0.92
辽　源	183.85	11.78	121.97	4.03	1.49
通　化	217.33	25.38	145.34	4.02	4.52
白　山	188.95	16.40	52.89	1.15	6.69
松　原	279.76	13.71	118.16	5.04	9.72
白　城	185.34	0.88	105.23	26.84	5.31
黑龙江	**317.88**	**12.32**	**57.25**	**74.40**	**11.81**
哈尔滨	193.61	8.41	61.38	76.18	8.63
齐齐哈尔	256.20	3.74	68.44	105.19	10.24
鸡　西	323.59	44.96	43.48	69.09	17.73
鹤　岗	226.34	0.58	46.70	99.17	5.65
双鸭山	421.85	14.42	61.42	29.49	8.77
大　庆	449.76	10.17	50.02	219.89	25.98
伊　春	302.87	0.94	46.16	15.46	2.73
佳木斯	475.70	2.03	54.24	11.41	17.43
七台河	216.84	9.20	48.38	5.66	3.09
牡丹江	388.88	40.40	36.25	6.12	5.88
黑　河	216.57	33.54	17.04	24.21	3.46
绥　化	465.26	6.15	76.47	84.19	18.71
上　海	**343.23**	**24.82**	**37.85**	**20.16**	**26.44**
江　苏	**519.99**	**76.42**	**46.07**	**7.43**	**48.55**
南　京	584.27	81.46	36.42	15.95	28.10
无　锡	221.21	22.00	35.49	25.33	25.36

3—16 续表 2

单位:千克

城　市	人均蔬菜占有量	人均水果占有量	人均肉占有量	人均奶占有量	人均水产品占有量
徐　州	919.34	109.65	46.67	13.36	16.10
常　州	239.94	39.95	32.34	4.31	42.49
苏　州	277.71	33.40	24.99	16.97	56.80
南　通	360.45	76.72	41.88	1.33	79.92
连云港	560.20	115.46	35.27	1.99	82.46
淮　安	579.69	119.10	54.88	3.06	38.84
盐　城	822.83	146.91	83.52	1.65	84.60
扬　州	262.48	16.04	55.79	2.36	63.60
镇　江	239.64	36.45	26.61	5.40	24.30
泰　州	484.72	22.02	46.54	2.63	37.41
宿　迁	549.31	71.95	48.58	1.06	29.29
浙　江	**391.12**	**124.87**	**37.35**	**5.02**	**104.96**
杭　州	448.49	65.91	46.76	8.76	20.25
宁　波	500.93	207.73	28.31	4.03	164.51
温　州	224.99	55.59	15.04	3.21	84.15
嘉　兴	586.32	140.22	92.70	1.14	39.54
湖　州	358.00	90.75	47.71	2.89	65.01
绍　兴	581.13	100.40	33.94	0.28	23.59
金　华	211.07	87.96	36.02	21.19	10.50
衢　州	286.14	285.01	68.17	1.03	11.69
舟　山	205.13	76.50	16.39	2.81	1281.78
台　州	356.42	195.64	23.32	2.23	250.20
丽　水	516.03	120.28	32.22	0.25	5.95
安　徽	**237.22**	**136.06**	**57.22**	**1.41**	**25.98**
合　肥	158.42	92.76	57.65	4.17	24.74
芜　湖	233.98	78.82	31.86	1.00	39.29
蚌　埠	404.32	164.89	63.22	2.01	27.45
淮　南	220.96	42.33	39.26	13.60	20.82
马鞍山	134.52	42.33	20.41	1.38	50.29
淮　北	171.72	97.06	39.19	2.67	12.43
铜　陵	134.49	37.57	15.36	0.33	25.98
安　庆	184.03	11.88	37.12	0.07	44.47
黄　山	217.58	32.65	48.64	0.33	10.74
滁　州	255.81	102.72	82.83	1.54	49.53
阜　阳	321.33	51.90	55.36	0.11	9.37
宿　州	268.51	368.62	70.80	0.67	6.19
巢　湖	304.26	85.18	47.53	0.17	40.58
六　安	101.02	430.13	66.93	0.53	27.14
亳　州	295.56	97.92	83.66	1.52	9.61

3—16 续表 3　　　　单位:千克

城　市	人均蔬菜占有量	人均水果占有量	人均肉占有量	人均奶占有量	人均水产品占有量
池　州	137.73	27.14	39.74	0.11	55.60
宣　城	215.40	72.70	61.31	0.29	32.53
福　建	**384.88**	**131.86**	**51.22**	**5.82**	**170.99**
福　州	412.29	49.03	44.15	7.31	267.46
厦　门	367.98	29.00	45.85	1.16	124.64
莆　田	288.58	37.65	37.40	6.56	210.12
三　明	631.89	228.76	57.13	1.93	28.94
泉　州	158.17	64.88	41.29	1.04	146.28
漳　州	519.77	430.07	55.56	1.28	300.44
南　平	476.82	153.81	57.31	35.11	30.64
龙　岩	545.85	101.51	117.59	0.74	16.32
宁　德	273.22	64.98	24.61	0.76	229.73
江　西	**255.47**	**18.06**	**46.77**	**2.53**	**33.92**
南　昌	253.54	2.30	50.88	13.81	57.24
景德镇	453.27	3.25	28.56	0.06	10.31
萍　乡	249.64	5.02	41.75	1.61	12.56
九　江	161.00	4.07	26.07	0.34	54.99
新　余	237.04	15.59	51.08	0.81	25.14
鹰　潭	190.78	24.82	70.38	0.52	23.70
赣　州	307.87	41.58	57.11	4.25	21.06
吉　安	226.35	15.65	49.54	0.31	25.42
宜　春	247.54	8.53	56.15	0.10	40.22
抚　州	404.92	50.75	56.81	0.78	25.42
上　饶	168.80	5.63	31.03	0.06	39.58
山　东	**958.37**	**116.37**	**69.17**	**16.29**	**86.30**
济　南	1147.94	68.14	63.36	24.28	4.86
青　岛	1013.71	93.99	98.57	56.90	183.27
淄　博	854.23	109.42	34.47	17.77	6.30
枣　庄	1479.86	51.03	45.89	3.27	10.89
东　营	1167.38	38.33	75.61	22.69	188.45
烟　台	455.53	421.05	44.38	28.38	264.28
潍　坊	1368.42	134.02	125.23	21.87	68.55
济　宁	876.57	23.27	84.79	5.83	24.37
泰　安	1379.22	91.51	63.82	8.98	12.27
威　海	387.01	202.98	42.19	57.06	984.30
日　照	500.43	74.66	55.26	1.70	191.77
莱　芜	1245.00	80.40	40.54	1.39	6.49
临　沂	510.74	126.04	57.47	5.43	8.58
德　州	1240.53	128.18	76.00	5.89	13.70

3—16 续表 4 单位：千克

城 市	人均蔬菜占有量	人均水果占有量	人均肉占有量	人均奶占有量	人均水产品占有量
聊 城	1432.97	71.83	82.87	3.09	9.34
滨 州	660.32	135.31	65.05	21.55	76.30
菏 泽	788.73	67.73	44.89	1.25	10.23
河 南	**456.99**	**44.04**	**65.52**	**6.41**	**3.96**
郑 州	357.58	29.55	34.21	18.39	9.32
开 封	884.61	43.54	73.62	10.70	3.03
洛 阳	238.97	54.77	36.58	18.32	1.98
平顶山	314.36	7.76	66.07	1.49	1.66
安 阳	755.18	64.99	34.72	3.60	0.52
鹤 壁	305.78	26.96	137.94	3.37	1.87
新 乡	328.69	13.71	55.01	7.55	3.35
焦 作	506.20	51.72	56.32	6.47	1.48
濮 阳	483.78	45.38	55.34	3.27	1.56
许 昌	451.53	13.75	83.66	2.12	1.11
漯 河	672.00	39.15	101.02	8.74	1.74
三门峡	255.47	415.74	27.15	4.70	1.02
南 阳	773.04	24.85	80.05	11.27	5.70
商 丘	588.23	118.42	70.87	5.01	3.11
信 阳	237.69	6.30	67.53	0.22	12.60
周 口	406.24	22.22	65.69	1.20	1.97
驻马店	160.17	7.72	93.63	0.90	4.24
湖 北	**541.07**	**82.15**	**49.65**	**2.12**	**48.02**
武 汉	715.85	72.15	35.05	10.42	48.18
黄 石	237.69	34.60	31.09	0.12	34.82
十 堰	296.83	38.44	35.21	0.26	7.02
宜 昌	568.45	250.00	76.08	3.58	26.22
襄 樊	741.88	72.96	71.25	0.24	25.08
鄂 州	657.10	172.53	57.92	0.12	124.60
荆 门	631.07	86.79	71.88	0.37	75.51
孝 感	638.34	90.22	51.80	0.00	58.21
荆 州	414.19	93.27	44.07	0.00	93.45
黄 冈	346.57	28.20	40.85	0.51	41.41
咸 宁	639.15	87.34	42.78	2.28	44.18
随 州	555.80	39.46	54.81	0.05	25.15
湖 南	**350.56**	**74.70**	**86.64**	**0.81**	**24.31**
长 沙	570.20	29.53	90.41	2.51	15.66
株 洲	358.35	54.58	77.22	0.19	15.08
湘 潭	373.17	21.81	114.70	0.82	22.47
衡 阳	349.94	59.86	93.50	0.22	29.34

3—16续表5

单位:千克

城　　市	人均蔬菜占有量	人均水果占有量	人均肉占有量	人均奶占有量	人均水产品占有量
邵　　阳	209.60	73.66	80.79	2.98	9.73
岳　　阳	553.32	118.64	105.78	0.08	57.59
常　　德	270.88	119.49	94.87	1.20	45.45
张家界	245.16	81.81	62.54	0.10	4.89
益　　阳	248.77	42.54	58.75	0.03	40.76
郴　　州	336.41	87.35	92.82	0.13	17.66
永　　州	548.65	103.49	96.83	0.10	20.44
怀　　化	235.30	115.79	70.99	0.12	7.15
娄　　底	143.27	30.12	70.09	0.08	12.50
广　　东	**371.66**	**96.44**	**54.58**	**1.40**	**84.08**
广　　州	502.62	62.77	41.83	6.00	49.08
韶　　关	637.13	57.77	50.70	0.02	26.20
深　　圳	133.44	19.28	44.21	15.97	56.52
珠　　海	197.12	78.85	31.42	10.13	169.63
汕　　头	336.33	28.99	23.83	1.22	67.19
佛　　山	584.50	16.85	98.94	1.98	139.77
江　　门	393.21	32.08	73.80	0.00	170.60
湛　　江	275.84	166.84	43.02	0.27	108.86
茂　　名	321.60	274.58	93.78	0.12	121.50
肇　　庆	551.06	118.92	85.19	1.33	69.03
惠　　州	605.03	100.76	52.12	0.45	54.80
梅　　州	265.97	152.39	51.35	0.84	15.54
汕　　尾	185.60	50.85	38.31	0.00	174.08
河　　源	201.30	62.32	29.97	0.24	32.58
阳　　江	338.58	79.97	44.40	0.00	331.60
清　　远	432.26	43.56	53.03	0.54	17.13
东　　莞	352.62	92.11	97.27	0.02	47.66
中　　山	443.34	178.59	42.72	0.01	184.75
潮　　州	224.14	41.41	35.58	0.00	62.81
揭　　阳	325.47	66.04	28.80	0.49	23.43
云　　浮	294.53	92.14	92.28	0.02	32.23
广　　西	**381.82**	**96.24**	**73.60**	**0.80**	**55.09**
南　　宁	399.67	93.12	62.20	2.58	23.67
柳　　州	397.12	55.70	59.92	2.29	13.27
桂　　林	664.35	269.98	84.70	0.61	16.92
梧　　州	401.93	36.11	79.12	0.28	15.51
北　　海	124.28	38.04	77.29	0.54	622.76
防城港	300.93	66.91	49.47	3.79	543.94
钦　　州	319.31	271.35	66.28	0.29	164.34

3—16 续表 6

单位：千克

城　市	人均蔬菜占有量	人均水果占有量	人均肉占有量	人均奶占有量	人均水产品占有量
贵港	261.19	27.05	57.22	0.39	24.92
玉林	296.83	44.05	83.97	0.35	18.08
百色	423.57	93.26	63.22	0.11	9.03
贺州	761.54	81.54	122.72	0.19	26.64
河池	221.88	40.15	68.23	0.01	7.58
来宾	360.02	68.92	115.70	0.27	15.37
崇左	305.82	78.75	53.82	0.16	21.95
海南	**334.52**	**131.10**	**53.74**	**0.30**	**62.38**
海口	272.72	85.50	59.47	0.41	33.66
三亚	505.23	257.05	37.91	0.00	141.69
重庆	**268.42**	**41.08**	**50.96**	**2.89**	**7.18**
四川	**308.72**	**49.48**	**91.39**	**3.20**	**9.33**
成都	405.27	80.12	83.13	8.94	6.66
自贡	310.53	39.99	86.60	2.86	10.47
攀枝花	368.83	47.61	50.69	2.09	6.70
泸州	263.70	14.90	79.78	1.34	8.46
德阳	565.24	27.61	87.73	2.40	9.11
绵阳	250.45	27.18	92.06	3.12	9.82
广元	30.50	55.60	89.14	0.78	7.29
遂宁	246.93	21.69	85.03	0.28	6.56
内江	268.51	40.39	67.20	1.07	12.90
乐山	274.99	41.99	107.90	1.17	10.25
南充	399.25	65.02	94.76	2.89	9.24
眉山	210.90	99.20	108.11	14.91	14.91
宜宾	236.85	41.13	91.89	0.74	7.64
广安	356.08	48.45	85.23	0.44	9.94
达州	309.41	36.16	107.37	1.31	8.93
雅安	334.50	111.87	119.23	10.57	4.13
巴中	245.25	13.45	100.00	0.11	9.35
资阳	278.59	71.66	102.64	0.64	14.62
贵州	**214.22**	**10.49**	**48.99**	**2.09**	**1.72**
贵阳	238.95	15.68	43.61	7.60	2.54
六盘水	110.48	4.38	25.54	0.17	0.18
遵义	269.75	12.18	65.35	0.86	1.99
安顺	143.24	5.66	37.23	0.25	1.60
云南	**271.43**	**17.81**	**59.73**	**3.42**	**4.50**
昆明	324.90	16.40	57.81	14.66	7.26
曲靖	166.04	11.55	93.51	1.58	4.73
玉溪	481.59	37.19	75.91	0.38	5.28

3—16 续表 7

单位:千克

城　市	人均蔬菜占有量	人均水果占有量	人均肉占有量	人均奶占有量	人均水产品占有量
保　山	137.93	20.48	59.70	0.63	5.85
昭　通	132.28	13.57	41.76	0.37	0.40
丽　江	101.62	37.66	59.07	1.34	6.69
思　茅	86.04	13.72	31.74	0.11	4.91
临　沧	996.48	20.26	36.43	0.27	3.24
陕　西	**198.57**	**159.98**	**31.16**	**29.02**	**1.83**
西　安	236.78	53.62	23.15	46.93	1.39
铜　川	113.95	255.47	12.67	8.01	1.02
宝　鸡	179.94	105.05	38.88	69.21	1.61
咸　阳	415.14	492.90	26.45	61.21	1.55
渭　南	116.26	293.31	19.89	22.80	2.70
延　安	131.18	290.01	27.06	1.83	0.94
汉　中	256.14	35.82	51.64	2.07	4.63
榆　林	63.57	18.53	34.39	8.30	1.07
安　康	149.68	17.77	37.05	0.14	1.29
商　洛	112.42	19.26	44.32	0.54	0.55
甘　肃	**330.88**	**63.46**	**28.78**	**7.18**	**0.54**
兰　州	432.04	34.43	12.79	18.21	0.51
嘉峪关	559.71	18.33	12.28	16.05	0.56
金　昌	665.97	19.40	37.66	17.43	1.37
白　银	514.15	32.95	30.49	2.68	0.97
天　水	145.85	62.52	15.94	1.09	0.36
武　威	520.06	35.48	47.85	20.83	0.08
张　掖	723.26	127.38	67.38	12.78	1.38
平　凉	252.65	156.02	25.24	1.44	0.51
酒　泉	568.04	134.51	57.23	12.69	1.62
庆　阳	190.06	72.16	22.69	1.15	0.22
定　西	90.07	12.97	29.26	0.30	0.26
青　海	**149.97**	**0.62**	**25.07**	**30.89**	**0.10**
西　宁	149.97	0.62	25.07	30.89	0.10
宁　夏	**294.84**	**29.44**	**41.28**	**66.11**	**8.68**
银　川	423.06	65.05	44.20	106.02	24.68
石嘴山	559.99	18.59	41.79	14.87	9.28
吴　忠	292.56	25.41	54.76	123.38	5.60
固　原	103.56	12.43	25.64	0.83	0.19
新　疆	**420.72**	**17.39**	**12.22**	**25.16**	**1.70**
乌鲁木齐	491.39	15.85	12.27	27.72	1.69
克拉玛依	1.47	26.47	11.95	10.00	1.72

3－17 工业总产值

（按当年价格计算）

城市	国有及年销售收入500元万以上非国有工业企业					
	工业企业数(个)		工业总产值(万元)		年平均从业人员数(万人)	
	全市	市辖区	全市	市辖区	全市	市辖区
城市合计	**190826**	**100472**	**1396324983**	**962853541**	**5642.32**	**3466.61**
北京	**4019**	**3813**	**38103630**	**37346412**	**100.81**	**95.89**
天津	**5341**	**4620**	**40496103**	**36922997**	**115.28**	**101.59**
河北	**7927**	**2212**	**55132219**	**29093060**	**263.57**	**135.96**
石家庄	1568	337	11981505	6182098	51.19	27.23
唐山	1209	594	12139175	8025259	52.80	31.29
秦皇岛	393	222	2664729	2117884	11.28	7.50
邯郸	476	182	5594611	3712205	31.34	22.77
邢台	669	93	3766264	1139846	20.51	8.43
保定	1080	186	5144919	1981544	28.87	9.31
张家口	311	162	2218685	1875461	15.41	11.74
承德	311	87	1833740	1085315	11.10	5.50
沧州	717	87	3707030	1235846	17.08	4.46
廊坊	556	157	3103730	941560	11.35	3.74
衡水	637	105	2977831	796042	12.64	3.99
山西	**3613**	**1130**	**24399206**	**12264167**	**182.50**	**92.22**
太原	452	326	5183200	4521030	33.00	28.92
大同	405	223	2390674	2094272	23.06	19.79
阳泉	189	126	1293077	1035429	14.10	10.40
长治	411	111	2418060	1298358	17.80	10.30
晋城	202	34	1355965	577252	13.49	6.64
朔州	130	62	1027656	744633	6.74	3.46
晋中	388	85	1775781	506531	20.00	4.15
运城	433	39	3478250	432720	20.28	2.29
忻州	258	27	610072	120123	6.50	1.54
临汾	445	72	3428342	802421	17.74	3.86
吕梁	300	25	1438129	131398	9.79	0.87
内蒙古	**1408**	**732**	**12740063**	**8876910**	**68.31**	**46.21**
呼和浩特	185	138	2407794	1753699	9.49	7.66
包头	254	236	4317813	4264498	20.30	19.87
乌海	83	83	590524	590524	4.70	4.70
赤峰	173	76	979690	705654	10.82	7.16
通辽	100	51	879863	565652	3.59	1.91
鄂尔多斯	228	60	1864025	630774	7.36	2.66
海拉尔	120	25	609620	93569	5.61	0.73
巴彦淖尔	124	37	544992	182214	3.28	0.90
乌兰察布	141	26	545742	90326	3.16	0.62
辽宁	**6841**	**4428**	**61129582**	**52137152**	**242.17**	**185.75**
沈阳	1349	1192	10643612	10307604	41.14	38.36

3—17 续表 1

城　　市	国有及年销售收入500万元以上非国有工业企业					
	工业企业数(个)		工业总产值(万元)		年平均从业人员数(万人)	
	全　市	市辖区	全　市	市辖区	全　市	市辖区
大　　连	1280	1007	15468641	14022558	44.20	34.44
鞍　　山	649	295	6336764	4251412	28.00	19.72
抚　　顺	395	281	4312819	4153243	15.61	14.29
本　　溪	233	159	3544547	3332977	17.00	15.35
丹　　东	410	173	1435466	953739	9.96	5.35
锦　　州	393	206	2665235	2169292	9.72	6.64
营　　口	703	377	2940417	1893285	12.80	7.79
阜　　新	179	119	825014	711128	8.51	7.70
辽　　阳	395	228	3245377	2468229	11.60	8.60
盘　　锦	200	120	4332995	3983620	11.40	10.56
铁　　岭	262	90	1274242	668424	11.03	2.92
朝　　阳	236	77	1188548	422267	8.44	2.76
葫 芦 岛	157	104	2915905	2799374	12.76	11.27
吉　　林	**2033**	**974**	**25736870**	**20620584**	**92.72**	**62.53**
长　　春	552	408	15115270	14431907	30.32	26.22
吉　　林	441	262	4542868	2785527	21.29	15.64
四　　平	263	65	1252393	303676	6.66	2.17
辽　　源	160	74	537072	307228	6.74	4.40
通　　化	215	57	1547943	1012748	8.41	4.19
白　　山	130	29	774852	259954	9.06	3.34
松　　原	120	30	1506175	1267502	5.99	4.31
白　　城	152	49	460297	252042	4.25	2.26
黑 龙 江	**2662**	**1439**	**28348574**	**24114560**	**136.27**	**100.28**
哈 尔 滨	764	499	7215089	5567509	36.82	26.86
齐齐哈尔	270	164	1764887	1427351	14.77	12.30
鸡　　西	184	85	778950	436026	12.71	10.17
鹤　　岗	51	29	394001	357134	6.80	6.51
双 鸭 山	149	27	476886	300142	6.21	4.17
大　　庆	287	239	14280634	14121019	20.95	19.97
伊　　春	102	77	417714	355751	4.17	3.35
佳 木 斯	207	99	644231	460106	9.10	4.54
七 台 河	70	46	443513	379729	6.26	5.64
牡 丹 江	295	140	1071845	644174	8.56	5.96
黑　　河	125	16	189768	31021	4.98	0.42
绥　　化	158	18	671056	34598	4.94	0.39
上　　海	**10956**	**10750**	**103428195**	**102845596**	**219.84**	**216.21**
江　　苏	**23895**	**11045**	**180436964**	**99198187**	**569.33**	**282.61**
南　　京	2064	1818	25093816	23398173	59.17	54.59
无　　锡	3925	2517	32847344	18561938	83.09	48.28

3—17 续表 2

城 市	国有及年销售收入500万元以上非国有工业企业					
	工业企业数(个)		工业总产值(万元)		年平均从业人员数(万人)	
	全 市	市辖区	全 市	市辖区	全 市	市辖区
徐 州	835	329	7261281	4590258	35.47	22.91
常 州	2804	2290	15272769	12705644	54.97	43.14
苏 州	4553	1366	49765079	19147236	128.67	38.91
南 通	2211	583	11239073	4011296	43.97	15.09
连云港	486	248	2114602	1618707	10.19	6.06
淮 安	794	417	3536744	2653416	15.08	9.52
盐 城	1518	172	7614522	1512993	35.11	7.72
扬 州	1535	586	8372354	3991971	36.68	17.16
镇 江	1412	459	8553554	4027594	32.00	11.49
泰 州	1209	232	7366458	2811105	24.38	6.51
宿 迁	549	28	1399368	167856	10.55	1.23
浙 江	**25551**	**10193**	**128701650**	**64993565**	**482.58**	**205.27**
杭 州	4689	3230	32025226	26945006	85.83	63.70
宁 波	4672	2119	26302862	15944163	91.96	45.99
温 州	3824	1642	12659636	5873580	69.72	34.19
嘉 兴	2526	516	11135272	2346476	54.17	10.44
湖 州	1323	550	5886152	3027252	20.76	9.25
绍 兴	2448	486	18953957	3194921	54.96	10.96
金 华	2082	319	7290449	1327300	38.15	6.20
衢 州	518	171	1688461	783541	9.43	4.14
舟 山	314	240	1530256	1312511	6.23	5.33
台 州	2634	859	9558209	3785451	43.03	13.73
丽 水	521	61	1071170	453364	8.34	1.34
安 徽	**4144**	**1845**	**26103421**	**19416449**	**148.92**	**99.35**
合 肥	436	346	5348605	4447760	16.66	14.47
芜 湖	360	247	3306914	2952924	10.07	7.55
蚌 埠	207	136	1312619	1132517	7.84	6.57
淮 南	141	118	1534684	1365442	16.95	15.50
马鞍山	184	117	2568230	2350326	10.71	9.82
淮 北	110	85	1216161	1135241	15.69	14.77
铜 陵	98	71	1450354	1394881	6.89	6.23
安 庆	438	125	2251898	1409690	12.13	5.25
黄 山	153	63	395449	192974	2.44	1.07
滁 州	376	75	1629531	780972	9.88	3.03
阜 阳	300	86	891924	509669	6.73	3.09
宿 州	185	59	463344	263964	4.30	1.92
巢 湖	303	79	1050997	486162	7.74	3.20
六 安	285	72	841404	259418	7.84	1.96
亳 州	123	37	457827	198941	3.84	2.01

3—17 续表 3

城市	国有及年销售收入500万元以上非国有工业企业					
	工业企业数(个)		工业总产值(万元)		年平均从业人员数(万人)	
	全 市	市辖区	全 市	市辖区	全 市	市辖区
池 州	100	42	300723	188533	2.11	1.01
宣 城	345	87	1082757	347035	7.10	1.90
福 建	**9208**	**3699**	**49537358**	**27509706**	**221.35**	**108.44**
福 州	1901	960	12889573	5573513	41.12	22.40
厦 门	943	943	13201500	13201500	37.67	37.67
莆 田	431	348	2191847	1940617	13.47	11.35
三 明	602	127	2369389	1186256	11.95	4.33
泉 州	3183	716	11397980	2883204	81.08	20.71
漳 州	909	276	3351702	821324	15.64	4.70
南 平	532	138	1571419	749696	8.37	3.19
龙 岩	369	163	1625356	1067813	7.37	3.51
宁 德	338	28	938592	85783	4.68	0.58
江 西	**3063**	**1006**	**14442573**	**8603637**	**93.16**	**44.07**
南 昌	500	346	4149169	3525924	19.55	15.35
景德镇	183	68	1127606	900944	8.06	4.80
萍 乡	155	92	852054	769737	5.93	4.82
九 江	379	97	1878479	1200675	10.01	4.48
新 余	106	73	1083222	1012338	6.43	5.60
鹰 潭	77	36	1109351	72313	3.88	0.55
赣 州	470	83	1151083	392642	11.40	2.85
吉 安	251	39	683287	170652	5.80	1.21
宜 春	350	40	995642	137278	9.56	1.22
抚 州	296	86	626898	293194	5.48	2.12
上 饶	296	46	785782	127940	7.06	1.07
山 东	**16191**	**6696**	**154223359**	**76275154**	**593.73**	**274.23**
济 南	1319	819	13185425	10227611	40.37	29.09
青 岛	2393	1105	25588695	17304200	83.99	45.18
淄 博	1412	1160	14136951	12091390	53.59	45.34
枣 庄	700	465	4476903	3109475	30.00	23.78
东 营	291	121	7794538	5378783	15.44	10.22
烟 台	1876	636	19588163	5777180	62.95	18.64
潍 坊	1970	457	12437041	3556687	59.85	16.53
济 宁	769	188	7256617	2381349	41.01	10.71
泰 安	623	268	5440280	1323118	36.07	8.10
威 海	962	285	16737254	3949229	36.36	11.70
日 照	283	160	2076118	1312869	10.23	5.11
莱 芜	145	145	2466602	2466602	11.31	11.31
临 沂	1185	464	6296828	3457453	36.86	20.03
德 州	1022	167	5258525	1545275	24.74	7.28

3—17 续表 4

城市	国有及年销售收入500万元以上非国有工业企业					
	工业企业数(个)		工业总产值(万元)		年平均从业人员数(万人)	
	全市	市辖区	全市	市辖区	全市	市辖区
聊城	468	109	4831975	807193	21.72	4.20
滨州	415	74	4802951	1134537	18.45	4.29
菏泽	358	73	1848493	452203	10.79	2.72
河南	**8972**	**2407**	**52798589**	**24218722**	**309.33**	**150.08**
郑州	1569	531	9270494	3652391	47.69	22.47
开封	406	143	1417069	514460	10.47	5.66
洛阳	660	238	5626239	3941760	27.99	16.94
平顶山	330	117	2676895	1676689	25.72	18.93
安阳	429	158	3823569	2256693	18.74	9.60
鹤壁	249	120	1256126	595636	9.97	6.94
新乡	644	158	3446630	1533500	24.32	10.06
焦作	643	122	3827177	1584193	22.91	12.29
濮阳	396	118	2660386	1823592	13.93	9.89
许昌	650	77	3478741	1061831	17.92	3.74
漯河	350	65	2848759	1317282	11.00	4.88
三门峡	349	36	2263177	497603	14.42	2.47
南阳	854	217	3862514	1640081	24.97	14.67
商丘	264	83	1390054	497134	9.07	3.10
信阳	296	112	1453839	744027	8.74	3.25
周口	345	29	2050995	334500	11.18	2.31
驻马店	538	83	1445925	547350	10.29	2.88
湖北	**5635**	**2997**	**37194049**	**27746884**	**178.85**	**119.67**
武汉	1313	1313	13344938	13344938	47.53	47.53
黄石	298	163	2142819	1474692	13.46	9.31
十堰	293	135	3609778	3080769	14.76	11.03
宜昌	430	164	2748494	1452319	15.01	7.64
襄樊	371	169	3252663	2474900	19.69	15.00
鄂州	202	202	1525809	1525809	5.30	5.30
荆门	348	135	2012990	1383842	9.44	4.55
孝感	565	59	2295684	370749	12.51	1.88
荆州	516	201	2266872	1026486	13.58	6.70
黄冈	651	60	1777085	177251	12.68	1.63
咸宁	287	97	893730	285771	7.30	2.33
随州	361	299	1323187	1149358	7.59	6.77
湖南	**5573**	**1955**	**25412605**	**15273552**	**151.50**	**71.21**
长沙	912	375	5339304	3094384	24.67	11.03
株洲	521	210	2620980	2091790	18.24	10.96
湘潭	400	209	2025508	1578233	13.32	9.50
衡阳	533	210	2112036	958999	16.99	7.65

3—17 续表 5

城市	国有及年销售收入500万元以上非国有工业企业					
	工业企业数(个)		工业总产值(万元)		年平均从业人员数(万人)	
	全市	市辖区	全市	市辖区	全市	市辖区
邵阳	419	121	845098	309823	8.88	3.36
岳阳	489	183	4359114	3319807	13.67	8.10
常德	388	123	2204555	1259193	10.48	3.71
张家界	82	38	157787	63933	1.77	0.90
益阳	404	148	823495	450532	6.76	3.11
郴州	591	153	1675898	619431	12.16	3.86
永州	300	94	987690	663018	6.44	3.01
怀化	314	55	870582	170417	6.95	1.06
娄底	220	36	1390558	693992	11.17	4.96
广东	**24494**	**18574**	**214914594**	**190129634**	**735.15**	**606.32**
广州	4709	3586	40178324	34742568	127.70	104.88
韶关	369	119	2362729	1755048	11.80	6.31
深圳	2317	2317	52451037	52451037	123.86	123.86
珠海	798	798	10089840	10089840	23.50	23.50
汕头	1048	1031	4611717	4588215	18.49	18.36
佛山	3359	3359	25819560	25819560	82.25	82.25
江门	2111	1067	11169542	5609513	41.31	19.52
湛江	525	255	4043718	3354069	11.50	6.07
茂名	520	134	5214353	4040748	11.50	3.91
肇庆	820	166	4466533	1297070	18.38	5.52
惠州	808	545	10204438	8914870	33.98	25.09
梅州	348	46	1139620	283836	7.91	1.03
汕尾	145	45	489161	257157	4.67	1.97
河源	163	53	678223	281099	4.30	1.80
阳江	367	138	1209887	533117	7.24	2.63
清远	286	75	1018429	326921	6.12	1.66
东莞	2042	2042	21449306	21449306	110.09	110.09
中山	2496	2496	13092541	13092541	62.19	62.19
潮州	495	135	1527531	513605	9.58	2.84
揭阳	454	138	2091250	514790	10.28	2.62
云浮	314	29	1606855	214724	8.50	0.22
广西	**2869**	**1246**	**14364321**	**9671373**	**95.29**	**52.17**
南宁	491	260	2083763	1411602	12.26	7.00
柳州	421	281	4265218	3688501	15.92	12.55
桂林	479	182	1613613	1045360	11.34	6.31
梧州	181	87	695258	466661	5.66	3.22
北海	104	65	550792	374377	2.61	1.58
防城港	60	31	510942	439373	0.96	0.43
钦州	133	69	310990	158585	2.80	1.23

3—17续表6

城　市	国有及年销售收入500万元以上非国有工业企业					
	工业企业数(个)		工业总产值(万元)		年平均从业人员数(万人)	
	全　市	市辖区	全　市	市辖区	全　市	市辖区
贵　港	107	51	482440	376415	3.54	2.11
玉　林	272	67	1074576	687235	9.88	2.11
百　色	191	46	929482	186340	5.43	1.38
贺　州	85	43	212583	145184	17.19	11.69
河　池	167	28	579310	163007	5.08	1.43
来　宾	70	19	633585	411348	2.62	1.13
崇　左	108	17	421769	117385	0.00	0.00
海　南	**247**	**247**	**2119080**	**2119080**	**43.89**	**43.89**
海　口	219	219	2025643	2025643	43.32	43.32
三　亚	28	28	93437	93437	0.57	0.57
重　庆	**2243**	**1445**	**15889928**	**13045235**	**84.33**	**59.50**
四　川	**5137**	**2339**	**31868231**	**19910997**	**187.07**	**103.27**
成　都	1462	950	9700976	7062751	49.16	35.20
自　贡	239	161	1238124	1035817	7.85	6.12
攀枝花	86	67	2112523	1767798	12.69	12.06
泸　州	195	94	976770	741791	6.66	3.90
德　阳	467	110	2815487	744292	16.42	5.09
绵　阳	343	177	3399244	2553502	14.44	7.97
广　元	119	57	416923	314700	4.17	2.80
遂　宁	108	56	648534	226667	4.38	1.33
内　江	248	74	1472198	599400	8.87	2.72
乐　山	445	175	2067985	990491	14.89	6.68
南　充	272	122	1166170	677670	6.03	3.48
眉　山	237	70	1083264	441005	6.82	2.28
宜　宾	221	61	2201282	1684274	12.88	6.17
广　安	124	28	463356	152307	3.78	0.94
达　州	183	36	784514	316484	7.06	2.27
雅　安	165	29	434859	155909	3.97	1.19
巴　中	68	22	139577	42262	1.65	0.50
资　阳	155	50	746445	403877	5.35	2.57
贵　州	**1164**	**713**	**6959111**	**4382065**	**47.11**	**31.00**
贵　阳	672	549	3569419	2800236	22.55	17.93
六盘水	88	32	1007709	590481	10.43	5.76
遵　义	270	74	1692818	712214	9.09	4.57
安　顺	134	58	689165	279134	5.04	2.74
云　南	**1427**	**717**	**11754265**	**7936573**	**47.94**	**22.75**
昆　明	685	496	5809573	4339721	23.82	15.76
曲　靖	198	40	2189737	1043126	9.88	2.28
玉　溪	239	100	2685415	2141165	6.04	2.60

3—17 续表 7

城 市	国有及年销售收入500万元以上非国有工业企业					
	工业企业数(个)		工业总产值(万元)		年平均从业人员数(万人)	
	全 市	市辖区	全 市	市辖区	全 市	市辖区
保 山	57	23	165914	82403	1.63	0.67
昭 通	62	17	397473	233439	1.85	0.66
丽 江	40	9	84543	14441	1.03	0.24
思 茅	97	23	221542	69127	2.32	0.40
临 沧	49	9	200068	13151	1.37	0.14
陕 西	**2457**	**1238**	**17509842**	**10599080**	**111.33**	**67.31**
西 安	735	607	6386627	6063883	36.55	33.21
铜 川	95	84	423019	412831	6.13	5.99
宝 鸡	334	170	2218861	1352557	17.79	11.79
咸 阳	335	135	2525560	1868409	15.93	7.90
渭 南	268	55	1688703	254565	13.32	2.13
延 安	97	33	1917635	182293	4.47	0.90
汉 中	235	56	1021822	206995	9.21	2.46
榆 林	134	32	898962	91565	4.07	1.34
安 康	132	46	272245	116397	2.20	1.05
商 洛	92	20	156408	49585	1.66	0.54
甘 肃	**2565**	**1291**	**10828884**	**8032636**	**69.35**	**50.07**
兰 州	988	659	5215490	4624316	26.00	21.59
嘉峪关	22	22	694161	694161	3.35	3.35
金 昌	61	29	856554	690763	5.40	4.08
白 银	90	52	1006220	953098	9.55	8.70
天 水	210	118	449866	409060	5.70	4.83
武 威	142	83	298092	238516	3.20	2.65
张 掖	222	84	273982	122509	2.52	1.11
平 凉	179	54	250293	197694	4.28	1.63
酒 泉	255	72	977030	49664	4.49	0.84
庆 阳	228	80	652325	33794	2.92	0.91
定 西	168	38	154871	19061	1.94	0.38
青 海	**129**	**85**	**1148959**	**503756**	**6.63**	**3.86**
西 宁	129	85	1148959	503756	6.63	3.86
宁 夏	**683**	**260**	**3588451**	**2057632**	**23.66**	**14.60**
银 川	173	116	1464867	1073667	7.17	4.77
石嘴山	79	46	906535	727414	9.19	7.69
吴 忠	157	61	1121824	237465	5.98	1.84
固 原	274	37	95225	19086	1.32	0.30
新 疆	**379**	**376**	**7014307**	**7008186**	**20.35**	**20.30**
乌鲁木齐	316	313	3110943	3104822	11.22	11.17
克拉玛依	63	63	3903364	3903364	9.13	9.13

3—18 工业企业数

单位:个

城市	工业企业数		(1)内资企业		(2)港、澳、台商投资企业		(3)外商投资企业	
	全市	市辖区	全市	市辖区	全市	市辖区	全市	市辖区
城市合计	**190826**	**100472**	**152480**	**73829**	**21074**	**14486**	**17272**	**12145**
北京	**4019**	**3813**	**3059**	**2893**	**327**	**317**	**633**	**603**
天津	**5341**	**4620**	**3996**	**3341**	**389**	**358**	**956**	**921**
河北	**7927**	**2212**	**7088**	**1860**	**341**	**141**	**498**	**211**
石家庄	1568	337	1465	290	44	26	59	21
唐山	1209	594	1088	525	62	37	59	32
秦皇岛	393	222	291	151	31	22	71	49
邯郸	476	182	422	163	35	12	19	7
邢台	669	93	637	88	14	0	18	5
保定	1080	186	945	158	53	13	82	15
张家口	311	162	292	152	8	4	11	6
承德	311	87	292	81	8	2	11	4
沧州	717	87	648	74	23	6	46	7
廊坊	556	157	426	87	38	11	92	59
衡水	637	105	582	91	25	8	30	6
山西	**3613**	**1130**	**3512**	**1071**	**47**	**28**	**54**	**31**
太原	452	326	433	308	11	11	8	7
大同	405	223	392	211	4	3	9	9
阳泉	189	126	179	118	4	2	6	6
长治	411	111	408	109	2	1	1	1
晋城	202	34	200	33	1	1	1	0
朔州	130	62	128	60	0	0	2	2
晋中	388	85	371	77	10	6	7	2
运城	433	39	416	38	5	0	12	1
忻州	258	27	253	25	3	2	2	0
临汾	445	72	434	67	6	2	5	3
吕梁	300	25	298	25	1	0	1	0
内蒙古	**1408**	**732**	**1303**	**649**	**47**	**36**	**58**	**47**
呼和浩特	185	138	155	114	13	11	17	13
包头	254	236	230	213	10	9	14	14
乌海	83	83	80	80	2	2	1	1
赤峰	173	76	165	72	7	3	1	1
通辽	100	51	96	48	0	0	4	3
鄂尔多斯	228	60	209	42	4	4	15	14
海拉尔	120	25	117	24	1	1	2	0
巴彦淖尔	124	37	115	33	6	3	3	1
乌兰察布	141	26	136	23	4	3	1	0
辽宁	**6841**	**4428**	**5353**	**3231**	**406**	**315**	**1082**	**882**
沈阳	1349	1192	1016	870	110	108	223	214

3—18 续表 1　　　　单位:个

城　市	工业企业数		(1)内资企业		(2)港、澳、台商投资企业		(3)外商投资企业	
	全市	市辖区	全市	市辖区	全市	市辖区	全市	市辖区
大　连	1280	1007	625	446	129	104	526	457
鞍　山	649	295	597	270	24	14	28	11
抚　顺	395	281	350	240	13	11	32	30
本　溪	233	159	219	150	5	3	9	6
丹　东	410	173	334	135	25	12	51	26
锦　州	393	206	348	171	11	8	34	27
营　口	703	377	557	282	42	27	104	68
阜　新	179	119	162	106	6	4	11	9
辽　阳	395	228	344	192	18	13	33	23
盘　锦	200	120	187	113	6	4	7	3
铁　岭	262	90	245	82	6	3	11	5
朝　阳	236	77	227	76	4	1	5	0
葫芦岛	157	104	142	98	7	3	8	3
吉　林	**2033**	**974**	**1879**	**869**	**53**	**35**	**101**	**70**
长　春	552	408	468	331	26	24	58	53
吉　林	441	262	414	246	11	7	16	9
四　平	263	65	252	61	3	2	8	2
辽　源	160	74	159	73	0	0	1	1
通　化	215	57	198	55	9	1	8	1
白　山	130	29	122	27	2	1	6	1
松　原	120	30	116	28	1	0	3	2
白　城	152	49	150	48	1	0	1	1
黑龙江	**2662**	**1439**	**2490**	**1319**	**59**	**41**	**113**	**79**
哈尔滨	764	499	695	451	20	14	49	34
齐齐哈尔	270	164	257	153	5	4	8	7
鸡　西	184	85	177	80	1	1	6	4
鹤　岗	51	29	50	28	0	0	1	1
双鸭山	149	27	148	27	0	0	1	0
大　庆	287	239	269	222	9	8	9	9
伊　春	102	77	92	71	3	2	7	4
佳木斯	207	99	201	94	3	3	3	2
七台河	70	46	69	45	1	1	0	0
牡丹江	295	140	263	119	9	6	23	15
黑　河	125	16	121	14	1	0	3	2
绥　化	158	18	148	15	7	2	3	1
上　海	**10956**	**10750**	**6700**	**6518**	**1699**	**1691**	**2557**	**2541**
江　苏	**23895**	**11045**	**19095**	**8624**	**2174**	**1010**	**2626**	**1411**
南　京	2064	1818	1556	1347	257	238	251	233
无　锡	3925	2517	3274	2067	283	183	368	267

3—18续表2

单位:个

城市	工业企业数		(1)内资企业		(2)港、澳、台商投资企业		(3)外商投资企业	
	全市	市辖区	全市	市辖区	全市	市辖区	全市	市辖区
徐州	835	329	790	308	29	10	16	11
常州	2804	2290	2359	1926	226	180	219	184
苏州	4553	1366	2936	851	722	181	895	334
南通	2211	583	1629	378	195	47	387	158
连云港	486	248	383	180	29	12	74	56
淮安	794	417	745	387	24	14	25	16
盐城	1518	172	1396	150	51	8	71	14
扬州	1535	586	1329	468	109	61	97	57
镇江	1412	459	1100	346	165	48	147	65
泰州	1209	232	1061	190	76	27	72	15
宿迁	549	28	537	26	8	1	4	1
浙江	**25551**	**10193**	**21872**	**8381**	**1916**	**949**	**1763**	**863**
杭州	4689	3230	3899	2593	451	366	339	271
宁波	4672	2119	3605	1536	577	314	490	269
温州	3824	1642	3500	1464	136	69	188	109
嘉兴	2526	516	2039	396	218	53	269	67
湖州	1323	550	1167	490	86	33	70	27
绍兴	2448	486	2037	365	234	68	177	53
金华	2082	319	1948	297	65	8	69	14
衢州	518	171	488	158	14	8	16	5
舟山	314	240	292	226	8	2	14	12
台州	2634	859	2401	799	119	27	114	33
丽水	521	61	496	57	8	1	17	3
安徽	**4144**	**1845**	**3767**	**1595**	**157**	**99**	**220**	**151**
合肥	436	346	352	274	37	31	47	41
芜湖	360	247	307	202	27	23	26	22
蚌埠	207	136	190	122	9	7	8	7
淮南	141	118	131	108	4	4	6	6
马鞍山	184	117	163	101	5	3	16	13
淮北	110	85	101	80	5	2	4	3
铜陵	98	71	87	61	5	4	6	6
安庆	438	125	413	106	11	5	14	14
黄山	153	63	143	57	3	2	7	4
滁州	376	75	341	58	10	5	25	12
阜阳	300	86	285	81	7	2	8	3
宿州	185	59	174	56	6	1	5	2
巢湖	303	79	282	70	5	3	16	6
六安	285	72	269	66	7	2	9	4
亳州	123	37	120	35	0	0	3	2

3—18 续表 3 单位：个

城市	工业企业数		(1)内资企业		(2)港、澳、台商投资企业		(3)外商投资企业	
	全市	市辖区	全市	市辖区	全市	市辖区	全市	市辖区
池州	100	42	93	39	2	0	5	3
宣城	345	87	316	79	14	5	15	3
福建	**9208**	**3699**	**5304**	**1944**	**2715**	**1193**	**1189**	**562**
福州	1901	960	1129	540	470	253	302	167
厦门	943	943	286	286	436	436	221	221
莆田	431	348	233	192	137	112	61	44
三明	602	127	513	109	70	13	19	5
泉州	3183	716	1608	370	1163	259	412	87
漳州	909	276	485	174	331	82	93	20
南平	532	138	443	113	44	15	45	10
龙岩	369	163	310	139	40	20	19	4
宁德	338	28	297	21	24	3	17	4
江西	**3063**	**1006**	**2825**	**919**	**145**	**50**	**93**	**37**
南昌	500	346	446	306	25	18	29	22
景德镇	183	68	176	64	1	1	6	3
萍乡	155	92	150	89	4	3	1	0
九江	379	97	353	91	17	3	9	3
新余	106	73	103	71	2	2	1	0
鹰潭	77	36	73	35	2	1	2	0
赣州	470	83	398	67	54	12	18	4
吉安	251	39	235	36	11	2	5	1
宜春	350	40	335	39	10	1	5	0
抚州	296	86	274	78	15	6	7	2
上饶	296	46	282	43	4	1	10	2
山东	**16191**	**6696**	**13263**	**5172**	**812**	**387**	**2116**	**1137**
济南	1319	819	1156	691	58	46	105	82
青岛	2393	1105	1310	510	219	103	864	492
淄博	1412	1160	1276	1052	57	48	79	60
枣庄	700	465	666	442	18	11	16	12
东营	291	121	273	107	8	6	10	8
烟台	1876	636	1329	346	178	73	369	217
潍坊	1970	457	1685	370	97	23	188	64
济宁	769	188	718	171	15	6	36	11
泰安	623	268	582	242	14	9	27	17
威海	962	285	714	174	35	13	213	98
日照	283	160	239	129	14	9	30	22
莱芜	145	145	137	137	1	1	7	7
临沂	1185	464	1067	419	54	23	64	22
德州	1022	167	978	154	9	2	35	11

3—18续表4

单位:个

城　市	工业企业数		(1)内资企业		(2)港、澳、台商投资企业		(3)外商投资企业	
	全市	市辖区	全市	市辖区	全市	市辖区	全市	市辖区
聊　城	468	109	442	98	13	7	13	4
滨　州	415	74	374	65	10	4	31	5
菏　泽	358	73	317	65	12	3	29	5
河　南	**8972**	**2407**	**8574**	**2205**	**213**	**98**	**185**	**104**
郑　州	1569	531	1462	461	61	39	46	31
开　封	406	143	394	135	4	3	8	5
洛　阳	660	238	636	226	12	4	12	8
平顶山	330	117	314	108	10	6	6	3
安　阳	429	158	418	152	5	3	6	3
鹤　壁	249	120	238	114	6	2	5	4
新　乡	644	158	617	143	12	6	15	9
焦　作	643	122	613	114	18	5	12	3
濮　阳	396	118	380	107	8	4	8	7
许　昌	650	77	623	66	10	3	17	8
漯　河	350	65	323	55	21	8	6	2
三门峡	349	36	338	32	5	3	6	1
南　阳	854	217	811	205	26	6	17	6
商　丘	264	83	251	74	8	4	5	5
信　阳	296	112	292	109	1	1	3	2
周　口	345	29	337	28	3	0	5	1
驻马店	538	83	527	76	3	1	8	6
湖　北	**5635**	**2997**	**5203**	**2681**	**245**	**160**	**187**	**156**
武　汉	1313	1313	1159	1159	67	67	87	87
黄　石	298	163	276	146	14	11	8	6
十　堰	293	135	275	117	3	3	15	15
宜　昌	430	164	393	143	31	17	6	4
襄　樊	371	169	352	156	11	8	8	5
鄂　州	202	202	171	171	17	17	14	14
荆　门	348	135	314	125	26	10	8	0
孝　感	565	59	535	47	19	5	11	7
荆　州	516	201	478	180	23	11	15	10
黄　冈	651	60	626	52	16	5	9	3
咸　宁	287	97	275	96	10	0	2	1
随　州	361	299	349	289	8	6	4	4
湖　南	**5573**	**1955**	**5267**	**1787**	**181**	**94**	**125**	**74**
长　沙	912	375	820	340	48	19	44	16
株　洲	521	210	483	190	26	12	12	8
湘　潭	400	209	380	191	11	9	9	9
衡　阳	533	210	509	199	14	6	10	5

3—18 续表 5 单位：个

城市	工业企业数		(1)内资企业		(2)港、澳、台商投资企业		(3)外商投资企业	
	全市	市辖区	全市	市辖区	全市	市辖区	全市	市辖区
邵阳	419	121	413	120	3	1	3	0
岳阳	489	183	462	156	7	7	20	20
常德	388	123	359	112	24	9	5	2
张家界	82	38	77	36	4	2	1	0
益阳	404	148	385	137	9	6	10	5
郴州	591	153	566	132	19	17	6	4
永州	300	94	288	86	9	5	3	3
怀化	314	55	308	53	4	0	2	2
娄底	220	36	217	35	3	1	0	0
广东	**24494**	**18574**	**13876**	**9710**	**8549**	**7066**	**2069**	**1798**
广州	4709	3586	2818	2071	1427	1119	464	396
韶关	369	119	315	105	47	12	7	2
深圳	2317	2317	488	488	1453	1453	376	376
珠海	798	798	244	244	426	426	128	128
汕头	1048	1031	770	755	201	200	77	76
佛山	3359	3359	2393	2393	825	825	141	141
江门	2111	1067	1433	738	545	263	133	66
湛江	525	255	417	173	83	60	25	22
茂名	520	134	381	108	128	22	11	4
肇庆	820	166	567	86	213	63	40	17
惠州	808	545	215	121	480	332	113	92
梅州	348	46	271	33	68	13	9	0
汕尾	145	45	90	24	50	19	5	2
河源	163	53	111	21	48	29	4	3
阳江	367	138	311	125	46	11	10	2
清远	286	75	190	33	82	34	14	8
东莞	2042	2042	414	414	1344	1344	284	284
中山	2496	2496	1560	1560	774	774	162	162
潮州	495	135	338	91	127	36	30	8
揭阳	454	138	309	101	116	28	29	9
云浮	314	29	241	26	66	3	7	0
广西	**2869**	**1246**	**2592**	**1112**	**152**	**66**	**125**	**66**
南宁	491	260	436	232	31	15	24	13
柳州	421	281	395	259	15	14	11	8
桂林	479	182	433	157	22	8	24	17
梧州	181	87	142	70	28	11	11	6
北海	104	65	96	57	3	1	5	5
防城港	60	31	55	26	2	2	3	3
钦州	133	69	124	65	7	4	2	0

3—18 续表 6

单位:个

城市	工业企业数		(1)内资企业		(2)港、澳、台商投资企业		(3)外商投资企业	
	全市	市辖区	全市	市辖区	全市	市辖区	全市	市辖区
贵港	107	51	98	46	7	4	2	1
玉林	272	67	220	58	26	2	26	7
百色	191	46	187	46	3	0	1	0
贺州	85	43	76	38	6	3	3	2
河池	167	28	163	28	0	0	4	0
来宾	70	19	65	16	0	0	5	3
崇左	108	17	102	14	2	2	4	1
海南	**247**	**247**	**188**	**188**	**36**	**36**	**23**	**23**
海口	219	219	163	163	35	35	21	21
三亚	28	28	25	25	1	1	2	2
重庆	**2243**	**1445**	**2081**	**1300**	**65**	**61**	**97**	**84**
四川	**5137**	**2339**	**4802**	**2113**	**147**	**106**	**188**	**120**
成都	1462	950	1274	801	80	71	108	78
自贡	239	161	229	151	4	4	6	6
攀枝花	86	67	83	65	1	0	2	2
泸州	195	94	187	89	7	5	1	0
德阳	467	110	433	101	16	4	18	5
绵阳	343	177	320	163	7	4	16	10
广元	119	57	112	52	0	0	7	5
遂宁	108	56	103	55	1	0	4	1
内江	248	74	240	69	3	3	5	2
乐山	445	175	429	165	7	3	9	7
南充	272	122	268	119	2	2	2	1
眉山	237	70	227	68	3	1	7	1
宜宾	221	61	218	59	3	2	0	0
广安	124	28	120	27	4	1	0	0
达州	183	36	181	34	2	2	0	0
雅安	165	29	159	27	4	1	2	1
巴中	68	22	68	22	0	0	0	0
资阳	155	50	151	46	3	3	1	1
贵州	**1164**	**713**	**1100**	**649**	**32**	**27**	**32**	**27**
贵阳	672	549	624	505	23	21	25	23
六盘水	88	32	85	31	3	1	0	0
遵义	270	74	260	67	6	5	4	2
安顺	134	58	131	46	0	0	3	2
云南	**1427**	**717**	**1308**	**631**	**69**	**49**	**50**	**37**
昆明	685	496	606	430	44	37	35	29
曲靖	198	40	187	36	6	2	5	2
玉溪	239	100	216	87	16	8	7	5

3—18续表7

单位:个

城　市	工业企业数		(1)内资企业		(2)港、澳、台商投资企业		(3)外商投资企业	
	全市	市辖区	全市	市辖区	全市	市辖区	全市	市辖区
保　山	57	23	54	22	0	0	3	1
昭　通	62	17	61	16	1	1	0	0
丽　江	40	9	40	9	0	0	0	0
思　茅	97	23	96	22	1	1	0	0
临　沧	49	9	48	9	1	0	0	0
陕　西	**2457**	**1238**	**2325**	**1130**	**53**	**42**	**79**	**66**
西　安	735	607	653	529	29	28	53	50
铜　川	95	84	94	83	0	0	1	1
宝　鸡	334	170	320	160	7	5	7	5
咸　阳	335	135	320	126	8	5	7	4
渭　南	268	55	260	50	2	1	6	4
延　安	97	33	96	33	0	0	1	0
汉　中	235	56	231	53	4	3	0	0
榆　林	134	32	132	32	2	0	0	0
安　康	132	46	128	44	1	0	3	2
商　洛	92	20	91	20	0	0	1	0
甘　肃	**2565**	**1291**	**2527**	**1265**	**28**	**20**	**10**	**6**
兰　州	988	659	962	638	20	16	6	5
嘉峪关	22	22	22	22	0	0	0	0
金　昌	61	29	61	29	0	0	0	0
白　银	90	52	90	52	0	0	0	0
天　水	210	118	208	116	2	2	0	0
武　威	142	83	141	82	1	1	0	0
张　掖	222	84	222	84	0	0	0	0
平　凉	179	54	177	54	1	0	1	0
酒　泉	255	72	251	71	1	0	3	1
庆　阳	228	80	227	80	1	0	0	0
定　西	168	38	166	37	2	1	0	0
青　海	**129**	**85**	**119**	**77**	**5**	**3**	**5**	**5**
西　宁	129	85	119	77	5	3	5	5
宁　夏	**683**	**260**	**657**	**243**	**6**	**2**	**20**	**15**
银　川	173	116	157	103	3	2	13	11
石嘴山	79	46	76	43	0	0	3	3
吴　忠	157	61	155	60	1	0	1	1
固　原	274	37	269	37	2	0	3	0
新　疆	**379**	**376**	**355**	**352**	**6**	**6**	**18**	**18**
乌鲁木齐	316	313	295	292	5	5	16	16
克拉玛依	63	63	60	60	1	1	2	2

3－19 限额以上工业总产值分组

单位:万元

城　市	工业总产值（当年价）		内资企业产值		港、澳、台商投资企业产值		外商投资企业产值	
	全市	市辖区	全市	市辖区	全市	市辖区	全市	市辖区
城市合计	**1396324983**	**962853541**	**953875284**	**605069395**	**173823959**	**131612627**	**268408449**	**226046067**
北　京	**38103630**	**37346412**	**22571879**	**22013835**	**4186491**	**4143952**	**11345260**	**11188625**
天　津	**40496103**	**36922997**	**21535552**	**18264805**	**2620712**	**2477252**	**16339839**	**16180940**
河　北	**55132219**	**29093060**	**47710827**	**24602071**	**3511820**	**2114609**	**3909572**	**2376380**
石家庄	11981505	6182098	11171137	5697703	255466	175399	554902	308996
唐　山	12139175	8025259	10239714	6559953	1371431	1135565	528030	329741
秦皇岛	2664729	2117884	1429633	1003221	327599	318883	907497	795780
邯　郸	5594611	3712205	4791616	3340646	332536	61967	470459	309592
邢　台	3766264	1139846	3594798	1130338	64978	0	106488	9508
保　定	5144919	1981544	4366811	1750606	457256	153590	320852	77348
张家口	2218685	1875461	2086296	1790755	34362	4045	98027	80661
承　德	1833740	1085315	1777215	1053112	19734	7856	36791	24347
沧　州	3707030	1235846	3292394	1209599	201115	12411	213521	13836
廊　坊	3103730	941560	2322892	417305	235243	126773	545595	397482
衡　水	2977831	796042	2638321	648833	212100	118120	127410	29089
山　西	**24399206**	**12264167**	**23008043**	**11464139**	**484654**	**381137**	**906509**	**418891**
太　原	5183200	4521030	5014097	4355185	118824	118824	50279	47021
大　同	2390674	2094272	2077660	1805887	33632	9003	279382	279382
阳　泉	1293077	1035429	1223381	969891	51268	51268	18428	14270
长　治	2418060	1298358	2407222	1288544	2319	1295	8519	8519
晋　城	1355965	577252	1060861	574958	2294	2294	292810	0
朔　州	1027656	744633	1021889	738866	0	0	5767	5767
晋　中	1775781	506531	1498929	332553	188906	162068	87946	11910
运　城	3478250	432720	3361147	427203	21832	0	95271	5517
忻　州	610072	120123	575769	103980	29780	16143	4523	0
临　汾	3428342	802421	3338460	735674	31785	20242	58097	46505
吕　梁	1438129	131398	1428628	131398	4014	0	5487	0
内蒙古	**12740063**	**8876910**	**11229728**	**7843304**	**571985**	**542140**	**938350**	**491466**
呼和浩特	2407794	1753699	1635869	1418933	321692	312984	450233	21782
包　头	4317813	4264498	4106995	4055174	126736	125242	84082	84082
乌　海	590524	590524	581180	581180	8920	8920	424	424
赤　峰	979690	705654	957204	690030	22359	15497	127	127
通　辽	879863	565652	762936	452357	0	0	116927	113295
鄂尔多斯	1864025	630774	1581303	349781	29063	29063	253659	251930
海拉尔	609620	93569	595725	81221	10547	10547	3348	1801
巴彦淖尔	544992	182214	485761	143375	30543	20814	28688	18025
乌兰察布	545742	90326	522755	71253	22125	19073	862	0
辽　宁	**61129582**	**52137152**	**46619461**	**38808154**	**2923536**	**2501087**	**11586585**	**10827911**
沈　阳	10643612	10307604	5671142	5354499	869574	863825	4102896	4089280

3—19 续表 1

单位:万元

城市	工业总产值(当年价)		内资企业产值		港、澳、台商投资企业产值		外商投资企业产值	
	全市	市辖区	全市	市辖区	全市	市辖区	全市	市辖区
大连	15468641	14022558	9009328	8098010	547932	375583	5911381	5548965
鞍山	6336764	4251412	6058839	4103158	151912	111235	126013	37019
抚顺	4312819	4153243	4005416	3861073	118246	105045	189157	187125
本溪	3544547	3332977	3515008	3317112	12922	5650	16617	10215
丹东	1435466	953739	1193257	814950	93802	71662	148407	67127
锦州	2665235	2169292	2302702	1840654	195541	173804	166992	154834
营口	2940417	1893285	2038377	1176791	198255	139057	703785	577437
阜新	825014	711128	763031	658440	18913	10303	43070	42385
辽阳	3245377	2468229	2728709	1978495	426225	415984	90443	73750
盘锦	4332995	3983620	4272542	3956679	28132	16012	32321	10929
铁岭	1274242	668424	1067798	494812	193616	165647	12828	7965
朝阳	1188548	422267	1157038	413767	16152	8500	15358	0
葫芦岛	2915905	2799374	2836274	2739714	52314	38780	27317	20880
吉林	**25736870**	**20620584**	**18148757**	**13576919**	**393051**	**264786**	**7195062**	**6778879**
长春	15115270	14431907	8008067	7620138	192703	184693	6914500	6627076
吉林	4542868	2785527	4409720	2700213	50926	41008	82222	44306
四平	1252393	303676	1122304	284362	95011	11395	35078	7919
辽源	537072	307228	528022	298654	0	0	9050	8574
通化	1547943	1012748	1487020	986695	47604	25353	13319	700
白山	774852	259954	724860	247612	3916	2337	46076	10005
松原	1506175	1267502	1479651	1257803	2307	0	24217	9699
白城	460297	252042	389113	181442	584	0	70600	70600
黑龙江	**28348574**	**24114560**	**26554933**	**23113582**	**546065**	**355287**	**1247576**	**645691**
哈尔滨	7215089	5567509	6237393	5107541	307029	268255	670667	191713
齐齐哈尔	1764887	1427351	1668527	1361393	34373	4579	61987	61379
鸡西	778950	436026	696212	356293	1382	1382	81356	78351
鹤岗	394001	357134	388015	351148	0	0	5986	5986
双鸭山	476886	300142	472426	300142	0	0	4460	0
大庆	14280634	14121019	14122026	13978272	38575	22714	120033	120033
伊春	417714	355751	386129	335097	3281	1621	28304	19033
佳木斯	644231	460106	579295	399382	19122	19122	45814	41602
七台河	443513	379729	441958	378174	1555	1555	0	0
牡丹江	1071845	644174	872801	485830	65576	33987	133468	124357
黑河	189768	31021	186936	29246	622	0	2210	1775
绥化	671056	34598	503215	31064	74550	2072	93291	1462
上海	**103428195**	**102845596**	**39160698**	**38720975**	**13837164**	**13797044**	**50430333**	**50327577**
江苏	**180436964**	**99198187**	**120380920**	**61926537**	**19555257**	**10695870**	**40500786**	**26575781**
南京	25093816	23398173	18101874	16883987	2020701	1756775	4971241	4757411
无锡	32847344	18561938	24707913	12273677	2764733	1620970	5374698	4667291

3—19 续表 2

单位:万元

城市	工业总产值（当年价）		内资企业产值		港、澳、台商投资企业产值		外商投资企业产值	
	全市	市辖区	全市	市辖区	全市	市辖区	全市	市辖区
徐州	7261281	4590258	6823191	4314334	262116	131083	175974	144841
常州	15272769	12705644	12050293	9956454	1054060	807949	2168416	1941241
苏州	49765079	19147236	19645962	4165512	9966156	5057119	20152961	9924606
南通	11239073	4011296	7258312	1780863	1132827	467914	2847934	1762519
连云港	2114602	1618707	1412663	1018966	112441	61206	589498	538535
淮安	3536744	2653416	3203959	2417359	120342	47623	212443	188434
盐城	7614522	1512993	6354784	938382	382281	53600	877457	521011
扬州	8372354	3991971	7156475	3227888	487972	282699	727907	481384
镇江	8553554	4027594	5980538	2374018	844241	252427	1728775	1401149
泰州	7366458	2811105	6308977	2411980	396946	155191	660535	243934
宿迁	1399368	167856	1375979	163117	10441	1314	12947	3425
浙江	**128701650**	**64993565**	**102821493**	**49154067**	**12046414**	**6580198**	**13833743**	**9259300**
杭州	32025226	26945006	23574199	19139833	3318518	2919623	5132509	4885550
宁波	26302862	15944163	19455698	11264578	3563627	2384014	3283537	2295571
温州	12659636	5873580	11358141	5054771	513494	294973	788001	523836
嘉兴	11135272	2346476	8372290	1647959	1029825	268815	1733157	429702
湖州	5886152	3027252	5179147	2699962	453018	229779	253987	97511
绍兴	18953957	3194921	15686249	2627827	2223540	317271	1044168	249823
金华	7290449	1327300	6700078	1253230	296628	15283	293743	58787
衢州	1688461	783541	1596086	763774	45344	14372	47031	5395
舟山	1530256	1312511	1278314	1087095	28838	6708	223104	218708
台州	9558209	3785451	8028414	3173224	521920	127169	1007875	485058
丽水	1671170	453364	1592877	441814	51662	2191	26631	9359
安徽	**26103421**	**19416449**	**21627993**	**15898043**	**1483195**	**1244017**	**2992233**	**2274389**
合肥	5348605	4447760	3123516	2826858	295246	210072	1929843	1410830
芜湖	3306914	2952924	2457333	2138373	626006	617601	223575	196950
蚌埠	1312619	1132517	1204339	1048373	50916	26893	57364	57251
淮南	1534684	1365442	1347603	1178361	166643	166643	20438	20438
马鞍山	2568230	2350326	2474963	2264198	15072	11629	78195	74499
淮北	1216161	1135241	1088820	1010972	45487	44067	81854	80202
铜陵	1450354	1394881	1292737	1237680	7299	6883	150318	150318
安庆	2251898	1409690	2136501	1332695	48095	9693	67302	67302
黄山	395449	192974	381748	183171	3345	2217	10356	7586
滁州	1629531	780972	1324277	503469	122176	114870	183078	162633
阜阳	891924	509669	859209	491002	12288	6758	20427	11909
宿州	463344	263964	447894	257615	8314	2845	7136	3504
巢湖	1050997	486162	1000171	466873	6716	2075	44110	17214
六安	841404	259418	763536	251890	28201	1700	49667	5828
亳州	457827	198941	451034	197663	0	0	6793	1278

3—19 续表 3

单位:万元

城市	工业总产值（当年价）		内资企业产值		港、澳、台商投资企业产值		外商投资企业产值	
	全市	市辖区	全市	市辖区	全市	市辖区	全市	市辖区
池州	300723	188533	288984	186379	647	0	10092	2154
宣城	1082757	347035	985328	322471	45744	20071	51685	4493
福建	**49537358**	**27509706**	**18274818**	**9493579**	**18944889**	**9217617**	**12317651**	**8798510**
福州	12889573	5573513	3945469	2015508	6149849	1968648	2794255	1589357
厦门	13201500	13201500	2036100	2036100	5148500	5148500	6016900	6016900
莆田	2191847	1940617	760129	684140	749752	627258	681966	629219
三明	2369389	1186256	2186124	1136732	153410	44925	29855	4599
泉州	11397980	2883204	4834766	1610436	4844599	866119	1718615	406649
漳州	3351702	821324	1099727	425709	1436401	333736	815574	61879
南平	1571419	749696	1280076	589387	145410	109293	145933	51016
龙岩	1625356	1067813	1380011	923851	192576	113447	52769	30515
宁德	938592	85783	752416	71716	124392	5691	61784	8376
江西	**14442573**	**8603637**	**12658327**	**7268148**	**530336**	**327283**	**1253910**	**1008206**
南昌	4149169	3525924	3067060	2483962	136979	118458	945130	923504
景德镇	1127606	900944	1121457	897277	1723	1723	4426	1944
萍乡	852054	769737	829295	750870	21248	18867	1511	0
九江	1878479	1200675	1727533	1188101	42133	7536	108813	5038
新余	1083222	1012338	1019830	960062	52276	52276	11116	0
鹰潭	1109351	72313	1104607	71443	1891	870	2853	0
赣州	1151083	392642	923663	290008	144540	74573	82880	28061
吉安	683287	170652	622001	133698	15129	1580	46157	35374
宜春	995642	137278	941566	124775	37585	12503	16491	0
抚州	626898	293194	535001	243795	73761	38435	18136	10964
上饶	785782	127940	766314	124157	3071	462	16397	3321
山东	**154223359**	**76275154**	**129380608**	**63986975**	**6205012**	**2796818**	**18637739**	**9491361**
济南	13185425	10227611	12067946	9396259	345897	261454	771582	569898
青岛	25588695	17304200	19105685	13821639	1065736	448949	5417274	3033612
淄博	14136951	12091390	12850308	11088555	417927	314646	868716	688189
枣庄	4476903	3109475	4083666	2766362	109402	78015	283835	265098
东营	7794538	5378783	7684872	5279897	41174	32134	68492	66752
烟台	19588163	5777180	14312291	2777379	1551192	498355	3724680	2501446
潍坊	12437041	3556687	9610466	3125840	588894	172468	2237681	258379
济宁	7256617	2381349	6168367	1858920	407451	58504	680799	463925
泰安	5440280	1323118	5184109	1241783	83602	53249	172569	28086
威海	16737254	3949229	13567968	3208051	492799	192584	2676487	548594
日照	2076118	1312869	1562085	836755	218964	197174	295069	278940
莱芜	2466602	2466602	2317360	2317360	133674	133674	15568	15568
临沂	6296828	3457453	5653250	3112325	295753	124177	347825	220951
德州	5258525	1545275	4741036	1127027	64187	32888	453302	385360

3—19 续表 4

单位：万元

城　市	工业总产值（当年价）		内资企业产值		港、澳、台商投资企业产值		外商投资企业产值	
	全市	市辖区	全市	市辖区	全市	市辖区	全市	市辖区
聊　城	4831975	807193	4550171	643491	114865	44376	166939	119326
滨　州	4802951	1134537	4200580	941766	233904	152548	368467	40223
菏　泽	1848493	452203	1720448	443566	39591	1623	88454	7014
河　南	**52798589**	**24218722**	**49271316**	**22137827**	**1870847**	**1030065**	**1656426**	**1050830**
郑　州	9270494	3652391	8345390	3289101	427359	253068	497745	110222
开　封	1417069	514460	1326790	431115	21961	21804	68318	61541
洛　阳	5626239	3941760	5467325	3823702	35186	6875	123728	111183
平顶山	2676895	1676689	2451555	1500875	177929	147855	47411	27959
安　阳	3823569	2256693	3418296	1860938	327300	322649	77973	73106
鹤　壁	1256126	595636	1190031	558723	40924	12820	25171	24093
新　乡	3446630	1533500	3006187	1140293	93162	68654	347281	324553
焦　作	3827177	1584193	3610076	1488551	110349	39960	106752	55682
濮　阳	2660386	1823592	2609749	1792388	21677	5842	28960	25362
许　昌	3478741	1061831	3329492	992214	94800	54228	54449	15389
漯　河	2848759	1317282	2599227	1219006	155813	14882	93719	83394
三门峡	2263177	497603	2225442	486188	14162	10287	23573	1128
南　阳	3862514	1640081	3644721	1500705	107743	42943	110050	96433
商　丘	1390054	497134	1366276	482685	18045	8716	5733	5733
信　阳	1453839	744027	1438813	730958	8243	8243	6783	4826
周　口	2050995	334500	1843090	331175	197150	0	10755	3325
驻马店	1445925	547350	1398856	509210	19044	11239	28025	26901
湖　北	**37194049**	**27746884**	**31805785**	**23038190**	**1557216**	**1110186**	**3831048**	**3598508**
武　汉	13344938	13344938	10287141	10287141	625426	625426	2432371	2432371
黄　石	2142819	1474692	1988544	1340703	105136	89005	49139	44984
十　堰	3609778	3080769	3003017	2474008	11927	11927	594834	594834
宜　昌	2748494	1452319	2499676	1297333	222221	131982	26597	23004
襄　樊	3252663	2474900	2895872	2208168	25677	13496	331114	253236
鄂　州	1525809	1525809	1327324	1327324	111466	111466	87019	87019
荆　门	2012990	1383842	1900276	1368065	85132	15777	27582	0
孝　感	2295684	370749	2074455	320022	170804	16060	50425	34667
荆　州	2266872	1026486	2033888	872746	88740	46635	144244	107105
黄　冈	1777085	177251	1666633	150010	52471	20248	57981	6993
咸　宁	893730	285771	848977	284044	27579	0	17174	1727
随　州	1323187	1149358	1279982	1108626	30637	28164	12568	12568
湖　南	**25412605**	**15273552**	**22943211**	**14043519**	**1076892**	**581763**	**1392502**	**648270**
长　沙	5339304	3094384	4255611	2869116	357538	124771	726155	100497
株　洲	2620980	2091790	2347048	1875452	141559	104428	132373	111910
湘　潭	2025508	1578233	1942685	1499847	43637	39200	39186	39186
衡　阳	2112036	958999	1984627	873236	66551	49248	60858	36515

3—19续表5 单位:万元

城市	工业总产值(当年价)		内资企业产值		港、澳、台商投资企业产值		外商投资企业产值	
	全市	市辖区	全市	市辖区	全市	市辖区	全市	市辖区
邵阳	845098	309823	833880	308963	4223	860	6995	0
岳阳	4359114	3319807	4016547	2995800	73040	54480	269527	269527
常德	2204555	1259193	1954135	1098326	194856	148538	55564	12329
张家界	157787	63933	140047	60587	14169	3346	3571	0
益阳	823495	450532	762443	408515	28145	19370	32907	22647
郴州	1675898	619431	1536669	588810	130087	26215	9142	4406
永州	987690	663018	951630	640002	18900	10827	17160	12189
怀化	870582	170417	828747	131353	2771	0	39064	39064
娄底	1390558	693992	1389142	693512	1416	480	0	0
广东	**214914594**	**190129634**	**78205738**	**64906303**	**77056304**	**68038832**	**59652554**	**57184500**
广州	40178324	34742568	14967928	12290933	11735860	9829566	13474536	12622069
韶关	2362729	1755048	1963839	1566977	372966	179395	25924	8676
深圳	52451037	52451037	11880923	11880923	19469486	19469486	21100628	21100628
珠海	10089840	10089840	2330632	2330632	2881374	2881374	4877834	4877834
汕头	4611717	4588215	3006353	2989181	825700	821744	779664	777290
佛山	25819560	25819560	15243819	15243819	8219437	8219437	2356304	2356304
江门	11169542	5609513	5822045	2794071	3168075	1332113	2179422	1483329
湛江	4043718	3354069	1626252	1034689	2187575	2098157	229891	221223
茂名	5214353	4040748	4614878	3957577	540594	68868	58881	14303
肇庆	4466533	1297070	2395496	449201	1646055	579690	424982	268179
惠州	10204438	8914870	629972	447750	5709255	4816689	3865211	3650431
梅州	1139620	283836	828915	256849	206696	26987	104009	0
汕尾	489161	257157	209903	96139	245792	157053	33466	3965
河源	678223	281099	361602	70271	292554	190088	24067	20740
阳江	1209887	533117	976487	491740	186288	36010	47112	5366
清远	1018429	326921	436379	153818	492071	109161	89979	63943
东莞	21449306	21449306	3435549	3435549	11177250	11177250	6836507	6836507
中山	13092541	13092541	4621078	4621078	5696871	5696871	2774593	2774593
潮州	1527531	513605	946317	327099	466344	156094	114870	30412
揭阳	2091250	514790	1112628	302135	769663	169253	208959	43402
云浮	1606855	214724	794743	165872	766398	23546	45715	25306
广西	**14364321**	**9671373**	**11090735**	**7219390**	**772844**	**367062**	**2323431**	**1959467**
南宁	2083763	1411602	1809058	1281478	155204	51466	119501	78658
柳州	4265218	3688501	3468071	2982295	137028	88796	660119	617411
桂林	1613613	1045360	1376227	899955	78212	18467	159174	126938
梧州	695258	466661	528260	365373	113814	52455	53185	48833
北海	550792	374377	462625	345344	75153	16019	13014	13014
防城港	510942	439373	105317	33748	7118	7118	398507	398507
钦州	310990	158585	258326	119520	44141	39065	8523	0

3—19 续表 6

单位:万元

城市	工业总产值(当年价)		内资企业产值		港、澳、台商投资企业产值		外商投资企业产值	
	全市	市辖区	全市	市辖区	全市	市辖区	全市	市辖区
贵港	482440	376415	453479	351286	25852	23195	3109	1934
玉林	1074576	687235	521143	219372	53431	2741	500002	465122
百色	929482	186340	919197	186340	8511	0	1774	0
贺州	212583	145184	6007	2105	8864	2224	20400	15400
河池	579310	163007	523696	163007	0	0	55614	0
来宾	633585	411348	398902	226763	0	0	234683	184585
崇左	421769	117385	260427	42804	65516	65516	95826	9065
海南	**2119080**	**2119080**	**1756489**	**1756489**	**132423**	**132423**	**230168**	**230168**
海口	2025643	2025643	1669493	1669493	130259	130259	225891	225891
三亚	93437	93437	86996	86996	2164	2164	4277	4277
重庆	**15889928**	**13045235**	**13060607**	**10539104**	**1065881**	**1047482**	**1763440**	**1458649**
四川	**31868231**	**19910997**	**29025103**	**17955166**	**996557**	**686864**	**1846571**	**1268967**
成都	9700976	7062751	7848421	5736977	590148	462758	1262407	863016
自贡	1238124	1035817	1140415	938108	32512	32512	65197	65197
攀枝花	2112523	1767798	2059059	1755352	41018	0	12446	12446
泸州	976770	741791	966311	733977	9898	7814	561	0
德阳	2815487	744292	2705729	725657	39791	9465	69967	9170
绵阳	3399244	2553502	3263427	2441777	44789	42521	91028	69204
广元	416923	314700	383460	284636	0	0	33463	30064
遂宁	648534	226667	626157	225080	895	0	21482	1587
内江	1472198	599400	1407979	547690	41026	41026	23193	10684
乐山	2067985	990491	1821883	796673	46597	4694	199505	189124
南充	1166170	677670	1125996	644373	19982	19982	20192	13315
眉山	1083264	441005	1028740	432327	11857	6667	42667	2011
宜宾	2201282	1684274	2170492	1657335	30790	26939	0	0
广安	463356	152307	416457	142106	46899	10201	0	0
达州	784514	316484	781602	313572	2912	2912	0	0
雅安	434859	155909	398942	139376	32239	14169	3678	2364
巴中	139577	42262	139577	42262	0	0	0	0
资阳	746445	403877	740456	397888	5204	5204	785	785
贵州	**6959111**	**4382065**	**6546035**	**4027307**	**56788**	**51891**	**316307**	**302867**
贵阳	3569419	2800236	3276303	2514023	45834	42487	247282	243726
六盘水	1007709	590481	1006285	589881	1424	600	0	0
遵义	1692818	712214	1640661	666854	9530	8804	42628	36556
安顺	689165	279134	622786	256549	0	0	26397	22585
云南	**11754265**	**7936573**	**10928783**	**7260958**	**348935**	**283242**	**476547**	**392373**
昆明	5809573	4339721	5261374	3863761	205528	184807	342671	291153
曲靖	2189737	1043126	2136598	1023658	23007	11978	30132	7490
玉溪	2685415	2141165	2523289	2014525	64366	35860	97760	90780

3—19 续表 7

单位:万元

城市	工业总产值(当年价)		内资企业产值		港、澳、台商投资企业产值		外商投资企业产值	
	全市	市辖区	全市	市辖区	全市	市辖区	全市	市辖区
保山	165914	82403	159930	79453	0	0	5984	2950
昭通	397473	233439	356312	192278	41161	41161	0	0
丽江	84543	14441	84543	14441	0	0	0	0
思茅	221542	69127	207137	59691	14405	9436	0	0
临沧	200068	13151	199600	13151	468	0	0	0
陕西	**17509842**	**10599080**	**15910095**	**9172766**	**570855**	**516268**	**1028892**	**910046**
西安	6386627	6063883	5429843	5136870	131123	130157	825661	796856
铜川	423019	412831	421318	411130	0	0	1701	1701
宝鸡	2218861	1352557	2173874	1318007	7139	4179	37848	30371
咸阳	2525560	1868409	2043832	1434350	400567	373662	81161	60397
渭南	1688703	254565	1650234	243046	7124	2939	31345	8580
延安	1917635	182293	1912612	182293	0	0	5023	0
汉中	1021822	206995	1014259	201664	7563	5331	0	0
榆林	898962	91565	850283	91565	16835	0	31844	0
安康	272245	116397	258538	104256	504	0	13203	12141
商洛	156408	49585	155302	49585	0	0	1106	0
甘肃	**10828884**	**8032636**	**10419318**	**7743544**	**282933**	**194739**	**126633**	**94353**
兰州	5215490	4624316	4881142	4354658	225805	176691	108543	92967
嘉峪关	694161	694161	694161	694161	0	0	0	0
金昌	856554	690763	856554	690763	0	0	0	0
白银	1006220	953098	1006220	953098	0	0	0	0
天水	449866	409060	439786	398980	10080	10080	0	0
武威	298092	238516	296667	237091	1425	1425	0	0
张掖	273982	122509	273982	122509	0	0	0	0
平凉	250293	197694	241445	197694	2242	0	6606	0
酒泉	977030	49664	961346	48278	4200	0	11484	1386
庆阳	652325	33794	652217	33794	108	0	0	0
定西	154871	19061	115798	12518	39073	6543	0	0
青海	**1148959**	**503756**	**1079630**	**484314**	**52191**	**2304**	**17138**	**17138**
西宁	1148959	503756	1079630	484314	52191	2304	17138	17138
宁夏	**3588451**	**2057632**	**3252274**	**1759378**	**83531**	**71228**	**252646**	**227026**
银川	1464867	1073667	1185623	804853	72938	71228	206306	197586
石嘴山	906535	727414	878678	699557	0	0	27857	27857
吴忠	1121824	237465	1116237	235882	4004	0	1583	1583
固原	95225	19086	71736	19086	6589	0	16900	0
新疆	**7014307**	**7008186**	**6896128**	**6890007**	**59181**	**59181**	**58998**	**58998**
乌鲁木齐	3110943	3104822	3003534	2997413	54958	54958	52451	52451
克拉玛依	3903364	3903364	3892594	3892594	4223	4223	6547	6547

3－20　限额以上工业企业财务(一)

单位：万元

城　市	产品销售收入		本年应交增值税		利税总额	
	全　市	市辖区	全　市	市辖区	全　市	市辖区
城市合计	**1383233692**	**968572609**	**53395022**	**38407651**	**154427385**	**113588935**
北　京	**38856527**	**38118237**	**1475676**	**1447894**	**4189860**	**4109796**
天　津	**42020153**	**38631728**	**1244444**	**1141519**	**4013533**	**3640280**
河　北	**57215748**	**32232699**	**2348787**	**1574586**	**6460612**	**3720339**
石家庄	12123579	6682113	457714	319815	1509600	861524
唐　山	12403634	8570988	555949	396935	1564409	1034266
秦皇岛	2753657	2183040	90806	65905	206509	152614
邯　郸	6025184	4197247	337842	272784	753907	563220
邢　台	3860189	1204004	158080	87472	486219	187086
保　定	5242289	2147247	170124	65804	543296	192425
张家口	3197569	2894870	190582	179470	357617	337297
承　德	1763801	1093260	110628	72526	215594	109203
沧　州	3807084	1413070	100052	39822	295181	84039
廊　坊	3167731	1003139	93820	41480	255737	105664
衡　水	2871031	843721	83190	32573	272543	93001
山　西	**24701193**	**13085866**	**1661121**	**853218**	**3492026**	**1541006**
太　原	5965197	5335187	353819	317169	557022	486021
大　同	2263331	1979034	138480	122175	481009	282949
阳　泉	1306004	1065204	93000	78915	162938	138408
长　治	2256976	1264581	184278	106947	404287	221908
晋　城	1441460	687387	131327	52135	311979	107172
朔　州	984178	772177	78599	62188	133583	104858
晋　中	1808749	512613	111711	30327	186348	41213
运　城	3380798	427190	206085	20206	528632	41859
忻　州	580144	115285	47547	9314	69881	8948
临　汾	3277360	786997	216141	43330	421580	86758
吕　梁	1436996	140211	100134	10512	234767	20912
内蒙古	**11885661**	**8406303**	**655444**	**429841**	**1407177**	**956095**
呼和浩特	2274891	1652232	113737	89047	359354	283249
包　头	4126649	4077371	188334	185513	373020	366933
乌　海	487044	487044	43073	43073	84326	84326
赤　峰	1017989	722494	63107	50497	102646	74974
通　辽	790287	496586	28297	12734	68529	30953
鄂尔多斯	1818842	674359	120797	30779	269047	78096
海拉尔	515981	59996	49448	7083	53653	23365
巴彦淖尔	460574	163317	21607	5995	48541	8350
乌兰察布	393404	72904	27044	5120	48061	5849
辽　宁	**61105010**	**52816641**	**2358462**	**2064537**	**5558851**	**4791451**
沈　阳	10659450	10349827	384931	363430	781945	751773

3—20续表1　　　　单位:万元

城　市	产品销售收入		本年应交增值税		利税总额	
	全　市	市辖区	全　市	市辖区	全　市	市辖区
大　连	15448043	14066620	381168	337624	1125392	1005629
鞍　山	6245385	4369718	342045	291212	665508	482047
抚　顺	4616435	4472405	168092	164252	314954	303655
本　溪	4358208	4160616	213372	202881	333648	314962
丹　东	1402189	942418	65868	45374	125078	85587
锦　州	2509791	2047836	87769	71349	174423	132493
营　口	2693206	1772484	77542	58408	270376	200664
阜　新	679102	580356	42224	39037	60858	51307
辽　阳	3261520	2525224	98385	84004	260904	211222
盘　锦	4182698	3870899	262109	257829	1033741	1023768
铁　岭	1116825	609842	67627	35896	122613	65350
朝　阳	1189863	418370	68766	19282	134829	16186
葫芦岛	2742295	2630026	98564	93959	154582	146808
吉　林	**25677620**	**16939112**	**1049362**	**908029**	**3259869**	**2834634**
长　春	14954824	9155018	507054	495123	2001130	1856971
吉　林	4856821	4180861	213999	179220	450067	346705
四　平	1189362	352680	64060	28353	91341	43936
辽　源	500779	306783	24843	20275	17809	7124
通　化	1487476	1045611	92134	67811	248329	181849
白　山	725687	312746	33719	14660	62632	28228
松　原	1490700	1278888	89920	85337	340639	334586
白　城	471971	306525	23633	17250	47922	35235
黑龙江	**28244227**	**24311444**	**2068209**	**1885707**	**8957672**	**8535418**
哈尔滨	7031550	5545846	310878	248700	707016	550945
齐齐哈尔	1757081	1408768	93163	73424	66628	30626
鸡　西	752134	440821	52372	34843	110775	72928
鹤　岗	391938	352978	32677	31468	65474	60118
双鸭山	449929	284135	25830	22821	40910	35811
大　庆	14497084	14359328	1347706	1340566	7606539	7587900
伊　春	382299	321967	20922	19051	33289	27355
佳木斯	726162	556064	51979	45486	134631	124612
七台河	424267	356175	37614	33437	33739	25214
牡丹江	1053613	640972	53919	32517	81535	13383
黑　河	131026	16565	13260	2062	9925	1844
绥　化	647144	27825	27889	1332	67211	4682
上　海	**109826171**	**109224479**	**3841392**	**3823705**	**13291274**	**13241598**
江　苏	**174048858**	**96731363**	**5390103**	**3216071**	**14649495**	**8704871**
南　京	24529920	23311026	894721	864418	2422851	2324718
无　锡	32067553	18181574	899507	521723	2632386	1416590

3—20续表2

单位:万元

城市	产品销售收入		本年应交增值税		利税总额	
	全市	市辖区	全市	市辖区	全市	市辖区
徐州	6708392	4191221	304318	239854	800955	616213
常州	15107655	12724201	429106	331739	1144147	933404
苏州	49248746	18867015	1116686	410745	3433163	1248794
南通	10528746	3888167	318805	132644	899885	396402
连云港	1938285	1465394	84484	70589	215562	182259
淮安	3427194	2611194	148585	119287	478708	409485
盐城	7224679	1384863	241022	56600	562655	161697
扬州	7726188	3693700	306710	174717	650092	386480
镇江	7665652	3749454	321539	167917	637157	347161
泰州	6519568	2475713	286861	119180	672286	261702
宿迁	1356280	187841	37759	6658	99648	19966
浙江	**125833160**	**63513504**	**4557737**	**2428564**	**13819321**	**7445880**
杭州	31174590	26495983	1168495	999151	3595358	3156283
宁波	26048962	15867906	854470	586390	3220120	2281995
温州	11959808	5410326	484353	197714	1222764	499975
嘉兴	10877568	2243043	394044	89942	1147433	251295
湖州	5814643	2903532	233820	96467	645166	263779
绍兴	18490024	3084394	603245	156483	1876320	308931
金华	7269909	1258889	282546	65150	722296	157081
衢州	1620075	740402	80050	37213	182477	65406
舟山	1443507	1251205	48492	42337	110683	98835
台州	9210286	3507960	331881	130129	922782	309336
丽水	1923788	749864	76341	27588	173922	52964
安徽	**26076550**	**19963445**	**1243146**	**987563**	**3468342**	**2827381**
合肥	5185412	4744683	203462	179459	744069	681004
芜湖	3027684	2683974	138405	117247	476794	404378
蚌埠	1292799	1130151	67684	62797	253987	239832
淮南	1663833	1497994	129205	114607	209229	172368
马鞍山	2658935	2447834	172736	165513	536502	524118
淮北	1290419	1210414	95871	95326	158663	157323
铜陵	1822230	1774579	58788	57307	131724	128683
安庆	2270201	1452067	91110	63650	218993	136493
黄山	361175	183322	14478	7938	28644	19536
滁州	1460968	646609	59185	22047	164685	100269
阜阳	875884	503111	32604	23090	94578	70175
宿州	427336	228166	15053	8506	23047	15321
巢湖	1075038	502242	58386	29446	123780	54972
六安	826692	243636	26656	7511	67293	12587
亳州	509003	246354	17941	10378	52733	36228

3—20 续表 3 单位:万元

城 市	产品销售收入		本年应交增值税		利税总额	
	全 市	市辖区	全 市	市辖区	全 市	市辖区
池 州	316064	188329	18069	13285	60932	54440
宣 城	1012877	279980	43513	9456	122689	19654
福 建	**48189671**	**26958173**	**1438064**	**770797**	**5153503**	**3018689**
福 州	11910297	5004077	281600	121558	948662	335373
厦 门	13383500	13383500	284757	284757	1527332	1527332
莆 田	2078341	1837919	78597	72348	211590	197072
三 明	2371567	1223623	127156	68890	284579	203752
泉 州	11075680	2818038	352320	84206	1170353	296832
漳 州	3299178	801108	100443	21093	372809	58413
南 平	1530626	740291	66577	32691	138975	70596
龙 岩	1610924	1066218	113950	82294	426751	325130
宁 德	929558	83399	32664	2960	72452	4189
江 西	**14290733**	**8467749**	**682043**	**418499**	**1533214**	**983426**
南 昌	4088976	3459532	182357	162125	576356	529623
景德镇	1039958	819220	38599	29136	72078	56346
萍 乡	862751	782956	48346	43790	120981	111725
九 江	1699227	1165341	76744	49438	120590	69001
新 余	1160591	1095008	76775	73445	106156	99016
鹰 潭	1412228	71467	42833	1534	94607	4421
赣 州	1111618	392753	59548	20109	140147	41593
吉 安	640339	166680	34360	11184	65434	20021
宜 春	944401	130113	58702	5527	117373	10785
抚 州	531237	242313	21491	11877	41859	27321
上 饶	799407	142366	42288	10334	77633	13574
山 东	**146313441**	**74552195**	**5332236**	**3126265**	**15935282**	**9068805**
济 南	12238844	9446382	497559	386565	1328382	984961
青 岛	25567364	18090331	616799	467356	1664151	1308623
淄 博	13939652	11975493	585960	507653	1384563	1156131
枣 庄	4356485	3051075	230026	160848	552088	430330
东 营	7528489	5144445	563118	508332	2489259	2257725
烟 台	17695930	5427466	536945	179689	1888046	526965
潍 坊	12239598	3405500	410036	145000	1190161	350050
济 宁	7458435	2380369	348214	95513	1031038	278562
泰 安	4692516	1216491	206494	49312	465687	108451
威 海	13053061	3218950	299012	110740	1110257	337159
日 照	2053826	1267008	61450	39690	153949	110220
莱 芜	2312550	2312550	144423	144423	249756	249756
临 沂	6167435	3355828	198761	105604	569147	332735
德 州	5307936	1633032	231796	89027	716475	352317

3—20续表4

单位:万元

城市	产品销售收入		本年应交增值税		利税总额	
	全 市	市辖区	全 市	市辖区	全 市	市辖区
聊 城	4898264	791833	157612	42372	492235	81624
滨 州	5093783	1499720	188614	74853	527180	163577
菏 泽	1709273	335722	55417	19288	122908	39619
河 南	**49489960**	**23495611**	**1932498**	**1125454**	**5284085**	**2658069**
郑 州	8765104	3418861	390011	179610	1082775	428996
开 封	1291220	450066	29581	14578	72575	2794
洛 阳	5547876	3882978	199348	137011	498151	282940
平 顶 山	2546443	1577825	162071	115358	281996	176653
安 阳	3614488	2161090	191701	142504	446037	347706
鹤 壁	960689	491848	34918	28095	72802	51124
新 乡	2955959	1354036	90978	47432	211221	109034
焦 作	3425074	1313964	144481	80945	448483	219751
濮 阳	3011133	2215232	98201	87559	263701	198255
许 昌	3367935	982155	104477	51641	438081	200685
漯 河	2838539	1580227	62638	49477	254016	176698
三 门 峡	2160540	465536	67823	22971	279033	48727
南 阳	3560732	1753916	176848	103088	418414	241330
商 丘	1311126	450205	54631	13724	167007	34760
信 阳	1205093	586722	41585	26618	86431	44461
周 口	1689177	303729	39058	3815	130945	19134
驻 马 店	1238832	507221	44148	21028	132417	75021
湖 北	**36841650**	**27757912**	**1766569**	**1293040**	**4326821**	**3349553**
武 汉	13299713	13299713	669751	669751	1813943	1813943
黄 石	2048789	1398619	100704	77108	188558	119839
十 堰	4288085	3753108	147694	118673	212189	157515
宜 昌	2746589	1355274	157092	109217	453431	366924
襄 樊	3043073	2113492	297413	109050	540394	264259
鄂 州	1517867	1517867	64529	64529	202084	202084
荆 门	1961527	1388978	66666	51422	141041	104863
孝 感	2189131	353797	75368	10148	258599	99689
荆 州	2036638	949646	82766	42070	179213	79740
黄 冈	1610830	202962	48849	5456	165859	42783
咸 宁	784951	276861	27183	10684	64315	20799
随 州	1314457	1147595	28554	24932	107195	77115
湖 南	**25109635**	**15647597**	**1213075**	**820269**	**3307377**	**2417799**
长 沙	5194488	3050561	250262	161679	1045633	751302
株 洲	2659386	2212389	119055	100151	258106	216972
湘 潭	2064764	1674798	111572	98713	176862	157282
衡 阳	1970654	926207	70118	35760	147463	86667

3—20续表5 单位:万元

城市	产品销售收入		本年应交增值税		利税总额	
	全市	市辖区	全市	市辖区	全市	市辖区
邵阳	831824	318766	35392	12600	53959	11735
岳阳	4176993	3236100	137585	124933	229782	210303
常德	2140196	1298868	151658	117784	629165	579481
张家界	142280	66499	8732	3584	5413	2063
益阳	796465	466110	35911	21166	43103	15936
郴州	1780330	699650	104482	40831	278631	112183
永州	987900	681484	50922	38168	170227	146258
怀化	773726	175054	44163	6656	99798	16478
娄底	1590629	841111	93223	58244	169235	111139
广东	**214992500**	**191604992**	**6150303**	**5485118**	**18472389**	**17041116**
广州	40810727	35782038	1556036	1440318	5371038	5037582
韶关	2784966	2132459	161873	127128	462324	406617
深圳	51801132	51801132	1287446	1287446	5224335	5224335
珠海	9807129	9807129	203746	203746	617263	617263
汕头	4876864	4852500	154758	153606	282883	281730
佛山	25662487	25662487	766852	766852	1584719	1584719
江门	10713883	5596374	264815	146621	515584	315779
湛江	3707518	3045424	142940	115605	647377	611312
茂名	5524040	4333303	129079	87928	316920	237202
肇庆	4177976	1328560	103225	45433	213217	62162
惠州	10131299	8864181	115809	101271	470188	419198
梅州	1209465	323381	76621	22336	212784	85097
汕尾	532603	287806	17705	11787	30772	22499
河源	27077	11182	28366	8373	51628	12166
阳江	1215090	586778	54937	15905	79329	21839
清远	1122522	392034	55784	14639	83642	6129
东莞	22598003	22598003	595965	595965	1366051	1366051
中山	12764297	12764297	303611	303611	692362	692362
潮州	1679275	572208	54795	19098	86254	29635
揭阳	2171812	599129	20712	16863	58192	4074
云浮	1674335	264587	55228	587	105527	3365
广西	**13951404**	**9342119**	**814842**	**533639**	**1733567**	**1188486**
南宁	2022731	1305914	115947	77209	262808	178909
柳州	4345664	3743939	241557	209187	547459	501914
桂林	1550714	995737	89817	55185	178769	115415
梧州	654934	429633	30647	21319	43293	27445
北海	508267	359084	35409	31295	80456	73639
防城港	481770	420183	6197	3205	27422	22392
钦州	298108	141243	12325	5664	16111	5557

3—20续表6

单位:万元

城市	产品销售收入		本年应交增值税		利税总额	
	全市	市辖区	全市	市辖区	全市	市辖区
贵港	489605	376559	25358	19453	26739	21927
玉林	1109337	686528	62691	41994	119408	94916
百色	857820	182578	59683	7974	151683	13361
贺州	1597	1207	13110	10093	29502	22482
河池	580002	164771	44486	8319	82304	3415
来宾	622348	415233	47746	33480	106014	86967
崇左	428507	119510	29869	9262	61599	20147
海南	**2110233**	**2110233**	**90414**	**90414**	**257417**	**257417**
海口	2021031	2021031	85190	85190	249840	249840
三亚	89202	89202	5224	5224	7577	7577
重庆	**15950727**	**13105096**	**737834**	**585188**	**1910902**	**1575161**
四川	**31570840**	**19918839**	**1511133**	**957283**	**3827607**	**2499084**
成都	9799382	7323585	489544	392307	1250525	1020067
自贡	1201871	1002774	52872	46971	107309	87381
攀枝花	2070830	1722471	179528	134121	276451	201164
泸州	982839	747481	47994	33458	123398	93852
德阳	2791114	758153	124321	36610	442025	85019
绵阳	3185563	2350303	123779	82103	228896	175215
广元	407471	301609	14985	10393	—9129	—12680
遂宁	616957	227596	23096	4892	76334	25281
内江	1449980	528385	54159	9753	143099	32274
乐山	2081299	1071412	90524	49324	347589	219573
南充	1076767	619500	26182	11600	59656	31000
眉山	1074796	426138	33028	11690	68432	41766
宜宾	2306626	1789901	123843	75261	462256	388245
广安	455867	161431	27848	12002	46202	18256
达州	753757	292199	34446	19599	60044	30097
雅安	429482	155901	31417	13470	76812	41039
巴中	137579	41208	8639	704	15951	831
资阳	748660	398792	24928	13025	51757	20704
贵州	**7007167**	**4704344**	**424208**	**303410**	**1070132**	**683935**
贵阳	3682895	2954660	220197	193511	527870	482121
六盘水	1084649	653548	69518	57465	101421	78014
遵义	1585012	777751	100417	39308	356449	100216
安顺	654611	318385	34076	13126	84392	23584
云南	**11585527**	**7723658**	**925057**	**654084**	**3300336**	**2816452**
昆明	5714850	4198297	400204	299606	1206849	1072527
曲靖	2191944	1034196	171211	77861	595169	343435
玉溪	2654299	2100553	268767	243286	1340417	1310321

3—20 续表 7

单位:万元

城市	产品销售收入		本年应交增值税		利税总额	
	全市	市辖区	全市	市辖区	全市	市辖区
保山	164325	80028	13637	6297	15032	10684
昭通	387124	228516	30783	20776	122012	89579
丽江	74693	14005	5874	1169	1877	1531
思茅	210932	55956	14850	4023	-7896	-4149
临沧	187360	12107	19731	1066	26876	-7476
陕西	**17404502**	**11067616**	**895628**	**512415**	**2280342**	**1212543**
西安	6455260	6169890	273189	261920	649912	637607
铜川	374845	370955	28185	27611	36898	35786
宝鸡	2143222	1486711	114062	75142	317077	232691
咸阳	2416918	1788097	96074	80573	235851	197762
渭南	1960103	492396	104599	16236	179212	22194
延安	1716617	189467	143989	20318	544771	55716
汉中	982854	219935	42529	11828	98751	4570
榆林	975834	182201	68735	8573	169428	15185
安康	239546	106324	17533	7175	28988	-1924
商洛	139303	61640	6733	3039	19454	12956
甘肃	**10894183**	**8206587**	**525708**	**434953**	**1250285**	**882040**
兰州	5079529	4539320	191319	173186	434067	395401
嘉峪关	853219	853219	74059	74059	145239	145239
金昌	1050875	848293	66551	54481	121274	123174
白银	1059732	1012045	73628	71920	112913	111055
天水	398375	367164	23103	22064	63976	60998
武威	249137	197266	13059	11330	26054	22539
张掖	216379	78090	10239	5445	22825	8038
平凉	363568	197940	30874	18311	39557	15811
酒泉	872701	51762	31452	2676	99043	2262
庆阳	625849	44424	5387	932	176380	-3268
定西	124819	17064	6037	549	8957	791
青海	**1254452**	**577713**	**64786**	**27673**	**129791**	**48122**
西宁	1254452	577713	64786	27673	129791	48122
宁夏	**3571002**	**2145524**	**577054**	**88473**	**709723**	**163466**
银川	1449813	1095602	59030	43062	121890	91868
石嘴山	1052563	890800	468840	39457	502356	60906
吴忠	985155	146499	45954	5672	82468	10042
固原	83471	12623	3230	282	3009	650
新疆	**7215187**	**7211830**	**419687**	**419443**	**1376580**	**1376023**
乌鲁木齐	3138504	3135147	156232	155988	388918	388361
克拉玛依	4076683	4076683	263455	263455	987662	987662

3—21 限额以上工业企业财务(二)

单位:万元

城市	流动资产年平均余额		固定资产净值年平均余额	
	全市	市辖区	全市	市辖区
城市合计	**691832890**	**514094479**	**625854497**	**450947415**
北京	**22986724**	**22508935**	**16297629**	**16088424**
天津	**19911227**	**18940152**	**17931300**	**16595264**
河北	**26374418**	**17335143**	**30621590**	**20792773**
石家庄	5145545	3969016	5560109	4240315
唐山	6031231	4332049	5886691	4558386
秦皇岛	1445886	1209261	1781859	1466011
邯郸	3036936	2345449	4177301	3553748
邢台	1498225	652328	1987551	1036709
保定	2822749	1418394	2369135	1378033
张家口	1408924	1208131	1952849	1779055
承德	971462	643783	1125810	825877
沧州	1621724	615059	3308956	788662
廊坊	1338893	605401	1353819	600745
衡水	1052843	336272	1117510	565232
山西	**16516448**	**9782409**	**20202549**	**11846986**
太原	4849515	4506975	4898165	4536280
大同	1481777	1350394	1972862	1812704
阳泉	971281	795649	1520095	1370787
长治	1479432	940656	1555763	996787
晋城	877182	467069	2285357	927476
朔州	881643	699170	873140	700577
晋中	1201738	394363	1262387	355569
运城	1994234	426332	2351134	407054
忻州	347160	96060	734239	159131
临汾	1467028	32506	1847247	448188
吕梁	965458	73235	902160	132433
内蒙古	**7406132**	**5651113**	**10937728**	**6095141**
呼和浩特	1174932	959472	1606883	1024458
包头	2725807	2693350	2751390	2724904
乌海	398142	398142	527453	527453
赤峰	769420	561946	1144000	942296
通辽	375225	176431	484112	280078
鄂尔多斯	1138530	569140	2095937	323785
海拉尔	325483	101004	1444091	90675
巴彦淖尔	300381	138254	326055	101433
乌兰察布	198212	53374	557807	80059
辽宁	**35692678**	**31633342**	**39684484**	**35703488**
沈阳	8626873	8473633	6591780	6437570

3—21 续表 1

单位:万元

城　市	流动资产年平均余额		固定资产净值年平均余额	
	全　市	市辖区	全　市	市辖区
大　连	8744038	7816632	7255838	6544345
鞍　山	3606905	2905224	4968202	4313848
抚　顺	2029783	1971275	2915276	2854204
本　溪	1755804	1643975	2951962	2817514
丹　东	832595	591925	979838	763974
锦　州	1105276	847476	1002280	820369
营　口	1414606	954154	1291719	996848
阜　新	584273	522786	986131	903780
辽　阳	1406994	1256375	2288857	2023960
盘　锦	1865259	1793493	3889375	3807966
铁　岭	665225	299538	1346531	690617
朝　阳	682599	268729	648496	230663
葫芦岛	2372448	2288127	2568199	2497830
吉　林	**13851857**	**9592900**	**14244991**	**9425630**
长　春	7654278	5173689	4352712	1952871
吉　林	2580999	2282248	4288793	3764783
四　平	699282	238283	943992	238237
辽　源	368564	284025	518932	442603
通　化	1105384	647633	899281	580028
白　山	536644	305653	817955	364798
松　原	645073	492437	2131445	1896386
白　城	261633	168932	291881	185924
黑龙江	**15114651**	**12861274**	**21126083**	**18344080**
哈尔滨	5574934	4762990	4465385	3597492
齐齐哈尔	1483489	1314573	1544685	1303968
鸡　西	824256	666324	795862	601630
鹤　岗	333887	318102	840451	810562
双鸭山	492639	364472	718835	608336
大　庆	3861592	3783398	9146095	9022104
伊　春	271005	233944	294748	240690
佳木斯	493138	402987	756972	648056
七台河	454240	407038	907575	876656
牡丹江	732596	546698	714114	545479
黑　河	159862	38100	421089	79684
绥　化	433013	22648	520272	9423
上　海	55284377	54971954	38751189	38595103
江　苏	**77376869**	**46359428**	**54804376**	**33930137**
南　京	11734885	11314622	7696943	7502562
无　锡	14464549	8894123	8126379	4930655

3—21 续表 2

单位:万元

城市	流动资产年平均余额		固定资产净值年平均余额	
	全市	市辖区	全市	市辖区
徐州	2910847	2212566	2584406	2007824
常州	7554183	6692974	3707718	3208289
苏州	21218495	7731880	15577564	5649541
南通	4217089	1864564	3644598	2380718
连云港	998489	803622	992475	851308
淮安	1268146	998989	1306575	1056630
盐城	2269475	784138	1907333	852367
扬州	3239356	1687137	3496149	2068796
镇江	4034030	2104250	3325800	2304980
泰州	3064751	1189011	1923381	851629
宿迁	402574	81552	515055	264838
浙江	**59054667**	**30995233**	**40243734**	**22263511**
杭州	16683154	13993034	9287157	7768992
宁波	11564507	6686783	8065316	5912425
温州	5467447	2476563	3252120	1612856
嘉兴	4606192	1133607	3566188	1153237
湖州	2309345	1154594	2538186	982966
绍兴	7896102	1520611	6194673	1575187
金华	3682350	789875	2690667	850026
衢州	1074601	630327	1033500	667228
舟山	833252	739477	481023	411104
台州	4161462	1581719	2469646	1142991
丽水	776255	288643	665258	186499
安徽	**14162974**	**11145681**	**15522975**	**12125524**
合肥	2905275	2677383	2583127	2149814
芜湖	1699788	1534608	972875	785389
蚌埠	1003032	932939	765061	692244
淮南	813419	704813	2254547	1971335
马鞍山	1240910	1186489	1757858	1680115
淮北	790425	764803	1400169	1356679
铜陵	999716	973145	1015466	995385
安庆	728012	475805	1063827	719182
黄山	223704	83396	140183	59126
滁州	774807	313809	568822	232327
阜阳	585254	334194	529641	292793
宿州	239663	141556	323134	180543
巢湖	567896	261177	619537	351100
六安	383344	178253	491379	145688
亳州	433113	258794	302657	170882

3—21 续表 3

单位:万元

城市	流动资产年平均余额		固定资产净值年平均余额	
	全市	市辖区	全市	市辖区
池州	160891	112387	216611	158880
宣城	613725	212130	518081	184042
福建	**20954672**	**12442307**	**20191471**	**10878358**
福州	5329700	2765461	4494400	2040572
厦门	5806900	5806900	4319100	4319100
莆田	937078	831390	1219984	1127679
三明	1259679	643568	1529900	591086
泉州	3942959	814507	3844600	918172
漳州	1648127	441911	1899711	393495
南平	756713	426551	1198019	711849
龙岩	870569	568802	1225082	618312
宁德	402947	143217	460675	158093
江西	**8035438**	**5135225**	**8553063**	**4499965**
南昌	2478593	2236725	1665369	1499331
景德镇	913613	780911	609105	448731
萍乡	445700	409609	371401	342553
九江	873887	461222	1624197	1001109
新余	497295	470107	592081	532443
鹰潭	668846	32691	963594	17192
赣州	588858	239923	605651	131427
吉安	283558	83512	604481	255636
宜春	553191	141780	818717	87110
抚州	263970	134291	268695	128124
上饶	467927	144454	429772	56309
山东	**57605219**	**32824076**	**52715695**	**30296833**
济南	5721788	5082190	3815256	3092688
青岛	10831431	8243531	6549328	4615763
淄博	5394286	4667241	5612660	4852848
枣庄	1274904	1048639	2223874	1933745
东营	1622438	765140	5608010	4899286
烟台	6703430	2989477	5358214	1844519
潍坊	5032807	1665917	4143168	1263871
济宁	3641055	1204996	4312048	1066973
泰安	2570332	738825	2107126	493276
威海	3680696	1193911	2248503	936376
日照	1078710	788194	1194480	942275
莱芜	1093844	1093844	1087361	1087361
临沂	2623315	1558326	2212728	1244345
德州	1724860	693645	2314860	1135238

3—21 续表 4

单位:万元

城市	流动资产年平均余额		固定资产净值年平均余额	
	全市	市辖区	全市	市辖区
聊城	2068859	509170	1586917	395860
滨州	1896467	416382	1653202	299345
菏泽	645997	164648	687960	193064
河南	**25688606**	**15134987**	**25043494**	**14984862**
郑州	4694791	2717162	3608260	1937768
开封	658820	472902	514162	314682
洛阳	3136202	2255207	3426219	2230641
平顶山	1746794	1170895	1926746	1496230
安阳	2129793	1554476	1777821	1249265
鹤壁	548112	368347	463581	324995
新乡	1826592	1078058	1490765	792369
焦作	1360356	790975	1506507	982639
濮阳	1173893	1013276	2332628	2140950
许昌	1605662	841473	1080136	306695
漯河	957646	511826	659343	333502
三门峡	1222951	313866	1732881	448240
南阳	1764554	1067768	1784209	1388602
商丘	842077	350796	949802	221565
信阳	486852	238735	655646	446994
周口	990233	76758	681451	138438
驻马店	543278	312467	453337	231287
湖北	**22405490**	**18140269**	**30955682**	**25724892**
武汉	8529945	8529945	7229086	7229086
黄石	1475043	1233283	1407271	1160358
十堰	2137861	1771012	1575101	1120744
宜昌	3638453	2806551	12940720	11634290
襄樊	1983126	1379056	1927892	1473020
鄂州	516150	516150	800348	800348
荆门	699709	400604	1360367	640215
孝感	914062	192316	1164175	308440
荆州	1238109	762388	1185907	784088
黄冈	564938	139835	763155	278588
咸宁	333360	110204	383219	123897
随州	374734	298925	218441	171818
湖南	**12879017**	**8970944**	**14823093**	**8884410**
长沙	3437007	2373517	2180141	1134263
株洲	1657829	1464122	1321486	1169017
湘潭	1131860	931362	1397622	1213947
衡阳	989218	652884	1050801	683021

3—21 续表 5 单位:万元

城市	流动资产年平均余额		固定资产净值年平均余额	
	全 市	市辖区	全 市	市辖区
邵 阳	420490	216290	563939	316549
岳 阳	1506792	1178700	1827691	1603238
常 德	1060202	618138	1577319	580267
张家界	85799	45801	484597	143856
益 阳	387084	253524	718340	521842
郴 州	640083	315587	1117793	440155
永 州	561025	439241	521020	325267
怀 化	304139	105329	1155708	188353
娄 底	697489	376449	906636	564635
广 东	**98345197**	**88322222**	**66691109**	**57663793**
广 州	19065901	17109336	13424426	12203459
韶 关	1414385	1037964	1985512	1416598
深 圳	24703486	24703486	12780825	12780825
珠 海	4617493	4617493	3266622	3266622
汕 头	2248220	2236861	2218208	2179246
佛 山	11896087	11896087	6893048	6893048
江 门	4563377	2587405	3435134	1663087
湛 江	2241970	1879752	2325024	1904304
茂 名	1348044	976418	2098614	1696729
肇 庆	1765066	829958	1390228	599594
惠 州	4232451	3704100	2104169	1538057
梅 州	851827	238702	1002324	199515
汕 尾	254571	138606	276528	118710
河 源	366249	211412	420803	163054
阳 江	469790	220300	366759	163815
清 远	786899	279738	994868	269994
东 莞	10033339	10033339	6753259	6753259
中 山	4982324	4982324	3110172	3110172
潮 州	868033	310798	481967	194475
揭 阳	979118	321040	705867	250469
云 浮	656567	7103	656752	298761
广 西	**8039550**	**5749598**	**9864037**	**6099374**
南 宁	1064843	728170	1589187	1094667
柳 州	2529485	2195734	2079760	1574945
桂 林	1093487	835618	896354	520523
梧 州	402130	310530	442657	342718
北 海	309857	270101	310772	247147
防城港	142857	110006	138722	97181
钦 州	132773	90151	214560	158197

3—21 续表 6

单位:万元

城　　市	流动资产年平均余额		固定资产净值年平均余额	
	全　市	市辖区	全　市	市辖区
贵　港	242123	182564	492874	414907
玉　林	533937	359614	595931	365173
百　色	375433	100551	933600	168508
贺　州	273097	147969	234956	164884
河　池	369081	140842	890928	256403
来　宾	352971	230023	735084	590682
崇　左	217476	47725	308652	103439
海　南	**1172630**	**1172630**	**810287**	**810287**
海　口	1105873	1105873	731660	731660
三　亚	66757	66757	78627	78627
重　庆	**10305605**	**8836623**	**8385199**	**6622466**
四　川	**21171282**	**14677412**	**20037165**	**10922677**
成　都	7028203	5616292	4785468	3648994
自　贡	1144058	1049869	521720	418325
攀枝花	1198961	993922	3743924	1393907
泸　州	874955	622101	601178	422059
德　阳	2203791	834139	1166353	403505
绵　阳	2854422	2319525	1281183	653262
广　元	286825	240188	719080	353889
遂　宁	381345	97325	535320	173826
内　江	675702	282188	621337	266626
乐　山	1018948	530444	1805109	967832
南　充	401460	266400	444000	204100
眉　山	443329	181106	541333	166750
宜　宾	1343107	1044308	1430053	1038538
广　安	210284	68241	580616	294993
达　州	303297	130968	379948	150307
雅　安	355149	181914	574399	241127
巴　中	57753	17171	88302	27261
资　阳	389693	201311	217842	97376
贵　州	**5716288**	**3673832**	**5175516**	**3064046**
贵　阳	2930528	2438232	2402478	1831478
六盘水	769833	462635	1131606	530200
遵　义	1374594	559066	952711	483607
安　顺	641333	213899	688721	218761
云　南	**8825071**	**6443149**	**8603993**	**4437046**
昆　明	4114287	3224804	4280583	2715864
曲　靖	1342498	663998	1715249	540476
玉　溪	2588228	2241585	1053092	622711

3—21续表7 单位:万元

城市	流动资产年平均余额		固定资产净值年平均余额	
	全市	市辖区	全市	市辖区
保山	133749	82512	213066	128542
昭通	260814	153612	388019	214018
丽江	59112	17615	125672	43358
思茅	180103	43873	398298	116562
临沧	146280	15150	430014	55515
陕西	**12855589**	**9290435**	**13014899**	**7438686**
西安	5856256	5626938	3432079	3216204
铜川	403435	326911	532448	520989
宝鸡	1885694	1488070	1713079	912542
咸阳	1568905	1111525	1513466	1074149
渭南	1083539	166783	1885166	537225
延安	474882	131161	930053	184057
汉中	889935	228921	930483	279346
榆林	435650	110926	1358997	223678
安康	169105	70527	529600	372739
商洛	88188	28673	189528	117757
甘肃	**6976688**	**5529170**	**9024067**	**6815195**
兰州	2869210	2541586	3356555	3064049
嘉峪关	675358	675358	681246	681246
金昌	591217	482079	604001	401335
白银	906452	868077	1230365	1192366
天水	414978	403508	333796	312704
武威	272459	243284	326483	298376
张掖	189485	91448	265523	162840
平凉	225904	112234	777490	534041
酒泉	586788	49758	527946	42095
庆阳	118878	30060	776944	103203
定西	125959	31778	143718	22940
青海	**1056674**	**724247**	**999468**	**474142**
西宁	1056674	724247	999468	474142
宁夏	**2631465**	**1823324**	**3155017**	**2082884**
银川	1159901	987168	1334010	1105733
石嘴山	719500	671476	965926	867000
吴忠	702216	154459	784018	97520
固原	49848	10221	71063	12631
新疆	**3435387**	**3426465**	**7442614**	**7441438**
乌鲁木齐	1826331	1817409	3001394	3000218
克拉玛依	1609056	1609056	4441220	4441220

3—22 固定资产投资

单位:万元

城市	固定资产投资总额		房地产开发投资额		住宅	
	全市	市辖区	全市	市辖区	全市	市辖区
城市合计	**462705608**	**265928721**	**73981066**	**60358426**	**50789947**	**40845741**
北京	**21571000**	**20622000**	**12024763**	**11372937**	**6329718**	**5874489**
天津	**10466915**	**10172440**	**2113876**	**2056308**	**1509252**	**1463018**
河北	**26042624**	**9396853**	**2519514**	**1925803**	**1648205**	**1208834**
石家庄	5349800	2336448	620931	574538	361086	320850
唐山	3148635	1428368	280005	177642	181129	111407
秦皇岛	1151749	785233	257356	222386	142760	120994
邯郸	2568899	984254	197788	160515	165311	132471
邢台	2176187	506185	108373	94964	68695	54670
保定	3591239	916646	191215	137214	127805	94987
张家口	962157	466391	160976	95360	115540	53197
承德	1119643	350179	148890	106712	95811	64215
沧州	1784508	463979	131160	72986	87340	47820
廊坊	2243101	653896	285321	165768	183832	106986
衡水	1946706	505274	137499	117718	118896	101237
山西	**10116278**	**5304518**	**948526**	**841272**	**491613**	**427986**
太原	2044542	1725229	426123	416236	167997	163981
大同	863908	739749	91461	90711	52335	43108
阳泉	378000	282500	65974	48476	47999	37601
长治	1278629	659874	70478	66418	41806	38249
晋城	823701	501533	49088	42279	30096	25541
朔州	502990	371108	25876	25876	13919	13919
晋中	951739	215050	60862	45939	38732	31385
运城	1024331	265834	76252	53309	43524	29119
忻州	505441	130120	6574	4983	4734	4157
临汾	1084871	192321	62151	39442	41161	34320
吕梁	658126	221200	13687	7603	9310	6606
内蒙古	**11183800**	**5816283**	**835881**	**709130**	**485213**	**402276**
呼和浩特	2073726	1414271	273982	272968	124985	124663
包头	2379000	2141100	179100	170211	117404	111251
乌海	467443	467443	38098	38098	28877	28877
赤峰	1080123	512994	61430	38662	45472	26659
通辽	1076000	533138	73950	65102	30633	25209
鄂尔多斯	1355700	176400	55574	41855	36426	25003
海拉尔	970704	140987	73346	23839	37718	11898
巴彦淖尔	740104	183326	54587	48412	45550	41698
乌兰察布	1041000	246624	25814	9983	18148	7018
辽宁	**20617136**	**15654825**	**4863947**	**4433551**	**3442555**	**3104861**
沈阳	5826103	5029626	1773283	1754664	1306195	1288315

3—22 续表 1

单位:万元

城　市	固定资产投资总额		房地产开发投资额		住　宅	
	全　市	市辖区	全　市	市辖区	全　市	市辖区
大　连	5069032	4255644	1511363	1427042	1035736	987938
鞍　山	1754364	1052513	192573	149130	128613	95997
抚　顺	784636	630658	136749	121705	113405	104004
本　溪	657304	514945	124316	85035	82424	56105
丹　东	662967	305467	132764	103501	93397	75602
锦　州	743961	617815	155834	147276	120233	116170
营　口	1035993	627026	146933	114900	106924	83813
阜　新	479464	364392	108760	81570	67781	50835
辽　阳	553612	448148	44550	40682	24990	23736
盘　锦	1293178	1089761	117260	114360	78766	24708
铁　岭	638304	177686	104746	61178	75387	42147
朝　阳	484133	205079	113282	77327	74055	50465
葫芦岛	634085	336065	201534	155181	134649	105026
吉　林	**10143948**	**7761591**	**1254758**	**1177528**	**921766**	**863239**
长　春	3896440	3574218	700020	692750	525272	521902
吉　林	3110848	2226568	304976	269889	226428	200949
四　平	470304	290590	36687	32587	20990	20990
辽　源	374240	332961	53453	51753	32723	31313
通　化	473029	239266	61365	44297	44662	23239
白　山	349794	94087	34415	25510	25354	21609
松　原	858293	683901	33058	33058	23058	23058
白　城	611000	320000	30784	27684	23279	20179
黑龙江	**10147766**	**7479208**	**1615573**	**1519322**	**873818**	**815881**
哈尔滨	4359569	3503347	1060366	1029959	500947	487452
齐齐哈尔	740521	458799	180256	177586	136678	135010
鸡　西	282456	154099	16971	16471	12559	12359
鹤　岗	291744	203012	55443	45513	37940	29310
双鸭山	282263	160015	12964	11974	10357	9367
大　庆	2154088	2014872	45369	41539	20381	16701
伊　春	165672	128587	31571	26120	26198	21815
佳木斯	352078	219566	59392	41061	39049	31615
七台河	249272	221683	42265	39040	28888	25728
牡丹江	596822	256825	86842	76497	45095	40058
黑　河	263281	132021	9248	5621	7268	3296
绥　化	410000	26382	14886	7941	8458	3170
上　海	**24521126**	**24389726**	**9012427**	**8993027**	**6762825**	**6743925**
江　苏	**61124798**	**34384247**	**8094676**	**5593725**	**5964850**	**4105445**
南　京	9540495	9036902	1838038	1771904	1293320	1253300
无　锡	8933173	5388630	1317920	928174	1033558	727146

3—22 续表 2

单位:万元

城市	固定资产投资总额		房地产开发投资额		住宅	
	全市	市辖区	全市	市辖区	全市	市辖区
徐州	3830289	2015898	300958	180912	233404	132043
常州	4465944	3583446	527754	457158	369717	316737
苏州	14089329	5867780	1779403	913967	1481696	793253
南通	4484170	1300689	483169	264114	318225	149882
连云港	2123858	1281550	197645	156578	116550	86939
淮安	2281101	1514849	215353	198669	117688	104411
盐城	2806381	694169	231264	67392	181822	58798
扬州	2470087	1313106	438181	259968	301559	200704
镇江	2372847	1328380	322858	220983	231514	170949
泰州	2306477	746153	311484	123536	202643	83991
宿迁	1420647	312695	130649	50370	83154	27292
浙江	**48215481**	**25132588**	**9800514**	**6316462**	**7158355**	**4676033**
杭州	10067440	7971044	2588452	2176433	1940139	1624373
宁波	8375862	5229039	1842589	1187784	1368423	914055
温州	4486012	2531814	1349297	970360	969086	686020
嘉兴	5255300	1852100	724390	345327	557448	262700
湖州	2679721	1307534	415160	184357	243926	110152
绍兴	5350324	1674106	744682	342533	541020	249343
金华	4121860	1166028	775553	359814	547910	282491
衢州	1604214	769260	355283	212421	230934	133087
舟山	980091	581547	181872	156714	162892	141362
台州	3861009	1612554	564954	306757	424154	218201
丽水	1433648	437562	258282	73962	172423	54249
安徽	**14194226**	**8917050**	**2406505**	**2019817**	**1790334**	**1437414**
合肥	2551061	2256602	896970	873776	638531	620815
芜湖	1429283	1083604	259285	223661	233002	147060
蚌埠	847217	561586	135081	122966	114569	105662
淮南	540909	479061	67286	64339	54425	33477
马鞍山	1067938	912546	136244	118274	133447	117269
淮北	511228	426122	60655	59510	47578	46465
铜陵	468715	402152	93126	77987	60567	49535
安庆	1032023	359055	105231	70484	81113	43469
黄山	528027	357536	108456	79906	57806	44147
滁州	658170	225899	66846	48754	45559	39784
阜阳	746606	373790	79321	74868	57784	54307
宿州	569272	249874	44776	35567	24852	17740
巢湖	927651	347681	75064	32204	59589	13212
六安	660779	213048	93270	41167	52401	23822
亳州	544709	282244	46034	38314	46034	38314

3—22 续表 3

单位:万元

城市	固定资产投资总额		房地产开发投资额		住宅	
	全市	市辖区	全市	市辖区	全市	市辖区
池州	363363	231783	46293	33211	36028	26615
宣城	747275	154467	92567	24829	47049	15721
福建	**14953024**	**7575029**	**3620657**	**2863975**	**2376658**	**1926114**
福州	4257211	2761178	1670394	1455845	1136397	984478
厦门	2451180	2451180	792737	792737	548790	548790
莆田	593728	491694	85544	75472	42103	38245
三明	1005234	240978	89816	39467	51784	21135
泉州	2784777	825622	391318	198396	262251	145643
漳州	1408467	318342	209877	121951	102980	70391
南平	966644	273644	134460	53403	90748	43298
龙岩	745128	0	110509	72638	61439	44167
宁德	740655	212391	136002	54066	80166	29967
江西	**10539806**	**4993087**	**1773460**	**1349016**	**1067637**	**707950**
南昌	2350044	1824898	600118	573121	445574	299033
景德镇	546215	380405	171012	165164	63766	59723
萍乡	548306	382953	68074	63808	27353	25564
九江	1361607	803524	122990	96993	70905	54096
新余	519600	455600	62343	60823	23027	18687
鹰潭	308900	110900	43623	31335	22418	12431
赣州	1554900	263186	134959	66316	78786	39758
吉安	750000	137571	121713	57269	81986	44387
宜春	850234	161997	107133	56830	44437	21897
抚州	650000	272228	167466	113056	110372	77541
上饶	1100000	199825	174029	64301	99013	54833
山东	**57575447**	**25325112**	**5819041**	**4350923**	**4127587**	**2968863**
济南	5048822	2423284	897967	852309	740877	699673
青岛	7393766	3389295	1277969	971116	938652	694383
淄博	3659092	3074571	363655	338133	229038	213589
枣庄	1360961	938208	148758	105463	115433	75791
东营	3186032	2351939	202712	182074	98461	81263
烟台	7371898	2888721	717756	427030	490369	301786
潍坊	5170941	1334682	371004	157007	263041	103862
济宁	3560000	771240	249058	152205	153203	91996
泰安	2598500	934041	150760	112223	115678	82352
威海	3705713	1249063	436945	329845	314420	210363
日照	1312418	1105069	141724	124739	90305	74814
莱芜	766671	766671	28192	28192	23038	23038
临沂	3592460	1724970	232469	182183	120427	80338
德州	3238862	857745	233692	190495	160364	129985

3—22 续表 4

单位:万元

城市	固定资产投资总额		房地产开发投资额		住宅	
	全市	市辖区	全市	市辖区	全市	市辖区
聊城	2009311	396086	226455	120206	181440	60720
滨州	1980000	629384	57101	27643	45244	18534
菏泽	1620000	490143	82824	50060	47597	26376
河南	**22426791**	**10172310**	**1851100**	**1603931**	**1348205**	**1207683**
郑州	5023000	3064770	742644	697784	642084	607009
开封	611044	345791	72739	71948	38655	38440
洛阳	1951058	1004384	208155	168260	149990	140220
平顶山	783844	367609	34476	32594	25780	24543
安阳	1040325	505566	110769	101677	77875	71669
鹤壁	334545	238225	11330	11330	6241	6241
新乡	1510984	508008	122509	87322	55743	43072
焦作	1062189	584511	67429	48438	28722	22566
濮阳	996239	721793	51162	47991	37482	34390
许昌	1050169	230468	45118	38811	36006	30318
漯河	599340	225852	52605	46855	45398	41388
三门峡	760489	171909	12184	8699	11283	7863
南阳	2078108	937890	110760	98813	63046	55563
商丘	1219192	412619	33424	26390	27954	21570
信阳	1394012	419646	86225	41303	55631	26648
周口	1146000	240077	63905	55060	28453	21189
驻马店	866253	193192	25666	20656	17862	14994
湖北	**16313727**	**11739772**	**2348069**	**2213793**	**1711551**	**1599787**
武汉	6450642	6450642	1695468	1695468	1248271	1248271
黄石	692305	394188	43312	29337	30685	22237
十堰	586766	315700	94681	84229	57251	47772
宜昌	2500351	1918897	127950	110486	94687	83830
襄樊	1072225	701254	117245	93235	85543	67921
鄂州	375062	375062	23407	23407	21117	21117
荆门	709578	342232	39353	34891	36081	29405
孝感	902109	199787	53701	25880	36178	14174
荆州	965787	436520	69725	57039	43305	31216
黄冈	1066633	225105	35097	25665	22506	7928
咸宁	626753	149569	19771	8334	13359	5778
随州	365516	230816	28359	25822	22568	20138
湖南	**15894033**	**8215868**	**2402335**	**2001084**	**1380574**	**1115316**
长沙	4949713	3073642	1225551	1103388	732833	645502
株洲	1048635	652982	184631	150013	90363	71920
湘潭	898413	562019	118657	101075	75842	53995
衡阳	1201253	410272	115094	115094	64523	62382

3—22续表5 单位:万元

城　市	固定资产投资总额		房地产开发投资额		住　宅	
	全　市	市辖区	全　市	市辖区	全　市	市辖区
邵　阳	697589	141328	66020	34747	23572	12256
岳　阳	1383026	977719	118558	67758	52334	28260
常　德	1219138	541088	146735	96816	96483	67153
张家界	376797	178597	41894	39738	21866	20045
益　阳	626133	324405	79050	60995	37319	26384
郴　州	1358130	442190	166813	127110	90477	66315
永　州	863393	311758	25405	19390	15958	11493
怀　化	495123	126206	73828	48546	64632	37892
娄　底	776690	473662	40099	36414	14372	11719
广　东	**47676181**	**39400174**	**12335222**	**11580606**	**8225377**	**7651656**
广　州	11751668	10882562	4194806	3910617	3172115	2958572
韶　关	1033147	394949	100853	53508	51997	23223
深　圳	9491016	9491016	4126636	4126636	2501914	2501914
珠　海	1410518	1410518	388141	388141	266058	266058
汕　头	1192391	1032296	150494	150494	112641	112641
佛　山	4236889	4236889	885028	885028	568435	568435
江　门	1611066	726102	238671	174117	173135	123796
湛　江	1141327	721256	114567	94102	77564	63861
茂　名	939076	347136	53051	31778	32517	24466
肇　庆	1147510	372567	164823	128800	113542	89710
惠　州	2284704	1883077	272724	252541	171787	155665
梅　州	1004345	343000	129531	22400	119437	11500
汕　尾	569500	160746	21180	10090	13463	6813
河　源	562865	163735	46396	28911	28956	16267
阳　江	498646	239412	112318	80860	66382	48617
清　远	1059422	447979	137985	109342	71885	49042
东　莞	3193889	3193889	551184	551184	329857	329857
中　山	2620572	2620572	519381	519381	255896	255896
潮　州	478856	248257	37877	24110	30446	20241
揭　阳	855154	291725	58483	26923	46744	18207
云　浮	593620	192491	31093	11643	20606	6875
广　西	**8714574**	**4427193**	**1201369**	**981096**	**730790**	**621742**
南　宁	1903947	1312636	394830	353820	229928	210433
柳　州	1093675	831104	278999	267266	201884	195537
桂　林	1110471	409253	262400	162623	144286	89965
梧　州	416986	237387	54389	46608	34400	33550
北　海	430571	325878	47385	45938	33514	32722
防城港	197008	121881	12065	5197	8308	4415
钦　州	444962	266388	16291	11073	10672	8719

3—22 续表 6

单位:万元

城市	固定资产投资总额		房地产开发投资额		住宅	
	全市	市辖区	全市	市辖区	全市	市辖区
贵港	363509	225033	47384	30671	25696	16982
玉林	483279	166724	30366	24839	16635	14490
百色	763087	216012	25744	12063	16495	8082
贺州	224909	117807	12653	9818	1793	832
河池	608126	81395	9525	6127	4278	4040
来宾	349161	66575	9227	5053	2901	1975
崇左	324883	49120	111	0	0	0
海南	**1294811**	**1294811**	**360726**	**360726**	**288124**	**288124**
海口	1033979	1033979	277007	277007	226977	226977
三亚	260832	260832	83719	83719	61147	61147
重庆	**12693544**	**7540238**	**3278881**	**2695298**	**1774341**	**1419081**
四川	**19903646**	**11760214**	**4519646**	**3517057**	**3297445**	**2553254**
成都	7880037	6000285	2453991	2127754	1890935	1625787
自贡	446107	299391	124627	111710	78308	69116
攀枝花	704904	638906	92829	91129	77563	76763
泸州	811160	522554	191590	160855	128153	102522
德阳	813739	276196	150412	75405	113512	55221
绵阳	1034235	636194	301223	246026	224589	178385
广元	449946	249589	51103	44026	33238	28473
遂宁	591246	281493	82027	64548	55615	41606
内江	560585	253353	116961	64960	64013	37546
乐山	844085	418938	130436	78653	102711	62870
南充	1028207	395267	167079	111438	94392	57327
眉山	857656	344296	149271	83444	89565	49256
宜宾	962137	501308	136793	77221	93897	51270
广安	803472	273079	94084	57460	66466	41611
达州	861365	230889	140054	43511	90295	26769
雅安	572112	139917	30798	28268	17065	15915
巴中	260327	142722	49190	21897	36889	14748
资阳	422326	155837	57178	28752	40239	18069
贵州	4473304	2745056	849940	793084	450241	414995
贵阳	2418742	2044439	611961	591523	305696	293879
六盘水	533994	228227	50268	42264	34981	29763
遵义	1301568	352987	160474	136928	93083	77517
安顺	219000	119403	27237	22369	16481	13836
云南	**6979292**	**3120793**	**981498**	**870721**	**714424**	**632947**
昆明	3616524	1875294	700700	649965	521439	478123
曲靖	1048507	242442	47819	35784	40524	28389
玉溪	664915	296355	52234	39054	35766	28195

3—22 续表 7　　单位:万元

城　市	固定资产投资总额		房地产开发投资额		住　宅	
	全　市	市辖区	全　市	市辖区	全　市	市辖区
保　山	272011	102040	21260	14890	9046	7246
昭　通	331906	168196	23914	17870	14566	13580
丽　江	298481	165225	105434	92239	73460	63589
思　茅	391856	105502	17774	12064	10070	7152
临　沧	355092	165739	12363	8855	9553	6673
陕　西	**11750081**	**6865676**	**1873792**	**1754008**	**1202363**	**1116135**
西　安	4781002	4229306	1248177	1248177	783868	783868
铜　川	212434	202584	26777	25893	24499	23615
宝　鸡	1153614	629443	130044	103491	100328	84468
咸　阳	1173048	649713	115920	110470	48669	45471
渭　南	786694	144300	38208	18491	24923	11312
延　安	1061225	316701	64523	52081	48961	40425
汉　中	610000	161000	127000	99556	101213	80271
榆　林	1212000	292589	48269	43756	15373	13289
安　康	463641	156404	66969	45738	48478	28915
商　洛	296423	83636	7905	6355	6051	4501
甘　肃	**5767808**	**3549412**	**499122**	**446628**	**343917**	**298374**
兰　州	2106367	1818287	301456	295743	198156	193308
嘉峪关	290668	290668	23717	23717	22023	22023
金　昌	234203	189563	4200	2750	4100	2650
白　银	420044	230858	12858	11954	9417	8513
天　水	376033	238500	47155	35324	30321	24690
武　威	347891	147723	22477	21361	12778	11662
张　掖	420760	172652	20568	14703	16502	8485
平　凉	316234	126540	17709	12346	10661	6929
酒　泉	532295	158145	23032	16248	19186	12834
庆　阳	474340	129152	12190	8152	11580	6401
定　西	248973	47324	13760	4330	9193	879
青　海	**854223**	**538413**	**188950**	**188950**	**127292**	**127292**
西　宁	854223	538413	188950	188950	127292	127292
宁　夏	**3089306**	**1660690**	**508872**	**440081**	**350361**	**303248**
银　川	1433939	1018029	393550	373654	279647	264445
石嘴山	527946	319925	49459	39668	36385	27784
吴　忠	790097	186833	53265	17848	27121	4912
固　原	337324	135903	12598	8911	7208	6107
新　疆	**2713497**	**2697948**	**507373**	**506137**	**270692**	**270292**
乌鲁木齐	1805200	1789651	461572	460336	232970	232570
克拉玛依	908297	908297	45801	45801	37722	37722

3—23 商业经济

城市	限额以上批发零售贸易业商品销售总额(万元)		社会消费品零售额(万元)		限额以上批发零售贸易企业数(个)	
	全市	市辖区	全市	市辖区	全市	市辖区
城市合计	**369342395**	**304923255**	**408624485**	**229921513**	**23118**	**15119**
北京	**45099543**	**44911135**	**19167161**	**18546386**	**2186**	**2150**
天津	**19150523**	**18988900**	**9222673**	**8394702**	**816**	**769**
河北	**9816873**	**7059431**	**21778742**	**8094065**	**969**	**516**
石家庄	3263840	2734132	4566056	1843573	187	125
唐山	1534006	1018533	3073817	1508052	145	82
秦皇岛	638779	576728	1177278	754663	56	40
邯郸	654590	304027	2345550	912474	97	52
邢台	514841	399228	1562632	419414	61	26
保定	862706	641274	3162089	979461	111	54
张家口	321577	66065	1249214	676860	59	21
承德	262457	118621	917159	279068	48	20
沧州	609222	482665	1653749	313848	62	30
廊坊	702251	468703	1206024	208085	86	37
衡水	452604	249455	865174	198567	57	29
山西	**6188301**	**4562419**	**7863605**	**4240403**	**703**	**418**
太原	2521414	2501719	1853696	1624694	138	134
大同	448829	432508	1043399	765234	82	78
阳泉	387497	202972	402043	265709	59	45
长治	376165	201724	504521	231510	75	41
晋城	267883	188922	535462	250075	47	25
朔州	223761	142683	393467	143105	26	16
晋中	529085	102376	733083	216916	99	28
运城	319824	294667	806152	295230	54	12
忻州	469872	130120	493678	135820	34	11
临汾	488846	294372	740680	234050	58	20
吕梁	155125	70356	357424	78060	31	8
内蒙古	**3219249**	**2393202**	**6455480**	**3890693**	**338**	**237**
呼和浩特	991309	991309	1230000	1077867	79	79
包头	613116	603395	1393000	1260284	87	83
乌海	218467	218467	182130	182130	12	12
赤峰	232881	134611	980011	494123	25	12
通辽	83918	83918	665000	297100	11	11
鄂尔多斯	538141	112618	470605	146554	19	10
海拉尔	277067	84512	719710	170813	67	10
巴彦淖尔	177166	107881	410024	160427	26	15
乌兰察布	87184	56491	405000	101395	12	5
辽宁	**24764747**	**23940559**	**23308007**	**18043982**	**1127**	**959**
沈阳	14959885	14766107	7215370	6556949	439	406

3—23 续表 1

城市	限额以上批发零售贸易业商品销售总额(万元)		社会消费品零售额(万元)		限额以上批发零售贸易企业数(个)	
	全市	市辖区	全市	市辖区	全市	市辖区
大连	4481907	4273538	5684526	4834581	309	278
鞍山	2397138	2268426	1711497	1012038	94	56
抚顺	509635	502143	1402844	1208603	39	35
本溪	248904	248904	698089	534282	27	27
丹东	243564	220800	914672	391121	15	12
锦州	563835	464585	1056734	647276	62	33
营口	247291	169188	815317	466255	36	26
阜新	145146	135279	499136	412404	19	15
辽阳	159155	157068	693249	345896	19	18
盘锦	207836	206836	615525	441275	17	16
铁岭	245607	188126	737380	251171	26	16
朝阳	140178	124893	478102	454232	16	12
葫芦岛	214666	214666	785566	487899	9	9
吉林	**5124953**	**4145412**	**10336999**	**6237062**	**334**	**225**
长春	3366595	3020462	4383184	3494994	161	131
吉林	959232	678740	2500259	1783435	54	37
四平	236367	111086	764958	154414	29	14
辽源	78970	68302	275821	157109	14	10
通化	199587	108910	740622	259174	23	10
白山	108237	90332	456026	95355	14	9
松原	132958	46535	650182	43176	17	7
白城	43007	21045	565947	249405	22	7
黑龙江	**13746519**	**10997489**	**13344403**	**8659736**	**590**	**360**
哈尔滨	10565775	9471799	6241740	4607044	187	145
齐齐哈尔	323778	240068	1356981	934918	38	24
鸡西	666987	225131	540938	302735	44	15
鹤岗	90756	63421	235438	194007	19	15
双鸭山	88941	67466	311477	153415	11	7
大庆	321844	320494	1080247	911657	85	80
伊春	13781	13781	263852	178998	1	1
佳木斯	315011	213758	728024	463256	50	28
七台河	47955	47955	234082	159886	11	11
牡丹江	604008	204641	1030106	534790	72	21
黑河	512262	110126	300264	58262	30	8
绥化	195421	18849	1021254	160768	42	5
上海	**41960300**	**41868235**	**22206408**	**19059047**	**1040**	**1036**
江苏	**38461315**	**28857573**	**35664803**	**19071929**	**1653**	**918**
南京	13433607	13307444	6002441	5573613	248	234
无锡	5757945	3261244	4870600	3126784	166	89

3—23 续表 2

城　市	限额以上批发零售贸易业商品销售总额(万元)		社会消费品零售额(万元)		限额以上批发零售贸易企业数(个)	
	全　市	市辖区	全　市	市辖区	全　市	市辖区
徐　州	1859524	1390770	2354214	1252978	186	115
常　州	2952350	2664251	2806470	1907533	130	101
苏　州	5887154	2418526	5260502	2057540	227	84
南　通	2749554	2032617	3312757	830440	169	66
连云港	759647	597640	1236283	617254	74	39
淮　安	563561	463690	1393180	889720	65	41
盐　城	1019591	557914	2248806	508537	95	24
扬　州	1007394	709719	1979596	847367	88	47
镇　江	819933	498700	1682408	829099	70	36
泰　州	1415798	870104	1737594	482212	103	31
宿　迁	235257	84954	779952	148852	32	11
浙　江	**52207730**	**41158565**	**31577002**	**14980937**	**2259**	**1385**
杭　州	22083443	21262954	5875188	4830222	511	443
宁　波	11553495	9217977	5215347	2087957	359	271
温　州	5445801	4029336	5225366	2805936	352	236
嘉　兴	3005910	1639860	2793875	694183	246	78
湖　州	1380094	982658	1823403	925695	118	63
绍　兴	2012249	677991	2919846	740415	134	39
金　华	2493951	932187	2388961	644831	191	70
衢　州	488583	320554	910526	315090	67	35
舟　山	684827	578458	751099	574359	72	53
台　州	2583740	1342384	2623274	1018276	154	72
丽　水	475637	174206	1050117	343973	55	25
安　徽	**10248355**	**8626716**	**13079571**	**6803783**	**633**	**443**
合　肥	5203772	5110249	2074332	1784755	188	181
芜　湖	453413	450231	880026	522513	31	29
蚌　埠	261109	242648	886858	524843	22	17
淮　南	210206	202988	556015	488148	18	14
马鞍山	858542	847617	468632	358861	33	30
淮　北	107435	101710	408008	308424	13	10
铜　陵	168171	159695	299872	244861	20	16
安　庆	399202	205652	1145298	436714	58	23
黄　山	91403	90552	360938	174621	8	7
滁　州	357363	131018	783589	179819	75	22
阜　阳	963986	415467	1166869	374402	41	29
宿　州	265236	179567	680102	276245	27	16
巢　湖	230891	81726	765858	231166	22	12
六　安	142235	51840	890895	245664	18	6
亳　州	164339	83857	801620	296257	22	6

3—23 续表 3

城　市	限额以上批发零售贸易业商品销售总额(万元)		社会消费品零售额(万元)		限额以上批发零售贸易企业数(个)	
	全　市	市辖区	全　市	市辖区	全　市	市辖区
池　州	116728	102958	248366	110524	15	12
宣　城	254324	168941	662293	245966	22	13
福　建	**15358179**	**13001818**	**17432636**	**8133644**	**1829**	**1317**
福　州	4268564	3948159	4909778	2926436	514	415
厦　门	6725855	6725855	2303399	2303399	628	628
莆　田	339066	268819	871863	691830	25	23
三　明	513785	306050	1070515	230452	78	31
泉　州	1665138	806580	4093262	969877	261	100
漳　州	748866	485812	1798836	466267	103	48
南　平	432788	110053	847129	209505	95	30
龙　岩	421237	270910	674650	199882	78	37
宁　德	242880	79580	863204	135996	47	5
江　西	**5782315**	**4549650**	**9276697**	**4189673**	**429**	**250**
南　昌	3323473	3077402	2011763	1703775	135	124
景德镇	113827	107320	380670	221979	15	13
萍　乡	160969	160969	469899	365272	11	11
九　江	495161	301937	856179	338873	70	32
新　余	116080	99682	344727	266445	30	23
鹰　潭	94875	88169	248605	120789	11	6
赣　州	399094	218402	1201354	294879	56	13
吉　安	266893	34318	731304	131640	25	9
宜　春	352217	239027	1143493	215074	35	8
抚　州	241361	192109	822280	297572	9	5
上　饶	218365	30315	1066423	233375	32	6
山　东	**29158292**	**23143376**	**37547228**	**18370551**	**2044**	**1089**
济　南	6647898	6552454	5331719	4281193	181	157
青　岛	8182787	7667780	5122178	2756524	333	257
淄　博	1073043	987778	2548644	2176295	80	59
枣　庄	350307	199920	1211162	656780	62	36
东　营	349405	262287	910938	636312	35	18
烟　台	2556944	1840866	3661133	1272054	237	91
潍　坊	2418429	1108948	3446022	967816	191	60
济　宁	1104825	425358	2415541	844881	141	52
泰　安	521999	207091	1857338	670243	95	28
威　海	881654	687074	2020295	687702	81	34
日　照	717101	586411	889060	522998	76	50
莱　芜	334946	334946	556913	556913	38	38
临　沂	1754011	1289293	2632760	1133465	206	121
德　州	620394	43113	1587442	349264	91	24

3—23 续表 4

城　市	限额以上批发零售贸易业商品销售总额(万元)		社会消费品零售额(万元)		限额以上批发零售贸易企业数(个)	
	全　市	市辖区	全　市	市辖区	全　市	市辖区
聊　城	548573	330812	1010867	264900	68	23
滨　州	462994	170721	928685	258013	66	17
菏　泽	632982	448524	1416531	335198	63	24
河　南	**14869069**	**10686882**	**24435011**	**9835369**	**2782**	**1252**
郑　州	5457003	5052179	4798876	2689459	559	385
开　封	694280	482178	1119035	742033	129	68
洛　阳	1032001	867469	2267642	1342156	240	129
平顶山	571528	357425	1135169	528636	116	66
安　阳	1247748	703946	1103319	530052	174	88
鹤　壁	145946	77507	296485	188684	44	13
新　乡	554441	311016	1332390	492739	137	39
焦　作	406000	232712	1020491	320717	137	44
濮　阳	345688	192944	732889	216923	96	32
许　昌	442708	262011	1119510	315606	80	38
漯　河	326988	204917	779981	240483	74	38
三门峡	422388	216817	703998	158364	115	32
南　阳	1106837	614116	2500852	740681	338	115
商　丘	516625	331501	1280845	421395	158	55
信　阳	455375	299026	1361847	395172	145	56
周　口	593045	234024	1605021	240989	108	28
驻马店	550468	247094	1276661	271280	132	26
湖　北	**13458651**	**12244310**	**21703977**	**14008887**	**698**	**450**
武　汉	9935168	9935168	8539911	8539911	244	244
黄　石	253537	182596	941164	512477	48	25
十　堰	384908	319103	931521	447336	38	27
宜　昌	448391	319839	1741407	884139	38	29
襄　樊	393888	289724	1828570	979638	49	23
鄂　州	222674	222674	480101	480101	22	22
荆　门	315944	217040	1064685	382563	38	15
孝　感	340676	96214	1367668	230256	48	8
荆　州	479904	329149	2132822	662957	41	20
黄　冈	350470	76309	1365263	171213	82	12
咸　宁	134625	78808	578359	161607	24	8
随　州	198466	177686	732506	556689	26	17
湖　南	**12136470**	**8204135**	**17747180**	**9113511**	**751**	**410**
长　沙	5681637	5192791	4519993	3522069	229	196
株　洲	738178	543721	1400470	728493	53	38
湘　潭	309442	221961	902986	535920	28	16
衡　阳	565619	280002	1560400	930815	71	28

3—23 续表 5

城　市	限额以上批发零售贸易业商品销售总额(万元)		社会消费品零售额(万元)		限额以上批发零售贸易企业数(个)	
	全　市	市辖区	全　市	市辖区	全　市	市辖区
邵　阳	327662	139265	1002708	216082	49	11
岳　阳	2440152	854053	1723297	775480	43	17
常　德	574872	248922	1562497	540956	68	22
张家界	106623	62740	283475	147579	10	4
益　阳	252721	134258	905673	362681	27	11
郴　州	468446	263300	1402243	571218	58	18
永　州	248472	112951	876561	314560	45	16
怀　化	210923	117157	852701	210407	38	17
娄　底	211723	33014	754176	257251	32	16
广　东	**67839979**	**61961585**	**56699722**	**42863891**	**2742**	**2435**
广　州	26518088	26217197	14942742	13949803	926	897
韶　关	464970	238389	1132942	580859	21	12
深　圳	12881836	12881836	8017726	8017726	496	496
珠　海	1355843	1355843	1591810	1591810	118	118
汕　头	3997204	3941290	2544640	2498038	58	56
佛　山	6415721	6415721	4731882	4731882	320	320
江　门	1248202	706595	2778383	997380	127	73
湛　江	942658	676433	2264398	1168327	75	53
茂　名	3024755	2773720	2412561	885407	63	34
肇　庆	604891	415615	1711940	522559	56	26
惠　州	1283307	1157052	1816724	1013184	54	40
梅　州	1493169	92369	906112	100001	31	5
汕　尾	1373993	264375	1165581	223685	25	8
河　源	189136	85492	518628	60686	14	5
阳　江	140299	105247	1080471	424791	12	9
清　远	294477	129432	959850	344982	43	23
东　莞	1805840	1805840	3380000	3380000	106	106
中　山	2348771	2348771	1517066	1517066	137	137
潮　州	207778	122888	817415	275281	17	12
揭　阳	349572	141975	1666364	458200	23	1
云　浮	899469	85505	742487	122224	20	4
广　西	**5418683**	**4383978**	**8961169**	**5066784**	**596**	**443**
南　宁	2384917	2246397	2549805	1817493	262	240
柳　州	808896	720350	908985	676427	73	63
桂　林	425638	330891	1039542	547119	39	23
梧　州	234848	162562	764043	342310	30	15
北　海	185752	181727	342418	231475	23	19
防城港	22924	21766	176022	106880	6	4
钦　州	132090	74411	683369	319120	23	13

3—23 续表 6

城市	限额以上批发零售贸易业商品销售总额(万元)		社会消费品零售额(万元)		限额以上批发零售贸易企业数(个)	
	全市	市辖区	全市	市辖区	全市	市辖区
贵港	251297	191855	462570	237849	37	25
玉林	317671	202186	971449	416524	29	15
百色	182437	70082	328720	76632	29	8
贺州	58383	42415	227939	113781	6	4
河池	108152	58966	462406	142527	25	10
来宾	36537	22387	305146	134309	5	2
崇左	269141	57983	201115	46856	9	2
海南	**1128732**	**1128732**	**1001763**	**1001763**	**204**	**204**
海口	1031301	1031301	861396	861396	192	192
三亚	97431	97431	140367	140367	12	12
重庆	**8111676**	**7445768**	**8355254**	**5244864**	**529**	**378**
四川	**9889411**	**7440840**	**20312519**	**9592398**	**642**	**410**
成都	6339578	4802806	7714967	4625265	187	135
自贡	184460	150487	554296	314654	42	33
攀枝花	233559	218872	529545	460154	41	36
泸州	210054	150804	840593	435408	23	20
德阳	401087	268218	1089076	230468	39	23
绵阳	462770	380309	1356850	516991	53	30
广元	94274	87434	500387	275899	11	7
遂宁	226734	99646	663420	276549	35	22
内江	156331	101125	589965	235668	20	9
乐山	134386	94910	878524	394013	14	8
南充	331835	293958	1196813	522550	19	6
眉山	125578	98205	542456	179644	27	12
宜宾	242342	180758	957347	339710	36	26
广安	123513	72695	716104	200604	13	4
达州	276372	244373	943872	194176	29	15
雅安	76121	76121	341866	114420	5	5
巴中	66449	7510	308048	118865	9	7
资阳	203968	112609	588390	157360	39	12
贵州	**2546818**	**2206139**	**2827370**	**1959237**	**184**	**144**
贵阳	1738484	1720122	1536707	1372695	93	83
六盘水	135283	80891	244837	134085	11	7
遵义	559982	319317	762366	284532	65	45
安顺	113069	85809	283460	167925	15	9
云南	**10978712**	**9453141**	**5445384**	**3581323**	**572**	**415**
昆明	6525445	5836360	3284109	2830311	371	310
曲靖	784274	430158	598414	161247	32	13
玉溪	2750672	2570401	407429	175150	70	43

3—23 续表 7

城市	限额以上批发零售贸易业商品销售总额(万元)		社会消费品零售额(万元)		限额以上批发零售贸易企业数(个)	
	全市	市辖区	全市	市辖区	全市	市辖区
保山	225003	160023	283592	143447	23	13
昭通	333804	214346	290463	80278	24	9
丽江	98390	64910	118364	51634	14	9
思茅	143259	84493	261709	81425	25	11
临沧	117865	92450	201304	57831	13	7
陕西	**5809064**	**4721944**	**8212446**	**5703142**	**317**	**243**
西安	3535591	3498299	4400454	4111835	157	152
铜川	148522	148522	175618	166214	0	0
宝鸡	683511	393954	736100	424200	43	26
咸阳	259142	166862	650431	333412	36	24
渭南	228510	81369	605717	102035	20	7
延安	396874	148614	250232	93949	18	10
汉中	182689	148316	495000	202841	16	11
榆林	162808	9837	373984	71000	10	3
安康	109461	57675	319310	141525	8	7
商洛	101956	68496	205600	56131	9	3
甘肃	**5412716**	**4589880**	**4458578**	**3223681**	**321**	**239**
兰州	3718611	3638614	2065349	1954769	130	128
嘉峪关	184867	184867	75780	75780	9	9
金昌	21687	20338	130451	93203	39	20
白银	325650	221132	302592	190810	13	7
天水	231901	62637	375398	258466	32	28
武威	344402	220447	231101	106501	17	10
张掖	88796	88796	215158	117696	9	9
平凉	58142	12779	326358	148970	15	8
酒泉	200004	65360	310003	131513	29	12
庆阳	100636	23925	222200	74100	14	4
定西	138020	50985	204188	71873	14	4
青海	**555487**	**555387**	**635848**	**550148**	**51**	**51**
西宁	555487	555387	635848	550148	51	51
宁夏	**848467**	**593136**	**6648186**	**851794**	**118**	**77**
银川	541366	496097	6013041	533066	66	56
石嘴山	84330	46694	217150	146976	19	12
吴忠	121375	15815	283588	115019	29	7
固原	101396	34530	134407	56733	4	2
新疆	**4373308**	**4316956**	**1870159**	**1853127**	**232**	**229**
乌鲁木齐	4223546	4167194	1721400	1704368	218	215
克拉玛依	149762	149762	148759	148759	14	14

3－24 外商直接投资

城市	新签协议合同数（个）		外商合同投资额（万美元）		当年实际使用外资金额（万美元）	
	全市	市辖区	全市	市辖区	全市	市辖区
城市合计	**43737**	**27663**	**13816983**	**9170683**	**8048673**	**5663213**
北京	**1360**	**1303**	**327132**	**310014**	**214675**	**210275**
天津	**941**	**896**	**351297**	**343499**	**163325**	**158878**
河北	**529**	**235**	**179669**	**82554**	**145591**	**67432**
石家庄	95	39	36890	8362	25414	11849
唐山	65	42	18990	9208	20198	11909
秦皇岛	62	49	27512	24415	15443	12556
邯郸	17	9	28367	12744	8528	2333
邢台	32	8	5253	948	5784	1253
保定	82	40	21160	12919	26603	12261
张家口	12	2	7752	1510	2183	2101
承德	16	1	10543	2568	7509	2276
沧州	54	8	8087	2721	8404	186
廊坊	68	30	12754	6717	18686	8653
衡水	26	7	2361	442	6839	2055
山西	**93**	**54**	**46880**	**30016**	**19868**	**13679**
太原	35	30	13662	12727	11887	11336
大同	10	8	7611	7350	96	96
阳泉	5	5	670	670	803	778
长治	4	1	3669	2986	1162	815
晋城	8	4	2170	1900	859	654
朔州	1	0	1000	0	0	0
晋中	10	4	3119	2806	300	0
运城	12	0	8545	0	3642	0
忻州	0	0	0	0	0	0
临汾	6	2	3118	1577	792	0
吕梁	2	0	3316	0	327	0
内蒙古	**138**	**86**	**65953**	**33062**	**35939**	**22208**
呼和浩特	46	40	12865	10704	10546	5559
包头	15	15	6623	6623	12143	12143
乌海	2	2	950	950	0	0
赤峰	15	14	7822	5711	1063	1034
通辽	8	3	4851	2300	1353	600
鄂尔多斯	14	7	6002	763	4604	739
海拉尔	14	1	1339	497	1860	453
巴彦淖尔	5	1	9095	4559	4045	1550
乌兰察布	19	3	16406	955	325	130
辽宁	**2322**	**1973**	**970070**	**805353**	**555330**	**490723**
沈阳	743	724	225074	219747	224237	219610

3－24 续表 1

城　市	新签协议合同数（个）		外商合同投资额（万美元）		当年实际使用外资金额（万美元）	
	全　市	市辖区	全　市	市辖区	全　市	市辖区
大　连	879	795	457489	389172	221126	195144
鞍　山	69	40	63066	39393	22651	13091
抚　顺	53	45	14044	9770	6776	5866
本　溪	30	26	11986	10387	3559	2925
丹　东	147	70	24333	15110	10106	4517
锦　州	47	33	30000	23572	13131	12393
营　口	130	82	68320	44339	21530	16895
阜　新	45	37	4783	3970	2230	1902
辽　阳	60	47	11443	9117	4005	2418
盘　锦	37	22	21172	16574	8100	6437
铁　岭	38	22	22476	13258	10196	6565
朝　阳	24	14	4845	2510	3088	844
葫芦岛	20	16	11039	8434	4595	2116
吉　林	**202**	**164**	**61600**	**49475**	**84880**	**74580**
长　春	109	103	38898	38634	75101	68267
吉　林	40	35	10027	4587	6020	5164
四　平	11	7	3532	2980	288	189
辽　源	3	3	2578	2578	450	450
通　化	16	10	1250	505	1150	480
白　山	8	3	1422	141	585	0
松　原	9	1	3782	15	1252	10
白　城	6	2	111	35	34	20
黑龙江	**231**	**154**	**51082**	**46721**	**32577**	**29717**
哈尔滨	125	101	32270	31818	22603	22300
齐齐哈尔	12	7	1237	687	1934	1804
鸡　西	9	5	1974	1030	785	502
鹤　岗	1	1	10	10	12	12
双鸭山	5	1	771	250	70	0
大　庆	10	10	2452	2452	1839	1839
伊　春	12	10	607	567	183	177
佳木斯	12	2	566	130	137	41
七台河	3	2	383	321	1300	1100
牡丹江	27	14	9899	8856	2277	1857
黑　河	1	1	600	600	85	85
绥　化	14	0	313	0	1352	0
上　海	**4321**	**4305**	**1106371**	**1105979**	**585022**	**584125**
江　苏	**7301**	**3454**	**3077970**	**1702253**	**1580370**	**905137**
南　京	843	743	400933	378081	221022	212890
无　锡	1007	634	500763	334509	270057	189117

3—24 续表 2

城市	新签协议合同数（个）		外商合同投资额（万美元）		当年实际使用外资金额（万美元）	
	全市	市辖区	全市	市辖区	全市	市辖区
徐州	166	81	57301	30508	34095	17304
常州	533	409	205376	161486	85522	64246
苏州	2399	943	1249606	513941	680511	294402
南通	906	124	231084	83431	73092	29556
连云港	235	98	50863	30728	21240	13920
淮安	66	40	13820	9464	10036	8093
盐城	147	19	35267	7763	23907	5044
扬州	295	156	95095	66682	48097	29473
镇江	440	114	175381	58802	80552	27152
泰州	217	81	47966	18595	30269	13548
宿迁	47	12	14515	8263	1970	392
浙江	**4541**	**2301**	**1204198**	**644183**	**545675**	**299586**
杭州	869	684	200104	165994	100850	83875
宁波	1209	787	344382	227643	172727	116787
温州	174	108	29528	19057	11969	7603
嘉兴	635	206	209639	80083	79768	28324
湖州	479	176	144777	61931	53734	23634
绍兴	568	114	150121	33226	74271	15760
金华	325	81	70183	22051	25750	10193
衢州	39	22	5397	4372	2069	1381
舟山	33	28	5001	4649	1704	1406
台州	200	87	40204	22039	21588	10452
丽水	10	8	4862	3138	1245	171
安徽	**441**	**310**	**113628**	**82503**	**97336**	**78899**
合肥	102	99	25439	22797	26048	25096
芜湖	75	53	12208	7118	21000	16974
蚌埠	18	10	3577	1843	8065	7658
淮南	11	11	9056	9056	8126	8126
马鞍山	27	24	8109	7995	3000	2972
淮北	15	14	4838	4838	3061	3061
铜陵	9	9	2060	2060	4546	4546
安庆	18	11	4246	2807	1338	471
黄山	15	13	2660	2501	3105	2548
滁州	27	11	3186	1706	4015	2343
阜阳	24	16	14867	11143	654	225
宿州	12	7	1235	263	1146	531
巢湖	30	9	9273	1908	4329	1105
六安	13	3	2464	1803	534	334
亳州	9	8	2105	2008	2504	1798

3－24 续表 3

城　市	新签协议合同数（个）		外商合同投资额（万美元）		当年实际使用外资金额（万美元）	
	全　市	市辖区	全　市	市辖区	全　市	市辖区
池　州	12	9	3779	2593	2050	872
宣　城	24	3	4526	64	3815	239
福　建	**2257**	**1032**	**721205**	**359064**	**501101**	**271773**
福　州	360	221	161412	70649	130198	77828
厦　门	374	374	166949	166949	124286	124286
莆　田	51	44	20972	20073	25069	22180
三　明	66	13	10292	1793	7286	1414
泉　州	904	270	209100	68466	99360	31636
漳　州	268	58	101049	11580	75016	5347
南　平	161	35	35558	11314	27659	5616
龙　岩	41	14	6493	3107	4639	2058
宁　德	32	3	9380	5133	7588	1408
江　西	**3055**	**709**	**229690**	**97706**	**192985**	**82617**
南　昌	172	130	73579	53238	58350	48250
景德镇	29	29	15208	13909	10291	9772
萍　乡	24	17	7013	3593	3924	1619
九　江	90	24	28498	12104	32815	11879
新　余	24	22	4307	4127	3715	3655
鹰　潭	15	7	4125	495	2678	878
赣　州	179	30	51575	6607	47626	5485
吉　安	85	0	15993	0	10200	0
宜　春	53	4	12811	2680	8391	208
抚　州	2337	443	8751	318	6415	236
上　饶	47	3	7830	635	8580	635
山　东	**5299**	**2312**	**1994637**	**855711**	**956649**	**486890**
济　南	170	134	70909	59958	65329	58825
青　岛	2248	855	800581	331728	281480	171628
淄　博	169	136	61607	50025	35058	27349
枣　庄	32	24	15316	10745	4681	3002
东　营	68	40	29232	19745	26334	20640
烟　台	938	481	401103	166286	204995	85653
潍　坊	288	84	100275	14268	50331	8475
济　宁	136	52	59286	22891	23020	11893
泰　安	67	39	25003	18696	15017	10134
威　海	642	246	221463	75750	109820	39557
日　照	67	50	22061	20518	13272	12488
莱　芜	36	36	12273	12273	6156	6156
临　沂	142	49	32376	20295	24255	17361
德　州	113	33	50100	11896	33592	7063

3—24 续表 4

城　市	新签协议合同数（个）		外商合同投资额（万美元）		当年实际使用外资金额（万美元）	
	全　市	市辖区	全　市	市辖区	全　市	市辖区
聊　城	49	4	17752	1160	12203	891
滨　州	62	19	53062	8053	38208	2232
菏　泽	72	30	22238	11424	12898	3543
河　南	**325**	**136**	**162401**	**76765**	**69910**	**30656**
郑　州	98	30	48422	15402	29120	5676
开　封	16	9	5550	3622	1494	962
洛　阳	19	13	12018	7189	967	461
平顶山	9	4	5970	2658	2648	2082
安　阳	8	7	6097	6088	3200	3100
鹤　壁	7	7	580	580	1223	911
新　乡	17	9	5919	2806	4526	4303
焦　作	18	5	12029	4262	2996	1902
濮　阳	10	1	3807	53	3021	412
许　昌	18	9	7803	6038	734	208
漯　河	24	16	8066	5028	4981	3831
三门峡	13	4	16969	13159	4199	2955
南　阳	23	7	8920	650	3492	923
商　丘	16	5	5805	1729	2200	653
信　阳	10	2	4711	418	2002	248
周　口	7	2	4353	3411	2055	1237
驻马店	12	6	5382	3672	1052	792
湖　北	**600**	**459**	**348560**	**307710**	**268013**	**243662**
武　汉	290	290	243989	243989	176155	176155
黄　石	22	17	15443	14137	15410	13600
十　堰	36	10	11223	3961	3050	889
宜　昌	40	22	30372	23922	33445	31692
襄　樊	20	13	7588	6825	6604	5717
鄂　州	15	15	2712	2712	5021	5021
荆　门	33	18	3865	1892	6285	3928
孝　感	32	12	4724	1191	6574	2257
荆　州	30	21	9611	5720	5501	3382
黄　冈	39	12	14511	720	4948	302
咸　宁	24	11	2411	536	4527	541
随　州	19	18	2111	2105	493	178
湖　南	**582**	**243**	**203614**	**74462**	**154200**	**71922**
长　沙	122	76	77674	33487	50209	27124
株　洲	43	31	14181	8061	9007	7096
湘　潭	28	9	20405	3521	11116	8629
衡　阳	103	16	18672	1826	15208	2800

3—24 续表 5

城　　市	新签协议合同数（个）		外商合同投资额（万美元）		当年实际使用外资金额（万美元）	
	全　市	市辖区	全　市	市辖区	全　市	市辖区
邵　阳	26	10	3714	1294	4550	1514
岳　阳	62	31	12576	7447	12300	7300
常　德	34	15	14113	6962	10642	3447
张家界	15	10	4157	3049	1544	1222
益　阳	22	15	2349	1877	5419	3545
郴　州	54	17	17099	5071	20952	7895
永　州	34	10	7490	977	5075	460
怀　化	9	0	2407	0	1922	0
娄　底	30	3	8777	890	6256	890
广　东	**7449**	**6327**	**2105310**	**1769460**	**1587527**	**1335305**
广　州	870	777	351117	320831	258076	233673
韶　关	110	35	32596	7364	30498	10906
深　圳	2254	2254	484700	484700	362300	362300
珠　海	508	508	170707	170707	94153	94153
汕　头	78	77	99160	99060	20190	19740
佛　山	346	346	126570	126570	122508	122508
江　门	374	183	106739	67812	84935	42423
湛　江	50	33	25663	19951	18012	15384
茂　名	199	52	14499	6319	10103	3014
肇　庆	145	57	91953	18100	68202	15084
惠　州	388	234	154329	101466	140703	99883
梅　州	90	48	19709	10850	15875	7930
汕　尾	39	19	13700	9741	12689	9658
河　源	136	27	41542	5665	17568	2737
阳　江	47	17	14188	5245	13256	5310
清　远	183	100	55079	32046	18015	11316
东　莞	1132	1132	144780	144780	175400	175400
中　山	374	374	119546	119546	94660	94660
潮　州	45	23	12040	10316	11928	4324
揭　阳	32	9	12561	2793	14191	3100
云　浮	49	22	14132	5598	4265	1802
广　西	**331**	**225**	**95688**	**82276**	**47586**	**40067**
南　宁	60	52	34226	32659	9476	8137
柳　州	18	17	2611	2571	6272	6272
桂　林	57	36	7337	4520	6354	5539
梧　州	68	68	20242	20242	8300	8300
北　海	25	0	11710	10908	3002	2200
防城港	17	13	5149	4779	2639	2191
钦　州	16	11	2107	1965	757	531

3—24 续表 6

城　市	新签协议合同数（个）		外商合同投资额（万美元）		当年实际使用外资金额（万美元）	
	全　市	市辖区	全　市	市辖区	全　市	市辖区
贵　港	12	2	2592	285	2540	221
玉　林	19	5	808	220	4013	3930
百　色	7	4	2190	1425	1533	1370
贺　州	24	16	2099	1448	1994	1376
河　池	2	0	2125	0	400	0
来　宾	1	1	1325	1254	88	0
崇　左	5	0	1167	0	218	0
海　南	**115**	**115**	**16398**	**16398**	**46383**	**46383**
海　口	93	93	14030	14030	27693	27693
三　亚	22	22	2368	2368	18690	18690
重　庆	**187**	**161**	**55301**	**44992**	**31112**	**29330**
四　川	**599**	**376**	**120507**	**94660**	**70770**	**45156**
成　都	203	154	66874	58529	42549	27329
自　贡	208	125	245	223	1823	1801
攀枝花	7	4	3891	3546	2070	1653
泸　州	19	14	3407	2809	649	514
德　阳	20	8	10041	3848	3980	670
绵　阳	15	11	7158	6483	1234	1059
广　元	2	2	2880	2880	0	0
遂　宁	2	1	2124	2100	1884	1246
内　江	3	2	695	625	601	601
乐　山	15	13	13225	8103	8103	5503
南　充	75	25	3074	1895	2500	2500
眉　山	4	1	1432	820	981	478
宜　宾	7	7	1820	1820	519	519
广　安	2	0	824	0	1753	0
达　州	4	1	670	175	93	73
雅　安	4	0	1223	0	219	0
巴　中	0	0	0	0	0	0
资　阳	9	8	924	804	1812	1210
贵　州	**43**	**38**	**10692**	**9708**	**10305**	**9710**
贵　阳	35	34	9317	9317	7492	7492
六盘水	0	0	0	0	1713	1698
遵　义	7	4	1057	391	1057	520
安　顺	1	0	318	0	43	0
云　南	**98**	**12**	**27405**	**2068**	**9920**	**986**
昆　明	58	0	15433	0	5148	0
曲　靖	8	4	5405	628	2911	110
玉　溪	22	4	3310	925	844	596

3—24 续表 7

城　市	新签协议合同数（个）		外商合同投资额（万美元）		当年实际使用外资金额（万美元）	
	全　市	市辖区	全　市	市辖区	全　市	市辖区
保　山	2	0	1601	0	376	0
昭　通	1	1	320	320	75	75
丽　江	3	3	195	195	195	195
思　茅	0	0	0	0	259	10
临　沧	4	0	1141	0	112	0
陕　西	**231**	**161**	**120906**	**105796**	**33342**	**27832**
西　安	132	132	96380	96380	25557	25557
铜　川	2	2	907	907	230	230
宝　鸡	17	9	2929	2579	0	0
咸　阳	14	12	5792	4965	2157	1849
渭　南	9	1	6248	24	1780	24
延　安	0	0	300	0	512	12
汉　中	49	5	4308	941	1075	160
榆　林	0	0	0	0	1508	0
安　康	3	0	84	0	75	0
商　洛	5	0	3958	0	448	0
甘　肃	**54**	**47**	**25217**	**20677**	**1090**	**569**
兰　州	39	39	18900	18900	0	0
嘉峪关	0	0	0	0	0	0
金　昌	0	0	0	0	0	0
白　银	5	4	4181	688	123	24
天　水	0	0	0	0	0	0
武　威	3	2	413	27	133	27
张　掖	0	0	178	178	248	248
平　凉	0	0	0	0	0	0
酒　泉	4	2	1383	884	456	270
庆　阳	2	0	42	0	42	0
定　西	1	0	120	0	88	0
青　海	**28**	**28**	**9588**	**9588**	**776**	**776**
西　宁	28	28	9588	9588	776	776
宁　夏	**33**	**16**	**8235**	**2251**	**5016**	**2940**
银　川	13	13	2100	2100	2878	2878
石嘴山	7	3	635	151	600	62
吴　忠	0	0	0	0	0	0
固　原	13	0	5500	0	1538	0
新　疆	**31**	**31**	**5779**	**5779**	**1400**	**1400**
乌鲁木齐	31	31	5779	5779	1400	1400
克拉玛依	0	0	0	0	0	0

3—25 财政(全市)

单位:万元

城市	地方财政一般预算内收入	地方财政一般预算内支出	教育	科学	抚恤和社会福利救济	社会保障补助
城市合计	**80775766**	**127620076**	**21960175**	**615764**	**4225021**	**6665819**
北京	**5925388**	**7348043**	**988222**	**107629**	**228318**	**128102**
天津	**2045295**	**3120771**	**475804**	**19403**	**59350**	**275049**
河北	**2604359**	**4939686**	**1087875**	**14378**	**180800**	**281956**
石家庄	493429	802274	173404	3253	29406	42982
唐山	414259	729967	131388	2046	22920	57828
秦皇岛	161061	304085	57736	455	9157	16674
邯郸	268359	483180	113244	1198	19145	32223
邢台	268764	357079	85336	682	13178	13133
保定	297857	595641	140116	921	23787	27507
张家口	116577	376778	64814	1038	15709	28470
承德	84107	293053	65980	810	11399	31907
沧州	232622	435933	113279	1677	15842	13640
廊坊	164704	327058	81198	1463	9895	12244
衡水	102620	234638	61380	835	10362	5348
山西	**1316485**	**2795898**	**583424**	**6880**	**128110**	**236826**
太原	333473	427720	59835	1220	17305	58359
大同	131995	308886	59778	1230	17985	37126
阳泉	69622	125779	25871	365	5889	16375
长治	131595	276348	58260	928	11440	17452
晋城	102779	192517	44388	514	7719	6604
朔州	52835	113081	33630	174	5335	5684
晋中	94768	242556	50920	345	10437	21524
运城	119497	279212	64314	450	12792	14331
忻州	64067	247672	55935	446	12947	29858
临汾	135985	319894	64011	592	14507	17970
吕梁	79869	262233	66482	616	11754	11543
内蒙古	**1094066**	**3022443**	**407261**	**8146**	**80439**	**149797**
呼和浩特	205779	420219	53306	516	10044	19426
包头	259216	457959	44462	1290	13348	37093
乌海	35132	83699	7696	242	2769	4771
赤峰	100935	461677	86710	866	13030	17587
通辽	82746	316120	52785	1171	6815	12280
鄂尔多斯	147336	332584	32705	826	4149	10484
海拉尔	119251	405890	51584	1023	17628	22676
巴彦淖尔	72857	245720	40065	1510	4916	12217
乌兰察布	70814	298575	37948	702	7740	13263
辽宁	**3502389**	**6243709**	**794743**	**24275**	**289127**	**1078423**
沈阳	810889	1397434	188134	7955	44688	290963

3－25 续表 1

单位:万元

城　　市	地方财政一般预算内收入	地方财政一般预算内支出	教　育	科　学	抚恤和社会福利救济	社会保障补助
大　　连	1105405	1473857	137981	3860	45717	158267
鞍　　山	292245	482054	61527	1337	19967	79393
抚　　顺	148832	319132	42623	1345	21467	78123
本　　溪	152556	309653	44831	823	17683	64223
丹　　东	113712	287514	50625	2150	18127	75601
锦　　州	136859	309787	41955	1643	16579	61237
营　　口	107437	247194	31573	647	13693	50459
阜　　新	55822	217991	26767	551	19999	43946
辽　　阳	116930	223090	29831	945	9765	36546
盘　　锦	169833	211740	16579	556	8641	16906
铁　　岭	96023	243273	36252	1359	14265	38419
朝　　阳	62633	269144	50813	626	20462	45500
葫 芦 岛	133213	251846	35252	478	18074	38840
吉　林	**986320**	**2376424**	**403770**	**7209**	**132715**	**249850**
长　　春	459709	858308	124778	1906	39953	77702
吉　　林	167396	416544	73186	1705	22289	67609
四　　平	82700	233225	52999	581	14292	16704
辽　　源	32646	119886	20014	174	9083	14400
通　　化	69467	215658	34874	1163	13905	22893
白　　山	38959	142684	20426	270	12262	20388
松　　原	80983	189714	40500	217	9767	12264
白　　城	54460	200405	36993	1193	11164	17890
黑 龙 江	**1644651**	**3339170**	**683331**	**10143**	**148910**	**294880**
哈 尔 滨	763600	1215623	225719	5755	41918	82222
齐齐哈尔	127022	299435	97001	781	20683	60039
鸡　　西	51929	123882	34148	338	2949	3387
鹤　　岗	33298	109156	23206	188	7636	9757
双 鸭 山	30983	116999	27304	237	8615	12850
大　　庆	299143	352136	35947	370	5776	6986
伊　　春	24641	121021	17348	469	7901	18782
佳 木 斯	56191	219179	44762	364	12271	29381
七 台 河	27643	72104	12961	197	6075	6089
牡 丹 江	95127	248774	46319	597	11729	36383
黑　　河	36880	155529	29933	295	8033	10307
绥　　化	98194	305332	88683	552	15324	18697
上　海	**8992850**	**11026424**	**1313724**	**113439**	**216138**	**331290**
江　苏	**7071602**	**8760921**	**1445705**	**27896**	**254663**	**324068**
南　　京	1364788	1552782	178593	9663	43971	77648
无　　锡	1043400	1093581	166213	2773	24419	30090

3—25 续表 2

单位:万元

城 市	地方财政一般预算内收入	地方财政一般预算内支出	教 育	科 学	抚恤和社会福利救济	社会保障补助
徐 州	339267	552229	113978	1762	19932	30928
常 州	566729	630490	94524	1436	14398	19469
苏 州	1704977	1835976	218155	3976	29182	60750
南 通	488063	620379	112993	2000	20851	26817
连云港	156691	279784	57497	1322	12030	8613
淮 安	186727	328692	63727	718	20673	12833
盐 城	265523	443298	135881	889	18086	14578
扬 州	305517	401777	84230	937	11857	10350
镇 江	286038	366636	64246	1207	8795	10247
泰 州	265681	406173	93896	1009	12301	12617
宿 迁	98201	249124	61772	204	18168	9128
浙 江	**6217715**	**7616323**	**1445825**	**35701**	**184801**	**185886**
杭 州	1503888	1635948	245468	6677	29668	44595
宁 波	1394162	1802545	217807	5103	32908	59609
温 州	789649	742642	198755	4366	36204	13984
嘉 兴	412175	472366	104481	3762	9835	7550
湖 州	252638	304720	66599	823	8856	7862
绍 兴	504849	570548	126181	3802	12209	9053
金 华	431303	541356	145053	3247	15086	13802
衢 州	140382	270400	60412	847	10205	9535
舟 山	113864	230973	40297	1087	5718	2046
台 州	526964	688820	163892	3764	14461	11479
丽 水	147841	356005	76880	2223	9651	6371
安 徽	**1860301**	**3500584**	**744779**	**6947**	**198715**	**251248**
合 肥	358694	464275	73598	1109	19561	42095
芜 湖	173416	247201	30635	158	8077	20591
蚌 埠	105496	192535	44042	380	15056	20419
淮 南	89554	147276	23790	210	12410	20236
马鞍山	148933	172903	17209	248	5763	20335
淮 北	76528	111877	22086	259	7386	7783
铜 陵	55253	92022	11849	318	6047	10018
安 庆	125176	317471	82549	701	12172	20157
黄 山	60196	140486	22299	297	4738	8348
滁 州	100710	231905	59803	809	12679	8603
阜 阳	104816	282239	62290	518	22635	13302
宿 州	81054	194985	57692	371	13394	9433
巢 湖	91770	194087	48484	304	11540	10007
六 安	103852	274660	77401	679	23676	18787
亳 州	71864	162039	43013	248	11510	6826

3—25 续表 3 单位:万元

城市	地方财政一般预算内收入	地方财政一般预算内支出	教育	科学	抚恤和社会福利救济	社会保障补助
池州	39710	107309	26049	48	4442	5029
宣城	73279	167314	41990	290	7629	9279
福建	**2648862**	**3478354**	**803054**	**16540**	**91468**	**47452**
福州	674522	686119	150825	3634	20103	6367
厦门	701456	902510	110753	4465	9935	14402
莆田	95526	154891	64103	862	5749	1196
三明	151348	214681	59508	1029	7045	4266
泉州	500300	607244	180145	2923	14494	5055
漳州	172466	264043	66806	866	9668	1952
南平	118984	196121	50449	584	6821	2176
龙岩	143343	245075	61361	1057	9270	9707
宁德	90917	207670	59104	1120	8383	2331
江西	**1389153**	**2852579**	**552124**	**7606**	**130915**	**212527**
南昌	314094	395944	57097	1402	14393	45723
景德镇	66093	122401	23103	323	5226	14301
萍乡	73731	144492	23736	551	7232	9692
九江	152926	310578	58757	872	12432	23640
新余	62628	108626	14252	342	4556	7311
鹰潭	44810	86155	13900	196	4375	6176
赣州	196765	475415	84487	1445	22772	30964
吉安	122187	308614	70322	483	16943	21230
宜春	131607	299772	64299	853	14679	19990
抚州	87202	252313	52243	622	11357	17059
上饶	137110	348269	89928	517	16950	16441
山东	**6166809**	**8322536**	**1568859**	**26142**	**267813**	**266145**
济南	761054	884597	122383	3299	24685	41219
青岛	1201398	1471747	236441	2391	40197	52358
淄博	402536	479232	94331	4866	13608	12496
枣庄	164942	240442	46884	933	7541	6180
东营	230429	287115	38708	952	7862	5353
烟台	551744	755238	137494	2077	29567	13880
潍坊	457381	592469	169782	1629	20723	14964
济宁	477748	614106	123329	1487	16645	10989
泰安	275896	414623	71547	1413	11643	45899
威海	371697	471261	68135	671	12316	6350
日照	111450	161033	37564	461	6062	5242
莱芜	75827	114230	21694	344	4420	14044
临沂	319872	530218	123870	1677	21328	7358
德州	227135	367280	75572	1599	12426	8816

3—25 续表 4

单位:万元

城市	地方财政一般预算内收入	地方财政一般预算内支出	教育	科学	抚恤和社会福利救济	社会保障补助
聊城	202356	332688	69848	1337	10844	7098
滨州	175691	277587	57144	443	9545	7152
菏泽	159653	328670	74133	563	18401	6747
河南	**2783629**	**5603927**	**1098872**	**13505**	**230525**	**337760**
郑州	658737	841874	112464	1896	20324	45339
开封	87501	256420	43478	595	14162	29672
洛阳	302095	503801	80852	585	20191	39264
平顶山	137455	275208	51990	672	12150	18286
安阳	177717	340066	74134	1148	14049	28362
鹤壁	44039	102200	19385	275	5178	6671
新乡	155482	353777	72211	672	15428	26421
焦作	153463	272662	42353	783	8895	14077
濮阳	102650	224841	44576	1021	8581	10015
许昌	114880	232494	45953	663	10561	12212
漯河	77257	161320	29334	496	6695	7522
三门峡	87675	184513	35385	272	6563	8806
南阳	211580	493524	104068	955	18387	24337
商丘	117666	329464	79246	768	17775	16563
信阳	107525	349660	96293	878	16582	22325
周口	128368	351256	87702	879	18145	13333
驻马店	119539	330847	79448	947	16859	14555
湖北	**1913302**	**3491306**	**707949**	**14775**	**127111**	**116425**
武汉	804368	1177840	175636	9052	46282	42711
黄石	80875	152623	32886	430	4498	4032
十堰	84714	212332	44394	298	7442	3634
宜昌	167412	343033	69796	635	10784	16804
襄樊	169090	299753	76485	1009	10647	7657
鄂州	35242	70224	13138	254	1126	1501
荆门	85827	162586	34282	303	5465	3604
孝感	95270	214938	53451	650	5206	5686
荆州	138056	294350	75187	740	11172	11807
黄冈	123728	317725	77724	939	14064	8404
咸宁	84610	142623	31045	326	5598	5974
随州	44110	103279	23925	139	4827	4611
湖南	**2153740**	**4052129**	**732084**	**9138**	**201636**	**351744**
长沙	598930	784168	90804	2688	30344	44612
株洲	168180	307238	42680	728	12300	38172
湘潭	100736	196970	26763	493	11371	23882
衡阳	149375	335968	63520	767	21801	46097

3—25 续表 5

单位:万元

城市	地方财政一般预算内收入	地方财政一般预算内支出	教育	科学	抚恤和社会福利救济	社会保障补助
邵阳	119559	314078	69047	443	16282	27940
岳阳	205835	364247	63507	643	16317	33053
常德	192235	358521	70343	586	19102	37070
张家界	37883	107357	23325	185	6825	5001
益阳	74642	211900	51872	499	13760	19898
郴州	214922	350706	71354	736	14093	20571
永州	108074	273227	63632	577	15295	19430
怀化	92038	249149	52451	249	13817	20837
娄底	91331	198600	42786	544	10329	15181
广东	**9898503**	**14618997**	**2314030**	**91563**	**282888**	**295505**
广州	2747707	3700911	377126	20827	74348	75522
韶关	142825	335728	69031	670	8255	16019
深圳	2908370	3489526	389452	15274	25755	22703
珠海	348215	453492	56572	2808	7184	5000
汕头	207785	447542	101308	4734	16155	13484
佛山	954359	1204456	192510	21713	23241	15492
江门	293745	413762	85367	2146	10183	11158
湛江	168226	441062	94549	851	19576	17765
茂名	142547	345610	93014	737	12616	10556
肇庆	144425	318983	70267	3390	9166	7494
惠州	241238	387786	70696	1798	8630	9855
梅州	94629	385415	88400	8900	12315	23478
汕尾	50532	159653	37219	685	6513	2677
河源	43544	255588	63805	1274	8221	5379
阳江	65878	179315	40538	586	7550	5362
清远	79650	282151	80492	1087	8954	8632
东莞	674461	765190	163390	1280	6533	20165
中山	366327	398741	67596	1311	7242	12072
潮州	58959	173195	41708	209	4757	3967
揭阳	105819	308953	90557	0	0	5705
云浮	59262	171938	40433	1283	5694	3020
广西	**1755292**	**3254760**	**668751**	**6099**	**106375**	**145348**
南宁	362435	524981	79888	1320	17535	16490
柳州	271308	383657	54333	974	11627	20325
桂林	221316	409500	81240	1278	15078	27260
梧州	91682	192545	42501	239	5430	15128
北海	82667	132143	26241	218	3760	9429
防城港	38402	83733	12796	54	2491	2851
钦州	77510	155938	34097	239	5389	7462

3—25 续表 6

单位:万元

城市	地方财政一般预算内收入	地方财政一般预算内支出	教育	科学	抚恤和社会福利救济	社会保障补助
贵港	80920	154675	46640	85	6068	5883
玉林	120624	240682	67373	228	7868	7821
百色	116363	269959	63299	361	7758	6072
贺州	46325	127634	31794	204	4720	7746
河池	98475	252965	62193	479	7872	7121
来宾	58648	142499	33505	205	5263	4399
崇左	88617	183849	32851	215	5516	7361
海南	**163258**	**285141**	**40034**	**423**	**11247**	**12582**
海口	122541	230392	29486	329	8803	10348
三亚	40717	54749	10548	94	2444	2234
重庆	**1615618**	**3415775**	**429462**	**8666**	**128237**	**339682**
四川	**2207511**	**5144112**	**869243**	**14511**	**221827**	**427648**
成都	895752	1361000	175200	4173	34068	94000
自贡	69448	166440	27620	994	9816	24371
攀枝花	92864	194026	18740	1356	5292	11726
泸州	87980	222586	42846	733	9947	18604
德阳	137766	270261	41466	575	11062	22870
绵阳	159193	382415	52339	868	16958	45145
广元	50122	174134	35520	397	10203	12855
遂宁	47618	161581	34982	235	10026	16872
内江	61623	190173	40268	426	10421	20768
乐山	90150	265989	45821	741	11175	20037
南充	91640	324517	79517	1004	19072	40264
眉山	56461	162002	33308	302	7054	9120
宜宾	121048	336784	58193	755	14376	18837
广安	61731	196904	38653	259	10345	11592
达州	70567	274099	54859	804	16450	23292
雅安	30486	125468	17824	424	6204	12513
巴中	26139	150860	30369	265	9214	12738
资阳	56923	184873	41718	200	10144	12044
贵州	**686919**	**1217331**	**233149**	**3498**	**45684**	**65544**
贵阳	403855	502919	63402	1758	18203	38893
六盘水	73144	175058	34512	337	7604	6089
遵义	156672	386692	99016	899	13635	14984
安顺	53248	152662	36219	504	6242	5578
云南	**1279475**	**2443899**	**500021**	**7666**	**89829**	**81986**
昆明	601101	785123	109083	2705	29967	44889
曲靖	205054	412360	102445	697	11529	13367
玉溪	245590	313640	62020	820	9510	6670

3—25 续表 7　　　　单位:万元

城市	地方财政一般预算内收入	地方财政一般预算内支出	教育	科学	抚恤和社会福利救济	社会保障补助
保山	47688	158531	38185	396	6365	2751
昭通	56614	250071	70090	701	14489	4536
丽江	25892	128610	25204	1021	5642	3095
思茅	52884	217702	49794	751	6914	3860
临沧	44652	177862	43200	575	5413	2818
陕西	**1441052**	**2430959**	**531442**	**5950**	**75837**	**37246**
西安	648037	723723	102179	1479	26246	4615
铜川	21521	52865	10845	99	1358	346
宝鸡	106224	181598	44665	819	5713	4603
咸阳	126713	238165	64481	338	7602	3371
渭南	80303	201819	55893	549	7095	936
延安	201198	324718	55287	713	8377	7574
汉中	63747	185452	49747	377	6600	8213
榆林	123505	255542	70267	815	5576	3685
安康	40489	147296	38656	462	3881	1829
商洛	29315	119781	39422	299	3389	2074
甘肃	**561856**	**1663207**	**332073**	**4660**	**64186**	**84419**
兰州	205660	365731	61438	1571	19023	28630
嘉峪关	26623	33050	834	36	429	2629
金昌	28696	58745	8220	93	1385	1618
白银	36624	126921	27912	173	5273	6057
天水	41877	206223	42340	243	8917	16480
武威	26656	130566	31804	105	3995	5772
张掖	37639	114066	21010	484	4290	6860
平凉	41320	154753	34458	457	4810	6228
酒泉	39122	128582	20704	473	3292	3516
庆阳	45494	180744	42462	564	5959	3753
定西	32145	163826	40891	461	6813	2876
青海	**84397**	**191586**	**34100**	**266**	**9406**	**29447**
西宁	84397	191586	34100	266	9406	29447
宁夏	**225015**	**569336**	**105229**	**1044**	**22282**	**5917**
银川	122605	190634	24858	394	6972	1678
石嘴山	42259	85970	12714	161	4470	1462
吴忠	46787	139971	31963	207	5971	1112
固原	13364	152761	35694	282	4869	1665
新疆	**539954**	**493746**	**65236**	**1666**	**15669**	**21067**
乌鲁木齐	409119	349555	38109	755	14693	19740
克拉玛依	130835	144191	27127	911	976	1327

3—26 财政(市辖区)

单位:万元

城市	地方财政一般预算内收入	地方财政一般预算内支出	教育	科学	抚恤和社会福利救济	社会保障补助
城市合计	**57948679**	**78452368**	**10187577**	**510191**	**2270798**	**4691449**
北京	**5815478**	**7057965**	**947933**	**106753**	**220476**	**126475**
天津	**1996169**	**3010624**	**434945**	**19298**	**54338**	**274817**
河北	**1384804**	**2116324**	**277891**	**9905**	**56556**	**198678**
石家庄	316341	426010	62088	2745	13665	35381
唐山	263777	435750	63626	1575	11008	46202
秦皇岛	124763	205824	25700	376	5173	14557
邯郸	123888	138171	12263	630	1666	19910
邢台	68289	107871	12956	386	3613	6675
保定	126014	178494	20576	541	3211	13981
张家口	79089	194035	18897	772	7076	21861
承德	49970	106582	12336	492	3213	26102
沧州	115430	119953	15399	1066	2887	7654
廊坊	73843	128365	22677	776	2820	4499
衡水	43400	75269	11373	546	2224	1856
山西	**677870**	**1024767**	**159620**	**3839**	**48616**	**134604**
太原	300295	360553	44442	1183	14514	56710
大同	114916	200624	31098	1118	12372	31991
阳泉	53193	86448	12888	295	3870	14030
长治	67491	110889	18237	700	3570	14152
晋城	49756	71717	9084	355	2023	4015
朔州	33380	60419	12131	84	2961	3464
晋中	14447	32959	6708	41	2027	5339
运城	10854	23997	4798	33	1476	882
忻州	7583	22166	6874	22	2026	2092
临汾	19399	38059	9202	5	2863	1566
吕梁	6547	16936	4158	3	914	363
内蒙古	**589841**	**1009143**	**126418**	**1854**	**32761**	**67240**
呼和浩特	165838	293662	32587	178	8073	14676
包头	237616	370686	32044	1280	11940	34718
乌海	35132	83699	7696	242	2769	4771
赤峰	32172	85795	22531	36	3057	2048
通辽	18687	49766	10014	39	2769	3333
鄂尔多斯	39519	41978	4144	21	677	1235
海拉尔	25135	19387	4605	28	704	3230
巴彦淖尔	20209	36831	9837	12	1152	756
乌兰察布	15533	27339	2960	18	1620	2473
辽宁	**2895118**	**4856428**	**468976**	**22760**	**212960**	**992600**
沈阳	778195	1316300	156790	7863	40136	290258

3—26 续表 1

单位:万元

城 市	地方财政一般预算内收入	地方财政一般预算内支出	教 育	科 学	抚恤和社会福利救济	社会保障补助
大 连	961707	1239279	94887	3580	34892	146349
鞍 山	241929	336992	32621	1262	13319	67598
抚 顺	127246	257387	27673	1319	18348	77481
本 溪	130676	251678	30405	774	15355	63096
丹 东	35854	133089	10839	1735	7886	63308
锦 州	93173	203221	17401	1458	9423	50366
营 口	69805	160122	17116	641	7118	39596
阜 新	41700	171888	15172	522	17831	40852
辽 阳	89445	170491	16954	916	7835	34665
盘 锦	145821	163172	8878	556	6250	16356
铁 岭	52786	126674	11776	1237	9608	33742
朝 阳	30690	158795	13703	470	13822	38675
葫芦岛	96091	167340	14761	427	11137	30258
吉 林	**626870**	**1333434**	**152450**	**5650**	**52411**	**169749**
长 春	380335	651760	66012	1815	21853	63777
吉 林	105246	255431	30407	1075	9590	54775
四 平	19675	84801	13006	371	4888	9198
辽 源	20995	68450	7612	127	3966	10910
通 化	26487	82004	10122	969	3893	10660
白 山	15928	46876	6627	169	2783	7893
松 原	37056	60273	8886	108	2002	5761
白 城	21148	83839	9778	1016	3436	6775
黑龙江	**1139042**	**1912062**	**265368**	**8061**	**84686**	**219087**
哈尔滨	597855	841912	111615	5484	27634	64329
齐齐哈尔	74358	137822	31833	286	10911	49097
鸡 西	22848	59829	12823	259	987	2867
鹤 岗	22797	77312	15385	109	6651	8243
双鸭山	16226	57364	9927	141	6230	10496
大 庆	269712	295128	17752	304	3958	5927
伊 春	17314	89958	10137	429	5875	16878
佳木斯	29745	101933	14556	212	7809	22788
七台河	21567	49636	7668	184	4205	3939
牡丹江	48490	123080	15002	404	7052	29770
黑 河	8914	51163	7400	148	1628	2657
绥 化	9216	26925	11270	101	1746	2096
上 海	**8986227**	**10857424**	**1313724**	**113439**	**216138**	**331290**
江 苏	**4374032**	**5092187**	**615206**	**21886**	**127431**	**222674**
南 京	1303844	1462883	162023	9421	40998	76190
无 锡	671282	711302	95546	2172	16708	21992

3—26 续表 2

单位:万元

城 市	地方财政一般预算内收入	地方财政一般预算内支出	教 育	科 学	抚恤和社会福利救济	社会保障补助
徐 州	187626	248201	37467	1467	8116	19661
常 州	473538	514181	61580	1197	11425	18454
苏 州	756338	873252	88259	2438	15792	42321
南 通	221128	238506	21499	1265	4710	9957
连云港	94861	131062	17336	872	2926	2916
淮 安	133456	203799	34560	507	12261	8069
盐 城	62833	88353	14359	421	1853	2760
扬 州	172178	203578	31830	708	4130	3930
镇 江	168234	218439	30179	936	4706	8702
泰 州	106377	149924	15395	413	2056	5982
宿 迁	22337	48707	5173	69	1750	1740
浙 江	**3647882**	**4072599**	**578926**	**22222**	**86659**	**116451**
杭 州	1290778	1340463	166973	5819	22092	36920
宁 波	959709	1220526	116034	4414	16757	50408
温 州	442490	247547	57778	3205	18149	6258
嘉 兴	126133	145432	26322	1032	2749	2279
湖 州	121834	138961	29871	474	4871	3098
绍 兴	141561	146403	23648	729	3399	2380
金 华	112351	153523	33775	1455	4508	4348
衢 州	64858	118417	20736	288	3734	3850
舟 山	92468	172631	29268	924	4386	1407
台 州	245674	289367	57065	2751	4175	3256
丽 水	50026	99329	17456	1131	1839	2247
安 徽	**1162997**	**1772320**	**226570**	**4866**	**84607**	**187841**
合 肥	303798	348525	37326	1008	11970	38454
芜 湖	128433	170358	12151	110	4601	18436
蚌 埠	74494	113957	16285	311	6599	18500
淮 南	70287	110538	15558	150	9261	18837
马鞍山	130505	139143	10040	213	4557	18961
淮 北	59990	77332	11848	251	6904	6904
铜 陵	47212	72938	6395	272	5477	9019
安 庆	70675	108500	12572	412	1100	13072
黄 山	30587	68388	8313	214	1967	4569
滁 州	31527	69550	10435	534	3059	4642
阜 阳	43826	112365	17279	285	7361	9451
宿 州	39399	80583	2755	298	4013	5190
巢 湖	30565	64696	10664	179	3147	4453
六 安	37058	92702	20310	405	7206	8941
亳 州	27298	59651	12381	144	2973	3415

3—26 续表 3 单位:万元

城市	地方财政一般预算内收入	地方财政一般预算内支出	教育	科学	抚恤和社会福利救济	社会保障补助
池州	21550	52103	11138	30	1896	3234
宣城	15793	30991	11120	50	2516	1763
福建	**1706655**	**1970617**	**318799**	**12506**	**39569**	**28497**
福州	463966	408556	60014	3107	11539	4245
厦门	701456	902510	110753	4465	9935	14402
莆田	79694	119839	47054	786	3987	773
三明	59718	62568	10824	573	1625	1499
泉州	170954	187448	40651	1887	3355	1394
漳州	84071	98908	15611	587	4902	1312
南平	50203	58144	10728	330	1450	931
龙岩	87498	111561	15371	681	2102	3834
宁德	9095	21083	7793	90	674	107
江西	**535689**	**792338**	**106059**	**3383**	**34303**	**99747**
南昌	258346	277212	27007	1273	10077	42799
景德镇	31498	57495	5883	278	2388	11584
萍乡	51547	90921	11082	502	4496	8244
九江	69289	101659	9769	522	3116	13658
新余	49465	82666	10863	322	3700	6123
鹰潭	15232	34870	3974	154	1270	2636
赣州	13513	26943	5972	228	2083	4160
吉安	10156	28793	7103	22	2248	3706
宜春	10774	38484	9046	42	1819	3146
抚州	15509	35682	11504	7	1936	2170
上饶	10360	17613	3856	33	1170	1521
山东	**3545649**	**4461630**	**604305**	**19737**	**120410**	**166272**
济南	638962	729595	87105	3127	21307	39743
青岛	908798	1067110	121819	1755	26430	45684
淄博	339421	379189	64423	4731	9778	11513
枣庄	114854	172150	32001	848	5063	5353
东营	176453	195607	15092	795	4009	4160
烟台	269581	367964	42947	1344	10709	8853
潍坊	166362	203644	38043	1205	6813	5999
济宁	159322	194216	32232	809	4028	5959
泰安	114667	157797	25805	1279	4807	3534
威海	143814	205967	18393	272	4088	3866
日照	71912	96626	18583	299	3220	4522
莱芜	75827	114230	21694	344	4420	14044
临沂	147567	218099	36526	877	5162	3441
德州	56736	107319	11480	517	2474	1909

3—26 续表 4

单位:万元

城市	地方财政一般预算内收入	地方财政一般预算内支出	教育	科学	抚恤和社会福利救济	社会保障补助
聊城	59417	73010	6847	981	2033	1858
滨州	50435	81834	14844	226	2233	2588
菏泽	51521	97273	16471	328	3836	3246
河南	**1505472**	**2445557**	**293511**	**9458**	**84572**	**228249**
郑州	489070	579261	62999	1615	12000	38750
开封	43920	120182	14296	451	7206	26228
洛阳	184646	250089	22438	381	10017	33251
平顶山	84361	122627	16169	439	5199	13517
安阳	103284	175363	20758	880	5764	20272
鹤壁	29452	64511	9968	220	3253	5595
新乡	77996	150382	22846	517	6077	19808
焦作	81850	129174	15895	614	3755	9374
濮阳	67576	98800	12455	842	2249	3850
许昌	37776	74905	9068	355	3572	7820
漯河	47142	79045	7322	364	2430	4670
三门峡	32072	66835	5838	92	2481	5833
南阳	82564	158634	21560	730	4607	9930
商丘	44807	116155	16105	458	6569	9393
信阳	38385	107550	18111	522	3930	10120
周口	23822	71944	6793	447	2483	5768
驻马店	36749	80100	10890	531	2980	4070
湖北	**1313185**	**2088127**	**338669**	**12129**	**74671**	**80011**
武汉	804368	1177840	175636	9052	46282	42711
黄石	50656	83628	12506	333	2167	3189
十堰	46530	75689	9743	148	2354	1622
宜昌	97407	159026	25378	345	5743	9658
襄樊	94947	148740	33774	765	5025	3905
鄂州	35242	70224	13138	254	1126	1501
荆门	43007	68527	11281	195	2052	2070
孝感	18890	50342	8827	261	879	1061
荆州	44589	93455	19579	382	2949	5652
黄冈	20095	51137	8056	253	1488	1732
咸宁	28827	46190	6979	88	1296	3268
随州	28627	63329	13772	53	3310	3642
湖南	**1115360**	**1778504**	**182713**	**6340**	**73080**	**205054**
长沙	464498	538922	41534	2431	18383	33595
株洲	107272	181881	13244	675	5584	28393
湘潭	63353	114318	7210	405	7494	19515
衡阳	42221	105768	6155	496	4112	34436

3—26 续表 5　　单位:万元

城市	地方财政一般预算内收入	地方财政一般预算内支出	教育	科学	抚恤和社会福利救济	社会保障补助
邵阳	27301	85908	9509	247	3853	18860
岳阳	107603	167887	17085	368	5920	3495
常德	91905	160873	20437	266	5792	23949
张家界	24593	55708	8127	122	2639	2613
益阳	34898	94148	13271	298	5346	11437
郴州	78687	102745	16549	469	5095	11231
永州	39986	95245	15134	398	4934	9361
怀化	24939	54701	9678	100	2096	6810
娄底	8104	20400	4780	65	1832	1359
广东	**8931585**	**11791689**	**1530357**	**76542**	**187199**	**233512**
广州	2628875	3524002	338932	20662	68230	74833
韶关	80149	137744	13978	430	3036	13547
深圳	2908370	3489526	389452	15274	25755	22703
珠海	348215	453492	56572	2808	7184	5000
汕头	205414	434281	99157	4708	16155	13295
佛山	954359	1204456	192510	21713	23241	15492
江门	167956	227910	37819	1760	3880	5346
湛江	44108	92959	19845	70	2845	1210
茂名	87647	142429	19162	484	4173	5908
肇庆	58358	106061	13398	2318	1879	3890
惠州	189261	262194	35305	1277	4882	7996
梅州	30566	101721	9090	316	1769	17595
汕尾	18610	53889	6875	424	1861	1150
河源	16625	59463	6299	330	1517	1284
阳江	32329	72389	11055	241	2648	3851
清远	28497	65454	11558	730	2127	2609
东莞	674461	765190	163390	1280	6533	20165
中山	366327	398741	67596	1311	7242	12072
潮州	32705	65565	9100	36	1280	2314
揭阳	35866	86522	23699	0	0	1867
云浮	22887	47701	5565	370	962	1385
广西	**952428**	**1421529**	**201572**	**4133**	**41761**	**84690**
南宁	258984	331847	30368	1172	10616	12739
柳州	198846	243184	23292	874	6860	15567
桂林	131021	181824	22178	1037	5500	19038
梧州	52541	99930	12860	163	2039	10928
北海	62649	89000	14149	210	2281	6067
防城港	22622	55396	7599	33	1864	2515
钦州	40905	79418	11894	151	2481	4600

3—26 续表 6

单位:万元

城　　市	地方财政一般预算内收入	地方财政一般预算内支出	教　育	科　学	抚恤和社会福利救济	社会保障补助
贵　港	48162	80963	19118	57	3070	3237
玉　林	55756	92249	13170	160	1901	4417
百　色	8059	21188	6922	3	906	490
贺　州	16296	29818	11118	29	1202	1076
河　池	6672	19271	6575	60	523	578
来　宾	30523	70406	16215	159	1717	2624
崇　左	19392	27035	6114	25	801	814
海　南	**163258**	**285141**	**40034**	**423**	**11247**	**12582**
海　口	122541	230392	29486	329	8803	10348
三　亚	40717	54749	10548	94	2444	2234
重　庆	**502155**	**1036852**	**129798**	**1544**	**68566**	**31530**
四　川	**1383523**	**2158783**	**290731**	**10063**	**89807**	**260856**
成　都	699404	539050	88912	3312	23305	82967
自　贡	47752	101318	12442	974	3903	17117
攀枝花	84480	158815	11658	1286	4244	11232
泸　州	55474	116946	14656	626	4224	13944
德　阳	50862	94072	8209	400	2815	17224
绵　阳	102023	207934	15020	707	7105	29956
广　元	27629	82458	11342	208	4446	7298
遂　宁	21488	77244	12840	175	4947	8680
内　江	29892	87913	14620	357	4449	12112
乐　山	53181	119873	18303	169	5442	16624
南　充	42880	146014	24729	812	7029	16361
眉　山	13704	32791	7428	47	1395	1173
宜　宾	90116	174065	15043	642	4919	10540
广　安	23892	77993	10098	102	2793	3975
达　州	6547	17829	3183	51	1683	1396
雅　安	2687	16134	3203	20	1783	463
巴　中	7922	40177	8793	65	2883	2906
资　阳	23590	68157	10252	110	2442	6888
贵　州	**441708**	**569642**	**68533**	**2061**	**21020**	**44314**
贵　阳	358063	414398	42568	1649	15115	37716
六盘水	34388	71998	7749	222	1811	1775
遵　义	29851	48470	8230	145	1832	2738
安　顺	19406	34776	9986	45	2262	2085
云　南	**602902**	**823957**	**117660**	**3202**	**39234**	**49131**
昆　明	487873	556372	61632	2488	23631	41923
曲　靖	24500	43776	10491	53	2008	1889
玉　溪	20678	48108	9124	80	1322	776

3—26 续表 7

单位:万元

城　　市	地方财政一般预算内收入	地方财政一般预算内支出	教　育	科　学	抚恤和社会福利救济	社会保障补助
保　山	15704	38127	10942	6	2733	617
昭　通	27860	76820	13092	360	6622	2500
丽　江	9055	16989	3200	143	1040	309
思　茅	12025	24427	4371	42	1101	656
临　沧	5207	19338	4808	30	777	461
陕　西	**850368**	**1035103**	**156706**	**2753**	**33572**	**13065**
西　安	616911	651255	75887	1374	23849	4205
铜　川	20088	45656	9174	77	1241	165
宝　鸡	74007	97678	16634	704	2299	4183
咸　阳	62927	80713	7415	43	941	616
渭　南	7544	19147	6951	9	670	129
延　安	19635	28082	7620	71	1279	747
汉　中	18308	22998	6205	38	734	1067
榆　林	7539	19776	6314	6	484	593
安　康	17680	51169	12526	379	1506	1038
商　洛	5729	18629	7980	52	569	322
甘　肃	**356761**	**836688**	**129680**	**2983**	**38347**	**59040**
兰　州	189353	302622	40715	1547	16642	28009
嘉峪关	26623	33050	834	36	429	2629
金　昌	21785	39507	3512	92	809	1190
白　银	28145	67772	7923	165	3786	5654
天　水	2924	134045	25404	175	6420	12030
武　威	18911	70515	15205	88	2330	3954
张　掖	15970	26898	7088	28	1467	293
平　凉	17136	55068	7518	381	2357	1988
酒　泉	10606	24645	6069	63	1185	464
庆　阳	19563	55952	7820	405	1688	2617
定　西	5745	26614	7592	3	1234	212
青　海	**65407**	**127167**	**15196**	**222**	**9406**	**29447**
西　宁	65407	127167	15196	222	9406	29447
宁　夏	**143478**	**235212**	**33182**	**522**	**10991**	**2899**
银　川	104156	138743	14113	310	5085	1304
石嘴山	28472	44425	5195	123	2979	1389
吴　忠	7699	22377	5445	31	1273	106
固　原	3151	29667	8429	58	1654	100
新　疆	**536766**	**478555**	**62045**	**1657**	**15404**	**21047**
乌鲁木齐	405931	334364	34918	746	14428	19720
克拉玛依	130835	144191	27127	911	976	1327

3—27 金 融

单位:万元

城市	年末金融机构各项贷款余额		年末金融机构存款余额		城乡居民储蓄年末余额	
	全市	市辖区	全市	市辖区	全市	市辖区
城市合计	**1485632700**	**1160456620**	**1998802792**	**1518182913**	**1028033189**	**669281992**
北京	**120430934**	**111645627**	**204759796**	**179959962**	**64413910**	**52045282**
天津	**34260200**	**34260200**	**40335100**	**40335100**	**18253200**	**18253200**
河北	**53498276**	**30965643**	**78939922**	**39992549**	**54516119**	**22266749**
石家庄	13774386	10547366	19322801	13305596	10444919	5436477
唐山	7176364	5122505	10764149	7043112	7230353	4188705
秦皇岛	3201960	2555113	4691504	3453889	3103263	2022919
邯郸	5466587	2949741	7063864	3887436	5297677	2615098
邢台	3520832	1444707	5292213	1882269	4172869	1394227
保定	5287449	1867810	9356163	2339041	7354480	1655301
张家口	2899852	1638640	3756326	1953560	2855878	1357478
承德	2047709	995461	2582021	1238041	1849055	765664
沧州	4250702	1460435	6939645	1550329	5517923	982487
廊坊	3276013	1376244	5119606	2016002	3638870	1147999
衡水	2596422	1007621	4051630	1323274	3050832	700394
山西	**29271763**	**18624457**	**44206255**	**28362642**	**27664496**	**14868103**
太原	11049200	10424469	15345900	14475752	6601300	5894732
大同	1889328	1571698	4325737	3641167	3038571	2463189
阳泉	1152368	810892	1765342	1183002	1299690	798879
长治	2171900	1077756	3158901	1687878	2191607	1064469
晋城	1647493	630811	3092547	1543907	1960538	823753
朔州	1079300	678111	1359500	712030	954900	390404
晋中	1745597	674444	3141691	1123711	2453018	767701
运城	3215262	949469	3263608	970322	2537080	625738
忻州	1430623	517325	2398288	819511	1917153	596498
临汾	2677313	1105920	4118641	1788972	2990564	1194819
吕梁	1213379	183562	2236100	416390	1720075	247921
内蒙古	**15536288**	**10266237**	**19321269**	**13430114**	**12489028**	**8042279**
呼和浩特	3884628	3520629	4780090	4448468	2554496	2313183
包头	2491100	2366692	4308300	4079552	2434600	2265401
乌海	626813	626813	750661	750661	504074	504074
赤峰	1767427	1143533	2155107	1357601	1609567	974664
通辽	1690000	589780	1290000	458540	800000	280000
鄂尔多斯	1696308	967136	1400359	702521	912763	412294
海拉尔	1761995	352419	2294407	569647	1860351	410690
巴彦淖尔	959648	455302	1229138	570440	941651	430103
乌兰察布	658369	243933	1113207	492684	871526	451870
辽宁	**70943027**	**59097121**	**89865038**	**74840592**	**56109738**	**43383099**
沈阳	21721849	20460286	26917421	25895131	14229575	13322211

3—27 续表 1

单位：万元

城市	年末金融机构各项贷款余额		年末金融机构存款余额		城乡居民储蓄年末余额	
	全市	市辖区	全市	市辖区	全市	市辖区
大连	21008339	19346181	25206432	22315753	13101986	10767112
鞍山	4429716	3211867	6497112	4713454	4840624	3251579
抚顺	2228344	1944425	3645470	3206906	2876013	2486088
本溪	2080081	1788870	2875314	2444017	2045286	1615776
丹东	2074928	1279866	3478155	2054078	2679818	1454681
锦州	2977522	2038533	3992607	2754222	2974373	1910193
营口	2481602	1737130	2799922	1712466	2195571	1252581
阜新	1756527	1267698	1586542	1224814	1211924	912593
辽阳	2114187	1512093	2658354	1986682	2125715	1512070
盘锦	1542333	1191671	3197420	2741051	2299497	1934324
铁岭	2051331	854909	2091400	1076576	1753692	951212
朝阳	2085028	875758	2137033	885903	1686967	700345
葫芦岛	2391240	1587834	2781856	1829539	2088697	1312334
吉林	**30473382**	**20862498**	**29741425**	**22228171**	**18879441**	**12719147**
长春	16295906	14022854	16152020	14740163	8313564	7160952
吉林	4264812	2911239	5173669	3731249	3924420	2727476
四平	2598835	1025512	1916435	984423	1567337	762559
辽源	1183092	907434	886248	619426	649835	429876
通化	1829456	868413	2069552	927798	1607659	624766
白山	1056725	579267	1297866	558660	1119696	449125
松原	1927716	86383	1311764	218992	1008980	187963
白城	1316840	461396	933871	447460	687950	376430
黑龙江	**38708594**	**26291415**	**46410669**	**34524883**	**31960783**	**21994408**
哈尔滨	19194811	16272411	20152239	17114431	11536951	9083654
齐齐哈尔	3585641	1866683	3588585	2369964	2809021	1753882
鸡西	1820227	804627	1941114	989574	1755579	951052
鹤岗	1188867	698637	1204862	703151	1040597	643780
双鸭山	1377362	622895	921620	570028	730480	436740
大庆	2022675	1687460	6846946	6419925	4315902	3937161
伊春	957854	923064	1476440	1144686	1272028	1061593
佳木斯	2186705	916567	2332720	1566502	1887472	1239758
七台河	622602	449605	796638	635510	634037	493703
牡丹江	1931028	1144697	3656040	2022395	3083677	1617043
黑河	1095435	271962	1304463	352482	1046247	261682
绥化	2725387	632807	2189002	636235	1848792	514360
上海	**131680500**	**131680500**	**173183800**	**173183800**	**60546000**	**54705700**
江苏	**112995497**	**76969448**	**153783419**	**96686729**	**76381827**	**40029469**
南京	33753396	33315897	36225519	35562214	11336202	10899690
无锡	14358200	9023800	21568500	14064100	9977500	6228800

3—27 续表 2 单位:万元

城市	年末金融机构各项贷款余额		年末金融机构存款余额		城乡居民储蓄年末余额	
	全市	市辖区	全市	市辖区	全市	市辖区
徐州	4614147	2598658	7277202	4254019	4822259	2364049
常州	7991400	6831100	11705600	9643700	6229200	4783100
苏州	23592819	10824804	31497894	13469462	14705045	5963699
南通	7022725	3180770	12792932	4486960	8498523	2024705
连云港	2107180	1318586	2935544	1783075	1785425	917591
淮安	2209835	1505988	2973127	2041171	1782453	1104929
盐城	4144187	1701917	6238325	2189624	4368493	1214721
扬州	4338700	2410557	7209790	3550539	4491267	1783844
镇江	4250685	2536601	5808804	3091878	3382088	1551701
泰州	3487125	1257936	5963340	1927846	3949930	876217
宿迁	1125098	462834	1586842	622141	1053442	316423
浙江	**115651044**	**76711768**	**146631238**	**93001375**	**64522130**	**34603245**
杭州	36869000	34009400	44395300	40462700	14664200	12648900
宁波	21027772	14767050	26290346	18459097	10596339	6393243
温州	13129393	8065520	17563283	10608181	9203153	5139438
嘉兴	7578288	2715990	10279478	3454307	5414963	1482455
湖州	3654519	2093794	4864162	2714934	2605537	1419233
绍兴	9867918	4003852	12801778	4609212	6649024	1937704
金华	8676923	2864948	11199013	2843562	5431994	1120148
衢州	2546668	1350474	3085708	1500178	1573411	672174
舟山	1901242	1626714	2593658	2137946	1279347	999293
台州	8090894	4257749	10561850	5261231	5421684	2343639
丽水	2308427	956277	2996662	950027	1682478	447018
安徽	**33355810**	**23676863**	**41411776**	**27472932**	**24780979**	**13469463**
合肥	10080852	9535627	10596221	9791984	3592488	3009042
芜湖	2337067	1914974	2840110	2196016	1475152	982240
蚌埠	1894869	1440089	2580051	1973283	1566562	1062679
淮南	1611510	1430849	1990492	1963679	1482162	1280681
马鞍山	1137263	986951	2000111	1705985	1169881	941290
淮北	948705	743985	1511695	1180017	1070362	785015
铜陵	1175709	1106332	1051028	895166	625563	509845
安庆	2262845	1042540	2950105	1208381	2070287	692473
黄山	842030	580255	1347158	749463	881561	405260
滁州	1666967	493484	1846248	586791	1337609	369726
阜阳	1897460	825521	3009139	1249534	2326833	855313
宿州	1321866	830321	1883329	950946	1485465	669139
巢湖	1526816	524534	1910085	581984	1484860	383482
六安	1687225	953925	2033496	846934	1433304	532881
亳州	1061898	371148	1456185	561114	1149028	396801

3—27 续表 3

单位：万元

城市	年末金融机构各项贷款余额		年末金融机构存款余额		城乡居民储蓄年末余额	
	全市	市辖区	全市	市辖区	全市	市辖区
池州	659799	429414	871310	448774	598565	264324
宣城	1242929	466914	1535013	582881	1031297	329272
福建	**38076192**	**26843650**	**51558979**	**32661358**	**29324659**	**15048628**
福州	13672072	11998074	16964051	13105710	8762245	5558140
厦门	7218665	7218665	10011744	10011744	3971559	3971559
莆田	1446637	1218537	2247671	1851971	1775569	1433969
三明	1917127	838785	2519238	1023234	1587017	540074
泉州	6533777	2258705	10232148	2907774	7113470	1581276
漳州	2408876	1315218	3151715	1447599	2039663	736411
南平	1860150	546355	2539499	676466	1778429	405697
龙岩	1581000	959588	2243795	1192462	1343087	648977
宁德	1437888	489723	1649118	444398	953620	172525
江西	**23791326**	**14843994**	**32109417**	**18671721**	**20155547**	**9425665**
南昌	7724164	6975995	11313454	9957965	4828029	3767018
景德镇	1202427	951409	1369288	938396	923671	571498
萍乡	924308	791433	1049066	783015	774561	542545
九江	2425173	1188334	2605515	1380922	1814321	870874
新余	790413	712769	1156374	1004866	789760	669831
鹰潭	915531	245349	893915	447805	598791	288584
赣州	2363846	1195123	3703040	1199986	2685922	680262
吉安	1493618	636966	2430291	630107	1887920	431024
宜春	1899680	528688	2656899	528688	2081778	372366
抚州	1606617	832095	2137340	1078302	1653296	810338
上饶	2445549	785833	2794235	721669	2117498	421325
山东	**102770922**	**68207027**	**122503731**	**79614418**	**67714506**	**34869018**
济南	25939255	23718717	24494835	23018320	7583525	6463128
青岛	16783917	12818800	18920868	15130000	9084693	5837400
淄博	6051062	4929655	8242557	7038878	4793243	3979560
枣庄	2106030	1468477	2578329	1709616	1656213	1008525
东营	2967129	1554764	4957802	3630834	2874872	2071043
烟台	9390903	5325051	12865801	6348327	8162235	3299299
潍坊	6517983	2850017	9022778	3564272	6069642	1803572
济宁	4926130	1994439	6627528	2408183	4302297	1185462
泰安	3196406	1485111	4435639	2172472	2896944	1225248
威海	3911082	1994769	5286852	2490725	3598683	1332796
日照	2112811	1618912	2272294	1515672	1334505	785679
莱芜	1283534	1283534	1500660	1500660	847742	847742
临沂	5216696	2971488	6680206	3595899	4359573	1930302
德州	3665480	1334863	4315527	1770440	2924403	901006

3—27 续表 4

单位:万元

城市	年末金融机构各项贷款余额		年末金融机构存款余额		城乡居民储蓄年末余额	
	全市	市辖区	全市	市辖区	全市	市辖区
聊城	3324156	1209068	4104866	1527491	2855563	892319
滨州	2452058	725686	2929805	1023154	1911643	579414
菏泽	2926290	923676	3267384	1169475	2458730	726523
河南	**58744373**	**36484395**	**75462846**	**47450261**	**48981354**	**24836504**
郑州	19818372	17947196	24341009	21245400	10484859	7904771
开封	1992950	1181874	2563829	1550165	1964295	1187864
洛阳	4410811	3028514	6868095	5039515	4527842	3050049
平顶山	2101695	1256478	3147273	1794899	2313533	1212957
安阳	2883140	1467880	4347382	2235073	3219628	1352041
鹤壁	867231	493188	950647	604324	713913	414652
新乡	2991778	1496733	4386347	2251493	3163844	1359322
焦作	2201772	1254800	3161434	1627459	2338662	1049508
濮阳	1382197	604950	2510609	1869546	2064533	1094974
许昌	2067180	958053	2623969	1074268	2026104	676576
漯河	1915366	1007884	1789765	1025105	1308617	648843
三门峡	1604151	663693	1964832	677127	1542151	480698
南阳	3853893	1705142	4679223	2297151	3415594	1436285
商丘	2519677	934580	2539710	1120038	2176757	988764
信阳	2453234	917860	3260957	1311139	2551247	886400
周口	3506142	870006	3382867	838986	2824734	529183
驻马店	2174784	695564	2944898	888573	2345041	563617
湖北	**46074052**	**37262953**	**57124716**	**45695363**	**30997456**	**21933688**
武汉	25251259	25251259	30320655	30320655	12855341	12855341
黄石	1357131	1061197	1848134	1307137	1192536	781797
十堰	1700552	1172962	2997272	2079178	1836528	1166918
宜昌	4396535	3394605	4608372	3185015	2477416	1441106
襄樊	2676100	1604400	4184900	2782100	2772900	1701900
鄂州	737085	737085	900824	900824	556277	556277
荆门	1390676	592546	1989745	940533	1491833	648278
孝感	2084984	625215	2346602	869295	1772785	577692
荆州	2882798	1554858	2907834	1523529	2091385	973096
黄冈	2056400	458032	2591300	466104	2128600	321678
咸宁	850771	325064	1202582	438595	895421	282746
随州	689761	485730	1226496	882398	926434	626859
湖南	**37051822**	**24209443**	**46609026**	**27304083**	**30442648**	**15748325**
长沙	16294200	13035360	15987000	12789600	7048500	5596509
株洲	2125393	1589020	3391137	2322722	2332823	1441364
湘潭	1771626	1257594	2738198	1734051	2029140	1148087
衡阳	2586800	1776107	4073600	2561597	3234800	2034210

3—27 续表 5

单位:万元

城　市	年末金融机构各项贷款余额		年末金融机构存款余额		城乡居民储蓄年末余额	
	全　市	市辖区	全　市	市辖区	全　市	市辖区
邵　阳	1377198	506152	2957399	912687	2422385	640163
岳　阳	2394635	1317049	2692260	1157672	2008057	863465
常　德	2573591	1123842	3050543	1405894	2396673	987600
张家界	672944	449214	633599	342654	430271	199570
益　阳	1491883	749533	1892381	821967	1505836	624267
郴　州	1544323	418791	2683796	814372	2032891	525093
永　州	1379332	661438	2284354	876009	1808755	585835
怀　化	1359881	656385	2133132	835492	1593903	534341
娄　底	1480016	668958	2091627	729366	1598614	567821
广　东	**181902553**	**168072817**	**271343692**	**240915889**	**140551378**	**116373253**
广　州	61272742	59697459	86767209	83655362	37273276	35123240
韶　关	1769301	1099654	3560906	1876396	2477022	1122960
深　圳	45250500	45250500	60794800	60794800	21994500	21994500
珠　海	4126715	4126715	6732074	6732074	3573900	3573900
汕　头	4647034	4620233	7459591	7415213	5612645	5579602
佛　山	19721400	19721400	29495500	29495500	17839900	17839900
江　门	6370084	3180798	9170130	3386989	6671735	2134405
湛　江	2975321	2167417	5400492	3301050	4056198	2251158
茂　名	2493339	1241547	4456657	1959674	3415025	1231650
肇　庆	2524704	1738091	3743693	1985210	2567208	1153295
惠　州	3138211	2625223	5719088	4032549	3795484	2446086
梅　州	2144300	1300600	3489400	1160300	2395900	461900
汕　尾	677554	387131	1007519	337079	814911	240583
河　源	781588	0	1539195	0	1070148	0
阳　江	1072103	713254	1926759	1045586	1492820	751464
清　远	1842181	1033419	2936022	1162873	2067277	726578
东　莞	12067237	12067237	21267775	21267775	12310616	12310616
中　山	4956582	4956582	8451935	8451935	5436969	5436969
潮　州	1266695	754734	2316821	1187282	1736058	835603
揭　阳	1748826	892967	3438311	1066671	2823322	743046
云　浮	1056136	497856	1669815	601571	1126464	415798
广　西	**23165662**	**17352742**	**31360843**	**20540441**	**19716254**	**11108794**
南　宁	9597681	8977312	9434021	8000212	4514961	3374694
柳　州	2743011	2266554	4336768	3525564	2577804	1963589
桂　林	2454126	1505762	4147753	2517207	2826839	1546593
梧　州	910744	629658	1445924	794799	1093415	539356
北　海	1320715	1103211	1447874	1082942	945289	614925
防城港	332359	239989	587257	380500	436594	263372
钦　州	651006	412776	964334	551364	751134	395762

3—27 续表 6

单位:万元

城市	年末金融机构各项贷款余额		年末金融机构存款余额		城乡居民储蓄年末余额	
	全市	市辖区	全市	市辖区	全市	市辖区
贵港	746279	397656	1513494	740537	1174865	512930
玉林	1438061	771280	2540432	1264945	2029003	838540
百色	962350	262435	1336188	432382	790145	238872
贺州	384458	236479	661765	363971	492662	263623
河池	834624	276788	1395858	431109	968991	279357
来宾	439843	217370	706637	294805	471579	171179
崇左	350405	55472	842538	160104	642973	106002
海南	**5575754**	**5575754**	**7080316**	**7080316**	**3320577**	**3320577**
海口	5140901	5140901	6185505	6185505	2843664	2843664
三亚	434853	434853	894811	894811	476913	476913
重庆	**27748145**	**22001493**	**34386068**	**25506862**	**18965569**	**11308103**
四川	**51491679**	**37555765**	**69082897**	**45780466**	**41876084**	**23012752**
成都	25879425	23156092	32407873	27433623	14944197	11298877
自贡	1184963	889892	1970890	1319411	1368065	773220
攀枝花	1277650	1090036	1727551	1533721	1068228	927310
泸州	1584054	1054744	2383450	1481309	1711099	944164
德阳	2293963	846843	3360816	1156313	2086722	648443
绵阳	3287859	2303632	4333726	2670938	2664645	1346211
广元	1238423	810609	1212757	661144	991788	527958
遂宁	1046816	550981	1650973	845659	1286276	600583
内江	1401984	720802	1987972	922089	1596538	673460
乐山	2002839	1191874	2401292	1213771	1820357	863546
南充	2143695	1135773	3116437	1519512	2583240	1160987
眉山	1172633	564890	1642857	633048	1368045	480765
宜宾	1768880	983503	2631981	1534026	1562770	685942
广安	1128034	602738	1931918	714546	1663933	566697
达州	1598313	606776	2670085	738665	2270996	520972
雅安	772255	381231	1108671	520162	765745	322448
巴中	756646	343812	709615	330624	574781	257190
资阳	953247	321537	1834033	551905	1548659	413979
贵州	**11489348**	**9692720**	**14125030**	**11199720**	**6332357**	**4511326**
贵阳	7636109	7379628	8936025	8456440	3449487	3168853
六盘水	908818	618624	1282314	803251	685311	320606
遵义	1965700	1218586	2941500	1396447	1645600	699561
安顺	978721	475882	965191	543582	551959	322306
云南	**20267933**	**13880629**	**28187148**	**19928111**	**12519923**	**8067870**
昆明	12612378	10549737	17702638	14807599	7085278	5862449
曲靖	2222000	947612	2867000	1192195	1496000	573709
玉溪	1685360	1036013	3398848	2099757	1451644	674347

3-27 续表 7

单位:万元

城市	年末金融机构各项贷款余额		年末金融机构存款余额		城乡居民储蓄年末余额	
	全市	市辖区	全市	市辖区	全市	市辖区
保山	892700	446486	911300	436412	618200	268663
昭通	831901	298946	1016274	445504	534424	206281
丽江	634244	382549	753013	429500	403196	185408
思茅	685202	191897	926279	304528	554376	185983
临沧	704148	27389	611796	212616	376805	111030
陕西	**32991145**	**25375949**	**45245466**	**34877925**	**24730982**	**16594570**
西安	19541838	19064307	26658682	25664145	12105607	11283283
铜川	529681	510551	720475	698490	50081	38177
宝鸡	2255300	1478257	3418500	2302944	2468000	1542176
咸阳	2333223	1382149	3636852	2053284	2680284	1283440
渭南	2219969	565655	2959398	863043	2313300	557388
延安	1274672	434712	1760703	837857	1036832	460362
汉中	1663000	637005	2324000	955063	1607600	574864
榆林	1541607	525500	1709478	603777	997432	289768
安康	994227	528325	1149899	531608	779810	313222
商洛	637628	249488	907479	367714	692036	251890
甘肃	**16790791**	**13446247**	**20102562**	**15365025**	**11262538**	**7703353**
兰州	9521164	9027914	10678953	10130121	4683830	4308295
嘉峪关	672111	672111	499342	499342	286147	286147
金昌	487298	331713	566235	400756	422628	299432
白银	927376	705175	998922	759470	673102	484895
天水	797700	480000	1249300	875000	902100	613000
武威	716353	534421	952010	683674	695245	492395
张掖	582600	269612	793500	433255	549900	298507
平凉	1167000	765000	894700	497800	556300	222300
酒泉	771900	303744	1786300	564122	1190000	331817
庆阳	629538	199901	1065350	323808	826116	229700
定西	517751	156656	617950	197677	477170	136865
青海	**4373202**	**3935882**	**3910391**	**3519352**	**1749293**	**1574364**
西宁	4373202	3935882	3910391	3519352	1749293	1574364
宁夏	**6282564**	**4538226**	**7449538**	**5621304**	**3773293**	**2457370**
银川	3724738	3340506	4641305	4204972	1930771	1602442
石嘴山	858162	650120	1064513	826729	655154	466641
吴忠	1358772	386652	1400870	408048	958229	268725
固原	340892	160948	342850	181555	229139	119562
新疆	**10239922**	**10125157**	**12570419**	**12431449**	**5101120**	**5007688**
乌鲁木齐	9737800	9623035	10858000	10719030	4203000	4109568
克拉玛依	502122	502122	1712419	1712419	898120	898120

3－28 劳动工资

城市	在岗职工平均人数（万人）		在岗职工工资总额（万元）		职工平均工资（元）	
	全市	市辖区	全市	市辖区	全市	市辖区
城市合计	**9745.55**	**5971.00**	**136536813**	**98594805**	**14010.17**	**16512.28**
北京	**434.15**	**419.76**	**10989365**	**10786972**	**25312.37**	**25697.95**
天津	**174.50**	**163.10**	**3254148**	**3100837**	**18648.41**	**19011.88**
河北	**496.68**	**262.50**	**5379124**	**3286341**	**10830.16**	**12519.39**
石家庄	86.74	54.96	1067432	789683	12306.11	14368.32
唐山	86.29	60.58	890722	683614	10322.42	11284.48
秦皇岛	28.55	19.88	384841	305858	13479.54	15385.21
邯郸	58.98	36.03	592268	385935	10041.84	10711.49
邢台	32.84	13.55	331694	169710	10100.30	12524.72
保定	59.19	20.15	626501	251948	10584.58	12503.62
张家口	36.99	18.88	388256	232305	10496.24	12304.29
承德	23.93	10.19	257520	128568	10761.39	12617.08
沧州	38.16	10.34	371909	125304	9746.04	12118.38
廊坊	22.96	9.18	260076	121047	11327.35	13185.95
衡水	22.05	8.76	207905	92369	9428.80	10544.41
山西	**341.43**	**191.67**	**3613458**	**2254970**	**10583.31**	**11764.86**
太原	74.55	68.33	945212	872219	12678.90	12764.80
大同	48.67	39.96	501491	434223	10303.90	10866.44
阳泉	20.41	16.45	222896	186306	10920.92	11325.59
长治	29.62	16.64	326076	207607	11008.64	12476.38
晋城	20.88	10.48	245062	143406	11736.69	13683.78
朔州	12.25	6.94	117096	74528	9558.86	10738.90
晋中	28.04	7.61	263215	73318	9387.13	9634.43
运城	31.90	7.11	313232	78791	9819.18	11081.72
忻州	21.80	5.99	174293	47588	7995.09	7944.57
临汾	32.99	8.79	322870	102614	9786.91	11673.95
吕梁	20.32	3.37	182015	34370	8957.43	10198.81
内蒙古	**206.03**	**107.19**	**2328446**	**1350986**	**11301.49**	**12603.66**
呼和浩特	28.90	26.23	407963	396124	14116.37	15101.94
包头	35.13	32.13	471324	437367	13416.57	13612.42
乌海	9.85	9.85	99544	99544	10105.99	10105.99
赤峰	29.93	11.60	286670	117426	9578.02	10122.93
通辽	22.91	8.37	216403	83146	9445.79	9933.81
鄂尔多斯	13.04	4.52	171471	54458	13149.62	12048.23
海拉尔	39.18	4.15	392506	55123	10018.02	13282.65
巴彦淖尔	15.28	6.79	149258	64398	9768.19	9484.24
乌兰察布	11.81	3.55	133307	43400	11287.64	12225.35
辽宁	**490.61**	**376.34**	**6354359**	**5371132**	**12951.96**	**14272.02**
沈阳	101.70	94.30	1521548	1462835	14961.14	15512.57

3—28 续表 1

城市	在岗职工平均人数（万人）		在岗职工工资总额（万元）		职工平均工资（元）	
	全市	市辖区	全市	市辖区	全市	市辖区
大连	82.13	68.52	1442215	1276889	17560.15	18635.27
鞍山	42.22	34.23	537520	462989	12731.41	13525.83
抚顺	30.36	26.78	365012	331928	12022.79	12394.62
本溪	25.40	22.30	303115	271733	11933.66	12185.34
丹东	19.58	12.75	208319	140267	10639.38	11001.33
锦州	26.66	13.00	286914	164559	10761.97	12658.38
营口	17.85	13.99	194924	158755	10920.11	11347.75
阜新	19.75	17.31	194994	164912	9873.11	9526.98
辽阳	16.77	14.19	210273	190090	12538.64	13396.05
盘锦	38.01	20.14	386295	306455	10162.98	15216.24
铁岭	24.13	8.64	241010	104482	9987.98	12092.82
朝阳	22.70	12.10	218889	132299	9642.69	10933.80
葫芦岛	23.35	18.09	243331	202939	10421.03	11218.30
吉林	**247.28**	**143.98**	**2729239**	**1940070**	**11037.04**	**13474.58**
长春	89.70	69.94	1244167	1097659	13870.31	15694.30
吉林	42.00	26.17	445670	317831	10611.19	12144.86
四平	24.95	8.18	196945	81549	7893.59	9969.32
辽源	11.02	7.19	94771	66831	8599.91	9294.99
通化	21.46	9.07	209531	104138	9763.79	11481.59
白山	17.21	6.32	144821	57987	8414.93	9175.16
松原	21.93	9.22	233490	141940	10647.06	15394.79
白城	19.01	7.89	159844	72135	8408.42	9142.59
黑龙江	**451.18**	**283.07**	**4952301**	**3643809**	**10976.33**	**12872.47**
哈尔滨	168.83	132.82	2102165	1753883	12451.37	13204.96
齐齐哈尔	45.07	26.21	454306	304703	10080.01	11625.45
鸡西	20.55	13.23	178011	117425	8662.34	8875.66
鹤岗	20.60	12.50	169462	114690	8226.31	9175.20
双鸭山	24.41	8.57	179227	87188	7342.36	10173.63
大庆	41.89	34.69	825319	766299	19702.05	22089.91
伊春	21.05	16.50	124610	97815	5919.71	5928.18
佳木斯	21.78	11.91	197946	114763	9088.43	9635.85
七台河	11.51	8.52	107448	84338	9335.19	9898.83
牡丹江	28.29	12.92	268528	145564	9491.98	11266.56
黑河	19.50	2.50	128933	38010	6611.95	15204.00
绥化	27.70	2.70	216346	19131	7810.32	7085.56
上海	**281.51**	**274.95**	**7686511**	**7531871**	**27304.58**	**27393.60**
江苏	**582.03**	**319.84**	**9152780**	**6002470**	**15725.62**	**18767.10**
南京	87.91	83.84	1950742	1891930	22190.22	22565.96
无锡	47.93	34.24	907238	667837	18928.40	19504.59

3—28 续表 2

城　　市	在岗职工平均人数（万人）		在岗职工工资总额（万元）		职工平均工资（元）	
	全　市	市辖区	全　市	市辖区	全　市	市辖区
徐　　州	59.23	32.51	802685	569466	13552.00	17516.64
常　　州	35.22	26.49	607812	484491	17257.58	18289.58
苏　　州	78.55	33.92	1554557	783710	19790.67	23104.66
南　　通	51.09	19.13	692102	314594	13546.72	16445.06
连 云 港	27.19	13.32	306213	189115	11261.97	14197.82
淮　　安	34.15	19.36	368939	231133	10803.48	11938.69
盐　　城	45.78	10.84	486108	147626	10618.35	13618.63
扬　　州	36.43	17.42	502789	280391	13801.51	16095.92
镇　　江	29.49	17.39	450122	294223	15263.55	16919.09
泰　　州	31.77	8.91	362917	117098	11423.26	13142.31
宿　　迁	17.29	2.47	160556	30856	9286.06	12492.31
浙　　江	**365.28**	**193.55**	**7827624**	**4450867**	**21429.11**	**22995.95**
杭　　州	75.72	63.35	1867776	1617477	24666.88	25532.39
宁　　波	59.88	37.22	1418635	942400	23691.30	25319.72
温　　州	58.02	29.36	1097329	584686	18912.94	19914.37
嘉　　兴	27.90	10.00	579688	206679	20777.35	20667.90
湖　　州	13.68	6.12	273205	121479	19971.13	19849.51
绍　　兴	37.18	10.17	732221	196545	19693.95	19325.96
金　　华	27.16	7.10	558269	162589	20554.82	22899.86
衢　　州	11.55	6.21	214499	124569	18571.34	20059.42
舟　　山	9.73	8.02	182703	148372	18777.29	18500.25
台　　州	31.73	12.50	666248	272661	20997.42	21812.88
丽　　水	12.73	3.50	237051	73410	18621.45	20974.29
安　　徽	**339.51**	**201.51**	**3582326**	**2346696**	**10551.46**	**11645.56**
合　　肥	37.88	29.90	526577	455434	13901.19	15231.91
芜　　湖	21.34	14.32	243237	177712	11398.17	12410.06
蚌　　埠	20.37	12.55	209072	152916	10263.72	12184.54
淮　　南	26.40	23.09	311967	274824	11816.93	11902.30
马 鞍 山	15.90	14.15	258386	238348	16250.69	16844.38
淮　　北	26.39	22.96	280101	252500	10613.91	10997.39
铜　　陵	11.64	10.28	127845	115322	10983.25	11218.09
安　　庆	28.00	12.06	269796	127322	9635.57	10557.38
黄　　山	9.35	4.76	102141	57265	10924.17	12030.46
滁　　州	21.59	6.05	182643	65239	8459.61	10783.31
阜　　阳	26.25	11.25	224500	105600	8552.38	9386.67
宿　　州	20.74	8.90	168960	82088	8146.58	9223.37
巢　　湖	16.70	12.30	167571	60609	10034.19	4927.56
六　　安	21.43	7.72	178142	68913	8312.74	8926.55
亳　　州	16.27	5.66	130091	51660	7995.76	9127.21

3－28 续表 3

城　市	在岗职工平均人数（万人）		在岗职工工资总额（万元）		职工平均工资（元）	
	全　市	市辖区	全　市	市辖区	全　市	市辖区
池　州	6.94	3.24	70757	36372	10195.53	11225.93
宣　城	12.32	2.32	130540	24572	10595.78	10591.38
福　建	**324.02**	**180.96**	**4616645**	**2875224**	**14248.02**	**15888.73**
福　州	71.30	43.77	1073262	705691	15052.76	16122.71
厦　门	54.78	54.78	1042111	1042111	19023.57	19023.57
莆　田	22.68	18.61	265327	223819	11698.72	12026.81
三　明	21.56	7.14	301030	118842	13962.43	16644.54
泉　州	69.24	29.93	909243	396585	13131.76	13250.42
漳　州	30.57	8.96	338667	121070	11078.41	13512.28
南　平	20.13	6.00	240132	87552	11929.06	14592.00
龙　岩	18.95	8.22	254732	127756	13442.32	15542.09
宁　德	14.81	3.55	192141	51798	12973.73	14590.99
江　西	**252.43**	**105.98**	**2613247**	**1327185**	**10352.36**	**12522.98**
南　昌	49.79	39.85	692717	605978	13912.77	15206.47
景德镇	14.22	6.75	136183	76506	9576.86	11334.22
萍　乡	12.64	9.99	130748	103571	10343.99	10367.47
九　江	31.15	12.30	303947	146094	9757.53	11877.56
新　余	9.98	8.43	113817	98683	11404.51	11706.17
鹰　潭	8.09	1.82	92618	20651	11448.45	11346.70
赣　州	33.28	6.24	309894	82200	9311.72	13173.08
吉　安	20.79	3.81	182400	39414	8773.45	10344.88
宜　春	24.74	5.73	229003	54773	9256.39	9558.99
抚　州	20.35	6.90	165072	55386	8111.65	8026.96
上　饶	27.40	4.16	256848	43929	9374.01	10559.86
山　东	**750.60**	**385.14**	**9406834**	**5698694**	**12532.42**	**14796.42**
济　南	78.38	63.04	1256160	1090986	16026.54	17306.25
青　岛	104.55	64.47	1603305	1171937	15335.29	18178.02
淄　博	47.27	38.05	633598	536890	13403.81	14110.12
枣　庄	31.23	23.19	328190	252771	10508.81	10900.00
东　营	30.95	25.57	655588	587392	21182.16	22971.92
烟　台	63.91	29.83	858218	423887	13428.54	14210.09
潍　坊	58.24	20.71	627874	255555	10780.80	12339.69
济　宁	55.66	13.76	667195	173953	11986.97	12641.93
泰　安	44.63	13.39	464199	152436	10401.05	11384.32
威　海	34.22	16.57	383801	206143	11215.69	12440.74
日　照	16.60	9.20	169765	108220	10226.81	11763.04
莱　芜	13.16	13.16	174284	174284	13243.47	13243.47
临　沂	46.41	15.43	458764	180335	9885.02	11687.30
德　州	32.43	12.82	269845	109225	8320.84	8519.89

3—28 续表 4

城市	在岗职工平均人数（万人）		在岗职工工资总额（万元）		职工平均工资（元）	
	全市	市辖区	全市	市辖区	全市	市辖区
聊城	33.52	9.45	329877	94498	9841.20	9999.79
滨州	25.83	7.25	264736	81628	10249.17	11259.03
菏泽	33.61	9.25	261435	98554	7778.49	10654.49
河南	**646.83**	**312.76**	**6163832**	**3588830**	**9529.29**	**11474.71**
郑州	83.99	61.19	1137056	898947	13537.99	14691.08
开封	30.51	16.88	235036	145765	7703.57	8635.37
洛阳	50.39	30.80	541450	362417	10745.19	11766.79
平顶山	43.06	25.61	446423	303303	10367.46	11843.15
安阳	38.37	19.80	405372	246253	10564.82	12437.02
鹤壁	15.42	10.72	141462	105252	9173.93	9818.28
新乡	41.77	19.66	351173	197046	8407.30	10022.69
焦作	31.12	17.65	298981	190659	9607.36	10802.21
濮阳	29.39	18.87	354743	272197	12070.19	14424.85
许昌	25.56	7.97	220099	88217	8611.07	11068.63
漯河	18.39	8.78	145556	80712	7914.95	9192.71
三门峡	22.65	6.82	224349	73998	9905.03	10850.15
南阳	62.81	25.58	551114	281813	8774.30	11016.93
商丘	37.51	12.48	259598	89210	6920.77	7148.24
信阳	37.51	12.89	308235	108310	8217.41	8402.64
周口	45.49	8.70	287989	63439	6330.82	7291.84
驻马店	32.89	8.36	255196	81292	7759.08	9723.92
湖北	**437.17**	**268.74**	**4663923**	**3303551**	**10668.44**	**12292.74**
武汉	136.08	136.08	1868350	1868350	13729.79	13729.79
黄石	27.05	16.50	280736	179822	10378.41	10898.30
十堰	28.73	15.92	397883	278757	13849.04	17509.86
宜昌	36.42	20.57	363176	232765	9971.88	11315.75
襄樊	44.20	23.38	374011	226949	8461.79	9706.97
鄂州	13.61	13.61	112181	112181	8242.54	8242.54
荆门	19.93	8.52	191291	91212	9598.14	10705.63
孝感	33.15	6.79	265767	66048	8017.10	9727.25
荆州	37.62	12.72	320043	120106	8507.26	9442.30
黄冈	30.49	1.58	242415	12794	7950.64	8097.47
咸宁	18.17	4.91	153888	49333	8469.35	10047.45
随州	11.72	8.16	94182	65234	8036.01	7994.36
湖南	**360.37**	**160.17**	**4359807**	**2328711**	**12098.14**	**14539.00**
长沙	60.04	45.23	1019924	795129	16987.41	17579.68
株洲	26.75	17.32	359855	257960	13452.52	14893.76
湘潭	22.87	14.24	272925	178008	11933.76	12500.56
衡阳	42.62	13.89	455537	171559	10688.34	12351.26

3—28 续表 5

城市	在岗职工平均人数（万人）		在岗职工工资总额（万元）		职工平均工资（元）	
	全市	市辖区	全市	市辖区	全市	市辖区
邵阳	28.83	8.35	286265	85264	9929.41	10211.26
岳阳	31.00	15.90	341380	231400	11012.26	14553.46
常德	23.43	8.26	293503	121182	12526.80	14670.94
张家界	7.60	3.78	93365	53697	12284.87	14205.56
益阳	26.00	7.92	231620	89637	8908.46	11317.80
郴州	23.57	6.94	285896	106782	12129.66	15386.46
永州	22.96	7.37	236276	84689	10290.77	11491.04
怀化	22.51	4.40	239138	57795	10623.63	13135.23
娄底	22.19	6.57	244123	95609	11001.49	14552.36
广东	**761.55**	**552.18**	**15130094**	**12862630**	**19867.50**	**23294.27**
广州	182.16	168.63	5247087	5021555	28804.83	29778.54
韶关	27.65	11.22	386400	209677	13974.68	18687.79
深圳	104.98	104.98	3259900	3259900	31052.58	31052.58
珠海	34.36	34.36	659767	659767	19201.60	19201.60
汕头	35.86	34.96	428881	422477	11959.87	12084.58
佛山	45.18	45.18	797047	797047	17641.59	17641.59
江门	34.12	16.90	423262	245180	12405.10	14507.69
湛江	36.41	15.68	438195	246622	12035.02	15728.44
茂名	28.23	8.87	351158	163548	12439.18	18438.33
肇庆	23.64	9.68	308960	143966	13069.37	14872.52
惠州	48.55	35.29	644073	498384	13266.18	14122.53
梅州	22.16	3.92	262990	61891	11867.78	15788.52
汕尾	11.59	3.75	132566	49332	11437.96	13155.20
河源	15.32	2.41	191431	73999	12495.50	30704.98
阳江	16.22	6.33	173799	75174	10715.10	11875.83
清远	18.85	5.38	263136	83938	13959.47	15601.86
东莞	16.06	16.06	362935	362935	22598.69	22598.69
中山	15.84	15.84	322782	322782	20377.65	20377.65
潮州	12.04	4.99	128580	67510	10679.40	13529.06
揭阳	19.55	4.82	198300	53700	10143.22	11141.08
云浮	12.78	2.93	148845	43246	11646.71	14759.73
广西	**250.84**	**127.02**	**2986362**	**1756552**	**11905.45**	**13828.94**
南宁	50.79	33.00	668976	503696	13171.41	15263.52
柳州	36.38	26.22	515712	402700	14175.70	15358.50
桂林	30.73	16.03	377322	219882	12278.62	13716.91
梧州	14.42	7.35	155257	93875	10766.78	12772.11
北海	8.69	5.45	101290	69852	11655.93	12816.88
防城港	4.98	3.09	57322	39371	11510.44	12741.42
钦州	9.84	4.79	90471	46931	9194.21	9797.70

3—28 续表 6

城市	在岗职工平均人数（万人）		在岗职工工资总额（万元）		职工平均工资（元）	
	全市	市辖区	全市	市辖区	全市	市辖区
贵港	12.57	6.37	122157	64930	9718.14	10193.09
玉林	20.24	6.44	209702	92185	10360.77	14314.44
百色	17.10	4.50	203781	56503	11917.02	12556.22
贺州	7.64	3.88	80755	42013	10570.03	10828.09
河池	16.57	3.44	185889	46995	11218.41	13661.34
来宾	10.12	4.55	114891	57167	11352.87	12564.18
崇左	10.77	1.91	102837	20452	9548.47	10707.85
海南	**28.46**	**28.46**	**63920**	**403966**	**2245.96**	**14194.17**
海口	22.97	22.97	346	340392	15.06	14818.98
三亚	5.49	5.49	63574	63574	11579.96	11579.96
重庆	**203.79**	**127.96**	**2535070**	**1753924**	**12439.62**	**13706.81**
四川	**447.04**	**239.44**	**5444764**	**3259076**	**12179.59**	**13611.24**
成都	124.03	88.09	1894496	1448882	15274.50	16447.75
自贡	17.95	13.01	193006	144298	10752.42	11091.31
攀枝花	20.07	18.42	299855	277283	14940.46	15053.37
泸州	21.68	13.31	238961	154071	11022.19	11575.58
德阳	22.27	9.31	312071	139137	14013.07	14944.90
绵阳	30.60	15.60	350283	194015	11447.16	12436.86
广元	14.30	7.00	133944	66073	9366.71	9439.00
遂宁	15.17	5.61	134052	51828	8836.65	9238.50
内江	21.26	9.40	216337	103138	10175.78	10972.13
乐山	25.75	12.92	270940	136024	10521.94	10528.17
南充	23.65	10.12	226303	104788	9568.84	10354.55
眉山	12.06	2.93	130070	35068	10785.24	11968.60
宜宾	27.21	11.05	306924	145829	11279.82	13197.19
广安	10.88	3.46	120870	41030	11109.38	11858.38
达州	25.20	6.13	243900	70000	9678.57	11419.25
雅安	8.59	4.09	95179	48271	11080.21	11802.20
巴中	12.65	4.14	122546	38412	9687.43	9278.26
资阳	13.72	4.85	155027	60929	11299.34	12562.68
贵州	**105.44**	**67.98**	**1103467**	**796966**	**10465.35**	**11723.54**
贵阳	54.53	46.16	664234	561680	12181.07	12168.11
六盘水	16.14	7.96	189206	97294	11722.80	12222.86
遵义	23.15	7.39	249913	76443	10795.38	10344.11
安顺	11.62	6.47	114	61549	9.81	9512.98
云南	**163.42**	**83.84**	**2143105**	**1161184**	**13114.09**	**13850.00**
昆明	73.34	56.70	1045469	833534	14255.10	14700.78
曲靖	24.20	6.68	314000	92999	12975.21	13922.01
玉溪	14.21	4.51	194376	80443	13678.82	17836.59

3-28 续表 7

城　市	在岗职工平均人数（万人）		在岗职工工资总额（万元）		职工平均工资（元）	
	全　市	市辖区	全　市	市辖区	全　市	市辖区
保　山	9.59	4.21	107003	45462	11157.77	10798.57
昭　通	15.29	4.98	178075	40492	11646.50	8130.92
丽　江	5.50	1.80	68443	23248	12444.18	12915.56
思　茅	12.70	4.03	136020	34355	10710.24	8524.81
临　沧	8.59	0.93	99719	10651	11608.73	11452.69
陕　西	**307.12**	**181.55**	**3465267**	**2290081**	**11283.10**	**12614.05**
西　安	113.73	106.50	1535896	1472419	13504.76	13825.53
铜　川	10.55	9.93	97294	92509	9222.18	9316.11
宝　鸡	32.89	17.77	351300	214941	10681.06	12095.72
咸　阳	37.21	16.76	372533	202527	10011.64	12083.95
渭　南	32.58	6.61	305585	67114	9379.53	10153.40
延　安	17.48	4.58	197435	44082	11294.91	9624.89
汉　中	22.92	6.69	215960	69124	9422.34	10332.44
榆　林	17.59	4.43	178830	46322	10166.57	10456.43
安　康	12.22	5.16	122232	52762	10002.62	10225.19
商　洛	9.95	3.12	88202	28281	8864.52	9064.42
甘　肃	**157.81**	**102.39**	**1921345**	**1321819**	**12175.05**	**12909.65**
兰　州	54.91	49.75	740661	703628	13488.64	14143.28
嘉峪关	4.20	4.20	72718	72718	17313.81	17313.81
金　昌	8.45	5.77	127554	100533	15095.15	17423.40
白　银	14.56	10.18	170283	121676	11695.26	11952.46
天　水	16.81	11.62	161138	111632	9585.84	9606.88
武　威	10.95	6.78	98002	49469	8949.95	7296.31
张　掖	8.28	3.98	82774	43246	9996.86	10865.83
平　凉	11.20	2.04	123718	19666	11046.25	9640.20
酒　泉	9.49	3.00	137852	39242	14526.03	13080.67
庆　阳	9.78	2.73	106110	32197	10849.69	11793.77
定　西	9.18	2.34	100535	27812	10951.53	11885.47
青　海	**20.60**	**15.03**	**301364**	**301364**	**14629.32**	**20050.83**
西　宁	20.60	15.03	301364	301364	14629.32	20050.83
宁　夏	**60.11**	**36.79**	**759273**	**497687**	**12631.39**	**13527.78**
银　川	29.12	24.45	393035	345296	13497.08	14122.54
石嘴山	9.06	5.94	109737	77452	12112.25	13039.06
吴　忠	14.60	4.01	157098	40712	10760.14	10152.62
固　原	7.33	2.39	99403	34227	13561.12	14320.92
新　疆	**57.76**	**57.15**	**1008813**	**1000340**	**17465.60**	**17503.76**
乌鲁木齐	47.42	46.81	782873	774400	16509.34	16543.47
克拉玛依	10.34	10.34	225940	225940	21851.06	21851.06

3—29 学 校 数

单位:所

城 市	高等学校		普通中学		小 学	
	全 市	市辖区	全 市	市辖区	全 市	市辖区
城市合计	**1649**	**1581**	**72871**	**20978**	**386567**	**67843**
北 京	**73**	**73**	**763**	**704**	**1652**	**1483**
天 津	**37**	**37**	**664**	**525**	**1136**	**837**
河 北	**85**	**80**	**5024**	**717**	**25702**	**1888**
石家庄	27	27	703	109	3330	242
唐 山	11	11	521	194	1853	568
秦皇岛	5	3	239	38	948	90
邯 郸	3	3	595	97	3690	192
邢 台	4	4	590	52	3025	73
保 定	10	10	709	48	3545	126
张家口	5	5	295	56	1830	141
承 德	5	5	318	26	2170	75
沧 州	4	4	490	30	2472	78
廊 坊	9	6	247	36	1189	192
衡 水	2	2	317	31	1650	111
山 西	**46**	**43**	**3416**	**730**	**31132**	**3475**
太 原	27	27	241	176	1199	493
大 同	4	4	295	116	2209	441
阳 泉	1	1	111	46	866	135
长 治	3	3	331	63	3659	182
晋 城	2	2	200	23	2530	94
朔 州	0	0	159	65	1608	707
晋 中	2	1	325	52	2350	268
运 城	1	1	432	42	3360	282
忻 州	2	1	470	58	4548	341
临 汾	2	2	420	64	3903	314
吕 梁	2	1	432	25	4900	218
内蒙古	**33**	**33**	**1551**	**473**	**6755**	**1404**
呼和浩特	17	17	166	79	773	320
包 头	6	6	171	122	474	224
乌 海	3	3	39	39	54	54
赤 峰	1	1	354	92	1781	336
通 辽	1	1	251	55	1363	246
鄂尔多斯	1	1	73	14	266	22
海拉尔	1	1	276	31	860	30
巴彦淖尔	1	1	105	23	621	141
乌兰察布	2	2	116	18	563	31
辽 宁	**70**	**70**	**2340**	**962**	**11340**	**2103**
沈 阳	27	27	362	255	1247	506

3—29 续表 1 单位:所

城市	高等学校		普通中学		小学	
	全市	市辖区	全市	市辖区	全市	市辖区
大连	18	18	285	156	1169	299
鞍山	2	2	173	73	913	122
抚顺	3	3	158	83	519	131
本溪	1	1	99	55	355	119
丹东	2	2	133	37	777	102
锦州	5	5	161	43	773	100
营口	2	2	109	30	561	102
阜新	2	2	119	43	749	101
辽阳	3	3	93	36	485	92
盘锦	1	1	81	37	307	52
铁岭	2	2	165	32	1100	79
朝阳	1	1	234	26	1370	82
葫芦岛	1	1	168	56	1015	216
吉林	**41**	**41**	**1514**	**426**	**7669**	**1521**
长春	28	28	389	163	1814	426
吉林	7	7	235	89	1130	280
四平	1	1	216	44	1225	424
辽源	2	2	75	24	480	21
通化	1	1	174	27	718	64
白山	0	0	128	27	445	76
松原	0	0	156	18	970	88
白城	2	2	141	34	887	142
黑龙江	**54**	**53**	**2697**	**854**	**11551**	**1784**
哈尔滨	32	31	691	256	2626	384
齐齐哈尔	3	3	386	100	1833	229
鸡西	1	1	166	62	522	131
鹤岗	1	1	81	39	207	62
双鸭山	0	0	136	44	349	91
大庆	3	3	184	85	819	223
伊春	3	3	101	59	265	115
佳木斯	2	2	198	59	1011	141
七台河	1	1	71	43	183	88
牡丹江	6	6	179	46	839	75
黑河	1	1	192	14	848	8
绥化	1	1	312	47	2049	237
上海	**57**	**57**	**844**	**799**	**686**	**646**
江苏	**104**	**96**	**3202**	**972**	**7845**	**2165**
南京	39	39	260	216	538	443
无锡	9	7	204	96	488	223

3—29 续表 2

单位:所

城市	高等学校		普通中学		小学	
	全市	市辖区	全市	市辖区	全市	市辖区
徐州	6	6	371	96	945	175
常州	8	8	174	102	327	227
苏州	12	8	270	96	550	212
南通	8	8	346	31	765	68
连云港	3	3	189	33	465	65
淮安	5	4	235	112	726	346
盐城	3	3	325	32	751	54
扬州	3	3	214	58	472	112
镇江	4	3	128	49	311	147
泰州	3	3	258	35	595	60
宿迁	1	1	228	16	912	33
浙江	**82**	**78**	**2695**	**777**	**7712**	**1826**
杭州	35	34	393	198	1044	474
宁波	12	12	303	114	790	268
温州	6	6	487	82	1356	188
嘉兴	8	8	165	42	526	134
湖州	4	4	151	58	343	108
绍兴	4	4	217	22	729	86
金华	6	4	290	54	815	138
衢州	1	1	161	51	581	124
舟山	1	1	62	44	101	63
台州	3	2	311	76	843	166
丽水	2	2	155	36	584	77
安徽	**74**	**73**	**3820**	**1042**	**22328**	**4378**
合肥	29	29	264	99	1340	194
芜湖	8	8	127	36	396	68
蚌埠	4	4	188	47	1061	117
淮南	5	5	127	96	474	282
马鞍山	1	1	67	27	264	48
淮北	2	2	136	69	634	145
铜陵	2	2	50	29	137	55
安庆	2	2	453	32	2635	121
黄山	1	1	130	38	852	197
滁州	4	3	296	33	1516	86
阜阳	2	2	420	97	3272	606
宿州	4	4	410	120	2157	569
巢湖	2	2	234	48	1380	273
六安	3	3	343	117	2752	676
亳州	2	2	260	58	2059	490

3—29 续表 3

单位:所

城 市	高等学校		普通中学		小 学	
	全 市	市辖区	全 市	市辖区	全 市	市辖区
池 州	2	2	115	42	544	182
宣 城	1	1	200	54	855	269
福 建	**61**	**52**	**2039**	**455**	**12346**	**2174**
福 州	31	28	377	85	2081	233
厦 门	6	6	66	66	376	376
莆 田	1	1	176	115	870	557
三 明	1	1	193	18	1412	88
泉 州	13	8	382	55	1996	229
漳 州	3	3	253	20	1715	143
南 平	3	2	182	36	1256	194
龙 岩	2	2	208	36	919	117
宁 德	1	1	202	24	1721	237
江 西	**61**	**61**	**2840**	**492**	**15869**	**1796**
南 昌	33	33	286	101	1170	230
景德镇	2	2	109	37	572	94
萍 乡	2	2	127	60	501	194
九 江	6	6	365	52	1518	100
新 余	1	1	76	52	281	51
鹰 潭	1	1	79	10	367	29
赣 州	5	5	476	30	3211	95
吉 安	3	3	323	28	2065	172
宜 春	2	2	310	52	1869	345
抚 州	2	2	236	44	1840	418
上 饶	4	4	453	26	2475	68
山 东	**150**	**139**	**4585**	**1354**	**18303**	**4220**
济 南	66	66	278	154	1074	442
青 岛	25	25	339	113	1084	277
淄 博	6	3	242	176	703	407
枣 庄	2	2	192	117	915	525
东 营	6	5	118	56	252	84
烟 台	6	4	382	82	1130	249
潍 坊	9	8	465	70	1833	285
济 宁	6	3	442	67	1654	121
泰 安	5	5	213	59	886	269
威 海	3	3	119	25	273	49
日 照	2	2	157	75	576	232
莱 芜	2	2	72	72	286	286
临 沂	2	2	438	101	2271	310
德 州	2	1	267	27	1144	88

3—29 续表 4

单位:所

城市	高等学校		普通中学		小学	
	全市	市辖区	全市	市辖区	全市	市辖区
聊城	2	2	269	59	1391	205
滨州	4	4	175	30	706	110
菏泽	2	2	417	71	2125	281
河南	**71**	**71**	**6303**	**1060**	**36196**	**3309**
郑州	30	30	452	134	1489	301
开封	3	3	346	58	1850	137
洛阳	4	4	491	102	2719	199
平顶山	4	4	301	59	1754	173
安阳	3	3	408	70	2051	224
鹤壁	1	1	99	41	473	131
新乡	6	6	523	61	2185	111
焦作	3	3	293	57	851	111
濮阳	1	1	243	55	1532	119
许昌	2	2	306	40	1651	47
漯河	1	1	138	18	663	37
三门峡	1	1	190	18	1177	61
南阳	3	3	623	111	4070	417
商丘	3	3	536	98	3755	590
信阳	2	2	408	84	2994	453
周口	2	2	591	14	4239	61
驻马店	2	2	355	40	2743	137
湖北	**75**	**74**	**2876**	**1155**	**13610**	**3357**
武汉	48	48	538	538	1269	1269
黄石	2	2	149	50	794	58
十堰	5	4	213	38	1446	85
宜昌	2	2	248	82	734	152
襄樊	2	2	293	119	1706	604
鄂州	1	1	65	65	315	315
荆门	2	2	166	47	516	85
孝感	2	2	260	44	1427	215
荆州	6	6	274	54	1359	117
黄冈	2	2	374	10	2667	39
咸宁	2	2	184	37	1015	210
随州	1	1	112	71	362	208
湖南	**75**	**70**	**4500**	**752**	**22681**	**2576**
长沙	37	33	358	84	1580	234
株洲	7	7	236	52	1029	116
湘潭	4	4	232	42	734	115
衡阳	5	5	479	71	2510	120

3—29 续表 5

单位:所

城市	高等学校		普通中学		小学	
	全市	市辖区	全市	市辖区	全市	市辖区
邵阳	2	2	562	48	2425	101
岳阳	1	1	394	34	1764	161
常德	3	2	324	84	1588	340
张家界	2	2	116	42	724	200
益阳	1	1	312	78	1285	355
郴州	3	3	375	65	2261	217
永州	3	3	399	89	2528	467
怀化	4	4	395	39	2910	77
娄底	3	3	318	24	1343	73
广东	**77**	**75**	**4176**	**1661**	**22773**	**5946**
广州	44	43	434	357	1533	1044
韶关	2	2	208	18	1005	36
深圳	9	9	179	179	376	376
珠海	0	0	53	53	154	154
汕头	1	1	224	220	841	822
佛山	3	3	182	182	584	584
江门	1	1	274	101	1030	232
湛江	3	3	350	74	2274	388
茂名	1	1	316	42	2031	315
肇庆	2	2	183	23	1445	94
惠州	1	1	167	63	1154	405
梅州	1	1	286	17	2101	54
汕尾	1	1	143	22	801	95
河源	1	1	183	18	1443	44
阳江	1	1	108	26	795	128
清远	0	0	226	34	1413	120
东莞	1	1	90	90	525	525
中山	1	1	77	77	281	281
潮州	1	1	123	19	742	58
揭阳	2	2	257	30	1364	103
云浮	1	0	113	16	881	88
广西	**44**	**41**	**2985**	**759**	**16098**	**3044**
南宁	20	18	432	122	1714	258
柳州	6	6	238	77	1205	216
桂林	7	7	333	41	1725	96
梧州	1	1	156	23	906	85
北海	3	3	85	37	432	140
防城港	0	0	57	31	372	230
钦州	1	1	142	62	1116	380

3—29 续表 6

单位:所

城市	高等学校		普通中学		小学	
	全市	市辖区	全市	市辖区	全市	市辖区
贵港	0	0	275	113	1160	449
玉林	1	1	343	58	1512	241
百色	2	2	250	33	1827	131
贺州	1	1	127	57	808	303
河池	1	0	264	24	1704	137
来宾	1	1	146	61	772	267
崇左	0	0	137	20	845	111
海南	**6**	**6**	**133**	**133**	**541**	**541**
海口	5	5	94	94	390	390
三亚	1	1	39	39	151	151
重庆	**33**	**31**	**1564**	**530**	**10966**	**2237**
四川	**59**	**50**	**4725**	**1207**	**20409**	**4109**
成都	29	21	528	163	569	266
自贡	2	2	151	51	629	179
攀枝花	2	2	87	55	492	196
泸州	4	4	216	63	354	72
德阳	3	2	201	34	1075	94
绵阳	5	5	316	71	1934	193
广元	0	0	216	67	1910	500
遂宁	1	1	162	53	1467	537
内江	1	1	290	94	765	316
乐山	1	1	251	77	1188	255
南充	4	4	544	124	265	96
眉山	1	1	248	60	273	56
宜宾	2	2	358	50	2089	198
广安	0	0	194	46	1848	527
达州	2	2	359	27	3008	118
雅安	2	2	87	14	560	103
巴中	0	0	199	86	373	145
资阳	0	0	318	72	1610	258
贵州	**27**	**24**	**1163**	**348**	**5635**	**965**
贵阳	18	18	306	201	1041	455
六盘水	2	2	214	48	1078	150
遵义	2	2	498	55	2463	123
安顺	5	2	145	44	1053	237
云南	**30**	**30**	**1323**	**315**	**13330**	**1550**
昆明	22	22	277	130	1551	457
曲靖	1	1	251	37	1899	102
玉溪	2	2	134	25	649	77

3—29 续表 7

单位:所

城市	高等学校		普通中学		小学	
	全市	市辖区	全市	市辖区	全市	市辖区
保山	1	1	132	43	1354	435
昭通	1	1	171	29	2657	185
丽江	1	1	88	10	658	51
思茅	1	1	138	18	1374	83
临沧	1	1	132	23	3188	160
陕西	**59**	**59**	**2704**	**889**	**25255**	**4646**
西安	37	37	467	332	2084	1112
铜川	0	0	78	70	750	512
宝鸡	2	2	277	103	1816	510
咸阳	10	10	337	65	2730	169
渭南	2	2	416	72	3088	433
延安	1	1	190	43	3184	390
汉中	1	1	257	37	2806	177
榆林	2	2	273	48	3842	359
安康	3	3	221	75	1958	486
商洛	1	1	188	44	2997	498
甘肃	**31**	**31**	**1676**	**536**	**13265**	**3090**
兰州	19	19	240	135	914	316
嘉峪关	0	0	10	10	25	25
金昌	0	0	33	13	166	39
白银	0	0	198	49	1387	217
天水	3	3	257	89	2817	897
武威	1	1	161	80	1332	491
张掖	2	2	103	37	676	196
平凉	1	1	168	37	1673	274
酒泉	1	1	96	25	458	186
庆阳	2	2	212	28	1959	128
定西	2	2	198	33	1858	321
青海	**9**	**8**	**153**	**48**	**765**	**67**
西宁	9	8	153	48	765	67
宁夏	**11**	**11**	**438**	**152**	**2807**	**522**
银川	9	9	102	63	311	116
石嘴山	0	0	71	35	194	32
吴忠	1	1	123	23	857	94
固原	1	1	142	31	1445	280
新疆	**14**	**14**	**158**	**151**	**210**	**184**
乌鲁木齐	13	13	139	132	179	153
克拉玛依	1	1	19	19	31	31

3—30 专任教师数

单位：人

城市	高等学校		普通中学		小学	
	全市	市辖区	全市	市辖区	全市	市辖区
城市合计	**712812**	**696240**	**4231379**	**1357605**	**5186251**	**1460250**
北京	**38296**	**38296**	**51448**	**47894**	**49843**	**45729**
天津	**15553**	**15553**	**41422**	**31780**	**43829**	**35298**
河北	**33470**	**31769**	**285865**	**50923**	**329165**	**50038**
石家庄	11509	11509	43181	7337	43220	8038
唐山	3307	3307	34107	12871	28908	11736
秦皇岛	2373	1796	13202	3952	13520	3815
邯郸	2228	2228	32233	6123	38530	6512
邢台	1088	1088	27027	3567	32965	2313
保定	5496	5161	42191	3227	52748	3421
张家口	1263	1263	15837	3824	20241	3752
承德	1301	1301	14828	1999	16818	1719
沧州	1282	1282	27681	2481	37559	2477
廊坊	3003	2214	17453	2948	22786	3581
衡水	620	620	18125	2594	21870	2674
山西	**19042**	**18093**	**149933**	**41517**	**189269**	**47748**
太原	11424	11424	14955	11860	17271	12901
大同	1326	1326	13623	6880	19770	10090
阳泉	172	172	4561	2891	6912	3162
长治	921	921	13024	3126	18433	3211
晋城	450	450	11068	2214	12911	1963
朔州	0	0	6190	2350	9382	3438
晋中	1136	392	13905	2384	16184	2673
运城	659	659	23097	2648	25955	2601
忻州	793	760	14877	2501	17739	2238
临汾	1736	1736	18411	3640	22994	3919
吕梁	425	253	16222	1023	21718	1552
内蒙古	**11871**	**11871**	**77112**	**28780**	**109803**	**30475**
呼和浩特	6935	6935	8043	5215	10878	5657
包头	1938	1938	10174	7936	9136	6245
乌海	104	104	1706	1706	2426	2426
赤峰	657	657	18714	6088	25515	6514
通辽	806	806	9515	2399	19506	3889
鄂尔多斯	144	144	4651	682	6167	1040
海拉尔	408	408	12023	1629	15039	1055
巴彦淖尔	273	273	6132	1788	8897	2386
乌兰察布	606	606	6154	1337	12239	1263
辽宁	**38228**	**38228**	**140372**	**66679**	**171209**	**60773**
沈阳	15550	15550	23231	18856	26589	16926

3—30 续表 1

单位:人

城市	高等学校		普通中学		小学	
	全市	市辖区	全市	市辖区	全市	市辖区
大连	10065	10065	20085	11196	19684	9024
鞍山	1616	1616	11721	5405	14065	3879
抚顺	1421	1421	7811	5010	8928	4522
本溪	529	529	6022	3829	6733	3356
丹东	1404	1404	7913	2063	10672	1996
锦州	3077	3077	9614	3070	12001	2955
营口	588	588	6883	2223	9358	3184
阜新	1744	1744	5618	2715	9147	3100
辽阳	741	741	5989	2443	6513	1860
盘锦	273	273	4907	2600	6212	2292
铁岭	456	456	9421	2000	12800	1812
朝阳	402	402	12685	2027	16593	1903
葫芦岛	362	362	8472	3242	11914	3964
吉林	**20466**	**20466**	**82416**	**28591**	**129777**	**37538**
长春	15478	15478	23885	11262	36226	13816
吉林	2919	2919	13880	6284	20676	7279
四平	1149	1149	11123	2831	19005	7598
辽源	296	296	4123	1412	5931	645
通化	314	314	8191	1929	11398	1649
白山	0	0	5411	1438	8119	2252
松原	0	0	8918	1621	15516	2065
白城	310	310	6885	1814	12906	2234
黑龙江	**26615**	**26448**	**148361**	**55447**	**179052**	**50537**
哈尔滨	19012	18871	39877	15911	44653	11192
齐齐哈尔	1146	1146	19238	6719	20653	5028
鸡西	205	205	8482	4019	9342	4317
鹤岗	305	305	4833	2609	5479	3070
双鸭山	0	0	6814	2279	7707	2183
大庆	1809	1809	12402	6983	13954	5828
伊春	300	300	5619	3732	6386	3798
佳木斯	1517	1517	9909	3525	13951	4132
七台河	110	110	3819	2554	3985	2311
牡丹江	1742	1742	9953	3093	14585	3391
黑河	142	142	7285	890	8865	852
绥化	327	301	20130	3133	29492	4435
上海	**24387**	**24387**	**50833**	**48564**	**38824**	**36715**
江苏	**49601**	**48253**	**259817**	**80315**	**268436**	**78605**
南京	21339	21339	21003	18091	20454	17268
无锡	2887	2558	19892	9666	17318	8592

3—30续表2

单位：人

城市	高等学校		普通中学		小学	
	全市	市辖区	全市	市辖区	全市	市辖区
徐州	4061	4061	34232	6906	41806	7326
常州	2979	2979	12147	7524	11636	7180
苏州	4408	3605	23366	9063	20671	7774
南通	2387	2387	25626	2901	22670	2874
连云港	1432	1432	16972	3204	20546	3293
淮安	1884	1809	16339	8372	22056	11216
盐城	1458	1458	30597	2634	27829	2137
扬州	2708	2708	15961	4469	16673	3913
镇江	3034	2893	9579	3324	9470	3604
泰州	809	809	18399	2784	16365	2152
宿迁	215	215	15704	1377	20942	1276
浙江	**32929**	**31410**	**158305**	**50161**	**159127**	**49516**
杭州	18141	17584	22715	13556	22955	13664
宁波	4225	4225	18258	7622	18490	7841
温州	2505	2505	28460	6031	28979	5680
嘉兴	997	997	11272	2928	11848	2869
湖州	724	724	8435	2909	8284	3279
绍兴	1383	1383	14912	2124	14404	2075
金华	2510	2115	16482	3284	14746	3004
衢州	430	430	7595	2605	7771	2529
舟山	480	480	3496	2499	3167	2148
台州	840	273	18572	5061	18364	4746
丽水	694	694	8108	1542	10119	1681
安徽	**24504**	**23760**	**180463**	**55783**	**266458**	**72765**
合肥	9765	9765	14276	5851	18227	5595
芜湖	3005	3005	6311	2179	8312	2578
蚌埠	1589	1589	9864	2647	13889	3385
淮南	2053	2053	7124	5611	10217	7577
马鞍山	875	875	3969	2097	4867	2519
淮北	859	859	7869	3758	10677	4918
铜陵	607	607	2637	1601	3129	1620
安庆	874	874	20936	1708	26167	2345
黄山	339	339	5028	1641	6979	2016
滁州	1077	706	13476	1921	17411	2119
阜阳	648	648	15909	4335	38159	9349
宿州	623	623	18108	5738	25231	7390
巢湖	583	210	12912	2990	15717	3422
六安	713	713	16497	5384	26292	6798
亳州	273	273	11222	3382	24071	5340

3—30 续表 3

单位:人

城市	高等学校		普通中学		小学	
	全市	市辖区	全市	市辖区	全市	市辖区
池州	511	511	5028	2066	6325	2559
宣城	110	110	9297	2874	10788	3235
福建	**17256**	**16018**	**137187**	**37518**	**177826**	**42299**
福州	9027	8135	23228	6636	28244	6609
厦门	3349	3349	6981	6981	7793	7793
莆田	443	443	13246	8846	15398	10440
三明	360	360	11856	1306	17191	1614
泉州	2504	2180	27265	4898	33462	5599
漳州	605	605	16682	1915	23225	2150
南平	349	327	11033	2378	18306	3046
龙岩	458	458	14685	2369	16480	2436
宁德	161	161	12211	2189	17727	2612
江西	**19743**	**19741**	**156170**	**32106**	**197985**	**32973**
南昌	11003	11003	15572	7204	19092	7050
景德镇	748	748	5919	2338	7665	2106
萍乡	466	466	7832	3539	8012	3412
九江	2064	2064	17722	2675	22160	2626
新余	264	264	4630	3578	5366	2043
鹰潭	144	144	4334	755	4876	698
赣州	1961	1961	25932	1686	33735	1677
吉安	629	627	17195	1960	21314	2325
宜春	1000	1000	18608	3138	24350	4163
抚州	860	860	15230	3765	19043	5354
上饶	604	604	23196	1468	32372	1519
山东	**52223**	**48357**	**374811**	**108797**	**380066**	**103197**
济南	14491	14491	21279	12049	25718	13618
青岛	10293	10293	30002	9229	31312	9911
淄博	2700	2700	19148	13099	15564	10354
枣庄	720	720	14728	8517	18814	10861
东营	2235	1989	9321	4256	6741	3204
烟台	4222	2820	32313	7945	22788	5855
潍坊	2915	2371	41379	5456	36677	6249
济宁	2635	1114	30949	4484	32918	3759
泰安	4332	4332	21710	5955	20138	5210
威海	921	921	12964	2574	9236	1786
日照	1130	1130	12288	5786	10388	4184
莱芜	341	341	6290	6290	5437	5437
临沂	1164	1164	39945	9696	38915	7798
德州	894	741	19891	2123	25495	2089

3—30 续表 4

单位:人

城市	高等学校		普通中学		小学	
	全市	市辖区	全市	市辖区	全市	市辖区
聊城	1188	1188	19629	3809	22666	3626
滨州	1304	1304	13365	2382	15168	2552
菏泽	738	738	29610	5147	42091	6704
河南	**33173**	**33173**	**355763**	**66009**	**485437**	**74476**
郑州	12848	12848	26832	7983	29497	9257
开封	2833	2833	17636	3429	22116	3660
洛阳	2459	2459	25394	6186	28758	6032
平顶山	1281	1281	17121	3836	24526	5127
安阳	1150	1150	19444	4021	24474	5245
鹤壁	448	448	5099	2232	6537	2769
新乡	3347	3347	23896	3596	23425	3126
焦作	1747	1747	13483	3148	15658	3204
濮阳	331	331	15228	3971	17560	3062
许昌	841	841	17629	1787	23445	1515
漯河	546	546	9520	1287	12649	1578
三门峡	209	209	9408	1178	11868	1363
南阳	1410	1410	37239	6616	51717	7180
商丘	1139	1139	30110	5826	53223	9774
信阳	1264	1264	28674	6187	41467	6286
周口	842	842	34981	1989	56523	1961
驻马店	478	478	24069	2737	41994	3337
湖北	**46663**	**46124**	**195634**	**77425**	**206056**	**74014**
武汉	32461	32461	32753	32753	32597	32597
黄石	980	980	9114	2821	10925	2914
十堰	1708	1169	12977	3409	16117	2666
宜昌	1900	1900	16212	5120	13170	4268
襄樊	1388	1388	22495	9282	25263	9796
鄂州	387	387	3760	3760	5113	5113
荆门	705	705	12845	3308	9871	2182
孝感	1222	1222	17255	2992	22062	3541
荆州	2845	2845	22612	4696	20978	3332
黄冈	1250	1250	25567	970	30911	1356
咸宁	1707	1707	10505	2349	11625	2314
随州	110	110	9539	5962	7424	3935
湖南	**32366**	**31730**	**250114**	**52864**	**247249**	**48209**
长沙	16055	15419	24392	7015	18265	6605
株洲	2646	2646	15088	3120	11421	2748
湘潭	3279	3279	12073	3896	9872	3041
衡阳	4258	4258	25467	5066	29445	3890

3—30 续表 5

单位：人

城市	高等学校		普通中学		小学	
	全市	市辖区	全市	市辖区	全市	市辖区
邵阳	733	733	26817	2414	26123	2544
岳阳	548	548	25595	5246	21710	4002
常德	638	638	21784	5577	21853	5537
张家界	398	398	5513	1669	5846	2411
益阳	530	530	20463	6304	17435	5274
郴州	748	748	15343	3423	20000	3221
永州	983	983	22046	4671	25450	4902
怀化	877	877	17665	1857	23583	1855
娄底	673	673	17868	2606	16246	2179
广东	**38448**	**38032**	**272173**	**118204**	**389258**	**158777**
广州	25886	25631	29731	24455	38954	31523
韶关	927	927	12140	1887	15825	1636
深圳	2341	2341	10573	10573	17920	17920
珠海	0	0	3681	3681	4940	4940
汕头	704	704	14254	13901	21802	21348
佛山	1124	1124	16639	16639	17126	17126
江门	476	476	14592	5706	14609	6014
湛江	2517	2517	21393	5439	34457	7890
茂名	694	694	23255	3676	30625	4895
肇庆	718	718	12321	1686	17134	1782
惠州	460	460	10242	4488	18861	7895
梅州	745	745	18933	1576	23281	1621
汕尾	107	107	8297	1373	15525	2450
河源	152	152	10940	1183	16001	1378
阳江	174	174	8270	2176	14677	2942
清远	0	0	12451	1966	18736	2405
东莞	312	312	7069	7069	12490	12490
中山	189	189	5890	5890	6620	6620
潮州	526	526	8075	1477	10424	1495
揭阳	235	235	14776	2118	27088	2944
云浮	161	0	8651	1245	12163	1463
广西	**15314**	**14741**	**145083**	**40412**	**201404**	**48012**
南宁	7799	7392	20468	5660	26214	3763
柳州	1832	1832	10768	4165	16326	5316
桂林	3523	3523	16338	2586	20132	3070
梧州	316	316	8019	1405	12186	1983
北海	113	113	5159	2275	3768	3217
防城港	0	0	2546	1529	5067	3024
钦州	199	199	8091	3099	12107	4160

3—30 续表 6

单位:人

城市	高等学校		普通中学		小学	
	全市	市辖区	全市	市辖区	全市	市辖区
贵港	0	0	15475	6628	18534	7137
玉林	469	469	18788	4059	19603	3567
百色	451	451	9625	1194	17363	1957
贺州	211	211	6277	2841	10149	3932
河池	166	0	10728	1445	20405	1874
来宾	235	235	6747	2670	9819	3643
崇左	0	0	6054	856	9731	1369
海南	**1730**	**1730**	**7840**	**7840**	**11833**	**11833**
海口	1700	1700	6226	6226	8894	8894
三亚	30	30	1614	1614	2939	2939
重庆	**16013**	**15186**	**89560**	**32961**	**115212**	**36446**
四川	**29916**	**27992**	**234387**	**66864**	**282924**	**78758**
成都	17200	15980	34923	11202	36684	15718
自贡	1073	1073	8343	3071	9594	3877
攀枝花	742	742	4092	2909	4539	2576
泸州	1508	1508	12311	4302	14492	4151
德阳	1036	529	10895	2157	12700	2322
绵阳	2354	2354	17156	4754	18907	4360
广元	0	0	8964	2549	14123	4549
遂宁	250	250	11987	4241	13989	5091
内江	431	431	13713	4264	14123	4851
乐山	404	404	9560	3295	14019	4311
南充	2541	2541	21503	6372	25453	6673
眉山	158	158	10140	2703	11910	2902
宜宾	719	719	13356	2634	17401	2903
广安	0	0	13682	3453	14554	3529
达州	523	326	16155	1434	25201	1723
雅安	977	977	4382	1049	6627	1225
巴中	0	0	8692	2788	14452	4518
资阳	0	0	14533	3687	14156	3479
贵州	**9923**	**9800**	**49224**	**15514**	**75569**	**19238**
贵阳	8106	8106	12535	9084	18244	10482
六盘水	466	456	7859	1681	12416	2683
遵义	779	779	22179	2605	32191	2798
安顺	572	459	6651	2144	12718	3275
云南	**11763**	**11763**	**74440**	**17843**	**134705**	**24555**
昆明	9992	9992	15816	7446	21889	8779
曲靖	342	342	17631	2588	29405	2813
玉溪	529	529	8079	2011	10623	1455

3—30 续表 7

单位:人

城市	高等学校		普通中学		小学	
	全市	市辖区	全市	市辖区	全市	市辖区
保山	133	133	7282	2437	12480	4564
昭通	324	324	10287	1774	26199	4001
丽江	133	133	3619	562	7104	925
思茅	142	142	6302	18	13179	83
临沧	168	168	5424	1007	13826	1935
陕西	**29174**	**29174**	**147268**	**48336**	**189668**	**53334**
西安	22145	22145	29887	20832	29531	19933
铜川	0	0	3406	3014	5120	4204
宝鸡	1139	1139	16613	6184	17334	5363
咸阳	3175	3175	20766	3443	27697	3399
渭南	526	526	23121	3525	27482	3791
延安	657	657	9375	2010	15733	3075
汉中	795	795	12098	1991	17188	2234
榆林	353	353	13892	2268	20759	2944
安康	215	215	9010	2938	16644	5435
商洛	169	169	9100	2131	12180	2956
甘肃	**11590**	**11590**	**76730**	**28269**	**103072**	**34696**
兰州	9396	9396	11771	7549	14259	8330
嘉峪关	0	0	684	684	680	680
金昌	0	0	2018	839	2017	785
白银	0	0	8670	2497	11148	2997
天水	768	768	10840	4195	15633	5994
武威	144	144	7894	4156	11122	5581
张掖	475	475	5211	2085	6100	2299
平凉	110	110	7306	1317	11621	2088
酒泉	182	182	4047	1270	4484	1512
庆阳	375	375	8357	1488	13229	2078
定西	140	140	9932	2189	12779	2352
青海	**2769**	**2769**	**7416**	**3114**	**8449**	**3056**
西宁	2769	2769	7416	3114	8449	3056
宁夏	**3130**	**3130**	**21580**	**7856**	**33972**	**10687**
银川	2711	2711	5676	3150	6950	3561
石嘴山	0	0	3373	1726	3904	1675
吴忠	137	137	6485	1266	10390	2018
固原	282	282	6046	1714	12728	3433
新疆	**6656**	**6656**	**9652**	**9239**	**10774**	**9953**
乌鲁木齐	6556	6556	8106	7693	9210	8389
克拉玛依	100	100	1546	1546	1564	1564

3—31 在校学生数

城市	高等学校(人)		普通中学(万人)		小学(万人)	
	全市	市辖区	全市	市辖区	全市	市辖区
城市合计	**11331157**	**11009752**	**7997**	**2307**	**10613**	**2839**
北京	**450789**	**450789**	**70**	**65**	**55**	**50**
天津	**245213**	**245213**	**62**	**46**	**59**	**45**
河北	**591777**	**550490**	**544**	**83**	**610**	**85**
石家庄	186344	186344	83	13	86	16
唐山	79464	79464	56	21	50	20
秦皇岛	55562	41280	20	6	20	5
邯郸	41536	41536	75	12	90	11
邢台	22374	22374	59	7	68	4
保定	96964	86082	80	5	93	6
张家口	25373	25373	28	6	35	7
承德	19146	19146	23	3	26	3
沧州	15451	15451	52	2	64	3
廊坊	42528	26405	33	5	38	6
衡水	7035	7035	35	4	38	4
山西	**290010**	**270660**	**250**	**65**	**364**	**92**
太原	158823	158823	21	16	30	22
大同	21967	21967	23	11	36	18
阳泉	3112	3112	8	5	12	5
长治	17601	17601	24	6	32	6
晋城	8065	8065	15	3	23	4
朔州	0	0	10	4	20	9
晋中	21919	6737	22	4	30	4
运城	5200	5200	39	4	54	7
忻州	7634	7200	24	3	33	5
临汾	37750	37750	33	7	46	8
吕梁	7939	4205	30	2	47	3
内蒙古	**163198**	**163198**	**138**	**52**	**150**	**54**
呼和浩特	89837	89837	14	10	20	14
包头	28836	28836	18	14	15	11
乌海	6088	6088	3	3	4	4
赤峰	4458	4458	33	10	30	9
通辽	13625	13625	19	6	25	6
鄂尔多斯	1012	1012	8	1	10	2
海拉尔	7716	7716	18	2	19	2
巴彦淖尔	3650	3650	12	4	12	4
乌兰察布	7976	7976	13	1	16	2
辽宁	**535579**	**533808**	**241**	**98**	**289**	**108**
沈阳	236080	236080	39	20	43	28

3—31 续表 1

城　　市	高等学校(人)		普通中学(万人)		小　　学(万人)	
	全　市	市辖区	全　市	市辖区	全　市	市辖区
大　连	149999	149999	36	18	38	19
鞍　山	18846	18846	20	9	23	7
抚　顺	17977	17977	13	8	13	8
本　溪	6733	6733	9	6	10	6
丹　东	18554	18554	14	4	16	4
锦　州	43628	43628	16	5	21	6
营　口	5227	5227	16	4	16	5
阜　新	22581	22581	11	4	14	5
辽　阳	6426	4655	9	4	12	4
盘　锦	2889	2889	8	4	10	4
铁　岭	1394	1394	15	3	22	3
朝　阳	2532	2532	22	3	28	4
葫芦岛	2713	2713	15	5	22	7
吉　林	**304500**	**304500**	**144**	**46**	**170**	**52**
长　春	233558	233558	44	18	52	19
吉　林	43059	43059	27	11	29	12
四　平	17436	17436	18	4	24	9
辽　源	1229	1229	7	2	7	1
通　化	5697	5697	14	3	15	2
白　山	0	0	8	2	9	3
松　原	0	0	15	2	20	2
白　城	3521	3521	11	3	14	3
黑龙江	**378775**	**377431**	**244**	**80**	**233**	**73**
哈尔滨	257136	256067	59	21	60	17
齐齐哈尔	25111	25111	37	7	30	7
鸡　西	8100	8100	11	6	12	5
鹤　岗	1055	1055	8	4	8	5
双鸭山	0	0	10	4	11	3
大　庆	32019	32019	22	11	18	9
伊　春	1318	1318	8	5	8	5
佳木斯	25959	25959	16	5	21	7
七台河	870	870	6	4	6	3
牡丹江	21159	21159	16	5	18	5
黑　河	1650	1650	14	1	13	1
绥　化	4398	4123	39	6	30	5
上　海	**378517**	**378517**	**75**	**72**	**65**	**61**
江　苏	**828725**	**806814**	**494**	**133**	**579**	**152**
南　京	333648	333648	34	28	35	29
无　锡	48366	43313	31	14	33	16

3—31 续表 2

城市	高等学校(人)		普通中学(万人)		小学(万人)	
	全市	市辖区	全市	市辖区	全市	市辖区
徐州	71811	71811	80	12	96	13
常州	53059	53059	23	14	26	16
苏州	80523	67813	37	14	38	14
南通	43681	43681	47	5	50	6
连云港	24247	24247	36	5	50	5
淮安	37249	35320	33	17	52	28
盐城	23513	23513	58	5	52	4
扬州	47426	47088	27	7	31	8
镇江	43720	41839	17	5	18	6
泰州	10371	10371	33	5	35	4
宿迁	11111	11111	39	2	62	3
浙江	**520609**	**499265**	**270**	**83**	**340**	**106**
杭州	269798	259687	38	22	45	26
宁波	80108	80108	31	12	45	19
温州	39868	39868	49	10	62	13
嘉兴	18677	18677	19	5	28	7
湖州	12051	12051	16	7	19	8
绍兴	19344	19344	27	4	34	5
金华	43683	39870	27	5	33	6
衢州	7160	7160	13	5	16	5
舟山	6146	6146	6	4	5	4
台州	11768	4348	32	8	36	10
丽水	12006	12006	13	2	17	3
安徽	**420662**	**409865**	**428**	**121**	**661**	**160**
合肥	152502	152502	33	11	40	13
芜湖	65316	65316	13	4	18	5
蚌埠	27189	27189	26	5	36	6
淮南	32628	32628	15	11	22	15
马鞍山	16769	16769	8	3	11	5
淮北	15529	15529	16	7	24	8
铜陵	8674	8674	4	3	6	3
安庆	10902	10902	42	4	63	5
黄山	6096	6096	8	2	13	3
滁州	22438	15836	33	4	43	4
阜阳	13210	13210	51	11	117	24
宿州	13369	13369	49	16	70	18
巢湖	10118	5923	30	6	41	8
六安	14968	14968	41	14	57	15
亳州	2762	2762	33	9	66	16

3—31 续表 3

城　市	高等学校(人)		普通中学(万人)		小　学(万人)	
	全　市	市辖区	全　市	市辖区	全　市	市辖区
池　州	6592	6592	9	4	14	6
宣　城	1600	1600	18	6	19	6
福　建	**265602**	**243717**	**249**	**64**	**315**	**73**
福　州	129942	114301	40	10	54	13
厦　门	47814	47814	11	11	14	14
莆　田	7052	7052	25	18	31	19
三　明	5277	5277	22	2	24	2
泉　州	43540	37296	51	8	69	9
漳　州	11048	11048	33	5	40	4
南　平	10788	10788	21	4	25	4
龙　岩	7250	7250	26	4	25	3
宁　德	2891	2891	21	3	33	4
江　西	**333279**	**333140**	**300**	**55**	**390**	**61**
南　昌	184418	184418	32	12	37	15
景德镇	10882	10882	11	3	13	4
萍　乡	7043	7043	14	6	13	5
九　江	42478	42478	35	5	42	4
新　余	4452	4452	7	6	7	3
鹰　潭	2070	2070	8	1	9	1
赣　州	35913	35913	56	3	80	3
吉　安	10228	10089	30	3	42	4
宜　春	11784	11784	33	6	44	8
抚　州	14223	14223	28	7	34	9
上　饶	9788	9788	47	2	69	3
山　东	**916492**	**857021**	**654**	**174**	**643**	**171**
济　南	301603	301603	33	18	38	20
青　岛	168439	168439	46	13	47	15
淄　博	39971	39971	30	19	24	16
枣　庄	12855	12855	27	15	37	20
东　营	24309	22709	13	6	13	6
烟　台	79476	56769	49	12	34	9
潍　坊	43966	38665	62	8	58	10
济　宁	41014	14430	66	9	60	6
泰　安	67912	67912	37	10	27	7
威　海	17393	17393	19	4	14	3
日　照	25000	25000	21	9	18	7
莱　芜	3396	3396	9	9	6	6
临　沂	24386	24386	72	16	78	16
德　州	13965	10686	36	4	36	4

3—31 续表 4

城　市	高等学校(人)		普通中学(万人)		小　学(万人)	
	全　市	市辖区	全　市	市辖区	全　市	市辖区
聊　城	25010	25010	40	7	43	7
滨　州	18988	18988	25	4	26	4
菏　泽	8809	8809	69	10	84	14
河　南	**555832**	**555832**	**744**	**125**	**1053**	**136**
郑　州	256497	256497	57	21	62	18
开　封	36375	36375	38	6	45	5
洛　阳	48229	48229	45	11	69	12
平顶山	18543	18543	34	6	47	7
安　阳	17697	17697	37	6	49	9
鹤　壁	1562	1562	11	4	16	5
新　乡	50883	50883	50	6	52	6
焦　作	27843	27843	24	5	38	7
濮　阳	2971	2971	34	7	43	5
许　昌	10937	10937	34	3	42	2
漯　河	5527	5527	20	2	23	2
三门峡	2497	2497	17	2	22	2
南　阳	24623	24623	71	12	91	14
商　丘	14985	14985	76	14	113	18
信　阳	18823	18823	62	12	90	12
周　口	9895	9895	80	3	150	3
驻马店	7945	7945	52	4	101	7
湖　北	**723219**	**715950**	**388**	**139**	**457**	**149**
武　汉	490530	490530	55	55	62	62
黄　石	17233	17233	19	5	32	6
十　堰	30304	24185	26	4	32	5
宜　昌	23499	23499	27	8	25	8
襄　樊	26770	26770	42	20	46	16
鄂　州	3130	3130	8	8	11	11
荆　门	21144	21144	23	5	20	4
孝　感	19526	19526	37	7	51	9
荆　州	51133	51133	45	9	53	7
黄　冈	20600	19450	61	2	74	3
咸　宁	17646	17646	23	5	31	6
随　州	1704	1704	20	11	21	12
湖　南	**519196**	**504694**	**462**	**87**	**439**	**81**
长　沙	268613	255611	43	11	31	11
株　洲	45006	45006	30	6	22	5
湘　潭	68223	68223	23	8	18	5
衡　阳	37429	37429	40	6	52	8

3—31 续表 5

城市	高等学校(人)		普通中学(万人)		小学(万人)	
	全市	市辖区	全市	市辖区	全市	市辖区
邵阳	14376	14376	57	5	53	4
岳阳	7740	7740	41	6	39	8
常德	14059	12559	39	10	38	10
张家界	9751	9751	10	3	11	4
益阳	8781	8781	37	11	27	8
郴州	12489	12489	36	6	33	5
永州	12233	12233	40	8	47	8
怀化	11802	11802	32	3	34	3
娄底	8694	8694	34	4	33	3
广东	**588401**	**585618**	**546**	**222**	**1031**	**416**
广州	374742	374742	51	41	85	67
韶关	17388	17388	21	2	32	4
深圳	32106	32106	18	18	47	47
珠海	0	0	7	7	12	12
汕头	7821	7821	31	31	73	72
佛山	19713	19713	29	29	41	41
江门	7189	7189	26	9	40	13
湛江	46913	46913	55	12	107	20
茂名	11471	11471	49	9	92	17
肇庆	17215	17215	25	3	41	5
惠州	6586	6586	20	8	39	17
梅州	10255	10255	35	3	55	4
汕尾	2023	2023	19	3	47	6
河源	2037	2037	21	2	37	4
阳江	3557	3557	17	5	30	7
清远	0	0	25	4	44	6
东莞	6884	6884	15	15	39	39
中山	4524	4524	12	12	19	19
潮州	8861	8861	17	3	29	4
揭阳	6333	6333	35	5	89	10
云浮	2783	0	18	2	33	4
广西	**234566**	**221520**	**304**	**79**	**492**	**116**
南宁	107292	98697	42	10	62	14
柳州	27686	27686	20	7	32	10
桂林	58548	58548	30	4	34	5
梧州	6287	6287	18	3	38	4
北海	1500	1500	11	4	18	6
防城港	0	0	5	3	9	5
钦州	3278	3278	19	7	34	11

3—31 续表 6

城　市	高等学校(人)		普通中学(万人)		小　学(万人)	
	全　市	市辖区	全　市	市辖区	全　市	市辖区
贵　港	0	0	34	14	54	20
玉　林	9378	9378	41	7	69	8
百　色	8043	8043	20	2	34	3
贺　州	4194	4194	13	5	29	12
河　池	4451	0	21	2	37	2
来　宾	3909	3909	17	8	25	13
崇　左	0	0	12	1	18	3
海　南	**30515**	**30515**	**14**	**14**	**24**	**24**
海　口	30202	30202	11	11	17	17
三　亚	313	313	3	3	7	7
重　庆	**255266**	**242539**	**166**	**52**	**278**	**73**
四　川	**530192**	**464103**	**461**	**118**	**688**	**177**
成　都	300742	236300	57	17	76	34
自　贡	24571	24571	16	5	25	7
攀枝花	9661	9661	6	4	9	5
泸　州	16372	16372	24	8	41	10
德　阳	14055	12408	20	3	27	4
绵　阳	48305	48305	31	7	41	8
广　元	0	0	18	5	29	8
遂　宁	4368	4368	26	5	34	14
内　江	11230	11230	30	10	30	10
乐　山	9000	9000	16	5	27	8
南　充	59363	59363	44	11	66	15
眉　山	2069	2069	19	5	28	7
宜　宾	11596	11596	27	4	53	8
广　安	0	0	29	7	46	12
达　州	4500	4500	37	3	63	4
雅　安	14360	14360	8	1	14	3
巴　中	0	0	21	8	42	13
资　阳	0	0	34	8	36	8
贵　州	**249361**	**243671**	**103**	**26**	**195**	**41**
贵　阳	219487	219487	22	13	36	20
六盘水	5230	5230	19	3	40	6
遵　义	13595	13595	47	5	85	7
安　顺	11049	5359	14	4	34	8
云　南	**162975**	**162975**	**138**	**31**	**282**	**50**
昆　明	135599	135599	25	10	43	16
曲　靖	4949	4949	36	5	63	6
玉　溪	9549	9549	13	3	19	3

3—31 续表 7

城 市	高等学校(人)		普通中学(万人)		小 学(万人)	
	全 市	市辖区	全 市	市辖区	全 市	市辖区
保 山	2142	2142	14	5	24	9
昭 通	3387	3387	23	4	78	10
丽 江	3019	3019	6	1	12	1
思 茅	2414	2414	11	1	21	2
临 沧	1916	1916	9	1	22	2
陕 西	**539657**	**539657**	**292**	**94**	**401**	**115**
西 安	401180	401180	56	38	67	43
铜 川	0	0	7	6	9	8
宝 鸡	13578	13578	32	11	39	12
咸 阳	55120	55120	43	7	59	7
渭 南	21148	21148	45	8	57	9
延 安	7600	7600	18	4	29	6
汉 中	16167	16167	23	3	33	4
榆 林	16144	16144	31	5	46	6
安 康	4740	4740	19	7	32	11
商 洛	3980	3980	18	4	31	7
甘 肃	**166451**	**166451**	**149**	**52**	**254**	**72**
兰 州	130373	130373	21	12	27	15
嘉峪关	0	0	1	1	1	1
金 昌	0	0	4	2	4	2
白 银	0	0	17	4	26	5
天 水	12644	12644	24	8	44	15
武 威	4216	4216	15	8	24	11
张 掖	9146	9146	9	3	12	4
平 凉	258	258	14	3	29	5
酒 泉	890	890	7	2	9	3
庆 阳	7324	7324	18	3	37	5
定 西	1600	1600	20	4	39	6
青 海	**26124**	**26124**	**12**	**5**	**16**	**6**
西 宁	26124	26124	12	5	16	6
宁 夏	**38025**	**38025**	**37**	**13**	**66**	**21**
银 川	30891	30891	10	6	13	8
石嘴山	0	0	5	3	6	3
吴 忠	2148	2148	10	1	20	4
固 原	4986	4986	12	3	26	6
新 疆	**87650**	**87650**	**14**	**14**	**18**	**17**
乌鲁木齐	86107	86107	12	12	16	15
克拉玛依	1543	1543	2	2	2	2

3—32 文 化

城 市	剧场、影剧院数（个）		公共图书馆图书藏量（千册、千件）		每百人公共图书馆藏书（册、件）	
	全 市	市辖区	全 市	市辖区	全 市	市辖区
城市合计	**5858**	**2477**	**409586**	**301952**	**35.12**	**88.30**
北 京	**245**	**242**	**33552**	**33315**	**292.06**	**308.70**
天 津	**32**	**28**	**8396**	**8120**	**90.67**	**107.01**
河 北	**147**	**42**	**11822**	**6281**	**17.43**	**53.84**
石家庄	23	6	3397	2295	37.31	108.72
唐 山	23	13	1342	892	19.00	30.25
秦皇岛	1	1	730	449	26.71	60.70
邯 郸	11	2	944	367	11.01	26.55
邢 台	13	3	692	173	10.37	31.22
保 定	14	5	1558	687	14.47	72.00
张家口	7	3	1005	584	22.31	68.26
承 德	10	2	656	284	18.27	62.54
沧 州	19	3	748	220	11.00	46.00
廊 坊	18	2	502	258	12.96	34.52
衡 水	8	2	248	72	6.00	16.36
山 西	**131**	**48**	**8981**	**5002**	**27.48**	**57.24**
太 原	19	16	3302	3150	100.86	125.86
大 同	11	5	536	303	18.11	21.66
阳 泉	3	1	490	373	38.99	57.42
长 治	12	3	845	360	26.67	54.23
晋 城	12	4	235	75	11.09	26.61
朔 州	11	6	290	90	20.43	15.61
晋 中	4	3	795	100	26.09	18.94
运 城	16	3	835	190	17.12	30.59
忻 州	15	2	518	144	17.56	28.20
临 汾	23	4	539	130	13.10	16.93
吕 梁	5	1	596	87	17.04	36.57
内蒙古	**90**	**32**	**6224**	**4054**	**29.60**	**62.58**
呼和浩特	3	2	2219	2122	103.74	193.44
包 头	14	12	532	526	22.34	29.55
乌 海	2	2	145	145	34.86	34.86
赤 峰	14	5	932	396	20.84	35.01
通 辽	11	3	680	300	21.99	37.41
鄂尔多斯	3	1	469	31	34.49	14.13
海拉尔	24	3	674	182	24.99	71.82
巴彦淖尔	7	2	373	232	21.18	44.50
乌兰察布	12	2	200	120	7.39	46.53
辽 宁	**134**	**92**	**21124**	**18297**	**50.76**	**102.51**
沈 阳	14	14	7308	7030	106.05	143.94

3—32 续表 1

城　市	剧场、影剧院数（个）		公共图书馆图书藏量（千册、千件）		每百人公共图书馆藏书（册、件）	
	全　市	市辖区	全　市	市辖区	全　市	市辖区
大　连	7	7	4364	3844	77.91	139.89
鞍　山	11	8	1771	1592	51.29	109.43
抚　顺	16	15	999	850	44.31	60.07
本　溪	4	4	866	744	55.31	77.27
丹　东	12	6	1000	732	41.46	96.74
锦　州	7	5	1030	791	33.50	91.28
营　口	5	3	798	614	34.82	72.15
阜　新	5	3	464	325	24.04	41.56
辽　阳	3	2	742	699	40.69	97.64
盘　锦	33	20	319	191	25.65	33.75
铁　岭	5	1	495	317	16.53	73.04
朝　阳	5	1	595	357	17.68	74.53
葫芦岛	7	3	373	211	13.74	22.60
吉　林	**46**	**20**	**6746**	**4685**	**27.65**	**61.35**
长　春	9	6	2393	2043	33.32	65.90
吉　林	10	6	1809	1361	41.91	75.80
四　平	6	2	523	311	16.01	60.81
辽　源	3	2	331	250	26.65	55.97
通　化	4	1	621	283	27.45	62.29
白　山	4	1	339	154	25.49	46.68
松　原	3	0	373	89	13.35	17.27
白　城	7	2	357	194	17.78	40.13
黑龙江	**176**	**109**	**11947**	**8787**	**32.55**	**74.09**
哈尔滨	55	31	5920	5115	62.03	162.28
齐齐哈尔	8	7	1384	959	25.58	67.22
鸡　西	4	1	365	195	18.77	21.35
鹤　岗	6	4	180	130	16.28	18.87
双鸭山	3	1	290	173	19.23	34.31
大　庆	47	47	835	769	32.38	65.17
伊　春	6	4	432	382	33.22	45.62
佳木斯	24	4	598	339	24.44	41.36
七台河	2	1	133	93	15.21	18.49
牡丹江	3	2	718	380	26.59	49.06
黑　河	7	2	286	110	16.48	56.73
绥　化	11	5	806	142	14.51	16.40
上　海	**180**	**166**	**58938**	**58569**	**439.26**	**458.20**
江　苏	**1168**	**358**	**28287**	**20291**	**39.48**	**96.90**
南　京	13	11	10979	10623	191.86	216.90
无　锡	125	49	2063	1533	46.62	69.81

3—32 续表 2

城市	剧场、影剧院数（个）		公共图书馆图书藏量（千册、千件）		每百人公共图书馆藏书（册、件）	
	全市	市辖区	全市	市辖区	全市	市辖区
徐州	14	8	1501	869	16.52	51.93
常州	201	133	1786	1491	51.59	69.87
苏州	34	13	3086	1395	52.22	64.32
南通	159	11	1959	940	25.19	113.24
连云港	6	2	440	50	9.41	7.62
淮安	9	5	867	554	16.68	20.66
盐城	131	21	1523	590	19.12	88.95
扬州	297	59	1417	943	31.24	83.81
镇江	86	32	1329	832	49.74	82.78
泰州	90	12	948	400	18.82	64.22
宿迁	3	2	389	71	7.52	24.78
浙江	**413**	**130**	**18347**	**11216**	**40.31**	**79.52**
杭州	58	40	7120	6520	110.77	165.82
宁波	20	14	1550	847	28.23	40.94
温州	49	7	1896	1017	25.54	75.53
嘉兴	87	13	1649	557	49.53	69.78
湖州	27	14	691	356	26.91	33.05
绍兴	42	4	1196	508	27.57	79.55
金华	20	3	1364	496	30.32	53.81
衢州	5	2	425	197	17.36	24.55
舟山	22	6	492	312	50.66	45.24
台州	64	24	1031	256	18.66	17.53
丽水	19	3	933	150	37.41	40.72
安徽	**205**	**63**	**8193**	**5599**	**12.84**	**33.91**
合肥	25	22	3036	2889	66.49	185.35
芜湖	4	1	533	379	23.81	54.88
蚌埠	8	5	365	286	10.58	35.98
淮南	2	1	235	235	11.09	16.55
马鞍山	2	1	222	162	17.89	28.34
淮北	2	1	248	208	12.16	25.12
铜陵	2	2	345	298	48.65	76.37
安庆	39	8	575	220	9.50	36.91
黄山	10	6	351	147	23.89	35.47
滁州	68	2	287	72	6.63	14.31
阜阳	6	2	237	127	2.62	6.93
宿州	6	2	223	50	3.96	3.53
巢湖	7	3	453	155	9.99	18.04
六安	9	3	300	99	4.48	5.62
亳州	5	2	243	120	4.51	8.50

3—32续表3

城市	剧场、影剧院数（个）		公共图书馆图书藏量（千册、千件）		每百人公共图书馆藏书（册、件）	
	全市	市辖区	全市	市辖区	全市	市辖区
池州	2	1	223	83	14.40	13.27
宣城	8	1	317	69	11.53	8.27
福建	**382**	**59**	**11405**	**6954**	**34.05**	**84.34**
福州	183	17	4159	3513	68.76	211.32
厦门	10	10	1570	1570	110.75	110.75
莆田	14	12	151	84	5.00	4.17
三明	15	4	966	395	36.09	139.82
泉州	112	9	1441	518	21.75	52.98
漳州	20	2	884	340	19.47	65.55
南平	9	1	1038	200	34.09	40.80
龙岩	11	3	695	252	24.24	54.50
宁德	8	1	501	82	15.38	19.64
江西	**110**	**42**	**11794**	**6136**	**27.39**	**74.99**
南昌	7	7	3438	3145	76.27	160.16
景德镇	3	1	438	368	29.53	87.31
萍乡	31	17	506	474	28.47	58.86
九江	8	1	1440	888	31.30	142.77
新余	3	2	241	183	22.04	23.32
鹰潭	7	4	240	145	21.82	78.46
赣州	9	2	1547	267	18.61	48.90
吉安	17	1	1315	267	28.43	53.55
宜春	17	4	1100	134	21.06	13.99
抚州	2	1	783	130	20.82	12.54
上饶	6	2	746	135	11.35	37.38
山东	**332**	**121**	**22043**	**12874**	**24.20**	**50.27**
济南	8	8	6568	6225	112.74	185.93
青岛	50	11	2755	1870	38.23	75.78
淄博	16	12	1482	987	35.87	36.10
枣庄	10	8	473	239	13.00	11.55
东营	7	4	342	133	19.34	16.88
烟台	24	6	2203	1176	34.11	68.84
潍坊	35	8	1743	379	20.56	26.63
济宁	49	11	1101	375	13.78	35.64
泰安	15	4	419	135	7.65	8.52
威海	7	2	707	192	28.55	33.72
日照	4	2	286	90	10.27	7.64
莱芜	14	14	134	134	10.82	10.82
临沂	59	18	1253	151	12.39	7.96
德州	11	1	752	191	13.77	33.61

3—32 续表 4

城　市	剧场、影剧院数（个）		公共图书馆图书藏量（千册、千件）		每百人公共图书馆藏书（册、件）	
	全　市	市辖区	全　市	市辖区	全　市	市辖区
聊　城	12	8	481	152	8.53	15.15
滨　州	2	2	740	269	20.21	43.88
菏　泽	9	2	604	176	6.91	12.86
河　南	**261**	**99**	**13503**	**8599**	**13.92**	**54.42**
郑　州	60	28	3619	3326	54.74	138.67
开　封	7	3	715	539	15.00	68.80
洛　阳	23	11	1101	602	17.24	40.42
平顶山	8	2	575	284	11.76	30.68
安　阳	10	6	702	447	13.17	44.36
鹤　壁	8	7	280	221	19.14	42.36
新　乡	13	5	879	605	15.79	75.76
焦　作	12	6	490	274	14.40	34.32
濮　阳	8	2	552	308	15.24	59.62
许　昌	8	3	356	152	7.98	39.49
漯　河	4	2	304	151	11.73	42.86
三门峡	42	11	604	266	27.34	95.03
南　阳	14	1	1225	691	11.62	41.02
商　丘	11	4	529	281	6.37	18.19
信　阳	9	3	468	232	5.96	16.93
周　口	11	2	585	118	5.44	32.18
驻马店	13	3	519	102	6.28	17.67
湖　北	**174**	**125**	**16750**	**12738**	**32.38**	**68.10**
武　汉	67	67	7941	7941	101.65	101.65
黄　石	8	6	960	763	37.82	115.45
十　堰	5	2	995	598	29.21	119.60
宜　昌	13	1	1304	716	32.86	59.19
襄　樊	8	3	1184	610	20.47	27.92
鄂　州	17	17	300	300	28.75	28.75
荆　门	5	2	390	139	12.97	19.27
孝　感	7	1	602	274	11.83	30.61
荆　州	7	3	1148	790	17.72	72.15
黄　冈	12	2	1172	337	16.17	92.97
咸　宁	4	1	560	160	20.12	28.48
随　州	21	20	194	110	7.54	6.63
湖　南	**155**	**62**	**14670**	**7256**	**23.04**	**62.68**
长　沙	12	10	3774	3335	62.72	169.93
株　洲	8	5	1033	424	27.65	52.87
湘　潭	5	4	910	570	32.27	81.21
衡　阳	34	10	1856	876	26.00	95.77

3—32 续表 5

城　市	剧场、影剧院数（个）		公共图书馆图书藏量（千册、千件）		每百人公共图书馆藏书（册、件）	
	全　市	市辖区	全　市	市辖区	全　市	市辖区
邵　阳	10	3	1340	395	18.30	62.33
岳　阳	20	5	820	272	15.54	28.90
常　德	10	3	1107	437	18.44	31.94
张家界	5	2	142	38	9.02	8.16
益　阳	10	5	756	336	16.56	26.25
郴　州	8	4	591	143	12.98	20.86
永　州	8	3	704	178	12.34	16.42
怀　化	20	7	910	124	18.46	38.22
娄　底	5	1	727	128	18.00	31.05
广　东	**531**	**297**	**25227**	**20159**	**32.66**	**69.51**
广　州	15	13	8635	8370	119.07	142.28
韶　关	12	3	570	190	18.10	35.57
深　圳	69	69	3455	3455	228.91	228.91
珠　海	17	17	340	340	41.45	41.45
汕　头	8	7	738	718	15.23	15.04
佛　山	55	55	1700	1700	49.38	49.38
江　门	16	12	1380	900	36.13	67.95
湛　江	2	2	906	582	12.69	40.35
茂　名	6	2	503	219	7.53	18.22
肇　庆	9	4	863	213	21.98	44.61
惠　州	9	6	559	387	19.52	35.59
梅　州	119	2	906	30	18.47	9.77
汕　尾	21	2	65	65	2.12	13.75
河　源	6	1	420	89	12.57	29.62
阳　江	3	1	520	350	20.04	55.68
清　远	9	2	675	242	17.31	44.63
东　莞	55	55	1307	1307	82.22	82.22
中　山	37	37	436	436	31.63	31.63
潮　州	3	3	323	251	12.97	73.07
揭　阳	36	2	551	238	9.33	36.15
云　浮	24	2	375	77	14.35	27.25
广　西	**227**	**60**	**13053**	**6678**	**27.18**	**58.90**
南　宁	20	7	3141	2417	51.10	165.81
柳　州	17	6	1032	655	29.38	68.31
桂　林	18	6	2534	1617	51.66	227.75
梧　州	16	4	891	450	30.34	95.26
北　海	9	7	361	204	24.60	37.83
防城港	5	3	195	122	24.73	25.72
钦　州	3	1	432	195	12.83	16.21

3—32 续表 6

城市	剧场、影剧院数(个)		公共图书馆图书藏量(千册、千件)		每百人公共图书馆藏书(册、件)	
	全市	市辖区	全市	市辖区	全市	市辖区
贵港	6	4	434	129	9.23	7.48
玉林	98	10	1056	374	17.91	41.53
百色	0	0	1076	114	29.20	34.73
贺州	12	8	246	120	11.76	12.95
河池	7	2	810	140	21.26	45.28
来宾	6	1	425	131	17.41	13.20
崇左	10	1	420	10	18.43	2.94
海南	**22**	**22**	**430**	**430**	**22.68**	**22.68**
海口	19	19	320	320	22.99	22.99
三亚	3	3	110	110	21.83	21.83
重庆	**24**	**16**	**7010**	**3824**	**22.40**	**37.86**
四川	**104**	**55**	**16595**	**11634**	**20.90**	**52.90**
成都	19	13	7680	6905	73.54	152.57
自贡	5	3	344	261	10.91	24.41
攀枝花	12	8	506	393	47.65	59.12
泸州	5	2	1128	880	24.10	63.08
德阳	3	1	481	94	12.64	15.10
绵阳	8	2	854	369	16.19	33.32
广元	2	2	510	362	16.77	39.90
遂宁	5	2	279	188	7.41	12.83
内江	8	4	380	217	9.02	15.66
乐山	5	3	299	136	8.60	12.02
南充	0	0	875	501	12.19	27.11
眉山	4	2	204	17	5.99	2.07
宜宾	5	5	871	436	16.91	56.66
广安	5	1	260	100	5.80	8.22
达州	5	3	591	187	9.40	47.26
雅安	1	1	543	318	35.46	93.15
巴中	6	1	308	140	8.65	10.98
资阳	6	2	482	130	9.89	12.38
贵州	**23**	**10**	**4524**	**3633**	**28.25**	**94.28**
贵阳	6	3	3140	2990	91.05	149.82
六盘水	1	1	203	88	6.94	20.72
遵义	15	5	868	410	12.17	63.76
安顺	1	1	313	145	12.49	18.35
云南	**77**	**19**	**8381**	**1309**	**32.27**	**23.85**
昆明	22	0	3871	0	77.30	0.00
曲靖	4	2	944	448	16.82	70.76
玉溪	19	4	1070	148	51.72	37.62

3—32 续表 7

城市	剧场、影剧院数（个）		公共图书馆图书藏量（千册、千件）		每百人公共图书馆藏书（册、件）	
	全市	市辖区	全市	市辖区	全市	市辖区
保山	2	2	457	140	19.10	16.54
昭通	10	4	651	202	12.83	26.72
丽江	7	4	391	173	34.95	122.87
思茅	11	2	510	130	20.16	65.56
临沧	2	1	487	68	22.45	24.46
陕西	**150**	**55**	**8352**	**5356**	**22.93**	**47.97**
西安	24	20	3350	3117	46.75	61.09
铜川	6	5	340	332	40.49	44.40
宝鸡	16	16	980	540	26.70	72.73
咸阳	12	2	697	313	14.40	37.53
渭南	13	3	597	120	11.18	13.19
延安	14	2	422	250	20.52	66.74
汉中	32	2	532	180	14.30	34.27
榆林	14	1	570	85	16.37	19.37
安康	3	2	372	154	12.65	16.28
商洛	16	2	492	265	20.72	48.64
甘肃	**250**	**71**	**6262**	**4531**	**30.31**	**63.71**
兰州	12	10	2987	2885	98.14	148.02
嘉峪关	1	1	82	82	50.09	50.09
金昌	6	4	120	45	26.07	21.61
白银	6	2	475	327	27.36	69.62
天水	7	6	606	386	17.53	31.78
武威	42	18	241	162	12.88	16.52
张掖	5	1	359	149	28.31	29.94
平凉	8	1	250	124	11.25	25.67
酒泉	10	2	346	105	37.67	30.69
庆阳	152	26	286	116	11.18	35.46
定西	1	0	510	150	17.21	31.51
青海	**3**	**3**	**1922**	**1922**	**93.77**	**193.09**
西宁	3	3	1922	1922	93.77	193.09
宁夏	**52**	**17**	**3521**	**2116**	**60.69**	**110.21**
银川	17	13	1723	1440	129.54	200.50
石嘴山	0	0	338	333	46.44	92.04
吴忠	25	2	944	31	50.60	8.75
固原	10	2	516	312	27.47	64.25
新疆	**14**	**14**	**1587**	**1587**	**74.81**	**77.83**
乌鲁木齐	13	13	1302	1302	71.72	75.13
克拉玛依	1	1	285	285	93.14	93.14

3—33 卫 生

城市	医院、卫生院数(个)		医院、卫生院床位数(张)		医生数(人)	
	全市	市辖区	全市	市辖区	全市	市辖区
城市合计	**63908**	**21451**	**2862855**	**1575033**	**1619455**	**834927**
北京	**646**	**605**	**71173**	**69211**	**47887**	**46101**
天津	**485**	**397**	**38074**	**35409**	**22780**	**19868**
河北	**4088**	**701**	**154162**	**68448**	**81827**	**33520**
石家庄	520	79	25339	11193	13026	5456
唐山	529	204	23152	14705	11067	6931
秦皇岛	207	44	6035	3126	4211	2022
邯郸	383	123	19477	11346	10119	4901
邢台	405	37	13781	4674	7506	2173
保定	542	58	18903	8565	8718	3765
张家口	326	50	10703	4964	5081	2382
承德	381	42	8589	2846	4871	1538
沧州	351	15	12169	2666	8233	1690
廊坊	185	28	8964	2229	4900	1357
衡水	259	21	7050	2134	4095	1305
山西	**2968**	**716**	**105042**	**50732**	**61589**	**31104**
太原	249	180	21765	19093	12226	10871
大同	248	99	10775	8324	7421	5324
阳泉	112	53	5530	4368	2936	2133
长治	214	40	9338	4641	4675	2403
晋城	175	41	6645	2406	4029	1340
朔州	153	52	3747	1475	4464	2130
晋中	230	37	9128	2144	5530	1759
运城	328	30	11291	1345	5073	1235
忻州	611	91	8942	2858	4639	1420
临汾	351	66	11395	3245	6495	1834
吕梁	297	27	6486	833	4101	655
内蒙古	**2374**	**916**	**55422**	**28442**	**42764**	**19562**
呼和浩特	139	58	6983	5795	5277	3999
包头	117	56	9081	7694	6215	4927
乌海	324	324	1855	1855	2994	1147
赤峰	756	341	10567	4543	7269	3170
通辽	223	55	5058	2362	6215	2388
鄂尔多斯	155	22	4057	1430	2683	890
海拉尔	250	17	9626	1468	7458	1157
巴彦淖尔	134	33	4232	1892	2262	1054
乌兰察布	276	10	3963	1403	2391	830
辽宁	**2224**	**1005**	**165974**	**115106**	**81618**	**54270**
沈阳	330	275	33190	29845	18678	15990

3—33 续表 1

城市	医院、卫生院数(个)		医院、卫生院床位数(张)		医生数(人)	
	全市	市辖区	全市	市辖区	全市	市辖区
大连	241	131	24453	17407	13788	9977
鞍山	138	51	16370	11322	6832	4444
抚顺	197	117	10466	8058	4607	3371
本溪	84	48	9529	6723	3608	2827
丹东	128	72	10256	5676	4093	2258
锦州	138	34	10628	6501	5434	2442
营口	119	53	7672	4276	3383	1754
阜新	102	41	6290	4708	3251	2148
辽阳	125	63	7687	6527	3395	2815
盘锦	65	30	5504	4132	3101	2471
铁岭	206	23	7606	3167	4263	1129
朝阳	201	21	8788	2314	3829	1034
葫芦岛	150	46	7535	4450	3356	1610
吉林	**1333**	**455**	**74499**	**42812**	**48859**	**25471**
长春	298	170	22379	17381	15260	10603
吉林	253	127	15072	10702	8537	6195
四平	148	28	8719	3622	6584	1891
辽源	71	24	4482	2515	2561	1566
通化	189	31	7432	2670	4508	1353
白山	109	21	5585	1928	3469	1261
松原	126	19	4864	1851	3723	1106
白城	139	35	5966	2143	4217	1496
黑龙江	**2037**	**686**	**110797**	**66171**	**58354**	**30577**
哈尔滨	414	177	33405	24192	16922	10221
齐齐哈尔	311	56	13681	7571	6907	3212
鸡西	280	118	7041	4506	2623	1851
鹤岗	66	30	4552	3073	2423	1519
双鸭山	83	30	5247	2496	2367	1012
大庆	148	73	9239	6952	5787	4087
伊春	54	45	4584	4367	2392	2291
佳木斯	153	50	6917	3812	4512	2162
七台河	40	22	2517	1852	1141	799
牡丹江	109	33	9515	5608	4756	2350
黑河	139	19	6120	719	4098	515
绥化	240	33	7979	1023	4426	558
上海	**452**	**422**	**81058**	**78030**	**36865**	**35563**
江苏	**2543**	**906**	**171939**	**85429**	**82658**	**36752**
南京	294	255	22038	20292	10495	9802
无锡	175	93	17288	11069	7193	4205

3—33 续表 2

城　市	医院、卫生院数（个）		医院、卫生院床位数（张）		医生数（人）	
	全　市	市辖区	全　市	市辖区	全　市	市辖区
徐　州	229	95	17961	9832	8636	3431
常　州	111	66	11687	8638	5445	3717
苏　州	199	69	19124	8545	8932	3823
南　通	314	32	19272	5593	8596	2100
连云港	150	43	7419	3287	4026	1557
淮　安	182	90	8091	5089	4250	2585
盐　城	238	22	12915	1857	7439	865
扬　州	202	57	10864	4321	5015	1546
镇　江	106	44	7717	4323	3909	1849
泰　州	168	19	10513	1833	6120	966
宿　迁	175	21	7050	750	2602	306
浙　江	**3643**	**931**	**119701**	**58068**	**76489**	**36895**
杭　州	395	171	24909	19412	16614	12731
宁　波	290	125	14871	8062	10630	6114
温　州	531	65	14599	6580	10884	4951
嘉　兴	696	190	9793	3262	4532	1467
湖　州	131	37	8055	3791	4381	2008
绍　兴	332	31	10374	2397	6994	1478
金　华	433	106	11864	3945	7042	1876
衢　州	169	51	5139	2190	3876	1652
舟　山	85	55	3316	2420	1999	1532
台　州	229	64	11035	3966	6260	2122
丽　水	352	36	5746	2043	3277	964
安　徽	**2988**	**926**	**113954**	**54650**	**56648**	**28252**
合　肥	226	85	12618	9499	7178	5409
芜　湖	126	38	6328	4363	3254	2161
蚌　埠	115	40	8165	4640	3042	1810
淮　南	114	86	7344	6453	3087	2670
马鞍山	266	183	2983	2309	2229	1762
淮　北	111	65	6673	4704	3055	1961
铜　陵	41	21	2959	2418	1258	974
安　庆	332	22	9734	2754	5386	1580
黄　山	162	43	3537	1539	1942	838
滁　州	290	41	7734	1891	3916	909
阜　阳	214	54	10359	4038	4609	1633
宿　州	135	44	6886	2642	3401	1170
巢　湖	211	47	6441	641	3453	1918
六　安	221	52	9568	2970	5162	1769
亳　州	144	32	4952	1396	2025	517

3—33 续表 3

城市	医院、卫生院数(个)		医院、卫生院床位数(张)		医生数(人)	
	全市	市辖区	全市	市辖区	全市	市辖区
池州	92	29	2662	1178	1274	582
宣城	188	44	5011	1215	2377	589
福建	**1343**	**347**	**79280**	**34646**	**39368**	**18523**
福州	240	83	15846	9384	10209	6487
厦门	44	44	5605	5605	4001	4001
莆田	64	43	3963	3032	2142	1615
三明	170	20	6943	3091	3986	1262
泉州	195	43	12458	4040	4784	1810
漳州	174	41	14210	3715	4850	1156
南平	164	29	7799	1961	3390	794
龙岩	157	26	7271	2548	2858	894
宁德	135	18	5185	1270	3148	504
江西	**2279**	**533**	**83971**	**35816**	**42635**	**16440**
南昌	174	73	15028	11401	6389	4756
景德镇	65	22	3483	3126	1559	1259
萍乡	91	47	4520	3326	2058	1466
九江	282	56	10009	3927	4823	1478
新余	70	44	3056	2388	1402	1122
鹰潭	63	12	2240	860	1328	327
赣州	489	35	12530	3108	6634	1258
吉安	286	28	8489	1823	4384	1942
宜春	216	150	10444	3616	5153	956
抚州	188	38	5018	1131	3834	1448
上饶	355	28	9154	1110	5071	428
山东	**4543**	**2401**	**212586**	**101743**	**125604**	**56601**
济南	1868	1564	22674	18649	14054	10728
青岛	213	84	21605	12609	13452	8334
淄博	155	109	13667	9744	7190	5560
枣庄	120	80	9318	6338	5991	3753
东营	87	56	7276	4986	3896	2620
烟台	223	65	17313	5853	10391	4012
潍坊	267	66	20499	6437	10881	3565
济宁	241	42	16069	4558	9938	2533
泰安	153	48	13230	5195	6677	2166
威海	99	21	7047	2223	3868	992
日照	82	33	5028	2571	2431	1232
莱芜	53	53	3655	3655	2857	2857
临沂	268	71	16840	5998	9627	2591
德州	169	11	8830	2234	6142	1081

3—33 续表 4

城市	医院、卫生院数(个)		医院、卫生院床位数(张)		医生数(人)	
	全市	市辖区	全市	市辖区	全市	市辖区
聊城	184	36	10468	5394	5657	1435
滨州	114	21	7064	2642	4545	1248
菏泽	247	41	12003	2657	8007	1894
河南	**3150**	**993**	**190826**	**92282**	**95564**	**42471**
郑州	260	235	26853	18079	14039	10109
开封	159	57	11920	6472	5120	2767
洛阳	256	108	18133	11604	7518	4860
平顶山	169	51	11258	5213	4372	2116
安阳	155	69	10704	6765	4802	3140
鹤壁	50	25	4184	2208	1473	911
新乡	236	59	14602	6009	7566	3134
焦作	141	44	9234	5703	4557	2330
濮阳	126	36	5176	3502	2659	1329
许昌	126	29	7353	2602	3523	902
漯河	73	20	4496	1906	2250	1033
三门峡	129	17	5599	1462	2481	546
南阳	308	102	16090	9376	7111	3385
商丘	241	45	13096	3704	6362	1656
信阳	263	59	9572	3365	6055	1664
周口	236	18	12167	1970	8984	1578
驻马店	222	19	10389	2342	6692	1011
湖北	**1589**	**605**	**120777**	**69088**	**78324**	**41159**
武汉	262	262	34332	34332	19765	19765
黄石	82	33	7105	4303	4393	2179
十堰	162	28	9099	4317	6414	2103
宜昌	146	46	10533	5100	7617	3611
襄樊	166	48	11322	4408	8551	3725
鄂州	38	38	3012	3012	1710	1710
荆门	90	28	6128	2186	5261	1629
孝感	151	23	6813	1789	5808	1464
荆州	137	20	11239	3434	5399	1607
黄冈	200	18	12092	1537	8000	980
咸宁	90	19	5480	2114	2988	780
随州	65	42	3622	2556	2418	1606
湖南	**3521**	**964**	**138393**	**66711**	**77527**	**32164**
长沙	282	119	21024	16987	11655	8685
株洲	204	95	9920	7079	4805	3010
湘潭	134	54	7890	4420	4059	1939
衡阳	397	227	14119	9535	10173	4979

3—33 续表 5

城市	医院、卫生院数(个)		医院、卫生院床位数(张)		医生数(人)	
	全市	市辖区	全市	市辖区	全市	市辖区
邵阳	329	63	10928	3222	5857	1573
岳阳	289	54	10230	6140	3948	1453
常德	323	77	11724	3937	6805	2090
张家界	161	47	3317	1420	1901	784
益阳	217	61	8489	2841	5868	1875
郴州	340	67	10454	3752	5643	1596
永州	285	46	11608	2872	5784	1759
怀化	401	28	11762	2515	5556	1209
娄底	159	26	6928	1991	5473	1212
广东	**2452**	**892**	**177034**	**118598**	**111960**	**67584**
广州	254	213	37713	35439	23464	21660
韶关	184	21	8730	2891	4317	1409
深圳	85	85	12607	12607	8909	8909
珠海	44	44	3893	3893	2296	2296
汕头	77	73	6557	6443	5018	4916
佛山	81	81	15014	15014	15014	7577
江门	125	41	8632	3996	5432	2546
湛江	168	36	11927	5845	6137	1819
茂名	145	24	8309	2374	3573	959
肇庆	151	20	6425	2441	4165	1413
惠州	126	55	6853	3650	3999	2276
梅州	199	14	7468	1619	5947	563
汕尾	76	14	3176	690	3315	671
河源	162	10	3793	991	2232	718
阳江	71	20	3959	1708	1740	735
清远	159	16	6250	1446	3119	865
东莞	51	51	9546	9546	3758	3758
中山	29	29	4971	4971	2496	2496
潮州	70	17	2310	1011	2631	1007
揭阳	106	15	5632	1300	2310	568
云浮	89	13	3269	723	2088	423
广西	**2265**	**466**	**83449**	**40533**	**46408**	**20357**
南宁	199	49	16552	10756	9430	5916
柳州	177	67	10511	7647	4717	3081
桂林	196	34	10332	4670	6738	2100
梧州	88	21	5702	3966	2850	1771
北海	43	22	2824	1484	2146	1277
防城港	40	23	1370	880	875	500
钦州	76	31	4089	1943	1719	790

3—33 续表 6

城　市	医院、卫生院数(个)		医院、卫生院床位数(张)		医生数(人)	
	全　市	市辖区	全　市	市辖区	全　市	市辖区
贵　港	95	38	4045	2082	2357	1107
玉　林	147	25	7745	3296	4238	1614
百　色	302	82	6599	2014	3441	834
贺　州	141	21	2616	312	1663	160
河　池	192	0	4687	0	2780	0
来　宾	101	35	3046	995	1951	688
崇　左	468	18	3331	488	1503	519
海　南	**237**	**237**	**7288**	**7288**	**3738**	**3738**
海　口	206	206	5608	5608	2817	2817
三　亚	31	31	1680	1680	921	921
重　庆	**1682**	**561**	**59994**	**32403**	**37122**	**18674**
四　川	**5838**	**1440**	**166634**	**79079**	**101507**	**47286**
成　都	653	258	42200	27764	25000	18506
自　贡	184	61	6548	4236	4275	2479
攀枝花	102	35	5421	4495	3360	2891
泸　州	236	74	6265	3395	3532	1639
德　阳	248	37	8995	2536	5239	1373
绵　阳	451	68	13202	5335	4922	1775
广　元	303	86	7035	3135	3840	2113
遂　宁	118	38	5473	2893	3164	1898
内　江	343	90	6799	3330	3979	1563
乐　山	330	101	8536	3864	5224	2338
南　充	585	141	11276	3623	6299	2179
眉　山	271	66	5220	1804	4012	1137
宜　宾	384	70	9251	3926	4813	1545
广　安	277	73	5010	1543	3121	803
达　州	471	26	10163	2271	7248	803
雅　安	208	41	4318	1459	3122	864
巴　中	300	92	4574	1575	4976	2114
资　阳	374	83	6348	1895	5381	1266
贵　州	**709**	**211**	**30828**	**18835**	**14629**	**7929**
贵　阳	188	122	12823	10679	6375	4172
六盘水	123	22	5395	2695	2633	1081
遵　义	272	22	8207	3048	3579	1026
安　顺	126	45	4403	2413	2042	1650
云　南	**1248**	**175**	**59828**	**10096**	**35268**	**5760**
昆　明	305	0	25494	0	13865	0
曲　靖	167	40	9549	2845	8655	2238
玉　溪	99	14	5732	1843	3510	906

3—33 续表 7

城市	医院、卫生院数(个)		医院、卫生院床位数(张)		医生数(人)	
	全市	市辖区	全市	市辖区	全市	市辖区
保山	154	53	4577	1786	2517	835
昭通	191	25	4852	1425	2161	512
丽江	72	7	2094	466	1159	287
思茅	138	22	3576	972	1765	723
临沧	122	14	3954	759	1636	259
陕西	**2737**	**811**	**96531**	**52313**	**51323**	**25860**
西安	478	378	30848	27544	16674	14235
铜川	68	54	3680	3495	1992	1824
宝鸡	265	41	10614	4120	4211	1653
咸阳	299	74	11311	5136	5817	2243
渭南	323	48	9841	1594	4950	1012
延安	213	33	5355	1594	2797	892
汉中	343	42	10697	3869	6087	1267
榆林	293	38	6841	1609	3128	662
安康	252	59	3462	2263	2728	1202
商洛	203	44	3882	1089	2939	870
甘肃	**2437**	**828**	**52029**	**30590**	**34650**	**15090**
兰州	185	120	14312	12709	8646	6086
嘉峪关	6	6	865	865	446	446
金昌	21	8	1527	985	1067	639
白银	105	32	4689	2904	2591	1677
天水	215	71	6428	3816	5967	1296
武威	189	91	3940	2562	2847	1318
张掖	1103	369	3464	1621	2868	1296
平凉	171	26	4379	1412	4454	660
酒泉	99	55	3445	1461	1477	667
庆阳	163	20	4506	1209	2116	491
定西	180	30	4474	1046	2171	514
青海	**496**	**316**	**9149**	**7312**	**4015**	**3049**
西宁	496	316	9149	7312	4015	3049
宁夏	**1355**	**773**	**15616**	**8405**	**12524**	**5442**
银川	968	687	6845	4860	3582	3227
石嘴山	93	31	2702	2308	1515	987
吴忠	140	22	3511	680	3810	500
固原	154	33	2558	557	3617	728
新疆	**246**	**232**	**16847**	**16787**	**8951**	**8865**
乌鲁木齐	238	224	15254	15194	7950	7864
克拉玛依	8	8	1593	1593	1001	1001

3—34 交通运输(一):客运量(全市)

城市	客运总量(万人)	铁路客运量(万人)	公路客运量(万人)	水运客运量(万人)	民用航空客运量(人)
城市合计	**1591365**	**99621**	**1465538**	**15631**	**105754050**
北京	**30520**	**4352**	**24940**	**0**	**12284176**
天津	**3507**	**1281**	**2109**	**2**	**1150000**
河北	**62954**	**4258**	**58685**	**0**	**106767**
石家庄	11843	1088	10745	0	93793
唐山	4614	552	4062	0	0
秦皇岛	4501	367	4132	0	12974
邯郸	9795	362	9433	0	0
邢台	4307	189	4118	0	0
保定	6218	527	5691	0	0
张家口	2967	298	2669	0	0
承德	3033	358	2675	0	0
沧州	7839	139	7700	0	0
廊坊	4487	157	4330	0	0
衡水	3350	220	3130	0	0
山西	**35423**	**2862**	**32457**	**0**	**1039381**
太原	2975	824	2048	0	1033000
大同	2272	601	1671	0	0
阳泉	2901	89	2812	0	0
长治	3327	125	3201	0	6381
晋城	5853	205	5648	0	0
朔州	1553	142	1411	0	0
晋中	2941	320	2621	0	0
运城	3324	123	3201	0	0
忻州	3029	272	2757	0	0
临汾	5810	131	5679	0	0
吕梁	1438	30	1408	0	0
内蒙古	**25636**	**2529**	**22949**	**0**	**1581253**
呼和浩特	3508	385	2985	0	1382215
包头	9297	256	9033	0	88711
乌海	267	54	213	0	0
赤峰	2836	244	2590	0	13000
通辽	2700	710	1989	0	12245
鄂尔多斯	1126	61	1065	0	0
海拉尔	2884	567	2308	0	85082
巴彦淖尔	2012	112	1900	0	0
乌兰察布	1006	140	866	0	0
辽宁	**53043**	**8998**	**43085**	**564**	**3958846**
沈阳	6612	2570	3819	0	2228068

3－34 续表 1

城　　市	客运总量（万人）	铁路客运量（万人）	公路客运量（万人）	水运客运量（万人）	民用航空客运量（人）
大　连	11001	1345	8963	523	1703778
鞍　山	5682	446	5236	0	0
抚　顺	2695	706	1989	0	0
本　溪	2983	1236	1747	0	0
丹　东	2321	290	2011	19	13000
锦　州	2946	642	2302	0	14000
营　口	2187	287	1900	0	0
阜　新	2363	158	2205	0	0
辽　阳	2918	303	2615	0	0
盘　锦	1514	56	1458	0	0
铁　岭	3079	489	2590	0	0
朝　阳	3074	205	2868	0	0
葫芦岛	3667	263	3382	22	0
吉　林	**22955**	**5827**	**17029**	**34**	**658160**
长　春	6999	2304	4632	0	630000
吉　林	4194	1331	2845	15	28160
四　平	3135	733	2402	0	0
辽　源	1631	66	1565	0	0
通　化	2711	492	2219	0	0
白　山	1541	258	1283	0	0
松　原	1615	71	1525	19	0
白　城	1130	572	558	0	0
黑龙江	**26806**	**7122**	**19515**	**48**	**1207483**
哈尔滨	6458	2491	3862	0	1046000
齐齐哈尔	4625	1214	3408	0	28929
鸡　西	3327	320	3007	0	0
鹤　岗	328	57	267	4	0
双鸭山	1459	48	1411	0	0
大　庆	1282	560	722	0	0
伊　春	431	113	318	0	0
佳木斯	1987	522	1447	15	29970
七台河	1315	61	1254	0	0
牡丹江	2789	835	1944	0	96380
黑　河	541	190	321	29	6204
绥　化	2265	711	1554	0	0
上　海	**7212**	**3391**	**2052**	**528**	**12410000**
江　苏	**116975**	**5148**	**111319**	**148**	**3609919**
南　京	16790	1119	15348	0	3229000
无　锡	15877	784	15077	16	0

3—34 续表 2

城　市	客运总量（万人）	铁路客运量（万人）	公路客运量（万人）	水运客运量（万人）	民用航空客运量（人）
徐　州	7055	755	6292	0	87270
常　州	11413	577	10820	0	161000
苏　州	24132	1211	22835	86	0
南　通	8059	0	8050	3	64086
连云港	5428	179	5245	0	45020
淮　安	3082	0	3076	6	0
盐　城	6114	0	6112	0	23543
扬　州	6897	0	6880	17	0
镇　江	6247	523	5704	20	0
泰　州	3480	0	3480	0	0
宿　迁	2400	0	2400	0	0
浙　江	**145091**	**4705**	**137979**	**1982**	**4256963**
杭　州	21349	1534	19510	89	2154000
宁　波	24938	438	24320	115	651885
温　州	24108	338	23550	122	981296
嘉　兴	11103	390	10710	2	0
湖　州	7082	97	6985	0	0
绍　兴	13277	331	12944	2	0
金　华	15607	1290	14287	17	129914
衢　州	3687	192	3484	10	8878
舟　山	7505	0	5946	1533	260300
台　州	13813	0	13743	63	70690
丽　水	2622	94	2500	28	0
安　徽	**62805**	**2895**	**59578**	**262**	**706932**
合　肥	6034	639	5350	0	459600
芜　湖	2469	196	2270	3	0
蚌　埠	2407	429	1978	0	0
淮　南	1893	107	1786	0	0
马鞍山	1363	82	1281	0	0
淮　北	1989	75	1914	0	0
铜　陵	1271	102	1168	1	0
安　庆	5771	118	5646	7	7000
黄　山	2250	101	2031	94	238655
滁　州	4975	199	4776	0	0
阜　阳	4525	425	4100	0	1677
宿　州	6185	149	6036	0	0
巢　湖	6221	14	6075	132	0
六　安	6958	0	6933	25	0
亳　州	2385	72	2313	0	0

3－34 续表 3

城　市	客运总量（万人）	铁路客运量（万人）	公路客运量（万人）	水运客运量（万人）	民用航空客运量（人）
池　州	2592	0	2592	0	0
宣　城	3516	187	3329	0	0
福　建	**48966**	**1452**	**45926**	**715**	**8731822**
福　州	9680	473	8946	7	2543845
厦　门	4441	262	3326	362	4910000
莆　田	5698	0	5597	102	0
三　明	3930	126	3789	15	0
泉　州	8699	28	8581	0	893000
漳　州	5935	155	5697	82	0
南　平	3882	306	3510	28	384977
龙　岩	2073	88	1984	0	0
宁　德	4628	13	4496	120	0
江　西	**38669**	**3075**	**35247**	**252**	**948970**
南　昌	5728	1084	4523	32	889600
景德镇	1883	166	1714	0	30799
萍　乡	3091	129	2962	0	0
九　江	4135	324	3807	4	0
新　余	1078	128	932	18	0
鹰　潭	1191	343	832	16	0
赣　州	5087	228	4803	53	28571
吉　安	3742	185	3509	48	0
宜　春	4750	135	4614	1	0
抚　州	2741	71	2670	0	0
上　饶	5244	283	4881	80	0
山　东	**80380**	**4242**	**74710**	**1117**	**3104988**
济　南	5810	1576	4147	0	870000
青　岛	14666	574	13132	786	1747189
淄　博	15725	269	15456	0	0
枣　庄	4341	148	4193	0	0
东　营	2213	27	2186	0	2192
烟　台	7737	201	7211	287	376477
潍　坊	4038	332	3705	0	11180
济　宁	4106	262	3844	0	0
泰　安	2702	203	2499	0	0
威　海	3232	108	3077	42	52848
日　照	2436	35	2399	2	0
莱　芜	966	4	962	0	0
临　沂	4211	59	4147	0	45102
德　州	1813	223	1590	0	0

3—34 续表 4

城市	客运总量（万人）	铁路客运量（万人）	公路客运量（万人）	水运客运量（万人）	民用航空客运量（人）
聊城	2108	68	2040	0	0
滨州	1680	5	1675	0	0
菏泽	2596	149	2447	0	0
河南	**79431**	**4766**	**74521**	**59**	**853052**
郑州	10709	1570	9056	4	786300
开封	3464	175	3289	0	0
洛阳	7630	418	7199	8	48470
平顶山	4022	115	3907	0	0
安阳	4666	201	4465	0	0
鹤壁	1041	20	1021	0	0
新乡	3874	283	3591	0	0
焦作	2973	105	2868	0	0
濮阳	1696	4	1692	0	0
许昌	2886	148	2738	0	0
漯河	2858	200	2658	0	0
三门峡	6462	211	6251	0	0
南阳	6797	163	6600	33	18282
商丘	4215	449	3766	0	0
信阳	5341	417	4910	14	0
周口	4817	41	4776	0	0
驻马店	5978	244	5734	0	0
湖北	**60229**	**4802**	**54236**	**829**	**3607844**
武汉	11882	2612	8936	0	3344214
黄石	2899	43	2815	42	0
十堰	4799	155	4591	53	0
宜昌	6820	208	6378	210	245630
襄樊	7238	456	6774	6	18000
鄂州	1810	18	1769	23	0
荆门	3803	65	3734	4	0
孝感	7048	499	6505	44	0
荆州	3882	10	3868	4	0
黄冈	5185	376	4440	369	0
咸宁	3351	264	3080	7	0
随州	1512	97	1347	68	0
湖南	**92099**	**5024**	**85930**	**773**	**3719741**
长沙	10609	942	9351	17	2992543
株洲	6170	518	5640	13	0
湘潭	2855	144	2711	0	0
衡阳	6584	576	5970	38	0

3—34 续表 5

城　　市	客运总量（万人）	铁路客运量（万人）	公路客运量（万人）	水运客运量（万人）	民用航空客运量（人）
邵　阳	10957	117	10720	120	0
岳　阳	7833	603	7165	65	0
常　德	10115	96	10009	6	46198
张家界	3492	118	3290	17	669000
益　阳	4510	39	4375	96	0
郴　州	6381	237	5984	160	0
永　州	4724	179	4505	38	12000
怀　化	9175	1037	7951	187	0
娄　底	8693	418	8258	17	0
广　东	**185978**	**7735**	**174288**	**2208**	**17469093**
广　州	29751	5285	23839	137	4900000
韶　关	3557	434	3123	0	0
深　圳	10989	1130	8635	139	10842800
珠　海	3300	0	2870	369	605293
汕　头	2196	118	1735	268	742000
佛　山	12027	0	11949	78	0
江　门	8366	0	8181	185	0
湛　江	5790	179	5354	224	330000
茂　名	21962	79	21817	66	0
肇　庆	6771	48	6406	317	0
惠　州	4332	196	4136	0	0
梅　州	5968	140	5783	40	49000
汕　尾	4647	0	4647	0	0
河　源	2860	0	2741	119	0
阳　江	5211	0	5199	12	0
清　远	4032	100	3891	42	0
东　莞	32588	0	32566	22	0
中　山	8516	0	8423	93	0
潮　州	1682	26	1656	0	0
揭　阳	3039	0	3039	0	0
云　浮	8395	0	8298	96	0
广　西	**45845**	**1448**	**43329**	**882**	**1865279**
南　宁	7016	422	6392	141	608717
柳　州	4116	352	3654	106	34461
桂　林	3980	227	3506	149	982000
梧　州	1957	0	1871	86	0
北　海	2698	10	2635	29	240101
防城港	2286	11	2272	3	0
钦　州	2585	10	2548	27	0

3—34 续表 6

城市	客运总量（万人）	铁路客运量（万人）	公路客运量（万人）	水运客运量（万人）	民用航空客运量（人）
贵港	2322	44	2238	40	0
玉林	4100	158	3942	0	0
百色	3418	46	3346	26	0
贺州	848	0	828	20	0
河池	5410	0	5276	134	0
来宾	2170	128	1962	80	0
崇左	2939	39	2859	41	0
海南	**14603**	**6**	**13736**	**315**	**5460000**
海口	13284	0	12538	263	4828000
三亚	1319	6	1198	52	632000
重庆	**58290**	**1069**	**55673**	**1417**	**1314000**
四川	**167992**	**4796**	**159719**	**3037**	**4399869**
成都	72793	2601	69623	158	4100000
自贡	8054	27	7930	97	0
攀枝花	2188	172	1990	26	6632
泸州	8824	0	8654	163	73143
德阳	4370	111	4259	0	0
绵阳	5260	225	4989	38	89055
广元	2528	378	2099	51	2509
遂宁	3256	160	2948	148	0
内江	6849	103	6526	220	0
乐山	5194	65	4766	363	0
南充	10920	155	10395	370	0
眉山	5211	12	5168	31	0
宜宾	9647	180	9180	274	128530
广安	4635	98	4355	182	0
达州	9481	449	8580	453	0
雅安	2313	0	2313	0	0
巴中	2289	0	1954	335	0
资阳	4179	62	3990	128	0
贵州	**44190**	**1223**	**42720**	**149**	**987835**
贵阳	18511	571	17799	43	987835
六盘水	9586	290	9296	0	0
遵义	10980	274	10635	71	0
安顺	5113	88	4990	35	0
云南	**15747**	**807**	**14425**	**54**	**4597454**
昆明	5126	656	4081	12	3767782
曲靖	3453	148	3305	0	0
玉溪	1065	0	1052	13	0

3－34 续表 7

城　市	客运总量（万人）	铁路客运量（万人）	公路客运量（万人）	水运客运量（万人）	民用航空客运量（人）
保　山	782	0	778	0	42239
昭　通	3052	4	3045	0	33000
丽　江	604	0	543	0	607761
思　茅	1152	0	1115	29	79007
临　沧	513	0	506	0	67665
陕　西	**39466**	**3022**	**35914**	**257**	**2734887**
西　安	11413	1889	9252	0	2720000
铜　川	644	16	628	0	0
宝　鸡	5424	337	5087	0	0
咸　阳	4112	120	3992	0	0
渭　南	3154	484	2670	0	0
延　安	1443	38	1404	0	14887
汉　中	4257	139	4118	0	0
榆　林	1779	0	1779	0	0
安　康	6520	0	6263	257	0
商　洛	721	0	721	0	0
甘　肃	**12603**	**1363**	**11194**	**0**	**463736**
兰　州	2209	474	1695	0	398600
嘉峪关	151	50	100	0	13150
金　昌	515	19	496	0	0
白　银	1202	16	1186	0	0
天　水	1693	492	1201	0	0
武　威	1190	187	1003	0	0
张　掖	1319	30	1289	0	0
平　凉	679	48	631	0	0
酒　泉	1410	35	1370	0	51986
庆　阳	932	0	932	0	0
定　西	1305	13	1292	0	0
青　海	**2788**	**178**	**2595**	**0**	**157600**
西　宁	2788	178	2595	0	157600
宁　夏	**5006**	**150**	**4834**	**0**	**220000**
银　川	2146	150	1974	0	220000
石嘴山	641	0	641	0	0
吴　忠	1375	0	1375	0	0
固　原	845	0	845	0	0
新　疆	**6155**	**1096**	**4844**	**0**	**2148000**
乌鲁木齐	2188	1096	877	0	2148000
克拉玛依	3967	0	3967	0	0

3—35 交通运输(二):货运量(全市)

城市	货运总量(万吨)	铁路货运量(万吨)	公路货运量(万吨)	水运货运量(万吨)	民用航空货邮运量(吨)
城市合计	**1492435**	**230796**	**1104618**	**156630**	**3914335**
北京	**30671**	**2265**	**28361**	**0**	**451376**
天津	**34679**	**5662**	**20072**	**8944**	**10000**
河北	**71238**	**12204**	**58363**	**669**	**24848**
石家庄	10008	1396	8610	0	24788
唐山	13630	4078	9552	0	0
秦皇岛	5442	1329	3459	654	60
邯郸	9706	2328	7378	0	0
邢台	3805	663	3142	0	0
保定	5716	323	5393	0	0
张家口	5730	988	4742	0	0
承德	3181	536	2645	0	0
沧州	6354	339	6000	15	0
廊坊	4960	137	4823	0	0
衡水	2706	87	2619	0	0
山西	**104538**	**36704**	**67830**	**0**	**41102**
太原	15248	5186	10058	0	41100
大同	14543	8211	6332	0	0
阳泉	9153	2730	6423	0	0
长治	8516	2517	5999	0	2
晋城	11795	4018	7777	0	0
朔州	12814	7202	5612	0	0
晋中	8454	1690	6764	0	0
运城	3122	412	2710	0	0
忻州	5866	634	5232	0	0
临汾	11363	3595	7768	0	0
吕梁	3664	509	3155	0	0
内蒙古	**55869**	**14279**	**41589**	**0**	**12424**
呼和浩特	4155	302	3852	0	11003
包头	15638	3218	12420	0	610
乌海	6921	4091	2830	0	0
赤峰	7537	817	6720	0	54
通辽	5224	1668	3556	0	64
鄂尔多斯	5715	1394	4321	0	0
海拉尔	6320	2527	3793	0	693
巴彦淖尔	2258	120	2138	0	0
乌兰察布	2101	142	1959	0	0
辽宁	**87947**	**14656**	**69356**	**3925**	**102513**
沈阳	14636	481	14150	0	47410

3—35 续表 1

城　市	货运总量（万吨）	铁路货运量（万吨）	公路货运量（万吨）	水运货运量（万吨）	民用航空货邮运量（吨）
大　连	21081	1651	16116	3309	54688
鞍　山	7358	1166	6192	0	0
抚　顺	4093	2367	1726	0	0
本　溪	6140	2090	4050	0	0
丹　东	2976	355	2412	209	300
锦　州	5097	546	4491	60	115
营　口	4234	863	3300	71	0
阜　新	4377	1097	3280	0	0
辽　阳	3943	1253	2690	0	0
盘　锦	2882	211	2671	0	0
铁　岭	3563	1254	2309	0	0
朝　阳	3798	541	3257	0	0
葫芦岛	3769	781	2712	276	0
吉　林	**30146**	**7639**	**22464**	**42**	**9818**
长　春	10892	2022	8869	0	9766
吉　林	5298	2250	3032	16	52
四　平	2892	443	2449	0	0
辽　源	1691	228	1463	0	0
通　化	4119	1050	3069	0	0
白　山	2693	689	2004	0	0
松　原	1334	198	1118	18	0
白　城	1227	759	460	8	0
黑龙江	**37850**	**12534**	**24811**	**503**	**19495**
哈尔滨	9518	1353	7790	373	18000
齐齐哈尔	4909	986	3923	0	389
鸡　西	3726	2563	1163	0	0
鹤　岗	2333	1537	792	4	0
双鸭山	2352	1138	1214	0	0
大　庆	3002	1255	1747	0	0
伊　春	527	200	327	0	0
佳木斯	2109	512	1505	92	170
七台河	3871	1575	2296	0	0
牡丹江	2545	894	1651	0	928
黑　河	1066	240	792	34	8
绥　化	1892	281	1611	0	0
上　海	**63861**	**6400**	**30678**	**26621**	**1620000**
江　苏	**80378**	**5051**	**54753**	**20564**	**102602**
南　京	14805	872	9266	4657	96800
无　锡	7097	178	5891	1028	0

3—35 续表 2

城　　市	货运总量（万吨）	铁路货运量（万吨）	公路货运量（万吨）	水运货运量（万吨）	民用航空货邮运量(吨)
徐　　州	7215	1543	5052	620	656
常　　州	5437	254	4040	1143	3000
苏　　州	7520	166	5389	1965	0
南　　通	7293	0	5885	1408	1108
连 云 港	4452	1155	3062	235	663
淮　　安	3413	78	1790	1545	0
盐　　城	6967	0	2986	3981	375
扬　　州	5223	0	3977	1246	0
镇　　江	4987	805	3856	326	0
泰　　州	4093	0	2029	2064	0
宿　　迁	1876	0	1530	346	0
浙　　江	**94893**	**3152**	**63339**	**28392**	**102862**
杭　　州	16815	438	12118	4253	62000
宁　　波	13797	1158	9070	3568	13812
温　　州	8625	59	6477	2087	20640
嘉　　兴	7344	72	2318	4954	0
湖　　州	10978	214	4219	6545	0
绍　　兴	8032	138	6766	1128	0
金　　华	9811	614	8891	306	2978
衢　　州	5002	330	4668	4	56
舟　　山	3777	0	1339	2438	2200
台　　州	7923	0	5193	2730	1176
丽　　水	2788	129	2280	379	0
安　　徽	**55120**	**7405**	**39898**	**7816**	**10762**
合　　肥	4641	641	3470	529	8415
芜　　湖	3441	167	2552	722	0
蚌　　埠	2684	182	2070	432	0
淮　　南	3511	1776	1285	450	0
马 鞍 山	1849	411	1110	328	0
淮　　北	4380	2296	2084	0	0
铜　　陵	1688	209	1171	308	0
安　　庆	3653	213	2403	1037	39
黄　　山	1332	18	1298	16	2304
滁　　州	4334	111	3988	235	0
阜　　阳	3059	88	2855	116	4
宿　　州	4746	638	3998	110	0
巢　　湖	4155	95	1980	2080	0
六　　安	4965	0	4913	52	0
亳　　州	1519	57	1322	140	0

3—35 续表 3

城　市	货运总量（万吨）	铁路货运量（万吨）	公路货运量（万吨）	水运货运量（万吨）	民用航空货邮运量（吨）
池　州	2999	0	1872	1127	0
宣　城	2164	503	1527	134	0
福　建	**33176**	**3743**	**23915**	**5502**	**158270**
福　州	8250	287	4845	3112	63908
厦　门	3055	322	1673	1052	78200
莆　田	1640	0	1585	55	0
三　明	4019	996	2969	54	0
泉　州	6164	613	4715	835	14474
漳　州	3856	156	3593	107	0
南　平	2296	491	1749	56	1688
龙　岩	3068	872	2196	0	0
宁　德	827	6	590	231	0
江　西	**27739**	**3390**	**22786**	**1561**	**15103**
南　昌	4454	353	3926	174	14510
景德镇	2171	155	1991	25	389
萍　乡	2326	871	1455	0	0
九　江	1920	483	1304	133	0
新　余	1601	466	1041	94	0
鹰　潭	1447	306	1002	139	0
赣　州	3556	93	2868	595	204
吉　安	2418	80	2077	261	0
宜　春	3576	246	3319	11	0
抚　州	1540	63	1443	34	0
上　饶	2729	274	2360	95	0
山　东	**118691**	**15728**	**97975**	**4982**	**61591**
济　南	14354	6887	7466	0	14000
青　岛	30553	535	27241	2773	36026
淄　博	6085	1170	4915	0	0
枣　庄	5607	1149	4352	106	0
东　营	4618	71	4494	53	0
烟　台	10997	701	9222	1073	8736
潍　坊	7452	598	6797	57	1650
济　宁	14792	1755	12548	489	0
泰　安	5560	1335	4219	6	0
威　海	4289	163	3800	326	575
日　照	2221	456	1676	89	0
莱　芜	1315	267	1048	0	0
临　沂	3242	143	3099	0	604
德　州	2137	267	1870	0	0

3—35 续表 4

城　　市	货运总量（万吨）	铁路货运量（万吨）	公路货运量（万吨）	水运货运量（万吨）	民用航空货邮运量（吨）
聊　　城	1198	46	1152	0	0
滨　　州	2242	87	2145	10	0
菏　　泽	2029	98	1931	0	0
河　　南	**68129**	**12795**	**54670**	**663**	**9852**
郑　　州	7847	2330	5505	11	9100
开　　封	3456	136	3320	0	0
洛　　阳	6371	1323	5048	0	481
平 顶 山	5653	3264	2389	0	0
安　　阳	3750	538	3212	0	0
鹤　　壁	1271	458	813	0	0
新　　乡	4633	251	4382	0	0
焦　　作	4668	690	3978	0	0
濮　　阳	1697	227	1455	15	0
许　　昌	2130	315	1815	0	0
漯　　河	1829	176	1647	6	0
三 门 峡	6162	1509	4653	0	0
南　　阳	4952	213	4650	89	271
商　　丘	2608	188	2394	26	0
信　　阳	3829	411	3175	243	0
周　　口	3370	581	2684	105	0
驻 马 店	3903	185	3550	168	0
湖　　北	**48489**	**11043**	**31198**	**6243**	**54243**
武　　汉	16610	5824	7786	2995	53406
黄　　石	5059	815	3599	645	0
十　　堰	1632	98	1489	45	0
宜　　昌	4881	219	4205	457	807
襄　　樊	5294	439	4692	163	30
鄂　　州	1106	733	340	33	0
荆　　门	3537	776	2706	55	0
孝　　感	4538	1582	2911	45	0
荆　　州	2265	110	1124	1031	0
黄　　冈	1853	197	1040	616	0
咸　　宁	799	108	622	69	0
随　　州	915	142	684	89	0
湖　　南	**58840**	**5846**	**49795**	**3195**	**37130**
长　　沙	10630	189	9572	866	34988
株　　洲	3979	575	3256	148	0
湘　　潭	3497	614	2644	239	0
衡　　阳	5266	565	4483	218	0

3—35 续表 5

城市	货运总量（万吨）	铁路货运量（万吨）	公路货运量（万吨）	水运货运量（万吨）	民用航空货邮运量(吨)
邵　阳	3599	82	3113	404	0
岳　阳	3984	822	2826	336	0
常　德	4719	120	4040	559	270
张家界	998	15	976	7	1872
益　阳	3013	47	2737	229	0
郴　州	6975	645	6295	35	0
永　州	2723	135	2553	35	0
怀　化	2989	1132	1772	85	0
娄　底	6467	905	5528	34	0
广　东	**133572**	**8653**	**97811**	**27043**	**653151**
广　州	28859	4852	14693	9292	224519
韶　关	5725	739	4986	0	0
深　圳	6793	316	5433	1003	406600
珠　海	4230	0	2033	2196	10729
汕　头	1599	117	1198	283	8500
佛　山	14303	0	10977	3326	0
江　门	4307	0	2043	2264	0
湛　江	5370	1173	3180	1017	2203
茂　名	10708	696	9900	112	0
肇　庆	5946	87	4652	1207	0
惠　州	3506	226	2785	495	0
梅　州	5577	338	5135	104	600
汕　尾	1883	0	1827	56	0
河　源	1935	0	1914	21	0
阳　江	3610	21	2797	792	0
清　远	2562	69	1991	502	0
东　莞	5877	0	4046	1831	0
中　山	4331	0	3220	1111	0
潮　州	1875	19	1592	264	0
揭　阳	2083	0	2055	28	0
云　浮	12493	0	11354	1139	0
广　西	**35735**	**3772**	**29023**	**2937**	**27828**
南　宁	5893	393	4991	508	10932
柳　州	3956	675	3141	140	290
桂　林	1464	214	1241	7	15700
梧　州	1315	0	978	337	0
北　海	2278	221	1981	76	906
防城港	2201	997	1122	82	0
钦　州	975	66	867	42	0

3—35 续表 6

城　市	货运总量（万吨）	铁路货运量（万吨）	公路货运量（万吨）	水运货运量（万吨）	民用航空货邮运量（吨）
贵　港	2543	121	1246	1176	0
玉　林	3361	128	3074	159	0
百　色	1680	118	1491	71	0
贺　州	2661	0	2640	21	0
河　池	2290	0	2230	60	0
来　宾	2805	790	1854	161	0
崇　左	2313	49	2167	97	0
海　南	**4014**	**106**	**2070**	**1831**	**70000**
海　口	3304	58	1429	1811	64000
三　亚	710	48	641	20	6000
重　庆	**32450**	**1828**	**28406**	**2214**	**22000**
四　川	**72831**	**13516**	**56609**	**2693**	**126683**
成　都	28798	4977	23724	85	122000
自　贡	2785	202	2388	195	0
攀枝花	3315	1715	1584	16	0
泸　州	2076	80	1705	291	1115
德　阳	3791	506	3285	0	0
绵　阳	2404	739	1560	105	1845
广　元	4553	2821	1538	194	36
遂　宁	1340	27	1091	222	0
内　江	3646	250	3212	184	0
乐　山	3026	435	2540	51	0
南　充	1771	61	1434	276	0
眉　山	1350	150	1190	10	0
宜　宾	3301	910	2184	207	1687
广　安	2206	295	1596	315	0
达　州	3750	182	3310	258	0
雅　安	1051	0	1051	0	0
巴　中	1407	117	1184	106	0
资　阳	2260	49	2033	178	0
贵　州	**14218**	**2989**	**11132**	**95**	**15542**
贵　阳	5318	1088	4223	5	15542
六盘水	5130	1196	3934	0	0
遵　义	2635	338	2235	62	0
安　顺	1135	367	740	28	0
云　南	**26179**	**2651**	**23441**	**77**	**103071**
昆　明	12338	2076	10252	0	98555
曲　靖	5529	443	5086	0	0
玉　溪	2161	99	2062	0	0

3—35 续表 7

城市	货运总量（万吨）	铁路货运量（万吨）	公路货运量（万吨）	水运货运量（万吨）	民用航空货邮运量（吨）
保山	1380	0	1380	0	398
昭通	634	33	530	71	200
丽江	1011	0	1011	0	3251
思茅	1440	0	1434	6	367
临沧	1686	0	1686	0	300
陕西	**27196**	**6827**	**20247**	**118**	**40069**
西安	9392	3662	5726	0	40000
铜川	1983	1128	855	0	0
宝鸡	2234	380	1854	0	0
咸阳	2314	163	2151	0	0
渭南	2159	985	1174	0	0
延安	1056	256	800	0	69
汉中	1701	253	1448	0	0
榆林	2259	0	2259	0	0
安康	3686	0	3568	118	0
商洛	412	0	412	0	0
甘肃	**23180**	**4898**	**18281**	**0**	**8584**
兰州	5581	653	4927	0	8029
嘉峪关	2391	970	1421	0	121
金昌	1136	148	988	0	0
白银	2454	576	1878	0	0
天水	1611	280	1331	0	0
武威	2373	1388	985	0	0
张掖	679	28	651	0	0
平凉	2260	566	1694	0	0
酒泉	1612	273	1339	0	434
庆阳	1642	0	1642	0	0
定西	1441	16	1425	0	0
青海	**2037**	**214**	**1823**	**0**	**1500**
西宁	2037	214	1823	0	1500
宁夏	**5090**	**230**	**4860**	**0**	**1700**
银川	2127	230	1897	0	1700
石嘴山	599	0	599	0	0
吴忠	1737	0	1737	0	0
固原	627	0	627	0	0
新疆	**13678**	**4616**	**9062**	**0**	**216**
乌鲁木齐	12754	4616	8138	0	216
克拉玛依	924	0	924	0	0

3—36 邮 电

城 市	年末邮政局(所)数(处)		邮政业务收入(万元)		电信业务收入(万元)	
	全 市	市辖区	全 市	市辖区	全 市	市辖区
城市合计	**66589**	**22964**	**5040735**	**3088440**	**44872719**	**1031831**
北 京	**839**	**812**	**343522**	**339635**	**2486977**	**2486977**
天 津	**619**	**483**	**89727**	**89727**	**1067333**	**1067333**
河 北	**1960**	**400**	**192976**	**85333**	**1882179**	**858706**
石家庄	235	91	42340	26148	464557	252970
唐 山	172	66	22950	12975	233442	147126
秦皇岛	157	56	11442	7451	104473	71659
邯 郸	194	50	17303	8088	151613	83914
邢 台	158	13	10920	3364	118444	38594
保 定	253	24	31877	9667	263228	64695
张家口	160	19	8140	2668	96756	52002
承 德	123	28	7897	3353	44666	15925
沧 州	189	12	18092	4910	174303	38347
廊 坊	108	29	13034	4742	147632	66227
衡 水	211	12	8981	1967	83065	27247
山 西	**1978**	**514**	**107307**	**63940**	**979315**	**639958**
太 原	200	148	25618	23071	255574	240056
大 同	139	65	11628	9047	86359	70392
阳 泉	68	40	5305	3193	55588	49883
长 治	314	55	6992	3469	85583	45359
晋 城	102	35	6665	3179	68543	53683
朔 州	61	23	3071	1471	34100	15963
晋 中	141	24	13674	2445	108597	65520
运 城	428	58	11081	10330	147047	58434
忻 州	166	26	6438	1517	26376	8806
临 汾	218	30	14708	5840	48241	20843
吕 梁	141	10	2127	378	63307	11013
内蒙古	**1595**	**357**	**73033**	**46737**	**668448**	**444695**
呼和浩特	131	70	16789	14517	177429	128674
包 头	116	76	12654	11894	155306	150646
乌 海	30	30	2830	2830	15739	15739
赤 峰	279	64	10507	6764	80091	39237
通 辽	147	29	5127	2045	50267	24209
鄂尔多斯	145	11	5966	3392	41118	17537
海拉尔	446	30	10822	1747	79897	22265
巴彦淖尔	161	32	3578	1895	52450	38083
乌兰察布	140	15	4760	1653	16151	8305
辽 宁	**1955**	**789**	**178181**	**127337**	**2600483**	**2055592**
沈 阳	239	163	43803	40109	938029	860781

3—36 续表 1

城市	年末邮政局(所)数(处)		邮政业务收入(万元)		电信业务收入(万元)	
	全市	市辖区	全市	市辖区	全市	市辖区
大连	226	125	36508	30983	436724	362481
鞍山	113	44	13237	7137	210451	132636
抚顺	281	143	8083	6519	85522	64397
本溪	79	38	6913	4873	137061	109259
丹东	179	46	8733	3997	103035	61821
锦州	98	28	8820	5491	131009	69762
营口	79	35	7848	3985	126880	106493
阜新	60	16	4268	3226	26068	17537
辽阳	133	42	9539	5971	87634	67237
盘锦	81	26	8886	5287	102838	95712
铁岭	135	21	9015	4007	63140	27091
朝阳	149	15	5520	1555	79080	31236
葫芦岛	103	47	7008	4197	73012	49149
吉林	**1197**	**339**	**91956**	**54671**	**724494**	**495265**
长春	251	99	36166	27738	320427	288384
吉林	194	66	17916	10477	135078	74422
四平	166	26	8652	3251	38981	18626
辽源	66	16	1978	1528	23188	20829
通化	161	29	9999	3489	61794	24000
白山	108	28	7133	2740	38147	10916
松原	133	50	4713	2378	40999	25843
白城	118	25	5399	3070	65880	32245
黑龙江	**2456**	**703**	**205447**	**117626**	**958662**	**658548**
哈尔滨	425	141	59042	41476	470958	379242
齐齐哈尔	441	102	17080	8980	55096	33576
鸡西	158	61	13248	7154	26555	14597
鹤岗	76	35	5985	3746	13927	10555
双鸭山	167	36	8463	3217	51945	20016
大庆	160	96	21502	16909	152171	95126
伊春	80	52	9901	7077	18808	13307
佳木斯	205	13	16747	8694	41719	23056
七台河	48	32	3426	2468	27964	19574
牡丹江	207	76	18294	10074	49193	29106
黑河	198	27	18126	5022	20226	8275
绥化	291	32	13633	2809	30100	12118
上海	**575**	**575**	**314700**	**314700**	**2415282**	**2415282**
江苏	**2976**	**887**	**405826**	**214254**	**2935760**	**719449**
南京	211	175	61268	58866	540613	516128
无锡	225	122	44500	27506	409534	256501

3—36 续表 2

城市	年末邮政局(所)数(处)		邮政业务收入(万元)		电信业务收入(万元)	
	全市	市辖区	全市	市辖区	全市	市辖区
徐州	259	52	30214	14811	189577	103225
常州	163	95	28615	22096	252039	197526
苏州	305	89	66902	28105	650446	267105
南通	344	28	34301	7558	110229	38851
连云港	268	49	11207	5340	102083	50927
淮安	195	85	13230	8307	95924	58289
盐城	329	26	29862	9811	89771	30387
扬州	212	48	31304	11979	159914	76835
镇江	136	54	20866	11588	151512	76757
泰州	184	26	26465	6019	147098	34197
宿迁	145	38	7092	2268	37020	12721
浙江	**2538**	**881**	**258845**	**132364**	**3393506**	**721245**
杭州	329	204	60735	52522	680846	566791
宁波	379	144	39508	21132	539000	326286
温州	273	69	37855	15348	580351	252549
嘉兴	420	158	18251	6688	246779	77369
湖州	147	63	9358	4246	134526	71341
绍兴	123	20	22668	5548	259303	69205
金华	282	60	22791	6544	346982	86368
衢州	89	34	8195	4081	114892	54174
舟山	76	50	5965	4452	72649	56487
台州	232	62	24483	9577	330091	131943
丽水	188	17	9036	2226	88087	28732
安徽	**2993**	**877**	**178750**	**96377**	**1013130**	**561868**
合肥	551	131	30432	26116	242238	201398
芜湖	85	18	11453	7964	65215	38242
蚌埠	88	20	11344	7138	60788	28924
淮南	62	48	7820	6483	45196	35265
马鞍山	97	58	7427	5786	39890	14243
淮北	75	41	4669	3138	25889	17515
铜陵	33	17	5224	4374	43068	37058
安庆	223	24	19039	6198	108961	24749
黄山	137	41	8007	4111	41873	24213
滁州	206	33	8838	2605	33581	12249
阜阳	166	43	19295	6566	43818	16591
宿州	346	85	8051	3152	54164	17571
巢湖	151	49	8971	2701	60826	45302
六安	197	106	9793	2572	36177	12191
亳州	327	98	7922	2951	21665	7784

3—36 续表 3

城　市	年末邮政局(所)数(处)		邮政业务收入(万元)		电信业务收入(万元)	
	全　市	市辖区	全　市	市辖区	全　市	市辖区
池　州	83	29	3850	1856	21041	10080
宣　城	166	36	6615	2666	68740	18493
福　建	**1772**	**570**	**246168**	**120824**	**1657621**	**752459**
福　州	245	90	61873	34982	226923	139000
厦　门	102	102	28661	28661	205381	205381
莆　田	171	139	12300	9225	88084	69331
三　明	188	24	16605	5150	84722	25552
泉　州	412	70	40668	13807	421300	123400
漳　州	147	55	44581	17842	346117	114553
南　平	188	33	18853	4210	106154	28527
龙　岩	165	32	9965	4209	80796	31757
宁　德	154	25	12662	2738	98144	14958
江　西	**1888**	**413**	**158356**	**53066**	**888399**	**497396**
南　昌	157	78	26285	21099	286698	270491
景德镇	150	88	4793	3565	76770	68283
萍　乡	65	34	5058	3246	51389	38556
九　江	209	23	14525	4156	48410	21785
新　余	54	36	4952	3930	14080	10725
鹰　潭	43	7	4733	2285	8000	3790
赣　州	366	30	18223	4285	169300	38865
吉　安	245	47	15477	2944	60602	13857
宜　春	205	35	37100	3907	36550	9357
抚　州	172	25	11969	1023	55600	2523
上　饶	222	10	15241	2626	81000	19164
山　东	**3853**	**1130**	**316484**	**137995**	**2642132**	**1452923**
济　南	195	113	32000	26000	315000	268000
青　岛	274	52	38011	24085	442064	319451
淄　博	270	181	22069	17499	211799	192650
枣　庄	105	76	7660	4730	77401	52036
东　营	89	38	9125	5857	77068	60175
烟　台	776	212	33234	12383	246132	118511
潍　坊	292	53	34631	9319	243000	95082
济　宁	219	25	19503	4519	151022	48460
泰　安	144	38	12077	5415	99363	47572
威　海	103	30	17210	0	123958	0
日　照	78	31	9646	4869	63600	38088
莱　芜	44	44	4340	4340	29216	29216
临　沂	286	41	19461	4723	228135	92748
德　州	257	38	16926	3092	87934	27977

3—36 续表 4

城市	年末邮政局(所)数(处)		邮政业务收入(万元)		电信业务收入(万元)	
	全市	市辖区	全市	市辖区	全市	市辖区
聊城	179	66	17511	4524	73525	24855
滨州	129	26	10491	2926	68236	19760
菏泽	413	66	12589	3714	104679	18342
河南	**2765**	**461**	**253633**	**97011**	**2007514**	**946795**
郑州	238	117	45018	31112	522442	342500
开封	117	24	10114	4144	36934	19337
洛阳	227	44	20697	10797	143734	86001
平顶山	147	37	10671	3228	83497	43710
安阳	124	23	16533	5074	49704	21286
鹤壁	33	16	4304	2448	27885	16257
新乡	240	25	24004	7479	116139	52933
焦作	118	30	14621	5236	66876	27815
濮阳	110	22	8131	3130	58685	26842
许昌	117	16	10704	3137	108675	39975
漯河	63	10	5515	2330	93234	44310
三门峡	84	12	7983	2772	50875	26048
南阳	307	32	22112	5916	199023	58880
商丘	202	14	12142	2589	122430	38701
信阳	242	16	12592	3086	119788	43872
周口	197	7	15205	1776	84705	18508
驻马店	199	16	13287	2757	122888	39820
湖北	**1686**	**664**	**185829**	**114985**	**1157266**	**866899**
武汉	310	310	63644	63644	544875	544875
黄石	63	15	9901	5966	137564	93052
十堰	154	23	9010	4261	48160	31338
宜昌	181	30	13650	5450	99312	59133
襄樊	224	91	17500	10232	46017	29334
鄂州	57	57	4766	4766	9450	9450
荆门	80	16	8715	4126	23464	11117
孝感	136	18	9664	2903	32005	10710
荆州	164	35	15000	5421	116049	49221
黄冈	161	10	18800	857	43000	3743
咸宁	88	20	9420	3360	44283	15724
随州	68	39	5759	3999	13087	9202
湖南	**8980**	**1095**	**194728**	**86600**	**1581606**	**901236**
长沙	782	187	41040	27703	370004	279390
株洲	208	48	12269	5950	153480	99762
湘潭	122	37	12128	5633	106116	62332
衡阳	303	72	12500	7375	108400	62872

3—36 续表 5

城 市	年末邮政局(所)数(处)		邮政业务收入(万元)		电信业务收入(万元)	
	全 市	市辖区	全 市	市辖区	全 市	市辖区
邵 阳	5315	202	18125	3678	145749	26193
岳 阳	667	200	13410	5620	164568	114480
常 德	281	98	16087	6650	140489	79678
张家界	71	14	4910	2290	13810	7579
益 阳	178	54	10337	4698	107062	68855
郴 州	232	56	16994	4647	35915	13600
永 州	231	54	12331	3592	55804	23428
怀 化	244	39	14675	4402	93827	26271
娄 底	346	34	9922	4362	86382	36796
广 东	**9185**	**6504**	**533356**	**399879**	**7256681**	**35761**
广 州	3491	3440	106280	101220	1745046	464520
韶 关	167	23	11487	4034	100100	55315
深 圳	724	724	90300	90300	1890000	1890000
珠 海	129	129	16615	16615	219183	219183
汕 头	115	112	12860	12700	326761	326740
佛 山	299	299	37753	37753	559038	559038
江 门	171	33	19780	9245	134232	67512
湛 江	829	158	14442	5306	176162	102474
茂 名	139	27	12565	3894	185477	82892
肇 庆	579	150	9702	3014	60872	27465
惠 州	292	149	12461	7838	295792	281485
梅 州	188	16	10986	2804	157654	54143
汕 尾	61	13	4808	1361	45781	13083
河 源	220	18	77467	27632	37002	10975
阳 江	65	18	7130	2282	90094	51331
清 远	161	29	5617	1612	193702	71447
东 莞	856	856	46329	46329	407694	407694
中 山	223	223	18360	18360	295163	295163
潮 州	121	35	2806	2473	62835	17477
揭 阳	173	17	9873	3025	188419	13310
云 浮	182	35	5735	2082	85674	24514
广 西	**1506**	**410**	**87165**	**48041**	**919676**	**529343**
南 宁	214	65	24425	18237	236054	178236
柳 州	164	62	8935	6264	112977	81591
桂 林	198	38	6188	5576	109493	58004
梧 州	83	17	6326	2579	75501	38075
北 海	39	17	4117	2740	83664	56386
防城港	39	21	1602	979	10380	7176
钦 州	73	34	3545	1895	40060	22012

3—36 续表 6

城　　市	年末邮政局(所)数(处)		邮政业务收入(万元)		电信业务收入(万元)	
	全　市	市辖区	全　市	市辖区	全　市	市辖区
贵　港	93	38	5944	2525	38823	19440
玉　林	154	28	7136	2643	79612	30888
百　色	0	0	5118	1432	31425	11281
贺　州	76	30	2352	1400	25641	14359
河　池	183	20	6015	0	27990	0
来　宾	95	30	2839	1232	22275	9748
崇　左	95	10	2623	539	25781	2147
海　南	**139**	**139**	**17906**	**17906**	**224831**	**224831**
海　口	112	112	15168	15168	196281	196281
三　亚	27	27	2738	2738	28550	28550
重　庆	**2218**	**582**	**82787**	**48750**	**788000**	**528387**
四　川	**5273**	**1544**	**168004**	**83252**	**1721587**	**188413**
成　都	580	502	50000	35164	758000	627800
自　贡	211	54	6322	3477	26045	17671
攀枝花	63	34	3960	3474	49398	43103
泸　州	283	72	8256	4200	31822	19475
德　阳	234	34	8496	2375	82702	30520
绵　阳	435	73	9865	4221	111448	91458
广　元	232	53	4713	1809	40812	29078
遂　宁	186	84	6622	2595	42816	27215
内　江	220	99	5686	2117	60933	34015
乐　山	245	69	6486	3584	80230	50972
南　充	597	132	12811	5069	83233	38970
眉　山	278	55	5020	1252	46556	26695
宜　宾	282	34	8709	2733	134441	89900
广　安	142	39	9930	3511	19396	8140
达　州	507	21	8351	2704	59536	17024
雅　安	66	14	3670	1693	23096	13256
巴　中	346	98	4003	2090	31662	10134
资　阳	366	77	5104	1184	39461	12987
贵　州	**770**	**263**	**33891**	**24362**	**415967**	**363399**
贵　阳	192	143	17199	14635	318563	310131
六盘水	207	60	2726	2115	29535	20075
遵　义	286	33	10959	4742	37178	15441
安　顺	85	27	3007	2870	30691	17752
云　南	**1110**	**121**	**82837**	**10978**	**666988**	**85547**
昆　明	349	0	29111	0	487000	0
曲　靖	140	20	5938	2375	32327	13000
玉　溪	98	17	6669	2846	48312	23426

3－37 续表 1

城　市	固定电话用户数（万户）		年末移动电话用户数（户）		国际互联网用户数（户）
	全市	市辖区	全市	市辖区	全市
大　连	242	174	1966231	1671296	848773
鞍　山	115	68	820000	540000	332183
抚　顺	65	42	569876	475629	72555
本　溪	51	35	329900	255800	118930
丹　东	68	44	512423	425311	214429
锦　州	81	39	678483	497325	197918
营　口	66	33	515772	371350	160037
阜　新	42	23	389000	336351	104058
辽　阳	50	29	372000	327000	104000
盘　锦	43	33	397500	357750	137400
铁　岭	54	19	412280	174001	101027
朝　阳	59	12	394000	175732	81981
葫芦岛	51	24	414000	303000	108173
吉　林	**497**	**230**	**3389011**	**1347217**	**357851**
长　春	152	91	2798000	2798000	106036
吉　林	100	47	970000	430000	22040
四　平	52	14	360973	231989	97483
辽　源	23	15	218974	128974	4764
通　化	60	18	579100	120000	70063
白　山	34	10	303151	109497	6903
松　原	40	21	593533	201214	10762
白　城	36	14	363000	125300	39800
黑龙江	**823**	**464**	**7878215**	**4571508**	**1405961**
哈尔滨	317	196	2891000	1723903	643000
齐齐哈尔	66	45	950737	463622	123000
鸡　西	40	20	404965	202868	38528
鹤　岗	22	16	237202	188702	32108
双鸭山	34	19	320000	110000	50000
大　庆	72	54	716969	585966	248087
伊　春	33	21	149578	104705	34757
佳木斯	62	30	610000	350000	0
七台河	19	12	189926	144541	24869
牡丹江	70	30	789484	295091	126970
黑　河	24	5	98354	58110	35642
绥　化	65	16	520000	344000	49000
上　海	**734**	**734**	**10990000**	**10990000**	**4320000**
江　苏	**2036**	**839**	**19811639**	**10500649**	**3060662**
南　京	231	211	2995900	2711956	824554
无　锡	188	99	2747868	1657282	431396

3—37 续表 2

城市	固定电话用户数（万户）		年末移动电话用户数（户）		国际互联网用户数（户）
	全市	市辖区	全市	市辖区	全市
徐州	175	62	1368753	746397	89892
常州	130	88	1608100	1243700	215900
苏州	280	105	3836503	1447950	461934
南通	205	33	1689140	507544	236059
连云港	89	29	540574	256872	75040
淮安	111	59	603966	353039	89393
盐城	161	19	1241832	350755	159437
扬州	146	46	1000000	474080	222015
镇江	104	44	860000	422200	126093
泰州	141	23	941003	201874	113100
宿迁	75	20	378000	127000	15849
浙江	**1654**	**684**	**21198214**	**10304903**	**3856470**
杭州	312	229	4103308	3240190	661644
宁波	242	107	3793124	2253495	835674
温州	265	90	3416343	1297526	755829
嘉兴	123	32	1502247	417778	217652
湖州	82	38	998285	488942	119506
绍兴	159	33	1502853	395308	421738
金华	144	30	1974925	455956	241944
衢州	61	24	465250	244808	104934
舟山	41	31	544743	418845	76012
台州	169	57	2250229	891259	390310
丽水	55	13	646907	200796	31227
安徽	**937**	**341**	**6824991**	**3919378**	**1583542**
合肥	100	55	1203305	999947	664255
芜湖	55	27	445215	307152	141240
蚌埠	55	23	438900	329100	111900
淮南	36	29	316864	165677	56695
马鞍山	34	21	272315	213897	60108
淮北	21	11	181986	140459	22590
铜陵	17	12	184700	158700	50100
安庆	98	15	487521	198686	85359
黄山	31	13	231303	130646	43818
滁州	68	11	437275	109849	65528
阜阳	87	27	550105	356275	60097
宿州	64	24	344353	119238	50027
巢湖	64	17	402586	179733	33351
六安	72	18	430236	140971	53794
亳州	56	17	333684	162284	42982

3－37 续表 5

城市	固定电话用户数（万户）		年末移动电话用户数（户）		国际互联网用户数（户）
	全市	市辖区	全市	市辖区	全市
邵阳	71	14	534744	145006	123700
岳阳	81	25	746814	589590	70227
常德	99	29	586232	326195	82081
张家界	19	8	223500	124300	36300
益阳	58	13	388544	170959	64145
郴州	58	17	552400	214553	75000
永州	47	14	402019	155262	49557
怀化	56	13	336312	117709	56241
娄底	39	10	326400	107488	60741
广东	**2483**	**1790**	**47393594**	**36192488**	**8527287**
广州	453	414	10634600	9357600	3147500
韶关	68	44	264219	123775	68300
深圳	354	354	8710000	8710000	2285400
珠海	60	60	775000	775000	204800
汕头	128	124	1788800	0	42000
佛山	191	191	4603700	4603700	663500
江门	109	48	2049400	0	186747
湛江	84	39	1019900	488082	58350
茂名	94	29	884342	0	96023
肇庆	80	26	1031000	393000	171182
惠州	106	52	1705459	1038085	502064
梅州	84	15	860000	178000	103800
汕尾	51	12	384000	122000	57300
河源	46	8	552290	193987	58500
阳江	48	21	527737	374224	11460
清远	50	16	827505	251482	54571
东莞	204	204	6608661	6608661	366643
中山	88	88	1965956	1965956	298247
潮州	60	15	805400	427348	85900
揭阳	87	18	1034000	497465	65000
云浮	39	12	361625	84123	0
广西	**619**	**284**	**5676960**	**2847833**	**1184746**
南宁	120	79	1476514	911099	346905
柳州	56	38	637751	421877	234338
桂林	76	37	711574	328202	195970
梧州	36	16	315315	135685	70326
北海	28	17	343768	233364	11491
防城港	13	8	174743	90906	35761
钦州	28	13	223504	121810	60387

3—37 续表 6

城市	固定电话用户数（万户）		年末移动电话用户数（户）		国际互联网用户数（户）
	全市	市辖区	全市	市辖区	全市
贵港	54	25	111513	71126	42802
玉林	65	19	539344	188700	49457
百色	44	10	268492	73441	42675
贺州	16	10	186309	98744	7911
河池	41	0	251000	63100	52813
来宾	20	9	178487	84000	10970
崇左	21	3	258646	25779	22940
海南	**90**	**90**	**805300**	**805300**	**280200**
海口	73	73	674000	674000	272200
三亚	17	17	131300	131300	8000
重庆	**533**	**344**	**6194000**	**4707400**	**938000**
四川	**1073**	**582**	**12541999**	**6507740**	**1340344**
成都	367	272	4419000	2308544	826700
自贡	38	23	454881	342459	41323
攀枝花	25	21	385965	349977	41196
泸州	44	25	547719	335224	10078
德阳	63	19	658850	198249	19566
绵阳	77	38	896383	409365	33869
广元	33	17	711360	560346	24586
遂宁	28	15	250875	111875	5438
内江	42	20	462979	285430	49082
乐山	51	25	515355	353530	87715
南充	67	27	558009	241729	38976
眉山	35	12	493911	115164	10539
宜宾	47	18	530900	357900	6415
广安	30	9	309298	26000	25388
达州	53	14	509856	178183	41359
雅安	21	8	224000	118000	28716
巴中	22	10	266999	112251	23565
资阳	31	10	345569	103514	25833
贵州	**190**	**115**	**2114961**	**1589168**	**425341**
贵阳	89	80	1149377	1062275	306599
六盘水	19	12	213099	164083	25538
遵义	52	16	538667	237037	86308
安顺	29	7	213818	125773	6896
云南	**305**	**48**	**4243987**	**688873**	**520321**
昆明	150	0	2391700	0	172572
曲靖	37	10	460000	86940	93543
玉溪	35	12	390000	181697	101166

3—37 续表 7

城　市	固定电话用户数（万户）		年末移动电话用户数（户）		国际互联网用户数（户）
	全市	市辖区	全市	市辖区	全市
保　山	17	5	283819	178406	26681
昭　通	19	6	195336	70320	48398
丽　江	14	7	142800	30500	48000
思　茅	16	4	220332	91010	20561
临　沧	16	4	160000	50000	9400
陕　西	**659**	**377**	**6119662**	**1664085**	**1361399**
西　安	254	233	2412392	22379	940643
铜　川	17	16	199700	191897	9013
宝　鸡	73	31	620000	420748	39275
咸　阳	68	26	447312	153771	65647
渭　南	80	18	593888	199349	171095
延　安	25	7	432537	153108	31867
汉　中	52	16	443500	210373	66100
榆　林	37	10	511000	113600	15000
安　康	32	13	265333	137860	10055
商　洛	21	6	194000	61000	12704
甘　肃	**345**	**216**	**2622991**	**1843538**	**381552**
兰　州	125	109	1114102	1058397	210000
嘉峪关	8	8	84951	84951	16555
金　昌	12	9	80166	60822	4477
白　银	18	12	132852	86700	23904
天　水	38	23	243000	157000	25489
武　威	26	13	157278	107322	10029
张　掖	28	13	106300	66300	18982
平　凉	19	4	92000	48000	15000
酒　泉	27	10	243600	100700	27600
庆　阳	22	8	224257	69000	13000
定　西	22	7	144485	4346	16516
青　海	**47**	**38**	**561190**	**464737**	**34485**
西　宁	47	38	561190	464737	34485
宁　夏	**97**	**59**	**1147687**	**775959**	**207420**
银　川	46	36	580460	531414	150238
石嘴山	19	13	200747	148449	36446
吴　忠	21	5	242180	32000	10128
固　原	10	5	124300	64096	10608
新　疆	**1831**	**1829**	**1574994**	**1574994**	**116250**
乌鲁木齐	96	94	1415000	1415000	93750
克拉玛依	1735	1735	159994	159994	22500

3—38 供水、供电(市辖区)

城市	供水总量(万立方米)	居民家庭用水量	人均家庭生活用水量(立方米/人)	全年用电量(万千瓦时)	工业用电	居民人均生活用电量(千瓦小时)
城市合计	**4144049**	**1436514**	**61**	**104613076**	**73655698**	**64**
北京	**128823**	**46430**	**48**	**4612000**	**1702000**	**651**
天津	**64537**	**18846**	**30**	**3130000**	**2110100**	**418**
河北	**134542**	**41420**	**42**	**5027582**	**4126122**	**264**
石家庄	28213	9066	45	931105	688774	359
唐山	32292	10282	58	1658561	1530877	149
秦皇岛	10388	2777	38	457172	283939	386
邯郸	20152	5169	37	798554	732689	315
邢台	7496	1900	34	224217	176430	335
保定	10010	2436	26	311120	236774	276
张家口	10868	3422	40	251138	222190	198
承德	6245	2497	55	64251	35939	259
沧州	3059	1220	26	117231	81934	333
廊坊	3456	1832	53	100140	48236	217
衡水	2363	819	26	114093	88340	249
山西	**73977**	**29095**	**45**	**3097638**	**2502643**	**203**
太原	23344	11878	48	1249308	1020930	283
大同	12258	4060	30	499626	413904	181
阳泉	4108	1179	21	389828	366153	206
长治	9070	3908	82	297800	261500	122
晋城	6637	3204	139	65486	41428	186
朔州	9582	1048	49	136730	108691	78
晋中	2133	586	21	58217	30280	139
运城	2450	1021	50	235398	205626	209
忻州	910	612	35	81328	21270	224
临汾	2954	1315	40	64545	22955	203
吕梁	531	284	29	19372	9906	96
内蒙古	**53529**	**10205**	**25**	**2043613**	**1614810**	**211**
呼和浩特	10591	2236	24	237737	121809	385
包头	22712	3193	25	1071294	923476	173
乌海	8443	1200	32	365343	332135	137
赤峰	3997	561	15	140014	98690	192
通辽	3174	953	31	123988	95622	143
鄂尔多斯	1000	650	35	22024	11427	258
海拉尔	1882	484	28	39954	16766	302
巴彦淖尔	721	501	22	25244	3024	140
乌兰察布	1009	427	19	18015	11861	171
辽宁	**258199**	**52956**	**35**	**6696879**	**5127600**	**400**
沈阳	53803	13107	37	1149340	619966	456

3—38 续表 1

城　市	供水总量（万立方米）	居民家庭用水量	人均家庭生活用水量（立方米/人）	全年用电量（万千瓦时）	工业用电	居民人均生活用电量（千瓦小时）
大　连	35460	12104	44	1188183	819329	559
鞍　山	44655	5448	42	951589	840695	338
抚　顺	15552	3370	26	730757	660280	248
本　溪	29282	1673	21	580145	524507	308
丹　东	8317	1516	26	130657	85453	344
锦　州	16725	2753	32	215711	170666	409
营　口	5766	1655	23	422647	340961	450
阜　新	7630	2519	35	207259	147007	396
辽　阳	18000	1850	26	433462	384345	356
盘　锦	8238	3091	55	333665	265031	346
铁　岭	3267	1026	31	54196	27247	289
朝　阳	4949	1139	30	55117	30915	261
葫芦岛	6555	1705	42	244151	211198	246
吉　林	**139784**	**23217**	**41**	**1718266**	**1132912**	**346**
长　春	32307	11150	47	343785	98859	347
吉　林	89744	5304	43	756823	586000	258
四　平	2693	1259	36	200080	132559	789
辽　源	1916	390	9	81079	57683	374
通　化	4659	1685	38	150015	122654	393
白　山	1421	294	14	98566	86209	235
松　原	2754	1786	57	53963	33055	311
白　城	4290	1349	47	33955	15893	239
黑龙江	**139914**	**47902**	**55**	**3331087**	**2548751**	**360**
哈尔滨	31756	19925	75	638684	277633	519
齐齐哈尔	10968	3793	34	356308	281190	388
鸡　西	6370	2565	35	190224	163011	197
鹤　岗	4173	1707	30	127702	93676	308
双鸭山	1991	900	20	92731	76304	314
大　庆	56000	10170	124	1407683	1307335	395
伊　春	4210	1363	34	85836	69743	142
佳木斯	7489	2540	38	111057	72489	414
七台河	3362	1988	54	80559	64007	192
牡丹江	10895	2059	34	197730	133867	465
黑　河	709	190	21	13236	3001	104
绥　化	1991	702	28	29337	6495	148
上　海	**258222**	**126000**	**95**	**7459700**	**5070000**	**648**
江　苏	**296916**	**91096**	**55**	**7432685**	**5642824**	**359**
南　京	119726	33228	79	1776748	1252671	455
无　锡	24825	9421	46	1259539	1015005	499

3—38 续表 2

城市	供水总量（万立方米）	居民家庭用水量	人均家庭生活用水量（立方米/人）	全年用电量（万千瓦时）	工业用电	居民人均生活用电量（千瓦小时）
徐州	10694	2956	25	496590	404182	225
常州	30517	10023	51	1028442	732427	432
苏州	45959	8669	42	1064239	848133	457
南通	10439	4633	56	402477	325801	390
连云港	8070	3975	64	160498	122317	261
淮安	6921	2623	33	275513	211987	122
盐城	7033	3352	64	114329	82105	271
扬州	10721	3017	49	253110	181220	313
镇江	15183	6252	64	413508	332656	341
泰州	5539	2337	40	151360	112764	258
宿迁	1289	610	29	36332	21556	177
浙江	**178845**	**56662**	**65**	**5407391**	**3932234**	**468**
杭州	59810	17945	76	1901158	1318689	602
宁波	34288	10929	100	1048965	777792	552
温州	20998	9676	84	644672	475407	749
嘉兴	5616	1944	51	308220	231925	394
湖州	9897	4509	70	302471	223781	330
绍兴	7991	1549	26	278521	216735	337
金华	6311	2047	48	156388	102997	231
衢州	16011	1592	55	265097	236549	178
舟山	3792	1302	46	110653	66416	282
台州	11209	3967	31	352598	263285	358
丽水	2922	1202	61	38648	18658	343
安徽	**199847**	**48535**	**56**	**2409936**	**1844214**	**178**
合肥	19834	8910	60	448631	261064	491
芜湖	18484	3939	57	155958	107166	307
蚌埠	10200	1918	27	145215	109292	265
淮南	15957	6364	59	244389	204574	176
马鞍山	46211	4100	72	390096	374256	277
淮北	9801	2882	48	182287	163109	74
铜陵	17254	2256	59	200531	184067	263
安庆	25539	3342	71	128172	96528	367
黄山	2422	1055	46	28853	15269	199
滁州	2760	1420	54	43836	25997	192
阜阳	6788	3240	65	78227	47646	75
宿州	7994	1278	33	88495	61160	127
巢湖	4961	1884	54	74362	66221	94
六安	4412	2872	87	65809	43586	73
亳州	3308	1008	42	31039	16605	75

3—38 续表 3

城　市	供水总量（万立方米）	居民家庭用水量	人均家庭生活用水量（立方米/人）	全年用电量（万千瓦时）	工业用电	居民人均生活用电量（千瓦小时）
池　州	1502	967	83	58467	47428	105
宣　城	2420	1100	54	45569	20246	103
福　建	**86159**	**34227**	**76**	**2551343**	**1567959**	**552**
福　州	24032	13640	89	656592	303768	970
厦　门	20548	5273	68	688310	418987	915
莆　田	6128	2983	82	156747	99762	167
三　明	8845	1575	65	224059	198598	379
泉　州	7965	5065	83	321972	212961	513
漳　州	4898	1830	51	215719	125338	628
南　平	5595	1636	75	104523	77860	261
龙　岩	7134	1568	61	158477	125706	383
宁　德	1014	657	56	24944	4979	158
江　西	**123803**	**42429**	**81**	**1315992**	**951393**	**213**
南　昌	47627	16856	86	348001	266219	316
景德镇	7936	2322	55	70514	39705	305
萍　乡	5866	3612	79	172888	148555	136
九　江	29580	4064	73	249479	165010	468
新　余	13216	3603	102	188293	164725	123
鹰　潭	2900	1901	127	28645	8510	193
赣　州	4571	2285	60	140235	97145	217
吉　安	2346	1220	63	26810	14209	165
宜　春	3078	2308	100	36412	16722	48
抚　州	3609	2136	65	25259	21828	27
上　饶	3074	2122	100	29456	8765	524
山　东	**177102**	**57652**	**36**	**7602820**	**5898846**	**274**
济　南	25725	13002	61	974964	647771	436
青　岛	27594	10142	41	942052	628162	489
淄　博	23286	5030	27	1527729	1326544	285
枣　庄	11012	2161	25	369888	324435	120
东　营	17957	1560	21	505473	442277	238
烟　台	7541	2470	26	423151	286274	349
潍　坊	8162	2533	31	384049	297247	238
济　宁	10063	2824	34	330308	279580	227
泰　安	7959	3687	32	347372	316875	185
威　海	4372	1551	37	184645	126939	346
日　照	5073	2463	29	162889	107282	156
莱　芜	5248	2615	41	385651	354584	128
临　沂	7903	2113	29	474500	315600	234
德　州	4300	1780	46	171120	120968	384

3－38 续表 4

城　市	供水总量（万立方米）	居民家庭用水量	人均家庭生活用水量（立方米/人）	全年用电量（万千瓦时）	工业用电	居民人均生活用电量（千瓦小时）
聊　城	3948	1510	26	139296	99366	159
滨　州	2659	1201	50	167132	145485	244
菏　泽	4300	1010	25	112601	79457	127
河　南	**154652**	**54175**	**48**	**4957058**	**3814302**	**314**
郑　州	25639	11879	49	1059950	634038	810
开　封	7130	2118	26	150273	102096	239
洛　阳	17578	5811	48	417570	285289	345
平顶山	10421	5287	67	322963	280247	215
安　阳	18044	3000	43	513492	427200	400
鹤　壁	4418	1871	54	112539	97842	248
新　乡	10217	2867	38	267142	193537	361
焦　作	11902	2562	37	555283	516103	173
濮　阳	4506	1201	41	289870	275926	239
许　昌	2763	1114	31	100011	51000	310
漯　河	8628	1429	41	90329	73713	202
三门峡	2085	939	41	218100	203667	319
南　阳	8765	3343	44	278339	237231	121
商　丘	10081	6015	92	326709	279287	128
信　阳	5205	2326	55	120201	60422	136
周　口	4250	1144	39	45464	32794	198
驻马店	3020	1269	63	88823	63910	157
湖　北	**199760**	**95186**	**93**	**3807761**	**2576469**	**291**
武　汉	74986	42445	110	1788280	1082924	391
黄　石	17618	8413	127	424560	379933	374
十　堰	11816	3672	74	362232	217587	744
宜　昌	9307	3883	51	239536	159621	344
襄　樊	28101	15473	126	189946	118752	166
鄂　州	25240	3615	93	232975	199789	169
荆　门	6910	3307	70	179846	156465	177
孝　感	3763	2372	87	46245	22488	171
荆　州	9111	4618	54	187354	135666	237
黄　冈	3466	1889	55	45397	29910	215
咸　宁	5100	3580	108	64087	45192	119
随　州	4342	1919	35	47303	28142	75
湖　南	**243639**	**73548**	**98**	**2064440**	**1395060**	**379**
长　沙	38845	18719	99	439000	201500	786
株　洲	39085	5876	75	364482	293675	359
湘　潭	51804	6411	91	312482	273521	345
衡　阳	21578	8851	100	186959	149860	406

3—38 续表 5

城市	供水总量（万立方米）	居民家庭用水量	人均家庭生活用水量（立方米/人）	全年用电量（万千瓦时）	工业用电	居民人均生活用电量（千瓦小时）
邵阳	11858	3102	67	43256	23006	312
岳阳	41204	11023	167	167617	130350	373
常德	7350	4327	89	99687	47904	260
张家界	1818	919	61	18728	5300	122
益阳	4559	2414	73	67524	16472	159
郴州	7622	2888	110	87547	38559	512
永州	9877	3557	112	76478	50789	110
怀化	4685	3271	127	87262	75164	373
娄底	3354	2190	80	113418	88960	456
广东	**597660**	**238951**	**93**	**16160291**	**10542264**	**708**
广州	177956	71570	125	2988365	1681598	861
韶关	10009	2769	62	313335	161736	407
深圳	122796	47264	86	3234299	1745578	2674
珠海	19589	11846	80	454650	274135	712
汕头	26982	11198	42	643003	392113	298
佛山	47598	14613	66	2558540	1986954	795
江门	19315	6893	81	468107	292437	361
湛江	9292	4015	67	185523	103273	189
茂名	12545	4140	125	220308	183589	136
肇庆	7751	3057	76	122899	77845	351
惠州	13982	5437	77	475043	317500	494
梅州	2343	1416	44	157654	39721	193
汕尾	2051	1341	64	44100	14500	273
河源	2620	880	34	73332	23709	344
阳江	4280	2745	89	95759	56038	248
清远	3414	1700	33	84875	48505	275
东莞	94935	35344	278	2835389	2401970	1483
中山	7159	5101	150	926725	579181	1016
潮州	5475	2963	60	81181	20051	806
揭阳	5226	3534	54	144791	109375	282
云浮	2342	1125	40	52413	32456	105
广西	**122313**	**46839**	**85**	**1679517**	**1194848**	**229**
南宁	26351	11321	94	317085	155727	457
柳州	39199	10476	112	391257	319379	591
桂林	13061	5623	100	171864	104249	591
梧州	6736	3321	57	63331	39567	211
北海	4446	1752	49	56892	25542	286
防城港	1798	777	75	31069	13067	133
钦州	2578	1716	50	43549	24091	111

3—38 续表 6

城市	供水总量（万立方米）	居民家庭用水量	人均家庭生活用水量（立方米/人）	全年用电量（万千瓦时）	工业用电	居民人均生活用电量（千瓦小时）
贵港	13009	5523	114	123482	92714	103
玉林	3924	2278	59	108472	84573	122
百色	2171	1197	81	96159	95805	0
贺州	1400	521	69	71542	54568	101
河池	4816	1260	74	55685	54370	0
来宾	1636	682	59	130919	117630	81
崇左	1188	392	75	18211	13566	82
海南	**17719**	**9226**	**66**	**205563**	**55054**	**169**
海口	12750	6045	49	152027	41658	135
三亚	4969	3181	201	53536	13396	263
重庆	**65934**	**26552**	**49**	**1620000**	**1125400**	**331**
四川	**141022**	**75451**	**73**	**3067566**	**1983334**	**258**
成都	48810	36473	100	732195	389989	490
自贡	6203	2039	36	175465	121948	279
攀枝花	10271	3246	61	413302	366223	362
泸州	8794	2729	52	113840	53846	180
德阳	6426	1835	51	130083	82321	263
绵阳	7191	4536	69	365443	168322	578
广元	6594	3928	98	179430	159879	128
遂宁	3960	2330	56	49091	19109	116
内江	5984	1967	51	61322	25855	165
乐山	8267	2836	56	197451	157931	205
南充	7351	3112	51	107819	30072	127
眉山	3190	1800	68	73280	47092	159
宜宾	4901	2389	63	331484	282984	365
广安	2360	996	48	33021	19213	81
达州	2933	1512	58	20745	10953	247
雅安	3135	916	61	37292	25189	233
巴中	2532	1757	75	13702	3134	57
资阳	2120	1050	50	32601	19274	107
贵州	**33565**	**13322**	**56**	**1260019**	**1034717**	**374**
贵阳	25551	10047	75	866512	705430	525
六盘水	2782	691	33	118318	73486	144
遵义	4125	1994	34	248898	246942	454
安顺	1107	590	25	26291	8859	50
云南	**38612**	**9453**	**29**	**212144**	**144133**	**82**
昆明	30930	4473	22	0	0	0
曲靖	2299	1322	51	37203	23983	176
玉溪	1891	1200	31	83421	73464	253

3—38 续表 7

城　市	供水总量（万立方米）	居民家庭用水量	人均家庭生活用水量（立方米/人）	全年用电量（万千瓦时）	工业用电	居民人均生活用电量（千瓦小时）
保　山	877	745	57	26327	16090	97
昭　通	1147	785	46	24519	14877	18
丽　江	436	122	21	8699	2006	248
思　茅	546	360	44	22742	10020	258
临　沧	486	446	47	9233	3693	199
陕　西	**68640**	**22807**	**35**	**1764678**	**977136**	**246**
西　安	36122	12002	33	951106	431672	340
铜　川	1819	1408	37	218821	199662	120
宝　鸡	6350	3097	51	220035	145346	335
咸　阳	14445	2571	31	190939	137951	339
渭　南	1776	674	30	31236	4401	82
延　安	1075	228	17	22656	9050	132
汉　中	3184	1451	64	80940	32207	206
榆　林	619	173	16	0	0	0
安　康	2312	600	26	38634	13267	115
商　洛	938	603	62	10311	3580	81
甘　肃	**63816**	**17630**	**48**	**2391152**	**1872471**	**98**
兰　州	25114	7072	47	1408376	1124733	379
嘉峪关	9716	976	56	181719	174131	464
金　昌	7377	1445	66	171333	145211	322
白　银	11088	3611	79	302603	259949	204
天　水	2517	1222	31	51386	41019	76
武　威	1335	770	48	103769	43015	55
张　掖	2582	1200	71	56700	36386	86
平　凉	1064	366	23	37440	17764	96
酒　泉	1956	463	30	30471	14602	111
庆　阳	660	375	23	30750	7980	356
定　西	407	130	14	16605	7681	81
青　海	**11559**	**5851**	**74**	**305757**	**222508**	**61**
西　宁	11559	5851	74	305757	222508	461
宁　夏	**20574**	**4851**	**41**	**586828**	**475495**	**261**
银　川	10004	2404	38	290570	224538	525
石嘴山	8553	1803	55	215329	199027	209
吴　忠	1587	495	41	51729	35392	67
固　原	430	149	15	29200	16538	50
新　疆	**50385**	**16000**	**77**	**693370**	**470099**	**508**
乌鲁木齐	41501	14877	82	474635	273336	533
克拉玛依	8884	1123	43	218735	196763	371

3－39 城市燃料用量(市辖区)

城市	煤气供气总量(万立方米)	家庭用量	用煤气人口(人)	液化石油气供气总量(吨)	家庭用量	用液化气人口(人)
城市合计	**3634666**	**840849**	**84503333**	**9848983**	**5682530**	**27201504**
北京	**265758**	**47414**	**5640000**	**384179**	**290508**	**3970000**
天津	**73900**	**22118**	**4878300**	**79736**	**42794**	**1177800**
河北	**81093**	**34200**	**4289500**	**165355**	**127590**	**5010100**
石家庄	12966	6028	969400	34833	27860	1044600
唐山	18719	9862	946000	37156	25180	790000
秦皇岛	4754	3884	326700	9835	8709	413000
邯郸	11063	7266	808800	8910	8910	370000
邢台	1633	1108	172000	8456	8446	271400
保定	1077	605	263300	25862	12950	671800
张家口	5066	3844	456200	17940	13862	342700
承德	21984	255	38500	8904	8214	330000
沧州	411	161	60000	6491	6491	418300
廊坊	3420	1187	248600	3000	3000	98000
衡水	0	0	0	3968	3968	260300
山西	**116446**	**57407**	**3924500**	**47507**	**38048**	**1127587**
太原	37101	16665	1799800	21467	15655	502600
大同	9337	8277	679100	4320	3960	106100
阳泉	8324	5967	425000	1027	820	19024
长治	9288	3378	296200	2390	2390	86400
晋城	5295	2841	130000	1580	1300	36000
朔州	3696	3315	128700	1213	766	14363
晋中	1733	1641	190000	1740	1740	40000
运城	1302	1083	25100	7500	6642	121300
忻州	890	450	63000	1800	1400	74000
临汾	37134	11600	169600	3650	2555	100800
吕梁	2346	2190	18000	820	820	27000
内蒙古	**9076**	**5716**	**1021400**	**125976**	**119633**	**1908406**
呼和浩特	5078	2868	480000	75586	74027	357500
包头	3418	2608	511400	7011	5847	340100
乌海	580	240	30000	1516	1133	78000
赤峰	0	0	0	25595	24000	355800
通辽	0	0	0	3440	3280	265000
鄂尔多斯	0	0	0	4100	4100	149006
海拉尔	0	0	0	3130	2930	128000
巴彦淖尔	0	0	0	3480	2450	125000
乌兰察布	0	0	0	2118	1866	110000
辽宁	**94082**	**63258**	**9863000**	**359697**	**224026**	**5183900**
沈阳	26792	19762	3494000	45506	12763	919000

3—39 续表 1

城　　市	煤气供气总　量（万立方米）	家庭用量	用煤气人口（人）	液化石油气供气总量（吨）	家庭用量	用液化气人口（人）
大　　连	17700	13700	1672000	124281	61488	1075800
鞍　　山	11649	7457	1224000	12998	11350	92700
抚　　顺	17497	6228	691000	30462	25223	590000
本　　溪	3936	3388	480000	13000	5200	126000
丹　　东	4050	3340	408000	20591	8994	196000
锦　　州	5338	3901	612000	30824	30620	170000
营　　口	628	440	148000	21000	19000	510400
阜　　新	1650	1141	240000	5471	5144	220000
辽　　阳	585	550	214000	16428	13787	354000
盘　　锦	505	425	138000	22000	14273	416000
铁　　岭	1510	1295	230000	3950	3250	105000
朝　　阳	1486	1294	237000	3686	3524	109000
葫 芦 岛	756	337	75000	9500	9410	300000
吉　　林	**38888**	**13230**	**2744000**	**157019**	**64917**	**2290700**
长　　春	32931	9089	1873000	67870	11252	588000
吉　　林	2885	1713	485000	21185	20290	672000
四　　平	2266	1622	228000	3440	3440	99000
辽　　源	0	0	0	2900	1750	131000
通　　化	806	806	158000	6000	6000	150000
白　　山	0	0	0	1024	660	120000
松　　原	0	0	0	45000	11925	280700
白　　城	0	0	0	9600	9600	250000
黑 龙 江	**54358**	**20629**	**3403800**	**173123**	**121768**	**4094000**
哈 尔 滨	33496	15470	2185800	76000	41100	905000
齐齐哈尔	3804	2003	610000	15125	12680	424600
鸡　　西	616	526	200000	1600	980	70000
鹤　　岗	828	604	81000	3030	2490	115000
双 鸭 山	105	68	31000	590	496	57300
大　　庆	13000	500	133000	37000	32000	738900
伊　　春	0	0	0	11163	10507	535400
佳 木 斯	1509	458	120000	7100	5900	285000
七 台 河	1000	1000	43000	2000	1500	200000
牡 丹 江	0	0	0	12694	8249	503100
黑　　河	0	0	0	382	311	43000
绥　　化	0	0	0	6439	5555	216700
上　　海	**262385**	**135327**	**7862400**	**429274**	**193251**	**6763680**
江　　苏	**796818**	**42558**	**3671529**	**1028545**	**472480**	**11538152**
南　　京	762640	16530	1322000	369808	93823	2925700
无　　锡	5054	3857	413800	71836	64572	1602500

3—39 续表 2

城　　市	煤气供气总量（万立方米）	家庭用量	用煤气人口（人）	液化石油气供气总量（吨）	家庭用量	用液化气人口（人）
徐　州	4580	3960	496900	24600	20500	571300
常　州	5898	4135	345100	87464	68739	1548000
苏　州	8136	5527	514300	247550	52764	1352000
南　通	3624	3294	329400	29700	18000	499000
连云港	0	0	0	20380	19530	510500
淮　安	0	0	0	48557	44771	877000
盐　城	0	0	0	28000	27000	504200
扬　州	2146	1909	250000	23700	17337	337100
镇　江	4740	3346	29	52499	22203	52
泰　州	0	0	0	18826	18241	585800
宿　迁	0	0	0	5625	5000	225000
浙　江	**11562**	**6548**	**923200**	**978820**	**490232**	**7654000**
杭　州	10246	5232	694000	162686	124514	1701000
宁　波	0	0	0	480106	99032	1088400
温　州	0	0	0	112552	94781	1120000
嘉　兴	0	0	0	30339	16700	382700
湖　州	0	0	0	50500	36654	413500
绍　兴	0	0	0	24823	22820	622000
金　华	0	0	0	12899	12512	430000
衢　州	673	673	52000	7965	7665	161000
舟　山	615	615	175000	36800	18883	176700
台　州	28	28	2200	43442	40071	1361700
丽　水	0	0	0	16708	16600	197000
安　徽	**20179**	**16505**	**1809989**	**316165**	**204144**	**4509970**
合　肥	6309	4715	556900	51720	47866	749800
芜　湖	2698	2092	258000	63029	18257	401000
蚌　埠	24	24	0	25899	16277	511400
淮　南	1700	944	195000	16582	14808	395000
马鞍山	3845	3400	414300	10200	10200	157300
淮　北	1573	1341	189700	17106	16690	293400
铜　陵	2373	2338	25000	25648	3859	109400
安　庆	855	852	104600	44563	21144	403100
黄　山	0	0	0	7320	6800	158000
滁　州	802	799	66000	7250	6100	173900
阜　阳	0	0	0	6760	5990	23270
宿　州	0	0	0	9570	9423	185500
巢　湖	0	0	0	8468	7890	343300
六　安	0	0	0	8540	7790	279000
亳　州	0	0	489	4000	3050	101300

3－39 续表 3

城　　市	煤气供气总　量（万立方米）	家庭用量	用煤气人口（人）	液化石油气供气总量（吨）	家庭用量	用液化气人口（人）
池　州	0	0	0	4150	3800	102100
宣　城	0	0	0	5360	4200	123200
福　建	**1257**	**1101**	**126170**	**262778**	**190835**	**4853890**
福　州	0	0	0	91524	54693	1476800
厦　门	0	0	0	79422	58426	1368890
莆　田	0	0	0	14073	13217	326000
三　明	1257	1101	126170	6301	4301	178800
泉　州	0	0	0	26300	24000	612000
漳　州	0	0	0	26157	20185	375000
南　平	0	0	0	3900	3760	193700
龙　岩	0	0	0	9671	7253	224700
宁　德	0	0	0	5430	5000	98000
江　西	**52693**	**17197**	**1232600**	**131798**	**115537**	**2886600**
南　昌	2735	2571	425800	64500	60630	1302900
景德镇	33024	4957	197200	12000	3168	98000
萍　乡	1900	1465	119800	6810	6120	192800
九　江	444	430	27100	18970	18092	488000
新　余	9038	4386	249000	1224	981	38600
鹰　潭	0	0	0	3500	3000	73000
赣　州	1445	1225	16800	4788	4656	160000
吉　安	2643	793	68000	4950	4850	80300
宜　春	726	632	65000	4120	4040	54000
抚　州	0	0	0	6500	5600	279000
上　饶	738	738	63900	4436	4400	120000
山　东	**119693**	**58742**	**4669937**	**405345**	**240667**	**11011600**
济　南	13873	4109	363300	104291	32867	1460400
青　岛	16007	10537	1084900	67803	44823	1382900
淄　博	13810	1546	373000	81012	47522	1598000
枣　庄	1824	1724	365000	17920	14160	460500
东　营	51210	26980	337500	11380	4350	290000
烟　台	4039	3229	338800	25854	19060	622100
潍　坊	6904	3340	363577	7936	5037	380900
济　宁	3562	2310	430000	3600	3350	290000
泰　安	2016	608	280000	10600	10600	830000
威　海	1560	1109	142500	10288	7788	271000
日　照	223	156	38400	10921	6187	799100
莱　芜	2020	1120	191000	15610	15308	737000
临　沂	100	80	40000	23200	15500	620000
德　州	1516	1220	204700	4070	4035	204700

3—39 续表 4

城市	煤气供气总量（万立方米）	家庭用量	用煤气人口（人）	液化石油气供气总量（吨）	家庭用量	用液化气人口（人）
聊城	717	370	90000	2460	2100	550000
滨州	300	300	25300	3400	3180	247000
菏泽	12	4	1960	5000	4800	268000
河南	**124564**	**30771**	**4069200**	**141821**	**128677**	**4044100**
郑州	16960	7023	1614000	27595	18995	480000
开封	1383	1034	261000	1373	1344	81000
洛阳	5867	333	70000	22318	21917	660000
平顶山	7781	5382	742800	4129	4069	76000
安阳	76247	4090	450000	6862	5600	235000
鹤壁	421	221	42800	2600	2600	90000
新乡	518	518	140000	11369	11369	423400
焦作	2793	2793	239200	6194	6194	230500
濮阳	1300	1201	160000	11022	10718	160600
许昌	0	0	0	2450	2340	100000
漯河	6235	3741	48500	10853	10853	283100
三门峡	0	0	0	3916	3750	129000
南阳	1943	1319	155900	10405	9878	345800
商丘	0	0	0	10260	9850	373000
信阳	0	0	0	5475	4200	180000
周口	0	0	0	2900	2900	112700
驻马店	3116	3116	145000	2100	2100	84000
湖北	**15803**	**12975**	**1434130**	**232323**	**183761**	**8355800**
武汉	10218	8217	867000	87516	51992	3011000
黄石	581	581	46700	26050	24900	602800
十堰	1800	1800	200000	6920	6920	276000
宜昌	2120	1690	240000	8917	7874	444000
襄樊	560	200	10430	21873	19555	1440000
鄂州	0	0	0	8116	8088	299500
荆门	0	0	0	28525	25830	475100
孝感	0	0	0	5986	3562	242600
荆州	524	487	70000	14700	13100	455000
黄冈	0	0	0	8720	7990	330000
咸宁	0	0	0	4000	2950	289800
随州	0	0	0	11000	11000	490000
湖南	**63776**	**11583**	**1417496**	**735024**	**306175**	**4674355**
长沙	3373	2152	346900	75668	74165	1422000
株洲	2587	1677	272000	12409	12036	292500
湘潭	34164	1112	136400	14008	12708	345200
衡阳	21226	4290	381196	505178	102102	381100

3—39 续表 5

城　市	煤气供气总量（万立方米）	家庭用量	用煤气人口（人）	液化石油气供气总量（吨）	家庭用量	用液化气人口（人）
邵　阳	896	896	99000	5300	5300	160000
岳　阳	20	15	13000	57846	49700	582300
常　德	0	0	0	22070	18850	366437
张家界	0	0	0	3210	2610	79000
益　阳	0	0	0	8760	8400	245018
郴　州	0	0	0	10975	6825	227100
永　州	0	0	0	5600	5322	229700
怀　化	0	0	0	11200	5457	246000
娄　底	1510	1441	169000	2800	2700	98000
广　东	**22674**	**13077**	**2078500**	**2858696**	**1423417**	**20174522**
广　州	20607	12091	1987500	377931	270906	3418700
韶　关	0	0	0	28375	27845	444000
深　圳	0	0	0	981735	229483	5156800
珠　海	0	0	0	120000	101135	1493600
汕　头	0	0	0	198460	178000	2800000
佛　山	0	0	0	325909	89717	1376700
江　门	0	0	0	91863	68261	751200
湛　江	0	0	0	187469	187469	767422
茂　名	0	0	0	52362	4828	331500
肇　庆	0	0	0	19846	15991	391300
惠　州	0	0	0	70835	62067	633300
梅　州	780	750	7500	20000	18000	295000
汕　尾	0	0	0	20000	18000	200000
河　源	0	0	0	14400	11000	250000
阳　江	0	0	0	164407	43208	300000
清　远	0	0	0	16650	15000	440000
东　莞	0	0	0	0	0	0
中　山	1287	236	83500	70040	51910	254300
潮　州	0	0	0	68134	2867	436200
揭　阳	0	0	0	24432	23101	186500
云　浮	0	0	0	5848	4629	248000
广　西	**6008**	**4787**	**231700**	**229313**	**210002**	**4320700**
南　宁	0	0	0	48756	46461	1000000
柳　州	3354	3151	191000	31957	31855	551900
桂　林	0	0	0	15526	14135	524200
梧　州	0	0	0	19058	18131	542300
北　海	154	36	34000	17504	16804	242000
防城港	0	0	0	9569	5632	103100
钦　州	0	0	0	21870	19261	282200

3－39 续表 6

城　　市	煤气供气总量（万立方米）	家庭用量	用煤气人口（人）	液化石油气供气总量（吨）	家庭用量	用液化气人口（人）
贵　港	0	0	0	21918	20603	268800
玉　林	0	0	0	19238	17050	370000
百　色	0	0	0	4690	4350	120000
贺　州	0	0	0	5440	5040	70800
河　池	2500	1600	6700	4564	4339	100000
来　宾	0	0	0	6300	4110	95000
崇　左	0	0	0	2923	2231	50400
海　南	**2381**	**2060**	**393500**	**56409**	**45471**	**656100**
海　口	2300	2050	388500	51000	41500	520000
三　亚	81	10	5000	5409	3971	136100
重　庆	**106679**	**53148**	**4042800**	**50867**	**18406**	**343700**
四　川	**661349**	**121389**	**7716724**	**125016**	**109818**	**878729**
成　都	251600	54900	3315100	80200	74800	146000
自　贡	45185	4988	471100	150	110	1760
攀枝花	119685	4523	317600	5104	3936	117100
泸　州	115520	23622	476800	690	200	4100
德　阳	55992	6037	289806	5000	3800	22000
绵　阳	27978	3563	555000	300	260	7800
广　元	820	715	77000	15146	14143	149863
遂　宁	5980	2885	346000	0	0	0
内　江	4199	1821	239500	3695	1357	23000
乐　山	5321	1978	238500	1803	1208	21800
南　充	8344	7916	567800	3350	3225	33800
眉　山	920	468	80000	2880	2500	144000
宜　宾	3648	1682	279900	2108	367	39600
广　安	923	707	135900	840	752	42000
达　州	8732	1491	152118	103	19	306
雅　安	584	333	46500	452	413	3700
巴　中	788	680	51200	995	928	91900
资　阳	5130	3080	76900	2200	1800	30000
贵　州	**14043**	**6456**	**970000**	**28417**	**25114**	**1183000**
贵　阳	10990	5737	860000	23517	20704	660000
六盘水	863	719	110000	0	0	0
遵　义	2190	0	0	2450	2350	469800
安　顺	0	0	0	2450	2060	53200
云　南	**14661**	**10777**	**1270900**	**75672**	**64006**	**1097735**
昆　明	14471	10627	1254800	59685	50419	671000
曲　靖	0	0	0	6000	4500	193000
玉　溪	0	0	0	0	0	0

3－39 续表 7

城　市	煤气供气总量（万立方米）	家庭用量	用煤气人口（人）	液化石油气供气总量（吨）	家庭用量	用液化气人口（人）
保　山	190	150	16100	200	200	10300
昭　通	0	0	0	1377	1377	72400
丽　江	0	0	0	3050	2650	61035
思　茅	0	0	0	2500	2000	70000
临　沧	0	0	0	2860	2860	20000
陕　西	**50699**	**14794**	**2463352**	**111523**	**105951**	**3145600**
西　安	33526	7267	1422000	77084	76694	1919000
铜　川	2099	922	127000	1160	1029	46200
宝　鸡	3250	3020	240000	300	280	250000
咸　阳	10043	2801	302352	8000	7600	204000
渭　南	65	42	39000	3692	3228	167000
延　安	1181	600	300000	5200	5200	120000
汉　中	0	0	0	3452	3452	148000
榆　林	535	142	33000	2000	2000	60000
安　康	0	0	0	9505	5338	166400
商　洛	0	0	0	1130	1130	65000
甘　肃	**431597**	**8854**	**1022306**	**21949**	**18055**	**2291560**
兰　州	9037	2453	820000	5180	2541	740000
嘉峪关	421857	5732	127000	361	308	15000
金　昌	0	0	0	4581	4300	170000
白　银	695	661	74906	1665	1565	109736
天　水	0	0	0	1160	1145	446708
武　威	0	0	0	1652	1108	458616
张　掖	0	0	0	3800	3800	123300
平　凉	8	8	400	9	5	75600
酒　泉	0	0	0	2450	2350	99000
庆　阳	0	0	0	730	620	28100
定　西	0	0	0	361	313	25500
青　海	**13226**	**659**	**29000**	**11429**	**11429**	**300000**
西　宁	13226	659	29000	11429	11429	300000
宁　夏	**53271**	**1029**	**274800**	**19805**	**16128**	**714300**
银　川	50423	636	159900	15545	12495	488600
石嘴山	2848	393	114900	1300	1200	87100
吴　忠	0	0	0	2600	2100	93800
固　原	0	0	0	360	333	44800
新　疆	**55747**	**6540**	**1028600**	**105402**	**79690**	**1040918**
乌鲁木齐	54271	6540	1028600	87584	66603	780000
克拉玛依	1476	0	0	17818	13087	260918

3—40 城市道路与交通(市辖区)

城市	年末实有城市道路面积(万平方米)	人均铺装道路面积(平方米)	年末实有公共营运汽电车(辆)	每万人拥有公共汽电车(辆)	公共汽电车客运总数(万人次)	年末实有出租汽车(辆)
城市合计	**245093**	**7.17**	**243552**	**7.12**	**3582695**	**792389**
北京	**9240**	**8.56**	**18667**	**17.30**	**379434**	**65984**
天津	**5489**	**7.23**	**6066**	**7.99**	**62048**	**31939**
河北	**10026**	**8.59**	**7234**	**6.20**	**66184**	**35682**
石家庄	1747	8.28	1526	7.23	17540	6553
唐山	1651	5.60	1735	5.88	11165	3261
秦皇岛	1102	14.90	662	8.95	6820	3567
邯郸	1157	8.37	1036	7.50	8829	4611
邢台	586	10.58	375	6.77	3000	3148
保定	1120	11.74	572	5.99	5570	2831
张家口	728	8.51	569	6.65	3651	3604
承德	341	7.51	350	7.71	4517	1899
沧州	602	12.59	201	4.20	1792	3008
廊坊	507	6.78	149	1.99	2700	1700
衡水	485	11.02	59	1.34	600	1500
山西	**5588**	**6.39**	**3548**	**4.06**	**47326**	**25864**
太原	1972	7.88	1267	5.06	22292	8292
大同	992	7.09	408	2.92	5450	5182
阳泉	364	5.60	389	5.99	7410	1965
长治	319	4.81	307	4.62	4237	1800
晋城	407	14.44	220	7.81	845	1475
朔州	274	4.75	120	2.08	609	1100
晋中	368	6.97	218	4.13	1000	1500
运城	260	4.19	247	3.98	2701	1830
忻州	162	3.17	104	2.04	360	650
临汾	379	4.93	200	2.60	2409	1800
吕梁	91	3.83	68	2.86	13	270
内蒙古	**4178**	**6.45**	**2471**	**3.81**	**23917**	**25071**
呼和浩特	979	8.92	603	5.50	7817	3960
包头	1209	6.79	772	4.34	8451	6293
乌海	384	9.23	387	9.30	2197	1000
赤峰	307	2.71	132	1.17	711	3046
通辽	296	3.69	179	2.23	1300	2200
鄂尔多斯	268	12.22	108	4.92	1642	2200
海拉尔	249	9.83	120	4.74	540	1971
巴彦淖尔	235	4.51	98	1.88	600	1601
乌兰察布	251	9.73	72	2.79	660	2800
辽宁	**10544**	**5.91**	**14479**	**8.11**	**333064**	**71161**
沈阳	3271	6.70	4552	9.32	123626	17015

3—40 续表 1

城　　市	年末实有城市道路面积（万平方米）	人均铺装道路面积（平方米）	年末实有公共营运汽电车（辆）	每万人拥有公共汽电车（辆）	公共汽电车客运总数（万人次）	年末实有出租汽车（辆）
大　连	1715	6.24	3788	13.79	110842	13524
鞍　山	918	6.31	1377	9.47	20653	5405
抚　顺	588	4.16	1406	9.94	24662	4535
本　溪	435	4.52	504	5.23	18969	2714
丹　东	432	5.71	368	4.86	8999	1915
锦　州	505	5.83	473	5.46	5777	3910
营　口	385	4.52	390	4.58	4311	4500
阜　新	370	4.73	379	4.85	2983	2760
辽　阳	612	8.55	312	4.36	5061	2600
盘　锦	589	10.41	370	6.54	3008	3226
铁　岭	218	5.02	251	5.78	1920	1870
朝　阳	199	4.15	100	2.09	975	3200
葫芦岛	307	3.29	209	2.24	1278	3987
吉　林	**4763**	**6.24**	**6354**	**8.32**	**84617**	**31829**
长　春	2180	7.03	3681	11.87	57799	12528
吉　林	1183	6.59	1032	5.75	14204	6100
四　平	249	4.87	288	5.63	2720	2155
辽　源	279	6.25	327	7.32	307	3570
通　化	219	4.82	226	4.97	4008	1500
白　山	142	4.30	193	5.85	679	643
松　原	259	5.03	398	7.72	4100	2187
白　城	252	5.21	209	4.32	800	3146
黑龙江	**8180**	**6.90**	**8606**	**7.26**	**106996**	**41041**
哈尔滨	1997	6.34	4019	12.75	55856	11397
齐齐哈尔	762	5.34	536	3.76	3503	4261
鸡　西	320	3.50	399	4.37	4280	2710
鹤　岗	282	4.09	376	5.46	9575	2155
双鸭山	172	3.41	165	3.27	1509	2000
大　庆	2433	20.62	1277	10.82	9937	5774
伊　春	421	5.03	190	2.27	1520	2268
佳木斯	334	4.07	429	5.23	4167	2500
七台河	358	7.12	226	4.49	5000	1500
牡丹江	807	10.42	706	9.12	10924	3046
黑　河	105	5.42	95	4.90	220	820
绥　化	189	2.18	188	2.17	505	2610
上　海	**16510**	**12.92**	**18625**	**14.57**	**273100**	**48672**
江　苏	**24284**	**11.60**	**14390**	**6.87**	**216552**	**29246**
南　京	5941	12.13	4439	9.06	91818	9216
无　锡	4355	19.83	1944	8.85	25069	4153

3—40 续表 2

城市	年末实有城市道路面积（万平方米）	人均铺装道路面积（平方米）	年末实有公共营运汽电车（辆）	每万人拥有公共汽电车（辆）	公共汽电车客运总数（万人次）	年末实有出租汽车（辆）
徐州	1299	7.76	1006	6.01	20917	2850
常州	3563	16.70	1804	8.45	15523	1442
苏州	2816	12.98	1198	5.52	23570	2403
南通	750	9.04	392	4.72	6578	1277
连云港	751	11.44	266	4.05	2784	1909
淮安	812	3.03	1208	4.50	7194	570
盐城	420	6.33	287	4.33	2577	808
扬州	772	6.86	838	7.45	9960	1846
镇江	1015	10.10	470	4.68	7212	1254
泰州	1038	16.66	221	3.55	1400	740
宿迁	752	26.25	317	11.06	1950	778
浙江	**10715**	**7.60**	**10352**	**7.34**	**153890**	**20831**
杭州	2556	6.50	3512	8.93	63989	7404
宁波	1409	6.81	2044	9.88	26922	2900
温州	945	7.02	1509	11.21	24284	3443
嘉兴	784	9.82	448	5.61	3522	723
湖州	1010	9.38	585	5.43	4945	912
绍兴	734	11.49	758	11.87	8749	2051
金华	770	8.35	386	4.19	5116	622
衢州	433	5.40	276	3.44	6628	321
舟山	366	5.31	257	3.73	2133	998
台州	1528	10.46	492	3.37	5751	1090
丽水	180	4.89	85	2.31	1851	367
安徽	**10136**	**6.14**	**7567**	**4.58**	**100320**	**35049**
合肥	2451	15.72	2199	14.11	28938	6500
芜湖	608	8.80	716	10.37	11616	3130
蚌埠	786	9.89	502	6.32	12696	2254
淮南	724	5.10	869	6.12	10793	2500
马鞍山	560	9.80	554	9.69	8434	2911
淮北	556	6.71	895	10.81	8174	1800
铜陵	332	8.51	238	6.10	2277	1900
安庆	567	9.51	210	3.52	2000	1720
黄山	204	4.92	100	2.41	441	321
滁州	315	6.26	97	1.93	595	1260
阜阳	738	4.03	430	2.35	5409	1545
宿州	522	3.68	171	1.21	2950	1298
巢湖	424	4.94	121	1.41	185	1750
六安	457	2.59	229	1.30	4985	3840
亳州	545	3.86	93	0.66	235	1000

3—40 续表 3

城　市	年末实有城市道路面积（万平方米）	人均铺装道路面积（平方米）	年末实有公共营运汽电车（辆）	每万人拥有公共汽电车（辆）	公共汽电车客运总数（万人次）	年末实有出租汽车（辆）
池　州	120	1.92	53	0.85	142	570
宣　城	227	2.72	90	1.08	450	750
福　建	**4437**	**5.38**	**5298**	**6.43**	**103851**	**12950**
福　州	1313	7.90	1604	9.65	32468	4541
厦　门	1155	8.15	1772	12.50	43914	3437
莆　田	485	2.41	498	2.47	5065	795
三　明	138	4.88	215	7.61	4012	340
泉　州	478	4.89	471	4.82	5775	1603
漳　州	343	6.61	147	2.83	883	985
南　平	164	3.35	174	3.55	4193	450
龙　岩	230	4.97	294	6.36	4790	229
宁　德	131	3.14	123	2.95	2750	570
江　西	**4452**	**5.44**	**4140**	**5.06**	**61978**	**8617**
南　昌	1506	7.67	1447	7.37	30357	3450
景德镇	272	6.45	233	5.53	3680	594
萍　乡	519	6.44	568	7.05	5180	600
九　江	360	5.79	785	12.62	9614	1478
新　余	449	5.72	191	2.43	3095	231
鹰　潭	140	7.58	53	2.87	228	271
赣　州	322	5.90	357	6.54	3227	539
吉　安	144	2.89	116	2.33	2160	115
宜　春	183	1.91	144	1.50	2500	372
抚　州	298	2.88	135	1.30	1127	329
上　饶	259	7.17	111	3.07	810	638
山　东	**24464**	**9.55**	**16475**	**6.43**	**167853**	**47264**
济　南	3555	10.62	2600	7.77	45300	8300
青　岛	2816	11.41	3648	14.78	58792	8109
淄　博	1769	6.47	2794	10.22	6810	6010
枣　庄	1738	8.40	1472	7.11	4780	844
东　营	1730	21.95	606	7.69	5700	4000
烟　台	1765	10.33	903	5.29	12416	2112
潍　坊	2016	14.16	464	3.26	3073	2106
济　宁	789	7.50	366	3.48	4248	1499
泰　安	1342	8.47	341	2.15	2590	1290
威　海	879	15.44	422	7.41	6668	1400
日　照	1061	9.01	570	4.84	3750	1356
莱　芜	1226	9.90	702	5.67	2284	1664
临　沂	1056	5.57	778	4.10	6620	2700
德　州	549	9.66	295	5.19	731	2405

3—40 续表 4

城　　市	年末实有城市道路面积（万平方米）	人均铺装道路面积（平方米）	年末实有公共营运汽电车（辆）	每万人拥有公共汽电车（辆）	公共汽电车客运总数（万人次）	年末实有出租汽车（辆）
聊　城	1301	12.96	253	2.52	2100	1600
滨　州	252	4.11	154	2.51	766	638
菏　泽	620	4.53	107	0.78	1225	1231
河　南	**8866**	**5.61**	**8403**	**5.32**	**96786**	**44839**
郑　州	1831	7.63	2426	10.11	42065	10757
开　封	549	7.01	344	4.39	3599	2500
洛　阳	623	4.18	689	4.63	11403	5012
平顶山	371	4.01	549	5.93	2980	2000
安　阳	527	5.23	546	5.42	4317	2525
鹤　壁	344	6.59	329	6.31	2442	670
新　乡	490	6.14	436	5.46	4853	4900
焦　作	652	8.17	478	5.99	3654	1400
濮　阳	291	5.63	469	9.08	931	1947
许　昌	241	6.26	293	7.61	1530	1699
漯　河	538	15.27	607	17.23	5792	1070
三门峡	155	5.54	135	4.82	2697	1200
南　阳	860	5.11	285	1.69	4390	1253
商　丘	598	3.87	301	1.95	2710	3500
信　阳	219	1.60	173	1.26	890	1906
周　口	333	9.08	179	4.88	2233	900
驻马店	244	4.23	164	2.84	300	1600
湖　北	**10955**	**5.86**	**12615**	**6.74**	**171167**	**20457**
武　汉	3247	4.16	5367	6.87	105992	12137
黄　石	670	10.27	765	11.58	6963	813
十　堰	576	11.52	581	11.62	10566	782
宜　昌	1003	8.29	2147	17.75	13100	354
襄　樊	1108	5.07	981	4.49	8988	1913
鄂　州	523	5.01	437	4.19	2694	396
荆　门	551	7.64	441	6.11	7485	380
孝　感	494	5.52	320	3.58	2993	520
荆　州	741	6.77	495	4.52	7300	1588
黄　冈	602	16.61	402	11.09	2130	662
咸　宁	315	5.61	89	1.58	1117	380
随　州	1116	6.73	590	3.56	1839	532
湖　南	**6141**	**5.30**	**7292**	**6.30**	**106546**	**18830**
长　沙	1980	10.09	1785	9.10	37541	6257
株　洲	589	7.34	641	7.99	10260	1960
湘　潭	513	7.31	535	7.62	6440	907
衡　阳	520	5.68	509	5.56	8144	1394

3—40 续表 5

城　市	年末实有城市道路面积（万平方米）	人均铺装道路面积（平方米）	年末实有公共营运汽电车（辆）	每万人拥有公共汽电车（辆）	公共汽电车客运总数（万人次）	年末实有出租汽车（辆）
邵　阳	208	3.28	294	4.64	3600	899
岳　阳	305	3.24	588	6.25	9500	1256
常　德	484	3.54	834	6.10	3774	1698
张家界	185	3.97	299	6.42	1490	753
益　阳	385	3.01	315	2.46	3177	765
郴　州	222	3.24	546	7.96	6720	1101
永　州	346	3.19	492	4.54	6398	230
怀　化	41	1.26	324	9.99	7802	800
娄　底	363	8.80	130	3.15	1700	810
广　东	**28493**	**9.83**	**31142**	**10.74**	**371639**	**47447**
广　州	6563	11.16	7508	12.76	190659	16923
韶　关	404	7.56	189	3.54	2567	766
深　圳	7138	47.29	17344	114.91	96462	12459
珠　海	1927	23.49	1081	13.18	23018	1852
汕　头	1437	3.01	435	0.91	7168	1825
佛　山	1637	4.76	766	2.23	8442	2032
江　门	1019	7.69	265	2.00	6643	420
湛　江	598	4.15	365	2.53	3131	800
茂　名	244	2.03	128	1.06	1234	701
肇　庆	365	7.64	303	6.35	1156	591
惠　州	877	8.07	630	5.79	5763	778
梅　州	430	14.00	81	2.64	700	382
汕　尾	90	1.90	90	1.90	733	90
河　源	175	5.82	65	2.16	666	148
阳　江	231	3.67	129	2.05	931	357
清　远	555	10.24	230	4.24	2296	230
东　莞	3573	22.48	678	4.27	10995	3751
中　山	487	3.53	635	4.61	8420	1763
潮　州	200	5.82	94	2.74	405	510
揭　阳	302	4.59	78	1.18	29	995
云　浮	241	8.53	48	1.70	220	74
广　西	**5776**	**5.09**	**3722**	**3.28**	**73202**	**10948**
南　宁	1358	9.32	1444	9.91	28626	4167
柳　州	771	8.04	687	7.16	19685	1074
桂　林	500	7.04	531	7.48	12393	2820
梧　州	566	11.98	184	3.90	3208	534
北　海	565	10.48	171	3.17	1546	576
防城港	213	4.49	74	1.56	594	99
钦　州	449	3.73	115	0.96	647	200

3—40 续表 6

城市	年末实有城市道路面积（万平方米）	人均铺装道路面积（平方米）	年末实有公共营运汽电车（辆）	每万人拥有公共汽电车（辆）	公共汽电车客运总数（万人次）	年末实有出租汽车（辆）
贵港	447	2.59	104	0.60	795	295
玉林	282	3.13	99	1.10	1675	417
百色	91	2.77	79	2.41	932	200
贺州	223	2.41	79	0.85	910	184
河池	119	3.85	115	3.72	1850	45
来宾	83	0.84	32	0.32	335	283
崇左	109	3.21	8	0.24	6	54
海南	**1354**	**7.14**	**824**	**4.35**	**11049**	**2762**
海口	984	7.07	709	5.09	9219	1773
三亚	370	7.34	115	2.28	1830	989
重庆	**4281**	**4.24**	**4988**	**4.94**	**87802**	**16143**
四川	**11014**	**5.01**	**8537**	**3.88**	**171385**	**21014**
成都	4602	10.17	4052	8.95	83000	8803
自贡	646	6.04	562	5.26	11616	1284
攀枝花	420	6.32	618	9.30	9169	1369
泸州	468	3.35	468	3.35	13000	826
德阳	329	5.29	148	2.38	3454	550
绵阳	570	5.15	614	5.55	16225	1086
广元	334	3.68	122	1.34	2854	651
遂宁	410	2.80	129	0.88	2409	433
内江	260	1.88	446	3.22	7939	650
乐山	595	5.26	193	1.71	2580	786
南充	865	4.68	305	1.65	8216	1020
眉山	338	4.11	153	1.86	820	388
宜宾	151	1.96	251	3.26	6969	500
广安	216	1.78	40	0.33	310	380
达州	124	3.13	294	7.43	1881	1064
雅安	304	8.90	57	1.67	341	344
巴中	232	1.82	0	0.00	0	624
资阳	150	1.43	85	0.81	602	256
贵州	**1132**	**2.94**	**2680**	**6.95**	**55228**	**5200**
贵阳	621	3.11	1870	9.37	44931	2444
六盘水	132	3.11	137	3.23	293	1350
遵义	246	3.83	482	7.50	7096	1031
安顺	133	1.68	191	2.42	2908	375
云南	**1948**	**3.55**	**4060**	**7.40**	**47826**	**11860**
昆明	1007	4.49	3438	15.33	38212	7739
曲靖	246	3.89	203	3.21	4860	1589
玉溪	279	7.09	55	1.40	1304	314

3—40 续表 7

城　市	年末实有城市道路面积（万平方米）	人均铺装道路面积（平方米）	年末实有公共营运汽电车（辆）	每万人拥有公共汽电车（辆）	公共汽电车客运总数（万人次）	年末实有出租汽车（辆）
保　山	142	1.68	113	1.34	651	450
昭　通	59	0.78	0	0.00	0	531
丽　江	54	3.84	64	4.55	1643	777
思　茅	83	4.19	133	6.71	599	260
临　沧	78	2.81	54	1.94	558	200
陕　西	**4054**	**3.63**	**5427**	**4.86**	**77633**	**20756**
西　安	2284	4.48	3736	7.32	54493	11028
铜　川	208	2.78	182	2.43	2550	795
宝　鸡	265	3.57	348	4.69	7800	3500
咸　阳	475	5.70	268	3.21	4300	1028
渭　南	72	0.79	125	1.37	850	795
延　安	95	2.54	176	4.70	3300	406
汉　中	185	3.52	91	1.73	1800	1078
榆　林	48	1.09	134	3.05	647	468
安　康	312	3.30	307	3.25	1297	1280
商　洛	110	2.02	60	1.10	596	378
甘　肃	**4291**	**6.03**	**3060**	**4.30**	**50362**	**18011**
兰　州	1228	6.30	2013	10.33	40669	6620
嘉峪关	188	11.48	89	5.44	317	511
金　昌	171	8.21	42	2.02	617	934
白　银	403	8.58	118	2.51	1957	980
天　水	984	8.10	210	1.73	2869	1729
武　威	209	2.13	120	1.22	1271	2510
张　掖	170	3.42	145	2.91	462	1187
平　凉	295	6.11	76	1.57	776	1500
酒　泉	302	8.83	81	2.37	11	670
庆　阳	280	8.56	132	4.04	1120	940
定　西	61	1.28	34	0.71	293	430
青　海	**490**	**4.92**	**1142**	**11.47**	**23760**	**5116**
西　宁	490	4.92	1142	11.47	23760	5116
宁　夏	**1568**	**8.17**	**958**	**4.99**	**8891**	**9208**
银　川	749	10.43	665	9.26	7087	4855
石嘴山	444	12.27	96	2.65	385	1890
吴　忠	160	4.51	116	3.27	653	980
固　原	215	4.43	81	1.67	766	1483
新　疆	**1724**	**8.46**	**4430**	**21.73**	**48291**	**8598**
乌鲁木齐	1125	6.49	3966	22.89	45956	6849
克拉玛依	599	19.58	464	15.16	2335	1749

3—41 环境状况(一)环境治理投资额(全市)

单位:万元

城　　市	污染源治理本年投资总额	城市环境设施投资额	三废综合利用产品产值
城市合计	**9493549**	**21253481**	**4773330**
北　　京	**64066**	**1090000**	**645183**
天　　津	**120224**	**621799**	**41776**
河　　北	**690292**	**1857057**	**188107**
石家庄	56629	391803	17618
唐　　山	213200	124246	55456
秦皇岛	64990	211029	6484
邯　　郸	22735	250323	54274
邢　　台	49057	146000	22551
保　　定	27547	119277	3677
张家口	13087	70719	9203
承　　德	10215	153065	3938
沧　　州	61765	134478	6822
廊　　坊	112213	210000	1844
衡　　水	58854	46117	6240
山　　西	**216050**	**388985**	**193567**
太　　原	10710	130033	11603
大　　同	61968	43493	61968
阳　　泉	15135	30306	3748
长　　治	33025	18354	48546
晋　　城	4055	72922	5309
朔　　州	27342	13213	364
晋　　中	1089	19412	1978
运　　城	9895	410	7018
忻　　州	2923	3173	1295
临　　汾	21331	32669	13882
吕　　梁	28577	25000	37856
内蒙古	**104923**	**241605**	**28766**
呼和浩特	1669	61563	1978
包　　头	23628	77400	9770
乌　　海	24334	13956	5421
赤　　峰	2311	1744	3685
通　　辽	44151	26023	196
鄂尔多斯	2672	11259	1993
海拉尔	1365	26473	2958
巴彦淖尔	4515	21913	0
乌兰察布	278	1274	2765
辽　　宁	**559229**	**859151**	**180885**
沈　　阳	181423	249137	14195

3—41 续表 1 单位:万元

城市	污染源治理本年投资总额	城市环境设施投资额	三废综合利用产品产值
大连	86671	214681	18640
鞍山	148022	107392	50000
抚顺	20011	0	3357
本溪	29098	29477	15370
丹东	1780	35000	4684
锦州	33480	32251	9972
营口	1357	51613	2983
阜新	3073	5692	472
辽阳	2200	45484	28978
盘锦	16578	47150	5440
铁岭	11483	9201	1550
朝阳	1370	4836	2903
葫芦岛	22683	27237	22341
吉林	**432187**	**380256**	**54141**
长春	210459	202366	5950
吉林	97485	67573	14555
四平	29518	26996	3743
辽源	13633	12700	790
通化	29558	24817	20721
白山	16292	13374	5045
松原	16314	14685	3241
白城	18928	17745	96
黑龙江	**509486**	**532164**	**112648**
哈尔滨	234900	234900	29295
齐齐哈尔	5000	13184	27293
鸡西	740	22551	3523
鹤岗	1105	17608	3089
双鸭山	5661	5580	2251
大庆	228728	179213	13236
伊春	2475	13129	9449
佳木斯	528	528	2759
七台河	13432	3499	2503
牡丹江	15891	25049	1948
黑河	0	15356	0
绥化	1026	1567	17302
上海	**1915251**	**1440384**	**71348**
江苏	**332824**	**2588511**	**418334**
南京	16260	489156	93533
无锡	102151	379064	32710

3－41 续表 2 单位:万元

城市	污染源治理本年投资总额	城市环境设施投资额	三废综合利用产品产值
徐州	20544	158075	47351
常州	36439	96122	57615
苏州	20540	517125	64057
南通	11267	229759	46238
连云港	13447	91466	5519
淮安	5670	131197	10788
盐城	38026	108230	7421
扬州	38069	104262	15805
镇江	10012	116373	28020
泰州	16671	99329	7016
宿迁	3728	68353	2261
浙江	**695501**	**1892420**	**423862**
杭州	65554	444547	18237
宁波	28426	69677	113394
温州	57325	185965	6535
嘉兴	244854	229735	39665
湖州	9317	104278	7425
绍兴	31429	465033	35371
金华	182425	145583	45537
衢州	5206	49467	39281
舟山	414	14539	287
台州	34744	150641	114875
丽水	35807	32955	3255
安徽	**84425**	**415891**	**121061**
合肥	19302	68456	6998
芜湖	3110	118657	12607
蚌埠	3128	0	15748
淮南	4933	26763	6853
马鞍山	9476	31451	4991
淮北	3087	17840	12714
铜陵	6830	14800	23338
安庆	11439	13292	6985
黄山	667	20136	312
滁州	877	48000	6644
阜阳	24	10538	3526
宿州	6125	10596	1542
巢湖	720	5920	9294
六安	10029	9504	1462
亳州	3014	7609	5048

3—41 续表 3

单位:万元

城　市	污染源治理本年投资总额	城市环境设施投资额	三废综合利用产品产值
池　州	700	3401	2999
宣　城	964	8928	0
福　建	**718083**	**627823**	**88649**
福　州	270300	202835	4427
厦　门	168716	98156	10327
莆　田	5108	37357	1400
三　明	11452	19274	40637
泉　州	98859	159638	13756
漳　州	127322	49743	8178
南　平	21333	20622	4745
龙　岩	8451	29450	4873
宁　德	6542	10748	306
江　西	**218348**	**236187**	**95583**
南　昌	157691	136808	9302
景德镇	1271	6300	2935
萍　乡	6192	17957	3109
九　江	12307	7548	3785
新　余	3140	1780	12183
鹰　潭	1127	1773	38149
赣　州	26919	9198	1644
吉　安	3024	16085	6827
宜　春	924	924	16838
抚　州	201	10756	811
上　饶	5552	27058	0
山　东	**778794**	**1682949**	**551150**
济　南	281573	252412	69510
青　岛	45874	345587	25843
淄　博	48274	96290	50399
枣　庄	56477	29310	14437
东　营	28773	75496	60523
烟　台	41311	229437	9883
潍　坊	65269	80049	28762
济　宁	26506	67331	42800
泰　安	43473	68405	84022
威　海	11269	115204	10816
日　照	4246	42723	3552
莱　芜	16075	17360	32650
临　沂	8853	28213	43297
德　州	22773	79186	33242

3—41 续表 4

单位:万元

城　　市	污染源治理本年投资总额	城市环境设施投资额	三废综合利用产品产值
聊　城	56814	75959	16124
滨　州	14498	66306	22032
菏　泽	6736	13681	3258
河　南	**184627**	**619756**	**188551**
郑　州	18160	208927	31352
开　封	24738	21681	1692
洛　阳	8172	104285	18650
平顶山	11768	29403	15409
安　阳	13222	2282	28307
鹤　壁	709	5360	4758
新　乡	12616	65929	12184
焦　作	29148	14691	36617
濮　阳	1541	7108	878
许　昌	2510	19429	1260
漯　河	8893	23975	1166
三门峡	3183	25087	3128
南　阳	5641	17979	23785
商　丘	41301	23954	1123
信　阳	289	2625	2934
周　口	334	270	3267
驻马店	2402	46771	2041
湖　北	**116083**	**537525**	**337418**
武　汉	47201	276520	176770
黄　石	31804	10030	30880
十　堰	2500	42575	14191
宜　昌	5134	1586	21417
襄　樊	5032	78925	12479
鄂　州	9236	7838	47858
荆　门	3339	10637	12215
孝　感	4500	64211	9510
荆　州	779	39768	6698
黄　冈	1308	1110	1567
咸　宁	4282	3125	3040
随　州	968	1200	793
湖　南	**141647**	**465661**	**151600**
长　沙	36772	138391	3099
株　洲	12404	10714	12969
湘　潭	13152	59969	23000
衡　阳	23	7562	15088

3—41 续表 5

单位:万元

城　　市	污染源治理本年投资总额	城市环境设施投资额	三废综合利用产品产值
邵　　阳	1068	5682	8604
岳　　阳	15800	11760	15172
常　　德	18070	51723	10047
张 家 界	1032	3780	1161
益　　阳	205	31636	4664
郴　　州	3322	43300	11485
永　　州	1032	71029	6884
怀　　化	22091	20555	5486
娄　　底	16676	9560	33941
广　　东	**578292**	**2637563**	**207931**
广　　州	69912	572458	32832
韶　　关	3789	34092	20260
深　　圳	115992	444011	8397
珠　　海	12773	77492	7519
汕　　头	2353	89810	4894
佛　　山	82261	289029	9652
江　　门	43515	69497	45479
湛　　江	30206	83566	6298
茂　　名	8043	121750	20531
肇　　庆	25304	75508	6323
惠　　州	4533	84886	39
梅　　州	4040	36603	8423
汕　　尾	207	31524	198
河　　源	1310	32506	324
阳　　江	1853	56547	6229
清　　远	13447	22500	1627
东　　莞	27230	222329	15398
中　　山	884	7956	0
潮　　州	7921	162334	4963
揭　　阳	121646	119948	304
云　　浮	1073	3217	8241
广　　西	**104688**	**252295**	**146734**
南　　宁	4472	82497	22659
柳　　州	4632	32257	23394
桂　　林	76227	59956	7888
梧　　州	730	40384	2230
北　　海	1868	16826	610
防 城 港	75	153	2093
钦　　州	1347	4118	1265

3—41 续表 6

单位:万元

城　　市	污染源治理本年投资总额	城市环境设施投资额	三废综合利用产品产值
贵　　港	5661	5855	58048
玉　　林	2139	4410	1199
百　　色	2925	1579	4290
贺　　州	1729	110	1105
河　　池	140	4000	9932
来　　宾	824	52	8200
崇　　左	1919	98	3821
海　　南	**1880**	**35315**	**55**
海　　口	1800	31901	55
三　　亚	80	3414	0
重　　庆	**69943**	**319084**	**71512**
四　　川	**266637**	**653648**	**190675**
成　　都	150386	391750	18643
自　　贡	3853	56000	3648
攀 枝 花	9310	3598	57904
泸　　州	10328	4146	1111
德　　阳	7297	10336	20201
绵　　阳	3711	65193	12934
广　　元	2373	17759	5186
遂　　宁	363	1323	1599
内　　江	2064	7994	7618
乐　　山	27334	32758	14760
南　　充	1489	23046	844
眉　　山	19617	6030	2764
宜　　宾	16302	11883	36915
广　　安	2531	13102	531
达　　州	691	0	3462
雅　　安	8226	2387	751
巴　　中	728	1871	703
资　　阳	34	4472	1101
贵　　州	**119369**	**85063**	**61440**
贵　　阳	82344	69400	29955
六 盘 水	17163	1600	16604
遵　　义	15226	11563	13226
安　　顺	4636	2500	1655
云　　南	**285756**	**211463**	**69754**
昆　　明	219203	152390	21930
曲　　靖	37000	4850	12408
玉　　溪	16929	17412	22378

3—41 续表 7

单位:万元

城　　市	污染源治理本年投资总额	城市环境设施投资额	三废综合利用产品产值
保　山	2731	14450	4620
昭　通	47	10888	4592
丽　江	632	3311	2199
思　茅	6781	6781	0
临　沧	2433	1381	1627
陕　西	**116149**	**237914**	**41179**
西　安	16948	203978	3826
铜　川	8280	10580	3481
宝　鸡	48211	0	3495
咸　阳	14901	6682	1951
渭　南	9092	7779	21631
延　安	11646	2136	662
汉　中	4089	1157	4614
榆　林	980	2319	705
安　康	1212	2773	384
商　洛	790	510	430
甘　肃	**40109**	**155161**	**43623**
兰　州	8813	50402	12512
嘉峪关	7761	2143	2006
金　昌	9394	5382	11350
白　银	617	7510	8275
天　水	386	8354	680
武　威	4537	13291	586
张　掖	370	43810	6454
平　凉	2760	2319	599
酒　泉	1713	16918	760
庆　阳	2897	2684	401
定　西	861	2348	0
青　海	**2194**	**48273**	**2437**
西　宁	2194	48273	2437
宁　夏	**18145**	**87918**	**21036**
银　川	3820	64613	4294
石嘴山	10816	8880	13412
吴　忠	3509	10625	3330
固　原	0	3800	0
新　疆	**8347**	**51660**	**24325**
乌鲁木齐	2585	51660	23268
克拉玛依	5762	0	1057

3—42　环境状况(二)环境治理主要指标(全市)

城　市	工业废水排放量(万吨)	工业废水排放达标量(万吨)	工业二氧化硫去除量(吨)	工业二氧化硫排放量(吨)	工业烟尘去除量(吨)	工业烟尘排放量(吨)
城市合计	**2033249**	**1839722**	**7380970**	**15317056**	**145158068**	**7688434**
北　京	**13107**	**13015**	**23902**	**114012**	**29220**	**32145**
天　津	**21605**	**21571**	**43821**	**230171**	**3588363**	**86525**
河　北	**106806**	**101138**	**211799**	**1188566**	**11770228**	**639543**
石家庄	19204	18531	25445	212073	2307887	91248
唐　山	23937	22486	43849	250308	3315498	250308
秦皇岛	3887	3883	17512	60030	319895	14863
邯　郸	11650	11281	43717	179104	2752323	80282
邢　台	6756	6412	6322	109452	2046497	67566
保　定	15577	15084	23377	57075	130259	25935
张家口	5662	4455	4641	160627	172203	23118
承　德	2176	2063	16311	56376	563096	18107
沧　州	5527	5026	14795	26956	42303	16111
廊　坊	8426	8266	3010	34840	66634	22588
衡　水	4004	3651	12820	41725	53633	29417
山　西	**29941**	**26484**	**265141**	**1033318**	**10081073**	**870944**
太　原	4446	4008	34316	181690	1724113	72171
大　同	3417	2944	51438	123676	203162	104187
阳　泉	1413	1105	19849	112353	1396788	82310
长　治	2261	2094	623	92833	922009	75208
晋　城	2956	2750	7036	67020	1085951	60909
朔　州	4025	3944	6754	88488	2269998	66292
晋　中	1217	790	23728	70927	188187	54321
运　城	4130	3337	101812	110007	1492575	110007
忻　州	953	739	2042	40787	32114	37148
临　汾	4402	4314	14031	81534	658463	134703
吕　梁	721	459	3512	64003	107713	73688
内蒙古	**22158**	**14745**	**135396**	**610123**	**5203124**	**288280**
呼和浩特	1289	1039	2185	36506	629378	10217
包　头	7901	6515	58305	120732	1082094	82293
乌　海	803	531	3239	73197	843748	41254
赤　峰	2214	1866	59687	115425	326330	30469
通　辽	929	728	1728	2322	1063841	10079
鄂尔多斯	1809	1661	3110	129121	638783	74457
海拉尔	4366	1186	0	21592	453010	18025
巴彦淖尔	2124	552	6793	36916	162760	11520
乌兰察布	723	667	349	74312	3180	9966
辽　宁	**88841**	**81350**	**670260**	**597517**	**8908425**	**399426**
沈　阳	7019	6989	16417	36908	239070	25495

3—42 续表 1

城 市	工业废水排放量（万吨）	工业废水排放达标量（万吨）	工业二氧化硫去除量（吨）	工业二氧化硫排放量（吨）	工业烟尘去除量（吨）	工业烟尘排放量（吨）
大 连	31889	30811	158609	62295	644479	29843
鞍 山	6942	5950	16613	66219	588919	37405
抚 顺	7461	6842	36615	58462	1288197	32461
本 溪	6906	6580	4766	46191	511697	21581
丹 东	5116	4880	7033	29932	380781	18856
锦 州	3714	2453	19274	54181	960108	49217
营 口	2467	1156	4879	24831	208907	14135
阜 新	635	485	2699	26057	540268	7833
辽 阳	6050	5473	7524	27729	249185	19154
盘 锦	1299	1144	10559	9984	38971	9876
铁 岭	3095	2684	4409	72210	2545394	70301
朝 阳	3707	3362	3551	41412	419417	41086
葫 芦 岛	2541	2541	377312	41106	293032	22183
吉 林	**26009**	**22700**	**47767**	**173319**	**5260481**	**172523**
长 春	3198	3007	11693	35201	901961	35310
吉 林	13101	12115	20055	23347	1450213	41660
四 平	842	501	3909	33355	1004045	17350
辽 源	398	252	113	14211	14113	10922
通 化	5023	4362	4456	15526	101801	13926
白 山	1151	683	2617	25268	910624	18910
松 原	689	638	3799	21191	829073	28062
白 城	1607	1142	1125	5220	48651	6383
黑 龙 江	**47335**	**44108**	**17389**	**262130**	**7326656**	**371349**
哈 尔 滨	5780	5260	2865	39339	1234991	55707
齐齐哈尔	10412	10301	2532	49187	1582307	56324
鸡 西	888	718	986	11369	531033	30871
鹤 岗	3300	2575	0	11021	141501	20861
双 鸭 山	585	443	1660	15344	322256	20526
大 庆	7312	6499	3992	43340	1392952	38401
伊 春	1271	1144	699	8184	75220	27107
佳 木 斯	7734	7431	0	23423	842491	52833
七 台 河	836	783	550	14390	96879	14830
牡 丹 江	7725	7708	3447	32602	826223	43917
黑 河	667	658	52	7369	240583	3484
绥 化	825	588	606	6562	40220	6488
上 海	**61112**	**58020**	**48551**	**300734**	**4028884**	**49671**
江 苏	**247360**	**241502**	**337952**	**1005080**	**10039909**	**347179**
南 京	48836	44904	150824	141577	1883491	44617
无 锡	31520	31094	37527	89504	1104904	21990

3—42 续表 2

城　市	工业废水排放量（万吨）	工业废水排放达标量（万吨）	工业二氧化硫去除量（吨）	工业二氧化硫排放量（吨）	工业烟尘去除量（吨）	工业烟尘排放量（吨）
徐　州	9581	9563	17380	142658	1659244	53802
常　州	24072	23887	5816	45668	436459	15375
苏　州	59909	59706	39608	216870	1490672	46335
南　通	12055	12055	9545	68607	1032854	38256
连云港	5298	5298	3277	46560	471830	18471
淮　安	7126	7126	2909	26676	636296	20204
盐　城	11205	11205	5745	33958	363711	21882
扬　州	9192	8967	5520	70723	669038	15885
镇　江	10000	9847	40053	83825	180623	37416
泰　州	14985	14537	8770	28244	98988	10149
宿　迁	3581	3313	10978	10210	11799	2797
浙　江	**170691**	**166004**	**346933**	**707151**	**6027690**	**182125**
杭　州	67775	66594	47267	112992	716250	41082
宁　波	14321	13870	192235	190071	2074969	22607
温　州	10176	9792	13267	68578	417426	8385
嘉　兴	17630	17318	12722	56559	314730	24841
湖　州	9998	9694	27635	58122	494769	13180
绍　兴	18864	18337	25397	68536	298248	22495
金　华	7500	7244	1682	34995	441700	12330
衢　州	16018	15475	21509	31228	342139	17108
舟　山	958	744	0	22313	174882	3988
台　州	4018	3532	3223	57488	731653	9646
丽　水	3433	3404	1996	6269	20924	6463
安　徽	**63542**	**60930**	**575746**	**398673**	**4529594**	**223395**
合　肥	6994	6885	1487	24392	748426	12362
芜　湖	4355	4331	1241	20963	264354	8451
蚌　埠	4639	4229	2107	15967	71309	11463
淮　南	7505	7294	7033	103430	980555	27818
马鞍山	13134	13014	7466	44036	459454	9976
淮　北	2398	2370	7667	41721	973668	25219
铜　陵	4965	4100	491860	42557	472079	9830
安　庆	4267	4201	16980	20437	255543	18245
黄　山	464	444	0	2270	3187	2218
滁　州	1976	1820	1590	10816	39718	16118
阜　阳	2017	2017	3515	7191	26758	3764
宿　州	1395	1202	986	7588	81066	9022
巢　湖	1843	1730	1794	19612	91183	15950
六　安	4259	4133	152	11529	19821	7192
亳　州	1149	1148	3490	4345	15016	1535

3—42 续表 3

城　市	工业废水排放量（万吨）	工业废水排放达标量（万吨）	工业二氧化硫去除量（吨）	工业二氧化硫排放量（吨）	工业烟尘去除量（吨）	工业烟尘排放量（吨）
池　州	596	596	16570	10113	13358	37037
宣　城	1586	1416	11808	11706	14099	7195
福　建	**98388**	**95631**	**153245**	**192985**	**2373582**	**73550**
福　州	4951	4865	5620	36408	447190	14509
厦　门	3543	3456	2700	30800	329800	7600
莆　田	1591	1430	890	16945	3506	1205
三　明	16553	15407	2837	40886	549121	18705
泉　州	16916	16256	11267	13831	41926	19536
漳　州	43874	43657	34361	4103	9117	655
南　平	7179	6884	94415	15397	288205	3056
龙　岩	3551	3476	1043	34336	704074	8039
宁　德	230	200	112	279	643	245
江　西	**50206**	**41713**	**668461**	**286334**	**4955143**	**186389**
南　昌	6988	6676	5150	33205	469877	23271
景德镇	5039	4854	1294	16538	445580	10439
萍　乡	1857	1529	5493	16248	703336	26104
九　江	6191	4920	5783	42233	1007235	21309
新　余	4608	3681	6345	17212	473589	3711
鹰　潭	6199	5668	624143	26789	596362	11469
赣　州	3361	1520	671	13430	10167	15209
吉　安	7144	5449	1852	24024	443433	11804
宜　春	1794	1661	6993	48239	790872	19771
抚　州	2753	2182	1048	21051	8549	28432
上　饶	4272	3573	9689	27365	6143	14870
山　东	**115410**	**112068**	**565038**	**1276520**	**13264944**	**372610**
济　南	4865	4607	20874	61437	979366	19372
青　岛	9295	9288	20158	94506	1397238	19541
淄　博	10024	10024	94422	189006	983059	65595
枣　庄	13026	12242	33899	69172	689295	15389
东　营	7810	7491	25693	58004	437470	9431
烟　台	6861	6795	104668	83502	248233	15031
潍　坊	10872	10805	39533	93565	977683	32983
济　宁	8854	8640	14261	118515	1755835	27403
泰　安	3885	3791	68829	77696	976563	30103
威　海	2306	2306	23003	42954	45249	5448
日　照	3490	3490	3275	36407	334384	7632
莱　芜	1873	1847	9264	67545	1049189	25817
临　沂	5002	4867	47238	45066	541389	23721
德　州	8751	8751	3754	109717	1582047	24780

3—42 续表 4

城　市	工业废水排放量（万吨）	工业废水排放达标量（万吨）	工业二氧化硫去除量（吨）	工业二氧化硫排放量（吨）	工业烟尘去除量（吨）	工业烟尘排放量（吨）
聊　城	11529	11529	29708	49699	793895	19344
滨　州	2989	2187	24709	48407	151172	15991
菏　泽	3978	3408	1750	31322	322877	15029
河　南	**112814**	**103201**	**184110**	**883347**	**10856455**	**628357**
郑　州	10852	10359	18971	78071	1883040	86209
开　封	3726	3358	3762	16958	319729	18173
洛　阳	10769	9445	33103	184432	1644331	123565
平顶山	5114	4897	6072	72373	1666118	39504
安　阳	10263	9395	13151	75507	968804	71390
鹤　壁	1905	1728	5034	50864	51483	13583
新　乡	20949	20657	4054	53129	348215	37123
焦　作	13934	12966	6740	68666	1429636	54588
濮　阳	6114	4459	691	16167	261370	17211
许　昌	2090	2045	0	28756	252544	15022
漯　河	3320	3149	3477	9725	55024	6438
三门峡	2515	2035	75704	91232	769652	21046
南　阳	9998	9103	1394	55864	794765	32862
商　丘	2212	1397	1421	32697	60491	35966
信　阳	2003	1749	833	18792	44136	16316
周　口	2991	2910	4841	8133	230005	15907
驻马店	4059	3549	4862	21981	77112	23454
湖　北	**92935**	**78601**	**328090**	**442480**	**4514464**	**250315**
武　汉	34577	31264	27700	111100	1414700	56300
黄　石	9696	8088	216012	40545	397049	10779
十　堰	3801	3799	1595	24173	173297	14685
宜　昌	6933	5468	23839	43819	292719	38932
襄　樊	10541	8710	18785	57242	778606	20491
鄂　州	2301	2301	109	19380	366186	13632
荆　门	5395	4912	19694	58228	120228	35860
孝　感	5441	4736	5107	30237	778305	22499
荆　州	5001	3224	12587	33092	157361	19021
黄　冈	5242	3509	1554	8315	3200	4192
咸　宁	2480	1490	1108	7560	17577	8850
随　州	1527	1100	0	8789	15236	5074
湖　南	**121884**	**99008**	**493872**	**519567**	**3171727**	**382862**
长　沙	4006	3510	25309	54465	23867	40407
株　洲	9435	7708	318567	77373	588291	41430
湘　潭	14960	12659	7852	37285	539770	48551
衡　阳	9172	7715	49453	46625	271432	30480

3—42 续表 5

城　　市	工业废水排放量（万吨）	工业废水排放达标量（万吨）	工业二氧化硫去除量（吨）	工业二氧化硫排放量（吨）	工业烟尘去除量（吨）	工业烟尘排放量（吨）
邵　阳	8389	5772	8051	15494	43984	24348
岳　阳	10798	9506	8766	30517	659490	16992
常　德	22761	19707	24502	43071	84346	15919
张家界	829	514	1014	8458	31099	4951
益　阳	7208	3220	4635	55377	200735	36594
郴　州	6350	5220	11922	29594	410200	38946
永　州	3530	2988	7087	17101	35943	25505
怀　化	8435	7239	19069	49677	86869	8101
娄　底	16011	13250	7645	54530	195701	50638
广　东	**139165**	**120820**	**212992**	**884859**	**6247101**	**141373**
广　州	21213	17421	44320	178721	2037526	14005
韶　关	14342	11255	15714	60108	1106483	18808
深　圳	5362	5106	12687	40800	275777	4921
珠　海	2527	2407	3584	32350	337635	3614
汕　头	4800	4672	329	23046	210078	3599
佛　山	11020	9417	10034	118201	458696	14892
江　门	10882	10487	7504	23991	122480	15097
湛　江	8625	7029	73426	47581	487778	12654
茂　名	6505	6016	11615	37467	2664	8176
肇　庆	6640	6309	5645	22749	21214	8163
惠　州	3432	3216	361	7947	14481	698
梅　州	4065	3131	0	29369	403600	7150
汕　尾	220	195	0	924	2	51
河　源	787	664	530	3132	6628	5176
阳　江	1288	954	1030	5189	12119	2189
清　远	2752	2348	16415	21023	278445	7930
东　莞	23389	19761	7400	182020	28187	6038
中　山	6999	6668	975	22170	45620	2757
潮　州	894	745	51	3082	749	886
揭　阳	1301	1192	379	1746	1576	225
云　浮	2122	1827	993	23243	395363	4344
广　西	**102843**	**87101**	**364655**	**681820**	**3345718**	**458302**
南　宁	15315	12919	20070	43840	364997	48791
柳　州	27237	21447	165854	88018	653294	51837
桂　林	5033	4842	1289	57474	367680	37631
梧　州	5117	4878	3442	16664	71738	15425
北　海	1487	1322	2811	26786	12813	17574
防城港	2043	820	178	4335	8266	2589
钦　州	4704	4174	13459	21911	32767	17953

3—42 续表 6

城　市	工业废水排放量（万吨）	工业废水排放达标量（万吨）	工业二氧化硫去除量（吨）	工业二氧化硫排放量（吨）	工业烟尘去除量（吨）	工业烟尘排放量（吨）
贵　港	11028	10546	15478	52834	111404	51245
玉　林	2349	1596	2313	62767	10720	43619
百　色	4636	4523	7000	46942	460742	34822
贺　州	2915	2822	1432	16982	52015	17025
河　池	7956	7059	78047	44799	87329	12418
来　宾	5398	3410	45571	190674	1068746	100257
崇　左	7625	6743	7711	7794	43207	7116
海　南	**873**	**693**	**0**	**1069**	**823**	**441**
海　口	694	672	0	539	823	301
三　亚	179	21	0	530	0	140
重　庆	**81973**	**73663**	**251863**	**599664**	**1569948**	**119817**
四　川	**116580**	**98172**	**207818**	**1005366**	**3429021**	**712643**
成　都	32601	31072	18586	137996	576248	200758
自　贡	3017	953	17365	31841	175808	15333
攀枝花	2683	2521	1560	84648	343614	13556
泸　州	11483	9909	3658	16918	23592	9941
德　阳	6110	5230	8805	19949	22381	10687
绵　阳	8596	8390	62503	65852	230419	28831
广　元	4212	3699	617	36634	71786	19129
遂　宁	1687	659	19718	7212	13806	3814
内　江	5134	2604	5070	121524	697507	23815
乐　山	11070	10312	8001	82790	142271	159722
南　充	3848	3282	5418	6848	5361	3409
眉　山	6348	5460	5620	19703	22021	19681
宜　宾	9351	6893	29742	156535	796289	41741
广　安	803	633	7303	66161	14919	56219
达　州	2722	1758	671	124000	262000	74853
雅　安	2122	1871	7639	4980	15669	15137
巴　中	274	219	3606	628	6148	1296
资　阳	4519	2707	1936	21057	9182	14721
贵　州	**13018**	**8665**	**105838**	**400838**	**3210532**	**127857**
贵　阳	5845	3820	81958	205840	1272782	48247
六盘水	4790	3403	13122	69829	1226025	51198
遵　义	1791	1000	7356	68299	443352	25157
安　顺	592	442	3402	56870	268373	3255
云　南	**19412**	**14943**	**399511**	**159083**	**2317552**	**56856**
昆　明	5070	4693	326207	77264	625148	9857
曲　靖	2690	2282	46478	50159	1578436	33641
玉　溪	1903	1331	6841	8319	3885	4436

3—42 续表 7

城　市	工业废水排放量（万吨）	工业废水排放达标量（万吨）	工业二氧化硫去除量（吨）	工业二氧化硫排放量（吨）	工业烟尘去除量（吨）	工业烟尘排放量（吨）
保　山	3628	1481	12391	4530	7652	2120
昭　通	585	399	4875	4871	43022	3167
丽　江	157	85	23	612	2367	259
思　茅	2410	2300	2696	10222	50692	2627
临　沧	2969	2372	0	3106	6350	749
陕　西	**33219**	**28113**	**92455**	**629235**	**3629015**	**228013**
西　安	11247	9047	7471	71749	497093	38326
铜　川	335	310	2672	9129	6883	2789
宝　鸡	8123	7226	5632	72293	539565	19147
咸　阳	5470	5003	1499	124044	703863	29278
渭　南	3518	2872	14465	243860	1445236	64297
延　安	419	237	71	4840	52835	6756
汉　中	2174	1967	56215	44931	237327	30383
榆　林	762	659	2395	46422	142165	22961
安　康	504	392	446	4147	3185	3715
商　洛	667	400	1589	7820	863	10361
甘　肃	**16825**	**11763**	**561295**	**367415**	**1952210**	**104857**
兰　州	5144	4212	3292	59178	726839	23459
嘉峪关	3028	2332	749	14556	90467	9063
金　昌	2086	1569	343901	128732	375299	28389
白　银	1826	1229	193942	121320	494581	12741
天　水	698	527	8627	5867	19448	9538
武　威	713	274	457	2715	10609	2747
张　掖	848	18	4479	6855	11619	4776
平　凉	896	446	325	16026	169489	7088
酒　泉	880	774	4582	7950	51115	2366
庆　阳	397	191	445	2700	1567	2600
定　西	309	191	496	1516	1177	2090
青　海	**2065**	**1875**	**0**	**44484**	**602648**	**29167**
西　宁	2065	1875	0	44484	602648	29167
宁　夏	**10751**	**6289**	**26009**	**238951**	**2271649**	**109423**
银　川	2671	2339	9769	14555	49520	4787
石嘴山	2220	1184	10913	111441	1347123	76704
吴　忠	5550	2763	5327	112237	875006	25887
固　原	310	3	0	718	0	2045
新　疆	**6381**	**5836**	**41061**	**82245**	**651889**	**42497**
乌鲁木齐	4049	3551	41061	70399	575948	39431
克拉玛依	2332	2285	0	11846	75941	3066

3－43　环境状况(三)废物处理率(全市)

单位:%

城　市	工业固体废物综合利用率	工业废水排放达标率	生活污水处理率	生活垃圾无害化处理率
北　京	71.00	99.30	50.00	74.00
天　津	96.00	99.84	44.00	61.00
河　北				
石家庄	88.00	96.50	28.00	61.00
唐　山	38.00	93.94	51.00	62.00
秦皇岛	48.00	99.90	65.00	85.00
邯　郸	61.00	96.83	36.00	47.00
邢　台	65.00	94.91	31.00	27.00
保　定	63.00	96.84	38.00	17.00
张家口	50.00	78.68	42.00	100.00
承　德	35.00	94.81	27.00	28.00
沧　州	95.00	90.94	28.00	3.00
廊　坊	99.00	98.10	21.00	22.00
衡　水	96.00	91.18	16.00	0.00
山　西				
太　原	43.00	90.15	61.00	77.00
大　同	28.00	86.16	30.00	26.00
阳　泉	12.00	78.20	5.00	0.00
长　治	48.00	92.61	30.00	70.00
晋　城	33.00	93.03	38.00	10.00
朔　州	22.00	97.99	18.00	50.00
晋　中	41.00	64.91	15.00	60.00
运　城	54.00	80.80	8.00	0.00
忻　州	50.00	77.54	0.00	70.00
临　汾	54.00	98.00	38.00	0.00
吕　梁	37.00	63.66	0.00	80.00
内蒙古				
呼和浩特	33.00	80.61	53.00	63.00
包　头	18.00	82.46	51.00	96.00
乌　海	61.00	66.13	0.00	51.00
赤　峰	29.00	84.28	21.00	36.00
通　辽	28.00	78.36	44.00	100.00
鄂尔多斯	43.00	91.82	73.00	100.00
海拉尔	74.00	27.16	11.00	20.00
巴彦淖尔	15.00	25.99	29.00	5.00
乌兰察布	30.00	92.25	40.00	70.00
辽　宁				
沈　阳	72.00	99.57	66.00	100.00

3—43 续表 1　　　　　　　　　　　　　　　　　　　　　　　　　　单位:%

城　市	工业固体废物综合利用率	工业废水排放达标率	生活污水处理率	生活垃圾无害化处理率
大　连	66.00	96.62	63.00	88.00
鞍　山	27.00	85.71	33.00	100.00
抚　顺	71.00	91.70	37.00	0.00
本　溪	32.00	95.28	24.00	1.00
丹　东	51.00	95.39	0.00	30.00
锦　州	52.00	66.05	26.00	91.00
营　口	89.00	46.86	0.00	69.00
阜　新	64.00	76.38	19.00	70.00
辽　阳	15.00	90.46	56.00	58.00
盘　锦	83.00	88.07	0.00	100.00
铁　岭	26.00	86.72	12.00	0.00
朝　阳	28.00	90.69	0.00	85.00
葫芦岛	73.00	100.00	33.00	0.00
吉　林				
长　春	92.00	94.03	65.00	90.00
吉　林	57.00	92.47	16.00	0.00
四　平	49.00	59.50	15.00	0.00
辽　源	53.00	63.32	65.00	0.00
通　化	73.00	86.84	0.00	100.00
白　山	14.00	59.34	0.00	0.00
松　原	42.00	92.60	0.00	0.00
白　城	90.00	71.06	0.00	0.00
黑龙江				
哈尔滨	73.00	91.00	8.00	6.00
齐齐哈尔	77.00	98.93	59.00	44.00
鸡　西	69.00	80.86	0.00	40.00
鹤　岗	73.00	78.03	0.00	0.00
双鸭山	70.00	75.73	0.00	64.00
大　庆	78.00	88.88	56.00	82.00
伊　春	51.00	90.01	2.00	24.00
佳木斯	58.00	96.08	0.00	15.00
七台河	75.00	93.66	11.00	57.00
牡丹江	73.00	99.78	25.00	67.00
黑　河	97.00	98.65	0.00	0.00
绥　化	100.00	71.27	0.00	0.00
上　海	97.00	94.94	21.00	12.00
江　苏				
南　京	83.00	91.95	61.00	84.00
无　锡	97.00	98.65	67.00	74.00

3—43 续表 2　　单位:%

城　市	工业固体废物综合利用率	工业废水排放达标率	生活污水处理率	生活垃圾无害化处理率
徐　州	93.00	99.81	38.00	98.00
常　州	99.00	99.23	83.00	91.00
苏　州	97.00	99.66	76.00	98.00
南　通	99.00	100.00	49.00	88.00
连云港	76.00	100.00	32.00	95.00
淮　安	98.00	100.00	13.00	50.00
盐　城	100.00	100.00	8.00	95.00
扬　州	96.00	97.55	73.00	97.00
镇　江	90.00	98.47	70.00	95.00
泰　州	99.00	97.01	70.00	97.00
宿　迁	100.00	92.52	10.00	67.00
浙　江				
杭　州	94.00	98.26	72.00	88.00
宁　波	77.00	96.85	39.00	91.00
温　州	85.00	96.23	9.00	59.00
嘉　兴	98.00	98.23	34.00	84.00
湖　州	96.00	96.96	34.00	64.00
绍　兴	69.00	97.21	50.00	98.00
金　华	94.00	96.59	35.00	99.00
衢　州	98.00	96.61	30.00	99.00
舟　山	97.00	77.66	0.00	0.00
台　州	93.00	87.90	26.00	81.00
丽　水	68.00	99.16	16.00	74.00
安　徽				
合　肥	96.00	98.44	73.00	0.00
芜　湖	95.00	99.45	10.00	0.00
蚌　埠	74.00	91.16	0.00	0.00
淮　南	86.00	97.19	54.00	0.00
马鞍山	61.00	99.09	4.00	0.00
淮　北	91.00	98.83	70.00	72.00
铜　陵	61.00	82.58	1.00	0.00
安　庆	78.00	98.45	92.00	0.00
黄　山	84.00	95.69	0.00	0.00
滁　州	93.00	92.11	0.00	70.00
阜　阳	100.00	100.00	0.00	0.00
宿　州	100.00	86.16	19.00	0.00
巢　湖	86.00	93.87	0.00	0.00
六　安	90.00	97.04	0.00	0.00
亳　州	100.00	99.91	0.00	0.00

3—43 续表 3　　单位:%

城　市	工业固体废物综合利用率	工业废水排放达标率	生活污水处理率	生活垃圾无害化处理率
池　州	34.00	100.00	0.00	0.00
宣　城	72.00	89.28	0.00	0.00
福　建				
福　州	92.00	98.26	55.00	100.00
厦　门	85.00	97.54	51.00	94.00
莆　田	89.00	89.88	45.00	92.00
三　明	58.00	93.08	22.00	91.00
泉　州	89.00	96.10	22.00	80.00
漳　州	51.00	99.51	38.00	100.00
南　平	80.00	95.89	14.00	32.00
龙　岩	59.00	97.89	50.00	70.00
宁　德	91.00	86.96	0.00	0.00
江　西				
南　昌	85.00	95.54	17.00	100.00
景德镇	82.00	96.33	80.00	100.00
萍　乡	82.00	82.34	7.00	0.00
九　江	44.00	79.47	0.00	0.00
新　余	67.00	79.88	47.00	0.00
鹰　潭	53.00	91.43	0.00	100.00
赣　州	47.00	45.22	0.00	19.00
吉　安	31.00	76.27	0.00	83.00
宜　春	34.00	92.59	0.00	100.00
抚　州	40.00	79.26	0.00	0.00
上　饶	81.00	83.64	0.00	52.00
山　东				
济　南	96.00	94.70	57.00	100.00
青　岛	98.00	99.92	53.00	100.00
淄　博	76.00	100.00	64.00	78.00
枣　庄	91.00	93.98	39.00	93.00
东　营	87.00	95.92	48.00	82.00
烟　台	85.00	99.04	78.00	83.00
潍　坊	90.00	99.38	70.00	100.00
济　宁	88.00	97.58	44.00	89.00
泰　安	86.00	97.58	28.00	90.00
威　海	86.00	100.00	73.00	100.00
日　照	84.00	100.00	66.00	91.00
莱　芜	68.00	98.61	44.00	100.00
临　沂	86.00	97.30	21.00	62.00
德　州	88.00	100.00	66.00	85.00

3—43续表4　　　　单位：%

城　市	工业固体废物综合利用率	工业废水排放达标率	生活污水处理率	生活垃圾无害化处理率
聊　城	100.00	100.00	35.00	94.00
滨　州	90.00	73.17	45.00	82.00
菏　泽	100.00	85.67	0.00	60.00
河　南				
郑　州	64.00	95.46	54.00	81.00
开　封	97.00	90.12	51.00	76.00
洛　阳	52.00	87.71	45.00	74.00
平顶山	64.00	95.76	87.00	100.00
安　阳	73.00	91.54	34.00	100.00
鹤　壁	62.00	90.71	0.00	26.00
新　乡	99.00	98.61	0.00	31.00
焦　作	71.00	93.05	31.00	85.00
濮　阳	91.00	72.93	64.00	100.00
许　昌	61.00	97.85	66.00	81.00
漯　河	100.00	94.85	42.00	99.00
三门峡	33.00	80.91	0.00	100.00
南　阳	60.00	91.05	36.00	76.00
商　丘	100.00	63.16	38.00	48.00
信　阳	91.00	87.32	0.00	0.00
周　口	96.00	97.29	5.00	55.00
驻马店	95.00	87.44	0.00	100.00
湖　北				
武　汉	94.00	90.42	21.00	85.00
黄　石	35.00	83.42	39.00	69.00
十　堰	79.00	99.95	34.00	65.00
宜　昌	72.00	78.87	57.00	70.00
襄　樊	79.00	82.63	4.00	100.00
鄂　州	91.00	100.00	45.00	91.00
荆　门	95.00	91.05	3.00	100.00
孝　感	91.00	87.04	7.00	20.00
荆　州	81.00	64.47	32.00	22.00
黄　冈	96.00	66.94	45.00	71.00
咸　宁	95.00	60.08	10.00	20.00
随　州	95.00	72.04	40.00	58.00
湖　南				
长　沙	99.00	87.62	45.00	76.00
株　洲	75.00	81.70	63.00	77.00
湘　潭	73.00	84.62	2.00	83.00
衡　阳	43.00	84.11	0.00	45.00

3—43 续表 5

单位:%

城　市	工业固体废物综合利用率	工业废水排放达标率	生活污水处理率	生活垃圾无害化处理率
邵　阳	33.00	68.80	65.00	50.00
岳　阳	80.00	88.03	24.00	67.00
常　德	56.00	86.58	39.00	35.00
张家界	43.00	62.00	0.00	67.00
益　阳	92.00	44.67	0.00	0.00
郴　州	77.00	82.20	0.00	65.00
永　州	72.00	84.65	0.00	100.00
怀　化	51.00	85.82	0.00	45.00
娄　底	57.00	82.76	0.00	0.00
广　东				
广　州	93.00	82.12	30.00	75.00
韶　关	57.00	78.48	0.00	85.00
深　圳	82.00	95.23	62.00	69.00
珠　海	88.00	95.25	64.00	80.00
汕　头	96.00	97.33	31.00	100.00
佛　山	93.00	85.45	44.00	100.00
江　门	95.00	96.37	18.00	29.00
湛　江	89.00	81.50	0.00	83.00
茂　名	25.00	92.48	0.00	69.00
肇　庆	51.00	95.02	20.00	47.00
惠　州	82.00	93.71	34.00	0.00
梅　州	92.00	77.02	0.00	0.00
汕　尾	91.00	88.64	0.00	0.00
河　源	61.00	84.37	0.00	15.00
阳　江	96.00	74.07	30.00	33.00
清　远	51.00	85.32	10.00	100.00
东　莞	94.00	84.49	10.00	100.00
中　山	83.00	95.27	62.00	100.00
潮　州	91.00	83.33	28.00	0.00
揭　阳	96.00	91.62	0.00	0.00
云　浮	70.00	86.10	0.00	0.00
广　西				
南　宁	80.00	84.36	20.00	100.00
柳　州	76.00	78.74	4.00	69.00
桂　林	83.00	96.21	76.00	100.00
梧　州	59.00	95.33	0.00	54.00
北　海	82.00	88.90	23.00	100.00
防城港	89.00	40.14	0.00	0.00
钦　州	71.00	88.73	0.00	0.00

3—43 续表 6　　单位:%

城　　市	工业固体废物综合利用率	工业废水排放达标率	生活污水处理率	生活垃圾无害化处理率
贵　港	85.00	95.63	0.00	0.00
玉　林	95.00	67.94	0.00	100.00
百　色	24.00	97.56	3.00	0.00
贺　州	52.00	96.81	0.00	0.00
河　池	29.00	88.73	0.00	0.00
来　宾	65.00	63.17	0.00	90.00
崇　左	96.00	88.43	0.00	0.00
海　南				
海　口	100.00	96.83	80.00	100.00
三　亚	77.00	11.73	66.00	100.00
重　庆	68.00	89.86	10.00	17.00
四　川				
成　都	93.00	95.31	51.00	87.00
自　贡	42.00	31.59	24.00	88.00
攀枝花	34.00	93.96	0.00	35.00
泸　州	29.00	86.29	36.00	43.00
德　阳	33.00	85.60	0.00	35.00
绵　阳	70.00	97.60	33.00	35.00
广　元	80.00	87.82	0.00	60.00
遂　宁	99.00	39.06	32.00	95.00
内　江	66.00	50.72	0.00	6.00
乐　山	88.00	93.15	0.00	23.00
南　充	99.00	85.29	0.00	8.00
眉　山	77.00	86.01	0.00	12.00
宜　宾	51.00	73.71	0.00	100.00
广　安	28.00	78.83	65.00	81.00
达　州	85.00	64.58	0.00	50.00
雅　安	34.00	88.17	0.00	0.00
巴　中	36.00	79.93	0.00	0.00
资　阳	97.00	59.90	0.00	58.00
贵　州				
贵　阳	44.00	65.36	17.00	70.00
六盘水	30.00	71.04	0.00	60.00
遵　义	72.00	55.83	80.00	95.00
安　顺	14.00	74.66	0.00	0.00
云　南				
昆　明	87.00	92.56	60.00	100.00
曲　靖	42.00	84.83	64.00	27.00
玉　溪	34.00	69.94	22.00	59.00

3—43 续表 7 单位:%

城　　市	工业固体废物综合利用率	工业废水排放达标率	生活污水处理率	生活垃圾无害化处理率
保　　山	74.00	40.82	0.00	55.00
昭　　通	37.00	68.21	0.00	0.00
丽　　江	53.00	54.14	31.00	85.00
思　　茅	21.00	95.44	0.00	0.00
临　　沧	96.00	79.89	0.00	0.00
陕　　西				
西　　安	80.00	80.44	38.00	98.00
铜　　川	29.00	92.54	0.00	0.00
宝　　鸡	42.00	88.96	0.00	0.00
咸　　阳	71.00	91.46	0.00	100.00
渭　　南	13.00	81.64	0.00	0.00
延　　安	60.00	56.56	50.00	100.00
汉　　中	19.00	90.48	0.00	0.00
榆　　林	9.00	86.48	0.00	0.00
安　　康	33.00	77.78	0.00	0.00
商　　洛	3.00	59.97	0.00	0.00
甘　　肃				
兰　　州	70.00	81.88	43.00	49.00
嘉 峪 关	32.00	77.01	0.00	100.00
金　　昌	11.00	75.22	0.00	0.00
白　　银	22.00	67.31	25.00	91.00
天　　水	91.00	75.50	20.00	40.00
武　　威	40.00	38.43	81.00	83.00
张　　掖	33.00	2.12	0.00	0.00
平　　凉	30.00	49.78	0.00	71.00
酒　　泉	47.00	87.95	24.00	49.00
庆　　阳	99.00	48.11	0.00	0.00
定　　西	0.00	61.81	0.00	0.00
青　　海				
西　　宁	36.00	90.80	15.00	73.00
宁　　夏				
银　　川	92.00	87.57	68.00	100.00
石 嘴 山	38.00	53.33	30.00	18.00
吴　　忠	63.00	49.78	50.00	4.00
固　　原	95.00	0.97	0.00	0.00
新　　疆				
乌鲁木齐	68.00	87.70	54.00	22.00
克拉玛依	70.00	97.98	83.00	0.00

3—44 环境状况(四):城市绿化(市辖区)

城　市	园林绿地面积(公顷)	公共绿地面积	建成区绿化覆盖面积(公顷)	人均绿地面积(平方米/人)	建成区绿化覆盖率(%)
城市合计	**997773**	**181449**	**712990**	**29.18**	**32.52**
北　京	**48496**	**10826**	**48267**	**44.94**	**40.90**
天　津	**13239**	**4161**	**15115**	**17.45**	**31.04**
河　北	**32509**	**7095**	**31447**	**27.87**	**36.48**
石家庄	4551	1114	4638	21.56	32.89
唐　山	7167	1487	8224	24.30	43.98
秦皇岛	3332	600	3128	45.05	39.10
邯　郸	4306	1082	4233	31.16	41.91
邢　台	2649	296	1439	47.81	30.62
保　定	2291	440	2699	24.01	34.60
张家口	2195	469	2077	25.66	26.97
承　德	1134	908	1261	24.97	31.53
沧　州	809	133	1022	16.91	29.20
廊　坊	3314	381	1890	44.33	42.00
衡　水	761	185	836	17.30	26.97
山　西	**12881**	**3398**	**14701**	**14.74**	**27.17**
太　原	5150	1453	6384	20.58	36.07
大　同	2130	377	2275	15.23	26.15
阳　泉	707	252	834	10.88	17.02
长　治	1001	297	1253	15.08	27.84
晋　城	675	224	875	23.95	29.17
朔　州	748	238	747	12.97	29.88
晋　中	700	123	794	13.26	26.47
运　城	573	157	505	9.23	16.83
忻　州	87	76	157	1.70	8.26
临　汾	1067	163	783	13.89	21.16
吕　梁	43	38	94	1.81	7.83
内蒙古	**13077**	**3394**	**13873**	**20.19**	**27.97**
呼和浩特	2916	494	2704	26.58	22.53
包　头	5072	1130	5626	28.49	37.51
乌　海	864	156	920	20.77	16.43
赤　峰	1225	256	1379	10.83	34.48
通　辽	835	157	998	10.41	31.19
鄂尔多斯	168	68	170	7.66	7.39
海拉尔	842	580	851	33.23	30.39
巴彦淖尔	533	187	586	10.22	30.84
乌兰察布	622	366	639	24.12	22.82
辽　宁	**56188**	**11349**	**49703**	**31.48**	**36.12**
沈　阳	13851	3309	8978	28.36	34.40

3—44 续表 1

城　　市	园林绿地面　积（公顷）	公共绿地面积	建成区绿化覆盖面积（公顷）	人均绿地面　积（平方米/人）	建成区绿化覆盖率（%）
大　　连	11048	2162	10402	40.21	41.94
鞍　　山	4694	1004	4796	32.27	35.26
抚　　顺	3895	858	4480	27.52	37.97
本　　溪	4238	641	4391	44.01	41.04
丹　　东	1775	361	1833	23.46	34.58
锦　　州	2635	503	2210	30.41	36.83
营　　口	2121	463	1520	24.92	18.77
阜　　新	1729	422	1923	22.11	39.24
辽　　阳	2441	432	2700	34.10	32.93
盘　　锦	1448	339	1676	25.58	32.23
铁　　岭	1682	203	1433	38.76	34.95
朝　　阳	1988	164	716	41.50	25.57
葫 芦 岛	2643	488	2645	28.30	44.08
吉　　林	**17551**	**4019**	**18708**	**22.98**	**34.77**
长　　春	5814	1623	6669	18.75	39.00
吉　　林	6671	1091	6626	37.15	40.65
四　　平	777	144	720	15.19	18.46
辽　　源	819	222	839	18.33	23.31
通　　化	1045	364	1232	23.00	31.59
白　　山	460	140	479	13.94	19.16
松　　原	951	187	1051	18.46	32.84
白　　城	1014	248	1092	20.98	33.09
黑 龙 江	**31460**	**7249**	**30251**	**26.53**	**28.89**
哈 尔 滨	5834	1823	6780	18.51	30.13
齐齐哈尔	4595	631	2823	32.21	27.41
鸡　　西	1982	475	2001	21.70	27.41
鹤　　岗	1613	797	1585	23.41	27.33
双 鸭 山	1638	378	1993	32.49	33.78
大　　庆	6003	649	4826	50.87	33.51
伊　　春	3520	1131	3506	42.03	22.19
佳 木 斯	2124	375	2220	25.91	39.64
七 台 河	725	460	847	14.41	11.76
牡 丹 江	2642	414	2762	34.11	46.81
黑　　河	178	48	193	9.18	11.35
绥　　化	606	68	715	7.00	31.09
上　　海	**24426**	**9450**	**25993**	**19.11**	**47.26**
江　　苏	**110961**	**13311**	**54366**	**52.99**	**37.26**
南　　京	66960	4907	19440	136.72	43.49
无　　锡	11842	1283	6510	53.93	36.17

3—44 续表 2

城　市	园林绿地面积(公顷)	公共绿地面积	建成区绿化覆盖面积(公顷)	人均绿地面积(平方米/人)	建成区绿化覆盖率(%)
徐　州	4226	825	2629	25.26	29.54
常　州	4813	1193	3239	22.55	35.21
苏　州	4917	1603	5543	22.67	37.20
南　通	2938	564	3334	35.39	37.46
连云港	1559	424	1872	23.75	29.71
淮　安	2351	621	2559	8.77	32.39
盐　城	1342	378	1574	20.23	28.11
扬　州	1950	562	2143	17.33	36.95
镇　江	4693	588	2846	46.69	36.03
泰　州	2689	179	1603	43.17	33.40
宿　迁	681	184	1074	23.77	35.80
浙　江	**27694**	**6657**	**29314**	**19.64**	**30.70**
杭　州	9120	1682	10057	23.19	36.57
宁　波	3651	1149	4000	17.65	36.36
温　州	2353	746	2521	17.47	22.11
嘉　兴	1686	381	1727	21.12	26.17
湖　州	1638	417	1830	15.21	28.59
绍　兴	2264	805	2560	35.45	39.38
金　华	1303	474	1578	14.14	26.30
衢　州	1222	190	1295	15.23	35.97
舟　山	2378	219	1640	34.48	32.80
台　州	1715	422	1722	11.74	17.57
丽　水	364	172	384	9.88	22.59
安　徽	**36046**	**5679**	**25940**	**21.83**	**28.92**
合　肥	4479	1165	5268	28.74	35.59
芜　湖	2459	568	2664	35.61	32.49
蚌　埠	3865	524	1687	48.62	25.18
淮　南	3115	332	2110	21.93	23.71
马鞍山	4333	606	2567	75.80	42.78
淮　北	1170	332	1423	14.13	33.88
铜　陵	1627	271	1323	41.70	40.09
安　庆	6015	270	967	100.92	27.63
黄　山	1301	227	816	31.39	42.95
滁　州	2080	88	793	41.35	29.37
阜　阳	1769	413	1639	9.65	34.15
宿　州	499	115	931	3.52	13.90
巢　湖	1321	160	805	15.38	15.48
六　安	733	186	959	4.16	20.85
亳　州	398	117	954	2.82	19.08

3—44 续表 3

城　市	园林绿地面积（公顷）	公共绿地面积	建成区绿化覆盖面积（公顷）	人均绿地面积（平方米/人）	建成区绿化覆盖率（%）
池　州	400	243	364	6.39	28.00
宣　城	482	62	670	5.78	35.26
福　建	**16918**	**3782**	**15926**	**20.52**	**34.10**
福　州	5253	1319	5299	31.60	33.12
厦　门	3748	1118	3680	26.44	35.38
莆　田	1365	207	1050	6.77	36.21
三　明	1053	201	798	37.27	42.00
泉　州	2390	376	1718	24.45	29.62
漳　州	1308	184	1486	25.22	37.15
南　平	601	129	660	12.26	33.00
龙　岩	914	193	956	19.77	34.14
宁　德	286	55	279	6.85	31.00
江　西	**19949**	**3671**	**15772**	**24.38**	**36.17**
南　昌	4709	1282	4953	23.98	58.27
景德镇	1901	291	1704	45.10	39.63
萍　乡	1350	398	1754	16.76	27.84
九　江	5811	436	1492	93.42	31.08
新　余	1717	355	1748	21.88	40.65
鹰　潭	440	46	539	23.81	28.37
赣　州	1118	263	885	20.48	27.66
吉　安	756	126	554	15.16	23.08
宜　春	1034	188	1022	10.79	36.50
抚　州	483	133	414	4.66	13.80
上　饶	630	153	707	17.44	33.67
山　东	**56956**	**13949**	**52373**	**22.24**	**35.48**
济　南	6543	1995	7644	19.54	38.22
青　岛	8829	2305	5472	35.78	37.48
淄　博	11195	1099	5997	40.95	36.57
枣　庄	1913	553	2482	9.24	28.53
东　营	3130	1230	3061	39.72	36.01
烟　台	5315	1188	5668	31.11	39.09
潍　坊	3244	570	3674	22.79	33.40
济　宁	1637	392	1860	15.56	39.57
泰　安	1958	673	2378	12.36	36.03
威　海	2029	721	2027	35.63	39.75
日　照	1646	609	1892	13.97	37.84
莱　芜	1734	645	1945	14.00	37.40
临　沂	3345	646	3400	17.64	31.48
德　州	1254	316	1255	22.07	33.03

3—44 续表 4

城　市	园林绿地面　积（公顷）	公共绿地面积	建成区绿化覆盖面积（公顷）	人均绿地面　积（平方米/人）	建成区绿化覆盖率（%）
聊　城	1462	526	1702	14.57	34.04
滨　州	730	287	790	11.91	21.35
菏　泽	992	194	1126	7.25	28.15
河　南	**29113**	**10400**	**33061**	**18.43**	**32.54**
郑　州	4263	1631	5512	17.77	32.42
开　封	1478	367	1771	18.87	25.30
洛　阳	3823	1030	4626	25.67	38.23
平顶山	1338	470	1405	14.46	26.51
安　阳	1860	394	2486	18.46	36.03
鹤　壁	961	104	1240	18.42	31.00
新　乡	2186	518	2741	27.37	40.31
焦　作	2555	649	2885	32.01	43.06
濮　阳	1229	477	1385	23.79	43.28
许　昌	1206	296	1280	31.33	35.56
漯　河	1084	449	1413	30.77	39.25
三门峡	515	246	587	18.40	24.46
南　阳	3403	2812	1874	20.20	27.97
商　丘	1126	536	1290	7.29	23.45
信　阳	921	211	1155	6.72	27.50
周　口	571	86	746	15.57	25.72
驻马店	594	124	665	10.29	17.97
湖　北	**50500**	**8222**	**28858**	**27.00**	**35.80**
武　汉	6513	3225	7550	8.34	34.95
黄　石	2001	667	2164	30.28	37.31
十　堰	12205	420	2360	244.10	44.53
宜　昌	2328	666	2697	19.24	40.25
襄　樊	4297	816	3055	19.67	38.19
鄂　州	877	263	1223	8.41	27.80
荆　门	1940	354	2251	26.89	47.89
孝　感	1549	231	1754	17.31	39.86
荆　州	1549	478	1711	14.15	29.00
黄　冈	762	413	836	21.02	33.44
咸　宁	542	272	828	9.65	26.71
随　州	15937	417	2429	96.11	29.62
湖　南	**27255**	**4659**	**23499**	**23.54**	**29.82**
长　沙	5712	1229	4974	29.10	36.84
株　洲	2635	391	2427	32.86	31.52
湘　潭	4166	560	2576	59.35	40.89
衡　阳	1757	239	2051	19.21	22.79

3—44 续表 5

城　市	园林绿地面积（公顷）	公共绿地面积	建成区绿化覆盖面积（公顷）	人均绿地面积（平方米/人）	建成区绿化覆盖率（%）
邵　阳	638	238	694	10.07	18.76
岳　阳	3364	456	2712	35.74	21.19
常　德	1878	484	2144	13.73	35.15
张家界	723	62	346	15.53	18.21
益　阳	1256	244	1339	9.81	32.66
郴　州	1265	198	1150	18.45	38.33
永　州	767	177	988	7.08	27.44
怀　化	1564	140	895	48.21	28.87
娄　底	1530	241	1203	37.11	30.08
广　东	**244125**	**24062**	**80605**	**84.18**	**32.73**
广　州	105158	5554	20786	178.76	34.19
韶　关	1604	619	1605	30.03	33.44
深　圳	99005	8416	22291	655.97	43.20
珠　海	4040	1261	3807	49.26	35.92
汕　头	4641	1042	5145	9.72	26.94
佛　山	4476	1127	3991	13.00	19.96
江　门	8158	770	2997	61.59	39.96
湛　江	2194	437	2385	15.21	32.23
茂　名	1206	296	1293	10.03	38.03
肇　庆	1456	350	1680	30.49	36.52
惠　州	2672	616	2920	24.57	46.35
梅　州	875	284	948	28.49	19.75
汕　尾	444	86	462	9.39	42.00
河　源	332	144	343	11.05	28.58
阳　江	877	387	860	13.95	26.06
清　远	662	120	711	12.21	19.75
东　莞	2290	1429	4095	14.41	16.65
中　山	1117	294	1224	8.10	37.09
潮　州	1456	596	1480	42.39	38.95
揭　阳	850	124	857	12.91	31.74
云　浮	612	110	725	21.66	40.28
广　西	**26412**	**3761**	**18627**	**23.30**	**30.49**
南　宁	5120	1032	4875	35.12	39.00
柳　州	2966	577	2775	30.93	28.03
桂　林	2097	480	2278	29.54	39.28
梧　州	1583	255	813	33.51	35.35
北　海	3550	192	1788	65.83	52.59
防城港	230	57	235	4.85	13.06
钦　州	2254	160	1129	18.73	17.64

3—44 续表 6

城　市	园林绿地面积（公顷）	公共绿地面积	建成区绿化覆盖面积（公顷）	人均绿地面积（平方米/人）	建成区绿化覆盖率（%）
贵　港	896	197	965	5.20	17.87
玉　林	1172	464	1008	13.01	22.40
百　色	1087	87	1096	33.12	37.79
贺　州	566	82	614	6.11	29.24
河　池	4224	35	454	136.61	30.27
来　宾	148	75	132	1.49	7.33
崇　左	519	68	465	15.26	58.13
海　南	**3076**	**1046**	**2952**	**16.23**	**30.43**
海　口	2198	696	2067	15.79	26.84
三　亚	878	350	885	17.42	44.25
重　庆	**10908**	**2330**	**8038**	**10.80**	**18.06**
四　川	**28601**	**7392**	**28158**	**13.00**	**26.87**
成　都	11582	2573	10375	25.59	26.88
自　贡	1100	246	1338	10.29	31.12
攀枝花	1589	393	1716	23.91	40.86
泸　州	1657	489	1527	11.88	31.16
德　阳	725	274	867	11.65	17.00
绵　阳	2004	592	1890	18.10	34.36
广　元	957	214	1011	10.55	18.72
遂　宁	698	459	785	4.76	16.02
内　江	474	134	411	3.42	15.22
乐　山	1764	318	1876	15.59	28.00
南　充	1671	511	2777	9.04	57.85
眉　山	590	193	658	7.17	17.78
宜　宾	751	324	788	9.76	23.88
广　安	1629	169	1032	13.39	25.17
达　州	610	161	341	15.42	17.95
雅　安	118	110	324	3.46	23.14
巴　中	382	104	92	3.00	6.13
资　阳	300	128	350	2.86	19.44
贵　州	**22958**	**2210**	**7125**	**59.58**	**31.39**
贵　阳	21024	1691	4801	105.35	37.51
六盘水	171	46	263	4.03	9.39
遵　义	1537	464	1768	23.90	37.62
安　顺	226	9	293	2.86	12.21
云　南	**7602**	**2424**	**7415**	**13.85**	**24.47**
昆　明	5231	1741	5442	23.33	29.42
曲　靖	617	96	366	9.75	14.08
玉　溪	658	164	676	16.73	37.56

3—44 续表 7

城　　市	园林绿地面　积（公顷）	公共绿地面积	建成区绿化覆盖面积（公顷）	人均绿地面　积（平方米/人）	建成区绿化覆盖率（%）
保　山	145	118	179	1.71	11.19
昭　通	248	68	160	3.28	9.41
丽　江	500	200	300	35.51	16.67
思　茅	88	30	98	4.44	7.54
临　沧	115	7	194	4.14	19.40
陕　西	**11010**	**2721**	**13288**	**9.86**	**27.23**
西　安	4502	1391	6556	8.82	32.14
铜　川	1686	130	687	22.55	19.63
宝　鸡	1322	381	1598	17.80	35.51
咸　阳	1212	305	1681	14.53	35.77
渭　南	152	75	49	1.67	1.36
延　安	211	49	229	5.63	14.31
汉　中	283	113	572	5.39	20.43
榆　林	666	45	727	15.17	27.96
安　康	649	174	830	6.86	30.74
商　洛	327	58	359	6.00	14.96
甘　肃	**6164**	**1868**	**7861**	**8.67**	**19.51**
兰　州	2187	678	2666	11.22	18.91
嘉峪关	926	127	976	56.57	27.89
金　昌	464	70	483	22.29	16.66
白　银	729	219	1029	15.52	20.18
天　水	450	147	498	3.71	10.83
武　威	150	126	235	1.53	10.68
张　掖	293	109	606	5.89	27.55
平　凉	330	93	390	6.83	21.67
酒　泉	331	86	728	9.68	33.09
庆　阳	160	160	137	4.89	11.42
定　西	144	53	113	3.02	22.60
青　海	**1413**	**530**	**1520**	**14.20**	**24.92**
西　宁	1413	530	1520	14.20	24.92
宁　夏	**5197**	**843**	**4509**	**27.07**	**24.24**
银　川	2888	521	1857	40.21	23.81
石嘴山	1913	219	2198	52.87	36.03
吴　忠	105	21	132	2.96	7.76
固　原	291	82	322	5.99	10.73
新　疆	**5088**	**991**	**5725**	**24.95**	**26.38**
乌鲁木齐	3558	756	4047	20.53	23.95
克拉玛依	1530	235	1678	50.00	34.96

四、县级城市资料

4—1 人　口

城　市	年末总人口（万人）	城镇人口	自然增长率（‰）	城　市	年末总人口（万人）	城镇人口	自然增长率（‰）
河　北				根河市	17.1	6.6	0.4
辛集市	61.5	13.6	9.2	额尔古纳市	8.5	8.5	3.3
藁城市	74.3	5.9	4.4	乌兰浩特市	28.3	0.0	2.7
晋州市	51.2	8.1	3.9	阿尔山市	5.0	5.0	7.8
新乐市	44.4	11.3	11.0	二连浩特市	2.2	2.0	6.7
鹿泉市	35.6	6.2	6.0	锡林浩特市	15.0	12.8	12.1
遵化市	68.9	9.4	5.8	丰镇市	31.2	8.0	2.4
迁安市	67.3	21.2	6.4	**辽　宁**			
武安市	71.6	12.0	6.2	新民市	69.3	10.5	3.3
南宫市	45.2	9.0	0.7	瓦房店市	103.0	29.8	1.2
沙河市	47.1	8.8	7.6	普兰店市	83.0	22.1	—0.4
涿州市	58.9	21.0	2.6	庄河市	90.0	17.7	2.0
定州市	113.6	21.2	10.4	海城市	112.2	33.2	2.3
安国市	39.5	8.8	4.0	东港市	64.0	12.9	0.2
高碑店市	56.5	13.1	6.0	凤城市	57.9	17.4	0.8
泊头市	55.7	14.2	7.9	凌海市	60.4	11.0	0.5
任丘市	64.9	27.0	4.5	北宁市	53.3	8.5	—1.8
黄骅市	41.0	7.7	4.5	盖州市	72.2	16.5	2.0
河间市	76.7	9.4	5.7	大石桥市	72.0	26.7	0.7
霸州市	56.3	12.2	7.6	灯塔市	51.0	6.1	2.7
三河市	47.0	9.5	3.4	铁法市	23.8	11.7	2.2
冀州市	36.3	8.4	1.5	开原市	57.8	13.0	1.2
深州市	56.4	3.9	2.9	北票市	62.0	16.3	1.4
山　西				凌源市	64.8	14.4	4.7
古交市	21.1	8.2	13.1	兴城市	55.0	13.3	3.7
潞城市	21.4	6.6	5.9	**吉　林**			
高平市	47.7	10.0	3.1	九台市	83.1	11.7	2.8
介休市	37.6	10.8	4.6	榆树市	122.0	15.5	2.1
永济市	43.1	14.0	6.8	德惠市	91.3	16.2	2.4
河津市	36.4	8.2	4.0	蛟河市	47.0	13.8	3.1
原平市	47.1	7.2	3.0	桦甸市	45.0	16.3	5.4
侯马市	23.4	12.0	4.6	舒兰市	67.4	19.5	2.7
霍州市	28.6	7.9	6.5	磐石市	52.8	11.0	2.0
孝义市	43.0	10.7	6.1	公主岭市	103.9	21.5	2.2
汾阳市	40.2	8.7	4.8	双辽市	40.4	20.4	2.5
内蒙古				梅河口市	62.0	17.8	2.4
霍林郭勒市	7.0	6.1	5.4	集安市	23.0	8.7	2.0
满洲里市	15.7	15.7	2.3	临江市	18.7	9.5	1.2
扎兰屯市	43.6	13.8	2.0	洮南市	43.8	13.6	4.8
牙克石市	40.0	13.0	0.6	大安市	42.4	12.0	3.0

注：县级市城镇人口指城关镇人口。

4—1续表1

城　　市	年末总人口（万人）	城镇人口	自然增长率（‰）	城　　市	年末总人口（万人）	城镇人口	自然增长率（‰）
延吉市	40.6	34.7	0.4	通州市	128.1	20.7	−3.0
图们市	13.6	7.5	−4.3	海门市	102.3	15.4	−0.2
敦化市	48.3	17.6	1.7	东台市	116.2	21.8	−0.4
珲春市	21.5	11.7	−0.5	大丰市	73.4	15.4	−0.6
龙井市	25.3	9.2	−4.2	仪征市	59.4	18.9	1.9
和龙市	21.7	8.2	−5.4	高邮市	83.1	18.3	1.6
黑龙江				江都市	106.7	23.0	1.0
阿城市	65.2	22.5	2.6	丹阳市	80.3	21.1	0.4
双城市	80.6	18.2	4.7	扬中市	27.2	9.6	−0.2
尚志市	61.8	11.6	6.9	句容市	59.2	14.8	1.4
五常市	95.9	14.0	4.3	兴化市	155.0	17.4	0.0
讷河市	73.1	10.8	3.8	靖江市	66.5	20.3	3.3
虎林市	15.9	6.8	4.7	泰兴市	129.2	20.7	1.8
密山市	36.7	10.7	5.0	姜堰市	90.7	16.9	−0.3
铁力市	39.0	9.1	0.1	**浙　江**			
同江市	16.4	4.6	5.6	建德市	51.2	11.1	0.1
富锦市	36.6	11.0	6.0	富阳市	62.4	19.3	3.6
绥芬河市	5.7	4.2	6.5	临安市	51.5	10.3	0.3
海林市	43.8	14.6	−0.2	余姚市	82.4	28.2	−0.3
宁安市	44.5	10.4	4.2	慈溪市	100.7	25.1	1.4
穆棱市	32.7	7.9	4.6	奉化市	48.2	10.8	0.6
北安市	47.3	14.1	3.5	瑞安市	112.5	22.2	9.2
五大连池市	36.3	4.0	3.3	乐清市	115.7	14.7	8.8
安达市	51.3	21.9	8.0	海宁市	64.1	17.8	0.4
肇东市	93.1	24.0	7.4	平湖市	48.4	11.8	−0.5
海伦市	81.7	13.6	5.5	桐乡市	66.1	17.3	0.8
江　　苏				诸暨市	105.5	24.7	0.6
江阴市	116.0	26.1	1.5	上虞市	77.4	20.3	2.1
宜兴市	106.2	29.8	−0.8	嵊州市	73.5	21.1	1.5
新沂市	95.6	22.6	4.7	兰溪市	65.4	19.5	0.3
邳州市	158.0	22.7	9.3	义乌市	68.0	30.2	4.3
溧阳市	78.7	21.1	3.0	东阳市	79.0	28.9	4.4
金坛市	54.1	16.4	2.0	永康市	53.8	16.9	5.9
常熟市	103.8	34.0	−1.6	江山市	57.2	10.3	4.5
张家港市	86.0	30.7	0.9	温岭市	114.5	21.6	4.9
昆山市	62.0	22.5	1.5	临海市	110.6	22.6	6.1
吴江市	77.2	13.4	−1.7	龙泉市	27.6	6.8	4.7
太仓市	45.1	13.9	−2.6	**安　　徽**			
启东市	114.4	17.8	−1.9	桐城市	77.7	11.4	3.8
如皋市	143.9	20.4	−0.3	天长市	61.7	25.1	3.6

4—1续表2

城　　市	年末总人口（万人）	城镇人口	自然增长率（‰）	城　　市	年末总人口（万人）	城镇人口	自然增长率（‰）
明光市	64.1	11.3	6.4	蓬莱市	44.7	13.5	—1.9
界首市	74.1	17.3	5.2	招远市	56.9	17.8	—2.0
宁国市	37.9	10.2	1.2	栖霞市	64.2	10.5	—2.3
福　建				海阳市	67.4	12.7	0.3
福清市	120.5	8.9	7.0	青州市	89.9	24.7	3.0
长乐市	66.0	8.9	4.0	诸城市	105.8	27.8	3.1
永安市	31.8	31.8	5.9	寿光市	106.4	15.2	2.6
石狮市	30.0	3.0	3.9	安丘市	105.0	22.6	2.2
晋江市	102.0	9.0	5.1	高密市	85.2	27.3	3.6
南安市	148.0	10.2	4.4	昌邑市	67.8	14.0	—0.6
龙海市	78.2	6.8	4.3	曲阜市	64.1	12.9	2.1
邵武市	30.1	10.0	3.4	兖州市	60.3	17.5	2.6
武夷山市	21.9	5.1	4.8	邹城市	112.0	23.1	3.1
建瓯市	51.7	9.5	5.0	新泰市	135.1	32.2	5.0
建阳市	33.6	5.5	4.7	肥城市	96.5	18.5	2.8
漳平市	27.4	5.4	6.9	文登市	65.0	16.8	—4.9
福安市	60.7	12.8	8.5	荣成市	67.0	18.3	—4.1
福鼎市	56.4	12.5	9.1	乳山市	58.7	18.6	—4.5
江　西				乐陵市	64.1	5.8	5.4
乐平市	78.6	12.1	12.6	禹城市	50.3	17.2	3.6
瑞昌市	42.3	10.6	7.3	临清市	72.2	27.5	2.5
贵溪市	53.5	10.0	9.6	**河　南**			
瑞金市	60.1	10.8	8.0	巩义市	78.9	17.9	4.1
南康市	76.5	9.0	12.0	新密市	62.5	11.0	2.8
井冈山市	15.0	1.6	11.1	荥阳市	79.5	14.7	1.8
丰城市	127.2	19.8	9.9	新郑市	62.9	10.2	3.1
樟树市	53.6	18.8	11.8	登封市	62.8	11.3	5.5
高安市	80.7	10.5	7.9	偃师市	83.1	12.5	4.6
德兴市	31.2	5.7	4.1	舞钢市	31.7	10.4	4.8
山　东				汝州市	93.9	9.6	5.1
章丘市	98.9	14.8	2.5	林州市	98.7	12.9	2.1
胶州市	76.5	21.6	2.4	卫辉市	48.4	9.3	5.3
即墨市	107.5	33.6	—0.6	辉县市	78.0	14.2	3.6
平度市	134.0	23.9	0.0	济源市	66.0	17.1	3.4
胶南市	83.8	28.0	1.4	沁阳市	46.7	12.3	3.8
莱西市	72.1	19.0	—0.5	孟州市	36.6	6.2	2.6
滕州市	156.8	28.6	3.9	禹州市	118.5	16.5	4.0
龙口市	62.6	24.5	—1.8	长葛市	68.8	12.1	—3.2
莱阳市	88.7	21.7	—1.2	义马市	15.9	15.9	4.4
莱州市	85.9	13.2	—0.3	灵宝市	72.5	16.2	1.6

4—1续表3

城　市	年末总人口（万人）	城镇人口	自然增长率（‰）	城　市	年末总人口（万人）	城镇人口	自然增长率（‰）
邓州市	152.4	13.7	5.2	资兴市	36.1	4.4	5.1
永城市	136.7	14.2	3.2	洪江市	51.2	11.0	2.6
项城市	115.8	13.8	7.5	冷水江市	35.1	8.8	5.0
湖　北				涟源市	109.3	8.9	7.7
大冶市	89.3	30.0	3.8	吉首市	28.5	11.9	3.7
丹江口市	48.9	17.1	3.6	**广　东**			
宜都市	37.7	9.0	−1.8	增城市	83.0	18.9	4.0
当阳市	46.1	19.8	0.4	从化市	53.5	12.9	2.2
枝江市	50.8	10.9	4.3	乐昌市	51.7	11.8	4.3
老河口市	51.2	12.6	4.6	南雄市	45.7	6.9	4.4
枣阳市	109.9	18.8	3.1	台山市	98.6	17.3	1.0
宜城市	52.6	11.4	1.6	开平市	67.9	23.8	2.8
钟祥市	103.0	16.7	1.1	鹤山市	35.7	35.7	3.8
应城市	67.0	14.3	1.5	恩平市	47.3	13.4	6.6
安陆市	62.6	14.1	4.1	廉江市	150.8	14.4	7.6
汉川市	107.0	17.2	2.8	雷州市	150.7	13.6	10.2
石首市	61.6	14.3	2.3	吴川市	100.7	22.0	7.6
洪湖市	91.4	12.8	2.6	高州市	158.4	24.3	8.5
松滋市	86.7	10.3	0.3	化州市	141.7	24.7	9.0
麻城市	116.3	21.1	2.9	信宜市	124.5	22.2	8.5
武穴市	73.0	19.9	3.9	高要市	72.9	6.6	2.3
赤壁市	50.5	50.5	3.6	四会市	43.4	11.6	3.2
广水市	91.6	26.6	4.4	兴宁市	113.0	14.6	4.2
恩施市	77.1	17.7	3.4	陆丰市	157.1	20.0	29.6
利川市	83.2	8.6	5.3	阳春市	105.3	12.0	6.7
仙桃市	159.8	33.1	1.4	英德市	105.0	11.7	5.7
潜江市	101.5	101.5	5.2	连州市	50.5	9.3	4.6
天门市	161.7	24.7	0.5	普宁市	203.0	40.5	15.0
湖　南				罗定市	109.5	27.4	5.0
浏阳市	132.6	14.8	3.7	**广　西**			
醴陵市	99.7	17.2	2.5	岑溪市	78.4	14.4	8.6
湘乡市	89.3	11.6	5.0	东兴市	10.4	3.2	16.1
韶山市	10.2	0.9	2.5	桂平市	169.7	16.4	9.9
耒阳市	124.5	24.6	6.0	北流市	119.3	18.0	8.7
常宁市	85.4	7.3	7.4	凭祥市	10.2	2.4	1.4
武冈市	73.6	10.6	7.3	合山市	13.9	8.1	5.1
汨罗市	70.5	11.1	3.5	宜州市	61.4	10.9	5.5
临湘市	47.8	10.0	5.8	**海　南**			
津市市	26.5	13.9	2.4	通什市	10.9	4.3	8.0
沅江市	72.9	11.0	1.3	琼海市	45.5	12.5	5.6

4—1续表4

城　　市	年末总人口（万人）		自然增长率（‰）	城　　市	年末总人口（万人）		自然增长率（‰）
		城镇人口				城镇人口	
儋州市	90.1	14.3	17.9	景洪市	37.4	6.7	4.5
文昌市	54.1	11.4	6.8	大理市	52.6	32.1	6.5
万宁市	56.0	14.2	8.5	瑞丽市	11.4	2.6	5.9
东方市	38.2	13.7	13.6	潞西市	33.9	6.4	10.5
重　　庆				**西　　藏**			
江津市	146.0	11.4	0.2	日喀则市	9.5		3.6
合川市	150.0	27.2	1.2	**陕　　西**			
永川市	107.0	28.1	—5.3	兴平市	55.6		7.5
南川市	64.0	17.9	1.3	韩城市	38.9		5.6
四　　川				华阴市	25.7		4.4
都江堰市	59.7	16.5	0.0	**甘　　肃**			
彭州市	77.8	10.9	0.1	玉门市	18.8	9.2	3.7
邛崃市	63.5	14.3	—1.2	敦煌市	17.8	3.8	4.6
崇州市	64.9	9.7	—1.5	临夏市	20.8	20.8	5.2
广汉市	58.7	11.2	—0.1	合作市	7.7	7.7	8.9
什邡市	43.0	11.8	—1.4	**青　　海**			
绵竹市	51.3	10.6	—1.5	格尔木市	10.7	10.7	8.0
江油市	87.6	7.9	2.9	德令哈市	6.0	6.0	8.9
峨眉山市	43.1	9.2	0.5	**宁　　夏**			
阆中市	84.2	20.5	—1.1	灵武市	25.1	2.8	11.6
华莹市	35.7	6.0	3.8	青铜峡市	23.3	3.6	8.6
万源市	55.0	5.6	5.4	**新　　疆**			
简阳市	142.8	14.5	0.9	吐鲁番市	25.5	25.5	10.8
西昌市	57.4	17.0	9.7	哈密市	40.4	19.4	6.1
贵　　州				昌吉市	38.4	19.4	7.2
清镇市	49.9	49.9	1.8	阜康市	15.7	3.8	5.8
赤水市	29.3	6.5	3.1	米泉市	18.3	6.8	7.1
仁怀市	58.6	7.6	9.3	博乐市	23.7	17.2	10.1
铜仁市	34.4	16.0	5.0	库尔勒市	40.8	40.8	8.2
兴义市	72.5	24.2	7.4	阿克苏市	57.3	57.3	5.1
毕节市	128.2	18.6	10.1	阿图什市	20.5	5.0	11.2
凯里市	45.5	19.2	5.9	喀什市	35.2	24.4	9.7
都匀市	47.2	19.9	2.4	和田市	18.5	2.1	15.7
福泉市	30.5	5.4	3.3	奎屯市	29.5	13.6	3.7
云　　南				伊宁市	37.3	37.3	15.6
安宁市	26.7	13.2	5.8	塔城市	14.2	14.2	6.4
宣威市	132.4	14.5	7.8	乌苏市	20.7	6.0	8.1
楚雄市	49.1	15.1	5.9	阿勒泰市	19.1	6.4	7.6
个旧市	38.6	15.8	3.0	石河子市	30.2	31.0	4.4
开远市	26.2	13.9	3.6				

4—2 劳动力与就业

城市	年末单位从业人员数（人）	第二产业	第三产业	城镇登记失业人员数（人）
河北				
辛集市	29077	8602	20201	11911
藁城市	30806	9358	21448	148
晋州市	23692	8962	14612	0
新乐市	17311	5364	11732	400
鹿泉市	26400	11610	14729	102
遵化市	27889	4354	23167	0
迁安市	41581	21143	19911	467
武安市	30274	5342	24348	1519
南宫市	14925	3686	11177	1580
沙河市	23345	7977	15089	747
涿州市	43433	16377	26892	206
定州市	31279	6308	24872	317
安国市	15150	2175	12883	1250
高碑店市	37958	22464	11412	1661
泊头市	32870	14557	18233	476
任丘市	25166	2003	22563	16
黄骅市	28163	9912	17580	657
河间市	26744	5137	21607	120
霸州市	20906	2151	18745	114
三河市	30948	11008	19889	382
冀州市	18027	6825	11117	29
深州市	19975	5393	14388	140
山西				
古交市	11355	3553	7570	920
潞城市	18016	9861	8075	396
高平市	25022	9262	15461	180
介休市	62521	48265	14096	169
永济市	29920	12821	14853	13
河津市	39738	25871	13763	388
原平市	46166	25542	19726	1388
侯马市	34535	17509	16003	857
霍州市	43886	35185	8648	1088
孝义市	26701	6947	19475	153
汾阳市	27212	11513	15518	153
内蒙古				
霍林郭勒市	29920	8870	4000	0
满洲里市	33023	19407	13616	4800
扎兰屯市	27086	6421	13588	1682

4—2续表1

城　　市	年末单位从业人员数（人）	第二产业	第三产业	城镇登记失业人员数（人）
牙克石市	28526	8037	11964	6377
根河市	5830	1227	4603	1878
额尔古纳市	17104	1391	5236	995
乌兰浩特市	40431	14032	25217	4794
阿尔山市	5086	327	2234	246
二连浩特市	4053	138	3552	210
锡林浩特市	39325	10636	22296	1710
丰镇市	14657	3672	10472	2588
辽　　宁				
新民市	24080	2714	19029	10256
瓦房店市	28347	7200	19057	20177
普兰店市	48030	29009	18426	5580
庄河市	36171	15935	18780	9104
海城市	37946	4194	31940	5992
东港市	26363	3950	14705	8000
凤城市	26906	8324	18019	24837
凌海市	20724	2733	13989	908
北宁市	15122	638	12786	1492
盖州市	16450	803	15402	6800
大石桥市	22389	2268	19761	14940
灯塔市	12420	612	10687	7896
铁法市	18883	10826	8031	1431
开原市	23345	4276	18661	13873
北票市	21247	6830	14417	8587
凌源市	29437	7020	21917	15789
兴城市	16865	2150	14207	6230
吉　　林				
九台市	44844	5800	35462	3100
榆树市	491934	61414	143319	400
德惠市	60222	5318	35777	1481
蛟河市	27142	6984	19753	1976
桦甸市	33158	9116	16567	12170
舒兰市	48840	14100	30449	5130
磐石市	34645	14541	18417	8797
公主岭市	60668	14990	37200	37367
双辽市	26363	4687	19305	3024
梅河口市	35657	4054	28818	1698
集安市	19220	6735	11691	1965
临江市	21111	12922	8045	1502
洮南市	29805	6691	17221	6720

4—2 续表 2

城　市	年末单位从业人员数（人）	第二产业	第三产业	城镇登记失业人员数（人）
大安市	30945	5833	20479	1921
延吉市	79058	26099	52244	3826
图们市	29082	8560	15335	1427
敦化市	56190	15257	25177	7164
珲春市	26740	12757	10875	516
龙井市	19760	8023	10172	4075
和龙市	25268	8008	8244	2605
黑 龙 江				
阿城市	82009	45412	35019	0
双城市	27254	2346	23304	0
尚志市	48320	27884	20162	11248
五常市	52935	20705	30101	19650
讷河市	29382	5761	16024	3238
虎林市	31476	4150	12261	3626
密山市	20875	3841	15615	1980
铁力市	38646	29507	8969	237
同江市	12133	943	7190	5096
富锦市	25814	5305	18383	11709
绥芬河市	10452	1251	9187	456
海林市	41651	6635	12865	1827
宁安市	34892	8454	12001	925
穆棱市	31430	5266	14624	1860
北安市	31610	8863	16665	918
五大连池市	32523	1126	9972	1091
安达市	26619	8484	17629	1529
肇东市	42415	15593	25726	812
海伦市	30667	3084	25334	15100
江　　苏				
江阴市	88518	34350	53002	4880
宜兴市	53807	13475	38338	3250
新沂市	50138	18723	30797	1322
邳州市	57914	11276	43951	2481
溧阳市	49121	16185	31471	2986
金坛市	40890	20769	18855	2962
常熟市	98594	37492	59865	5763
张家港市	85246	37019	39651	3254
昆山市	145003	106591	37361	5433
吴江市	76862	50601	25516	4677
太仓市	67387	44461	21947	2032
启东市	54089	23393	28451	3274

4—2 续表 3

城　　市	年末单位从业人员数（人）	第二产业	第三产业	城镇登记失业人员数（人）
如皋市	51748	19004	31554	3268
通州市	53575	22251	30281	2867
海门市	55711	26261	27240	1687
东台市	56561	16471	29780	3960
大丰市	48333	14417	27100	4425
仪征市	62392	39880	22008	3808
高邮市	34852	11436	22272	3774
江都市	54065	19567	33634	3362
丹阳市	59725	28125	30061	2621
扬中市	28923	14610	14272	598
句容市	35315	10977	21800	996
兴化市	51235	11694	37219	4867
靖江市	59343	29976	28832	3626
泰兴市	69329	31735	36164	4886
姜堰市	50903	23913	26027	4250
浙　　江				
建德市	25900	8600	17200	3673
富阳市	39400	11800	27300	5030
临安市	31200	11900	19200	2710
余姚市	46600	18200	28000	1502
慈溪市	45900	13500	31600	2645
奉化市	26300	8900	17300	2280
瑞安市	72200	39500	32600	1060
乐清市	41400	8600	32600	2839
海宁市	40900	13900	26500	3398
平湖市	33600	14600	18400	2886
桐乡市	45000	16300	28200	2945
诸暨市	121600	85300	36100	5527
上虞市	47900	21200	26300	2797
嵊州市	45200	20200	24700	2790
兰溪市	31500	12700	18500	3716
义乌市	43500	7200	36200	3421
东阳市	73800	49500	23900	1048
永康市	25500	5000	20300	2162
江山市	18600	5200	13200	1313
温岭市	60600	30600	28500	3148
临海市	52700	22900	29200	2640
龙泉市	13500	3200	9800	699
安　　徽				
桐城市	25000	3000	21000	1000

4—2 续表 4

城　　市	年末单位从业人员数（人）	第二产业	第三产业	城镇登记失业人员数（人）
天长市	35000	13000	21000	2800
明光市	30000	7000	17000	1200
界首市	26000	8000	17000	600
宁国市	32100	19300	12700	900
福　　建				
福清市	130704	62500	48650	2231
长乐市	44260	25506	18056	856
永安市	34794	18723	15784	4163
石狮市	55654	47832	7798	155
晋江市	156053	128050	27622	329
南安市	75174	43150	31411	692
龙海市	59162	36823	20864	3450
邵武市	28843	9864	15738	3273
武夷山市	17297	2845	12860	1549
建瓯市	19626	2835	15236	2719
建阳市	18835	4832	12353	2391
漳平市	18118	6206	11254	1165
福安市	33298	11549	21366	2304
福鼎市	17861	2580	15007	3138
江　　西				
乐平市	44997	17585	22342	0
瑞昌市	19340	4842	13798	1457
贵溪市	42924	25964	12759	2500
瑞金市	19013	6149	12209	1922
南康市	17537	3172	14218	2721
井冈山市	15931	4274	8818	479
丰城市	48325	23908	23851	4090
樟树市	25882	7963	15082	1847
高安市	28946	6797	21705	2705
德兴市	20203	5964	12160	1000
山　　东				
章丘市	54800	24471	30329	1863
胶州市	120123	90334	29106	2800
即墨市	88919	55191	33162	3234
平度市	64845	29868	32597	1773
胶南市	79205	42782	34006	327
莱西市	71418	49911	9300	430
滕州市	126467	69200	57267	2211
龙口市	65425	38816	25781	972
莱阳市	51545	21211	30005	857

4—2 续表 5

城市	年末单位从业人员数（人）	第二产业	第三产业	城镇登记失业人员数（人）
莱州市	63226	34512	27883	1006
蓬莱市	30712	12826	17235	526
招远市	62074	29504	26756	1048
栖霞市	38880	15427	23016	783
海阳市	30027	10525	19067	1027
青州市	50589	21260	27888	13037
诸城市	69359	37435	30700	4376
寿光市	80846	41081	37945	3269
安丘市	50205	20293	28228	4154
高密市	51165	22455	26910	2202
昌邑市	33122	12478	20449	1385
曲阜市	48530	17341	30688	2196
兖州市	113500	12200	41300	1716
邹城市	165399	128179	36677	5393
新泰市	127745	93511	33730	6160
肥城市	96603	67990	26848	2501
文登市	61911	35841	25429	1474
荣成市	61911	32627	27632	546
乳山市	53177	30641	21868	841
乐陵市	22070	5381	16689	200
禹城市	30363	13024	17339	1099
临清市	41384	21631	19486	2491
河　南				
巩义市	55117	27135	27902	287
新密市	43631	20810	22732	780
荥阳市	39367	13005	26260	888
新郑市	37484	13702	23643	587
登封市	36344	12924	23409	198
偃师市	34946	7518	26893	1250
舞钢市	35155	21910	12942	1151
汝州市	42816	16161	26353	950
林州市	69236	39299	29156	718
卫辉市	44374	11494	32503	3391
辉县市	40554	15054	25317	5309
济源市	69700	43000	26400	5035
沁阳市	26225	7479	18746	1786
孟州市	21627	8507	13120	741
禹州市	58681	26471	31750	2194
长葛市	48403	19115	29007	1383
义马市	55417	50595	4761	2066

4—2 续表 6

城　　市	年末单位从业人员数（人）	第二产业	第三产业	城镇登记失业人员数（人）
灵宝市	46932	20568	25168	1950
邓州市	61725	14910	43875	2186
永城市	58975	21168	37427	2175
项城市	58002	25090	32912	790
湖　　北				
大冶市	59785	34191	24124	1768
丹江口市	39948	20091	18741	3400
宜都市	30125	13838	15744	6790
当阳市	30892	14789	15993	1966
枝江市	27849	9959	17686	6113
老河口市	50352	27079	23149	2735
枣阳市	53480	12009	33623	9800
宜城市	33853	12556	21279	3018
钟祥市	54065	17839	29881	11235
应城市	65277	25858	28308	2298
安陆市	38541	14806	23333	2622
汉川市	72160	31580	29307	5434
石首市	37605	13840	19987	2251
洪湖市	68563	10778	27506	2750
松滋市	34109	10650	22081	5296
麻城市	524516	92203	209205	4600
武穴市	36300	8900	27000	3057
赤壁市	42646	17765	21122	6974
广水市	36479	11128	25147	4440
恩施市	25239	19966	3958	1785
利川市	22063	4350	17427	1353
仙桃市	79672	34638	44295	6283
潜江市	142613	71048	29395	5300
天门市	48861	3990	43168	5525
湖　　南				
浏阳市	36192	5371	30028	8100
醴陵市	37068	13000	23850	1895
湘乡市	46277	20846	24876	5322
韶山市	5625	1281	4336	52
耒阳市	71786	9194	21028	0
常宁市	40333	17516	22112	783
武冈市	25046	5003	17980	1321
汨罗市	62515	27770	32500	8882
临湘市	21434	5357	15066	3380
津市市	17157	7126	9921	2215

4—2 续表 7

城　市	年末单位从业人员数（人）	第二产业	第三产业	城镇登记失业人员数（人）
沅江市	49686	7884	25443	3948
资兴市	34349	20257	12991	1025
洪江市	30120	10400	19250	5000
冷水江市	58114	37033	21081	1273
涟源市	42257	18896	23361	693
吉首市	34177	8622	25374	1090
广　东				
增城市	88634	54935	32508	2015
从化市	38114	18249	19267	9872
乐昌市	33922	16358	17106	1868
南雄市	19686	4343	14831	1980
台山市	45945	17741	27158	7972
开平市	61045	38843	21727	6707
鹤山市	40048	23263	16549	1363
恩平市	28822	12737	15960	1900
廉江市	52511	12301	34828	5647
雷州市	56804	15077	30210	3250
吴川市	33431	10130	23006	4196
高州市	58776	19532	34409	3425
化州市	56423	12681	36244	3020
信宜市	35039	6262	27681	3042
高要市	28808	10167	18473	1441
四会市	42462	15599	22570	1183
兴宁市	39157	3395	35143	2598
陆丰市	41484	7254	29704	4102
阳春市	53560	24161	26921	2796
英德市	35163	10307	23056	2883
连州市	20892	6604	14042	5060
普宁市	50801	4991	45809	1230
罗定市	43902	18553	24809	5100
广　西				
岑溪市	24932	3758	20925	791
东兴市	6835	894	4412	442
桂平市	36087	5168	30093	1965
北流市	49951	20253	27601	3299
凭祥市	8469	1006	7404	634
合山市	10237	5978	3806	6328
宜州市	27496	10886	15489	1922
海　南				
通什市	13468	2155	2337	1709

4—2 续表 8

城 市	年末单位从业人员数（人）	第二产业	第三产业	城镇登记失业人员数（人）
琼海市	36405	3963	17114	1556
儋州市	78526	10082	37649	2238
文昌市	214956	5235	58629	3050
万宁市	50690	2820	23670	5581
东方市	27207	4224	16698	3401
重 庆				
江津市	95167	60577	33213	5200
合川市	58732	29296	28588	3983
永川市	50200	15880	32234	7300
南川市	27756	10855	16521	3710
四 川				
都江堰市	62307	25911	33230	3817
彭州市	50196	31102	19094	1909
邛崃市	27451	12875	14243	2015
崇州市	28637	9966	18671	1625
广汉市	25525	7824	17644	2891
什邡市	33853	19992	13558	1063
绵竹市	37042	21499	14790	1484
江油市	50331	27323	22444	4372
峨眉山市	33152	16362	16551	2260
阆中市	21862	3302	17147	2289
华莹市	15864	8097	7652	3779
万源市	19481	728	18136	22978
简阳市	41549	13391	25717	2978
西昌市	64834	14976	48027	3682
贵 州				
清镇市	40698	8918	28149	3279
赤水市	16280	6046	9193	733
仁怀市	67000	28000	20000	1420
铜仁市	37124	12175	24075	1715
兴义市	51078	23879	26247	1872
毕节市	51046	17136	32525	1993
凯里市	43448	17662	25146	1418
都匀市	91388	29606	61759	3979
福泉市	69549	31804	37745	808
云 南				
安宁市	51877	39568	11471	2201
宣威市	44876	17806	26421	7245
楚雄市	43765	15124	27411	3995
个旧市	66049	42846	22277	3819

4—2 续表 9

城　　市	年末单位从业人员数（人）	第二产业	第三产业	城镇登记失业人员数（人）
开远市	34132	16721	16673	1493
景洪市	53109	4072	24432	3376
大理市	64927	31328	32459	5894
瑞丽市	15719	2292	8918	667
潞西市	31550	7494	19681	1470
西　藏				
日喀则市	33732	7729	4123	0
陕　西				
兴平市	46425	27091	18660	830
韩城市	40922	24312	15923	3030
华阴市	24993	13467	11179	1286
甘　肃				
玉门市	34529	15132	14305	6543
敦煌市	12210	1145	9054	883
临夏市	30339	7648	22512	2020
合作市	11566	1133	10009	1101
青　海				
格尔木市	17514	9055	7990	1409
德令哈市	10011	2306	7698	532
宁　夏				
灵武市	16268	1406	9143	1602
青铜峡市	34105	19162	11804	1542
新　疆				
吐鲁番市	24700	5800	17800	4630
哈密市	74000	20700	40500	5214
昌吉市	44375	14855	27980	3239
阜康市	12086	5398	6226	2269
米泉市	14845	6292	8128	2860
博乐市	25600	5000	20600	2381
库尔勒市	80835	30956	38852	2966
阿克苏市	35008	9009	21786	2400
阿图什市	19356	1427	17699	1106
喀什市	46926	11398	34894	1712
和田市	19314	5045	13997	1721
奎屯市	13544	3743	9251	0
伊宁市	50603	10349	38375	1575
塔城市	21339	2982	14137	620
乌苏市	31068	5655	11578	2058
阿勒泰市	31553	3781	16625	1074
石河子市	79000	34100	30800	389

4—3 土地资源

城市	行政区域土地面积（平方公里）	年末实有耕地面积（公顷）
河北		
辛集市	951	69584
藁城市	813	54719
晋州市	619	40604
新乐市	525	28006
鹿泉市	614	27268
遵化市	1509	50985
迁安市	1208	44652
武安市	1806	50544
南宫市	854	59732
沙河市	999	27553
涿州市	752	46664
定州市	1290	76986
安国市	485	32871
高碑店市	676	44316
泊头市	1007	54526
任丘市	1012	55191
黄骅市	2202	48411
河间市	1324	90689
霸州市	784	41148
三河市	643	35927
冀州市	918	57109
深州市	1252	81093
山西		
古交市	1584	16916
潞城市	630	17937
高平市	946	31839
介休市	757	22990
永济市	1120	48886
河津市	575	22811
原平市	2560	58654
侯马市	221	9073
霍州市	764	18178
孝义市	937	31314
汾阳市	1176	38201
内蒙古		
霍林郭勒市	585	15000
满州里市	732	1839
扎兰屯市	16912	175988
牙克石市	27730	114876
根河市	16800	2168
额尔古纳市	28035	152304
乌兰浩特市	781	25390
阿尔山市	7409	16084
二连浩特市	162	330
锡林浩特市	14592	13430
丰镇市	2704	67430
辽宁		
新民市	3353	133902
瓦房店市	3794	65053
普兰店市	2896	58336
庄河市	4086	76882
海城市	2732	98898
东港市	2445	90426
凤城市	5513	62096
凌海市	2876	96158
北宁市	1694	67643
盖州市	2922	44865
大石桥市	1598	61488
灯塔市	1332	68894
铁法市	263	13299
开原市	2828	89011
北票市	4583	104827
凌源市	3278	50179
兴城市	2147	59860
吉林		
九台市	3375	158164
榆树市	4724	288963
德惠市	3459	197410
蛟河市	6364	51334
桦甸市	6542	53574
舒兰市	4557	87082
磐石市	3867	69321
公主岭市	4058	217008
双辽市	3121	101645
梅河口市	2174	63483
集安市	3217	11287
临江市	3008	6577
洮南市	5103	118309
大安市	4879	78639

4—3 续表 1

城市	行政区域土地面积（平方公里）	年末实有耕地面积（公顷）	城市	行政区域土地面积（平方公里）	年末实有耕地面积（公顷）
延吉市	1350	6917	通州市	1166	80569
图们市	1142	7311	海门市	939	60697
敦化市	11545	51697	东台市	2267	120888
珲春市	5145	20321	大丰市	2367	103624
龙井市	2591	31144	仪征市	901	50154
和龙市	5069	22757	高邮市	1962	77708
黑龙江			江都市	1330	69365
阿城市	2814	79252	丹阳市	1047	54973
双城市	3112	188252	扬中市	331	11343
尚志市	8910	64383	句容市	1387	49221
五常市	7512	162271	兴化市	2393	128606
讷河市	6648	318667	靖江市	665	29598
虎林市	9330	75185	泰兴市	1254	73666
密山市	7843	104264	姜堰市	1044	63742
铁力市	6444	49865	**浙江**		
同江市	2339	59334	建德市	2364	17439
富锦市	4907	181089	富阳市	1808	21134
绥芬河市	422	1928	临安市	3127	18969
海林市	9836	53702	余姚市	1346	38999
宁安市	7924	93767	慈溪市	1154	43477
穆棱市	6492	69766	奉化市	1253	21425
北安市	7194	87204	瑞安市	1271	29292
五大连池市	9874	113729	乐清市	1174	23954
安达市	3586	101882	海宁市	668	34436
肇东市	3905	200439	平湖市	537	31209
海伦市	4667	255724	桐乡市	727	36877
江苏			诸暨市	2311	43288
江阴市	931	48356	上虞市	1403	40643
宜兴市	2177	64122	嵊州市	1790	30171
新沂市	1571	79701	兰溪市	1310	29096
邳州市	2088	112700	义乌市	1103	21845
溧阳市	1535	68642	东阳市	1739	24067
金坛市	976	46249	永康市	1049	17664
常熟市	1094	61744	江山市	2018	23845
张家港市	772	40915	温岭市	836	32830
昆山市	865	39736	临海市	2171	29453
吴江市	1093	44284	龙泉市	3059	16927
太仓市	620	36558	**安徽**		
启东市	1208	69753	桐城市	1644	32885
如皋市	1492	82254	天长市	1751	58972

4—3 续表 2

城　　市	行政区域土地面积（平方公里）	年末实有耕地面积（公顷）	城　　市	行政区域土地面积（平方公里）	年末实有耕地面积（公顷）
明光市	2359	55043	蓬莱市	1129	38174
界首市	666	39441	招远市	1433	42077
宁国市	2487	13833	栖霞市	2016	53485
福　建			海阳市	1887	58500
福清市	1932	28842	青州市	1569	61104
长乐市	718	15371	诸城市	2183	103890
永安市	2942	14936	寿光市	2180	88650
石狮市	189	3376	安丘市	1928	93575
晋江市	721	21624	高密市	1603	88703
南安市	2036	28344	昌邑市	1812	68613
龙海市	1128	18264	曲阜市	896	42897
邵武市	2837	22305	兖州市	648	38209
武夷山市	2814	20759	邹城市	1619	62739
建瓯市	4233	32269	新泰市	1933	67156
建阳市	3383	30239	肥城市	1277	58885
漳平市	2951	11852	文登市	1645	52019
福安市	1880	21518	荣成市	1392	52602
福鼎市	1526	18373	乳山市	1668	45523
江　西			乐陵市	1172	63106
乐平市	1983	32949	禹城市	990	53258
瑞昌市	1423	16452	临清市	960	63396
贵溪市	2313	29395	**河　南**		
瑞金市	2448	21696	巩义市	1041	33630
南康市	1796	25726	新密市	955	44797
井冈山市	1298	8491	荥阳市	978	45410
丰城市	2845	81702	新郑市	873	42058
樟树市	1290	38311	登封市	1219	35960
高安市	2439	64739	偃师市	948	51210
德兴市	2082	11818	舞钢市	629	21320
山　东			汝州市	1573	60400
章丘市	1855	76193	林州市	2046	55160
胶州市	1313	55405	卫辉市	882	38690
即墨市	1780	74694	辉县市	2007	58270
平度市	3166	160119	济源市	1894	34874
胶南市	1894	54942	沁阳市	624	30060
莱西市	1522	69513	孟州市	542	25030
滕州市	1485	71043	禹州市	1461	80750
龙口市	894	20822	长葛市	650	43750
莱阳市	1732	79752	义马市	112	3434
莱州市	1878	72604	灵宝市	3011	51028

4—3 续表 3

城　市	行政区域土地面积（平方公里）	年末实有耕地面积（公顷）	城　市	行政区域土地面积（平方公里）	年末实有耕地面积（公顷）
邓州市	2370	161820	资兴市	2716	18370
永城市	2020	137290	洪江市	2280	24220
项城市	1083	75320	冷水江市	439	6800
湖　北			涟源市	1895	47682
大冶市	1566	33730	吉首市	1062	9852
丹江口市	3121	17975	**广　东**		
宜都市	1357	16410	增城市	1741	39451
当阳市	2038	38360	从化市	1975	20765
枝江市	1310	41370	乐昌市	2421	18996
老河口市	1032	39040	南雄市	2361	29073
枣阳市	3277	96690	台山市	3286	44961
宜城市	2115	42030	开平市	1659	28687
钟祥市	4488	80918	鹤山市	1108	11991
应城市	1103	39710	恩平市	1698	21060
安陆市	1355	31770	廉江市	2840	52329
汉川市	1663	61870	雷州市	3532	79144
石首市	1427	33410	吴川市	849	20441
洪湖市	2519	54057	高州市	3276	54048
松滋市	2235	59967	化州市	2354	60160
麻城市	3599	53462	信宜市	3081	31989
武穴市	1246	31530	高要市	2200	31267
赤壁市	1723	26130	四会市	1260	15843
广水市	2647	37570	兴宁市	2104	27990
恩施市	3967	49390	陆丰市	1681	23595
利川市	4612	56830	阳春市	4054	44829
仙桃市	2538	94459	英德市	5671	52016
潜江市	2004	66492	连州市	2663	23213
天门市	2622	108830	普宁市	1620	25786
湖　南			罗定市	2328	32224
浏阳市	4999	65849	**广　西**		
醴陵市	2157	46561	岑溪市	2783	21110
湘乡市	2011	46927	东兴市	549	3920
韶山市	210	5228	桂平市	4074	68242
耒阳市	2656	54086	北流市	2457	34239
常宁市	2044	41575	凭祥市	650	4160
武冈市	1532	38914	合山市	350	5729
汨罗市	1670	38673	宜州市	3869	42914
临湘市	1754	30089	**海　南**		
津市市	558	16108	通什市	1128	2849
沅江市	2136	55243	琼海市	1693	24405

4—3 续表 4

城　市	行政区域土地面积（平方公里）	年末实有耕地面积（公顷）	城　市	行政区域土地面积（平方公里）	年末实有耕地面积（公顷）
儋州市	3235	54619	景洪市	6959	32198
文昌市	2403	40156	大理市	1468	11119
万宁市	1884	18359	瑞丽市	1020	12755
东方市	2256	25146	潞西市	2987	36694
重　庆			**西　藏**		
江津市	3219	68962	日喀则市	3875	12355
合川市	2356	75328	**陕　西**		
永川市	1576	49802	兴平市	509	34647
南川市	2602	39085	韩城市	1621	26318
四　川			华阴市	817	12892
都江堰市	1208	20174	**甘　肃**		
彭州市	1419	35506	玉门市	13496	20233
邛崃市	1384	32920	敦煌市	31200	17147
崇州市	1088	33941	临夏市	89	2407
广汉市	551	29897	合作市	2414	9400
什邡市	863	21541	**青　海**		
绵竹市	1245	29998	格尔木市	122285	3745
江油市	2720	39111	德令哈市	24596	10224
峨眉山市	1168	14554	**宁　夏**		
阆中市	1877	34561	灵武市	3547	27729
华莹市	466	8216	青铜峡市	1886	31426
万源市	4065	26765	**新　疆**		
简阳市	2215	88451	吐鲁番市	15738	8710
西昌市	2655	23901	哈密市	85587	14820
贵　州			昌吉市	7964	45070
清镇市	1492	17774	阜康市	11726	18480
赤水市	1801	13624	米泉市	9570	13840
仁怀市	1788	27768	博乐市	7956	27472
铜仁市	1515	12435	库尔勒市	7117	31750
兴义市	2911	29796	阿克苏市	18164	40720
毕节市	3412	140065	阿图什市	16151	9450
凯里市	1306	13524	喀什市	198	5450
都匀市	2274	13593	和田市	496	5050
福泉市	1688	15467	奎屯市	1110	1680
云　南			伊宁市	575	9770
安宁市	1321	8304	塔城市	4353	78130
宣威市	6061	66698	乌苏市	13729	48670
楚雄市	4482	23205	阿勒泰市	10829	19000
个旧市	1587	12405	石河子市	460	32710
开远市	1950	15723			

4—4 综合经济

城　　市	增加值（万元）	第一产业	第二产业	第三产业
河　　北				
辛集市	907539	190212	394541	322786
藁城市	1174381	260159	492566	421656
晋州市	647054	100979	312025	234050
新乐市	601429	123760	292531	185138
鹿泉市	920888	89251	543302	288333
遵化市	1402018	158194	720108	523716
迁安市	1423869	139189	802622	482058
武安市	1103169	54893	808403	239724
南宫市	318723	75003	166178	77537
沙河市	556436	43493	367177	145766
涿州市	737057	72352	314802	349903
定州市	825062	291604	288742	244716
安国市	373814	78813	140649	154352
高碑店市	622895	62270	361464	199161
泊头市	424126	78117	205959	139714
任丘市	1023439	73073	662618	287748
黄骅市	593880	52603	351831	189446
河间市	794513	88588	421988	277050
霸州市	842379	83009	510729	248641
三河市	1001257	131174	596173	273910
冀州市	429935	76380	238915	114506
深州市	526377	123766	255213	152924
山　　西				
古交市	311405	9718	230102	71585
潞城市	289753	18037	191336	80380
高平市	290492	29841	156628	104023
介休市	383389	15323	260225	107841
永济市	256429	51771	143575	61083
河津市	734382	16147	564025	154210
原平市	173174	31486	67655	74033
侯马市	223110	15571	110478	97061
霍州市	210731	13028	140524	57179
孝义市	391564	20012	263795	107757
汾阳市	256439	30056	133372	93011
内 蒙 古				
霍林郭勒市	125548	6850	74450	44248
满洲里市	245020	10555	65385	169080
扎兰屯市	202255	64900	66200	71155

4—4 续表 1

城 市	增加值（万元）	第一产业	第二产业	第三产业
牙克石市	233289	49851	78209	105229
根河市	162340	34933	47125	80282
额尔古纳市	86915	44936	16739	25240
乌兰浩特市	290002	23337	118898	147767
阿尔山市	34927	10441	8087	16399
二连浩特市	81481	721	20281	60479
锡林浩特市	310350	26690	202473	81187
丰镇市	220329	40879	139250	40200
辽 宁				
新民市	971222	201784	380757	388681
瓦房店市	1260028	221241	711362	327425
普兰店市	1175454	227147	742053	206254
庄河市	1177085	274073	621862	281150
海城市	2135182	200777	1128802	805603
东港市	1000602	209602	411700	379300
凤城市	541036	91036	278000	172000
凌海市	502167	168536	187781	145850
北宁市	508688	243724	104947	160017
盖州市	384296	127055	142808	114433
大石桥市	1118193	90959	625352	401882
灯塔市	521890	84890	233000	204000
铁法市	100919	15250	41939	43730
开原市	328224	122802	120260	85162
北票市	167668	67512	39203	60953
凌源市	167025	64123	25890	77012
兴城市	356511	50443	145976	160092
吉 林				
九台市	676406	151224	265750	259432
榆树市	998031	408031	181561	408439
德惠市	940000	361131	289254	289615
蛟河市	515860	122032	169593	224235
桦甸市	720114	148353	316771	254990
舒兰市	663902	182982	200010	280910
磐石市	714861	169761	293200	251900
公主岭市	834042	410007	173960	250075
双辽市	306111	100300	100799	105012
梅河口市	560144	140920	179506	239718
集安市	190987	36012	68243	86732
临江市	232510	35294	104896	92320
洮南市	256300	125790	61616	68894

4—4 续表 2

城　市	增加值（万元）	第一产业	第二产业	第三产业
大安市	282602	89202	96200	97200
延吉市	554508	12772	266044	275692
图们市	127770	5723	68031	54016
敦化市	418624	100683	195371	122570
珲春市	168687	19504	84312	64871
龙井市	123134	21640	51200	50294
和龙市	112087	22470	44061	45556
黑 龙 江				
阿城市	917580	135851	452172	329557
双城市	1064581	337908	311854	414819
尚志市	792467	116424	396491	279552
五常市	719362	269252	156240	293870
讷河市	353082	54412	80873	217797
虎林市	159293	55094	39149	65050
密山市	197001	57835	61983	77183
铁力市	251208	70069	119053	62086
同江市	84843	37755	18241	28847
富锦市	281669	129609	45304	106756
绥芬河市	139952	3726	26170	110056
海林市	324459	55463	165720	103276
宁安市	324960	93776	109827	121357
穆棱市	352186	53819	170194	128173
北安市	132958	32426	31316	69216
五大连池市	96133	46967	11976	37190
安达市	460170	106029	148309	205832
肇东市	954195	264120	375271	314804
海伦市	311274	125029	78303	107942
江　苏				
江阴市	5080200	169200	3096000	1815000
宜兴市	2620300	144300	1574800	901200
新沂市	542400	163500	199100	179800
邳州市	926300	302000	359600	264700
溧阳市	1211500	140300	670200	401000
金坛市	1010000	114800	540200	355000
常熟市	4749964	138340	2857169	1754455
张家港市	4750600	111000	2999100	1640500
昆山市	4303674	100258	2909742	1293674
吴江市	2810516	135543	1711561	963412
太仓市	2099958	126325	1228237	745396
启东市	1536300	284000	679200	573100

4—4 续表 3

城　市	增加值（万元）	第一产业	第二产业	第三产业
如皋市	987600	189300	432600	365700
通州市	1653900	207900	844400	601600
海门市	1651800	191100	849300	611400
东台市	1350800	360600	555000	435200
大丰市	906000	270500	333900	301600
仪征市	724100	64100	445700	214300
高邮市	705100	188100	275400	241600
江都市	1392900	153400	710000	529500
丹阳市	1947500	131000	1097400	719100
扬中市	801100	28800	490700	281600
句容市	794400	91300	428000	275100
兴化市	1032900	299200	362400	371300
靖江市	970800	73400	488300	409100
泰兴市	1312800	182100	621800	508900
姜堰市	863300	125500	447300	290500
浙　江				
建德市	909201	131147	492444	285610
富阳市	1516660	138026	930413	448221
临安市	1127314	133993	627784	365537
余姚市	2133577	196715	1262378	674484
慈溪市	2455706	181897	1444948	828861
奉化市	951529	105741	547950	297838
瑞安市	1925486	91397	1094416	739673
乐清市	2170830	115608	1291544	763678
海宁市	1883437	121973	1178600	582864
平湖市	1237280	92825	772973	371482
桐乡市	1766175	123030	1052543	590602
诸暨市	2327820	219190	1363633	744997
上虞市	1775445	181122	1052694	541629
嵊州市	1029958	138746	561915	329297
兰溪市	924857	78529	546010	300318
义乌市	1884856	78551	982773	823532
东阳市	1418899	80366	930082	408451
永康市	1106316	46869	734967	324480
江山市	512191	100543	241474	170174
温岭市	2486249	264787	1322085	899377
临海市	1241233	147510	677087	416636
龙泉市	244890	53959	103450	87481
安　徽				
桐城市	470988	101475	213994	155519

4—4 续表 4

城　市	增加值（万元）	第一产业	第二产业	第三产业
天长市	476889	111988	213190	151711
明光市	390605	95558	164493	130554
界首市	294360	75910	90180	128270
宁国市	465371	73099	227849	164423
福　建				
福清市	2603936	323514	1548648	731774
长乐市	1134929	170401	660939	303589
永安市	641127	91490	293189	256775
石狮市	1210923	63869	663204	492282
晋江市	3800246	109540	2135569	1547905
南安市	1889414	127025	1014167	745072
龙海市	1281681	209280	661474	412050
邵武市	414853	92325	148638	173890
武夷山市	235840	48731	63885	123815
建瓯市	407200	125637	104700	176827
建阳市	298159	95795	91076	109837
漳平市	352493	70657	114644	168474
福安市	575155	113898	272736	188521
福鼎市	461906	119334	179664	162908
江　西				
乐平市	506294	103335	235733	167226
瑞昌市	177000	32420	86930	57650
贵溪市	503000	66895	303000	133105
瑞金市	228868	67046	59180	102642
南康市	274996	78927	82329	113740
井冈山市	91612	18762	35608	37242
丰城市	550998	161198	185200	204600
樟树市	303800	82702	125000	96098
高安市	314834	90714	111520	112600
德兴市	284215	33302	184908	66005
山　东				
章丘市	1466073	264181	755622	446270
胶州市	1825934	199508	1046481	579945
即墨市	1952688	248088	992500	712100
平度市	1859574	369981	827423	662170
胶南市	1946011	265011	1113000	568000
莱西市	1215379	202579	546700	466100
滕州市	1901105	225253	1053496	622356
龙口市	1921069	166600	1039345	719449
莱阳市	1045928	183726	516898	351831

4—4 续表 5

城　　市	增加值（万元）		
	第一产业	第二产业	第三产业
莱州市	1626900	237063	796000	597408
蓬莱市	1066138	117059	577971	376478
招远市	1326000	89418	827000	413000
栖霞市	669348	170301	285142	213905
海阳市	708000	185617	352000	172000
青州市	1017745	168036	492411	359298
诸城市	1383478	238594	759584	385300
寿光市	1680824	332949	799054	548821
安丘市	800687	243908	244341	312438
高密市	880000	157503	440328	282169
昌邑市	801547	143606	395941	262000
曲阜市	1012103	93041	483233	435829
兖州市	1202500	145207	616800	440500
邹城市	1908760	153700	1109500	645500
新泰市	1481643	151680	919441	410522
肥城市	1296528	163938	728414	404176
文登市	2268021	220398	1379014	668609
荣成市	2641600	368584	1512182	760834
乳山市	1267184	188582	673987	404615
乐陵市	501865	117265	239409	145191
禹城市	563215	137521	275896	149798
临清市	615000	111495	356000	150000
河　南				
巩义市	1501628	35064	1109330	357234
新密市	945737	80225	584883	280629
荥阳市	983890	43555	618714	321621
新郑市	1035118	71004	655575	308539
登封市	673243	42540	419221	211482
偃师市	1239326	117022	791826	330478
舞钢市	278336	32625	187455	58256
汝州市	765434	99928	403641	261865
林州市	586888	67913	372823	146152
卫辉市	255484	73293	73427	108764
辉县市	597289	90493	364602	142194
济源市	941930	66927	618895	256108
沁阳市	641310	56468	356425	228417
孟州市	377825	46914	214945	115966
禹州市	1061854	118470	656381	287003
长葛市	940009	115786	617837	206386
义马市	196180	2553	141603	52024

4—4 续表 6

城　市	增加值（万元）	第一产业	第二产业	第三产业
灵宝市	876913	98936	502035	275942
邓州市	903073	362629	290299	250145
永城市	707199	215000	346333	145866
项城市	676224	116782	408263	151179
湖　北				
大冶市	818029	99529	452900	265600
丹江口市	374555	48801	176120	149634
宜都市	410095	57619	225022	127454
当阳市	733030	133998	387040	211992
枝江市	508580	109361	197796	201423
老河口市	535136	120056	237995	177085
枣阳市	784472	263372	276600	244500
宜城市	340015	126515	118000	95500
钟祥市	874269	243169	320500	310600
应城市	873312	150873	450330	272109
安陆市	347478	104750	136981	105747
汉川市	981848	183080	446767	352001
石首市	523869	102804	231248	189817
洪湖市	512345	171351	158296	182698
松滋市	542841	123841	231000	188000
麻城市	636832	153982	267457	215393
武穴市	559533	95398	285189	178946
赤壁市	562026	89033	290164	182829
广水市	453000	125800	196700	130500
恩施市	345490	102894	109814	132782
利川市	229046	107945	60181	60920
仙桃市	1231499	258886	530494	442119
潜江市	944200	149200	470500	324500
天门市	1121913	229413	509000	383500
湖　南				
浏阳市	1012722	205613	457792	349317
醴陵市	753135	130055	410124	212956
湘乡市	526520	146432	202430	177658
韶山市	91238	13720	31854	45664
耒阳市	587152	153620	179682	253850
常宁市	476910	118377	200784	157749
武冈市	265645	127000	36942	101703
汨罗市	589905	252165	214641	123099
临湘市	313538	79292	126047	108199
津市市	183017	48866	73442	60709

4—4 续表 7

城　　市	增加值（万元）	第一产业	第二产业	第三产业
沅江市	404354	132352	125962	146040
资兴市	391263	70553	199370	121340
洪江市	207251	64704	69050	73497
冷水江市	387511	18709	223335	145467
涟源市	336369	89874	123470	123025
吉首市	211137	26083	94769	90285
广　东				
增城市	2071229	221634	1273552	576043
从化市	1006810	88728	680406	237676
乐昌市	245234	64858	81274	99102
南雄市	266047	99581	72450	94016
台山市	1260619	192782	558175	509662
开平市	1220909	126797	603624	490488
鹤山市	830926	78376	450307	302243
恩平市	544911	102983	199211	242717
廉江市	724594	260876	187499	276219
雷州市	528849	214700	88686	225463
吴川市	367787	78277	147799	141711
高州市	1325250	417713	468318	439219
化州市	1167445	354722	349425	463298
信宜市	979415	325766	343903	309746
高要市	1445929	355399	503324	587206
四会市	810419	200546	415044	194829
兴宁市	428813	119464	136306	173043
陆丰市	504118	186984	175210	141924
阳春市	585235	265422	164953	154860
英德市	404320	197946	88797	117577
连州市	245078	89466	79508	76104
普宁市	1674466	169869	851261	653336
罗定市	888103	248567	329111	310425
广　西				
岑溪市	257410	108452	86643	62315
东兴市	109964	39999	30022	39943
桂平市	402922	170834	103983	128104
北流市	419593	158239	143243	118111
凭祥市	61602	12743	10787	38073
合山市	95299	11639	60712	22948
宜州市	292683	121680	73189	97814
海　南				
通什市	64616	15629	10242	38745

4—4 续表 8

城　　市	增加值（万元）	第一产业	第二产业	第三产业
琼海市	489216	242860	72931	173425
儋州市	631283	347239	88347	195697
文昌市	403356	195664	77355	130337
万宁市	340208	127026	74141	139041
东方市	275134	103968	95917	75249
重　　庆				
江津市	1138256	245492	447795	444969
合川市	1075488	190652	427964	456872
永川市	801245	151914	314674	334657
南川市	444507	107253	205825	131429
四　　川				
都江堰市	801131	100075	353367	347689
彭州市	634275	149935	192453	291887
邛崃市	761325	118705	336941	305679
崇州市	849582	103293	404016	342273
广汉市	623420	106113	285067	232240
什邡市	719487	96451	439347	183689
绵竹市	720717	116646	375063	229008
江油市	878220	125831	395231	357158
峨眉山市	367832	49196	174923	143713
阆中市	300063	98920	98963	102180
华莹市	295356	36197	154984	104175
万源市	193851	78363	63153	52335
简阳市	613718	178286	206529	228903
西昌市	590215	106290	211457	272468
贵　　州				
清镇市	359446	46658	215976	96812
赤水市	143435	45515	70191	27729
仁怀市	350289	72966	219057	58266
铜仁市	155883	40388	60335	55160
兴义市	428353	77563	225762	125028
毕节市	403538	119579	129792	154167
凯里市	294141	41332	128846	123963
都匀市	240147	36445	89343	114359
福泉市	180408	48618	71754	60036
云　　南				
安宁市	502009	35216	333146	133647
宣威市	379352	110884	140555	127913
楚雄市	553409	72363	334216	146830
个旧市	325494	27302	192420	105772

4—4 续表 9

城市	增加值（万元）	第一产业	第二产业	第三产业
开远市	270569	43569	115845	111155
景洪市	321519	108278	61928	151313
大理市	734085	75050	382923	276112
瑞丽市	95751	22199	18783	54769
潞西市	146240	43604	37228	65408
西藏				
日喀则市	54596	14795	9892	29909
陕西				
兴平市	251100	55522	120800	73500
韩城市	301251	35890	193489	71872
华阴市	117340	12564	65208	38911
甘肃				
玉门市	371206	22590	284038	64578
敦煌市	157328	40409	40657	76262
临夏市	79409	16909	25100	37400
合作市	35955	5597	8507	21851
青海				
格尔木市	348388	5053	217908	125427
德令哈市	72000	6070	24100	41830
宁夏				
灵武市	180193	28607	114881	36705
青铜峡市	329528	43385	220219	65924
新疆				
吐鲁番市	179377	41751	51730	85896
哈密市	412292	56223	158674	197395
昌吉市	453418	97708	207314	148396
阜康市	251423	37816	164952	48655
米泉市	214319	37518	115346	61455
博乐市	171816	40716	51000	80100
库尔勒市	1407956	109844	1037811	260301
阿克苏市	280415	63049	66700	150666
阿图什市	62760	17211	9992	32334
喀什市	190857	12613	53112	125150
和田市	58628	7849	17220	32947
奎屯市	157156	10939	74430	71787
伊宁市	229500	21163	88956	119381
塔城市	153911	39560	32658	81693
乌苏市	294093	133895	72026	88172
阿勒泰市	115648	30925	23866	60857
石河子市	377467	39995	155805	181667

4—5 主要农产品产量

单位:吨

城市	蔬菜产量	水果产量	水产品产量	肉类总产量	奶类产量
河北					
辛集市	1607713	202594	452	80640	16000
藁城市	2570148	209250	150	121990	70211
晋州市	271768	316632	350	57235	14500
新乐市	736106	223039	180	93955	36800
鹿泉市	849498	43504	4710	53488	44736
遵化市	600301	274674	3468	92917	54038
迁安市	750169	133706	760	87678	19120
武安市	101733	29231	610	35219	1500
南宫市	197110	56930	200	34251	1500
沙河市	63481	2792	900	28703	5100
涿州市	448121	127024	1900	43318	8835
定州市	2503997	200312	502	116656	39600
安国市	185471	36654	41	30171	7907
高碑店市	331065	40372	230	40023	2193
泊头市	71538	375949	640	36243	1600
任丘市	278277	66413	12500	61800	3715
黄骅市	39176	42807	72814	12831	903
河间市	250890	80624	450	47475	801
霸州市	764140	61024	6300	25041	1630
三河市	842830	140689	13769	93181	3175
冀州市	227243	101504	1850	29057	1741
深州市	292326	238211	216	48088	1000
山西					
古交市	50126	721	100	4186	65
潞城市	91654	2003	110	4265	747
高平市	43801	14157	20	22618	1353
介休市	55345	5713	38	8567	3486
永济市	93166	47235	11989	9837	1875
河津市	26811	14850	505	3848	1168
原平市	32590	11942	441	13102	2073
侯马市	99762	5062	453	1237	310
霍州市	69500	5151	40	3657	905
孝义市	55298	5613	60	10277	2576
汾阳市	38192	9885	106	11771	4562
内蒙古					
霍林郭勒市	6272	114	22	3331	2184
满州里市	35235	170	18585	2130	3500
扎兰屯市	66775	1935	650	30481	71291

4—5 续表 1

单位:吨

城　　市	蔬菜产量	水果产量	水产品产量	肉类总产量	奶类产量
牙克石市	27411	1	54	12202	51814
根河市	9077	0	12	3330	2530
额尔古纳市	7721	0	279	2434	53672
乌兰浩特市	75504	648	0	15560	56307
阿尔山市	996	0	0	1580	256
二连浩特市	2396	0	0	167	340
锡林浩特市	25288	0	23	12175	23774
丰镇市	180023	406	120	16948	39902
辽　　宁					
新民市	367383	6122	31947	88543	6977
瓦房店市	471910	263309	270132	78268	7747
普兰店市	570828	230670	136386	101120	12427
庄河市	432265	183805	324551	110045	1619
海城市	655131	50668	10500	126138	4093
东港市	556922	75514	243460	38362	3795
凤城市	245183	16989	9285	39392	712
凌海市	645448	19282	123305	75853	11156
北宁市	892922	198255	8200	158994	350
盖州市	239938	300322	130000	31241	1149
大石桥市	249209	10966	40153	53049	1658
灯塔市	211436	41563	35517	37239	9654
铁法市	112087	4869	282	20354	3819
开原市	592722	32553	3036	113300	2398
北票市	215614	4834	293	39932	1360
凌源市	349946	15032	340	32963	1000
兴城市	159998	8022	150150	32579	1205
吉　　林					
九台市	245223	11375	3050	124557	1855
榆树市	746727	13021	1801	291664	2669
德惠市	696575	5984	3902	438268	11433
蛟河市	137228	38678	7902	51660	419
桦甸市	226703	64480	2900	97141	8489
舒兰市	223224	13966	5800	122985	406
磐石市	296452	73549	4104	98762	550
公主岭市	1045566	7632	700	331238	4952
双辽市	76097	459	78	64154	9503
梅河口市	155877	10186	5813	156753	1606
集安市	31819	16730	993	16026	0
临江市	71051	8718	1313	13547	450
洮南市	58168	454	250	42896	15033

4—5 续表 2

单位:吨

城　市	蔬菜产量	水果产量	水产品产量	肉类总产量	奶类产量
大安市	144139	116	5261	38059	10380
延吉市	67904	3660	110	5113	1442
图们市	22658	1613	71	2575	658
敦化市	120302	11600	2750	29296	6300
珲春市	31498	4919	772	5630	640
龙井市	40729	35647	410	9268	977
和龙市	5814	5328	172	7671	319
黑 龙 江					
阿城市	248868	3820	8000	46183	31371
双城市	135503	10780	9550	62627	444437
尚志市	126142	11931	6100	37868	5925
五常市	110377	20249	10000	56312	17188
讷河市	46916	720	4000	101219	8564
虎林市	47871	17533	3719	7639	16200
密山市	53772	9703	16820	26527	25165
铁力市	115930	0	1330	25869	10842
同江市	372414	150	1914	5075	200
富锦市	179416	632	12160	27820	100
绥芬河市	17105	100	185	2448	222
海林市	117905	1880	2615	11815	3748
宁安市	310002	31967	6300	25119	1144
穆棱市	123835	42422	1530	20686	2254
北安市	96726	0	1540	4448	30141
五大连池市	40123	0	2368	5516	11700
安达市	569377	2194	12000	31851	182501
肇东市	791733	6661	27000	97752	208292
海伦市	286603	40	6500	32682	34248
江　苏					
江阴市	286787	29619	20777	53853	30029
宜兴市	328470	20005	61500	46039	900
新沂市	693188	10727	33770	62980	5018
邳州市	2020514	28000	32290	88131	3500
溧阳市	222457	72386	56171	18809	0
金坛市	178994	25902	35392	20115	739
常熟市	449843	13337	40802	23350	20000
张家港市	180018	39417	18624	23219	24884
昆山市	137850	38901	61000	15190	10210
吴江市	172305	17858	75326	27456	0
太仓市	323001	32132	30212	35115	9600
启东市	569815	97916	287678	29299	150

4—5 续表 3 单位:吨

城　　市	蔬菜产量	水果产量	水产品产量	肉类总产量	奶类产量
如皋市	414348	29370	19564	76151	610
通州市	418618	129875	38610	41531	3082
海门市	388646	106293	67882	26017	45
东台市	1288653	452415	117022	119915	5512
大丰市	2090157	251783	117000	73677	632
仪征市	167322	4649	5563	40351	1267
高邮市	183875	13451	125001	54399	1619
江都市	323466	21483	32541	60470	5040
丹阳市	211065	4534	25768	25900	908
扬中市	63170	3231	5323	8700	141
句容市	159648	73547	16861	16500	9250
兴化市	1103600	79577	127629	45772	1500
靖江市	218731	7053	8826	36082	450
泰兴市	391921	8281	16431	78028	3056
姜堰市	560439	13340	28685	56412	3374
浙　江					
建德市	177569	108172	8922	20924	668
富阳市	251321	54844	4680	38144	7879
临安市	107960	24247	3033	25287	5273
余姚市	830568	149442	21951	30207	100
慈溪市	637484	271460	53622	15107	338
奉化市	80897	82148	79259	9415	605
瑞安市	373944	76599	113453	11602	5029
乐清市	184075	86055	91387	11618	5411
海宁市	199069	34806	23238	41902	560
平湖市	214700	64519	30583	24664	2118
桐乡市	401574	23043	10606	45906	95
诸暨市	365421	101164	11500	39322	185
上虞市	874727	157665	46557	35287	120
嵊州市	313546	81897	3242	16122	7
兰溪市	103313	87451	11642	24905	2734
义乌市	172439	58544	6655	31613	595
东阳市	147956	33238	7203	14967	234
永康市	50024	26485	4547	11141	48
江山市	214311	37094	6449	38273	136
温岭市	497559	268943	533594	36823	2292
临海市	246470	198669	111138	23836	899
龙泉市	152489	10442	2213	10491	98
安　徽					
桐城市	250789	887	34420	29032	18

4—5 续表 4　　　　单位:吨

城　市	蔬菜产量	水果产量	水产品产量	肉类总产量	奶类产量
天长市	90834	316	47569	43641	110
明光市	168080	5079	54462	54199	45
界首市	357025	7529	4198	41146	197
宁国市	98785	2366	4200	34343	0
福　建					
福清市	458228	52970	230071	99221	3634
长乐市	316080	16705	167906	28951	9510
永安市	200574	73885	8345	27586	452
石狮市	46926	1502	275032	4947	506
晋江市	130299	5624	168061	37381	2507
南安市	179973	88366	61241	58995	2203
龙海市	429848	103262	295401	42920	1484
邵武市	129250	34699	16109	15859	6434
武夷山市	106010	18373	9500	10862	98
建瓯市	380697	164906	12242	19666	26927
建阳市	178927	53224	10247	14949	6937
漳平市	215127	39097	6519	18120	89
福安市	172391	85030	64508	19352	887
福鼎市	110068	10461	214055	9466	8
江　西					
乐平市	521699	2258	12432	23978	0
瑞昌市	61644	977	21890	12799	0
贵溪市	100652	21627	12249	30694	33
瑞金市	120081	27718	12192	29464	180
南康市	233921	10616	17080	37026	150
井冈山市	36637	3611	1466	4940	0
丰城市	325229	1962	63866	44698	0
樟树市	138788	3543	30015	59775	333
高安市	274857	2379	28500	47836	41
德兴市	33167	4197	7200	7149	0
山　东					
章丘市	1525298	51818	7450	88979	44702
胶州市	1617738	61469	120323	82902	55843
即墨市	1096289	37654	320108	105333	89457
平度市	2342283	193360	9819	271733	17493
胶南市	989741	250684	335535	99781	79870
莱西市	1055055	108006	11507	126140	140000
滕州市	2799177	55062	12560	88109	1307
龙口市	199602	256695	201055	29692	38233
莱阳市	967732	229756	21000	40695	60579

4—5 续表 5　　　　单位:吨

城　　市	蔬菜产量	水果产量	水产品产量	肉类总产量	奶类产量
莱州市	410716	227869	292000	67720	27461
蓬莱市	112435	271868	223100	30689	5422
招远市	71510	259467	15100	25996	5520
栖霞市	173605	1057029	3360	24321	2263
海阳市	665632	144329	302205	22238	11829
青州市	1437731	99755	470	68111	9426
诸城市	1039091	39367	12139	283515	40336
寿光市	3652541	205525	446935	84714	11796
安丘市	2147380	221354	13822	157813	3026
高密市	872172	111266	7560	111933	1112
昌邑市	1044915	57716	67000	127992	3208
曲阜市	200361	19991	380	74694	8461
兖州市	823083	1318	1500	86250	6423
邹城市	512641	32289	18000	82103	6652
新泰市	1061129	63419	4750	91129	4447
肥城市	1615179	123457	2204	78856	3143
文登市	185803	103722	430178	44305	80414
荣成市	318918	150000	1230000	28324	28990
乳山市	352636	187982	340000	22334	15958
乐陵市	452303	284965	1217	64235	410
禹城市	576595	19237	12000	52406	1505
临清市	535721	57076	4250	30917	1500
河　　南					
巩义市	51478	21117	1251	18531	3193
新密市	427542	28665	1108	38968	42593
荥阳市	67546	10211	429	24678	5197
新郑市	187261	43521	430	33034	7439
登封市	66575	20885	790	27466	1300
偃师市	439016	55793	209	38703	43744
舞钢市	72711	2148	824	30834	121
汝州市	197944	13328	730	73783	824
林州市	109414	46841	436	47432	600
卫辉市	162120	6057	1810	54844	2556
辉县市	241694	11091	637	58784	1953
济源市	222931	31157	5000	30339	2847
沁阳市	317859	11422	340	24198	820
孟州市	85546	122994	740	18590	2282
禹州市	286844	13267	1010	82013	730
长葛市	344072	4233	905	65740	1892
义马市	14086	850	90	1534	201

4—5 续表 6　　单位:吨

城　市	蔬菜产量	水果产量	水产品产量	肉类总产量	奶类产量
灵宝市	265003	553699	670	14651	2182
邓州市	1637956	24016	4340	135039	2777
永城市	1271101	172521	6005	87618	2480
项城市	733358	9128	3161	54034	2400
湖　北					
大冶市	263541	2849	42980	38478	25
丹江口市	151697	68148	18711	21873	17
宜都市	134305	118016	3922	38609	15
当阳市	532095	28399	39860	56870	1220
枝江市	170328	235626	36360	45766	0
老河口市	724562	97253	22166	33090	1100
枣阳市	1043441	478644	38102	93704	0
宜城市	474892	40765	22759	51545	0
钟祥市	776600	91426	77982	73083	21
应城市	602345	138278	51152	43825	0
安陆市	300651	81040	30008	47865	0
汉川市	715891	50132	104091	46709	0
石首市	286144	24525	48267	27009	0
洪湖市	369582	3320	223148	23370	0
松滋市	209643	50847	23205	74084	0
麻城市	584000	3325	22016	61849	15
武穴市	237965	41201	34698	38881	0
赤壁市	290558	7130	29101	17171	90
广水市	546160	27717	28315	34765	126
恩施市	301608	13311	660	52815	324
利川市	287447	18008	2495	45871	18
仙桃市	533136	301441	212424	66129	174
潜江市	664616	25768	86491	81289	0
天门市	537181	41680	74868	68151	219
湖　南					
浏阳市	547106	48243	18950	116487	2137
醴陵市	419524	51825	15800	78794	120
湘乡市	390860	17450	24400	117313	130
韶山市	28825	1534	2350	12830	10
耒阳市	304200	75276	24000	98452	300
常宁市	221890	42006	19520	74329	254
武冈市	145001	23001	6800	108468	562
汨罗市	292484	175849	28967	141036	210
临湘市	252818	47610	20497	31676	0
津市市	54840	13993	13978	26150	500

4—5 续表 7 单位:吨

城　市	蔬菜产量	水果产量	水产品产量	肉类总产量	奶类产量
沅江市	125438	74450	76056	50239	0
资兴市	112460	68324	21186	43525	26
洪江市	109734	97414	3709	36768	104
冷水江市	35559	7345	2749	15460	220
涟源市	223999	12151	9350	54789	20
吉首市	100370	45095	1725	9318	920
广　东					
增城市	883971	71538	35210	63843	4707
从化市	389990	44253	6532	28364	1790
乐昌市	282236	49575	5927	27345	2
南雄市	142635	15952	15917	35631	23
台山市	386236	32566	410387	46519	0
开平市	342965	24056	24018	46337	0
鹤山市	238989	10732	29600	38391	0
恩平市	108249	13902	27612	31757	0
廉江市	573996	217825	105690	107406	0
雷州市	362858	252013	123619	49199	50
吴川市	89919	51012	32383	43852	0
高州市	565799	807766	67555	170014	0
化州市	435602	339563	90446	113791	0
信宜市	255643	425635	27402	182041	800
高要市	907008	125277	104826	62494	0
四会市	285080	94568	75594	90415	0
兴宁市	332546	68428	13453	45909	1334
陆丰市	284106	42385	208281	65167	0
阳春市	338407	133939	29357	53918	0
英德市	356332	33873	17018	37077	475
连州市	530768	33235	5712	21772	40
普宁市	497760	166001	10112	47644	969
罗定市	223294	61069	35581	38507	37
广　西					
岑溪市	317231	31372	11101	69462	44
东兴市	37768	8705	106077	5321	54
桂平市	436923	47183	42000	91933	110
北流市	373109	72100	22602	66319	588
凭祥市	17750	4151	2251	5637	0
合山市	36018	1041	650	6049	0
宜州市	275640	45906	7180	50584	0
海　南					
通什市	10443	12074	1816	3828	0

4—5 续表 8 单位:吨

城　市	蔬菜产量	水果产量	水产品产量	肉类总产量	奶类产量
琼海市	338921	161465	66906	64285	1
儋州市	188733	53738	290830	59868	0
文昌市	356748	52620	83408	50491	0
万宁市	128167	75522	44283	31070	0
东方市	178526	240436	27422	19634	0
重　庆					
江津市	725612	101626	15904	102036	692
合川市	649698	23044	11206	101992	1177
永川市	402869	83462	11316	87110	1593
南川市	190120	21594	5518	54620	789
四　川					
都江堰市	181987	11184	2896	53222	2404
彭州市	646258	8443	2300	69529	2755
邛崃市	216117	48692	5148	96655	1301
崇州市	179675	5182	7337	79666	1551
广汉市	552896	18459	5240	74089	1584
什邡市	326687	14695	3500	56080	261
绵竹市	288098	19355	4709	74018	3351
江油市	236084	78675	6800	72552	2164
峨眉山市	125396	18000	2355	41010	558
阆中市	404689	59420	9100	85157	449
华蓥市	106897	2906	1950	28111	250
万源市	126954	6090	1410	63590	10
简阳市	346514	61516	30026	138420	816
西昌市	266936	23212	9100	57187	6378
贵　州					
清镇市	63861	4842	4699	21914	1049
赤水市	103002	5870	859	23525	12
仁怀市	112890	16387	684	42507	45
铜仁市	82551	4436	1485	17362	235
兴义市	224272	17156	2884	58169	700
毕节市	184234	10206	350	55665	163
凯里市	170843	4505	1707	18353	1040
都匀市	83417	4717	1004	16840	2230
福泉市	16192	9574	415	12850	0
云　南					
安宁市	164136	11719	750	20334	3105
宣威市	151664	15796	1609	135628	159
楚雄市	60951	7960	1375	32871	2105
个旧市	79326	16252	3339	17757	7878

4—5 续表 9

单位:吨

城　　市	蔬菜产量	水果产量	水产品产量	肉类总产量	奶类产量
开远市	101416	6194	2154	13071	492
景洪市	46727	15903	6086	9567	74
大理市	157697	14818	6214	39680	19117
瑞丽市	24118	6503	2782	5012	28
潞西市	81122	2475	2675	10764	674
西　　藏					
日喀则市	20486	51	0	2004	5135
陕　　西					
兴平市	130007	61942	2700	23722	8918
韩城市	109530	33450	658	5704	134
华阴市	25179	3566	3005	2556	540
甘　　肃					
玉门市	60250	6263	130	5394	857
敦煌市	117074	34495	225	5243	975
临夏市	59801	6331	130	7469	3510
合作市	1531	0	0	1989	5232
青　　海					
格尔木市	31591	20	58	2143	812
德令哈市	3294	0	54	1836	475
宁　　夏					
灵武市	60258	21764	2018	10771	36973
青铜峡市	111758	42791	2727	21806	24408
新　　疆					
吐鲁番市	62318	257460	217	18774	5937
哈密市	55803	48883	680	12951	4862
昌吉市	423098	37422	7139	32763	71443
阜康市	157796	5000	208	16547	7312
米泉市	142868	5229	1225	24034	16111
博乐市	11896	1891	419	11013	15548
库尔勒市	105821	65871	755	23053	12130
阿克苏市	166287	60241	1332	21002	3420
阿图什市	11171	27456	152	6967	9280
喀什市	106100	15844	501	9200	4000
和田市	38346	8505	444	3691	900
奎屯市	0	0	0	60	52
伊宁市	154143	14887	2485	6946	27640
塔城市	53118	3796	620	10572	14362
乌苏市	232332	2400	999	19484	8645
阿勒泰市	12621	93	308	13295	26515
石河子市	225083	4385	2053	6766	9443

4—6 固定资产投资

单位:万元

城 市	基本建设投资完成额	基本建设新增固定资产	更新改造投资完成额	其它投资完成额
河 北				
辛集市	96601	0	42455	0
藁城市	164057	76564	38121	0
晋州市	48178	15602	48990	0
新乐市	41995	0	36600	0
鹿泉市	192094	122762	49058	0
遵化市	48486	11328	104161	0
迁安市	55949	6000	179445	0
武安市	115369	115369	17765	0
南宫市	12009	11149	10597	0
沙河市	21399	16409	22436	0
涿州市	180808	139784	22513	32524
定州市	215658	64018	32290	7458
安国市	36473	10307	20198	0
高碑店市	90552	66914	23426	880
泊头市	8943	8587	7472	1790
任丘市	25871	14221	8211	41050
黄骅市	28216	6000	7660	4820
河间市	36233	16672	6438	7280
霸州市	187838	88630	28908	5310
三河市	110306	67168	40733	0
冀州市	20623	9614	18950	19620
深州市	25566	400	10228	700
山 西				
古交市	60312	23364	60462	4910
潞城市	134381	36084	50071	30963
高平市	10942	2038	14670	5350
介休市	99901	2548	46866	35400
永济市	37800	19137	20873	1693
河津市	269578	89410	54049	0
原平市	28954	7410	13458	2852
侯马市	36424	17926	13170	66353
霍州市	54780	39948	15817	1490
孝义市	17693	20207	61114	12300
汾阳市	6255	4382	41675	450
内 蒙 古				
霍林郭勒市	8205	8151	75797	405
满洲里市	32482	32482	9633	14760
扎兰屯市	52004	35233	16807	610

4—6 续表 1

单位:万元

城　　市	基本建设投资完成额	基本建设新增固定资产	更新改造投资完成额	其它投资完成额
牙克石市	31093	18064	9185	2080
根河市	5394	3205	8198	507
额尔古纳市	14409	11653	1147	6322
乌兰浩特市	115667	36399	27165	5843
阿尔山市	8674	6322	0	9513
二连浩特市	50918	22028	2050	264
锡林浩特市	116047	106900	6581	3930
丰镇市	37128	31538	0	45550
辽　宁				
新民市	34418	34418	41112	1317
瓦房店市	95505	49000	9296	5120
普兰店市	22667	8783	19503	15643
庄河市	39306	29479	29259	0
海城市	33849	18700	0	24862
东港市	53137	28345	2304	23089
凤城市	11018	12543	17594	14849
凌海市	35381	19771	10352	2682
北宁市	18422	14665	7691	10115
盖州市	31817	21000	11000	22722
大石桥市	72706	53215	12333	39037
灯塔市	20733	20733	19750	3768
铁法市	27987	3318	11105	32514
开原市	19122	20584	15724	36853
北票市	23294	16149	2846	1590
凌源市	5637	5637	2290	2371
兴城市	12195	10719	5880	1779
吉　林				
九台市	46929	0	22525	26926
榆树市	72714	2645	11	165
德惠市	105747	36105	23297	0
蛟河市	96826	33195	27670	11342
桦甸市	47511	35852	31544	35557
舒兰市	91059	34790	8165	27740
磐石市	75063	63087	78271	11807
公主岭市	32177	27072	15637	0
双辽市	9952	5870	15390	461
梅河口市	55867	55867	19458	0
集安市	18232	18232	5483	0
临江市	41114	17476	8256	4522
洮南市	21000	21000	8500	22000

4—6 续表 2

单位:万元

城　　市	基本建设投资完成额	基本建设新增固定资产	更新改造投资完成额	其它投资完成额
大安市	23840	16840	10195	10403
延吉市	132479	48050	15964	0
图们市	15158	8855	22307	80
敦化市	32833	48697	21216	11800
珲春市	39807	36799	10796	177
龙井市	29446	29828	9928	1239
和龙市	15123	17037	3300	20197
黑 龙 江				
阿城市	65240	50348	67174	12548
双城市	85820	52729	12242	0
尚志市	52729	31129	12921	30174
五常市	31550	29017	16297	500
讷河市	18704	12180	3950	3785
虎林市	35101	54575	4300	540
密山市	17369	22418	3600	265
铁力市	14529	13850	13415	165
同江市	8918	6843	0	0
富锦市	11408	10107	1888	1456
绥芬河市	32122	27109	2040	41875
海林市	18712	18454	4647	19026
宁安市	29824	21085	429	0
穆棱市	17883	17113	5785	8531
北安市	8681	7934	3145	4444
五大连池市	19839	19839	780	0
安达市	15588	15488	10789	0
肇东市	23372	33312	28832	0
海伦市	19519	10993	10948	0
江　　苏				
江阴市	432818	363934	281686	1820284
宜兴市	293800	219291	44482	671473
新沂市	37172	37172	34631	164975
邳州市	29092	28057	19899	334741
溧阳市	140000	45906	96795	269872
金坛市	72851	42174	46805	256175
常熟市	286025	175226	44126	1490938
张家港市	162170	63960	331606	1307300
昆山市	219874	145292	1090	1545394
吴江市	166608	134543	16817	1537765
太仓市	463079	202195	9546	639211
启东市	64579	29184	50748	451648

4—6 续表 3　　单位:万元

城　市	基本建设投资完成额	基本建设新增固定资产	更新改造投资完成额	其它投资完成额
如皋市	81616	44033	28338	323465
通州市	170085	38652	38182	568186
海门市	140834	89497	50100	474313
东台市	37780	0	24750	356380
大丰市	22784	13897	13785	245782
仪征市	106455	49149	74494	164875
高邮市	48175	65832	4698	181507
江都市	70094	35424	10983	324056
丹阳市	57763	38472	83735	316814
扬中市	54605	39733	14270	221335
句容市	70470	70225	15981	209494
兴化市	51474	47022	13295	304352
靖江市	44770	67283	36167	185123
泰兴市	89755	53057	16194	392514
姜堰市	76924	24239	16338	333418
浙　江				
建德市	83364	5204	32931	325
富阳市	128101	77844	35549	4283
临安市	107120	6576	90657	22287
余姚市	148886	97529	17282	9960
慈溪市	305952	190102	15976	31903
奉化市	41094	39491	0	9357
瑞安市	102970	77788	23896	5771
乐清市	131821	77447	8796	370
海宁市	177910	131777	13862	21296
平湖市	410446	102241	2299	116924
桐乡市	119057	83329	53779	18327
诸暨市	124018	95752	3850	7878
上虞市	120102	26506	10255	26270
嵊州市	79726	14290	11220	225252
兰溪市	109952	6137	38366	52966
义乌市	359559	102092	18710	8955
东阳市	169552	45952	18180	63374
永康市	126714	73082	9021	25023
江山市	78655	43193	122421	180
温岭市	130114	96531	14622	44578
临海市	168074	25679	6096	2279
龙泉市	88784	23874	32666	8910
安　徽				
桐城市	49481	42305	26648	60317

4—6 续表 4

单位:万元

城　　市	基本建设投资完成额	基本建设新增固定资产	更新改造投资完成额	其它投资完成额
天长市	9386	7370	29156	43766
明光市	26740	1655	13874	24743
界首市	6968	6968	11806	22676
宁国市	69738	29768	30061	9544
福　　建				
福清市	86022	47904	40583	83713
长乐市	24886	10071	8309	91022
永安市	44400	17401	28468	11749
石狮市	55401	2245	33941	52180
晋江市	84184	32266	123778	38199
南安市	56440	21656	82854	16072
龙海市	70438	29905	32518	263771
邵武市	74400	74392	32126	52978
武夷山市	59623	9623	5077	31413
建瓯市	46620	33196	13079	0
建阳市	51131	15677	18505	20758
漳平市	35941	3468	3882	164
福安市	11515	12237	25650	0
福鼎市	134048	45167	26393	0
江　　西				
乐平市	59404	17176	11691	46679
瑞昌市	101215	84036	1500	4800
贵溪市	69323	22815	88804	0
瑞金市	27296	28225	6915	2156
南康市	229279	323995	0	34927
井冈山市	39769	9111	4499	1000
丰城市	71464	88744	3100	13480
樟树市	41173	14428	12759	1100
高安市	59327	28949	805	0
德兴市	28949	21601	44813	1904
山　　东				
章丘市	336191	227588	91675	6367
胶州市	108680	29028	7199	442821
即墨市	234985	300111	9522	214000
平度市	187174	184067	141167	268154
胶南市	286621	270919	60889	31431
莱西市	164407	133572	36150	101122
滕州市	334967	289771	67571	57881
龙口市	180650	41608	21400	21600
莱阳市	149193	15592	12239	149449

4—6 续表 5　　单位:万元

城　市	基本建设投资完成额	基本建设新增固定资产	更新改造投资完成额	其它投资完成额
莱州市	212420	173278	36214	17571
蓬莱市	243670	103608	19406	211625
招远市	118335	86535	69350	234709
栖霞市	70578	70576	23205	34375
海阳市	114227	73263	15384	69196
青州市	128882	125592	54306	125499
诸城市	190377	130765	185442	3100
寿光市	364704	178146	287944	22460
安丘市	67113	48920	76735	19269
高密市	95092	50521	52349	83506
昌邑市	75829	42190	94127	16700
曲阜市	97566	24136	33098	58073
兖州市	104728	100097	47132	8173
邹城市	398302	391278	184627	6022
新泰市	143286	45754	130121	86347
肥城市	132085	179151	64110	82246
文登市	174802	145565	202934	131600
荣成市	226198	58857	305868	151288
乳山市	151682	62213	92805	73766
乐陵市	80214	4000	69624	1700
禹城市	81468	500	84733	28770
临清市	18684	10975	28928	60810
河　南				
巩义市	278633	53898	33517	0
新密市	97272	35691	11151	2580
荥阳市	79625	54856	13120	8937
新郑市	102870	11217	2860	13597
登封市	242223	1678	560	0
偃师市	42788	19193	1491	2100
舞钢市	24150	27772	22029	2326
汝州市	15179	8179	14466	2050
林州市	41445	46052	34479	0
卫辉市	33426	12813	15759	0
辉县市	135785	115643	13272	1560
济源市	211517	19395	102790	23392
沁阳市	27457	22450	58041	129
孟州市	30965	17313	11066	0
禹州市	76193	24811	30127	1700
长葛市	43875	9606	56988	0
义马市	15681	176875	79005	8295

4—6 续表 6

单位:万元

城　　市	基本建设投资完成额	基本建设新增固定资产	更新改造投资完成额	其它投资完成额
灵宝市	48384	34032	33053	2274
邓州市	23637	27204	7635	9175
永城市	121148	36988	161402	0
项城市	38259	38259	2499	0
湖　　北				
大冶市	64684	54496	25484	4800
丹江口市	21596	7639	24206	18545
宜都市	27254	13665	70247	16585
当阳市	54215	26133	4327	19295
枝江市	32135	38977	62246	21550
老河口市	11123	4417	17746	30362
枣阳市	24086	14485	15220	4298
宜城市	58900	16282	12553	200
钟祥市	41530	29320	42209	0
应城市	34007	24327	46422	1870
安陆市	47391	46249	16800	955
汉川市	31259	20883	42336	4245
石首市	29602	36107	34981	0
洪湖市	22815	32488	19672	525
松滋市	30654	28899	20459	1039
麻城市	153210	29903	20099	580
武穴市	14890	10530	25057	0
赤壁市	140790	14061	27247	7970
广水市	50781	50781	15510	0
恩施市	51041	48712	5389	29576
利川市	25766	22069	10489	3280
仙桃市	87666	68526	52241	148894
潜江市	124818	156000	81430	47500
天门市	294500	23703	38600	61134
湖　　南				
浏阳市	227341	24911	59104	20745
醴陵市	14153	19340	9824	3010
湘乡市	17100	9858	21783	2650
韶山市	14066	11155	2570	361
耒阳市	117840	68103	23634	650
常宁市	13381	16623	15206	5910
武冈市	12222	7202	0	380
汨罗市	65472	17930	42763	10805
临湘市	26720	54333	12053	450
津市市	16313	5176	9355	0

4—6 续表 7 单位:万元

城　　市	基本建设投资完成额	基本建设新增固定资产	更新改造投资完成额	其它投资完成额
沅江市	33779	29909	14310	0
资兴市	133483	260214	31868	4360
洪江市	56787	184256	15947	0
冷水江市	9540	6747	46052	0
涟源市	18143	16151	1140	5986
吉首市	66894	19005	42805	7956
广　东				
增城市	85984	12112	33967	198458
从化市	39539	25780	45760	128615
乐昌市	20615	16979	19724	11294
南雄市	25677	28491	4463	27686
台山市	347018	362194	14945	9494
开平市	107554	256745	6449	73079
鹤山市	15572	13319	7255	138405
恩平市	46762	151952	1560	52978
廉江市	33782	27392	0	4125
雷州市	5730	11109	10656	1625
吴川市	7735	1355	8740	3794
高州市	20136	13767	8548	162395
化州市	4804	1976	8923	4020
信宜市	17292	14261	14157	1030
高要市	7066	4947	15368	146645
四会市	127076	50028	8151	44462
兴宁市	11470	4511	8352	7948
陆丰市	62929	44050	7885	4899
阳春市	37122	44533	6500	55514
英德市	57546	17420	47149	55442
连州市	70356	64811	2693	550
普宁市	63323	63323	18823	31677
罗定市	86505	144158	19644	28255
广　西				
岑溪市	21493	22951	965	11416
东兴市	21753	9003	465	807
桂平市	21244	11031	8907	7313
北流市	24176	2908	11153	33154
凭祥市	29635	11176	2993	1245
合山市	30525	1387	107116	40
宜州市	17054	9029	6361	6621
海　南				
通什市	16473	6477	1000	921

4—6 续表 8

单位:万元

城　　市	基本建设投资完成额	基本建设新增固定资产	更新改造投资完成额	其它投资完成额
琼海市	129387	156089	2226	0
儋州市	62506	53613	8250	9390
文昌市	64923	47649	4894	3225
万宁市	58115	26211	925	4795
东方市	156354	156582	10256	3451
重　　庆				
江津市	223954	204853	67117	77032
合川市	161160	55918	54990	63720
永川市	176554	80510	66454	125271
南川市	131209	88141	35440	34637
四　　川				
都江堰市	228696	41420	40589	92475
彭州市	43734	12965	49184	52906
邛崃市	58069	59395	20013	63445
崇州市	54278	40079	43289	78088
广汉市	40991	15300	31559	60374
什邡市	21063	12700	57905	48684
绵竹市	34810	14484	44828	50422
江油市	46862	25711	62065	59435
峨眉山市	31158	12814	64139	44180
阆中市	97015	54408	19695	58288
华莹市	71305	350	9369	41501
万源市	24840	7355	10059	38590
简阳市	36830	38739	12451	51136
西昌市	130250	120903	45207	36379
贵　　州				
清镇市	48848	33076	0	0
赤水市	61706	81141	8292	2146
仁怀市	16196	5291	53666	0
铜仁市	39531	9476	15479	21822
兴义市	74740	28411	48942	6704
毕节市	99156	54220	44172	3515
凯里市	20324	19249	31144	26283
都匀市	26116	27905	29850	0
福泉市	3636	3719	34288	0
云　　南				
安宁市	64498	14707	123826	11637
宣威市	160857	60235	9417	0
楚雄市	58446	47083	16958	11289
个旧市	59426	95975	7209	18915

4—6 续表 9　　　　单位:万元

城　市	基本建设投资完成额	基本建设新增固定资产	更新改造投资完成额	其它投资完成额
开远市	26616	22785	32122	5208
景洪市	74896	55883	3696	2142
大理市	98626	80043	34750	2501
瑞丽市	14055	7393	1194	1358
潞西市	33875	23351	70	119
西　藏				
日喀则市	39338	20000	0	0
陕　西				
兴平市	36804	31622	17145	3358
韩城市	160235	81733	45615	5751
华阴市	28403	8959	17366	0
甘　肃				
玉门市	101422	83371	31130	24536
敦煌市	20765	11850	925	12792
临夏市	21345	10831	1073	5546
合作市	16518	12009	3472	512
青　海				
格尔木市	174722	31440	4647	2022
德令哈市	63091	1569	0	929
宁　夏				
青铜峡市	47801	68298	85156	350
灵武市	59155	63361	38710	0
新　疆				
吐鲁番市	50485	22146	9554	1511
哈密市	81622	95863	12738	7327
昌吉市	99225	69026	48691	7320
阜康市	47366	7895	10991	0
米泉市	39074	32590	27484	4067
博乐市	14637	13025	1567	131
库尔勒市	637286	254886	67167	28451
阿克苏市	96141	116446	7716	11536
阿图什市	18047	16824	0	875
喀什市	116024	79355	25013	11511
和田市	28292	14205	280	1104
奎屯市	25221	14392	10420	0
伊宁市	59322	50265	14990	261
塔城市	27878	19592	6580	2119
乌苏市	22611	20482	11443	0
阿勒泰市	29715	32957	3713	0
石河子市	149582	62352	38403	38352

4—7 商业经济

城　　市	限额以上批发零售贸易业商品销售总额（万元）	当年合同外资金额（万美元）	实际使用外资金额（万美元）	出口总额（万美元）
河　　北				
辛集市	41646	280	678	37282
藁城市	14627	3467	1452	5800
晋州市	8204	113	663	11700
新乐市	9020	3374	900	170
鹿泉市	20119	103	1262	3700
遵化市	48858	3461	613	2196
迁安市	11809	354	847	2799
武安市	53441	654	701	316
南宫市	11467	18	233	1860
沙河市	8067	60	366	400
涿州市	27550	231	1755	5903
定州市	35068	0	121	2100
安国市	4846	0	3	720
高碑店市	20424	5	15	17000
泊头市	10330	6	6	2312
任丘市	20748	282	317	929
黄骅市	26920	648	493	3684
河间市	31654	68	30	116
霸州市	62298	2301	4760	2900
三河市	40587	1341	2335	5431
冀州市	29974	20	640	573
深州市	20435	248	530	2117
山　　西				
古交市	0	0	0	0
潞城市	13383	500	200	993
高平市	24409	0	0	725
介休市	44523	0	0	14216
永济市	59900	0	1000	0
河津市	13892	22	0	0
原平市	90465	0	0	0
侯马市	21314	925	482	9
霍州市	20851	0	0	71
孝义市	34776	316	316	1194
汾阳市	19329	0	0	149
内 蒙 古				
霍林郭勒市	0	0	80	0
满州里市	18398	421	421	24900
扎兰屯市	24651	0	13	303

4—7 续表 1

城　　市	限额以上批发零售贸易业商品销售总额（万元）	当年合同外资金额（万美元）	实际使用外资金额（万美元）	出口总额（万美元）
牙克石市	10601	0	0	0
根河市	2444	100	30	0
额尔古纳市	4520	0	0	200
乌兰浩特市	152983	264	264	1329
阿尔山市	2090	0	0	50
二连浩特市	46931	0	0	12919
锡林浩特市	11901	0	0	0
丰镇市	5203	9	9	130
辽　宁				
新民市	91609	5000	2949	526
瓦房店市	20071	31159	9096	31007
普兰店市	12466	16300	9100	20700
庄河市	67417	16240	10073	15330
海城市	71729	17819	7777	44527
东港市	1581	3618	2314	19008
凤城市	0	2810	1300	3512
凌海市	24324	1234	555	5901
北宁市	7366	930	100	351
盖州市	32769	10550	2245	10825
大石桥市	59613	12256	3560	28300
灯塔市	2087	475	506	597
铁法市	0	1623	748	578
开原市	7199	4368	1215	1017
北票市	10671	1050	505	0
凌源市	3039	423	423	263
兴城市	16520	18	18	4170
吉　林				
九台市	144630	0	0	0
榆树市	29068	1760	1760	0
德惠市	28067	1758	1758	5600
蛟河市	18542	4913	1124	14514
桦甸市	16304	2200	1500	320
舒兰市	28507	4200	780	1090
磐石市	19707	1443	1348	249
公主岭市	47525	530	530	1281
双辽市	19759	0	0	0
梅河口市	10427	1245	506	2560
集安市	10613	714	259	1297
临江市	3577	0	0	90
洮南市	81090	0	1300	450

4—7 续表 2

城　市	限额以上批发零售贸易业商品销售总额（万元）	当年合同外资金额（万美元）	实际使用外资金额（万美元）	出口总额（万美元）
大安市	33642	2185	2120	462
延吉市	204463	6334	2603	5715
图们市	5325	403	387	3564
敦化市	12283	432	240	4881
珲春市	2511	2470	554	10539
龙井市	735	92	171	1502
和龙市	0	230	120	534
黑 龙 江				
阿城市	224003	5100	1030	0
双城市	818	1650	375	0
尚志市	13952	4424	724	142
五常市	29260	450	61	650
讷河市	22979	100	100	66
虎林市	11512	564	1500	2641
密山市	31025	380	107	4870
铁力市	0	0	0	0
同江市	8660	0	0	8205
富锦市	50535	0	0	92
绥芬河市	212747	100	258	98490
海林市	8261	515	106	1508
宁安市	5908	266	3	136
穆棱市	3802	80	10	149
北安市	25545	0	0	921
五大连池市	8613	0	0	0
安达市	22671	550	1300	182
肇东市	15476	3091	1694	2360
海伦市	12550	200	150	940
江　苏				
江阴市	1855667	130475	57257	155109
宜兴市	641034	35779	23683	43390
新沂市	72169	3769	1945	2252
邳州市	121964	5141	4030	4718
溧阳市	134915	21768	10638	11007
金坛市	153184	22122	10638	27476
常熟市	1063898	146408	95119	180764
张家港市	1206660	118718	60218	198026
昆山市	448001	225213	120076	721535
吴江市	287256	123544	50490	328337
太仓市	462813	121782	60206	116938
启东市	114164	23455	5009	13341

4—7 续表 3

城　　市	限额以上批发零售贸易业商品销售总额（万元）	当年合同外资金额（万美元）	实际使用外资金额（万美元）	出口总额（万美元）
如皋市	98835	22019	6219	16023
通州市	175835	35062	10529	41764
海门市	117962	34782	10996	17675
东台市	136395	6091	3966	7043
大丰市	97003	4513	2711	7184
仪征市	101231	8788	8045	5501
高邮市	37500	5186	2240	7658
江都市	110644	7477	5520	7003
丹阳市	144742	40169	18509	23575
扬中市	133250	28528	13797	4753
句容市	43241	47882	21094	5781
兴化市	57016	794	800	3081
靖江市	219518	8013	5514	20135
泰兴市	152633	10937	6045	11108
姜堰市	116527	9627	4362	6539
浙　　江				
建德市	174561	4624	2773	10499
富阳市	399613	8543	4606	19184
临安市	96770	8074	4606	19270
余姚市	345052	55048	25081	114938
慈溪市	888842	37069	21159	160912
奉化市	884819	5078	3805	33011
瑞安市	388122	4151	1730	38649
乐清市	464142	3116	1117	30123
海宁市	489036	27031	10109	80468
平湖市	192474	21601	10668	91656
桐乡市	374844	29791	8021	37509
诸暨市	398710	25657	11081	53315
上虞市	333165	20212	10842	37414
嵊州市	96120	26309	10006	21717
兰溪市	149506	5857	2023	9158
义乌市	670392	23478	7164	73389
东阳市	255161	6838	2135	38295
永康市	304301	3346	2021	46884
江山市	54283	228	149	1574
温岭市	604679	7869	4506	57299
临海市	195487	3970	2511	31391
龙泉市	57579	37	25	3655
安　　徽				
桐城市	29089	6265	521	3912

4—7 续表 4

城　　市	限额以上批发零售贸易业商品销售总额（万元）	当年合同外资金额（万美元）	实际使用外资金额（万美元）	出口总额（万美元）
天长市	59651	795	795	4335
明光市	14296	337	358	417
界首市	0	146	234	16
宁国市	77079	1481	1127	3325
福　　建				
福清市	134081	57615	17122	207002
长乐市	118323	15536	15316	6880
永安市	14321	4332	750	1073
石狮市	157895	37556	14544	13252
晋江市	180268	73648	25744	38823
南安市	230108	14660	10086	14957
龙海市	63410	15021	12547	38670
邵武市	24331	6302	6500	1820
武夷山市	23647	5797	5012	753
建瓯市	10704	2933	2588	755
建阳市	14168	2803	2523	1567
漳平市	27004	503	504	560
福安市	72170	581	1654	9948
福鼎市	40670	2102	1416	1816
江　　西				
乐平市	6507	919	138	1106
瑞昌市	68040	10600	4800	156
贵溪市	3833	1808	361	1282
瑞金市	17327	4268	4299	2273
南康市	17370	608	506	20
井冈山市	0	1230	990	67
丰城市	260081	53265	1636	452
樟树市	54376	2520	1563	440
高安市	54412	0	724	110
德兴市	7074	800	770	839
山　　东				
章丘市	32108	7732	4722	6168
胶州市	86981	123400	52042	142003
即墨市	216476	111012	45380	97186
平度市	88643	42800	24516	27157
胶南市	157220	109412	49693	59503
莱西市	97596	61000	32400	58000
滕州市	150387	4571	1679	5468
龙口市	278978	54400	24700	24200
莱阳市	90586	32528	19244	24678

4—7 续表 5

城　　市	限额以上批发零售贸易业商品销售总额（万元）	当年合同外资金额（万美元）	实际使用外资金额（万美元）	出口总额（万美元）
莱州市	199441	25419	11376	23403
蓬莱市	20341	41819	20066	15311
招远市	76737	34009	18740	21699
栖霞市	22929	10573	5985	10404
海阳市	60556	32548	17056	9582
青州市	178547	6041	4756	7535
诸城市	536411	11238	5482	30957
寿光市	197864	54641	6214	18945
安丘市	78875	11017	4985	11936
高密市	140094	9448	5496	23132
昌邑市	25851	6261	3872	6048
曲阜市	39332	4048	1797	2053
兖州市	72375	6473	1680	3121
邹城市	86404	12172	4669	40864
新泰市	104969	1461	1776	1739
肥城市	107366	2941	1832	6482
文登市	80784	58071	25149	38890
荣成市	72333	62065	30009	39862
乳山市	41462	25578	15105	20906
乐陵市	27655	4522	1818	2322
禹城市	175812	5017	4160	4400
临清市	13427	2350	1059	6633
河　　南				
巩义市	70436	6715	2012	8404
新密市	56216	0	1412	1831
荥阳市	72035	0	15	353
新郑市	94004	0	1670	651
登封市	46891	0	4629	657
偃师市	36799	646	111	405
舞钢市	34523	2	3	1799
汝州市	42490	5034	0	0
林州市	79085	100	92	59
卫辉市	48295	0	0	464
辉县市	57575	0	0	715
济源市	124080	2030	1780	11793
沁阳市	47534	62	272	2379
孟州市	30046	778	558	5390
禹州市	68894	644	285	6072
长葛市	54600	500	32	357
义马市	25335	326	514	916

4—7 续表 6

城　市	限额以上批发零售贸易业商品销售总额（万元）	当年合同外资金额（万美元）	实际使用外资金额（万美元）	出口总额（万美元）
灵宝市	59056	571	230	1081
邓州市	74307	2019	235	57
永城市	47222	644	595	710
项城市	35484	211	556	2764
湖　北				
大冶市	44582	3683	1210	470
丹江口市	10493	973	352	162
宜都市	27454	800	800	386
当阳市	15945	412	193	0
枝江市	22696	0	300	439
老河口市	16301	97	97	593
枣阳市	40901	188	188	162
宜城市	12159	647	392	2122
钟祥市	32369	985	985	1234
应城市	31229	370	838	352
安陆市	22906	934	934	366
汉川市	36225	1527	1052	1229
石首市	9981	521	521	4523
洪湖市	22870	200	200	890
松滋市	20541	120	106	0
麻城市	4867	434	434	680
武穴市	50615	575	575	1744
赤壁市	33681	5000	12200	3476
广水市	20780	100	326	625
恩施市	4729	0	0	217
利川市	14996	0	0	97
仙桃市	97528	2162	1803	5997
潜江市	86532	848	1061	2661
天门市	106064	764	1071	1424
湖　南				
浏阳市	17815	6200	2100	31702
醴陵市	22248	1800	1031	20436
湘乡市	8100	893	1087	600
韶山市	320	480	180	790
耒阳市	6100	980	650	900
常宁市	2800	950	650	6
武冈市	13000	80	30	0
汨罗市	9600	1155	1061	1570
临湘市	5850	536	420	1047
津市市	4210	85	78	103

4—7 续表 7

城　　市	限额以上批发零售贸易业商品销售总额（万元）	当年合同外资金额（万美元）	实际使用外资金额（万美元）	出口总额（万美元）
沅江市	6350	200	156	10
资兴市	7500	1200	850	790
洪江市	2900	308	180	500
冷水江市	4850	588	415	3815
涟源市	17500	324	324	289
吉首市	7010	310	195	950
广　东				
增城市	187154	24557	19690	47017
从化市	113889	5729	4713	49406
乐昌市	26881	466	418	1969
南雄市	40632	2373	2212	1130
台山市	143018	16315	15339	47613
开平市	255658	7153	12512	57781
鹤山市	84493	9600	8731	44182
恩平市	58437	7862	6036	5932
廉江市	34290	869	1071	6228
雷州市	60230	0	870	1380
吴川市	45032	1300	700	1826
高州市	81259	2750	2628	62204
化州市	35215	1345	1395	10135
信宜市	89214	1189	1010	20177
高要市	49756	4739	17820	11628
四会市	39984	68872	23982	18231
兴宁市	40690	3438	1669	1492
陆丰市	56001	432	1925	2856
阳春市	25060	3828	2348	8250
英德市	48434	2508	598	1050
连州市	19754	4698	583	1348
普宁市	162861	7340	8322	15195
罗定市	45321	2119	1003	7743
广　西				
岑溪市	31888	1221	1728	2540
东兴市	1158	41	415	3363
桂平市	34011	330	343	455
北流市	40695	157	47	8142
凭祥市	26941	0	0	0
合山市	40972	0	0	0
宜州市	22063	0	0	0
海　南				
通什市	2395	0	0	0

4—7 续表 8

城　　市	限额以上批发零售贸易业商品销售总额（万元）	当年合同外资金额（万美元）	实际使用外资金额（万美元）	出口总额（万美元）
琼海市	25968	154	1268	489
儋州市	13721	400	250	800
文昌市	20131	0	1281	2321
万宁市	13426	43000	1599	1013
东方市	17246	0	0	4252
重　　庆				
江津市	24769	1544	608	2534
合川市	28592	1740	0	679
永川市	323529	0	228	0
南川市	36433	462	462	4495
四　　川				
都江堰市	3235	683	1926	1500
彭州市	1229	1302	1535	1942
邛崃市	0	106	27	167
崇州市	0	0	6	644
广汉市	74869	2789	1821	1757
什邡市	19811	1674	1037	2378
绵竹市	14362	1029	398	4601
江油市	24962	603	118	181
峨眉山市	0	4620	115	5681
阆中市	27042	162	386	2008
华蓥市	5645	0	1438	602
万源市	0	0	0	0
简阳市	50427	0	451	2581
西昌市	144850	479	122	313
贵　　州				
清镇市	7844	0	0	0
赤水市	10052	2460	1063	15
仁怀市	5816	0	0	0
铜仁市	71090	5	5	0
兴义市	19476	2000	20	0
毕节市	125423	0	0	0
凯里市	55819	7	3	0
都匀市	33374	0	0	0
福泉市	10340	0	0	0
云　　南				
安宁市	412330	61900	130	1593
宣威市	122102	50	8	809
楚雄市	393145	0	405	1359
个旧市	39058	11327	1074	11989

4—7 续表 9

城　　市	限额以上批发零售贸易业商品销售总额（万元）	当年合同外资金额（万美元）	实际使用外资金额（万美元）	出口总额（万美元）
开远市	90067	0	0	6281
景洪市	72184	0	0	1247
大理市	398376	0	0	18
瑞丽市	30790	293	286	21534
潞西市	24194	112	112	3009
西　　藏				
日喀则市	30979	0	0	0
陕　　西				
兴平市	20453	0	0	0
韩城市	3285	0	0	1823
华阴市	5390	0	74	478
甘　　肃				
玉门市	81916	0	0	0
敦煌市	21549	0	0	0
临夏市	35211	0	0	0
合作市	745	0	0	1036
青　　海				
格尔木市	20306	0	0	0
德令哈市	18738	0	0	0
宁　　夏				
灵武市	20372	0	18	2323
青铜峡市	18098	0	0	0
新　　疆				
吐鲁番市	56623	0	0	338
哈密市	75320	72	0	1078
昌吉市	53837	12943	200	10281
阜康市	3351	0	0	69
米泉市	7601	0	0	9
博乐市	108224	0	0	12515
库尔勒市	278959	4392	600	3324
阿克苏市	176144	20947	7709	34
阿图什市	9480	0	0	121
喀什市	99928	0	0	0
和田市	33685	0	0	0
奎屯市	16223	0	0	0
伊宁市	143199	0	0	192
塔城市	47021	0	0	180
乌苏市	25207	0	0	0
阿勒泰市	253885	0	0	29385
石河子市	357099	800	800	2796

4—8 教 育

城　市	普通中学数（所）	小学数（所）	普通中学教师数（人）	小　学教师数（人）	普通中学在校学生数（人）	小学在校学生数（人）
河　北						
辛集市	52	213	3518	2570	63043	52306
藁城市	50	190	3493	3379	72735	79434
晋州市	32	194	2238	2209	44337	52123
新乐市	33	104	2372	2029	42656	46782
鹿泉市	26	111	2157	1698	36570	30433
遵化市	49	175	3964	2763	68231	44084
迁安市	65	203	4066	2588	74665	61887
武安市	59	425	3370	3450	68182	81761
南宫市	46	293	1984	2323	39040	39358
沙河市	55	256	2478	2786	53347	67440
涿州市	37	127	2343	2201	44392	37126
定州市	59	247	4210	5859	73982	97900
安国市	26	158	1801	2150	33790	32338
高碑店市	39	144	2386	3533	39209	49166
泊头市	39	220	2412	3096	37961	46675
任丘市	74	177	4272	4426	66820	68234
黄骅市	36	169	2017	3096	40559	52916
河间市	53	310	2872	4161	65663	76524
霸州市	30	156	2126	3492	48250	74733
三河市	28	122	2550	2114	42875	37687
冀州市	32	137	1722	1804	34329	31465
深州市	48	263	2288	2880	43296	51324
山　西						
古交市	15	182	785	955	14836	15811
潞城市	16	178	766	1367	16261	24302
高平市	43	325	1866	1998	36292	50227
介休市	32	145	1702	1790	28605	39368
永济市	45	270	2499	2208	40086	49439
河津市	55	148	2494	2261	31816	45847
原平市	84	445	2477	2745	36148	45778
侯马市	28	72	1253	1367	16219	22320
霍州市	39	196	1622	1804	28241	34419
孝义市	49	355	2467	2585	41712	52160
汾阳市	34	258	1496	2175	29901	51356
内蒙古						
霍林郭勒市	7	17	529	334	7351	5852
满洲里市	13	21	846	827	13653	14145
扎兰屯市	37	172	1449	2220	19888	25530

4—8续表1

城市	普通中学数（所）	小学数（所）	普通中学教师数（人）	小学教师数（人）	普通中学在校学生数（人）	小学在校学生数（人）
牙克石市	15	41	1305	1702	19496	24492
根河市	21	15	860	971	9971	10327
额尔古纳市	11	13	458	538	4616	6234
乌兰浩特市	17	60	1347	1514	24356	21530
阿尔山市	4	8	175	247	1713	3277
二连浩特市	4	7	195	259	3122	5690
锡林浩特市	11	20	939	883	21547	13252
丰镇市	12	75	933	1529	14439	17834
辽　宁						
新民市	35	254	2119	3255	31525	43140
瓦房店市	40	306	3226	3722	65036	65824
普兰店市	39	249	2626	3296	49759	56248
庄河市	34	291	2703	3272	54134	63290
海城市	53	415	3694	5799	58853	91293
东港市	37	211	2227	2677	39963	48668
凤城市	32	247	1805	2973	31416	39196
凌海市	30	142	1647	2305	28402	44590
北宁市	28	165	1821	2176	23955	38468
盖州市	33	244	2040	2895	43192	52503
大石桥市	31	216	2273	3101	40684	49022
灯塔市	24	170	1830	2310	20172	33343
铁法市	11	16	646	991	10017	17781
开原市	30	246	1691	2287	30011	42907
北票市	44	266	2172	2767	36015	46755
凌源市	41	225	3050	3662	39195	53274
兴城市	34	216	1668	2518	25826	43626
吉　林						
九台市	38	304	2463	5161	51469	57612
榆树市	61	392	3195	6239	60050	90008
德惠市	54	307	3012	4944	59024	76485
蛟河市	30	192	1485	2931	28369	33234
桦甸市	29	166	1409	2434	32942	34522
舒兰市	40	236	1867	3493	38191	43545
磐石市	28	179	1521	2940	35147	37873
公主岭市	60	392	3470	5232	54199	70606
双辽市	34	169	1176	2223	14300	29400
梅河口市	41	200	2084	3187	40656	43787
集安市	20	86	868	1405	12453	14192
临江市	13	92	635	1151	10198	10495
洮南市	29	230	1812	2778	22933	37626

4—8 续表 2

城　　市	普通中学数（所）	小学数（所）	普通中学教师数（人）	小　学教师数（人）	普通中学在校学生数（人）	小学在校学生数（人）
大安市	29	199	1864	3698	15499	29133
延吉市	25	35	2320	1935	33223	26974
图们市	12	18	609	573	8507	8191
敦化市	31	205	1774	2847	30441	33227
珲春市	19	35	1040	1338	14736	15166
龙井市	20	32	958	1014	12758	12137
和龙市	22	53	954	1281	12550	12845
黑 龙 江						
阿城市	51	154	2986	2907	39046	36719
双城市	50	328	2871	3217	48705	56312
尚志市	67	190	2602	3504	41244	46626
五常市	40	368	3090	5048	49660	61512
讷河市	35	214	1866	2945	34700	32400
虎林市	18	67	808	919	11537	11404
密山市	45	138	2040	2116	33332	24700
铁力市	13	121	1629	2188	25822	26078
同江市	15	94	873	1123	9159	14532
富锦市	24	315	1409	2108	23610	35880
绥芬河市	4	11	314	328	5436	7963
海林市	28	152	1586	2732	24459	24933
宁安市	38	176	1847	2343	28506	26459
穆棱市	28	129	1083	1848	17946	21348
北安市	35	153	1220	1696	29003	33082
五大连池市	37	133	1363	1981	20703	28758
安达市	30	162	1751	2485	32234	32932
肇东市	54	302	3335	3513	74320	59994
海伦市	59	382	2670	4310	52090	53600
江　苏						
江阴市	47	187	6127	4588	95568	95345
宜兴市	62	133	4607	4138	74852	77011
新沂市	47	97	4558	4398	97123	95981
邳州市	47	176	6094	7629	158586	161499
溧阳市	40	64	2672	2838	49916	61962
金坛市	32	36	1951	1618	40766	37710
常熟市	43	121	3673	3595	57072	68845
张家港市	40	68	3587	2633	61744	53411
昆山市	33	48	2564	2251	38746	43565
吴江市	33	75	2914	2900	48230	53188
太仓市	25	26	1565	1518	23348	27416
启东市	47	114	3717	2725	67423	68063

4—8 续表 3

城　　市	普通中学数（所）	小学数（所）	普通中学教师数（人）	小　学教师数（人）	普通中学在校学生数（人）	小学在校学生数（人）
如皋市	70	152	5195	4111	98657	93301
通州市	61	156	3819	3868	77461	84880
海门市	45	115	3336	2961	58138	71399
东台市	46	114	4268	2817	79735	68045
大丰市	30	58	2896	2621	49433	40660
仪征市	33	70	2148	2474	38092	43884
高邮市	36	99	2592	2773	46262	55930
江都市	54	108	3638	3851	60431	64596
丹阳市	39	94	3240	2966	57553	61122
扬中市	15	13	1247	1094	20272	18999
句容市	25	57	1768	1806	38048	39460
兴化市	77	215	4659	5299	95458	109398
靖江市	37	92	2652	2284	41883	45031
泰兴市	64	119	5090	3909	89928	97510
姜堰市	45	109	3214	2721	55752	56611
浙　　江						
建德市	36	112	1896	1855	35900	39400
富阳市	46	124	2374	2404	38800	49600
临安市	40	84	1824	1903	32000	38000
余姚市	50	156	2540	2538	47100	70000
慈溪市	51	142	3373	3080	60200	85700
奉化市	23	77	1456	1468	22500	37900
瑞安市	79	133	3861	3737	72000	81500
乐清市	87	198	4883	4400	88200	101600
海宁市	29	103	2063	2255	38395	47020
平湖市	19	63	1629	1759	27924	40129
桐乡市	37	96	2006	2257	36624	57200
诸暨市	47	162	3898	3224	76200	81200
上虞市	44	113	2628	2701	46100	60700
嵊州市	45	111	2435	2277	41100	47100
兰溪市	47	148	2171	2214	40800	52500
义乌市	42	92	2634	2224	44400	61900
东阳市	54	170	2906	2517	45700	58100
永康市	33	89	2354	1676	39100	36600
江山市	35	107	1886	1848	32700	40600
温岭市	64	166	4156	3261	73600	67100
临海市	56	186	2933	3707	55300	75700
龙泉市	18	94	789	1340	12000	20000
安　　徽						
桐城市	66	336	3049	3372	53030	73040

4—8 续表 4

城　　市	普通中学数（所）	小学数（所）	普通中学教师数（人）	小　学教师数（人）	普通中学在校学生数（人）	小学在校学生数（人）
天长市	42	157	2029	2562	44082	50319
明光市	40	178	1681	2492	39479	53241
界首市	44	240	1653	3921	40655	85302
宁国市	31	95	1574	1461	25728	25017
福　　建						
福清市	71	468	4306	5436	100047	121562
长乐市	43	175	2406	2905	46530	61939
永安市	25	156	1386	2025	24552	24943
石狮市	16	75	1240	1613	22231	30264
晋江市	53	323	3751	4796	75111	105890
南安市	80	427	5792	6783	115034	154970
龙海市	34	248	2739	3834	59307	67689
邵武市	23	115	1139	1926	22269	23712
武夷山市	12	122	839	1471	15801	17434
建瓯市	26	221	1814	1887	35570	40513
建阳市	16	109	1128	1955	22584	24447
漳平市	22	122	1333	2035	24801	20527
福安市	31	398	2187	3162	43417	68412
福鼎市	38	286	2028	2925	35911	59698
江　　西						
乐平市	47	297	2575	4060	56016	67698
瑞昌市	40	140	1760	2063	28762	34740
贵溪市	39	190	2100	2387	37855	43357
瑞金市	36	193	1937	2894	40067	59175
南康市	41	233	2364	3267	59389	77731
井冈山市	14	74	545	829	9174	14826
丰城市	76	449	4106	6124	86100	117565
樟树市	38	170	2420	2650	41124	37678
高安市	35	285	2743	3766	49368	72703
德兴市	25	86	1176	1492	16021	21571
山　　东						
章丘市	51	294	4123	4836	71186	61098
胶州市	35	128	3255	3805	51741	55046
即墨市	51	209	4386	5021	64717	76710
平度市	60	222	5642	5875	94825	91842
胶南市	34	125	3844	4085	58103	54967
莱西市	38	123	3156	2615	48448	40984
滕州市	75	390	6211	7953	116516	165291
龙口市	51	130	3519	2055	51800	36735
莱阳市	54	147	4489	2951	83581	39938

4—8 续表 5

城　　市	普通中学数（所）	小学数（所）	普通中学教师数（人）	小　学教师数（人）	普通中学在校学生数（人）	小学在校学生数（人）
莱州市	54	142	4391	2964	51935	48443
蓬莱市	27	111	2329	1898	31753	24258
招远市	41	97	2995	1887	44952	31510
栖霞市	37	125	3360	2411	40715	36251
海阳市	34	130	2740	2564	50372	34850
青州市	51	182	4010	3844	55281	64698
诸城市	64	277	5343	5127	75652	86799
寿光市	56	249	6504	3928	109490	70919
安丘市	57	281	5880	4794	93090	78383
高密市	46	134	4042	3804	57299	55465
昌邑市	43	115	3126	2467	51546	40894
曲阜市	43	113	3036	2250	39517	31485
兖州市	44	112	3334	2328	57357	23728
邹城市	53	231	4567	5370	92594	84247
新泰市	57	237	5320	5171	102152	77665
肥城市	39	125	5388	3675	78545	41003
文登市	29	69	3496	2662	51585	35102
荣成市	37	86	3810	2262	51401	37341
乳山市	28	69	3084	2526	43920	29525
乐陵市	29	137	2391	3138	33432	42723
禹城市	29	131	2080	2027	32653	30477
临清市	38	147	2442	2722	46692	53552
河　南						
巩义市	63	267	4326	3325	79592	78679
新密市	38	137	3527	3069	63293	55507
荥阳市	73	260	4827	4379	75444	87200
新郑市	38	166	3701	2524	66850	54669
登封市	63	276	3314	3914	59167	63816
偃师市	67	304	2960	3334	54535	91663
舞钢市	23	160	1572	1937	22863	26872
汝州市	59	435	3815	4571	67198	100585
林州市	72	482	3381	4715	69549	92435
卫辉市	34	192	2213	2071	42436	37223
辉县市	71	222	4120	2732	85797	51207
济源市	60	183	3078	3053	61595	60902
沁阳市	48	118	1933	1946	33790	50580
孟州市	33	108	1374	1459	29109	35690
禹州市	89	531	4218	5344	97097	120360
长葛市	52	236	3031	4172	56924	63009
义马市	18	28	918	911	15598	15482

4—8 续表 6

城市	普通中学数（所）	小学数（所）	普通中学教师数（人）	小学教师数（人）	普通中学在校学生数（人）	小学在校学生数（人）
灵宝市	72	376	3262	4008	59950	87773
邓州市	82	566	4911	8274	88196	136154
永城市	79	682	4071	7538	112328	175640
项城市	76	423	4009	5387	88960	147222
湖　北						
大冶市	55	322	3254	4431	71629	108261
丹江口市	24	201	1919	2464	32629	49525
宜都市	22	78	1764	1152	27745	23680
当阳市	27	58	2181	1451	37769	28606
枝江市	33	95	2124	1695	36204	35705
老河口市	22	157	1651	2086	24528	44322
枣阳市	37	274	4142	4706	70000	87000
宜城市	28	147	1977	2450	37625	41638
钟祥市	58	263	3895	3715	83481	80364
应城市	35	179	1981	2326	25566	76144
安陆市	32	180	2333	2266	24976	69541
汉川市	65	317	3238	4928	65699	109674
石首市	26	132	2720	2391	49517	56138
洪湖市	51	227	3429	3570	72555	88639
松滋市	36	186	2720	2661	34741	61921
麻城市	60	486	4614	6085	76644	122385
武穴市	44	270	3763	3474	60490	82128
赤壁市	34	141	2392	2485	42433	55424
广水市	38	154	3927	3689	80040	84466
恩施市	34	238	2084	2660	39453	67578
利川市	40	283	2320	3646	47121	95123
仙桃市	78	300	3235	4731	115382	134450
潜江市	49	167	4475	4165	73220	87000
天门市	58	341	4715	3490	93518	114076
湖　南						
浏阳市	81	406	5657	3021	102727	63480
醴陵市	63	258	4263	2420	87251	61298
湘乡市	89	247	4116	3380	82583	57693
韶山市	10	32	382	366	6419	7178
耒阳市	72	458	4284	5791	79994	96580
常宁市	64	309	3016	3365	58828	61501
武冈市	56	231	2494	2658	56193	54602
汨罗市	57	219	3136	2565	55232	53885
临湘市	34	211	2006	2222	36219	37153
津市市	12	49	1032	871	17164	15666

4—8 续表 7

城市	普通中学数（所）	小学数（所）	普通中学教师数（人）	小学教师数（人）	普通中学在校学生数（人）	小学在校学生数（人）
沅江市	64	223	3868	2804	61821	44940
资兴市	40	212	1724	1671	23226	22858
洪江市	32	203	1813	2448	28822	34854
冷水江市	40	79	1953	1902	32828	24937
涟源市	72	395	4497	4255	88828	101441
吉首市	24	172	1179	1394	20372	29106
广　东						
增城市	48	291	3038	4538	60842	112396
从化市	29	198	2238	2893	40809	67828
乐昌市	34	182	1854	2256	32231	51129
南雄市	25	143	1806	2701	32500	48311
台山市	77	300	3094	3057	62307	98916
开平市	43	225	2510	2236	51658	75697
鹤山市	25	93	1464	1579	26859	34073
恩平市	34	180	1805	1723	35333	61288
廉江市	78	412	4330	6507	112731	227756
雷州市	42	565	3434	5551	107887	253783
吴川市	74	342	2902	5145	81312	156654
高州市	67	529	5762	6506	117455	221617
化州市	91	433	4250	6292	108702	190107
信宜市	59	382	5473	6021	94448	192018
高要市	45	289	2587	3198	56075	74694
四会市	23	137	1557	2104	28644	46223
兴宁市	56	494	4253	5164	86449	128866
陆丰市	66	342	3390	6354	77196	186809
阳春市	40	335	2731	4892	63525	117299
英德市	53	381	3263	5168	65470	126289
连州市	30	167	1804	2689	35145	43746
普宁市	80	471	4842	10055	121881	345760
罗定市	37	381	3369	4564	72232	132175
广　西						
岑溪市	51	278	2215	3792	49467	112718
东兴市	7	38	353	722	6716	13575
桂平市	84	429	5093	6065	112104	195648
北流市	53	289	3554	3466	83675	154303
凭祥市	6	41	328	786	5358	11041
合山市	14	32	549	686	9332	12367
宜州市	39	215	1729	2905	32253	43948
海　南						
通什市	14	72	578	678	8771	11623

4—8 续表 8

城　　市	普通中学数（所）	小学数（所）	普通中学教师数（人）	小　学教师数（人）	普通中学在校学生数（人）	小学在校学生数（人）
琼海市	34	242	1756	2779	36347	51445
儋州市	62	442	3057	4766	68341	113113
文昌市	37	276	1415	2909	33052	59644
万宁市	35	265	1764	4294	40658	77542
东方市	25	187	973	2407	26148	63286
重　庆						
江津市	68	510	3713	4234	66166	103796
合川市	47	345	3806	4018	77477	110332
永川市	74	371	3648	3630	54777	71487
南川市	55	275	1760	2526	31976	53970
四　川						
都江堰市	37	97	2096	1993	35095	43911
彭州市	38	32	2398	2605	45665	52885
邛崃市	48	39	2637	2846	37559	45462
崇州市	41	142	2056	2317	38233	45377
广汉市	31	105	1729	1829	30225	44105
什邡市	23	100	1394	1851	24647	30969
绵竹市	32	162	1507	1896	23614	33349
江油市	50	356	2471	3143	45496	63557
峨眉山市	23	142	1099	1633	20297	31950
阆中市	83	17	2724	3060	47778	64068
华莹市	21	17	1198	1280	22473	37011
万源市	47	513	1278	2409	34374	66104
简阳市	102	495	4337	4462	87207	110657
西昌市	35	191	2472	3348	37459	68731
贵　州						
清镇市	37	189	1236	2566	25348	60172
赤水市	20	152	894	1553	13120	27930
仁怀市	35	224	1727	3062	40482	82826
铜仁市	25	135	1295	1930	26688	38190
兴义市	48	229	2385	3529	53857	88624
毕节市	85	391	3245	5246	85940	160524
凯里市	36	149	1799	2393	33828	46820
都匀市	23	232	1156	2252	22163	43057
福泉市	21	138	1108	1765	22027	35491
云　南						
安宁市	15	79	855	1286	11186	21455
宣威市	62	350	4356	6492	85963	149811
楚雄市	28	173	1708	2277	30297	44946
个旧市	21	139	1145	2037	21654	30217

4—8 续表 9

城　　市	普通中学数（所）	小学数（所）	普通中学教师数（人）	小　学教师数（人）	普通中学在校学生数（人）	小学在校学生数（人）
开远市	21	137	867	1565	14552	25738
景洪市	29	115	1312	2606	24449	41380
大理市	32	110	1564	2027	31087	43442
瑞丽市	10	54	398	792	6543	10507
潞西市	19	108	1000	1860	22665	32839
西　　藏						
日喀则市	3	132	287	555	4796	9926
陕　　西						
兴平市	29	221	2214	3198	41409	69569
韩城市	36	298	3065	2125	38335	40809
华阴市	26	156	1146	1550	18561	26491
甘　　肃						
玉门市	24	63	794	961	12181	17952
敦煌市	14	65	675	622	10859	14403
临夏市	10	54	745	1029	14683	21474
合作市	4	42	303	553	4107	7934
青　　海						
格尔木市	23	13	642	793	9372	17890
德令哈市	11	13	316	477	3727	6838
宁　　夏						
灵武市	20	60	1044	1235	11651	19936
青铜峡市	20	84	1098	1595	19623	25398
新　　疆						
吐鲁番市	41	58	1585	1737	15522	25234
哈密市	45	46	2969	2789	37600	32800
昌吉市	24	22	1781	1776	24297	27024
阜康市	14	38	746	1086	9885	13423
米泉市	11	45	812	1224	14053	16129
博乐市	26	52	1578	1993	217000	25600
库尔勒市	33	66	1593	2422	18595	32283
阿克苏市	29	91	1319	2239	30491	44314
阿图什市	18	84	1194	1845	14734	24017
喀什市	26	69	1969	2383	26700	42700
和田市	16	50	767	1330	12931	20924
奎屯市	12	15	992	739	10899	13915
伊宁市	22	62	1814	2307	27250	38415
塔城市	14	69	607	1266	9600	17000
乌苏市	26	60	1155	1393	15744	20280
阿勒泰市	30	64	768	1676	9107	13338
石河子市	23	17	1237	1215	18552	24385

4—9 医疗服务

城　　市	医院卫生院（所）	床位数（张）	医生（人）	城　　市	医院卫生院（所）	床位数（张）	医生（人）
河　北				根河市	14	730	635
辛集市	38	1262	637	额尔古纳市	11	418	314
藁城市	26	592	409	乌兰浩特市	13	1107	557
晋州市	23	886	361	阿尔山市	26	677	69
新乐市	22	985	320	二连浩特市	6	80	107
鹿泉市	23	812	369	锡林浩特市	15	660	280
遵化市	47	1124	421	丰镇市	23	343	198
迁安市	48	1148	641	**辽　宁**			
武安市	25	1490	299	新民市	36	1474	836
南宫市	36	663	353	瓦房店市	40	2989	1415
沙河市	31	1041	445	普兰店市	33	2198	804
涿州市	38	1574	679	庄河市	36	1960	898
定州市	31	1077	704	海城市	49	3174	1540
安国市	19	667	266	东港市	27	1960	630
高碑店市	27	884	467	凤城市	33	1555	903
泊头市	32	684	603	凌海市	32	1411	612
任丘市	46	2127	1159	北宁市	21	1010	729
黄骅市	47	1296	651	盖州市	27	2585	907
河间市	22	695	525	大石桥市	31	1650	1145
霸州市	23	1127	531	灯塔市	23	1030	508
三河市	532	1556	734	铁法市	16	1050	820
冀州市	22	587	325	开原市	57	1716	1018
深州市	333	630	464	北票市	45	1730	710
山　西				凌源市	31	2511	761
古交市	20	1213	568	兴城市	36	1782	657
潞城市	16	490	580	**吉　林**			
高平市	27	884	465	九台市	33	1411	823
介休市	27	1613	800	榆树市	40	1230	1286
永济市	40	1226	956	德惠市	26	884	895
河津市	26	1310	895	蛟河市	21	1391	794
原平市	39	1287	940	桦甸市	26	1276	969
侯马市	23	966	406	舒兰市	32	2094	845
霍州市	30	1280	619	磐石市	32	1118	611
孝义市	30	926	659	公主岭市	34	2422	1847
汾阳市	24	977	562	双辽市	27	875	947
内蒙古				梅河口市	41	1628	2455
霍林郭勒市	4	248	128	集安市	22	683	392
满洲里市	13	860	455	临江市	16	630	504
扎兰屯市	38	1495	771	洮南市	33	1492	750
牙克石市	15	2109	1299	大安市	34	1280	1190

4—9 续表 1

城　　市	医院卫生院（所）	床位数（张）	医生（人）	城　　市	医院卫生院（所）	床位数（张）	医生（人）
延吉市	61	2980	1405	通州市	53	2894	1224
图们市	20	585	324	海门市	36	2261	1166
敦化市	34	1484	891	东台市	34	2433	1201
珲春市	16	347	312	大丰市	32	1544	910
龙井市	14	433	275	仪征市	21	1376	608
和龙市	23	734	322	高邮市	39	1488	944
黑 龙 江				江都市	51	2215	1177
阿城市	34	1456	607	丹阳市	29	1675	977
双城市	29	767	602	扬中市	9	611	481
尚志市	36	1196	1496	句容市	24	1108	602
五常市	75	948	1865	兴化市	53	2260	1368
讷河市	33	645	641	靖江市	25	2033	1175
虎林市	19	476	320	泰兴市	38	2528	1506
密山市	44	1747	976	姜堰市	33	1859	1105
铁力市	17	1029	650	**浙　　江**			
同江市	15	218	180	建德市	40	1261	771
富锦市	18	709	521	富阳市	46	1299	1140
绥芬河市	3	292	121	临安市	45	1294	796
海林市	15	998	453	余姚市	26	1544	1077
宁安市	20	942	372	慈溪市	27	1637	1260
穆棱市	12	616	326	奉化市	33	1723	784
北安市	31	2314	1311	瑞安市	64	1710	1332
五大连池市	39	937	616	乐清市	61	2125	1051
安达市	31	921	649	海宁市	114	1535	695
肇东市	29	967	1496	平湖市	90	1041	609
海伦市	31	1100	685	桐乡市	142	1755	797
江　　苏				诸暨市	101	2263	1724
江阴市	33	4225	2628	上虞市	57	1243	971
宜兴市	49	2672	1460	嵊州市	54	1242	975
新沂市	20	1202	599	兰溪市	63	1113	752
邳州市	29	1489	957	义乌市	56	2044	1274
溧阳市	26	1858	910	东阳市	63	1635	1220
金坛市	19	1191	818	永康市	45	1350	716
常熟市	36	3176	1609	江山市	35	943	878
张家港市	29	2496	1141	温岭市	41	1967	1320
昆山市	18	1598	945	临海市	35	2108	995
吴江市	25	1825	771	龙泉市	46	551	410
太仓市	22	1484	643	**安　　徽**			
启东市	39	2266	1167	桐城市	32	1050	613
如皋市	58	2534	1196	天长市	42	1058	610

4—9 续表 2

城　　市	医院卫生院（所）	床位数（张）	医生（人）
明光市	41	1027	468
界首市	20	877	526
宁国市	22	906	384
福　建			
福清市	30	2747	944
长乐市	22	1220	478
永安市	19	1450	550
石狮市	12	725	238
晋江市	23	1435	472
南安市	29	1865	759
龙海市	19	1196	523
邵武市	57	1155	692
武夷山市	12	570	211
建瓯市	18	940	388
建阳市	18	1003	784
漳平市	22	569	326
福安市	22	1235	550
福鼎市	18	936	344
江　西			
乐平市	27	1201	541
瑞昌市	42	1052	420
贵溪市	35	918	392
瑞金市	26	449	253
南康市	33	741	474
井冈山市	18	415	235
丰城市	41	1894	871
樟树市	20	1281	477
高安市	26	1220	676
德兴市	25	859	339
山　东			
章丘市	37	3703	2235
胶州市	27	1245	633
即墨市	26	1603	936
平度市	37	2326	965
胶南市	24	1869	812
莱西市	22	1462	786
滕州市	40	2980	2238
龙口市	26	2206	1162
莱阳市	32	1808	1196
莱州市	36	2078	1099
蓬莱市	21	1200	497
招远市	19	1208	680
栖霞市	19	1482	682
海阳市	18	1038	504
青州市	27	2053	1056
诸城市	27	2729	1614
寿光市	33	3234	1253
安丘市	25	1612	869
高密市	32	1671	806
昌邑市	26	1041	577
曲阜市	18	1233	1082
兖州市	22	1678	1330
邹城市	54	3786	1931
新泰市	38	3128	1552
肥城市	33	2754	1301
文登市	26	1968	927
荣成市	34	1820	929
乳山市	19	987	642
乐陵市	18	723	443
禹城市	14	980	469
临清市	28	1495	1200
河　南			
巩义市	28	2130	1293
新密市	21	845	536
荥阳市	39	2399	992
新郑市	23	1086	521
登封市	27	1121	571
偃师市	22	1051	431
舞钢市	14	775	404
汝州市	25	2113	412
林州市	26	2331	800
卫辉市	25	1993	897
辉县市	33	1559	870
济源市	24	1894	947
沁阳市	17	880	473
孟州市	13	720	398
禹州市	27	1284	642
长葛市	17	1211	757
义马市	20	1244	540
灵宝市	30	1047	504

4—9 续表 3

城　市	医院卫生院（所）	床位数（张）	医生（人）	城　市	医院卫生院（所）	床位数（张）	医生（人）
邓州市	39	2198	917	资兴市	39	973	785
永城市	40	2215	1087	洪江市	44	1797	796
项城市	25	1324	1833	冷水江市	27	1302	731
湖　北				涟源市	32	2076	1393
大冶市	23	1604	928	吉首市	21	1433	752
丹江口市	23	1064	670	**广　东**			
宜都市	16	801	460	增城市	31	1695	941
当阳市	15	987	646	从化市	26	1929	795
枝江市	16	1001	611	乐昌市	44	1396	439
老河口市	14	1221	1056	南雄市	25	475	385
枣阳市	30	2130	1778	台山市	31	1704	615
宜城市	21	977	477	开平市	24	1278	664
钟祥市	33	1550	1237	鹤山市	15	723	425
应城市	23	1081	803	恩平市	19	921	674
安陆市	22	837	606	廉江市	33	1515	669
汉川市	33	1359	2290	雷州市	36	2059	856
石首市	21	1102	696	吴川市	24	1024	780
洪湖市	27	894	1230	高州市	42	2459	1250
松滋市	26	1196	1345	化州市	31	1383	735
麻城市	24	1046	1190	信宜市	36	1421	591
武穴市	21	1662	741	高要市	22	822	662
赤壁市	60	1232	1418	四会市	24	818	438
广水市	23	1096	1043	兴宁市	33	1424	1173
恩施市	190	2913	1608	陆丰市	29	967	1129
利川市	134	972	644	阳春市	24	1151	537
仙桃市	31	2154	1005	英德市	39	1617	462
潜江市	31	2331	1743	连州市	34	999	585
天门市	43	2494	1379	普宁市	34	1409	1212
湖　南				罗定市	35	1380	680
浏阳市	44	2321	1340	**广　西**			
醴陵市	41	1579	901	岑溪市	20	829	503
湘乡市	33	1786	1063	东兴市	4	175	84
韶山市	6	225	176	桂平市	31	1038	563
耒阳市	63	1696	1019	北流市	29	1280	646
常宁市	69	1301	990	凭祥市	7	190	87
武冈市	25	876	530	合山市	8	621	180
汨罗市	32	876	611	宜州市	24	1046	455
临湘市	26	819	470	**海　南**			
津市市	11	502	297	通什市	25	685	151
沅江市	39	1078	1134	琼海市	31	1047	644

4—9 续表 4

城　　市	医院卫生院（所）	床位数（张）	医生（人）	城　　市	医院卫生院（所）	床位数（张）	医生（人）
儋州市	68	2938	1291	景洪市	31	2050	761
文昌市	31	790	526	大理市	31	2863	1046
万宁市	25	784	390	瑞丽市	17	519	230
东方市	42	703	330	潞西市	29	1469	540
重　　庆				**西　　藏**			
江津市	51	2348	1751	日喀则市	86	60	72
合川市	65	2071	976	**陕　　西**			
永川市	48	2254	1149	兴平市	23	1090	496
南川市	51	1137	591	韩城市	37	795	810
四　　川				华阴市	30	1173	695
都江堰市	38	1917	848	**甘　　肃**			
彭州市	51	1501	879	玉门市	15	731	289
邛崃市	55	1393	748	敦煌市	13	420	237
崇州市	48	1731	728	临夏市	15	860	391
广汉市	35	1466	827	合作市	16	291	301
什邡市	26	1344	615	**青　　海**			
绵竹市	37	1649	651	格尔木市	8	611	293
江油市	57	2662	837	德令哈市	7	182	96
峨眉山市	32	1311	566	**宁　　夏**			
阆中市	76	1462	801	灵武市	17	641	378
华莹市	20	786	216	青铜峡市	23	736	428
万源市	71	1092	454	**新　　疆**			
简阳市	108	2117	1565	吐鲁番市	25	1169	496
西昌市	58	2290	1027	哈密市	38	2252	1539
贵　　州				昌吉市	36	2340	875
清镇市	21	965	386	阜康市	15	618	318
赤水市	26	638	140	米泉市	11	368	278
仁怀市	22	679	99	博乐市	15	999	250
铜仁市	30	1368	609	库尔勒市	44	1694	1792
兴义市	36	1916	961	阿克苏市	12	1398	581
毕节市	45	1661	652	阿图什市	7	197	160
凯里市	26	1645	613	喀什市	20	2212	1020
都匀市	23	354	363	和田市	22	1347	432
福泉市	25	487	232	奎屯市	23	1247	646
云　　南				伊宁市	21	2299	993
安宁市	33	2275	667	塔城市	13	680	221
宣威市	36	2088	860	乌苏市	24	529	329
楚雄市	27	1891	783	阿勒泰市	16	693	395
个旧市	25	2801	782	石河子市	18	2474	1040
开远市	15	1484	716				

4—10 工资水平

城市	城镇在岗职工年平均人数（人）	城镇在岗职工工资总额（万元）	平均工资（元）
河　北			
辛集市	29333	27910	9515.0
藁城市	27728	24526	8845.1
晋州市	23743	18397	7748.6
新乐市	16919	18045	10665.6
鹿泉市	26933	25432	9442.7
遵化市	27330	25419	9300.8
迁安市	42400	43050	10153.4
武安市	30324	32991	10879.4
南宫市	15047	11468	7621.7
沙河市	22702	19338	8518.3
涿州市	43091	64400	14945.1
定州市	32029	26546	8288.0
安国市	15327	13207	8616.7
高碑店市	37311	36733	9845.0
泊头市	32239	27832	8632.9
任丘市	24105	28404	11783.3
黄骅市	27615	23694	8580.0
河间市	28266	26588	9406.5
霸州市	20451	21427	10477.4
三河市	29375	36735	12505.5
冀州市	17687	16708	9446.4
深州市	19936	15420	7734.6
山　西			
古交市	11339	12595	11107.9
潞城市	18476	19863	10750.9
高平市	24591	23557	9579.4
介休市	60273	61776	10249.3
永济市	28860	31028	10751.2
河津市	38899	62476	16061.0
原平市	42916	31778	7404.7
侯马市	32241	31251	9692.9
霍州市	41596	45598	10962.2
孝义市	26475	21895	8270.1
汾阳市	27144	25443	9373.5
内蒙古			
霍林郭勒市	12993	20661	15901.6
满州里市	31761	29893	9411.7
扎兰屯市	23612	25646	10861.5

4—10 续表 1

城　　市	城镇在岗职工年平均人数（人）	城镇在岗职工工资总额（万元）	平均工资（元）
牙克石市	28951	31236	10789.3
根河市	6251	8027	12841.1
额尔古纳市	17514	15797	9019.6
乌兰浩特市	39116	43303	11070.4
阿尔山市	5027	4027	8009.9
二连浩特市	3477	6093	17524.3
锡林浩特市	40017	46504	11621.1
丰镇市	15029	22269	14817.4
辽　宁			
新民市	22961	20493	8925.1
瓦房店市	28903	30076	10405.8
普兰店市	23808	23090	9698.4
庄河市	33386	31526	9442.9
海城市	37321	41208	11041.5
东港市	26275	26194	9969.2
凤城市	25486	24351	9554.7
凌海市	20802	16662	8009.8
北宁市	15099	12765	8454.2
盖州市	16275	13040	8012.3
大石桥市	22321	23285	10431.9
灯塔市	12461	11490	9220.8
铁法市	18801	12567	6684.2
开原市	29790	18454	6194.7
北票市	20181	17912	8875.7
凌源市	24120	17300	7172.5
兴城市	15980	14074	8807.3
吉　林			
九台市	45467	33867	7448.7
榆树市	47746	35185	7369.2
德惠市	60115	43380	7216.1
蛟河市	29316	22893	7809.0
桦甸市	33777	28214	8352.9
舒兰市	51494	34233	6648.0
磐石市	34001	32336	9510.3
公主岭市	60197	47470	7885.8
双辽市	26834	20875	7779.1
梅河口市	36065	32316	8960.5
集安市	18825	17572	9334.4
临江市	20254	17137	8461.0
洮南市	29805	20971	7036.1

4—10 续表 2

城　　市	城镇在岗职工年平均人数（人）	城镇在岗职工工资总额（万元）	平均工资（元）
大安市	30076	23673	7871.1
延吉市	80050	103942	12984.6
图们市	27212	31046	11408.9
敦化市	57797	48251	8348.4
珲春市	29283	26711	9121.7
龙井市	18326	17152	9359.4
和龙市	24992	18255	7304.3
黑 龙 江			
阿城市	62640	51541	8228.1
双城市	26700	29120	10906.4
尚志市	44120	33313	7550.5
五常市	52935	35752	6753.9
讷河市	30162	23985	7952.1
虎林市	27550	22498	8166.2
密山市	20728	20981	10122.1
铁力市	38018	19370	5095.0
同江市	9008	10037	11142.1
富锦市	25938	22148	8538.9
绥芬河市	10194	13864	13600.2
海林市	40994	28208	6881.0
宁安市	31900	24828	7783.1
穆棱市	30912	21217	6863.7
北安市	30311	28523	9410.1
五大连池市	32708	10651	3256.4
安达市	26762	21423	8005.0
肇东市	41022	33238	8102.5
海伦市	29952	24675	8238.2
江　　苏			
江阴市	85827	159012	18527.0
宜兴市	51103	80389	15730.8
新沂市	48684	40471	8313.0
邳州市	57975	50201	8659.1
溧阳市	47095	65714	13953.5
金坛市	40168	57607	14341.5
常熟市	95739	172936	18063.3
张家港市	83238	142183	17081.5
昆山市	129539	228013	17601.9
吴江市	71982	121785	16918.8
太仓市	65859	105930	16084.4
启东市	53245	57921	10878.2

4—10 续表 3

城 市	城镇在岗职工年平均人数（人）	城镇在岗职工工资总额（万元）	平均工资（元）
如皋市	54644	61682	11288.0
通州市	50644	81383	16069.6
海门市	52963	65513	12369.6
东台市	53581	56814	10603.4
大丰市	50427	49797	9875.1
仪征市	64139	93372	14557.8
高邮市	34449	35135	10199.1
江都市	51761	55087	10642.6
丹阳市	57646	77805	13497.0
扬中市	28666	37616	13122.2
句容市	34670	40478	11675.2
兴化市	51768	53678	10369.0
靖江市	57503	63079	10969.7
泰兴市	69366	74334	10716.2
姜堰市	49971	54728	10952.0
浙 江			
建德市	25000	48683	19473.2
富阳市	38500	90620	23537.7
临安市	29300	54566	18623.2
余姚市	45100	100701	22328.3
慈溪市	44100	97797	22176.2
奉化市	25100	54962	21897.2
瑞安市	64300	118530	18434.0
乐清市	38700	81608	21087.4
海宁市	39300	80918	20589.8
平湖市	34800	66994	19251.1
桐乡市	43300	85893	19836.7
诸暨市	114000	208614	18299.5
上虞市	45100	91191	20219.7
嵊州市	43400	79335	18280.0
兰溪市	32000	53331	16665.9
义乌市	42500	108423	25511.3
东阳市	70700	116395	16463.2
永康市	24900	56455	22672.6
江山市	17200	32388	18830.2
温岭市	57800	130506	22578.9
临海市	49000	95487	19487.1
龙泉市	13400	22441	16747.0
安 徽			
桐城市	23000	22015	9571.7

4—10 续表 4

城　　市	城镇在岗职工年平均人数（人）	城镇在岗职工工资总额（万元）	平均工资（元）
天长市	32000	27448	8577.5
明光市	24000	17527	7302.9
界首市	25000	18612	7444.8
宁国市	30900	33322	10783.8
福　　建			
福清市	122903	173906	14149.8
长乐市	40280	59346	14733.4
永安市	34399	50819	14773.4
石狮市	48792	60762	12453.3
晋江市	147947	195411	13208.2
南安市	68615	89479	13040.7
龙海市	59761	71123	11901.2
邵武市	26550	26863	10117.9
武夷山市	16512	18632	11284.2
建瓯市	19219	21900	11395.0
建阳市	17891	18885	10555.5
漳平市	17959	23866	13289.2
福安市	31840	42314	13289.6
福鼎市	17272	22756	13175.1
江　　西			
乐平市	46766	39359	8416.2
瑞昌市	20864	17260	8272.6
贵溪市	42364	57293	13524.0
瑞金市	18912	16652	8805.0
南康市	17722	18032	10174.9
井冈山市	15108	11991	7936.9
丰城市	54660	46750	8552.9
樟树市	25882	24473	9455.6
高安市	28706	26317	9167.8
德兴市	19102	21209	11103.0
山　　东			
章丘市	54673	71084	13001.7
胶州市	119200	132000	11073.8
即墨市	86464	98699	11415.0
平度市	66376	70449	10613.6
胶南市	71549	69630	9731.8
莱西市	70797	68231	9637.6
滕州市	125417	134012	10685.3
龙口市	64251	90939	14153.7
莱阳市	50979	59519	11675.2

4—10续表5

城　　市	城镇在岗职工年平均人数（人）	城镇在岗职工工资总额（万元）	平均工资（元）
莱州市	62036	83316	13430.3
蓬莱市	30930	40870	13213.7
招远市	61471	83409	13568.8
栖霞市	37350	38960	10431.1
海阳市	28528	30112	10555.2
青州市	49194	61846	12571.9
诸城市	69025	64540	9350.2
寿光市	64650	92260	14270.7
安丘市	49202	45681	9284.4
高密市	50147	44372	8848.4
昌邑市	33305	29596	8886.4
曲阜市	47691	50607	10611.4
兖州市	43471	45670	10505.9
邹城市	151313	239176	15806.7
新泰市	127783	143177	11204.7
肥城市	100708	105985	10524.0
文登市	61818	66859	10815.5
荣成市	61295	62450	10188.4
乳山市	53432	48349	9048.7
乐陵市	23405	15552	6644.7
禹城市	31586	21565	6827.4
临清市	41022	37749	9202.1
河　　南			
巩义市	52646	57437	10910.0
新密市	40197	38591	9600.5
荥阳市	36605	35518	9702.9
新郑市	34601	40601	11734.1
登封市	34413	38344	11142.3
偃师市	32860	28624	8710.9
舞钢市	34012	38612	11352.3
汝州市	41995	30563	7277.7
林州市	62857	59449	9457.8
卫辉市	34103	18862	5530.9
辉县市	40250	30335	7536.6
济源市	67594	63124	9338.6
沁阳市	25130	22811	9077.2
孟州市	21145	18666	8827.6
禹州市	53811	40542	7534.1
长葛市	42438	32436	7643.2
义马市	52445	55312	10546.7

4—10续表6

城　　市	城镇在岗职工年平均人数（人）	城镇在岗职工工资总额（万元）	平均工资（元）
灵宝市	42807	40059	9358.0
邓州市	59040	44175	7482.2
永城市	57188	53447	9345.8
项城市	56320	34224	6076.8
湖　　北			
大冶市	58610	55235	9424.1
丹江口市	39757	45776	11513.9
宜都市	26745	25323	9468.1
当阳市	29700	25879	8713.5
枝江市	27849	23099	8294.4
老河口市	49063	32024	6527.1
枣阳市	54614	36483	6680.2
宜城市	33798	20243	5989.4
钟祥市	48928	39038	7978.7
应城市	63158	49011	7760.1
安陆市	38828	26773	6895.4
汉川市	68352	51625	7552.8
石首市	36188	33159	9163.0
洪湖市	61697	39890	6465.5
松滋市	32546	32647	10031.0
麻城市	108459	29816	2749.1
武穴市	38550	31833	8257.6
赤壁市	41185	31490	7646.0
广水市	35500	28871	8132.7
恩施市	23155	23156	10000.4
利川市	21898	23793	10865.4
仙桃市	76906	61639	8014.8
潜江市	135234	135698	10034.3
天门市	44556	34174	7669.9
湖　　南			
浏阳市	35997	59327	16481.1
醴陵市	31966	33705	10544.0
湘乡市	40864	44787	10960.0
韶山市	5575	5768	10346.2
耒阳市	52388	56317	10750.0
常宁市	39807	40898	10274.1
武冈市	23248	25668	11040.9
汨罗市	51186	36460	7123.0
临湘市	19944	21498	10779.2
津市市	17665	21705	12287.0

4—10续表7

城　　市	城镇在岗职工年平均人数（人）	城镇在岗职工工资总额（万元）	平均工资（元）
沅江市	46927	39095	8331.0
资兴市	31759	39286	12370.0
洪江市	24775	24550	9909.2
冷水江市	54990	50776	9233.7
涟源市	36335	32858	9043.1
吉首市	30568	33160	10847.9
广　东			
增城市	85667	145451	16978.6
从化市	38114	54735	14360.9
乐昌市	33932	37343	11005.2
南雄市	19686	24245	12315.9
台山市	45614	44776	9816.3
开平市	59202	63817	10779.6
鹤山市	39805	42084	10572.5
恩平市	27504	27406	9964.4
廉江市	47554	50543	10628.5
雷州市	53639	43492	8108.3
吴川市	28537	26172	9171.3
高州市	57590	60835	10563.5
化州市	52552	46211	8793.4
信宜市	33315	34773	10437.6
高要市	27474	34327	12494.4
四会市	37709	41185	10921.8
兴宁市	38712	42928	11089.1
陆丰市	40546	37985	9368.4
阳春市	51422	55572	10807.0
英德市	34532	39752	11511.6
连州市	21002	28293	13471.6
普宁市	50801	53476	10526.6
罗定市	43419	42955	9893.1
广　西			
岑溪市	23908	18464	7722.9
东兴市	5626	6624	11773.7
桂平市	32512	33374	10265.1
北流市	41167	38107	9256.7
凭祥市	6957	9813	14105.2
合山市	10066	12932	12847.2
宜州市	27263	33141	12156.0
海　南			
通什市	10064	9903	9840.0

4—10 续表 8

城　　市	城镇在岗职工年平均人数（人）	城镇在岗职工工资总额（万元）	平均工资（元）
琼海市	17383	20588	11843.8
儋州市	26811	28600	10667.3
文昌市	22471	18644	8296.9
万宁市	23708	20557	8670.9
东方市	20150	23719	11771.2
重　　庆			
江津市	88309	100366	11365.3
合川市	56768	58332	10275.5
永川市	45222	52463	11601.2
南川市	27605	25245	9145.1
四　　川			
都江堰市	61221	73888	12069.1
彭州市	42293	52604	12438.0
邛崃市	26359	28129	10671.5
崇州市	26243	29899	11393.1
广汉市	23994	33808	14090.2
什邡市	32481	45634	14049.4
绵竹市	37635	56883	15114.4
江油市	50295	60414	12011.9
峨眉山市	32622	42421	13003.8
阆中市	21744	22170	10195.9
华莹市	15528	16124	10383.8
万源市	19112	17701	9261.7
简阳市	40130	42988	10712.2
西昌市	61782	93585	15147.6
贵　　州			
清镇市	39600	54166	13678.3
赤水市	829	564	6803.4
仁怀市	17120	31079	18153.6
铜仁市	36086	40220	11145.6
兴义市	49972	60168	12040.3
毕节市	48903	49150	10050.6
凯里市	41083	49704	12098.5
都匀市	40014	42582	10641.8
福泉市	16823	18952	11265.5
云　　南			
安宁市	53717	86369	16078.5
宣威市	43550	45737	10502.3
楚雄市	42940	56675	13198.6
个旧市	67376	63244	9386.7

4—10 续表 9

城　　市	城镇在岗职工年平均人数（人）	城镇在岗职工工资总额（万元）	平均工资（元）
开远市	36449	46199	12675.0
景洪市	52872	66539	12584.9
大理市	65500	77676	11858.9
瑞丽市	14762	15692	10629.7
潞西市	30161	35350	11720.4
西　　藏			
日喀则市	1882	0	0.0
陕　　西			
兴平市	44627	42479	9518.7
韩城市	38987	43717	11213.3
华阴市	24439	22704	9289.9
甘　　肃			
玉门市	26312	44852	17046.3
敦煌市	11248	14885	13233.5
临夏市	30243	31913	10552.2
合作市	11930	14851	12448.6
青　　海			
格尔木市	15799	25270	15994.7
德令哈市	8882	14397	16209.2
宁　　夏			
灵武市	17103	17572	10274.2
青铜峡市	35583	50028	14059.5
新　　疆			
吐鲁番市	24080	30339	12599.3
哈密市	59900	84369	14085.0
昌吉市	45534	59130	12985.9
阜康市	12662	14461	11420.6
米泉市	20558	24366	11852.2
博乐市	51900	64537	12434.9
库尔勒市	88821	137394	15468.6
阿克苏市	29204	36032	12338.0
阿图什市	20800	27834	13381.7
喀什市	53843	68303	12685.6
和田市	19225	25822	13431.6
奎屯市	13579	19317	14225.6
伊宁市	50771	66810	13159.1
塔城市	21600	27086	12540.0
乌苏市	30923	32137	10392.4
阿勒泰市	32384	39653	12244.7
石河子市	85000	104615	12307.6

五、城市主要指标排序资料

5—1 年末总人口

单位:万人

序 号	城市名称	数 值	序 号	城市名称	数 值
1	上 海	1278.23	35	长 沙	196.26
2	北 京	1079.22	36	兰 州	194.91
3	重 庆	1010.12	37	临 沂	189.67
4	武 汉	781.19	38	南 充	184.80
5	天 津	758.78	39	阜 阳	183.30
6	广 州	588.26	40	吉 林	179.55
7	西 安	510.26	41	包 头	178.03
8	南 京	489.76	42	六 安	176.28
9	沈 阳	488.40	43	乌鲁木齐	173.30
10	汕 头	477.36	44	贵 港	172.44
11	成 都	452.57	45	烟 台	170.83
12	杭 州	393.19	46	南 阳	168.45
13	佛 山	344.24	47	徐 州	167.33
14	济 南	334.80	48	福 州	166.24
15	哈 尔 滨	315.19	49	随 州	165.82
16	长 春	310.01	50	东 莞	158.96
17	唐 山	294.91	51	泰 安	158.42
18	大 连	274.78	52	合 肥	155.87
19	淄 博	273.37	53	商 丘	154.45
20	淮 安	268.17	54	深 圳	150.93
21	太 原	250.27	55	洛 阳	148.93
22	青 岛	246.77	56	遂 宁	146.53
23	郑 州	239.85	57	台 州	146.05
24	昆 明	224.22	58	南 宁	145.77
25	无 锡	219.60	59	鞍 山	145.48
26	襄 樊	218.49	60	湛 江	144.25
27	苏 州	216.87	61	齐齐哈尔	142.67
28	常 州	213.41	62	潍 坊	142.33
29	石 家 庄	211.09	63	淮 南	142.02
30	枣 庄	206.94	64	宿 州	141.80
31	宁 波	206.91	65	厦 门	141.76
32	莆 田	201.63	66	抚 顺	141.51
33	贵 阳	199.57	67	亳 州	141.16
34	南 昌	196.37	68	大 同	139.90

5—1续表1

单位:万人

序号	城市名称	数值	序号	城市名称	数值
69	泸州	139.51	105	聊城	100.36
70	海口	139.19	106	西宁	99.54
71	内江	138.57	107	来宾	99.24
72	邯郸	138.21	108	武威	98.05
73	中山	137.86	109	泉州	97.77
74	信阳	137.07	110	本溪	96.29
75	菏泽	136.90	111	柳州	95.89
76	常德	136.80	112	宜春	95.80
77	温州	134.65	113	保定	95.42
78	江门	132.45	114	安康	94.57
79	益阳	128.00	115	岳阳	94.13
80	巴中	127.54	116	葫芦岛	93.38
81	莱芜	123.88	117	贺州	92.64
82	广安	121.68	118	平顶山	92.56
83	天水	121.45	119	金华	92.18
84	宜昌	120.97	120	衡阳	91.47
85	钦州	120.32	121	鸡西	91.32
86	茂名	120.19	122	渭南	90.98
87	大庆	118.00	123	广元	90.73
88	日照	117.79	124	玉林	90.05
89	乐山	113.12	125	孝感	89.50
90	赤峰	113.10	126	锦州	86.66
91	扬州	112.52	127	绥化	86.60
92	绵阳	110.73	128	巢湖	85.90
93	呼和浩特	109.70	129	张家口	85.55
94	荆州	109.50	130	营口	85.10
95	惠州	108.74	131	保山	84.62
96	永州	108.40	132	伊春	83.74
97	湖州	107.72	133	咸阳	83.40
98	自贡	106.93	134	宣城	83.39
99	济宁	105.22	135	南通	83.01
100	资阳	105.04	136	淮北	82.80
101	鄂州	104.33	137	眉山	82.26
102	抚州	103.65	138	珠海	82.02
103	安阳	100.77	139	佳木斯	81.97
104	镇江	100.51	140	萍乡	80.53

5—1 续表 2

单位:万人

序号	城市名称	数值	序号	城市名称	数值
141	衢州	80.23	177	阳泉	64.96
142	株洲	80.20	178	遵义	64.30
143	通辽	80.19	179	绍兴	63.86
144	新乡	79.86	180	邵阳	63.37
145	焦作	79.83	181	曲靖	63.31
146	嘉兴	79.82	182	阳江	62.86
147	蚌埠	79.49	183	池州	62.57
148	安顺	79.01	184	泰州	62.29
149	东营	78.80	185	德阳	62.24
150	新余	78.47	186	九江	62.20
151	开封	78.34	187	运城	62.11
152	阜新	78.20	188	滨州	61.31
153	牡丹江	77.45	189	安庆	59.60
154	宜宾	76.95	190	驻马店	57.74
155	临汾	76.80	191	朔州	57.65
156	丹东	75.67	192	马鞍山	57.16
157	昭通	75.61	193	威海	56.94
158	铜川	74.78	194	德州	56.83
159	廊坊	74.75	195	盘锦	56.60
160	宝鸡	74.25	196	咸宁	56.17
161	秦皇岛	73.97	197	邢台	55.41
162	荆门	72.15	198	赣州	54.60
163	银川	71.82	199	商洛	54.48
164	辽阳	71.59	200	清远	54.22
165	桂林	71.00	201	北海	53.93
166	湘潭	70.19	202	韶关	53.42
167	芜湖	69.06	203	晋中	52.81
168	舟山	68.96	204	汉中	52.52
169	鹤岗	68.91	205	鹤壁	52.17
170	郴州	68.56	206	巴彦淖尔	52.14
171	攀枝花	66.47	207	漳州	51.87
172	长治	66.38	208	濮阳	51.66
173	盐城	66.33	209	松原	51.53
174	黄石	66.09	210	四平	51.14
175	揭阳	65.83	211	忻州	51.06
176	连云港	65.63	212	双鸭山	50.42

5—1续表3

单位:万人

序　号	城市名称	数　值	序　号	城市名称	数　值
213	三　亚	50.39	249	延　安	37.46
214	七台河	50.31	250	丽　水	36.84
215	滁　州	50.30	251	周　口	36.67
216	十　堰	50.00	252	黄　冈	36.25
217	吉　安	49.86	253	石嘴山	36.18
218	张　掖	49.77	254	上　饶	36.12
219	南　平	49.02	255	吴　忠	35.44
220	固　原	48.56	256	漯　河	35.23
221	白　城	48.34	257	潮　州	34.35
222	平　凉	48.31	258	酒　泉	34.21
223	朝　阳	47.90	259	雅　安	34.14
224	沧　州	47.83	260	崇　左	34.00
225	肇　庆	47.75	261	白　山	32.99
226	定　西	47.61	262	百　色	32.82
227	防城港	47.44	263	庆　阳	32.71
228	汕　尾	47.28	264	怀　化	32.44
229	梧　州	47.24	265	河　池	30.92
230	白　银	46.97	266	梅　州	30.71
231	张家界	46.57	267	克拉玛依	30.60
232	龙　岩	46.24	268	河　源	30.05
233	通　化	45.43	269	宿　迁	28.65
234	承　德	45.41	270	云　浮	28.26
235	辽　源	44.67	271	三　明	28.25
236	衡　水	44.00	272	晋　城	28.18
237	榆　林	43.89	273	三门峡	27.99
238	铁　岭	43.40	274	临　沧	27.80
239	六盘水	42.47	275	乌兰察布	25.79
240	景德镇	42.15	276	海拉尔	25.34
241	宁　德	41.75	277	吕　梁	23.79
242	乌　海	41.60	278	鄂尔多斯	21.94
243	黄　山	41.44	279	金　昌	20.82
244	娄　底	41.23	280	思　茅	19.83
245	达　州	39.57	281	黑　河	19.39
246	玉　溪	39.34	282	鹰　潭	18.48
247	铜　陵	39.02	283	嘉峪关	16.37
248	许　昌	38.49	284	丽　江	14.08

5—2 非农业人口

单位:万人

序号	城市名称	数值	序号	城市名称	数值
1	上海	1024.99	35	鞍山	128.74
2	北京	809.61	36	苏州	127.08
3	天津	521.70	37	抚顺	126.67
4	汕头	477.36	38	吉林	125.02
5	武汉	474.98	39	合肥	124.99
6	广州	456.92	40	深圳	122.39
7	重庆	441.16	41	茂名	117.86
8	沈阳	401.00	42	邯郸	114.25
9	南京	372.39	43	齐齐哈尔	111.74
10	佛山	343.70	44	宁波	109.95
11	西安	288.86	45	南宁	108.97
12	成都	281.40	46	常州	107.39
13	哈尔滨	277.05	47	洛阳	106.22
14	济南	243.29	48	大同	105.15
15	长春	234.35	49	烟台	102.55
16	大连	225.12	50	大庆	92.00
17	杭州	216.13	51	淮南	89.80
18	石家庄	208.50	52	西宁	88.71
19	青岛	203.39	53	临沂	88.65
20	太原	201.35	54	衡阳	87.24
21	郑州	177.35	55	襄樊	84.76
22	无锡	172.90	56	柳州	84.35
23	昆明	164.39	57	厦门	83.74
24	兰州	162.76	58	本溪	83.65
25	长沙	162.44	59	保定	83.18
26	唐山	157.48	60	呼和浩特	83.12
27	淄博	155.58	61	南通	83.00
28	南昌	149.53	62	商丘	82.62
29	乌鲁木齐	142.03	63	珠海	82.02
30	贵阳	141.09	64	淮安	81.99
31	徐州	135.44	65	伊春	79.79
32	福州	133.74	66	海口	76.05
33	江门	132.45	67	潍坊	75.79
34	包头	130.63	68	鸡西	75.50

5—2 续表 1　　　　　　　　　　　　单位:万人

序　号	城市名称	数　值	序　号	城市名称	数　值
69	扬　州	75.39	105	蚌　埠	56.43
70	枣　庄	74.36	106	天　水	55.84
71	秦皇岛	73.95	107	连云港	55.17
72	湛　江	72.44	108	桂　林	55.17
73	张家口	71.51	109	南　充	55.03
74	锦　州	71.04	110	岳　阳	54.50
75	平顶山	70.07	111	清　远	54.22
76	芜　湖	69.06	112	绵　阳	54.00
77	阜　新	68.80	113	南　阳	53.45
78	宜　昌	66.88	114	济　宁	52.87
79	新　乡	66.03	115	攀枝花	51.27
80	泰　安	65.94	116	四　平	51.14
81	揭　阳	65.83	117	赤　峰	50.70
82	安　阳	65.43	118	阳　泉	50.35
83	牡丹江	64.63	119	盘　锦	50.14
84	淮　北	64.29	120	葫芦岛	49.85
85	镇　江	63.74	121	邢　台	49.68
86	营　口	63.50	122	咸　阳	49.60
87	焦　作	62.47	123	长　治	49.54
88	荆　州	62.20	124	盐　城	48.85
89	惠　州	61.05	125	韶　关	48.47
90	银　川	60.32	126	自　贡	47.98
91	黄　石	60.27	127	汕　尾	47.28
92	宝　鸡	60.10	128	马鞍山	46.50
93	丹　东	60.00	129	常　德	46.20
94	温　州	59.48	130	九　江	45.49
95	鹤　岗	59.45	131	廊　坊	44.35
96	开　封	59.30	132	双鸭山	43.87
97	株　洲	59.00	133	阳　江	43.61
98	辽　阳	58.85	134	信　阳	43.32
99	中　山	58.76	135	乐　山	42.96
100	佳木斯	58.62	136	绍　兴	42.64
101	泉　州	57.62	137	泸　州	42.51
102	湘　潭	57.54	138	莱　芜	42.36
103	东　营	57.11	139	威　海	41.93
104	东　莞	56.87	140	十　堰	41.48

5—2续表2

单位:万人

序　　号	城市名称	数　　值	序　　号	城市名称	数　　值
141	阜　阳	40.60	177	嘉　兴	32.59
142	沧　州	40.33	178	益　阳	32.52
143	菏　泽	39.83	179	宜　宾	32.16
144	安　庆	39.59	180	朝　阳	31.90
145	荆　门	39.41	181	松　原	31.71
146	通　化	39.37	182	六　安	31.59
147	莆　田	38.80	183	鄂　州	30.89
148	辽　源	38.79	184	漳　州	30.87
149	遵　义	38.75	185	永　州	30.48
150	萍　乡	38.59	186	龙　岩	30.22
151	日　照	38.54	187	新　余	29.85
152	铜　川	38.21	188	宿　州	29.60
153	德　州	37.58	189	广　元	29.45
154	郴　州	37.36	190	金　华	29.07
155	濮　阳	37.31	191	绥　化	28.84
156	湖　州	37.18	192	白　银	28.81
157	聊　城	36.94	193	抚　州	28.73
158	随　州	36.18	194	宿　迁	28.60
159	肇　庆	35.76	195	台　州	28.55
160	乌　海	35.75	196	德　阳	28.36
161	许　昌	35.74	197	云　浮	28.26
162	邵　阳	35.71	198	河　源	28.21
163	内　江	34.29	199	白　城	27.79
164	景德镇	33.96	200	六盘水	27.77
165	鹤　壁	33.81	201	梧　州	27.46
166	通　辽	33.66	202	南　平	27.15
167	承　德	33.63	203	眉　山	27.10
168	赣　州	33.59	204	晋　中	26.98
169	七台河	33.49	205	潮　州	26.46
170	铁　岭	33.35	206	白　山	26.25
171	临　汾	33.25	207	舟　山	26.03
172	遂　宁	33.18	208	亳　州	26.00
173	漯　河	33.11	209	滨　州	25.72
174	铜　陵	32.95	210	孝　感	25.61
175	泰　州	32.75	211	娄　底	25.06
176	石嘴山	32.66	212	北　海	24.84

5—2 续表 3

单位:万人

序　号	城市名称	数　值	序　号	城市名称	数　值
213	汉　中	24.41	249	张　掖	17.46
214	衡　水	24.34	250	延　安	16.93
215	渭　南	24.18	251	朔　州	16.27
216	克拉玛依	24.17	252	吴　忠	16.03
217	宜　春	23.71	253	金　昌	15.83
218	梅　州	23.68	254	黄　山	15.37
219	曲　靖	23.31	255	鄂尔多斯	15.30
220	滁　州	23.30	256	商　洛	15.28
221	贵　港	23.22	257	来　宾	15.25
222	驻马店	23.21	258	宣　城	15.16
223	乌兰察布	23.11	259	平　凉	14.63
224	咸　宁	23.06	260	嘉峪关	14.34
225	海拉尔	23.04	261	榆　林	14.07
226	巢　湖	22.90	262	贺　州	13.92
227	怀　化	22.47	263	雅　安	13.59
228	周　口	22.33	264	黑　河	13.51
229	吉　安	22.32	265	张家界	13.34
230	巴彦淖尔	22.30	266	防城港	13.09
231	安　顺	22.09	267	玉　溪	13.00
232	达　州	22.04	268	鹰　潭	12.73
233	三门峡	21.50	269	百　色	12.69
234	巴　中	21.41	270	丽　水	12.30
235	运　城	21.13	271	池　州	12.19
236	三　明	21.02	272	酒　泉	12.02
237	黄　冈	20.59	273	保　山	11.78
238	安　康	20.24	274	昭　通	11.61
239	玉　林	20.03	275	河　池	11.35
240	武　威	19.94	276	宁　德	10.67
241	钦　州	19.86	277	吕　梁	10.12
242	晋　城	19.72	278	定　西	9.23
243	上　饶	19.52	279	固　原	9.17
244	广　安	18.99	280	崇　左	8.82
245	衢　州	18.95	281	庆　阳	8.78
246	三　亚	18.95	282	思　茅	8.49
247	忻　州	18.05	283	丽　江	6.10
248	资　阳	17.73	284	临　沧	5.04

5—3 建成区面积

单位:平方公里

序号	城市名称	数值	序号	城市名称	数值
1	北京	1180	35	大庆	144
2	广州	608	36	石家庄	141
3	上海	550	37	兰州	141
4	深圳	516	38	鞍山	136
5	天津	487	39	长沙	135
6	南京	447	40	岳阳	128
7	重庆	445	41	贵阳	128
8	成都	386	42	南宁	125
9	杭州	275	43	洛阳	121
10	沈阳	261	44	呼和浩特	120
11	大连	248	45	抚顺	118
12	东莞	246	46	温州	114
13	哈尔滨	225	47	宁波	110
14	武汉	216	48	潍坊	110
15	西安	204	49	临沂	108
16	济南	200	50	本溪	107
17	佛山	200	51	珠海	106
18	汕头	191	52	厦门	104
19	唐山	187	53	齐齐哈尔	103
20	昆明	185	54	邯郸	101
21	无锡	180	55	柳州	99
22	太原	177	56	台州	98
23	长春	171	57	常州	92
24	郑州	170	58	衡阳	90
25	乌鲁木齐	169	59	徐州	89
26	淄博	164	60	南通	89
27	吉林	163	61	淮南	89
28	福州	160	62	大同	87
29	伊春	158	63	枣庄	87
30	包头	150	64	南昌	85
31	苏州	149	65	东营	85
32	合肥	148	66	辽阳	82
33	青岛	146	67	芜湖	82
34	烟台	145	68	随州	82

5—3 续表 1　　　　单位:平方公里

序　　号	城市名称	数　　值	序　　号	城市名称	数　　值
69	营　口	81	105	葫芦岛	60
70	秦皇岛	80	106	金　华	60
71	襄　樊	80	107	马鞍山	60
72	淮　安	79	108	双鸭山	59
73	镇　江	79	109	牡丹江	59
74	保　定	78	110	荆　州	59
75	银　川	78	111	鹤　岗	58
76	张家口	77	112	扬　州	58
77	株　洲	77	113	泉　州	58
78	海　口	77	114	黄　石	58
79	江　门	75	115	桂　林	58
80	湛　江	74	116	乌　海	56
81	鸡　西	73	117	佳木斯	56
82	七台河	72	118	盐　城	56
83	开　封	70	119	商　丘	55
84	安　阳	69	120	绵　阳	55
85	新　乡	68	121	贵　港	54
86	蚌　埠	67	122	广　元	54
87	宿　州	67	123	丹　东	53
88	焦　作	67	124	平顶山	53
89	南　阳	67	125	十　堰	53
90	宜　昌	67	126	盘　锦	52
91	乐　山	67	127	巢　湖	52
92	嘉　兴	66	128	莱　芜	52
93	泰　安	66	129	威　海	51
94	绍　兴	65	130	德　阳	51
95	湖　州	64	131	白　银	51
96	钦　州	64	132	舟　山	50
97	连云港	63	133	亳　州	50
98	萍　乡	63	134	日　照	50
99	湘　潭	63	135	聊　城	50
100	惠　州	63	136	阳　泉	49
101	常　德	61	137	阜　新	49
102	西　宁	61	138	泸　州	49
103	石嘴山	61	139	遂　宁	49
104	锦　州	60	140	泰　州	48

5—3续表2

单位:平方公里

序　号	城市名称	数　值	序　号	城市名称	数　值
141	阜　阳	48	177	通　化	39
142	九　江	48	178	德　州	38
143	韶　关	48	179	潮　州	38
144	梅　州	48	180	临　汾	37
145	南　充	48	181	滨　州	37
146	克拉玛依	48	182	驻马店	37
147	邢　台	47	183	邵　阳	37
148	济　宁	47	184	眉　山	37
149	荆　门	47	185	辽　源	36
150	遵　义	47	186	衢　州	36
151	咸　阳	47	187	许　昌	36
152	六　安	46	188	漯　河	36
153	肇　庆	46	189	永　州	36
154	天　水	46	190	清　远	36
155	廊　坊	45	191	渭　南	36
156	长　治	45	192	沧　州	35
157	玉　林	45	193	安　庆	35
158	宝　鸡	45	194	铜　川	35
159	鄂　州	44	195	嘉峪关	35
160	孝　感	44	196	茂　名	34
161	景德镇	43	197	北　海	34
162	新　余	43	198	白　城	33
163	自　贡	43	199	铜　陵	33
164	淮　北	42	200	阳　江	33
165	信　阳	42	201	中　山	33
166	攀枝花	42	202	宜　宾	33
167	铁　岭	41	203	通　辽	32
168	益　阳	41	204	松　原	32
169	广　安	41	205	赣　州	32
170	承　德	40	206	濮　阳	32
171	赤　峰	40	207	衡　水	31
172	漳　州	40	208	咸　宁	31
173	菏　泽	40	209	怀　化	31
174	鹤　壁	40	210	晋　城	30
175	娄　底	40	211	晋　中	30
176	四　平	39	212	运　城	30

5—3 续表 3 单位:平方公里

序号	城市名称	数值	序号	城市名称	数值
213	宿迁	30	249	南平	20
214	抚州	30	250	三亚	20
215	郴州	30	251	忻州	19
216	固原	30	252	巴彦淖尔	19
217	莆田	29	253	黄山	19
218	周口	29	254	宣城	19
219	百色	29	255	三明	19
220	金昌	29	256	鹰潭	19
221	海拉尔	28	257	张家界	19
222	乌兰察布	28	258	达州	19
223	朝阳	28	259	云浮	18
224	龙岩	28	260	防城港	18
225	宜春	28	261	来宾	18
226	六盘水	28	262	资阳	18
227	汉中	28	263	玉溪	18
228	滁州	27	264	丽江	18
229	揭阳	27	265	平凉	18
230	内江	27	266	黑河	17
231	安康	27	267	丽水	17
232	曲靖	26	268	昭通	17
233	榆林	26	269	吴忠	17
234	朔州	25	270	保山	16
235	白山	25	271	延安	16
236	黄冈	25	272	河池	15
237	吉安	24	273	巴中	15
238	三门峡	24	274	雅安	14
239	安顺	24	275	池州	13
240	商洛	24	276	思茅	13
241	鄂尔多斯	23	277	吕梁	12
242	绥化	23	278	河源	12
243	梧州	23	279	庆阳	12
244	武威	22	280	汕尾	11
245	张掖	22	281	临沧	10
246	酒泉	22	282	宁德	9
247	上饶	21	283	崇左	8
248	贺州	21	284	定西	5

5—4 人均园林绿地面积

单位:平方米/人

序号	城市名称	数值	序号	城市名称	数值
1	十堰	244.10	35	淄博	40.95
2	广州	178.76	36	银川	40.21
3	深圳	177.62	37	大连	40.21
4	南京	136.72	38	东营	39.72
5	河池	136.61	39	铁岭	38.76
6	贵阳	105.35	40	三明	37.27
7	安庆	100.92	41	吉林	37.15
8	随州	96.11	42	娄底	37.11
9	九江	93.42	43	青岛	35.78
10	马鞍山	75.80	44	岳阳	35.74
11	北海	65.83	45	威海	35.63
12	江门	61.59	46	芜湖	35.61
13	湘潭	59.35	47	丽江	35.51
14	嘉峪关	56.57	48	绍兴	35.45
15	无锡	53.93	49	南通	35.39
16	石嘴山	52.87	50	南宁	35.12
17	大庆	50.87	51	舟山	34.48
18	克拉玛依	50.00	52	牡丹江	34.11
19	珠海	49.26	53	辽阳	34.10
20	蚌埠	48.62	54	梧州	33.51
21	怀化	48.21	55	海拉尔	33.23
22	邢台	47.81	56	百色	33.12
23	镇江	46.69	57	株洲	32.86
24	景德镇	45.10	58	双鸭山	32.49
25	秦皇岛	45.05	59	鞍山	32.27
26	北京	44.94	60	齐齐哈尔	32.21
27	廊坊	44.33	61	焦作	32.01
28	本溪	44.01	62	福州	31.60
29	泰州	43.17	63	黄山	31.39
30	潮州	42.39	64	许昌	31.33
31	伊春	42.03	65	邯郸	31.16
32	铜陵	41.70	66	烟台	31.11
33	朝阳	41.50	67	柳州	30.93
34	滁州	41.35	68	漯河	30.77

5—4 续表 1 单位:平方米/人

序 号	城市名称	数 值	序 号	城市名称	数 值
69	肇 庆	30.49	105	宿 迁	23.77
70	锦 州	30.41	106	连 云 港	23.75
71	黄 石	30.28	107	丹 东	23.46
72	韶 关	30.03	108	鹤 岗	23.41
73	桂 林	29.54	109	昆 明	23.33
74	长 沙	29.10	110	杭 州	23.19
75	合 肥	28.74	111	通 化	23.00
76	梅 州	28.49	112	潍 坊	22.79
77	包 头	28.49	113	苏 州	22.67
78	沈 阳	28.36	114	常 州	22.55
79	葫 芦 岛	28.30	115	铜 川	22.55
80	抚 顺	27.52	116	金 昌	22.29
81	新 乡	27.37	117	阜 新	22.11
82	荆 门	26.89	118	德 州	22.07
83	呼和浩特	26.58	119	淮 南	21.93
84	厦 门	26.44	120	新 余	21.88
85	佳 木 斯	25.91	121	鸡 西	21.70
86	洛 阳	25.67	122	云 浮	21.66
87	张 家 口	25.66	123	石 家 庄	21.56
88	成 都	25.59	124	嘉 兴	21.12
89	盘 锦	25.58	125	黄 冈	21.02
90	徐 州	25.26	126	白 城	20.98
91	漳 州	25.22	127	乌 海	20.77
92	承 德	24.97	128	太 原	20.58
93	营 口	24.92	129	乌鲁木齐	20.53
94	惠 州	24.57	130	赣 州	20.48
95	泉 州	24.45	131	盐 城	20.23
96	唐 山	24.30	132	南 阳	20.20
97	乌兰察布	24.12	133	龙 岩	19.77
98	保 定	24.01	134	襄 樊	19.67
99	南 昌	23.98	135	济 南	19.54
100	晋 城	23.95	136	宜 昌	19.24
101	攀 枝 花	23.91	137	衡 阳	19.21
102	遵 义	23.90	138	上 海	19.11
103	鹰 潭	23.81	139	开 封	18.87
104	濮 阳	23.79	140	长 春	18.75

5—4 续表 2　　　　单位:平方米/人

序　号	城市名称	数　值	序　号	城市名称	数　值
141	钦　州	18.73	177	四　平	15.19
142	哈尔滨	18.51	178	榆　林	15.17
143	安　阳	18.46	179	吉　安	15.16
144	松　原	18.46	180	长　治	15.08
145	郴　州	18.45	181	聊　城	14.57
146	鹤　壁	18.42	182	咸　阳	14.53
147	三门峡	18.40	183	平顶山	14.46
148	辽　源	18.33	184	七台河	14.41
149	绵　阳	18.10	185	东　莞	14.41
150	宝　鸡	17.80	186	西　宁	14.20
151	郑　州	17.77	187	荆　州	14.15
152	宁　波	17.65	188	金　华	14.14
153	临　沂	17.64	189	淮　北	14.13
154	温　州	17.47	190	莱　芜	14.00
155	天　津	17.45	191	日　照	13.97
156	上　饶	17.44	192	阳　江	13.95
157	三　亚	17.42	193	白　山	13.94
158	扬　州	17.33	194	临　汾	13.89
159	孝　感	17.31	195	常　德	13.73
160	衡　水	17.30	196	广　安	13.39
161	沧　州	16.91	197	晋　中	13.26
162	萍　乡	16.76	198	玉　林	13.01
163	玉　溪	16.73	199	佛　山	13.00
164	海　口	15.79	200	朔　州	12.97
165	乐　山	15.59	201	揭　阳	12.91
166	周　口	15.57	202	泰　安	12.36
167	济　宁	15.56	203	南　平	12.26
168	张家界	15.53	204	清　远	12.21
169	白　银	15.52	205	滨　州	11.91
170	达　州	15.42	206	泸　州	11.88
171	巢　湖	15.38	207	台　州	11.74
172	崇　左	15.26	208	德　阳	11.65
173	衢　州	15.23	209	兰　州	11.22
174	大　同	15.23	210	河　源	11.05
175	湛　江	15.21	211	阳　泉	10.88
176	湖　州	15.21	212	赤　峰	10.83

5—4 续表 3　　　　单位:平方米/人

序　号	城市名称	数　值	序　号	城市名称	数　值
213	重　庆	10.80	249	莆　田	6.77
214	宜　春	10.79	250	信　阳	6.72
215	广　元	10.55	251	池　州	6.39
216	通　辽	10.41	252	贺　州	6.11
217	驻马店	10.29	253	商　洛	6.00
218	自　贡	10.29	254	固　原	5.99
219	巴彦淖尔	10.22	255	张　掖	5.89
220	邵　阳	10.07	256	宣　城	5.78
221	茂　名	10.03	257	延　安	5.63
222	丽　水	9.88	258	汉　中	5.39
223	益　阳	9.81	259	贵　港	5.20
224	宜　宾	9.76	260	庆　阳	4.89
225	曲　靖	9.75	261	防城港	4.85
226	汕　头	9.72	262	遂　宁	4.76
227	酒　泉	9.68	263	抚　州	4.66
228	阜　阳	9.65	264	思　茅	4.44
229	咸　宁	9.65	265	六　安	4.16
230	汕　尾	9.39	266	临　沧	4.14
231	枣　庄	9.24	267	六盘水	4.03
232	运　城	9.23	268	天　水	3.71
233	黑　河	9.18	269	宿　州	3.52
234	南　充	9.04	270	雅　安	3.46
235	西　安	8.82	271	内　江	3.42
236	淮　安	8.77	272	昭　通	3.28
237	鄂　州	8.41	273	定　西	3.02
238	武　汉	8.34	274	巴　中	3.00
239	中　山	8.10	275	吴　忠	2.96
240	鄂尔多斯	7.66	276	安　顺	2.86
241	商　丘	7.29	277	资　阳	2.86
242	菏　泽	7.25	278	亳　州	2.82
243	眉　山	7.17	279	吕　梁	1.81
244	永　州	7.08	280	保　山	1.71
245	绥　化	7.00	281	忻　州	1.70
246	安　康	6.86	282	渭　南	1.67
247	宁　德	6.85	283	武　威	1.53
248	平　凉	6.83	284	来　宾	1.49

5—5 市辖区人口密度

单位:人/平方公里

序号	城市名称	数值	序号	城市名称	数值
1	莆田	13906	35	宿迁	2107
2	衡水	8800	36	成都	2079
3	石家庄	4629	37	秦皇岛	2038
4	漯河	4404	38	平顶山	2017
5	许昌	4374	39	长治	1987
6	新乡	4271	40	濮阳	1987
7	邢台	4198	41	抚顺	1982
8	揭阳	3637	42	锦州	1970
9	长沙	3530	43	晋城	1917
10	邯郸	3185	44	马鞍山	1899
11	南昌	3183	45	哈尔滨	1899
12	保定	3058	46	焦作	1883
13	芜湖	3003	47	安阳	1852
14	深圳	2854	48	泉州	1845
15	西宁	2844	49	青岛	1829
16	黄石	2824	50	绍兴	1764
17	洛阳	2738	51	阜新	1746
18	合肥	2615	52	蚌埠	1743
19	沧州	2614	53	太原	1714
20	廊坊	2560	54	衡阳	1642
21	湘潭	2516	55	徐州	1612
22	周口	2478	56	福州	1594
23	汕头	2440	57	咸阳	1586
24	上海	2412	58	广州	1582
25	唐山	2398	59	韶关	1576
26	郑州	2375	60	盐城	1568
27	南通	2338	61	株洲	1480
28	鞍山	2331	62	柳州	1457
29	乌兰察布	2262	63	邵阳	1453
30	潮州	2260	64	西安	1439
31	淮北	2208	65	泰州	1432
32	辽源	2168	66	三门峡	1414
33	开封	2164	67	重庆	1412
34	盘锦	2128	68	沈阳	1397

5—5 续表 1　　　　单位:人/平方公里

序　号	城市名称	数　值	序　号	城市名称	数　值
69	铜　陵	1394	105	潍　坊	967
70	无　锡	1353	106	商　丘	965
71	茂　名	1325	107	德　阳	960
72	自　贡	1315	108	阳　江	955
73	苏　州	1314	109	台　州	951
74	淮　南	1302	110	阳　泉	947
75	漳　州	1294	111	孝　感	946
76	鹰　潭	1292	112	汉　中	945
77	杭　州	1282	113	镇　江	929
78	安　庆	1279	114	淄　博	924
79	桂　林	1257	115	武　汉	920
80	四　平	1257	116	丹　东	912
81	辽　阳	1247	117	遵　义	911
82	营　口	1214	118	厦　门	906
83	兰　州	1194	119	佛　山	895
84	济　宁	1163	120	六 盘 水	892
85	扬　州	1148	121	九　江	890
86	常　州	1145	122	达　州	889
87	赣　州	1140	123	内　江	883
88	大　连	1138	124	北　京	864
89	温　州	1134	125	长　春	860
90	汕　尾	1094	126	朝　阳	860
91	临　沂	1084	127	鹤　壁	857
92	上　饶	1065	128	南　阳	850
93	德　州	1054	129	淮　安	846
94	张 家 口	1045	130	贵　阳	830
95	南　京	1037	131	嘉　兴	825
96	梅　州	1031	132	宁　波	808
97	济　南	1028	133	聊　城	800
98	黄　冈	1027	134	南　宁	795
99	天　津	1023	135	广　安	792
100	阜　阳	1021	136	遂　宁	781
101	景 德 镇	996	137	威　海	779
102	湛　江	988	138	中　山	766
103	娄　底	968	139	泰　安	759
104	菏　泽	967	140	驻 马 店	748

5—5 续表 2

单位:人/平方公里

序　　号	城市名称	数　　值	序　　号	城市名称	数　　值
141	渭　　南	745	177	北　　海	564
142	萍　　乡	739	178	昆　　明	556
143	本　　溪	736	179	莱　　芜	552
144	南　　充	731	180	呼和浩特	534
145	连 云 港	731	181	运　　城	516
146	江　　门	729	182	常　　德	498
147	岳　　阳	728	183	巴　　中	497
148	玉　　林	720	184	宿　　州	494
149	肇　　庆	719	185	吉　　林	494
150	绵　　阳	705	186	六　　安	492
151	荆　　州	695	187	抚　　州	489
152	鄂　　州	694	188	贵　　港	487
153	湖　　州	688	189	珠　　海	486
154	宜　　宾	685	190	松　　原	468
155	铁　　岭	675	191	安　　顺	462
156	大　　同	673	192	金　　华	451
157	舟　　山	671	193	乐　　山	450
158	枣　　庄	670	194	新　　余	439
159	河　　源	668	195	银　　川	439
160	益　　阳	661	196	佳 木 斯	437
161	泸　　州	647	197	梧　　州	431
162	东　　莞	645	198	巢　　湖	423
163	资　　阳	643	199	怀　　化	420
164	承　　德	641	200	十　　堰	419
165	亳　　州	634	201	曲　　靖	416
166	烟　　台	628	202	惠　　州	407
167	眉　　山	618	203	葫 芦 岛	406
168	日　　照	615	204	晋　　中	398
169	海　　口	604	205	鸡　　西	397
170	包　　头	600	206	玉　　溪	392
171	通　　化	597	207	信　　阳	380
172	襄　　樊	595	208	宜　　春	378
173	滨　　州	588	209	咸　　宁	376
174	清　　远	585	210	吉　　安	372
175	临　　汾	584	211	云　　浮	371
176	牡 丹 江	573	212	滁　　州	358

5—5 续表 3　　　　单位:人/平方公里

序　号	城市名称	数　值	序　号	城市名称	数　值
213	昭　通	349	249	宝　鸡	208
214	永　州	341	250	天　水	208
215	衢　州	340	251	商　洛	204
216	荆　门	332	252	广　元	200
217	齐齐哈尔	331	253	武　威	193
218	攀枝花	329	254	南　平	184
219	庆　阳	328	255	贺　州	180
220	雅　安	319	256	吕　梁	180
221	宣　城	318	257	黄　山	177
222	绥　化	316	258	海拉尔	176
223	铜　川	311	259	龙　岩	173
224	石嘴山	310	260	张家界	170
225	郴　州	305	261	保　山	169
226	双鸭山	285	262	防城港	168
227	宜　昌	285	263	赤　峰	161
228	七台河	285	264	鹤　岗	151
229	宁　德	272	265	朔　州	141
230	吴　忠	270	266	固　原	139
231	三　亚	263	267	白　银	135
232	忻　州	261	268	河　池	132
233	安　康	260	269	张　掖	117
234	白　城	259	270	崇　左	115
235	池　州	257	271	定　西	113
236	钦　州	252	272	丽　江	112
237	通　辽	250	273	延　安	106
238	平　凉	250	274	临　沧	105
239	丽　水	245	275	鄂尔多斯	103
240	三　明	240	276	酒　泉	101
241	乌鲁木齐	239	277	百　色	89
242	东　营	239	278	金　昌	69
243	白　山	238	279	榆　林	62
244	随　州	237	280	嘉峪关	56
245	乌　海	237	281	思　茅	50
246	大　庆	231	282	伊　春	43
247	来　宾	227	283	克拉玛依	32
248	巴彦淖尔	221	284	黑　河	13

5－6　建成区绿化覆盖率

单位:%

序　号	城市名称	数　值	序　号	城市名称	数　值
1	南　昌	58.27	35	孝　感	39.86
2	崇　左	58.13	36	威　海	39.75
3	南　充	57.85	37	佳木斯	39.64
4	北　海	52.59	38	景德镇	39.63
5	荆　门	47.89	39	济　宁	39.57
6	上　海	47.26	40	绍　兴	39.38
7	牡丹江	46.81	41	桂　林	39.28
8	惠　州	46.35	42	漯　河	39.25
9	十　堰	44.53	43	阜　新	39.24
10	三　亚	44.25	44	秦皇岛	39.10
11	葫芦岛	44.08	45	烟　台	39.09
12	唐　山	43.98	46	长　春	39.00
13	南　京	43.49	47	南　宁	39.00
14	濮　阳	43.28	48	潮　州	38.95
15	深　圳	43.20	49	郴　州	38.33
16	焦　作	43.06	50	洛　阳	38.23
17	黄　山	42.95	51	济　南	38.22
18	马鞍山	42.78	52	襄　樊	38.19
19	廊　坊	42.00	53	茂　名	38.03
20	三　明	42.00	54	抚　顺	37.97
21	汕　尾	42.00	55	日　照	37.84
22	大　连	41.94	56	百　色	37.79
23	邯　郸	41.91	57	遵　义	37.62
24	本　溪	41.04	58	玉　溪	37.56
25	北　京	40.90	59	贵　阳	37.51
26	湘　潭	40.89	60	包　头	37.51
27	攀枝花	40.86	61	青　岛	37.48
28	新　余	40.65	62	南　通	37.46
29	吉　林	40.65	63	莱　芜	37.40
30	新　乡	40.31	64	黄　石	37.31
31	云　浮	40.28	65	苏　州	37.20
32	宜　昌	40.25	66	漳　州	37.15
33	铜　陵	40.09	67	中　山	37.09
34	江　门	39.96	68	扬　州	36.95

5—6 续表 1 单位:%

序号	城市名称	数值	序号	城市名称	数值
69	长沙	36.84	105	广州	34.19
70	锦州	36.83	106	阜阳	34.15
71	杭州	36.57	107	龙岩	34.14
72	淄博	36.57	108	聊城	34.04
73	肇庆	36.52	109	淮北	33.88
74	宜春	36.50	110	双鸭山	33.78
75	宁波	36.36	111	上饶	33.67
76	莆田	36.21	112	大庆	33.51
77	无锡	36.17	113	黄冈	33.44
78	太原	36.07	114	韶关	33.44
79	石嘴山	36.03	115	潍坊	33.40
80	泰安	36.03	116	泰州	33.40
81	安阳	36.03	117	福州	33.12
82	镇江	36.03	118	白城	33.09
83	东营	36.01	119	酒泉	33.09
84	衢州	35.97	120	德州	33.03
85	珠海	35.92	121	南平	33.00
86	宿迁	35.80	122	辽阳	32.93
87	咸阳	35.77	123	石家庄	32.89
88	合肥	35.59	124	松原	32.84
89	许昌	35.56	125	舟山	32.80
90	宝鸡	35.51	126	益阳	32.66
91	厦门	35.38	127	芜湖	32.49
92	梧州	35.35	128	郑州	32.42
93	鞍山	35.26	129	淮安	32.39
94	宣城	35.26	130	盘锦	32.23
95	常州	35.21	131	湛江	32.23
96	常德	35.15	132	西安	32.14
97	克拉玛依	34.96	133	揭阳	31.74
98	武汉	34.95	134	通化	31.59
99	铁岭	34.95	135	承德	31.53
100	保定	34.60	136	株洲	31.52
101	丹东	34.58	137	临沂	31.48
102	赤峰	34.48	138	通辽	31.19
103	沈阳	34.40	139	泸州	31.16
104	绵阳	34.36	140	自贡	31.12

5—6 续表 2　　单位:%

序　号	城市名称	数　值	序　号	城市名称	数　值
141	绥　化	31.09	177	长　治	27.84
142	九　江	31.08	178	萍　乡	27.84
143	天　津	31.04	179	鄂　州	27.80
144	宁　德	31.00	180	赣　州	27.66
145	鹤　壁	31.00	181	安　庆	27.63
146	巴彦淖尔	30.84	182	张　掖	27.55
147	安　康	30.74	183	信　阳	27.50
148	邢　台	30.62	184	永　州	27.44
149	海拉尔	30.39	185	鸡　西	27.41
150	河　池	30.27	186	齐齐哈尔	27.41
151	哈尔滨	30.13	187	鹤　岗	27.33
152	娄　底	30.08	188	张家口	26.97
153	朔　州	29.88	189	衡　水	26.97
154	连云港	29.71	190	汕　头	26.94
155	随　州	29.62	191	成　都	26.88
156	泉　州	29.62	192	海　口	26.84
157	徐　州	29.54	193	咸　宁	26.71
158	昆　明	29.42	194	平顶山	26.51
159	滁　州	29.37	195	晋　中	26.47
160	贺　州	29.24	196	金　华	26.30
161	沧　州	29.20	197	嘉　兴	26.17
162	晋　城	29.17	198	大　同	26.15
163	荆　州	29.00	199	阳　江	26.06
164	怀　化	28.87	200	周　口	25.72
165	湖　州	28.59	201	朝　阳	25.57
166	河　源	28.58	202	开　封	25.30
167	枣　庄	28.53	203	蚌　埠	25.18
168	鹰　潭	28.37	204	广　安	25.17
169	菏　泽	28.15	205	西　宁	24.92
170	盐　城	28.11	206	三门峡	24.46
171	柳　州	28.03	207	乌鲁木齐	23.95
172	池　州	28.00	208	宜　宾	23.88
173	乐　山	28.00	209	银　川	23.81
174	南　阳	27.97	210	淮　南	23.71
175	榆　林	27.96	211	商　丘	23.45
176	嘉峪关	27.89	212	辽　源	23.31

5—6 续表 3

单位:%

序号	城市名称	数值	序号	城市名称	数值
213	雅安	23.14	249	钦州	17.64
214	吉安	23.08	250	台州	17.57
215	乌兰察布	22.82	251	阳泉	17.02
216	衡阳	22.79	252	德阳	17.00
217	定西	22.60	253	运城	16.83
218	丽水	22.59	254	丽江	16.67
219	呼和浩特	22.53	255	金昌	16.66
220	玉林	22.40	256	东莞	16.65
221	伊春	22.19	257	乌海	16.43
222	温州	22.11	258	遂宁	16.02
223	平凉	21.67	259	巢湖	15.48
224	滨州	21.35	260	内江	15.22
225	岳阳	21.19	261	商洛	14.96
226	临汾	21.16	262	延安	14.31
227	六安	20.85	263	曲靖	14.08
228	汉中	20.43	264	宿州	13.90
229	白银	20.18	265	抚州	13.80
230	佛山	19.96	266	防城港	13.06
231	梅州	19.75	267	安顺	12.21
232	清远	19.75	268	七台河	11.76
233	铜川	19.63	269	庆阳	11.42
234	资阳	19.44	270	黑河	11.35
235	临沧	19.40	271	保山	11.19
236	白山	19.16	272	天水	10.83
237	亳州	19.08	273	固原	10.73
238	兰州	18.91	274	武威	10.68
239	营口	18.77	275	昭通	9.41
240	邵阳	18.76	276	六盘水	9.39
241	广元	18.72	277	忻州	8.26
242	四平	18.46	278	吕梁	7.83
243	张家界	18.21	279	吴忠	7.76
244	重庆	18.06	280	思茅	7.54
245	驻马店	17.97	281	鄂尔多斯	7.39
246	达州	17.95	282	来宾	7.33
247	贵港	17.87	283	巴中	6.13
248	眉山	17.78	284	渭南	1.36

5—7 单位从业人员

单位:万人

序号	城市名称	数值	序号	城市名称	数值
1	北京	476.73	35	惠州	37.49
2	上海	335.15	36	无锡	36.74
3	天津	179.08	37	大庆	36.72
4	广州	174.11	38	珠海	35.86
5	哈尔滨	159.52	39	邯郸	35.78
6	武汉	140.14	40	南宁	34.58
7	重庆	131.86	41	鞍山	34.10
8	深圳	109.17	42	徐州	33.28
9	西安	109.04	43	洛阳	32.56
10	沈阳	93.60	44	包头	32.04
11	成都	91.34	45	温州	31.56
12	南京	86.52	46	合肥	31.44
13	大连	72.83	47	烟台	31.05
14	长春	70.43	48	汕头	28.72
15	太原	69.74	49	柳州	28.34
16	杭州	67.53	50	平顶山	27.00
17	青岛	66.95	51	南阳	26.79
18	郑州	65.25	52	抚顺	26.66
19	济南	65.10	53	泉州	26.51
20	昆明	60.18	54	常州	26.44
21	厦门	57.55	55	齐齐哈尔	26.40
22	石家庄	56.04	56	东营	26.14
23	兰州	50.25	57	吉林	25.96
24	唐山	48.47	58	呼和浩特	25.74
25	贵阳	48.17	59	银川	24.39
26	长沙	47.90	60	新余	24.37
27	佛山	46.98	61	淮南	24.06
28	乌鲁木齐	45.46	62	枣庄	23.51
29	福州	43.73	63	襄樊	23.35
30	南昌	42.99	64	淮北	22.77
31	大同	40.19	65	海口	22.63
32	宁波	40.04	66	本溪	21.66
33	苏州	39.26	67	南通	21.14
34	淄博	38.08	68	宝鸡	20.91

5—7 续表 1　　单位:万人

序　号	城市名称	数　值	序　号	城市名称	数　值
69	宜　昌	20.90	105	锦　州	15.14
70	保　定	20.81	106	马鞍山	14.71
71	潍　坊	20.73	107	佳木斯	14.65
72	安　阳	20.63	108	台　州	14.38
73	濮　阳	20.39	109	济　宁	14.30
74	新　乡	20.34	110	辽　阳	14.29
75	盘　锦	20.31	111	鄂　州	14.26
76	秦皇岛	19.94	112	湘　潭	14.24
77	淮　安	19.91	113	衡　阳	13.99
78	莆　田	19.21	114	乐　山	13.91
79	崇　左	19.08	115	泸　州	13.88
80	张家口	18.96	116	连云港	13.87
81	株　洲	18.88	117	蚌　埠	13.86
82	焦　作	18.52	118	泰　安	13.73
83	葫芦岛	18.37	119	邢　台	13.70
84	攀枝花	18.34	120	鸡　西	13.59
85	镇　江	17.88	121	信　阳	13.38
86	伊　春	17.83	122	自　贡	13.34
87	扬　州	17.57	123	荆　州	13.31
88	长　治	17.51	124	营　口	13.23
89	开　封	17.44	125	鹤　岗	13.19
90	东　莞	17.41	126	莱　芜	13.15
91	咸　阳	17.30	127	赤　峰	13.04
92	威　海	17.22	128	牡丹江	12.98
93	江　门	17.12	129	商　丘	12.96
94	黄　石	16.75	130	丹　东	12.91
95	十　堰	16.71	131	天　水	12.74
96	阳　泉	16.51	132	安　庆	12.44
97	芜　湖	16.26	133	宜　宾	11.98
98	湛　江	16.12	134	阜　阳	11.50
99	桂　林	16.12	135	克拉玛依	11.44
100	中　山	16.05	136	岳　阳	11.40
101	临　沂	15.91	137	盐　城	11.35
102	绵　阳	15.86	138	九　江	11.14
103	阜　新	15.46	139	晋　城	11.10
104	西　宁	15.30	140	嘉　兴	11.04

5—7 续表 2 单位:万人

序号	城市名称	数值	序号	城市名称	数值
141	韶关	11.00	177	常德	8.59
142	鹤壁	10.98	178	晋中	8.46
143	南充	10.97	179	郴州	8.41
144	绍兴	10.68	180	龙岩	8.40
145	白银	10.56	181	铁岭	8.39
146	沧州	10.54	182	舟山	8.39
147	德州	10.50	183	四平	8.36
148	铜陵	10.44	184	娄底	8.32
149	七台河	10.24	185	益阳	8.30
150	萍乡	10.14	186	随州	8.23
151	邵阳	10.09	187	朝阳	8.19
152	乌海	10.07	188	六盘水	8.14
153	承德	10.06	189	许昌	8.13
154	聊城	9.85	190	遵义	8.04
155	肇庆	9.81	191	滨州	7.90
156	内江	9.73	192	景德镇	7.89
157	铜川	9.69	193	六安	7.74
158	菏泽	9.58	194	永州	7.59
159	泰州	9.57	195	梧州	7.57
160	日照	9.54	196	广元	7.48
161	德阳	9.51	197	武威	7.37
162	漳州	9.49	198	朔州	7.36
163	廊坊	9.40	199	运城	7.32
164	漯河	9.38	200	孝感	7.31
165	松原	9.29	201	辽源	7.28
166	宿州	9.22	202	金华	7.24
167	驻马店	9.16	203	三门峡	7.19
168	通化	9.09	204	三明	7.18
169	荆门	9.03	205	汉中	7.12
170	周口	9.02	206	滁州	6.99
171	临汾	8.94	207	玉林	6.99
172	衡水	8.91	208	抚州	6.91
173	通辽	8.86	209	渭南	6.91
174	双鸭山	8.86	210	遂宁	6.90
175	白城	8.73	211	贵港	6.81
176	茂名	8.62	212	曲靖	6.78

5—7 续表 3

单位:万人

序　号	城市名称	数　值	序　号	城市名称	数　值
213	赣　州	6.75	249	榆　林	4.45
214	衢　州	6.67	250	上　饶	4.43
215	湖　州	6.60	251	黑　河	4.35
216	白　山	6.49	252	雅　安	4.25
217	阳　江	6.47	253	海拉尔	4.21
218	吉　安	6.40	254	保　山	4.19
219	南　平	6.30	255	张　掖	4.16
220	达　州	6.24	256	梅　州	4.01
221	安　顺	6.23	257	思　茅	4.00
222	三　亚	6.18	258	贺　州	3.99
223	忻　州	6.17	259	宁　德	3.97
224	石嘴山	6.02	260	汕　尾	3.87
225	巴　中	5.93	261	吴　忠	3.83
226	北　海	5.80	262	乌兰察布	3.79
227	宜　春	5.76	263	眉　山	3.79
228	亳　州	5.71	264	丽　水	3.67
229	金　昌	5.71	265	广　安	3.58
230	巴彦淖尔	5.66	266	河　池	3.52
231	清　远	5.62	267	吕　梁	3.44
232	钦　州	5.52	268	平　凉	3.40
233	安　康	5.25	269	池　州	3.32
234	咸　宁	5.22	270	防城港	3.27
235	昭　通	5.19	271	张家界	3.22
236	巢　湖	5.17	272	商　洛	3.17
237	河　源	5.03	273	酒　泉	3.00
238	潮　州	5.02	274	云　浮	2.80
239	资　阳	4.98	275	绥　化	2.72
240	黄　山	4.91	276	固　原	2.72
241	延　安	4.91	277	庆　阳	2.57
242	揭　阳	4.88	278	定　西	2.57
243	鄂尔多斯	4.85	279	宿　迁	2.56
244	玉　溪	4.74	280	宣　城	2.26
245	怀　化	4.73	281	鹰　潭	1.92
246	百　色	4.69	282	丽　江	1.92
247	来　宾	4.65	283	黄　冈	1.61
248	嘉峪关	4.49	284	临　沧	0.86

5—8 人均住房使用面积

单位:平方米

序号	城市名称	数值	序号	城市名称	数值
1	张家界	47	35	临沂	23
2	东莞	41	36	孝感	23
3	黄冈	37	37	岳阳	23
4	北海	31	38	韶关	23
5	中山	30	39	玉溪	23
6	宁德	29	40	廊坊	22
7	台州	28	41	运城	22
8	莆田	28	42	扬州	22
9	南阳	28	43	温州	22
10	鄂州	28	44	嘉兴	22
11	泉州	27	45	衢州	22
12	梅州	27	46	丽水	22
13	防城港	27	47	安庆	22
14	贵港	27	48	吉安	22
15	商丘	26	49	宜春	22
16	随州	26	50	淄博	22
17	揭阳	26	51	德州	22
18	河池	26	52	许昌	22
19	保山	26	53	信阳	22
20	丽江	26	54	咸宁	22
21	龙岩	25	55	常德	22
22	荆门	25	56	益阳	22
23	珠海	25	57	郴州	22
24	惠州	25	58	肇庆	22
25	临沧	25	59	贺州	22
26	宿迁	24	60	崇左	22
27	亳州	24	61	广元	22
28	抚州	24	62	衡水	21
29	永州	24	63	淮安	21
30	河源	24	64	绍兴	21
31	鄂尔多斯	23	65	金华	21
32	大庆	23	66	滁州	21
33	连云港	23	67	宿州	21
34	漳州	23	68	巢湖	21

5—8 续表 1　　单位:平方米

序　号	城市名称	数　值	序　号	城市名称	数　值
69	六　安	21	105	黄　石	20
70	池　州	21	106	宜　昌	20
71	萍　乡	21	107	衡　阳	20
72	赣　州	21	108	娄　底	20
73	上　饶	21	109	湛　江	20
74	日　照	21	110	潮　州	20
75	莱　芜	21	111	海　口	20
76	洛　阳	21	112	安　顺	20
77	安　阳	21	113	商　洛	20
78	周　口	21	114	武　威	20
79	驻马店	21	115	张　掖	20
80	怀　化	21	116	庆　阳	20
81	深　圳	21	117	邢　台	19
82	佛　山	21	118	忻　州	19
83	汕　尾	21	119	临　汾	19
84	重　庆	21	120	海拉尔	19
85	绵　阳	21	121	巴彦淖尔	19
86	乐　山	21	122	乌兰察布	19
87	南　充	21	123	齐齐哈尔	19
88	遵　义	21	124	七台河	19
89	安　康	21	125	上　海	19
90	包　头	20	126	泰　州	19
91	乌　海	20	127	宣　城	19
92	常　州	20	128	南　平	19
93	苏　州	20	129	景德镇	19
94	舟　山	20	130	济　南	19
95	黄　山	20	131	枣　庄	19
96	阜　阳	20	132	东　营	19
97	厦　门	20	133	潍　坊	19
98	三　明	20	134	泰　安	19
99	新　余	20	135	威　海	19
100	济　宁	20	136	滨　州	19
101	菏　泽	20	137	郑　州	19
102	平顶山	20	138	漯　河	19
103	焦　作	20	139	三门峡	19
104	濮　阳	20	140	襄　樊	19

5—8 续表 2

单位:平方米

序　号	城市名称	数　值	序　号	城市名称	数　值
141	荆　州	19	177	邵　阳	18
142	汕　头	19	178	南　宁	18
143	百　色	19	179	柳　州	18
144	攀枝花	19	180	梧　州	18
145	泸　州	19	181	昭　通	18
146	六盘水	19	182	咸　阳	18
147	曲　靖	19	183	渭　南	18
148	定　西	19	184	汉　中	18
149	吴　忠	19	185	榆　林	18
150	固　原	19	186	白　银	18
151	乌鲁木齐	19	187	平　凉	18
152	天　津	18	188	酒　泉	18
153	石家庄	18	189	石嘴山	18
154	保　定	18	190	秦皇岛	17
155	沧　州	18	191	邯　郸	17
156	长　治	18	192	大　同	17
157	晋　城	18	193	晋　中	17
158	朔　州	18	194	吕　梁	17
159	呼和浩特	18	195	赤　峰	17
160	盘　锦	18	196	营　口	17
161	白　城	18	197	辽　阳	17
162	双鸭山	18	198	朝　阳	17
163	黑　河	18	199	吉　林	17
164	无　锡	18	200	松　原	17
165	南　通	18	201	鸡　西	17
166	盐　城	18	202	镇　江	17
167	湖　州	18	203	杭　州	17
168	福　州	18	204	宁　波	17
169	九　江	18	205	合　肥	17
170	鹰　潭	18	206	南　昌	17
171	开　封	18	207	鹤　壁	17
172	新　乡	18	208	武　汉	17
173	十　堰	18	209	广　州	17
174	长　沙	18	210	桂　林	17
175	株　洲	18	211	钦　州	17
176	湘　潭	18	212	成　都	17

5—8 续表 3　　单位:平方米

序　号	城市名称	数　值	序　号	城市名称	数　值
213	自　贡	17	249	宝　鸡	15
214	内　江	17	250	兰　州	15
215	延　安	17	251	金　昌	15
216	天　水	17	252	张家口	14
217	西　宁	17	253	大　连	14
218	银　川	17	254	抚　顺	14
219	克拉玛依	17	255	阜　新	14
220	太　原	16	256	四　平	14
221	阳　泉	16	257	哈尔滨	14
222	铁　岭	16	258	鹤　岗	14
223	白　山	16	259	佳木斯	14
224	南　京	16	260	蚌　埠	14
225	芜　湖	16	261	鞍　山	13
226	铜　陵	16	262	本　溪	13
227	贵　阳	16	263	丹　东	13
228	嘉峪关	16	264	伊　春	12
229	北　京	15	265	绥　化	11
230	唐　山	15	266	聊　城	0
231	承　德	15	267	江　门	0
232	通　辽	15	268	茂　名	0
233	沈　阳	15	269	阳　江	0
234	锦　州	15	270	清　远	0
235	葫芦岛	15	271	云　浮	0
236	长　春	15	272	玉　林	0
237	辽　源	15	273	来　宾	0
238	通　化	15	274	三　亚	0
239	牡丹江	15	275	德　阳	0
240	徐　州	15	276	遂　宁	0
241	淮　南	15	277	眉　山	0
242	马鞍山	15	278	宜　宾	0
243	淮　北	15	279	广　安	0
244	青　岛	15	280	达　州	0
245	烟　台	15	281	雅　安	0
246	昆　明	15	282	巴　中	0
247	西　安	15	283	资　阳	0
248	铜　川	15	284	思　茅	0

5—9　地区生产总值

单位:亿元

序　号	城市名称	数　值	序　号	城市名称	数　值
1	上　海	6180.74	35	汕　头	520.45
2	北　京	3557.26	36	烟　台	503.12
3	广　州	3187.65	37	中　山	501.40
4	深　圳	2895.41	38	珠　海	473.27
5	天　津	2172.04	39	鞍　山	468.00
6	武　汉	1662.18	40	南　昌	466.97
7	杭　州	1617.77	41	太　原	432.65
8	南　京	1453.05	42	徐　州	419.06
9	沈　阳	1390.72	43	乌鲁木齐	402.72
10	佛　山	1381.60	44	包　头	393.04
11	大　连	1254.66	45	合　肥	381.79
12	重　庆	1160.61	46	兰　州	379.31
13	成　都	1144.29	47	台　州	378.79
14	无　锡	1066.12	48	吉　林	365.33
15	大　庆	1062.61	49	惠　州	364.95
16	济　南	1053.73	50	江　门	340.03
17	宁　波	1025.03	51	贵　阳	320.58
18	苏　州	1010.50	52	洛　阳	318.30
19	长　春	998.22	53	南　宁	303.63
20	东　莞	947.97	54	扬　州	300.15
21	青　岛	910.06	55	呼和浩特	298.50
22	西　安	858.52	56	镇　江	283.92
23	淄　博	832.90	57	潍　坊	282.00
24	哈尔滨	821.27	58	泉　州	279.09
25	厦　门	759.69	59	临　沂	274.20
26	常　州	681.21	60	湛　江	271.80
27	唐　山	648.85	61	盘　锦	259.85
28	昆　明	630.83	62	淮　安	252.12
29	福　州	625.49	63	秦皇岛	248.45
30	石家庄	591.78	64	襄　樊	241.46
31	长　沙	552.38	65	南　通	237.64
32	东　营	549.69	66	湖　州	234.64
33	温　州	530.53	67	常　德	233.95
34	郑　州	530.08	68	宜　昌	233.28

5—9 续表 1 单位:亿元

序 号	城市名称	数 值	序 号	城市名称	数 值
69	邯 郸	231.79	105	锦 州	140.38
70	抚 顺	230.74	106	濮 阳	137.94
71	海 口	228.86	107	桂 林	137.58
72	威 海	225.07	108	葫 芦 岛	137.32
73	茂 名	224.60	109	黄 石	136.61
74	柳 州	219.22	110	咸 阳	135.87
75	岳 阳	218.02	111	平 顶 山	132.38
76	泰 安	216.68	112	漳 州	131.24
77	克拉玛依	216.27	113	辽 阳	129.32
78	枣 庄	212.59	114	淮 南	127.11
79	莆 田	207.30	115	衡 阳	126.27
80	大 同	202.81	116	鄂 州	125.70
81	嘉 兴	201.77	117	攀 枝 花	125.12
82	玉 溪	194.06	118	舟 山	119.10
83	芜 湖	190.74	119	自 贡	119.01
84	株 洲	189.06	120	韶 关	118.25
85	保 定	188.98	121	新 乡	117.64
86	绍 兴	187.15	122	德 州	115.04
87	绵 阳	186.62	123	龙 岩	113.14
88	本 溪	174.86	124	长 治	112.90
89	南 阳	174.50	125	随 州	112.32
90	莱 芜	170.05	126	宜 宾	112.29
91	齐齐哈尔	167.50	127	银 川	111.56
92	日 照	165.52	128	泸 州	110.66
93	马 鞍 山	161.79	129	蚌 埠	109.57
94	张 家 口	161.02	130	遵 义	108.59
95	泰 州	160.78	131	荆 州	108.33
96	安 阳	158.30	132	廊 坊	107.90
97	宝 鸡	156.99	133	肇 庆	107.52
98	九 江	155.51	134	牡 丹 江	106.50
99	连 云 港	155.44	135	佳 木 斯	102.57
100	湘 潭	149.89	136	盐 城	102.47
101	济 宁	149.86	137	营 口	101.43
102	荆 门	147.76	138	阳 江	100.46
103	十 堰	143.60	139	信 阳	100.28
104	金 华	143.38	140	丹 东	98.82

5—9 续表 2　　　　单位:亿元

序　号	城市名称	数　值	序　号	城市名称	数　值
141	曲　靖	98.69	177	阜　新	72.86
142	南　充	98.31	178	内　江	72.20
143	淮　北	96.20	179	聊　城	70.83
144	萍　乡	95.87	180	衡　水	70.61
145	阳　泉	95.62	181	巢　湖	70.56
146	西　宁	95.36	182	宿　州	70.52
147	衢　州	95.10	183	乌　海	67.63
148	滨　州	93.38	184	宣　城	66.69
149	焦　作	93.28	185	鸡　西	66.42
150	揭　阳	92.46	186	临　汾	66.15
151	通　辽	91.91	187	遂　宁	66.09
152	安　庆	91.66	188	许　昌	64.90
153	新　余	91.01	189	天　水	62.91
154	乐　山	90.98	190	漯　河	62.66
155	郴　州	88.06	191	伊　春	62.31
156	铜　陵	86.81	192	鄂尔多斯	62.01
157	商　丘	85.14	193	鹤　壁	61.89
158	北　海	84.32	194	武　威	61.08
159	承　德	82.75	195	益　阳	60.45
160	邢　台	82.68	196	七台河	60.24
161	赤　峰	81.20	197	朔　州	60.06
162	开　封	80.82	198	赣　州	59.11
163	德　阳	80.01	199	通　化	58.83
164	永　州	79.29	200	四　平	58.76
165	景德镇	77.43	201	贵　港	58.40
166	松　原	77.18	202	菏　泽	58.30
167	玉　林	77.04	203	来　宾	58.26
168	钦　州	76.37	204	驻马店	58.15
169	沧　州	76.36	205	双鸭山	58.08
170	滁　州	76.32	206	资　阳	57.42
171	亳　州	74.81	207	抚　州	57.18
172	梧　州	74.21	208	晋　城	55.92
173	阜　阳	73.96	209	孝　感	55.47
174	南　平	73.83	210	眉　山	54.64
175	三　明	72.99	211	丽　水	54.51
176	白　银	72.99	212	娄　底	54.44

5—9 续表 3　　单位:亿元

序　号	城市名称	数　值	序　号	城市名称	数　值
213	潮　州	51.79	249	安　康	35.94
214	清　远	50.90	250	上　饶	35.65
215	绥　化	50.63	251	达　州	35.38
216	邵　阳	50.45	252	云　浮	35.36
217	张家界	49.35	253	保　山	34.98
218	防城港	48.92	254	安　顺	34.62
219	巴彦淖尔	48.84	255	黄　冈	34.04
220	黄　山	48.29	256	百　色	34.01
221	铁　岭	48.25	257	梅　州	33.70
222	晋　中	47.87	258	白　山	33.64
223	鹤　岗	47.68	259	汉　中	32.66
224	怀　化	47.48	260	乌兰察布	32.60
225	广　安	47.22	261	吴　忠	32.23
226	宁　德	47.15	262	嘉峪关	31.77
227	贺　州	46.63	263	平　凉	31.68
228	广　元	46.52	264	吉　安	30.48
229	铜　川	46.50	265	海拉尔	29.43
230	巴　中	45.03	266	延　安	28.75
231	六　安	44.85	267	宿　迁	28.53
232	石嘴山	44.71	268	酒　泉	28.40
233	运　城	44.01	269	雅　安	27.89
234	朝　阳	43.90	270	忻　州	26.35
235	六盘水	43.13	271	河　源	25.65
236	昭　通	42.96	272	河　池	23.27
237	辽　源	41.39	273	榆　林	21.38
238	三　亚	41.17	274	崇　左	18.95
239	渭　南	40.77	275	鹰　潭	17.75
240	白　城	40.71	276	黑　河	17.69
241	周　口	39.60	277	吕　梁	14.70
242	咸　宁	39.19	278	商　洛	13.66
243	三门峡	38.87	279	庆　阳	13.58
244	金　昌	38.86	280	丽　江	13.25
245	汕　尾	38.34	281	固　原	13.22
246	池　州	38.19	282	思　茅	13.12
247	宜　春	37.41	283	临　沧	12.32
248	张　掖	36.11	284	定　西	12.22

5—10 第三产业增加值占地区生产总值比重

单位：%

序 号	城市名称	数 值	序 号	城市名称	数 值
1	怀 化	80.89	35	石家庄	51.63
2	鹰 潭	71.86	36	丽 江	51.63
3	南 宁	66.13	37	肇 庆	51.25
4	张家界	65.45	38	牡丹江	51.19
5	乌鲁木齐	63.31	39	平 凉	51.07
6	秦皇岛	62.24	40	周 口	50.76
7	北 京	62.19	41	成 都	50.69
8	黑 河	60.44	42	安 康	50.67
9	梧 州	60.28	43	银 川	50.49
10	长 沙	60.18	44	南 充	50.08
11	丹 东	60.11	45	湘 潭	50.07
12	乌兰察布	59.59	46	昆 明	50.06
13	郑 州	59.41	47	齐齐哈尔	49.99
14	海拉尔	59.02	48	武 汉	49.64
15	衡 阳	59.00	49	锦 州	49.40
16	西 宁	58.71	50	大 连	49.39
17	海 口	57.63	51	福 州	49.31
18	佳木斯	57.45	52	渭 南	49.25
19	呼和浩特	57.39	53	沈 阳	48.76
20	广 州	56.41	54	固 原	48.69
21	桂 林	56.27	55	上 海	48.54
22	遵 义	56.05	56	北 海	48.41
23	开 封	55.80	57	四 平	48.35
24	哈尔滨	55.72	58	思 茅	48.10
25	宁 德	54.60	59	太 原	47.96
26	济 南	54.00	60	赤 峰	47.95
27	黄 山	53.72	61	保 定	47.71
28	潮 州	53.20	62	江 门	47.09
29	漳 州	52.96	63	绍 兴	47.04
30	安 顺	52.22	64	上 饶	46.85
31	邵 阳	52.05	65	天 津	46.55
32	辽 源	52.02	66	朝 阳	46.55
33	河 池	51.78	67	泰 安	46.39
34	西 安	51.78	68	达 州	46.16

5—10 续表 1　　单位:%

序号	城市名称	数值	序号	城市名称	数值
69	三门峡	46.07	105	天水	43.04
70	阜新	45.93	106	东莞	43.00
71	兰州	45.88	107	张家口	42.88
72	酒泉	45.60	108	宿迁	42.87
73	岳阳	45.56	109	防城港	42.71
74	廊坊	45.55	110	庆阳	42.65
75	南京	45.54	111	宁波	42.53
76	百色	45.51	112	黄石	42.43
77	宝鸡	45.39	113	株洲	42.39
78	杭州	45.38	114	孝感	42.36
79	绥化	45.23	115	娄底	42.29
80	贵阳	45.05	116	温州	42.28
81	安庆	45.03	117	泉州	42.25
82	丽水	44.82	118	洛阳	42.12
83	铜川	44.62	119	广安	42.04
84	内江	44.32	120	汕头	41.98
85	吉林	44.26	121	沧州	41.95
86	盐城	44.23	122	亳州	41.84
87	徐州	44.21	123	蚌埠	41.70
88	巴彦淖尔	44.13	124	九江	41.60
89	白城	43.94	125	济宁	41.57
90	自贡	43.81	126	鞍山	41.38
91	合肥	43.78	127	临沧	41.26
92	昭通	43.71	128	扬州	41.18
93	茂名	43.61	129	忻州	41.03
94	汉中	43.60	130	舟山	40.93
95	郴州	43.55	131	日照	40.87
96	赣州	43.52	132	雅安	40.83
97	长春	43.51	133	商丘	40.71
98	南昌	43.46	134	滁州	40.70
99	阳江	43.42	135	柳州	40.70
100	金华	43.22	136	阜阳	40.69
101	吉安	43.15	137	无锡	40.65
102	新乡	43.13	138	衡水	40.47
103	益阳	43.10	139	驻马店	40.43
104	保山	43.05	140	商洛	40.41

5—10 续表 2

单位:%

序　号	城市名称	数　值	序　号	城市名称	数　值
141	梅　州	40.37	177	河　源	37.93
142	辽　阳	40.37	178	南　平	37.89
143	镇　江	40.23	179	钦　州	37.70
144	重　庆	40.14	180	嘉　兴	37.65
145	德　阳	40.04	181	广　元	37.64
146	宣　城	40.02	182	宿　州	37.49
147	晋　城	39.94	183	贵　港	37.45
148	深　圳	39.90	184	铜　陵	37.34
149	淮　南	39.88	185	湖　州	37.28
150	珠　海	39.82	186	宜　春	37.16
151	德　州	39.72	187	烟　台	37.12
152	营　口	39.69	188	定　西	37.11
153	泸　州	39.56	189	大　同	37.04
154	巴　中	39.54	190	鄂尔多斯	37.01
155	武　威	39.46	191	伊　春	36.88
156	临　汾	39.46	192	葫芦岛	36.87
157	包　头	39.33	193	常　州	36.78
158	晋　中	39.31	194	七台河	36.73
159	荆　州	39.30	195	连云港	36.68
160	吴　忠	39.24	196	永　州	36.64
161	信　阳	39.14	197	张　掖	36.53
162	汕　尾	39.14	198	抚　州	36.45
163	厦　门	39.06	199	三　亚	36.41
164	佛　山	39.03	200	绵　阳	36.40
165	襄　樊	38.97	201	滨　州	36.36
166	威　海	38.96	202	黄　冈	36.36
167	巢　湖	38.78	203	湛　江	36.28
168	咸　阳	38.76	204	六　安	36.26
169	运　城	38.61	205	铁　岭	35.96
170	双鸭山	38.59	206	新　余	35.92
171	青　岛	38.41	207	南　通	35.85
172	本　溪	38.30	208	十　堰	35.79
173	景德镇	38.30	209	鹤　壁	35.74
174	清　远	38.27	210	荆　门	35.57
175	衢　州	38.18	211	池　州	35.54
176	阳　泉	37.98	212	三　明	35.45

5—10续表3 单位:%

序号	城市名称	数值	序号	城市名称	数值
213	曲靖	35.44	249	中山	31.56
214	韶关	35.34	250	南阳	31.36
215	榆林	35.31	251	揭阳	30.86
216	菏泽	35.24	252	聊城	30.78
217	抚顺	35.20	253	唐山	30.70
218	平顶山	35.19	254	长治	30.60
219	安阳	35.19	255	朔州	30.51
220	六盘水	35.16	256	泰州	30.36
221	潍坊	35.11	257	白银	29.72
222	眉山	35.04	258	随州	29.47
223	通化	35.03	259	咸宁	29.01
224	吕梁	35.02	260	淮安	28.74
225	承德	35.00	261	崇左	28.73
226	鄂州	34.92	262	鸡西	28.58
227	遂宁	34.88	263	漯河	28.54
228	石嘴山	34.88	264	枣庄	27.98
229	淄博	34.80	265	马鞍山	27.76
230	通辽	34.79	266	白山	27.47
231	常德	34.70	267	惠州	27.23
232	临沂	34.62	268	乌海	26.67
233	莱芜	34.53	269	许昌	25.52
234	云浮	34.36	270	宜宾	25.50
235	资阳	34.30	271	攀枝花	24.47
236	苏州	34.25	272	贺州	23.81
237	莆田	33.66	273	濮阳	23.29
238	芜湖	33.53	274	延安	22.33
239	焦作	33.32	275	邯郸	21.86
240	台州	33.26	276	来宾	21.57
241	龙岩	32.97	277	松原	19.76
242	萍乡	32.91	278	玉溪	19.52
243	玉林	32.81	279	盘锦	17.93
244	邢台	32.78	280	金昌	17.17
245	乐山	32.73	281	嘉峪关	15.86
246	宜昌	32.53	282	克拉玛依	14.23
247	鹤岗	32.26	283	东营	12.12
248	淮北	31.90	284	大庆	10.45

5—11 国际旅游收入(全市)

单位:万美元

序 号	城市名称	数 值	序 号	城市名称	数 值
1	上 海	205266	35	镇 江	7361
2	北 京	190000	36	南 宁	6782
3	广 州	162207	37	张 家 界	6198
4	深 圳	130100	38	哈 尔 滨	6066
5	珠 海	46200	39	嘉 兴	5890
6	杭 州	42244	40	惠 州	5756
7	天 津	32947	41	扬 州	5679
8	南 京	31770	42	海 拉 尔	5500
9	厦 门	30200	43	温 州	4770
10	苏 州	29104	44	丽 水	4494
11	泉 州	27300	45	肇 庆	4422
12	大 连	25120	46	威 海	4204
13	福 州	20200	47	安 顺	4180
14	中 山	18712	48	郑 州	4151
15	佛 山	18304	49	三 亚	3889
16	青 岛	18061	50	台 州	3855
17	无 锡	15916	51	长 春	3671
18	牡 丹 江	15796	52	潮 州	3605
19	西 安	14600	53	绍 兴	3458
20	东 莞	13825	54	秦 皇 岛	3373
21	昆 明	11325	55	鞍 山	3202
22	重 庆	11323	56	漳 州	3157
23	沈 阳	11102	57	安 庆	3110
24	桂 林	10902	58	合 肥	3031
25	成 都	10079	59	舟 山	2551
26	宁 波	9976	60	鸡 西	2403
27	武 汉	9433	61	长 沙	2384
28	莆 田	9200	62	济 南	2369
29	汕 头	9137	63	丽 江	2267
30	常 州	8264	64	乌鲁木齐	2264
31	南 通	7972	65	崇 左	2258
32	金 华	7685	66	丹 东	2210
33	江 门	7673	67	南 平	2190
34	烟 台	7557	68	徐 州	2137

5－11 续表 1

单位:万美元

序 号	城市名称	数 值	序 号	城市名称	数 值
69	宜 昌	2109	105	本 溪	657
70	海 口	2075	106	廊 坊	647
71	宝 鸡	1970	107	衢 州	642
72	黄 山	1779	108	潍 坊	639
73	连 云 港	1757	109	思 茅	631
74	岳 阳	1720	110	河 源	630
75	梅 州	1472	111	芜 湖	598
76	湛 江	1462	112	玉 林	591
77	泰 安	1455	113	营 口	568
78	湖 州	1415	114	洛 阳	565
79	太 原	1400	115	巢 湖	560
80	衡 阳	1354	116	景 德 镇	529
81	临 沧	1341	117	揭 阳	510
82	泰 州	1316	118	日 照	501
83	梧 州	1220	119	葫 芦 岛	476
84	南 昌	1104	120	淄 博	470
85	云 浮	1074	121	佳 木 斯	447
86	咸 阳	1027	122	常 德	420
87	大 同	994	123	临 沂	414
88	九 江	980	124	池 州	413
89	盐 城	857	125	吉 林	408
90	六 安	850	126	上 饶	390
91	石 家 庄	838	127	汕 尾	381
92	淮 安	824	128	宿 迁	374
93	贵 阳	807	129	抚 顺	358
94	承 德	785	130	开 封	358
95	阳 江	770	131	兰 州	357
96	绵 阳	769	132	酒 泉	356
97	唐 山	767	133	呼和浩特	355
98	保 定	749	134	忻 州	349
99	济 宁	742	135	十 堰	345
100	保 山	738	136	阜 阳	340
101	乐 山	699	137	茂 名	339
102	锦 州	697	138	黑 河	328
103	马 鞍 山	667	139	辽 阳	324
104	赣 州	660	140	吉 安	315

5—11 续表 2

单位:万美元

序号	城市名称	数值	序号	城市名称	数值
141	鄂州	311	177	吕梁	125
142	蚌埠	302	178	邯郸	123
143	渭南	301	179	南阳	122
144	鹰潭	300	180	滨州	120
145	防城港	291	181	曲靖	114
146	盘锦	288	182	永州	112
147	北海	280	183	贵港	112
148	西宁	274	184	大庆	111
149	三门峡	248	185	宜宾	108
150	晋中	242	186	嘉峪关	108
151	运城	240	187	德阳	107
152	黄冈	240	188	朔州	105
153	荆州	237	189	鹤岗	100
154	韶关	233	190	张家口	98
155	东营	229	191	孝感	96
156	齐齐哈尔	219	192	天水	94
157	铜陵	208	193	淮北	93
158	襄樊	206	194	铁岭	91
159	株洲	203	195	攀枝花	91
160	双鸭山	200	196	南充	86
161	抚州	200	197	银川	82
162	乌兰察布	198	198	长治	79
163	濮阳	198	199	萍乡	78
164	聊城	189	200	三明	77
165	滁州	187	201	荆门	76
166	淮南	181	202	新乡	75
167	包头	176	203	益阳	74
168	郴州	170	204	鄂尔多斯	72
169	武威	155	205	漯河	72
170	安阳	151	206	通辽	70
171	贺州	146	207	柳州	70
172	焦作	145	208	枣庄	69
173	临汾	138	209	安康	66
174	宜春	138	210	咸宁	65
175	延安	130	211	自贡	65
176	巴彦淖尔	128	212	阜新	63

5—11 续表 3

单位:万美元

序号	城市名称	数值	序号	城市名称	数值
213	宿州	54	249	周口	16
214	朝阳	51	250	遂宁	16
215	驻马店	51	251	雅安	15
216	六盘水	51	252	阳泉	14
217	赤峰	47	253	随州	12
218	宣城	47	254	庆阳	11
219	莱芜	46	255	广安	9
220	鹤壁	46	256	德州	8
221	黄石	40	257	商洛	8
222	亳州	38	258	四平	7
223	平凉	38	259	昭通	7
224	菏泽	37	260	邵阳	4
225	衡水	35	261	河池	4
226	许昌	35	262	内江	4
227	信阳	34	263	辽源	3
228	白山	33	264	七台河	3
229	娄底	32	265	怀化	3
230	泸州	30	266	广元	3
231	玉溪	30	267	达州	3
232	汉中	29	268	巴中	3
233	沧州	28	269	资阳	3
234	晋城	27	270	白银	1
235	眉山	27	271	乌海	0
236	张掖	27	272	白城	0
237	通化	26	273	伊春	0
238	商丘	26	274	绥化	0
239	遵义	24	275	龙岩	0
240	钦州	23	276	清远	0
241	邢台	22	277	铜川	0
242	新余	22	278	榆林	0
243	湘潭	21	279	金昌	0
244	百色	21	280	定西	0
245	宁德	20	281	石嘴山	0
246	来宾	19	282	吴忠	0
247	松原	16	283	固原	0
248	平顶山	16	284	克拉玛依	0

5—12 实际利用外资(全市)

单位:万美元

序号	城市名称	数值	序号	城市名称	数值
1	苏州	680511	35	南昌	58350
2	上海	585022	36	湖州	53734
3	深圳	362300	37	潍坊	50331
4	青岛	281480	38	长沙	50209
5	无锡	270057	39	扬州	48097
6	广州	258076	40	赣州	47626
7	沈阳	224237	41	成都	42549
8	大连	221126	42	滨州	38208
9	南京	221022	43	淄博	35058
10	北京	214675	44	徐州	34095
11	烟台	204995	45	德州	33592
12	武汉	176155	46	宜昌	33445
13	东莞	175400	47	九江	32815
14	宁波	172727	48	重庆	31112
15	天津	163325	49	韶关	30498
16	惠州	140703	50	泰州	30269
17	福州	130198	51	郑州	29120
18	厦门	124286	52	海口	27693
19	佛山	122508	53	南平	27659
20	威海	109820	54	保定	26603
21	杭州	100850	55	东营	26334
22	泉州	99360	56	合肥	26048
23	中山	94660	57	金华	25750
24	珠海	94153	58	西安	25557
25	常州	85522	59	石家庄	25414
26	江门	84935	60	莆田	25069
27	镇江	80552	61	临沂	24255
28	嘉兴	79768	62	盐城	23907
29	长春	75101	63	济宁	23020
30	漳州	75016	64	鞍山	22651
31	绍兴	74271	65	哈尔滨	22603
32	南通	73092	66	台州	21588
33	肇庆	68202	67	营口	21530
34	济南	65329	68	连云港	21240

5—12 续表 1　　单位:万美元

序　号	城市名称	数　值	序　号	城市名称	数　值
69	芜　湖	21000	105	株　洲	9007
70	郴　州	20952	106	上　饶	8580
71	唐　山	20198	107	邯　郸	8528
72	汕　头	20190	108	沧　州	8404
73	三　亚	18690	109	宜　春	8391
74	廊　坊	18686	110	梧　州	8300
75	清　远	18015	111	淮　南	8126
76	湛　江	18012	112	乐　山	8103
77	河　源	17568	113	盘　锦	8100
78	梅　州	15875	114	蚌　埠	8065
79	秦皇岛	15443	115	宁　德	7588
80	黄　石	15410	116	承　德	7509
81	衡　阳	15208	117	贵　阳	7492
82	泰　安	15017	118	三　明	7286
83	揭　阳	14191	119	衡　水	6839
84	日　照	13272	120	抚　顺	6776
85	阳　江	13256	121	襄　樊	6604
86	锦　州	13131	122	孝　感	6574
87	菏　泽	12898	123	抚　州	6415
88	汕　尾	12689	124	桂　林	6354
89	岳　阳	12300	125	荆　门	6285
90	聊　城	12203	126	柳　州	6272
91	包　头	12143	127	娄　底	6256
92	温　州	11969	128	莱　芜	6156
93	潮　州	11928	129	吉　林	6020
94	太　原	11887	130	邢　台	5784
95	湘　潭	11116	131	荆　州	5501
96	常　德	10642	132	益　阳	5419
97	呼和浩特	10546	133	昆　明	5148
98	景德镇	10291	134	永　州	5075
99	吉　安	10200	135	鄂　州	5021
100	铁　岭	10196	136	漯　河	4981
101	丹　东	10106	137	黄　冈	4948
102	茂　名	10103	138	枣　庄	4681
103	淮　安	10036	139	龙　岩	4639
104	南　宁	9476	140	鄂尔多斯	4604

5—12 续表 2

单位:万美元

序　　号	城市名称	数　　值	序　　号	城市名称	数　　值
141	葫芦岛	4595	177	牡丹江	2277
142	邵　阳	4550	178	阜　新	2230
143	铜　陵	4546	179	商　丘	2200
144	咸　宁	4527	180	张家口	2183
145	新　乡	4526	181	咸　阳	2157
146	巢　湖	4329	182	攀枝花	2070
147	云　浮	4265	183	衢　州	2069
148	三门峡	4199	184	周　口	2055
149	巴彦淖尔	4045	185	池　州	2050
150	滁　州	4015	186	信　阳	2002
151	玉　林	4013	187	贺　州	1994
152	辽　阳	4005	188	宿　迁	1970
153	德　阳	3980	189	齐齐哈尔	1934
154	萍　乡	3924	190	怀　化	1922
155	宣　城	3815	191	遂　宁	1884
156	新　余	3715	192	海拉尔	1860
157	运　城	3642	193	大　庆	1839
158	本　溪	3559	194	自　贡	1823
159	南　阳	3492	195	资　阳	1812
160	安　阳	3200	196	渭　南	1780
161	黄　山	3105	197	广　安	1753
162	朝　阳	3088	198	六盘水	1713
163	淮　北	3061	199	舟　山	1704
164	十　堰	3050	200	张家界	1544
165	濮　阳	3021	201	固　原	1538
166	北　海	3002	202	百　色	1533
167	马鞍山	3000	203	榆　林	1508
168	焦　作	2996	204	开　封	1494
169	曲　靖	2911	205	乌鲁木齐	1400
170	银　川	2878	206	通　辽	1353
171	鹰　潭	2678	207	绥　化	1352
172	平顶山	2648	208	安　庆	1338
173	防城港	2639	209	七台河	1300
174	贵　港	2540	210	松　原	1252
175	亳　州	2504	211	丽　水	1245
176	南　充	2500	212	绵　阳	1234

5—12 续表 3 单位:万美元

序号	城市名称	数值	序号	城市名称	数值
213	鹤壁	1223	249	思茅	259
214	长治	1162	250	张掖	248
215	通化	1150	251	铜川	230
216	宿州	1146	252	雅安	219
217	汉中	1075	253	崇左	218
218	赤峰	1063	254	丽江	195
219	遵义	1057	255	伊春	183
220	驻马店	1052	256	佳木斯	137
221	眉山	981	257	武威	133
222	洛阳	967	258	白银	123
223	晋城	859	259	临沧	112
224	玉溪	844	260	大同	96
225	阳泉	803	261	达州	93
226	临汾	792	262	来宾	88
227	鸡西	785	263	定西	88
228	西宁	776	264	黑河	85
229	钦州	757	265	昭通	75
230	许昌	734	266	安康	75
231	阜阳	654	267	双鸭山	70
232	泸州	649	268	安顺	43
233	内江	601	269	庆阳	42
234	石嘴山	600	270	白城	34
235	白山	585	271	鹤岗	12
236	六安	534	272	朔州	0
237	宜宾	519	273	忻州	0
238	延安	512	274	乌海	0
239	随州	493	275	广元	0
240	酒泉	456	276	巴中	0
241	辽源	450	277	宝鸡	0
242	商洛	448	278	兰州	0
243	河池	400	279	嘉峪关	0
244	保山	376	280	金昌	0
245	吕梁	327	281	天水	0
246	乌兰察布	325	282	平凉	0
247	晋中	300	283	吴忠	0
248	四平	288	284	克拉玛依	0

5—13 产品销售收入

单位:亿元

序号	城市名称	数值	序号	城市名称	数值
1	上海	10922.45	35	太原	533.52
2	深圳	5180.11	36	东营	514.44
3	天津	3863.17	37	福州	500.41
4	北京	3811.82	38	汕头	485.25
5	广州	3578.20	39	合肥	474.47
6	杭州	2649.60	40	兰州	453.93
7	佛山	2566.25	41	抚顺	447.24
8	南京	2331.10	42	鞍山	436.97
9	东莞	2259.80	43	茂名	433.33
10	苏州	1886.70	44	昆明	419.83
11	无锡	1818.16	45	邯郸	419.72
12	青岛	1809.03	46	徐州	419.12
13	宁波	1586.79	47	吉林	418.09
14	大庆	1435.93	48	本溪	416.06
15	大连	1406.66	49	包头	407.74
16	厦门	1338.35	50	克拉玛依	407.67
17	武汉	1329.97	51	南通	388.82
18	重庆	1310.51	52	洛阳	388.30
19	中山	1276.43	53	盘锦	387.09
20	常州	1272.42	54	十堰	375.31
21	淄博	1197.55	55	镇江	374.95
22	沈阳	1034.98	56	柳州	374.39
23	珠海	980.71	57	扬州	369.37
24	济南	944.64	58	台州	350.80
25	长春	915.50	59	南昌	345.95
26	惠州	886.42	60	郑州	341.89
27	唐山	857.10	61	潍坊	340.55
28	成都	732.36	62	临沂	335.58
29	石家庄	668.21	63	岳阳	323.61
30	西安	616.99	64	威海	321.90
31	江门	559.64	65	乌鲁木齐	313.51
32	哈尔滨	554.58	66	绍兴	308.44
33	烟台	542.75	67	枣庄	305.11
34	温州	541.03	68	长沙	305.06

5—13 续表 1

单位:亿元

序号	城市名称	数值	序号	城市名称	数值
69	湛江	304.54	105	漯河	158.02
70	贵阳	295.47	106	平顶山	157.78
71	湖州	290.35	107	鄂州	151.79
72	张家口	289.49	108	滨州	149.97
73	泉州	281.80	109	淮南	149.80
74	芜湖	268.40	110	宝鸡	148.67
75	葫芦岛	263.00	111	连云港	146.54
76	淮安	261.12	112	安庆	145.21
77	辽阳	252.52	113	沧州	141.31
78	泰州	247.57	114	齐齐哈尔	140.88
79	马鞍山	244.78	115	黄石	139.86
80	济宁	238.04	116	荆门	138.90
81	绵阳	235.03	117	盐城	138.49
82	莱芜	231.26	118	宜昌	135.53
83	嘉兴	224.30	119	新乡	135.40
84	濮阳	221.52	120	肇庆	132.86
85	株洲	221.24	121	焦作	131.40
86	秦皇岛	218.30	122	南宁	130.59
87	安阳	216.11	123	常德	129.89
88	保定	214.72	124	松原	127.89
89	韶关	213.25	125	日照	126.70
90	襄樊	211.35	126	长治	126.46
91	玉溪	210.06	127	金华	125.89
92	锦州	204.78	128	舟山	125.12
93	海口	202.10	129	三明	122.36
94	大同	197.90	130	泰安	121.65
95	莆田	183.79	131	淮北	121.04
96	宜宾	178.99	132	邢台	120.40
97	咸阳	178.81	133	九江	116.53
98	铜陵	177.46	134	随州	114.76
99	营口	177.25	135	蚌埠	113.02
100	南阳	175.39	136	银川	109.56
101	攀枝花	172.25	137	新余	109.50
102	湘潭	167.48	138	承德	109.33
103	呼和浩特	165.22	139	乐山	107.14
104	德州	163.30	140	龙岩	106.62

5—13 续表 2

单位:亿元

序号	城市名称	数值	序号	城市名称	数值
141	阳泉	106.52	177	牡丹江	64.10
142	通化	104.56	178	南充	61.95
143	曲靖	103.42	179	铁岭	60.98
144	白银	101.20	180	揭阳	59.91
145	廊坊	100.31	181	阳江	58.68
146	自贡	100.28	182	信阳	58.67
147	桂林	99.57	183	阜新	58.04
148	许昌	98.22	184	西宁	57.77
149	荆州	94.96	185	潮州	57.22
150	丹东	94.24	186	佳木斯	55.61
151	衡阳	92.62	187	内江	52.84
152	石嘴山	89.08	188	晋中	51.26
153	嘉峪关	85.32	189	驻马店	50.72
154	金昌	84.83	190	阜阳	50.31
155	衡水	84.37	191	巢湖	50.22
156	娄底	84.11	192	通辽	49.66
157	景德镇	81.92	193	渭南	49.24
158	漳州	80.11	194	鹤壁	49.18
159	聊城	79.18	195	乌海	48.70
160	临汾	78.70	196	益阳	46.61
161	萍乡	78.30	197	三门峡	46.55
162	遵义	77.78	198	商丘	45.02
163	朔州	77.22	199	开封	45.01
164	德阳	75.82	200	鸡西	44.08
165	丽水	74.99	201	梧州	42.96
166	泸州	74.75	202	运城	42.72
167	衢州	74.04	203	眉山	42.61
168	南平	74.03	204	防城港	42.02
169	赤峰	72.25	205	朝阳	41.84
170	郴州	69.97	206	来宾	41.52
171	晋城	68.74	207	资阳	39.88
172	玉林	68.65	208	赣州	39.28
173	永州	68.15	209	清远	39.20
174	鄂尔多斯	67.44	210	贵港	37.66
175	六盘水	65.35	211	铜川	37.10
176	滁州	64.66	212	天水	36.72

5—13 续表 3

单位:亿元

序　号	城市名称	数　值	序　号	城市名称	数　值
213	北　海	35.91	249	榆　林	18.22
214	七台河	35.62	250	怀　化	17.51
215	孝　感	35.38	251	吉　安	16.67
216	鹤　岗	35.30	252	河　池	16.48
217	四　平	35.27	253	巴彦淖尔	16.33
218	菏　泽	33.57	254	广　安	16.14
219	梅　州	32.34	255	雅　安	15.59
220	伊　春	32.20	256	吴　忠	14.65
221	邵　阳	31.88	257	上　饶	14.24
222	安　顺	31.84	258	钦　州	14.12
223	白　山	31.27	259	吕　梁	14.02
224	辽　源	30.68	260	宜　春	13.01
225	白　城	30.65	261	崇　左	11.95
226	周　口	30.37	262	忻　州	11.53
227	广　元	30.16	263	安　康	10.63
228	达　州	29.22	264	三　亚	8.92
229	汕　尾	28.78	265	宁　德	8.34
230	双鸭山	28.41	266	保　山	8.00
231	宣　城	28.00	267	张　掖	7.81
232	咸　宁	27.69	268	乌兰察布	7.29
233	云　浮	26.46	269	鹰　潭	7.15
234	亳　州	24.64	270	张家界	6.65
235	六　安	24.36	271	商　洛	6.16
236	抚　州	24.23	272	海拉尔	6.00
237	昭　通	22.85	273	思　茅	5.60
238	宿　州	22.82	274	酒　泉	5.18
239	遂　宁	22.76	275	庆　阳	4.44
240	汉　中	21.99	276	巴　中	4.12
241	黄　冈	20.30	277	绥　化	2.78
242	平　凉	19.79	278	定　西	1.71
243	武　威	19.73	279	黑　河	1.66
244	延　安	18.95	280	丽　江	1.40
245	池　州	18.83	281	固　原	1.26
246	宿　迁	18.78	282	临　沧	1.21
247	黄　山	18.33	283	河　源	1.12
248	百　色	18.26	284	贺　州	0.12

5—14 利税总额

单位:亿元

序号	城市名称	数值	序号	城市名称	数值
1	上海	1324.16	35	西安	63.76
2	大庆	758.79	36	珠海	61.73
3	深圳	522.43	37	徐州	61.62
4	广州	503.76	38	湛江	61.13
5	北京	410.98	39	常德	57.95
6	天津	364.03	40	邯郸	56.32
7	杭州	315.63	41	哈尔滨	55.09
8	南京	232.47	42	南昌	52.96
9	宁波	228.20	43	烟台	52.70
10	东营	225.77	44	马鞍山	52.41
11	长春	185.70	45	柳州	50.19
12	武汉	181.39	46	温州	50.00
13	佛山	158.47	47	太原	48.60
14	重庆	157.52	48	贵阳	48.21
15	厦门	152.73	49	鞍山	48.20
16	无锡	141.66	50	枣庄	43.03
17	东莞	136.61	51	郑州	42.90
18	玉溪	131.03	52	惠州	41.92
19	青岛	130.86	53	淮安	40.95
20	苏州	124.88	54	韶关	40.66
21	淄博	115.61	55	芜湖	40.44
22	昆明	107.25	56	南通	39.64
23	唐山	103.43	57	兰州	39.54
24	盘锦	102.38	58	乌鲁木齐	38.84
25	成都	102.01	59	宜宾	38.82
26	大连	100.56	60	扬州	38.65
27	克拉玛依	98.77	61	包头	36.69
28	济南	98.50	62	宜昌	36.69
29	常州	93.34	63	德州	35.23
30	石家庄	86.15	64	潍坊	35.01
31	沈阳	75.18	65	安阳	34.77
32	长沙	75.13	66	镇江	34.72
33	中山	69.24	67	吉林	34.67
34	合肥	68.10	68	曲靖	34.34

5—14 续表 1 单位:亿元

序　　号	城市名称	数　　值	序　　号	城市名称	数　　值
69	张家口	33.73	105	许　昌	20.07
70	威　海	33.72	106	营　口	20.07
71	福　州	33.54	107	濮　阳	19.83
72	松　原	33.46	108	咸　阳	19.78
73	临　沂	33.27	109	莆　田	19.71
74	龙　岩	32.51	110	保　定	19.24
75	江　门	31.58	111	邢　台	18.71
76	本　溪	31.50	112	连云港	18.23
77	台　州	30.93	113	通　化	18.18
78	绍　兴	30.89	114	南　宁	17.89
79	抚　顺	30.37	115	漯　河	17.67
80	泉　州	29.68	116	平顶山	17.67
81	呼和浩特	28.32	117	绵　阳	17.52
82	大　同	28.29	118	淮　南	17.24
83	洛　阳	28.29	119	滨　州	16.36
84	汕　头	28.17	120	盐　城	16.17
85	济　宁	27.86	121	十　堰	15.75
86	襄　樊	26.43	122	淮　北	15.73
87	湖　州	26.38	123	湘　潭	15.73
88	泰　州	26.17	124	金　华	15.71
89	嘉　兴	25.13	125	秦皇岛	15.26
90	海　口	24.98	126	葫芦岛	14.68
91	莱　芜	24.98	127	永　州	14.63
92	南　阳	24.13	128	嘉峪关	14.52
93	蚌　埠	23.98	129	阳　泉	13.84
94	茂　名	23.72	130	安　庆	13.65
95	宝　鸡	23.27	131	锦　州	13.25
96	长　治	22.19	132	铜　陵	12.87
97	焦　作	21.98	133	佳木斯	12.46
98	乐　山	21.96	134	金　昌	12.32
99	株　洲	21.70	135	黄　石	11.98
100	辽　阳	21.12	136	桂　林	11.54
101	岳　阳	21.03	137	郴　州	11.22
102	三　明	20.38	138	萍　乡	11.17
103	鄂　州	20.21	139	娄　底	11.11
104	攀枝花	20.12	140	白　银	11.11

5—14 续表 2

单位:亿元

序号	城市名称	数值	序号	城市名称	数值
141	日照	11.02	177	南平	7.06
142	承德	10.92	178	阜阳	7.02
143	新乡	10.90	179	九江	6.90
144	泰安	10.85	180	衢州	6.54
145	晋城	10.72	181	铁岭	6.54
146	廊坊	10.57	182	肇庆	6.22
147	荆门	10.49	183	天水	6.10
148	朔州	10.49	184	石嘴山	6.09
149	滁州	10.03	185	鹤岗	6.01
150	遵义	10.02	186	漳州	5.84
151	孝感	9.97	187	景德镇	5.63
152	新余	9.90	188	延安	5.57
153	舟山	9.88	189	巢湖	5.50
154	玉林	9.49	190	池州	5.44
155	泸州	9.39	191	丽水	5.30
156	衡水	9.30	192	阜新	5.13
157	银川	9.19	193	鹤壁	5.11
158	昭通	8.96	194	三门峡	4.87
159	自贡	8.74	195	西宁	4.81
160	来宾	8.70	196	信阳	4.45
161	临汾	8.68	197	四平	4.39
162	衡阳	8.67	198	黄冈	4.28
163	丹东	8.56	199	运城	4.19
164	梅州	8.51	200	眉山	4.18
165	德阳	8.50	201	赣州	4.16
166	乌海	8.43	202	晋中	4.12
167	沧州	8.40	203	雅安	4.10
168	聊城	8.16	204	菏泽	3.96
169	荆州	7.97	205	亳州	3.62
170	鄂尔多斯	7.81	206	双鸭山	3.58
171	六盘水	7.80	207	铜川	3.58
172	随州	7.71	208	白城	3.52
173	驻马店	7.50	209	商丘	3.48
174	赤峰	7.50	210	内江	3.23
175	北海	7.36	211	南充	3.10
176	鸡西	7.29	212	通辽	3.10

5—14 续表 3

单位:亿元

序　号	城市名称	数　值	序　号	城市名称	数　值
213	齐齐哈尔	3.06	249	百　色	1.34
214	达　州	3.01	250	商　洛	1.30
215	潮　州	2.96	251	六　安	1.26
216	白　山	2.82	252	河　源	1.22
217	梧　州	2.74	253	邵　阳	1.17
218	伊　春	2.74	254	宜　春	1.08
219	抚　州	2.73	255	保　山	1.07
220	遂　宁	2.53	256	吴　忠	1.00
221	七台河	2.52	257	忻　州	0.89
222	安　顺	2.36	258	巴彦淖尔	0.84
223	海拉尔	2.34	259	张　掖	0.80
224	武　威	2.25	260	三　亚	0.76
225	汕　尾	2.25	261	辽　源	0.71
226	贺　州	2.25	262	清　远	0.61
227	防城港	2.24	263	乌兰察布	0.58
228	渭　南	2.22	264	钦　州	0.56
229	贵　港	2.19	265	绥　化	0.47
230	阳　江	2.18	266	汉　中	0.46
231	吕　梁	2.09	267	鹰　潭	0.44
232	咸　宁	2.08	268	宁　德	0.42
233	资　阳	2.07	269	揭　阳	0.41
234	崇　左	2.01	270	河　池	0.34
235	吉　安	2.00	271	云　浮	0.34
236	宿　迁	2.00	272	开　封	0.28
237	宣　城	1.97	273	酒　泉	0.23
238	黄　山	1.95	274	张家界	0.21
239	周　口	1.91	275	黑　河	0.18
240	广　安	1.83	276	丽　江	0.15
241	怀　化	1.65	277	巴　中	0.08
242	朝　阳	1.62	278	定　西	0.08
243	益　阳	1.59	279	固　原	0.07
244	平　凉	1.58	280	安　康	—0.19
245	宿　州	1.53	281	庆　阳	—0.33
246	榆　林	1.52	282	思　茅	—0.41
247	上　饶	1.36	283	临　沧	—0.75
248	牡丹江	1.34	284	广　元	—1.27

5—15　本年应交增值税

单位:亿元

序　号	城市名称	数　值	序　号	城市名称	数　值
1	上　海	382.37	35	盘　锦	25.78
2	北　京	144.79	36	哈尔滨	24.87
3	广　州	144.03	37	玉　溪	24.33
4	大　庆	134.06	38	徐　州	23.99
5	深　圳	128.74	39	柳　州	20.92
6	天　津	114.15	40	珠　海	20.37
7	杭　州	99.92	41	本　溪	20.29
8	南　京	86.44	42	温　州	19.77
9	佛　山	76.69	43	贵　阳	19.35
10	武　汉	66.98	44	包　头	18.55
11	东　莞	59.60	45	烟　台	17.97
12	宁　波	58.64	46	郑　州	17.96
13	重　庆	58.52	47	张家口	17.95
14	无　锡	52.17	48	合　肥	17.95
15	东　营	50.83	49	吉　林	17.92
16	淄　博	50.77	50	扬　州	17.47
17	长　春	49.51	51	兰　州	17.32
18	青　岛	46.74	52	镇　江	16.79
19	苏　州	41.07	53	马鞍山	16.55
20	唐　山	39.69	54	抚　顺	16.43
21	成　都	39.23	55	南　昌	16.21
22	济　南	38.66	56	长　沙	16.17
23	沈　阳	36.34	57	枣　庄	16.08
24	大　连	33.76	58	绍　兴	15.65
25	常　州	33.17	59	乌鲁木齐	15.60
26	石家庄	31.98	60	汕　头	15.36
27	太　原	31.72	61	江　门	14.66
28	中　山	30.36	62	潍　坊	14.50
29	昆　明	29.96	63	莱　芜	14.44
30	鞍　山	29.12	64	安　阳	14.25
31	厦　门	28.48	65	洛　阳	13.70
32	邯　郸	27.28	66	攀枝花	13.41
33	克拉玛依	26.35	67	南　通	13.26
34	西　安	26.19	68	台　州	13.01

5—15 续表 1

单位:亿元

序号	城市名称	数值	序号	城市名称	数值
69	韶关	12.71	105	绵阳	8.21
70	岳阳	12.49	106	焦作	8.09
71	大同	12.22	107	咸阳	8.06
72	福州	12.16	108	阳泉	7.89
73	淮安	11.93	109	曲靖	7.79
74	泰州	11.92	110	南宁	7.72
75	十堰	11.87	111	黄石	7.71
76	常德	11.78	112	宜宾	7.53
77	芜湖	11.72	113	宝鸡	7.51
78	湛江	11.56	114	滨州	7.49
79	平顶山	11.54	115	嘉峪关	7.41
80	淮南	11.46	116	新余	7.34
81	威海	11.07	117	齐齐哈尔	7.34
82	宜昌	10.92	118	承德	7.25
83	襄樊	10.91	119	莆田	7.23
84	长治	10.69	120	白银	7.19
85	临沂	10.56	121	锦州	7.13
86	南阳	10.31	122	连云港	7.06
87	惠州	10.13	123	三明	6.89
88	株洲	10.02	124	通化	6.78
89	湘潭	9.87	125	秦皇岛	6.59
90	湖州	9.65	126	保定	6.58
91	济宁	9.55	127	金华	6.52
92	淮北	9.53	128	鄂州	6.45
93	葫芦岛	9.40	129	安庆	6.37
94	嘉兴	8.99	130	蚌埠	6.28
95	呼和浩特	8.90	131	朔州	6.22
96	德州	8.90	132	营口	5.84
97	茂名	8.79	133	娄底	5.82
98	濮阳	8.76	134	六盘水	5.75
99	邢台	8.75	135	铜陵	5.73
100	松原	8.53	136	盐城	5.66
101	海口	8.52	137	桂林	5.52
102	泉州	8.42	138	金昌	5.45
103	辽阳	8.40	139	晋城	5.21
104	龙岩	8.23	140	许昌	5.16

5—15 续表 2

单位:亿元

序号	城市名称	数值	序号	城市名称	数值
141	荆门	5.14	177	衡水	3.26
142	赤峰	5.05	178	牡丹江	3.25
143	漯河	4.95	179	鹤岗	3.15
144	九江	4.94	180	北海	3.13
145	乐山	4.93	181	鄂尔多斯	3.08
146	泰安	4.93	182	晋中	3.03
147	新乡	4.74	183	巢湖	2.94
148	自贡	4.70	184	景德镇	2.91
149	佳木斯	4.55	185	四平	2.84
150	肇庆	4.54	186	鹤壁	2.81
151	丹东	4.54	187	西宁	2.77
152	萍乡	4.38	188	铜川	2.76
153	临汾	4.33	189	丽水	2.76
154	乌海	4.31	190	信阳	2.66
155	银川	4.31	191	随州	2.49
156	聊城	4.24	192	阜阳	2.31
157	舟山	4.23	193	三门峡	2.30
158	荆州	4.21	194	双鸭山	2.28
159	玉林	4.20	195	梅州	2.23
160	廊坊	4.15	196	天水	2.21
161	郴州	4.08	197	滁州	2.20
162	沧州	3.98	198	梧州	2.13
163	日照	3.97	199	益阳	2.12
164	石嘴山	3.95	200	漳州	2.11
165	遵义	3.93	201	驻马店	2.10
166	阜新	3.90	202	昭通	2.08
167	永州	3.82	203	延安	2.03
168	衢州	3.72	204	辽源	2.03
169	德阳	3.66	205	运城	2.02
170	铁岭	3.59	206	赣州	2.01
171	衡阳	3.58	207	达州	1.96
172	鸡西	3.48	208	贵港	1.95
173	来宾	3.35	209	菏泽	1.93
174	泸州	3.35	210	朝阳	1.93
175	七台河	3.34	211	潮州	1.91
176	南平	3.27	212	伊春	1.91

5—15 续表 3

单位:亿元

序　号	城市名称	数　值	序　号	城市名称	数　值
213	平　凉	1.83	249	河　源	0.84
214	白　城	1.73	250	河　池	0.83
215	揭　阳	1.69	251	百　色	0.80
216	渭　南	1.62	252	黄　山	0.79
217	阳　江	1.59	253	六　安	0.75
218	白　山	1.47	254	安　康	0.72
219	清　远	1.46	255	海拉尔	0.71
220	开　封	1.46	256	宿　迁	0.67
221	商　丘	1.37	257	怀　化	0.67
222	雅　安	1.35	258	保　山	0.63
223	池　州	1.33	259	巴彦淖尔	0.60
224	安　顺	1.31	260	吴　忠	0.57
225	资　阳	1.30	261	钦　州	0.57
226	通　辽	1.27	262	宜　春	0.55
227	邵　阳	1.26	263	黄　冈	0.55
228	广　安	1.20	264	张　掖	0.54
229	抚　州	1.19	265	三　亚	0.52
230	汉　中	1.18	266	乌兰察布	0.51
231	汕　尾	1.18	267	遂　宁	0.49
232	眉　山	1.17	268	思　茅	0.40
233	南　充	1.16	269	周　口	0.38
234	武　威	1.13	270	张家界	0.36
235	吉　安	1.12	271	防城港	0.32
236	咸　宁	1.07	272	商　洛	0.30
237	吕　梁	1.05	273	宁　德	0.30
238	广　元	1.04	274	酒　泉	0.27
239	亳　州	1.04	275	黑　河	0.21
240	上　饶	1.03	276	鹰　潭	0.15
241	孝　感	1.01	277	绥　化	0.13
242	贺　州	1.01	278	丽　江	0.12
243	内　江	0.98	279	临　沧	0.11
244	宣　城	0.95	280	庆　阳	0.09
245	忻　州	0.93	281	巴　中	0.07
246	崇　左	0.93	282	云　浮	0.06
247	榆　林	0.86	283	定　西	0.05
248	宿　州	0.85	284	固　原	0.03

5—16　房地产开发投资额

单位:亿元

序　　号	城市名称	数　　值	序　　号	城市名称	数　　值
1	北　　京	1137.29	35	常　　州	45.72
2	上　　海	899.30	36	烟　　台	42.70
3	深　　圳	412.66	37	太　　原	41.62
4	广　　州	391.06	38	珠　　海	38.81
5	重　　庆	269.53	39	银　　川	37.37
6	杭　　州	217.64	40	金　　华	35.98
7	成　　都	212.78	41	南　　宁	35.38
8	天　　津	205.63	42	嘉　　兴	34.53
9	南　　京	177.19	43	绍　　兴	34.25
10	沈　　阳	175.47	44	淄　　博	33.81
11	武　　汉	169.55	45	威　　海	32.98
12	福　　州	145.58	46	台　　州	30.68
13	大　　连	142.70	47	兰　　州	29.57
14	西　　安	124.82	48	海　　口	27.70
15	宁　　波	118.78	49	呼和浩特	27.30
16	长　　沙	110.34	50	吉　　林	26.99
17	哈 尔 滨	103.00	51	柳　　州	26.73
18	青　　岛	97.11	52	南　　通	26.41
19	温　　州	97.04	53	扬　　州	26.00
20	无　　锡	92.82	54	惠　　州	25.25
21	苏　　州	91.40	55	绵　　阳	24.60
22	佛　　山	88.50	56	芜　　湖	22.37
23	合　　肥	87.38	57	秦 皇 岛	22.24
24	济　　南	85.23	58	镇　　江	22.10
25	厦　　门	79.27	59	衢　　州	21.24
26	郑　　州	69.78	60	淮　　安	19.87
27	长　　春	69.28	61	泉　　州	19.84
28	昆　　明	65.00	62	德　　州	19.05
29	贵　　阳	59.15	63	西　　宁	18.90
30	石 家 庄	57.45	64	湖　　州	18.44
31	南　　昌	57.31	65	临　　沂	18.22
32	东　　莞	55.12	66	东　　营	18.21
33	中　　山	51.94	67	徐　　州	18.09
34	乌鲁木齐	46.03	68	唐　　山	17.76

5—16 续表 1

单位:亿元

序号	城市名称	数值	序号	城市名称	数值
69	齐齐哈尔	17.76	105	南充	11.14
70	江门	17.41	106	宜昌	11.05
71	包头	17.02	107	咸阳	11.05
72	洛阳	16.83	108	清远	10.93
73	廊坊	16.58	109	承德	10.67
74	景德镇	16.52	110	枣庄	10.55
75	桂林	16.26	111	丹东	10.35
76	泸州	16.09	112	宝鸡	10.35
77	邯郸	16.05	113	安阳	10.17
78	潍坊	15.70	114	湘潭	10.11
79	舟山	15.67	115	汉中	9.96
80	连云港	15.66	116	南阳	9.88
81	葫芦岛	15.52	117	九江	9.70
82	济宁	15.22	118	常德	9.68
83	汕头	15.05	119	张家口	9.54
84	株洲	15.00	120	邢台	9.50
85	鞍山	14.91	121	湛江	9.41
86	锦州	14.73	122	襄樊	9.32
87	保定	13.72	123	丽江	9.22
88	遵义	13.69	124	攀枝花	9.11
89	肇庆	12.88	125	大同	9.07
90	郴州	12.71	126	新乡	8.73
91	日照	12.47	127	本溪	8.50
92	泰州	12.35	128	十堰	8.42
93	蚌埠	12.30	129	三亚	8.37
94	漳州	12.20	130	眉山	8.34
95	抚顺	12.17	131	阜新	8.16
96	聊城	12.02	132	阳江	8.09
97	马鞍山	11.83	133	黄山	7.99
98	衡水	11.77	134	乐山	7.87
99	衡阳	11.51	135	铜陵	7.80
100	营口	11.49	136	朝阳	7.73
101	盘锦	11.44	137	宜宾	7.72
102	抚州	11.31	138	牡丹江	7.65
103	泰安	11.22	139	莆田	7.55
104	自贡	11.17	140	德阳	7.54

5—16 续表 2

单位:亿元

序　号	城市名称	数　值	序　号	城市名称	数　值
141	阜　阳	7.49	177	焦　作	4.84
142	丽　水	7.40	178	巴彦淖尔	4.84
143	沧　州	7.30	179	濮　阳	4.80
144	龙　岩	7.26	180	漯　河	4.69
145	开　封	7.19	181	梧　州	4.66
146	安　庆	7.05	182	晋　中	4.59
147	岳　阳	6.78	183	北　海	4.59
148	盐　城	6.74	184	克拉玛依	4.58
149	长　治	6.64	185	安　康	4.57
150	赣　州	6.63	186	鹤　岗	4.55
151	通　辽	6.51	187	通　化	4.43
152	内　江	6.50	188	广　元	4.40
153	遂　宁	6.45	189	榆　林	4.38
154	淮　南	6.43	190	达　州	4.35
155	上　饶	6.43	191	晋　城	4.23
156	萍　乡	6.38	192	六盘水	4.23
157	铁　岭	6.12	193	鄂尔多斯	4.19
158	益　阳	6.10	194	大　庆	4.15
159	新　余	6.08	195	信　阳	4.13
160	淮　北	5.95	196	六　安	4.12
161	广　安	5.75	197	佳木斯	4.11
162	吉　安	5.73	198	辽　阳	4.07
163	荆　州	5.70	199	张家界	3.97
164	宜　春	5.68	200	石嘴山	3.97
165	周　口	5.51	201	三　明	3.95
166	宁　德	5.41	202	临　汾	3.94
167	韶　关	5.35	203	玉　溪	3.91
168	南　平	5.34	204	七台河	3.90
169	运　城	5.33	205	许　昌	3.88
170	延　安	5.21	206	赤　峰	3.87
171	辽　源	5.18	207	亳　州	3.83
172	宿　迁	5.04	208	乌　海	3.81
173	菏　泽	5.01	209	娄　底	3.64
174	滁　州	4.88	210	曲　靖	3.58
175	怀　化	4.85	211	宿　州	3.56
176	阳　泉	4.85	212	天　水	3.53

5—16 续表 3

单位:亿元

序号	城市名称	数值	序号	城市名称	数值
213	荆门	3.49	249	驻马店	2.07
214	邵阳	3.47	250	永州	1.94
215	池州	3.32	251	渭南	1.85
216	松原	3.31	252	昭通	1.79
217	平顶山	3.26	253	吴忠	1.78
218	四平	3.26	254	鸡西	1.65
219	巢湖	3.22	255	酒泉	1.62
220	茂名	3.18	256	保山	1.49
221	鹰潭	3.13	257	张掖	1.47
222	贵港	3.07	258	平凉	1.23
223	黄石	2.93	259	思茅	1.21
224	河源	2.89	260	百色	1.21
225	资阳	2.88	261	双鸭山	1.20
226	雅安	2.83	262	白银	1.20
227	莱芜	2.82	263	云浮	1.16
228	白城	2.77	264	鹤壁	1.13
229	滨州	2.76	265	钦州	1.11
230	揭阳	2.69	266	汕尾	1.01
231	商丘	2.64	267	乌兰察布	1.00
232	伊春	2.61	268	贺州	0.98
233	铜川	2.59	269	固原	0.89
234	孝感	2.59	270	临沧	0.89
235	朔州	2.59	271	三门峡	0.87
236	随州	2.58	272	咸宁	0.83
237	黄冈	2.57	273	庆阳	0.82
238	白山	2.55	274	绥化	0.79
239	玉林	2.48	275	吕梁	0.76
240	宣城	2.48	276	商洛	0.64
241	潮州	2.41	277	河池	0.61
242	海拉尔	2.38	278	黑河	0.56
243	嘉峪关	2.37	279	防城港	0.52
244	鄂州	2.34	280	来宾	0.51
245	梅州	2.24	281	忻州	0.50
246	安顺	2.24	282	定西	0.43
247	巴中	2.19	283	金昌	0.28
248	武威	2.14	284	崇左	0.00

5—17 固定资产投资完成额

单位:亿元

序号	城市名称	数值	序号	城市名称	数值
1	上海	2260.41	35	贵阳	200.79
2	北京	1911.33	36	包头	198.07
3	广州	1026.91	37	徐州	195.37
4	天津	904.42	38	吉林	186.71
5	深圳	873.60	39	宜昌	184.68
6	南京	768.30	40	郑州	179.46
7	重庆	707.13	41	乌鲁木齐	178.77
8	武汉	622.82	42	兰州	177.52
9	杭州	605.14	43	惠州	177.48
10	成都	600.03	44	太原	171.43
11	沈阳	487.39	45	嘉兴	128.18
12	苏州	487.09	46	南宁	127.54
13	无锡	441.69	47	威海	124.91
14	西安	422.93	48	连云港	123.96
15	宁波	402.81	49	淮安	116.05
16	大连	369.08	50	临沂	115.49
17	哈尔滨	349.05	51	南昌	112.54
18	淄博	307.46	52	呼和浩特	111.09
19	长沙	297.99	53	昆明	110.43
20	福州	273.41	54	南通	110.39
21	长春	267.82	55	潍坊	110.29
22	常州	254.14	56	绍兴	109.60
23	东莞	244.12	57	镇江	108.74
24	厦门	237.50	58	盘锦	108.48
25	石家庄	233.55	59	唐山	108.08
26	东营	227.85	60	扬州	107.52
27	温州	227.31	61	芜湖	106.26
28	中山	226.38	62	珠海	100.77
29	烟台	224.48	63	海口	99.25
30	青岛	218.15	64	银川	99.24
31	合肥	217.42	65	金华	98.39
32	佛山	213.07	66	日照	93.26
33	济南	212.79	67	洛阳	92.68
34	大庆	201.49	68	鞍山	91.79

5—17 续表 1

单位:亿元

序 号	城市名称	数 值	序 号	城市名称	数 值
69	马鞍山	89.96	105	蚌埠	52.53
70	南阳	86.51	106	通辽	52.51
71	克拉玛依	86.25	107	岳阳	51.87
72	台州	85.56	108	湘潭	49.62
73	德州	85.25	109	宜宾	49.28
74	汕头	84.98	110	新乡	49.17
75	柳州	82.33	111	本溪	48.92
76	保定	81.07	112	安阳	48.91
77	邯郸	79.30	113	邢台	48.44
78	泉州	78.12	114	西宁	47.87
79	济宁	75.45	115	赤峰	47.55
80	秦皇岛	73.54	116	泸州	47.52
81	大同	73.03	117	乌海	46.74
82	濮阳	71.84	118	齐齐哈尔	45.88
83	衢州	69.31	119	锦州	45.85
84	湛江	68.91	120	娄底	45.57
85	枣庄	67.30	121	晋城	45.11
86	湖州	65.93	122	沧州	44.81
87	泰安	64.71	123	淮南	44.31
88	咸阳	63.69	124	舟山	44.02
89	莱芜	63.54	125	张家口	43.49
90	襄樊	63.36	126	淮北	42.48
91	抚顺	63.07	127	丽水	42.26
92	九江	62.35	128	菏泽	41.65
93	株洲	62.27	129	衡水	41.60
94	营口	61.50	130	常德	41.39
95	长治	61.43	131	荆州	40.61
96	攀枝花	59.26	132	衡阳	40.05
97	盐城	59.23	133	铜陵	39.78
98	绵阳	58.78	134	黄石	39.42
99	滨州	57.78	135	桂林	39.32
100	松原	57.47	136	韶关	38.96
101	泰州	56.69	137	宝鸡	38.47
102	焦作	56.38	138	景德镇	38.04
103	江门	55.83	139	莆田	37.28
104	廊坊	52.92	140	南充	37.07

5—17 续表 2

单位:亿元

序号	城市名称	数值	序号	城市名称	数值
141	萍乡	36.69	177	运城	26.37
142	郴州	36.49	178	四平	26.19
143	商丘	36.43	179	揭阳	25.99
144	朔州	36.20	180	永州	25.97
145	龙岩	35.72	181	遂宁	25.92
146	平顶山	35.15	182	抚州	25.69
147	遵义	34.56	183	牡丹江	25.68
148	梅州	34.30	184	玉溪	25.64
149	安庆	33.94	185	阳泉	25.48
150	黄山	33.69	186	赣州	25.35
151	肇庆	33.37	187	益阳	25.05
152	辽阳	33.25	188	德阳	24.88
153	信阳	32.94	189	广安	24.78
154	开封	32.82	190	乌兰察布	24.66
155	聊城	32.65	191	白城	24.57
156	巢湖	32.47	192	广元	23.91
157	北海	32.46	193	南平	23.67
158	承德	32.07	194	三亚	23.62
159	石嘴山	31.99	195	亳州	23.48
160	延安	31.67	196	三明	23.31
161	眉山	31.60	197	榆林	23.22
162	十堰	31.57	198	内江	23.16
163	阜阳	31.54	199	周口	23.09
164	清远	31.08	200	许昌	23.05
165	葫芦岛	30.73	201	梧州	22.92
166	阜新	30.57	202	达州	22.86
167	漳州	29.84	203	曲靖	22.73
168	茂名	29.78	204	阳江	22.45
169	丹东	29.58	205	白银	22.32
170	乐山	29.48	206	鹤壁	22.23
171	鄂州	29.37	207	辽源	22.16
172	嘉峪关	28.52	208	六盘水	22.02
173	自贡	27.50	209	佳木斯	21.96
174	新余	27.50	210	贵港	21.88
175	宿迁	26.62	211	七台河	21.77
176	钦州	26.40	212	通化	21.70

5—17 续表 3 单位:亿元

序号	城市名称	数值	序号	城市名称	数值
213	池州	21.51	249	海拉尔	14.08
214	漯河	21.36	250	资阳	14.00
215	黄冈	21.35	251	安康	13.47
216	朝阳	20.51	252	渭南	13.43
217	宁德	20.44	253	酒泉	13.27
218	天水	20.28	254	云浮	13.20
219	铜川	20.01	255	雅安	13.18
220	鹤岗	19.90	256	伊春	12.86
221	吕梁	19.82	257	庆阳	12.79
222	上饶	19.46	258	咸宁	12.77
223	潮州	19.45	259	固原	12.59
224	宿州	19.26	260	邵阳	12.58
225	百色	19.18	261	汕尾	12.46
226	临汾	18.87	262	忻州	12.20
227	随州	18.65	263	怀化	12.20
228	滁州	18.59	264	防城港	11.92
229	孝感	18.00	265	昭通	11.73
230	金昌	17.86	266	黑河	11.56
231	荆门	17.62	267	宣城	11.37
232	六安	17.48	268	贺州	11.04
233	铁岭	17.23	269	巴中	10.46
234	鄂尔多斯	17.19	270	武威	10.10
235	晋中	16.91	271	吉安	9.31
236	驻马店	16.66	272	思茅	9.28
237	巴彦淖尔	16.58	273	安顺	9.07
238	玉林	16.51	274	保山	8.70
239	临沧	16.16	275	白山	8.68
240	丽江	16.16	276	商洛	7.72
241	双鸭山	16.00	277	鹰潭	7.35
242	河源	15.89	278	河池	6.39
243	张家界	15.71	279	来宾	5.75
244	张掖	15.56	280	平凉	4.72
245	鸡西	15.41	281	定西	3.47
246	三门峡	15.31	282	崇左	3.26
247	宜春	15.02	283	吴忠	2.50
248	汉中	14.98	284	绥化	1.19

5—18 社会消费品零售额

单位:亿元

序号	城市名称	数值	序号	城市名称	数值
1	上海	1905.90	35	合肥	178.48
2	北京	1854.64	36	吉林	178.34
3	广州	1394.98	37	乌鲁木齐	170.44
4	武汉	853.99	38	南昌	170.38
5	天津	839.47	39	太原	162.47
6	深圳	801.77	40	珠海	159.18
7	沈阳	655.69	41	中山	151.71
8	南京	557.36	42	唐山	150.81
9	重庆	524.49	43	贵阳	137.27
10	大连	483.46	44	洛阳	134.22
11	杭州	483.02	45	烟台	127.21
12	佛山	473.19	46	包头	126.03
13	成都	462.53	47	徐州	125.30
14	哈尔滨	460.70	48	抚顺	120.86
15	济南	428.12	49	湛江	116.83
16	西安	411.18	50	临沂	113.35
17	长沙	352.21	51	呼和浩特	107.79
18	长春	349.50	52	台州	101.83
19	东莞	338.00	53	惠州	101.32
20	无锡	312.68	54	鞍山	101.20
21	福州	292.64	55	江门	99.74
22	昆明	283.03	56	襄樊	97.96
23	温州	280.59	57	保定	97.95
24	青岛	275.65	58	泉州	96.99
25	郑州	268.95	59	潍坊	96.78
26	汕头	249.80	60	齐齐哈尔	93.49
27	厦门	230.34	61	衡阳	93.08
28	淄博	217.63	62	湖州	92.57
29	宁波	208.80	63	邯郸	91.25
30	苏州	205.75	64	大庆	91.17
31	兰州	195.48	65	淮安	88.97
32	常州	190.75	66	茂名	88.54
33	石家庄	184.36	67	宜昌	88.41
34	南宁	181.75	68	海口	86.14

5—18 续表 1 单位:亿元

序　　号	城市名称	数　　值	序　　号	城市名称	数　　值
69	扬　州	84.74	105	平顶山	52.86
70	济　宁	84.49	106	蚌　埠	52.48
71	南　通	83.04	107	日　照	52.30
72	镇　江	82.91	108	肇　庆	52.26
73	岳　阳	77.55	109	南　充	52.26
74	大　同	76.52	110	芜　湖	52.25
75	秦皇岛	75.47	111	绵　阳	51.70
76	开　封	74.20	112	黄　石	51.25
77	南　阳	74.07	113	盐　城	50.85
78	绍　兴	74.04	114	赤　峰	49.41
79	株　洲	72.85	115	新　乡	49.27
80	嘉　兴	69.42	116	淮　南	48.81
81	莆　田	69.18	117	葫芦岛	48.79
82	威　海	68.77	118	泰　州	48.22
83	张家口	67.69	119	鄂　州	48.01
84	柳　州	67.64	120	漳　州	46.63
85	泰　安	67.02	121	营　口	46.63
86	荆　州	66.30	122	佳木斯	46.33
87	枣　庄	65.68	123	攀枝花	46.02
88	锦　州	64.73	124	揭　阳	45.82
89	金　华	64.48	125	朝　阳	45.42
90	东　营	63.63	126	十　堰	44.73
91	连云港	61.73	127	盘　锦	44.13
92	韶　关	58.09	128	安　庆	43.67
93	舟　山	57.44	129	泸　州	43.54
94	郴　州	57.12	130	阳　江	42.48
95	莱　芜	55.69	131	宝　鸡	42.42
96	随　州	55.67	132	商　丘	42.14
97	西　宁	55.01	133	邢　台	41.94
98	桂　林	54.71	134	玉　林	41.65
99	常　德	54.10	135	阜　新	41.24
100	湘　潭	53.59	136	信　阳	39.52
101	牡丹江	53.48	137	乐　山	39.40
102	本　溪	53.43	138	丹　东	39.11
103	银　川	53.31	139	荆　门	38.26
104	安　阳	53.01	140	阜　阳	37.44

5—18 续表 2

单位:亿元

序号	城市名称	数值	序号	城市名称	数值
141	萍乡	36.53	177	通化	25.92
142	益阳	36.27	178	天水	25.85
143	马鞍山	35.89	179	滨州	25.80
144	德州	34.93	180	娄底	25.73
145	辽阳	34.59	181	铁岭	25.12
146	清远	34.50	182	晋城	25.01
147	丽水	34.40	183	白城	24.94
148	梧州	34.23	184	宣城	24.60
149	宜宾	33.97	185	六安	24.57
150	九江	33.89	186	铜陵	24.49
151	菏泽	33.52	187	周口	24.10
152	咸阳	33.34	188	漯河	24.05
153	焦作	32.07	189	贵港	23.78
154	钦州	31.91	190	内江	23.57
155	许昌	31.56	191	临汾	23.41
156	衢州	31.51	192	上饶	23.34
157	自贡	31.47	193	长治	23.15
158	永州	31.46	194	北海	23.15
159	沧州	31.38	195	巢湖	23.12
160	淮北	30.84	196	德阳	23.05
161	鸡西	30.27	197	三明	23.05
162	抚州	29.76	198	孝感	23.03
163	通辽	29.71	199	汕尾	22.37
164	亳州	29.63	200	景德镇	22.20
165	运城	29.52	201	濮阳	21.69
166	赣州	29.49	202	晋中	21.69
167	遵义	28.45	203	邵阳	21.61
168	承德	27.91	204	宜春	21.51
169	遂宁	27.65	205	怀化	21.04
170	宿州	27.62	206	南平	20.95
171	广元	27.59	207	廊坊	20.81
172	潮州	27.53	208	汉中	20.28
173	驻马店	27.13	209	广安	20.06
174	新余	26.64	210	龙岩	19.99
175	阳泉	26.57	211	衡水	19.86
176	聊城	26.49	212	达州	19.42

5—18 续表 3　　单位:亿元

序　号	城市名称	数　值	序　号	城市名称	数　值
213	鹤　岗	19.40	249	六盘水	13.41
214	白　银	19.08	250	吉　安	13.16
215	鹤　壁	18.87	251	酒　泉	13.15
216	乌　海	18.21	252	云　浮	12.22
217	滁　州	17.98	253	鹰　潭	12.08
218	眉　山	17.96	254	巴　中	11.89
219	伊　春	17.90	255	张　掖	11.77
220	玉　溪	17.52	256	吴　忠	11.50
221	黄　山	17.46	257	雅　安	11.44
222	黄　冈	17.12	258	贺　州	11.38
223	海拉尔	17.08	259	池　州	11.05
224	安　顺	16.79	260	防城港	10.69
225	铜　川	16.62	261	武　威	10.65
226	咸　宁	16.16	262	渭　南	10.20
227	曲　靖	16.12	263	乌兰察布	10.14
228	绥　化	16.08	264	梅　州	10.00
229	巴彦淖尔	16.04	265	白　山	9.54
230	七台河	15.99	266	延　安	9.39
231	三门峡	15.84	267	金　昌	9.32
232	资　阳	15.74	268	思　茅	8.14
233	辽　源	15.71	269	昭　通	8.03
234	四　平	15.44	270	吕　梁	7.81
235	双鸭山	15.34	271	百　色	7.66
236	平　凉	14.90	272	嘉峪关	7.58
237	宿　迁	14.89	273	庆　阳	7.41
238	克拉玛依	14.88	274	定　西	7.19
239	张家界	14.76	275	榆　林	7.10
240	石嘴山	14.70	276	河　源	6.07
241	鄂尔多斯	14.66	277	黑　河	5.83
242	保　山	14.34	278	临　沧	5.78
243	朔　州	14.31	279	固　原	5.67
244	安　康	14.15	280	商　洛	5.61
245	三　亚	14.04	281	丽　江	5.16
246	宁　德	13.60	282	崇　左	4.69
247	忻　州	13.58	283	松　原	4.32
248	来　宾	13.43	284	河　池	0.00

5—19 人均地方财政收入

单位:元

序 号	城市名称	数 值	序 号	城市名称	数 值
1	上 海	7030.21	35	郑 州	2039.07
2	北 京	5388.59	36	合 肥	1949.05
3	深 圳	5217.65	37	济 南	1908.49
4	厦 门	4948.19	38	哈 尔 滨	1896.81
5	宁 波	4638.29	39	龙 岩	1892.26
6	广 州	4468.90	40	芜 湖	1859.73
7	克拉玛依	4275.65	41	桂 林	1845.37
8	珠 海	4245.49	42	鄂尔多斯	1801.23
9	东 莞	4242.96	43	贵 阳	1794.17
10	青 岛	3682.77	44	南 宁	1776.66
11	大 连	3499.92	45	晋 城	1765.65
12	苏 州	3487.52	46	泉 州	1748.53
13	温 州	3286.22	47	惠 州	1740.49
14	杭 州	3282.84	48	泰 州	1707.77
15	无 锡	3056.84	49	秦 皇 岛	1686.67
16	福 州	2790.94	50	台 州	1682.12
17	佛 山	2772.37	51	镇 江	1673.80
18	南 通	2663.87	52	鞍 山	1662.97
19	南 京	2662.21	53	嘉 峪 关	1626.33
20	中 山	2657.24	54	漳 州	1620.80
21	天 津	2630.76	55	沈 阳	1593.36
22	盘 锦	2576.34	56	嘉 兴	1580.22
23	威 海	2525.71	57	烟 台	1578.07
24	沧 州	2413.34	58	成 都	1545.41
25	长 沙	2366.75	59	扬 州	1530.20
26	乌鲁木齐	2342.36	60	济 宁	1514.18
27	大 庆	2285.69	61	呼和浩特	1511.74
28	马 鞍 山	2283.15	62	韶 关	1500.36
29	东 营	2239.25	63	石 家 庄	1498.61
30	常 州	2218.91	64	银 川	1450.24
31	绍 兴	2216.74	65	连 云 港	1445.39
32	昆 明	2175.87	66	丽 水	1357.93
33	三 明	2113.91	67	本 溪	1357.11
34	柳 州	2073.69	68	舟 山	1340.89

5－19 续表 1　　　　单位:元

序　号	城市名称	数　值	序　号	城市名称	数　值
69	漯　河	1338.12	105	安　阳	1024.95
70	株　洲	1337.56	106	南　平	1024.13
71	包　头	1334.70	107	长　治	1016.74
72	保　定	1320.62	108	德　州	998.35
73	南　昌	1315.61	109	宝　鸡	996.73
74	濮　阳	1308.09	110	梅　州	995.31
75	攀枝花	1270.95	111	海拉尔	991.91
76	江　门	1268.07	112	廊　坊	987.87
77	辽　阳	1249.41	113	衡　水	986.36
78	淄　博	1241.62	114	许　昌	981.45
79	洛　阳	1239.82	115	新　乡	976.66
80	邢　台	1232.43	116	兰　州	971.49
81	长　春	1226.85	117	潮　州	952.11
82	肇　庆	1222.16	118	盐　城	947.28
83	金　华	1218.82	119	蚌　埠	937.15
84	铁　岭	1216.27	120	十　堰	930.60
85	铜　陵	1209.94	121	张家口	924.48
86	西　安	1209.01	122	绵　阳	921.37
87	太　原	1199.88	123	平顶山	911.42
88	安　庆	1185.82	124	湘　潭	902.59
89	宜　宾	1171.10	125	抚　顺	899.20
90	潍　坊	1168.85	126	邯　郸	896.38
91	北　海	1161.67	127	唐　山	894.43
92	郴　州	1147.71	128	海　口	880.39
93	三门峡	1145.84	129	乌　海	844.52
94	岳　阳	1143.13	130	鹰　潭	824.24
95	湖　州	1131.02	131	滨　州	822.62
96	徐　州	1121.29	132	大　同	821.42
97	九　江	1113.97	133	营　口	820.27
98	梧　州	1112.21	134	阳　泉	818.86
99	承　德	1100.42	135	德　阳	817.19
100	锦　州	1075.16	136	云　浮	809.87
101	金　昌	1046.35	137	六盘水	809.70
102	武　汉	1029.67	138	衢　州	808.40
103	葫芦岛	1029.03	139	三　亚	808.04
104	焦　作	1025.30	140	宜　昌	805.22

5—19 续表 2

单位:元

序　　号	城市名称	数　　值	序　　号	城市名称	数　　值
141	石嘴山	786.95	177	开　封	560.63
142	宿　迁	779.65	178	枣　庄	555.01
143	临　沂	778.02	179	黄　冈	554.34
144	怀　化	768.77	180	河　源	553.24
145	黄　石	766.47	181	揭　阳	544.83
146	咸　阳	754.52	182	阜　新	533.25
147	景德镇	747.28	183	张家界	528.09
148	黄　山	738.10	184	玉　溪	525.62
149	茂　名	729.24	185	清　远	525.58
150	淮　北	724.52	186	延　安	524.16
151	泰　安	723.82	187	齐齐哈尔	521.19
152	松　原	719.12	188	阳　江	514.30
153	常　德	671.82	189	咸　宁	513.21
154	西　宁	657.09	190	淮　安	497.65
155	周　口	649.63	191	重　庆	497.12
156	丽　江	643.11	192	淮　南	494.91
157	朝　阳	640.71	193	南　阳	490.14
158	萍　乡	640.10	194	白　山	482.81
159	驻马店	636.46	195	防城港	476.85
160	新　余	630.37	196	丹　东	473.82
161	滁　州	626.78	197	乐　山	470.13
162	牡丹江	626.08	198	辽　源	470.00
163	玉　林	619.17	199	遵　义	464.25
164	莱　芜	612.10	200	衡　阳	461.58
165	日　照	610.51	201	黑　河	459.72
166	思　茅	606.40	202	自　贡	446.57
167	乌兰察布	602.29	203	白　城	437.48
168	白　银	599.21	204	襄　樊	434.56
169	庆　阳	598.07	205	邵　阳	430.82
170	荆　门	596.08	206	汕　头	430.31
171	聊　城	592.04	207	七台河	428.68
172	吉　林	586.17	208	荆　州	407.21
173	通　化	583.03	209	泸　州	397.63
174	朔　州	579.17	210	莆　田	395.25
175	崇　左	570.35	211	汕　尾	393.61
176	鹤　壁	564.54	212	巴彦淖尔	387.59

5—19 续表 3　　单位:元

序　号	城市名称	数　值	序　号	城市名称	数　值
213	曲　靖	386.98	249	南　充	232.03
214	四　平	384.73	250	资　阳	224.58
215	菏　泽	376.34	251	宁　德	217.84
216	永　州	368.87	252	吴　忠	217.24
217	昭　通	368.47	253	河　池	215.78
218	佳木斯	362.88	254	内　江	215.72
219	巢　湖	355.82	255	孝　感	211.06
220	平　凉	354.71	256	六　安	210.22
221	汉　中	348.59	257	伊　春	206.76
222	池　州	344.41	258	吉　安	203.69
223	钦　州	339.97	259	娄　底	196.56
224	鄂　州	337.79	260	广　安	196.35
225	鹤　岗	330.82	261	亳　州	193.38
226	双鸭山	321.82	262	武　威	192.87
227	张　掖	320.88	263	宣　城	189.39
228	酒　泉	310.03	264	临　沧	187.30
229	来　宾	307.57	265	安　康	186.95
230	湛　江	305.77	266	保　山	185.58
231	广　元	304.52	267	贺　州	175.91
232	商　丘	290.11	268	运　城	174.75
233	上　饶	286.82	269	随　州	172.64
234	赤　峰	284.46	270	榆　林	171.77
235	信　阳	280.04	271	眉　山	166.59
236	贵　港	279.30	272	达　州	165.45
237	宿　州	277.85	273	抚　州	149.63
238	吕　梁	275.20	274	忻　州	148.51
239	晋　中	273.57	275	遂　宁	146.65
240	益　阳	272.64	276	定　西	120.67
241	铜　川	268.63	277	宜　春	112.46
242	临　汾	252.59	278	绥　化	106.42
243	鸡　西	250.20	279	商　洛	105.16
244	赣　州	247.49	280	渭　南	82.92
245	安　顺	245.61	281	雅　安	78.71
246	百　色	245.55	282	固　原	64.89
247	阜　阳	239.09	283	巴　中	62.11
248	通　辽	233.03	284	天　水	24.08

5—20 人均地方财政支出

单位:元

序号	城市名称	数值	序号	城市名称	数值
1	上海	8494.11	35	晋城	2544.96
2	北京	6539.88	36	柳州	2536.07
3	厦门	6366.46	37	沧州	2507.90
4	深圳	6260.25	38	舟山	2503.35
5	广州	5990.55	39	大庆	2501.08
6	宁波	5898.83	40	东营	2482.32
7	珠海	5529.04	41	昆明	2481.37
8	东莞	4813.73	42	芜湖	2466.81
9	克拉玛依	4712.12	43	福州	2457.63
10	大连	4510.08	44	马鞍山	2434.27
11	青岛	4324.31	45	郑州	2415.10
12	苏州	4026.62	46	龙岩	2412.65
13	天津	3967.72	47	惠州	2411.20
14	威海	3617.26	48	常州	2409.36
15	佛山	3498.88	49	泰州	2406.87
16	杭州	3409.20	50	攀枝花	2389.27
17	朝阳	3315.14	51	三门峡	2387.82
18	梅州	3312.31	52	辽阳	2381.49
19	无锡	3239.08	53	承德	2347.10
20	南京	2986.94	54	锦州	2345.04
21	铁岭	2918.76	55	鞍山	2310.41
22	中山	2892.36	56	绍兴	2292.56
23	盘锦	2882.90	57	南宁	2276.51
24	南通	2873.22	58	张家口	2268.09
25	秦皇岛	2782.53	59	株洲	2267.84
26	长沙	2745.96	60	宜宾	2262.05
27	丽水	2696.23	61	漯河	2243.68
28	沈阳	2695.13	62	合肥	2236.00
29	呼和浩特	2676.96	63	肇庆	2221.17
30	哈尔滨	2671.13	64	三明	2214.80
31	黑河	2638.63	65	阜新	2198.06
32	本溪	2613.75	66	济南	2179.20
33	韶关	2578.51	67	镇江	2173.31
34	桂林	2560.90	68	烟台	2153.98

5—20续表1

单位:元

序号	城市名称	数值	序号	城市名称	数值
69	梧州	2115.37	105	岳阳	1783.57
70	长春	2102.38	106	丹东	1758.81
71	包头	2082.15	107	安阳	1740.23
72	贵阳	2076.45	108	白城	1734.36
73	嘉峪关	2018.94	109	江门	1720.72
74	石家庄	2018.14	110	廊坊	1717.26
75	乌海	2012.00	111	衡水	1710.66
76	连云港	1996.98	112	庆阳	1710.55
77	台州	1981.29	113	宿迁	1700.07
78	河源	1978.80	114	六盘水	1695.27
79	周口	1961.93	115	云浮	1687.93
80	邢台	1946.78	116	怀化	1686.22
81	许昌	1946.09	117	洛阳	1679.24
82	银川	1931.82	118	长治	1670.52
83	乌鲁木齐	1929.39	119	金华	1665.47
84	泉州	1917.23	120	四平	1658.21
85	鄂尔多斯	1913.31	121	海口	1655.23
86	濮阳	1912.50	122	黄山	1650.29
87	潮州	1908.73	123	北海	1650.29
88	漳州	1906.84	124	九江	1634.39
89	金昌	1897.55	125	湘潭	1628.69
90	德州	1888.42	126	焦作	1618.11
91	鹰潭	1886.90	127	牡丹江	1589.15
92	新乡	1883.07	128	兰州	1552.62
93	营口	1881.57	129	开封	1534.11
94	绵阳	1877.85	130	辽源	1532.35
95	保定	1870.61	131	十堰	1513.78
96	铜陵	1869.25	132	德阳	1511.44
97	济宁	1845.81	133	武汉	1507.75
98	温州	1838.45	134	郴州	1498.61
99	嘉兴	1822.00	135	徐州	1483.30
100	安庆	1820.47	136	唐山	1477.57
101	抚顺	1818.86	137	衢州	1475.97
102	扬州	1809.26	138	白银	1442.88
103	通化	1805.06	139	太原	1440.66
104	葫芦岛	1792.03	140	大同	1434.05

5—20 续表 2

单位:元

序　号	城市名称	数　值	序　号	城市名称	数　值
141	蚌　埠	1433.60	177	衡　阳	1156.31
142	潍　坊	1430.79	178	阳　江	1151.59
143	吉　林	1422.62	179	临　沂	1149.89
144	白　山	1420.92	180	平　凉	1139.89
145	南　昌	1411.68	181	汕　尾	1139.78
146	黄　冈	1410.68	182	双鸭山	1137.72
147	驻马店	1387.25	183	萍　乡	1129.03
148	淄　博	1387.09	184	鹤　岗	1121.93
149	滁　州	1382.70	185	天　水	1103.71
150	景德镇	1364.06	186	三　亚	1086.51
151	邵　阳	1355.66	187	伊　春	1074.25
152	滨　州	1334.76	188	乌兰察布	1060.06
153	盐　城	1332.02	189	乐　山	1059.70
154	阳　泉	1330.79	190	新　余	1053.47
155	平顶山	1324.84	191	朔　州	1048.03
156	宝　鸡	1315.53	192	重　庆	1026.46
157	宜　昌	1314.59	193	玉　林	1024.42
158	揭　阳	1314.32	194	昭　通	1016.00
159	湖　州	1290.02	195	邯　郸	999.72
160	西　宁	1277.55	196	泰　安	996.07
161	西　安	1276.32	197	七台河	986.60
162	黄　石	1265.37	198	咸　阳	967.78
163	佳木斯	1243.54	199	齐齐哈尔	966.02
164	鹤　壁	1236.55	200	荆　门	949.79
165	思　茅	1231.82	201	自　贡	947.52
166	石嘴山	1227.89	202	南　阳	941.73
167	玉　溪	1222.88	203	淮　北	933.96
168	清　远	1207.19	204	莱　芜	922.10
169	丽　江	1206.61	205	汕　头	909.76
170	张家界	1196.22	206	广　元	908.83
171	成　都	1191.09	207	永　州	878.64
172	南　平	1186.13	208	荆　州	853.47
173	茂　名	1185.03	209	泸　州	838.26
174	常　德	1175.97	210	池　州	832.72
175	松　原	1169.67	211	枣　庄	831.88
176	防城港	1167.71	212	咸　宁	822.33

5—20续表3 单位:元

序　号	城市名称	数　值	序　号	城市名称	数　值
213	日照	820.32	249	固原	610.93
214	崇左	795.15	250	铜川	610.54
215	南充	790.12	251	莆田	594.35
216	信阳	784.64	252	吉安	577.48
217	淮南	778.33	253	宿州	568.29
218	海拉尔	765.07	254	孝感	562.48
219	淮安	759.96	255	定西	559.00
220	赤峰	758.58	256	安康	541.07
221	遵义	753.81	257	张掖	540.45
222	巢湖	753.15	258	遂宁	527.15
223	商丘	752.06	259	六安	525.88
224	延安	749.65	260	宁德	504.98
225	益阳	735.53	261	临汾	495.56
226	聊城	727.48	262	娄底	494.79
227	酒泉	720.40	263	赣州	493.46
228	武威	719.17	264	上饶	487.62
229	吕梁	711.90	265	雅安	472.58
230	菏泽	710.54	266	贵港	469.51
231	来宾	709.45	267	榆林	450.58
232	巴彦淖尔	706.39	268	达州	450.57
233	临沧	695.61	269	保山	450.57
234	曲靖	691.45	270	安顺	440.15
235	襄樊	680.76	271	汉中	437.89
236	鄂州	673.09	272	忻州	434.12
237	钦州	660.06	273	亳州	422.58
238	鸡西	655.16	274	宜春	401.71
239	资阳	648.87	275	眉山	398.63
240	百色	645.58	276	运城	386.36
241	湛江	644.43	277	随州	381.91
242	广安	640.97	278	宣城	371.64
243	内江	634.43	279	抚州	344.25
244	吴忠	631.41	280	商洛	341.94
245	晋中	624.11	281	贺州	321.87
246	河池	623.25	282	巴中	315.01
247	通辽	620.60	283	绥化	310.91
248	阜阳	613.01	284	渭南	210.45

5—21 人均教育事业费支出

单位:元

序号	城市名称	数值	序号	城市名称	数值
1	东莞	1027.87	35	威海	323.02
2	上海	1027.77	36	晋城	322.36
3	克拉玛依	886.50	37	沧州	321.95
4	北京	878.35	38	沈阳	321.03
5	厦门	781.27	39	本溪	315.76
6	深圳	698.68	40	桂林	312.37
7	珠海	689.73	41	济宁	306.33
8	广州	576.16	42	廊坊	303.37
9	天津	573.22	43	漳州	300.96
10	宁波	560.79	44	镇江	300.26
11	佛山	559.23	45	怀化	298.34
12	青岛	493.65	46	呼和浩特	297.06
13	中山	490.32	47	梅州	295.99
14	丽水	473.83	48	石家庄	294.13
15	无锡	435.09	49	常州	288.55
16	温州	429.10	50	新乡	286.08
17	杭州	424.66	51	朝阳	286.08
18	舟山	424.42	52	江门	285.53
19	泉州	415.78	53	扬州	282.88
20	苏州	406.97	54	肇庆	280.59
21	台州	390.72	55	湖州	277.30
22	三明	383.15	56	昆明	274.87
23	黑河	381.64	57	长治	274.74
24	绍兴	370.31	58	梧州	272.23
25	金华	366.40	59	承德	271.66
26	福州	361.01	60	铁岭	271.34
27	揭阳	360.00	61	潍坊	267.29
28	哈尔滨	354.12	62	潮州	264.92
29	秦皇岛	347.44	63	连云港	264.15
30	大连	345.32	64	郑州	262.66
31	龙岩	332.42	65	北海	262.36
32	南京	330.82	66	韶关	261.66
33	嘉兴	329.77	67	济南	260.17
34	惠州	324.67	68	南通	258.99

5—21 续表 1

单位:元

序　　号	城市名称	数　　值	序　　号	城市名称	数　　值
69	衡　　水	258.48	105	长　　春	212.94
70	衢　　州	258.46	106	河　　池	212.65
71	四　　平	254.32	107	海　　口	211.84
72	烟　　台	251.40	108	长　　沙	211.63
73	泰　　州	247.15	109	安　　庆	210.94
74	柳　　州	242.90	110	百　　色	210.91
75	滨　　州	242.11	111	朔　　州	210.42
76	郴　　州	241.38	112	宜　　昌	209.79
77	濮　　阳	241.10	113	河　　源	209.62
78	合　　肥	239.47	114	三　　亚	209.33
79	庆　　阳	239.07	115	天　　水	209.17
80	辽　　阳	236.82	116	兰　　州	208.89
81	淄　　博	235.66	117	三 门 峡	208.57
82	许　　昌	235.59	118	南　　宁	208.33
83	邢　　台	233.82	119	漯　　河	207.83
84	莆　　田	233.37	120	汕　　头	207.72
85	玉　　溪	231.93	121	滁　　州	207.46
86	丽　　江	227.27	122	安　　阳	205.99
87	武　　汉	224.83	123	蚌　　埠	204.87
88	鞍　　山	224.23	124	延　　安	203.42
89	宝　　鸡	224.03	125	白　　城	202.28
90	徐　　州	223.91	126	德　　州	202.01
91	鹤　　岗	223.26	127	乌鲁木齐	201.49
92	齐齐哈尔	223.12	128	营　　口	201.13
93	通　　化	222.80	129	白　　山	200.88
94	大　　同	222.29	130	锦　　州	200.80
95	黄　　冈	222.23	131	黄　　山	200.60
96	张 家 口	220.89	132	赤　　峰	199.21
97	思　　茅	220.42	133	焦　　作	199.11
98	南　　平	218.85	134	阳　　泉	198.40
99	盐　　城	216.48	135	云　　浮	196.92
100	唐　　山	215.75	136	双 鸭 山	196.89
101	保　　定	215.64	137	银　　川	196.51
102	鹰　　潭	215.04	138	成　　都	196.46
103	贵　　阳	213.30	139	抚　　顺	195.56
104	清　　远	213.17	140	宜　　宾	195.49

5—21 续表 2

单位:元

序　　号	城市名称	数　　值	序　　号	城市名称	数　　值
141	十　　堰	194.86	177	松　　原	172.44
142	阜　　新	194.02	178	辽　　源	170.41
143	牡 丹 江	193.70	179	吉　　林	169.35
144	临　　沂	192.58	180	金　　昌	168.68
145	东　　营	191.52	181	白　　银	168.68
146	鹤　　壁	191.07	182	曲　　靖	165.71
147	黄　　石	189.23	183	株　　洲	165.14
148	鄂尔多斯	188.88	184	铜　　陵	163.89
149	巴彦淖尔	188.67	185	来　　宾	163.39
150	驻 马 店	188.60	186	泰　　安	162.89
151	宁　　德	186.66	187	乐　　山	161.80
152	周　　口	185.25	188	防 城 港	160.18
153	乌　　海	185.00	189	定　　西	159.46
154	开　　封	182.49	190	茂　　名	159.43
155	六 盘 水	182.46	191	葫 芦 岛	158.07
156	海 拉 尔	181.73	192	日　　照	157.76
157	岳　　阳	181.50	193	九　　江	157.06
158	宿　　迁	180.56	194	盘　　锦	156.86
159	包　　头	179.99	195	荆　　门	156.35
160	崇　　左	179.82	196	平　　凉	155.62
161	荆　　州	178.80	197	武　　威	155.07
162	池　　州	178.01	198	枣　　庄	154.64
163	佳 木 斯	177.58	199	襄　　樊	154.58
164	太　　原	177.58	200	吴　　忠	153.64
165	酒　　泉	177.40	201	西　　宁	152.66
166	芜　　湖	175.95	202	七 台 河	152.42
167	阳　　江	175.87	203	洛　　阳	150.66
168	马 鞍 山	175.65	204	大　　庆	150.44
169	攀 枝 花	175.39	205	邵　　阳	150.06
170	莱　　芜	175.12	206	常　　德	149.39
171	吕　　梁	174.78	207	西　　安	148.72
172	平 顶 山	174.69	208	商　　洛	146.48
173	张 家 界	174.51	209	玉　　林	146.25
174	固　　原	173.58	210	汕　　尾	145.41
175	昭　　通	173.15	211	榆　　林	143.86
176	临　　沧	172.95	212	石 嘴 山	143.59

5—21 续表 3

单位:元

序　号	城市名称	数　值	序　号	城市名称	数　值
213	丹　东	143.24	249	汉　中	118.15
214	淮　北	143.09	250	自　贡	116.36
215	吉　安	142.46	251	娄　底	115.93
216	张　掖	142.42	252	六　安	115.21
217	鸡　西	140.42	253	乌兰察布	114.77
218	永　州	139.61	254	抚　州	110.99
219	景德镇	139.57	255	贵　港	110.87
220	新　余	138.44	256	淮　南	109.55
221	萍　乡	137.61	257	赣　州	109.38
222	湛　江	137.57	258	上　饶	106.76
223	南　昌	137.53	259	内　江	105.51
224	绵　阳	135.65	260	泸　州	105.05
225	忻　州	134.63	261	商　丘	104.27
226	南　充	133.81	262	益　阳	103.68
227	宣　城	133.35	263	湘　潭	102.72
228	安　康	132.45	264	钦　州	98.85
229	信　阳	132.13	265	孝　感	98.63
230	德　阳	131.89	266	资　阳	97.60
231	绥　化	130.14	267	宜　春	94.43
232	保　山	129.31	268	阜　阳	94.27
233	淮　安	128.87	269	雅　安	93.82
234	重　庆	128.50	270	眉　山	90.30
235	遵　义	127.99	271	咸　阳	88.91
236	南　阳	127.99	272	邯　郸	88.73
237	晋　中	127.02	273	亳　州	87.71
238	安　顺	126.39	274	遂　宁	87.63
239	鄂　州	125.93	275	随　州	83.05
240	广　元	125.01	276	广　安	82.99
241	通　辽	124.88	277	达　州	80.44
242	咸　宁	124.25	278	运　城	77.25
243	巢　湖	124.14	279	渭　南	76.40
244	铜　川	122.68	280	巴　中	68.94
245	伊　春	121.05	281	聊　城	68.22
246	菏　泽	120.31	282	衡　阳	67.29
247	贺　州	120.01	283	嘉峪关	50.95
248	临　汾	119.82	284	宿　州	19.43

5—22　人均储蓄年末余额

单位:元

序　号	城市名称	数　值	序　号	城市名称	数　值
1	东莞	77444.74	35	天津	24055.98
2	广州	59707.00	36	乌鲁木齐	23713.61
3	佛山	51824.02	37	青岛	23655.23
4	北京	48224.91	38	太原	23553.49
5	珠海	43573.52	39	威海	23407.02
6	上海	42798.01	40	十堰	23338.36
7	深圳	39458.39	41	南宁	23150.81
8	中山	39438.34	42	长春	23099.10
9	大连	39184.48	43	惠州	22494.81
10	温州	38168.87	44	常州	22412.73
11	盘锦	34175.34	45	鞍山	22350.69
12	福州	33434.43	46	银川	22311.92
13	大庆	33365.77	47	南京	22255.17
14	郑州	32957.14	48	衡阳	22239.09
15	杭州	32169.94	49	西安	22112.81
16	宁波	30898.67	50	兰州	22104.02
17	绍兴	30343.00	51	锦州	22042.38
18	克拉玛依	29350.33	52	铁岭	21917.33
19	晋城	29231.83	53	桂林	21783.00
20	哈尔滨	28819.61	54	濮阳	21195.78
21	长沙	28515.79	55	辽阳	21121.25
22	无锡	28364.30	56	呼和浩特	21086.44
23	厦门	28016.08	57	韶关	21021.34
24	苏州	27498.96	58	牡丹江	20878.54
25	秦皇岛	27347.83	59	宝鸡	20770.05
26	沈阳	27277.25	60	沧州	20541.23
27	东营	26282.27	61	洛阳	20479.75
28	昆明	26145.97	62	柳州	20477.52
29	石家庄	25754.31	63	海口	20430.09
30	邢台	25162.01	64	烟台	19313.35
31	成都	24966.03	65	合肥	19304.82
32	南通	24391.10	66	济南	19304.44
33	潮州	24326.14	67	丹东	19224.01
34	肇庆	24152.77	68	南昌	19183.27

5—22 续表 1 单位:元

序号	城市名称	数值	序号	城市名称	数值
69	三明	19117.66	105	镇江	15438.27
70	邯郸	18921.19	106	咸阳	15388.97
71	鄂尔多斯	18791.89	107	廊坊	15357.85
72	嘉兴	18572.48	108	吉林	15190.62
73	漯河	18417.34	109	开封	15162.93
74	盐城	18313.30	110	佳木斯	15124.53
75	株洲	17972.12	111	梅州	15040.70
76	大同	17606.78	112	四平	14911.20
77	许昌	17577.97	113	营口	14718.93
78	抚顺	17568.28	114	云浮	14713.31
79	乌兰察布	17521.13	115	朝阳	14620.98
80	嘉峪关	17479.96	116	淄博	14557.41
81	保定	17347.53	117	晋中	14537.04
82	三门峡	17173.92	118	舟山	14490.91
83	玉溪	17141.51	119	周口	14430.95
84	新乡	17021.31	120	金昌	14381.94
85	承德	16861.13	121	芜湖	14222.99
86	本溪	16780.31	122	唐山	14203.33
87	怀化	16471.67	123	漳州	14197.24
88	马鞍山	16467.63	124	徐州	14128.06
89	武汉	16456.10	125	泰州	14066.74
90	湘潭	16356.85	126	葫芦岛	14053.69
91	海拉尔	16207.18	127	龙岩	14034.97
92	泉州	16173.43	128	九江	14001.19
93	江门	16114.80	129	连云港	13981.27
94	台州	16046.83	130	攀枝花	13950.80
95	长治	16035.99	131	娄底	13772.03
96	衡水	15918.05	132	通化	13752.28
97	贵阳	15878.40	133	白山	13613.97
98	张家口	15867.66	134	景德镇	13558.67
99	德州	15854.41	135	黑河	13495.72
100	扬州	15853.57	136	安阳	13417.10
101	西宁	15816.40	137	清远	13400.55
102	鹰潭	15616.02	138	蚌埠	13368.71
103	湛江	15605.95	139	湖州	13175.20
104	临汾	15557.54	140	丽江	13168.18

5—22 续表 2　　单位:元

序号	城市名称	数值	序号	城市名称	数值
141	达州	13165.83	177	茂名	10247.52
142	焦作	13146.79	178	临沂	10177.16
143	平顶山	13104.55	179	邵阳	10101.99
144	铜陵	13066.25	180	运城	10074.67
145	石嘴山	12897.76	181	七台河	9813.22
146	包头	12724.83	182	黄山	9779.44
147	伊春	12677.25	183	驻马店	9761.29
148	潍坊	12671.76	184	酒泉	9699.42
149	赣州	12459.01	185	辽源	9623.37
150	阳泉	12298.01	186	淮北	9480.86
151	齐齐哈尔	12293.28	187	三亚	9464.44
152	延安	12289.43	188	滨州	9450.56
153	绵阳	12157.60	189	雅安	9444.87
154	金华	12151.75	190	思茅	9378.87
155	丽水	12134.04	191	鹤岗	9342.33
156	乌海	12117.16	192	玉林	9311.94
157	阳江	11954.57	193	岳阳	9173.11
158	宜昌	11912.92	194	曲靖	9061.90
159	黄石	11829.28	195	河池	9034.83
160	汕头	11688.46	196	淮南	9017.61
161	忻州	11682.30	197	荆门	8985.14
162	阜新	11669.99	198	宜宾	8914.13
163	上饶	11664.59	199	聊城	8891.18
164	安庆	11618.67	200	荆州	8886.72
165	梧州	11417.36	201	黄冈	8873.88
166	北海	11402.28	202	双鸭山	8662.04
167	揭阳	11287.35	203	吉安	8644.69
168	济宁	11266.51	204	赤峰	8617.72
169	重庆	11194.81	205	新余	8536.14
170	宿迁	11044.43	206	南阳	8526.48
171	汉中	10945.62	207	衢州	8378.09
172	遵义	10879.64	208	南平	8276.15
173	吕梁	10421.23	209	巴彦淖尔	8249.00
174	德阳	10418.43	210	鹤壁	7948.09
175	鸡西	10414.50	211	抚州	7818.02
176	白银	10323.50	212	襄樊	7789.37

5—22 续表 3

单位:元

序　号	城市名称	数　值	序　号	城市名称	数　值
213	白　城	7787.13	249	枣　庄	4873.51
214	泰　安	7734.17	250	内　江	4860.07
215	郴　州	7658.88	251	宿　州	4718.89
216	乐　山	7633.89	252	阜　阳	4666.19
217	吴　忠	7582.53	253	广　安	4657.27
218	六盘水	7549.00	254	商　洛	4623.53
219	滁　州	7350.42	255	平　凉	4601.53
220	百　色	7278.24	256	巢　湖	4464.28
221	自　贡	7231.09	257	张家界	4285.38
222	常　德	7219.30	258	池　州	4224.45
223	莆　田	7111.88	259	宁　德	4132.34
224	庆　阳	7022.32	260	淮　安	4120.26
225	莱　芜	6843.25	261	遂　宁	4098.70
226	朔　州	6771.97	262	安　顺	4079.31
227	泸　州	6767.72	263	临　沧	3993.88
228	萍　乡	6737.18	264	宣　城	3948.58
229	日　照	6670.17	265	资　阳	3941.16
230	榆　林	6602.14	266	宜　春	3886.91
231	信　阳	6466.77	267	随　州	3780.36
232	孝　感	6454.66	268	松　原	3647.64
233	商　丘	6401.84	269	通　辽	3491.71
234	南　充	6282.40	270	安　康	3312.07
235	渭　南	6126.49	271	钦　州	3289.25
236	张　掖	5997.73	272	保　山	3174.94
237	绥　化	5939.49	273	崇　左	3117.71
238	眉　山	5844.46	274	六　安	3022.92
239	广　元	5819.00	275	贵　港	2974.54
240	防城港	5551.69	276	定　西	2874.71
241	永　州	5404.38	277	贺　州	2845.67
242	鄂　州	5331.90	278	亳　州	2811.00
243	菏　泽	5306.96	279	昭　通	2728.22
244	汕　尾	5088.47	280	固　原	2462.15
245	天　水	5047.34	281	巴　中	2016.54
246	咸　宁	5033.75	282	来　宾	1724.90
247	武　威	5021.88	283	铜　川	510.52
248	益　阳	4877.09	284	河　源	0.00

5—23 在岗职工平均工资

单位:元

序号	城市名称	数值	序号	城市名称	数值
1	深圳	31052.58	35	佛山	17641.59
2	河源	30704.98	36	长沙	17579.68
3	广州	29778.54	37	徐州	17516.64
4	上海	27393.60	38	十堰	17509.86
5	北京	25697.95	39	金昌	17423.40
6	杭州	25532.39	40	嘉峪关	17313.81
7	宁波	25319.72	41	济南	17306.25
8	苏州	23104.66	42	镇江	16919.09
9	东营	22971.92	43	马鞍山	16844.38
10	金华	22899.86	44	三明	16644.54
11	东莞	22598.69	45	乌鲁木齐	16543.47
12	南京	22565.96	46	成都	16447.75
13	大庆	22089.91	47	南通	16445.06
14	克拉玛依	21851.06	48	福州	16122.71
15	台州	21812.88	49	扬州	16095.92
16	丽水	20974.29	50	梅州	15788.52
17	嘉兴	20667.90	51	湛江	15728.44
18	中山	20377.65	52	长春	15694.30
19	衢州	20059.42	53	清远	15601.86
20	西宁	20050.83	54	龙岩	15542.09
21	温州	19914.37	55	沈阳	15512.57
22	湖州	19849.51	56	松原	15394.79
23	无锡	19504.59	57	郴州	15386.46
24	绍兴	19325.96	58	秦皇岛	15385.21
25	珠海	19201.60	59	柳州	15358.50
26	厦门	19023.57	60	南宁	15263.52
27	天津	19011.88	61	合肥	15231.91
28	韶关	18687.79	62	盘锦	15216.24
29	大连	18635.27	63	南昌	15206.47
30	舟山	18500.25	64	黑河	15204.00
31	茂名	18438.33	65	呼和浩特	15101.94
32	常州	18289.58	66	攀枝花	15053.37
33	青岛	18178.02	67	德阳	14944.90
34	玉溪	17836.59	68	株洲	14893.76

5—23 续表 1 单位:元

序号	城市名称	数值	序号	城市名称	数值
69	肇庆	14872.52	105	泉州	13250.42
70	海口	14818.98	106	莱芜	13243.47
71	云浮	14759.73	107	哈尔滨	13204.96
72	昆明	14700.78	108	宜宾	13197.19
73	郑州	14691.08	109	廊坊	13185.95
74	常德	14670.94	110	赣州	13173.08
75	南平	14592.00	111	汕尾	13155.20
76	宁德	14590.99	112	泰州	13142.31
77	岳阳	14553.46	113	怀化	13135.23
78	娄底	14552.36	114	酒泉	13080.67
79	江门	14507.69	115	石嘴山	13039.06
80	濮阳	14424.85	116	丽江	12915.56
81	石家庄	14368.32	117	北海	12816.88
82	固原	14320.92	118	梧州	12772.11
83	玉林	14314.44	119	太原	12764.80
84	烟台	14210.09	120	防城港	12741.42
85	张家界	14205.56	121	锦州	12658.38
86	连云港	14197.82	122	济宁	12641.93
87	兰州	14143.28	123	承德	12617.08
88	银川	14122.54	124	来宾	12564.18
89	惠州	14122.53	125	资阳	12562.68
90	淄博	14110.12	126	百色	12556.22
91	曲靖	13922.01	127	邢台	12524.72
92	西安	13825.53	128	保定	12503.62
93	武汉	13729.79	129	湘潭	12500.56
94	桂林	13716.91	130	宿迁	12492.31
95	重庆	13706.81	131	长治	12476.38
96	晋城	13683.78	132	威海	12440.74
97	河池	13661.34	133	安阳	12437.02
98	盐城	13618.63	134	绵阳	12436.86
99	包头	13612.42	135	芜湖	12410.06
100	潮州	13529.06	136	抚顺	12394.62
101	鞍山	13525.83	137	衡阳	12351.26
102	漳州	13512.28	138	潍坊	12339.69
103	辽阳	13396.05	139	张家口	12304.29
104	海拉尔	13282.65	140	乌兰察布	12225.35

5—23续表2

单位:元

序　　号	城市名称	数　　值	序　　号	城市名称	数　　值
141	六 盘 水	12222.86	177	泰　　安	11384.32
142	本　　溪	12185.34	178	营　　口	11347.75
143	蚌　　埠	12184.54	179	鹰　　潭	11346.70
144	贵　　阳	12168.11	180	景 德 镇	11334.22
145	吉　　林	12144.86	181	阳　　泉	11325.59
146	沧　　州	12118.38	182	益　　阳	11317.80
147	宝　　鸡	12095.72	183	宜　　昌	11315.75
148	铁　　岭	12092.82	184	唐　　山	11284.48
149	汕　　头	12084.58	185	牡 丹 江	11266.56
150	咸　　阳	12083.95	186	滨　　州	11259.03
151	鄂尔多斯	12048.23	187	池　　州	11225.93
152	黄　　山	12030.46	188	葫 芦 岛	11218.30
153	莆　　田	12026.81	189	铜　　陵	11218.09
154	眉　　山	11968.60	190	揭　　阳	11141.08
155	白　　银	11952.46	191	自　　贡	11091.31
156	淮　　安	11938.69	192	运　　城	11081.72
157	淮　　南	11902.30	193	许　　昌	11068.63
158	定　　西	11885.47	194	南　　阳	11016.93
159	九　　江	11877.56	195	丹　　东	11001.33
160	阳　　江	11875.83	196	淮　　北	10997.39
161	广　　安	11858.38	197	内　　江	10972.13
162	平 顶 山	11843.15	198	朝　　阳	10933.80
163	雅　　安	11802.20	199	枣　　庄	10900.00
164	庆　　阳	11793.77	200	黄　　石	10898.30
165	洛　　阳	11766.79	201	大　　同	10866.44
166	日　　照	11763.04	202	张　　掖	10865.83
167	新　　余	11706.17	203	三 门 峡	10850.15
168	临　　沂	11687.30	204	贺　　州	10828.09
169	临　　汾	11673.95	205	焦　　作	10802.21
170	齐齐哈尔	11625.45	206	保　　山	10798.57
171	三　　亚	11579.96	207	滁　　州	10783.31
172	泸　　州	11575.58	208	朔　　州	10738.90
173	永　　州	11491.04	209	邯　　郸	10711.49
174	通　　化	11481.59	210	崇　　左	10707.85
175	临　　沧	11452.69	211	荆　　门	10705.63
176	达　　州	11419.25	212	菏　　泽	10654.49

5—23 续表 3

单位:元

序号	城市名称	数值	序号	城市名称	数值
213	宣城	10591.38	249	宜春	9558.99
214	上饶	10559.86	250	阜新	9526.98
215	安庆	10557.38	251	安顺	9512.98
216	衡水	10544.41	252	巴彦淖尔	9484.24
217	乐山	10528.17	253	荆州	9442.30
218	榆林	10456.43	254	广元	9439.00
219	萍乡	10367.47	255	阜阳	9386.67
220	南充	10354.55	256	铜川	9316.11
221	吉安	10344.88	257	辽源	9294.99
222	遵义	10344.11	258	巴中	9278.26
223	汉中	10332.44	259	遂宁	9238.50
224	安康	10225.19	260	宿州	9223.37
225	邵阳	10211.26	261	漯河	9192.71
226	吕梁	10198.81	262	鹤岗	9175.20
227	贵港	10193.09	263	白山	9175.16
228	双鸭山	10173.63	264	白城	9142.59
229	渭南	10153.40	265	亳州	9127.21
230	吴忠	10152.62	266	商洛	9064.42
231	赤峰	10122.93	267	六安	8926.55
232	乌海	10105.99	268	鸡西	8875.66
233	咸宁	10047.45	269	开封	8635.37
234	新乡	10022.69	270	思茅	8524.81
235	聊城	9999.79	271	德州	8519.89
236	四平	9969.32	272	信阳	8402.64
237	通辽	9933.81	273	鄂州	8242.54
238	七台河	9898.83	274	昭通	8130.92
239	鹤壁	9818.28	275	黄冈	8097.47
240	钦州	9797.70	276	抚州	8026.96
241	孝感	9727.25	277	随州	7994.36
242	驻马店	9723.92	278	忻州	7944.57
243	襄樊	9706.97	279	武威	7296.31
244	平凉	9640.20	280	周口	7291.84
245	佳木斯	9635.85	281	商丘	7148.24
246	晋中	9634.43	282	绥化	7085.56
247	延安	9624.89	283	伊春	5928.18
248	天水	9606.88	284	巢湖	4927.56

5—24 每万人拥有高等学校在校学生数

单位:人

序 号	城市名称	数 值	序 号	城市名称	数 值
1	长沙	1302	35	成都	522
2	贵阳	1100	36	锦州	503
3	郑州	1069	37	乌鲁木齐	497
4	合肥	978	38	临汾	492
5	湘潭	972	39	十堰	484
6	芜湖	946	40	沈阳	483
7	南昌	939	41	荆州	467
8	保定	902	42	开封	464
9	济南	901	43	绵阳	436
10	石家庄	883	44	金华	433
11	桂林	825	45	银川	430
12	呼和浩特	819	46	徐州	429
13	哈尔滨	812	47	泰安	429
14	西安	786	48	承德	422
15	长春	753	49	雅安	421
16	福州	688	50	扬州	418
17	九江	683	51	北京	418
18	青岛	683	52	镇江	416
19	南京	681	53	衡阳	409
20	南宁	677	54	邢台	404
21	兰州	669	55	宿迁	388
22	咸阳	661	56	宁波	387
23	杭州	660	57	泉州	381
24	赣州	658	58	连云港	369
25	新乡	637	59	榆林	368
26	广州	637	60	怀化	364
27	太原	635	61	肇庆	361
28	武汉	628	62	盐城	354
29	昆明	605	63	廊坊	353
30	株洲	561	64	焦作	349
31	秦皇岛	558	65	蚌埠	342
32	大连	546	66	四平	341
33	黄冈	537	67	厦门	337
34	南通	526	68	梅州	334

5—24 续表 1

单位:人

序　号	城市名称	数　值	序　号	城市名称	数　值
69	烟　台	332	105	西　宁	262
70	丽　水	326	106	黄　石	261
71	韶　关	325	107	景德镇	258
72	湛　江	325	108	潮　州	258
73	洛　阳	324	109	聊　城	249
74	天　津	323	110	常　州	249
75	沧　州	323	111	丹　东	245
76	南　充	321	112	百　色	245
77	佳木斯	317	113	玉　溪	243
78	滁　州	315	114	重　庆	240
79	咸　宁	314	115	吉　林	240
80	苏　州	313	116	嘉　兴	234
81	滨　州	310	117	渭　南	232
82	乌兰察布	309	118	自　贡	230
83	汉　中	308	119	淮　南	230
84	威　海	305	120	邵　阳	227
85	海拉尔	304	121	庆　阳	224
86	绍　兴	303	122	铜　陵	222
87	邯　郸	301	123	南　平	220
88	张家口	297	124	孝　感	218
89	上　海	296	125	海　口	217
90	温　州	296	126	丽　江	214
91	马鞍山	293	127	漳　州	213
92	荆　门	293	128	深　圳	213
93	阜　新	289	129	日　照	212
94	柳　州	289	130	遵　义	211
95	东　营	288	131	娄　底	211
96	晋　城	286	132	张家界	209
97	许　昌	284	133	延　安	203
98	牡丹江	273	134	吉　安	202
99	潍　坊	272	135	平顶山	200
100	大　庆	271	136	德　阳	199
101	上　饶	271	137	无　锡	197
102	周　口	270	138	宜　昌	194
103	唐　山	269	139	德　州	188
104	长　治	265	140	淮　北	188

5—24 续表 2　　单位:人

序　号	城市名称	数　值	序　号	城市名称	数　值
141	三　明	187	177	思　茅	122
142	张　掖	184	178	泸　州	117
143	安　庆	183	179	达　州	114
144	宝　鸡	183	180	永　州	113
145	郴　州	182	181	鹰　潭	112
146	吕　梁	177	182	湖　州	112
147	齐齐哈尔	176	183	池　州	105
148	安　阳	176	184	玉　林	104
149	通　辽	170	185	天　水	104
150	泰　州	166	186	固　原	103
151	包　头	162	187	商　丘	97
152	衡　水	160	188	揭　阳	96
153	大　同	157	189	茂　名	95
154	漯　河	157	190	宿　州	94
155	龙　岩	157	191	常　德	92
156	宜　宾	151	192	衢　州	89
157	黄　山	147	193	三门峡	89
158	乌　海	146	194	舟　山	89
159	淄　博	146	195	鸡　西	89
160	南　阳	146	196	萍　乡	87
161	攀枝花	145	197	黑　河	85
162	忻　州	141	198	六　安	85
163	驻马店	138	199	运　城	84
164	信　阳	137	200	岳　阳	82
165	抚　州	137	201	内　江	81
166	济　宁	137	202	乐　山	80
167	梧　州	133	203	曲　靖	78
168	淮　安	132	204	商　洛	73
169	鞍　山	130	205	白　城	73
170	临　沂	129	206	阜　阳	72
171	晋　中	128	207	巴彦淖尔	70
172	抚　顺	127	208	本　溪	70
173	通　化	125	209	宁　德	69
174	六盘水	123	210	巢　湖	69
175	宜　春	123	211	临　沧	69
176	襄　樊	123	212	益　阳	69

5—24 续表 3

单位：人

序号	城市名称	数值	序号	城市名称	数值
213	安顺	68	249	北海	28
214	河源	68	250	辽源	28
215	辽阳	65	251	莱芜	27
216	菏泽	64	252	钦州	27
217	枣庄	62	253	酒泉	26
218	营口	61	254	保山	25
219	吴忠	61	255	眉山	25
220	惠州	61	256	亳州	20
221	濮阳	58	257	宣城	19
222	佛山	57	258	七台河	17
223	新余	57	259	汕头	16
224	阳江	57	260	伊春	16
225	江门	54	261	鹤岗	15
226	朝阳	53	262	随州	10
227	盘锦	51	263	三亚	6
228	克拉玛依	50	264	平凉	5
229	安康	50	265	朔州	0
230	阳泉	48	266	白山	0
231	绥化	48	267	松原	0
232	鄂尔多斯	46	268	双鸭山	0
233	贺州	45	269	珠海	0
234	昭通	45	270	清远	0
235	东莞	43	271	云浮	0
236	武威	43	272	防城港	0
237	汕尾	43	273	贵港	0
238	赤峰	39	274	河池	0
239	来宾	39	275	崇左	0
240	莆田	35	276	广元	0
241	定西	34	277	广安	0
242	中山	33	278	巴中	0
243	铁岭	32	279	资阳	0
244	鄂州	30	280	铜川	0
245	鹤壁	30	281	嘉峪关	0
246	遂宁	30	282	金昌	0
247	台州	30	283	白银	0
248	葫芦岛	29	284	石嘴山	0

5—25　每百万人拥有影剧院数

单位:个

序　号	城市名称	数　值	序　号	城市名称	数　值
1	庆　阳	79	35	湖　州	13
2	常　州	62	36	上　海	13
3	扬　州	52	37	北　海	13
4	大　庆	40	38	深　圳	12
5	三门峡	39	39	随　州	12
6	盘　锦	35	40	攀枝花	12
7	东　莞	35	41	海拉尔	12
8	镇　江	32	42	郑　州	12
9	盐　城	32	43	莱　芜	11
10	丽　江	28	44	玉　林	11
11	中　山	27	45	衡　阳	11
12	北　京	22	46	抚　顺	11
13	无　锡	22	47	济　宁	10
14	鹰　潭	22	48	朔　州	10
15	怀　化	22	49	黑　河	10
16	宝　鸡	22	50	福　州	10
17	萍　乡	21	51	杭　州	10
18	珠　海	21	52	玉　溪	10
19	泰　州	19	53	思　茅	10
20	金　昌	19	54	哈尔滨	10
21	武　威	18	55	临　沂	9
22	银　川	18	56	泉　州	9
23	台　州	16	57	黄　石	9
24	鄂　州	16	58	江　门	9
25	嘉　兴	16	59	潮　州	9
26	佛　山	16	60	舟　山	9
27	黄　山	14	61	贺　州	9
28	晋　城	14	62	武　汉	9
29	三　明	14	63	梧　州	8
30	合　肥	14	64	桂　林	8
31	海　口	14	65	肇　庆	8
32	安　庆	13	66	丽　水	8
33	鹤　壁	13	67	聊　城	8
34	南　通	13	68	丹　东	8

5—25 续表 1　　　　单位:个

序　号	城市名称	数　值	序　号	城市名称	数　值
69	许　昌	8	105	晋　中	6
70	遵　义	8	106	漯　河	6
71	乌兰察布	8	107	吴　忠	6
72	达　州	8	108	潍　坊	6
73	焦　作	8	109	韶　关	6
74	乌鲁木齐	8	110	上　饶	6
75	洛　阳	7	111	惠　州	6
76	云　浮	7	112	黄　冈	6
77	厦　门	7	113	鞍　山	5
78	宿　迁	7	114	周　口	5
79	宁　波	7	115	邢　台	5
80	包　头	7	116	延　安	5
81	铜　川	7	117	岳　阳	5
82	梅　州	7	118	昭　通	5
83	宜　宾	6	119	保　定	5
84	龙　岩	6	120	临　汾	5
85	河　池	6	121	温　州	5
86	太　原	6	122	驻马店	5
87	防城港	6	123	兰　州	5
88	蚌　埠	6	124	铜　陵	5
89	沧　州	6	125	长　沙	5
90	绍　兴	6	126	东　营	5
91	新　乡	6	127	天　水	5
92	柳　州	6	128	齐齐哈尔	5
93	株　洲	6	129	佳木斯	5
94	嘉峪关	6	130	运　城	5
95	苏　州	6	131	乌　海	5
96	安　阳	6	132	南　宁	5
97	三　亚	6	133	徐　州	5
98	莆　田	6	134	伊　春	5
99	酒　泉	6	135	邵　阳	5
100	郴　州	6	136	鄂尔多斯	5
101	鹤　岗	6	137	衡　水	5
102	绥　化	6	138	长　治	5
103	锦　州	6	139	辽　源	4
104	湘　潭	6	140	青　岛	4

5—25 续表 2

单位:个

序　号	城市名称	数　值	序　号	城市名称	数　值
141	赤　峰	4	177	张家口	4
142	唐　山	4	178	巢　湖	3
143	承　德	4	179	吉　林	3
144	淄　博	4	180	河　源	3
145	张家界	4	181	渭　南	3
146	白　银	4	182	克拉玛依	3
147	汕　尾	4	183	滨　州	3
148	吕　梁	4	184	金　华	3
149	宜　春	4	185	葫芦岛	3
150	本　溪	4	186	曲　靖	3
151	白　城	4	187	连云港	3
152	固　原	4	188	揭　阳	3
153	十　堰	4	189	白　山	3
154	滁　州	4	190	西　宁	3
155	西　安	4	191	崇　左	3
156	忻　州	4	192	雅　安	3
157	四　平	4	193	内　江	3
158	益　阳	4	194	成　都	3
159	濮　阳	4	195	沈　阳	3
160	枣　庄	4	196	石家庄	3
161	漳　州	4	197	自　贡	3
162	阜　新	4	198	辽　阳	3
163	巴彦淖尔	4	199	荆　门	3
164	开　封	4	200	永　州	3
165	汉　中	4	201	荆　州	3
166	通　辽	4	202	廊　坊	3
167	天　津	4	203	乐　山	3
168	清　远	4	204	商　丘	3
169	商　洛	4	205	牡丹江	3
170	赣　州	4	206	新　余	3
171	临　沧	4	207	大　连	3
172	大　同	4	208	泰　安	3
173	南　昌	4	209	衢　州	2
174	营　口	4	210	眉　山	2
175	威　海	4	211	娄　底	2
176	烟　台	4	212	咸　阳	2

5—25 续表 3　　　　单位:个

序　号	城市名称	数　值	序　号	城市名称	数　值
213	宁　德	2	249	池　州	2
214	济　南	2	250	阳　江	2
215	景德镇	2	251	重　庆	2
216	保　山	2	252	阳　泉	2
217	六盘水	2	253	贵　阳	2
218	贵　港	2	254	汕　头	1
219	铁　岭	2	255	菏　泽	1
220	榆　林	2	256	芜　湖	1
221	南　京	2	257	邯　郸	1
222	广　州	2	258	泸　州	1
223	广　元	2	259	亳　州	1
224	通　化	2	260	宿　州	1
225	常　德	2	261	湛　江	1
226	信　阳	2	262	襄　樊	1
227	平顶山	2	263	遂　宁	1
228	安　康	2	264	秦皇岛	1
229	朝　阳	2	265	安　顺	1
230	平　凉	2	266	淮　北	1
231	南　平	2	267	宣　城	1
232	张　掖	2	268	孝　感	1
233	吉　安	2	269	鸡　西	1
234	七台河	2	270	阜　阳	1
235	双鸭山	2	271	来　宾	1
236	长　春	2	272	抚　州	1
237	资　阳	2	273	钦　州	1
238	淮　安	2	274	宜　昌	1
239	呼和浩特	2	275	广　安	1
240	绵　阳	2	276	巴　中	1
241	咸　宁	2	277	淮　南	1
242	德　州	2	278	南　阳	1
243	马鞍山	2	279	松　原	0
244	六　安	2	280	百　色	0
245	日　照	2	281	南　充	0
246	茂　名	2	282	昆　明	0
247	九　江	2	283	定　西	0
248	德　阳	2	284	石嘴山	0

5—26 每百人公共图书馆藏书

单位：册

序　号	城市名称	数　值	序　号	城市名称	数　值
1	上　海	458	35	辽　阳	98
2	北　京	309	36	丹　东	97
3	桂　林	228	37	衡　阳	96
4	南　京	217	38	梧　州	95
5	福　州	211	39	三门峡	95
6	银　川	201	40	雅　安	93
7	呼和浩特	193	41	克拉玛依	93
8	西　宁	193	42	黄　冈	93
9	济　南	186	43	石嘴山	92
10	合　肥	185	44	锦　州	91
11	长　沙	170	45	盐　城	89
12	杭　州	166	46	景德镇	87
13	南　宁	166	47	扬　州	84
14	哈尔滨	162	48	镇　江	83
15	南　昌	160	49	东　莞	82
16	成　都	153	50	湘　潭	81
17	贵　阳	150	51	绍　兴	80
18	兰　州	148	52	鹰　潭	78
19	沈　阳	144	53	本　溪	77
20	九　江	143	54	铜　陵	76
21	广　州	142	55	吉　林	76
22	大　连	140	56	青　岛	76
23	三　明	140	57	新　乡	76
24	郑　州	139	58	温　州	76
25	太　原	126	59	乌鲁木齐	75
26	丽　江	123	60	朝　阳	75
27	十　堰	120	61	潮　州	73
28	黄　石	115	62	铁　岭	73
29	南　通	113	63	宝　鸡	73
30	厦　门	111	64	营　口	72
31	鞍　山	109	65	荆　州	72
32	石家庄	109	66	保　定	72
33	天　津	107	67	海拉尔	72
34	武　汉	102	68	曲　靖	71

5—26 续表 1 单位:册

序号	城市名称	数值	序号	城市名称	数值
69	常州	70	105	阳江	56
70	无锡	70	106	芜湖	55
71	嘉兴	70	107	龙岩	54
72	白银	70	108	长治	54
73	烟台	69	109	金华	54
74	开封	69	110	吉安	54
75	柳州	68	111	泉州	53
76	张家口	68	112	株洲	53
77	江门	68	113	徐州	52
78	齐齐哈尔	67	114	嘉峪关	50
79	延安	67	115	佛山	49
80	长春	66	116	牡丹江	49
81	思茅	66	117	赣州	49
82	漳州	66	118	商洛	49
83	大庆	65	119	达州	47
84	苏州	64	120	白山	47
85	固原	64	121	乌兰察布	47
86	泰州	64	122	沧州	46
87	遵义	64	123	伊春	46
88	泸州	63	124	河池	45
89	承德	63	125	舟山	45
90	邵阳	62	126	清远	45
91	通化	62	127	肇庆	45
92	深圳	62	128	巴彦淖尔	44
93	西安	61	129	铜川	44
94	四平	61	130	安阳	44
95	秦皇岛	61	131	滨州	44
96	抚顺	60	132	漯河	43
97	濮阳	60	133	鹤壁	42
98	宜昌	59	134	阜新	42
99	攀枝花	59	135	玉林	42
100	萍乡	59	136	珠海	41
101	阳泉	57	137	佳木斯	41
102	黑河	57	138	南阳	41
103	宜宾	57	139	宁波	41
104	辽源	56	140	南平	41

5—26 续表 2

单位:册

序号	城市名称	数值	序号	城市名称	数值
141	丽水	41	177	常德	32
142	洛阳	40	178	天水	32
143	湛江	40	179	中山	32
144	白城	40	180	定西	32
145	广元	40	181	邢台	31
146	许昌	39	182	娄底	31
147	怀化	38	183	酒泉	31
148	重庆	38	184	平顶山	31
149	北海	38	185	孝感	31
150	玉溪	38	186	运城	31
151	咸阳	38	187	唐山	30
152	通辽	37	188	张掖	30
153	上饶	37	189	河源	30
154	安庆	37	190	包头	30
155	吕梁	37	191	岳阳	29
156	揭阳	36	192	鄂州	29
157	淄博	36	193	咸宁	28
158	蚌埠	36	194	马鞍山	28
159	济宁	36	195	忻州	28
160	惠州	36	196	襄樊	28
161	韶关	36	197	云浮	27
162	黄山	35	198	南充	27
163	庆阳	35	199	昭通	27
164	赤峰	35	200	潍坊	27
165	乌海	35	201	晋城	27
166	百色	35	202	邯郸	27
167	廊坊	35	203	益阳	26
168	焦作	34	204	防城港	26
169	双鸭山	34	205	平凉	26
170	汉中	34	206	淮北	25
171	盘锦	34	207	宿迁	25
172	威海	34	208	衢州	25
173	德州	34	209	临沧	24
174	绵阳	33	210	自贡	24
175	湖州	33	211	新余	23
176	周口	32	212	海口	23

5—26 续表 3　　　　单位:册

序　　号	城市名称	数　　值	序　　号	城市名称	数　　值
213	葫 芦 岛	23	249	汕　　头	15
214	三　　亚	22	250	滁　　州	14
215	大　　同	22	251	鄂尔多斯	14
216	金　　昌	22	252	宜　　春	14
217	鸡　　西	21	253	汕　　尾	14
218	郴　　州	21	254	池　　州	13
219	六 盘 水	21	255	来　　宾	13
220	淮　　安	21	256	渭　　南	13
221	宁　　德	20	257	贺　　州	13
222	榆　　林	19	258	菏　　泽	13
223	荆　　门	19	259	遂　　宁	13
224	晋　　中	19	260	抚　　州	13
225	鹤　　岗	19	261	资　　阳	12
226	七 台 河	18	262	乐　　山	12
227	安　　顺	18	263	枣　　庄	12
228	茂　　名	18	264	巴　　中	11
229	商　　丘	18	265	莱　　芜	11
230	巢　　湖	18	266	梅　　州	10
231	驻 马 店	18	267	吴　　忠	9
232	台　　州	18	268	泰　　安	9
233	松　　原	17	269	亳　　州	9
234	临　　汾	17	270	宣　　城	8
235	信　　阳	17	271	广　　安	8
236	东　　营	17	272	张 家 界	8
237	淮　　南	17	273	临　　沂	8
238	保　　山	17	274	日　　照	8
239	武　　威	17	275	连 云 港	8
240	永　　州	16	276	贵　　港	7
241	绥　　化	16	277	阜　　阳	7
242	衡　　水	16	278	随　　州	7
243	安　　康	16	279	六　　安	6
244	钦　　州	16	280	莆　　田	4
245	内　　江	16	281	宿　　州	4
246	朔　　州	16	282	崇　　左	3
247	聊　　城	15	283	眉　　山	2
248	德　　阳	15	284	昆　　明	0

5－27　每十万人拥有医院床位数

单位:张

序　号	城市名称	数　值	序　号	城市名称	数　值
1	三　明	1094	35	长　治	699
2	衡　阳	1042	36	本　溪	698
3	辽　阳	912	37	濮　阳	678
4	保　定	898	38	银　川	677
5	株　洲	883	39	攀枝花	676
6	乌鲁木齐	877	40	许　昌	676
7	长　沙	866	41	南　通	674
8	十　堰	863	42	阳　泉	672
9	晋　城	854	43	安　阳	671
10	邢　台	844	44	桂　林	658
11	梧　州	840	45	岳　阳	652
12	深　圳	835	46	兰　州	652
13	开　封	826	47	鄂尔多斯	652
14	邯　郸	821	48	黄　石	651
15	柳　州	797	49	北　京	641
16	洛　阳	779	50	石嘴山	638
17	鞍　山	778	51	六盘水	635
18	怀　化	775	52	大　连	633
19	哈尔滨	768	53	东　营	633
20	太　原	763	54	芜　湖	632
21	郑　州	754	55	九　江	631
22	新　乡	752	56	湘　潭	630
23	锦　州	750	57	承　德	627
24	丹　东	750	58	铜　陵	620
25	景德镇	742	59	白　银	618
26	南　宁	738	60	咸　阳	616
27	汉　中	737	61	百　色	614
28	西　宁	735	62	成　都	613
29	盘　锦	730	63	沈　阳	611
30	铁　岭	730	64	上　海	610
31	牡丹江	724	65	合　肥	609
32	漳　州	716	66	广　州	602
33	焦　作	714	67	阜　新	602
34	四　平	708	68	东　莞	601

5—27 续表 1

单位:张

序 号	城市名称	数 值	序 号	城市名称	数 值
69	吉 林	596	105	呼和浩特	528
70	大 同	595	106	梅 州	527
71	大 庆	589	107	三 门 峡	522
72	通 化	588	108	伊 春	521
73	徐 州	588	109	克拉玛依	521
74	白 山	584	110	肇 庆	511
75	蚌 埠	584	111	青 岛	511
76	南 昌	581	112	宜 宾	510
77	张 家 口	580	113	邵 阳	508
78	海 拉 尔	579	114	无 锡	504
79	达 州	574	115	营 口	502
80	抚 顺	569	116	连 云 港	501
81	赣 州	569	117	唐 山	499
82	淮 北	568	118	双 鸭 山	495
83	福 州	564	119	杭 州	494
84	平 顶 山	563	120	鸡 西	493
85	辽 源	563	121	思 茅	490
86	长 春	561	122	温 州	489
87	忻 州	560	123	衡 水	485
88	沧 州	557	124	朝 阳	483
89	济 南	557	125	娄 底	483
90	南 阳	557	126	绵 阳	482
91	宝 鸡	555	127	葫 芦 岛	477
92	丽 水	555	128	珠 海	475
93	龙 岩	551	129	遵 义	474
94	郴 州	547	130	金 昌	473
95	乌兰察布	544	131	玉 溪	468
96	韶 关	541	132	铜 川	467
97	漯 河	541	133	天 津	467
98	西 安	540	134	鹰 潭	465
99	聊 城	537	135	佳 木 斯	465
100	周 口	537	136	安 庆	462
101	贵 阳	535	137	淮 南	454
102	齐齐哈尔	531	138	潍 坊	452
103	石 家 庄	530	139	曲 靖	449
104	嘉 峪 关	528	140	鹤 岗	446

5—27 续表 2 单位:张

序　号	城市名称	数　值	序　号	城市名称	数　值
141	乌　海	446	177	扬　州	384
142	白　城	443	178	宜　春	377
143	武　汉	439	179	咸　宁	376
144	佛　山	436	180	滁　州	376
145	济　宁	433	181	绍　兴	375
146	包　头	432	182	黄　山	371
147	滨　州	431	183	黑　河	371
148	镇　江	430	184	庆　阳	370
149	金　华	428	185	七台河	368
150	雅　安	427	186	榆　林	367
151	酒　泉	427	187	玉　林	366
152	延　安	426	188	吉　安	366
153	黄　冈	424	189	巴彦淖尔	363
154	鹤　壁	423	190	中　山	361
155	秦皇岛	423	191	松　原	359
156	临　汾	423	192	淄　博	356
157	宜　昌	422	193	湖　州	352
158	南　京	414	194	舟　山	351
159	泉　州	413	195	吕　梁	350
160	萍　乡	413	196	广　元	346
161	嘉　兴	409	197	烟　台	343
162	德　阳	407	198	乐　山	342
163	晋　中	406	199	惠　州	336
164	驻马店	406	200	三　亚	333
165	湛　江	405	201	丽　江	331
166	常　州	405	202	河　源	330
167	马鞍山	404	203	泰　安	328
168	海　口	403	204	张　掖	326
169	赤　峰	402	205	重　庆	321
170	南　平	400	206	临　沂	316
171	自　贡	396	207	天　水	314
172	厦　门	395	208	荆　州	314
173	苏　州	394	209	上　饶	307
174	德　州	393	210	枣　庄	306
175	威　海	390	211	安　顺	305
176	宁　波	390	212	张家界	305

5—27 续表 3 单位:张

序号	城市名称	数值	序号	城市名称	数值
213	新余	304	249	襄樊	202
214	宁德	304	250	商洛	200
215	荆门	303	251	孝感	200
216	江门	302	252	茂名	198
217	廊坊	298	253	揭阳	197
218	莱芜	295	254	遂宁	197
219	通辽	295	255	南充	196
220	潮州	294	256	菏泽	194
221	泰州	294	257	吴忠	192
222	平凉	292	258	淮安	190
223	鄂州	289	259	昭通	188
224	常德	288	260	池州	188
225	盐城	280	261	宿州	186
226	北海	275	262	防城港	185
227	临沧	273	263	资阳	180
228	衢州	273	264	渭南	175
229	阳江	272	265	六安	168
230	台州	272	266	钦州	161
231	清远	267	267	随州	154
232	永州	265	268	莆田	150
233	宿迁	262	269	汕尾	146
234	武威	261	270	宣城	146
235	朔州	256	271	崇左	144
236	云浮	256	272	汕头	135
237	信阳	245	273	广安	127
238	泸州	243	274	巴中	123
239	内江	240	275	贵港	121
240	商丘	240	276	绥化	118
241	安康	239	277	固原	115
242	益阳	222	278	抚州	109
243	阜阳	220	279	来宾	100
244	定西	220	280	亳州	99
245	眉山	219	281	巢湖	75
246	日照	218	282	贺州	34
247	运城	217	283	河池	0
248	保山	211	284	昆明	0

5—28　每十万人拥有医生数

单位:人

序　　号	城市名称	数　　值	序　　号	城市名称	数　　值
1	衡　　阳	544	35	大　　连	363
2	晋　　城	476	36	长　　治	362
3	海 拉 尔	457	37	白　　银	357
4	乌鲁木齐	454	38	邯　　郸	355
5	银　　川	449	39	曲　　靖	353
6	三　　明	447	40	沧　　州	353
7	长　　沙	443	41	开　　封	353
8	盘　　锦	437	42	辽　　源	351
9	攀 枝 花	435	43	合　　肥	347
10	太　　原	434	44	大　　庆	346
11	周　　口	430	45	吉　　林	345
12	北　　京	427	46	长　　春	342
13	郑　　州	421	47	承　　德	339
14	十　　堰	421	48	青　　岛	338
15	成　　都	409	49	晋　　中	333
16	南　　宁	406	50	东　　营	332
17	鄂尔多斯	406	51	黄　　石	330
18	保　　定	395	52	阳　　泉	328
19	辽　　阳	393	53	沈　　阳	327
20	新　　乡	392	54	克拉玛依	327
21	邢　　台	392	55	洛　　阳	326
22	福　　州	390	56	哈 尔 滨	324
23	吉　　安	389	57	杭　　州	324
24	白　　山	382	58	乌兰察布	322
25	大　　同	381	59	柳　　州	321
26	株　　洲	375	60	济　　南	320
27	梧　　州	375	61	芜　　湖	313
28	怀　　化	373	62	兰　　州	312
29	四　　平	370	63	安　　阳	312
30	朔　　州	369	64	白　　城	309
31	广　　州	368	65	马 鞍 山	308
32	温　　州	368	66	金　　昌	307
33	思　　茅	365	67	西　　宁	306
34	呼和浩特	365	68	鞍　　山	305

5—28 续表 1

单位:人

序号	城市名称	数值	序号	城市名称	数值
69	牡丹江	303	105	韶关	264
70	景德镇	299	106	佳木斯	264
71	宜昌	299	107	天津	262
72	丹东	298	108	丽水	262
73	通化	298	109	张掖	260
74	通辽	298	110	铁岭	260
75	衡水	297	111	石家庄	258
76	肇庆	296	112	濮阳	257
77	桂林	296	113	六盘水	255
78	宁波	295	114	百色	254
79	娄底	294	115	雅安	253
80	本溪	294	116	武汉	253
81	漯河	293	117	南通	253
82	潮州	293	118	潍坊	250
83	焦作	292	119	铜陵	250
84	厦门	282	120	邵阳	248
85	锦州	282	121	铜川	244
86	赤峰	280	122	南昌	242
87	珠海	280	123	汉中	241
88	西安	279	124	济宁	241
89	张家口	278	125	河源	239
90	上海	278	126	临汾	239
91	忻州	278	127	抚顺	238
92	包头	277	128	延安	238
93	湘潭	276	129	九江	238
94	乌海	276	130	连云港	237
95	吕梁	275	131	淮北	237
96	阜新	275	132	北海	237
97	伊春	274	133	东莞	236
98	秦皇岛	273	134	唐山	235
99	石嘴山	273	135	烟台	235
100	嘉峪关	272	136	许昌	234
101	黄冈	270	137	广元	233
102	咸阳	269	138	郴州	233
103	黑河	266	139	自贡	232
104	安庆	265	140	绍兴	231

5—28 续表 2

单位:人

序　号	城市名称	数　值	序　号	城市名称	数　值
141	莱　芜	231	177	运　城	199
142	赣　州	230	178	三门峡	195
143	玉　溪	230	179	酒　泉	195
144	平顶山	229	180	龙　岩	193
145	蚌　埠	228	181	江　门	192
146	荆　门	226	182	无　锡	191
147	齐齐哈尔	225	183	德　州	190
148	巢　湖	223	184	淮　南	188
149	漳　州	223	185	湖　州	186
150	宝　鸡	223	186	泉　州	185
151	舟　山	222	187	重　庆	185
152	德　阳	221	188	镇　江	184
153	鹤　岗	220	189	嘉　兴	184
154	佛　山	220	190	梅　州	183
155	朝　阳	216	191	三　亚	183
156	松　原	215	192	萍　乡	182
157	惠　州	209	193	廊　坊	182
158	贵　阳	209	194	枣　庄	181
159	安　顺	209	195	中　山	181
160	乐　山	207	196	滁　州	181
161	营　口	206	197	玉　林	179
162	衢　州	206	198	鹰　潭	177
163	徐　州	205	199	苏　州	176
164	丽　江	204	200	驻马店	175
165	滨　州	204	201	鹤　壁	175
166	金　华	204	202	威　海	174
167	淄　博	203	203	常　州	174
168	达　州	203	204	葫芦岛	172
169	鸡　西	203	205	襄　樊	170
170	海　口	202	206	张家界	168
171	黄　山	202	207	巴　中	166
172	巴彦淖尔	202	208	鄂　州	164
173	南　阳	201	209	孝　感	164
174	宜　宾	201	210	永　州	162
175	双鸭山	201	211	南　平	162
176	南　京	200	212	绵　阳	160

5—28 续表 3

单位:人

序　号	城市名称	数　值	序　号	城市名称	数　值
213	深　圳	160	249	上　饶	118
214	商　洛	160	250	南　充	118
215	遵　义	160	251	泸　州	117
216	清　远	160	252	阳　江	117
217	七台河	159	253	内　江	113
218	泰　州	155	254	渭　南	111
219	岳　阳	154	255	定　西	108
220	常　德	153	256	商　丘	107
221	崇　左	153	257	宿　迁	107
222	榆　林	151	258	天　水	107
223	庆　阳	150	259	防城港	105
224	固　原	150	260	日　照	105
225	云　浮	150	261	汕　头	103
226	荆　州	147	262	六　安	100
227	益　阳	146	263	宜　春	100
228	台　州	145	264	保　山	99
229	聊　城	143	265	随　州	97
230	新　余	143	266	淮　安	96
231	汕　尾	142	267	临　沧	93
232	吴　忠	141	268	池　州	93
233	抚　州	140	269	阜　阳	89
234	咸　宁	139	270	揭　阳	86
235	菏　泽	138	271	宿　州	83
236	眉　山	138	272	莆　田	80
237	扬　州	137	273	茂　名	80
238	泰　安	137	274	宣　城	71
239	平　凉	137	275	来　宾	69
240	临　沂	137	276	昭　通	68
241	武　威	134	277	广　安	66
242	盐　城	130	278	钦　州	66
243	遂　宁	130	279	绥　化	64
244	安　康	127	280	贵　港	64
245	湛　江	126	281	亳　州	37
246	信　阳	121	282	贺　州	17
247	宁　德	121	283	河　池	0
248	资　阳	121	284	昆　明	0

5—29 客运总量(全市)

单位:万人

序号	城市名称	数值	序号	城市名称	数值
1	成都	72793	35	福州	9680
2	重庆	58290	36	宜宾	9647
3	东莞	32588	37	六盘水	9586
4	北京	30520	38	达州	9481
5	广州	29751	39	包头	9297
6	宁波	24938	40	怀化	9175
7	苏州	24132	41	泸州	8824
8	温州	24108	42	泉州	8699
9	茂名	21962	43	娄底	8693
10	杭州	21349	44	中山	8516
11	贵阳	18511	45	云浮	8395
12	南京	16790	46	江门	8366
13	无锡	15877	47	南通	8059
14	淄博	15725	48	自贡	8054
15	金华	15607	49	沧州	7839
16	青岛	14666	50	岳阳	7833
17	台州	13813	51	烟台	7737
18	海口	13284	52	洛阳	7630
19	绍兴	13277	53	舟山	7505
20	佛山	12027	54	襄樊	7238
21	武汉	11882	55	上海	7212
22	石家庄	11843	56	湖州	7082
23	西安	11413	57	徐州	7055
24	常州	11413	58	孝感	7048
25	嘉兴	11103	59	南宁	7016
26	大连	11001	60	长春	6999
27	深圳	10989	61	六安	6958
28	遵义	10980	62	扬州	6897
29	邵阳	10957	63	内江	6849
30	南充	10920	64	宜昌	6820
31	郑州	10709	65	南阳	6797
32	长沙	10609	66	肇庆	6771
33	常德	10115	67	沈阳	6612
34	邯郸	9795	68	衡阳	6584

5-29 续表 1

单位:万人

序　号	城市名称	数　值	序　号	城市名称	数　值
69	安　康	6520	105	周　口	4817
70	三门峡	6462	106	十　堰	4799
71	哈尔滨	6458	107	宜　春	4750
72	郴　州	6381	108	永　州	4724
73	镇　江	6247	109	安　阳	4666
74	巢　湖	6221	110	汕　尾	4647
75	保　定	6218	111	广　安	4635
76	宿　州	6185	112	宁　德	4628
77	株　洲	6170	113	齐齐哈尔	4625
78	盐　城	6114	114	唐　山	4614
79	合　肥	6034	115	阜　阳	4525
80	驻马店	5978	116	益　阳	4510
81	梅　州	5968	117	秦皇岛	4500
82	漳　州	5935	118	廊　坊	4487
83	晋　城	5853	119	厦　门	4441
84	临　汾	5810	120	德　阳	4370
85	济　南	5810	121	枣　庄	4341
86	湛　江	5790	122	惠　州	4332
87	安　庆	5771	123	邢　台	4307
88	南　昌	5728	124	汉　中	4257
89	莆　田	5698	125	商　丘	4215
90	鞍　山	5682	126	临　沂	4211
91	连云港	5428	127	吉　林	4194
92	宝　鸡	5424	128	资　阳	4179
93	河　池	5410	129	九　江	4135
94	信　阳	5341	130	柳　州	4116
95	绵　阳	5260	131	咸　阳	4112
96	上　饶	5244	132	济　宁	4106
97	眉　山	5211	133	玉　林	4100
98	阳　江	5211	134	潍　坊	4038
99	乐　山	5194	135	清　远	4032
100	黄　冈	5185	136	平顶山	4022
101	昆　明	5126	137	桂　林	3980
102	安　顺	5113	138	克拉玛依	3967
103	赣　州	5087	139	三　明	3930
104	滁　州	4975	140	南　平	3882

5—29 续表 2

单位：万人

序　号	城市名称	数　值	序　号	城市名称	数　值
141	荆　州	3882	177	张家口	2967
142	新　乡	3874	178	锦　州	2946
143	荆　门	3803	179	晋　中	2941
144	吉　安	3742	180	崇　左	2939
145	衢　州	3687	181	辽　阳	2918
146	葫芦岛	3667	182	阳　泉	2901
147	韶　关	3557	183	黄　石	2899
148	宣　城	3516	184	许　昌	2886
149	呼和浩特	3508	185	海拉尔	2884
150	天　津	3507	186	河　源	2860
151	张家界	3492	187	漯　河	2858
152	泰　州	3480	188	湘　潭	2855
153	开　封	3464	189	赤　峰	2836
154	曲　靖	3453	190	牡丹江	2789
155	百　色	3418	191	西　宁	2788
156	咸　宁	3351	192	抚　州	2741
157	衡　水	3350	193	通　化	2711
158	长　治	3327	194	泰　安	2702
159	鸡　西	3327	195	通　辽	2700
160	运　城	3324	196	北　海	2698
161	珠　海	3300	197	抚　顺	2695
162	遂　宁	3256	198	丽　水	2622
163	威　海	3232	199	菏　泽	2596
164	渭　南	3154	200	池　州	2592
165	四　平	3135	201	钦　州	2585
166	萍　乡	3091	202	广　元	2528
167	淮　安	3082	203	芜　湖	2469
168	铁　岭	3079	204	日　照	2436
169	朝　阳	3074	205	蚌　埠	2407
170	昭　通	3052	206	宿　迁	2400
171	揭　阳	3039	207	亳　州	2385
172	承　德	3033	208	阜　新	2363
173	忻　州	3029	209	贵　港	2322
174	本　溪	2983	210	丹　东	2321
175	太　原	2975	211	雅　安	2313
176	焦　作	2973	212	巴　中	2289

5—29 续表 3

单位:万人

序号	城市名称	数值	序号	城市名称	数值
213	防城港	2286	249	酒泉	1410
214	大同	2272	250	吴忠	1375
215	绥化	2265	251	马鞍山	1363
216	黄山	2250	252	三亚	1319
217	东营	2213	253	张掖	1319
218	兰州	2209	254	七台河	1315
219	汕头	2196	255	定西	1305
220	攀枝花	2188	256	大庆	1282
221	乌鲁木齐	2188	257	铜陵	1271
222	营口	2187	258	白银	1202
223	来宾	2170	259	鹰潭	1191
224	银川	2146	260	武威	1190
225	聊城	2108	261	思茅	1152
226	龙岩	2073	262	白城	1130
227	巴彦淖尔	2012	263	鄂尔多斯	1126
228	淮北	1989	264	新余	1078
229	佳木斯	1987	265	玉溪	1065
230	梧州	1957	266	鹤壁	1041
231	淮南	1893	267	乌兰察布	1006
232	景德镇	1883	268	莱芜	966
233	德州	1813	269	庆阳	932
234	鄂州	1810	270	贺州	848
235	榆林	1779	271	固原	845
236	濮阳	1696	272	保山	782
237	天水	1693	273	商洛	721
238	潮州	1682	274	平凉	679
239	滨州	1680	275	铜川	644
240	辽源	1631	276	石嘴山	641
241	松原	1615	277	丽江	604
242	朔州	1553	278	黑河	541
243	白山	1541	279	金昌	515
244	盘锦	1514	280	临沧	513
245	随州	1512	281	伊春	431
246	双鸭山	1459	282	鹤岗	328
247	延安	1443	283	乌海	267
248	吕梁	1438	284	嘉峪关	151

5—30 货运总量(全市)

单位:万吨

序　号	城市名称	数　值	序　号	城市名称	数　值
1	上　海	63861	35	哈尔滨	9518
2	天　津	34679	36	西　安	9392
3	重　庆	32450	37	阳　泉	9153
4	北　京	30671	38	温　州	8625
5	青　岛	30553	39	长　治	8516
6	广　州	28859	40	晋　中	8454
7	成　都	28798	41	福　州	8250
8	大　连	21081	42	绍　兴	8032
9	杭　州	16815	43	台　州	7923
10	武　汉	16610	44	郑　州	7847
11	包　头	15638	45	赤　峰	7537
12	太　原	15248	46	苏　州	7520
13	南　京	14805	47	潍　坊	7452
14	济　宁	14792	48	鞍　山	7358
15	沈　阳	14636	49	嘉　兴	7344
16	大　同	14543	50	南　通	7293
17	济　南	14354	51	徐　州	7215
18	佛　山	14303	52	无　锡	7097
19	宁　波	13797	53	郴　州	6975
20	唐　山	13630	54	盐　城	6967
21	朔　州	12814	55	乌　海	6921
22	乌鲁木齐	12754	56	深　圳	6793
23	云　浮	12493	57	娄　底	6467
24	昆　明	12338	58	洛　阳	6371
25	晋　城	11795	59	沧　州	6354
26	临　汾	11363	60	海拉尔	6320
27	烟　台	10997	61	泉　州	6164
28	湖　州	10978	62	三门峡	6162
29	长　春	10892	63	本　溪	6140
30	茂　名	10708	64	淄　博	6085
31	长　沙	10630	65	肇　庆	5946
32	石家庄	10008	66	南　宁	5893
33	金　华	9811	67	东　莞	5877
34	邯　郸	9706	68	忻　州	5866

5—30 续表 1

单位:万吨

序　号	城市名称	数　值	序　号	城市名称	数　值
69	张家口	5730	105	孝　感	4538
70	韶　关	5725	106	南　昌	4454
71	保　定	5716	107	连云港	4452
72	鄂尔多斯	5715	108	淮　北	4380
73	平顶山	5653	109	阜　新	4377
74	枣　庄	5607	110	滁　州	4334
75	兰　州	5581	111	中　山	4331
76	梅　州	5577	112	江　门	4307
77	泰　安	5560	113	威　海	4289
78	曲　靖	5529	114	营　口	4234
79	秦皇岛	5442	115	珠　海	4230
80	常　州	5437	116	呼和浩特	4155
81	湛　江	5370	117	巢　湖	4155
82	贵　阳	5318	118	通　化	4119
83	吉　林	5298	119	抚　顺	4093
84	襄　樊	5294	120	泰　州	4093
85	衡　阳	5266	121	三　明	4019
86	通　辽	5224	122	岳　阳	3984
87	扬　州	5223	123	株　洲	3979
88	六盘水	5130	124	柳　州	3956
89	锦　州	5097	125	辽　阳	3943
90	黄　石	5059	126	驻马店	3903
91	衢　州	5002	127	七台河	3871
92	镇　江	4987	128	漳　州	3856
93	六　安	4965	129	信　阳	3829
94	廊　坊	4960	130	邢　台	3805
95	南　阳	4952	131	朝　阳	3798
96	齐齐哈尔	4909	132	德　阳	3791
97	宜　昌	4881	133	舟　山	3777
98	宿　州	4746	134	葫芦岛	3769
99	常　德	4719	135	安　阳	3750
100	焦　作	4668	136	达　州	3750
101	合　肥	4641	137	鸡　西	3726
102	新　乡	4633	138	安　康	3686
103	东　营	4618	139	吕　梁	3664
104	广　元	4553	140	安　庆	3653

5—30 续表 2 单位:万吨

序 号	城市名称	数 值	序 号	城市名称	数 值
141	内 江	3646	177	永 州	2723
142	阳 江	3610	178	衡 水	2706
143	邵 阳	3599	179	白 山	2693
144	宜 春	3576	180	蚌 埠	2684
145	铁 岭	3563	181	贺 州	2661
146	赣 州	3556	182	遵 义	2635
147	荆 门	3537	183	商 丘	2608
148	淮 南	3511	184	清 远	2562
149	惠 州	3506	185	牡丹江	2545
150	湘 潭	3497	186	贵 港	2543
151	开 封	3456	187	白 银	2454
152	芜 湖	3441	188	吉 安	2418
153	淮 安	3413	189	绵 阳	2404
154	周 口	3370	190	嘉峪关	2391
155	玉 林	3361	191	武 威	2373
156	攀枝花	3315	192	双鸭山	2352
157	海 口	3304	193	鹤 岗	2333
158	宜 宾	3301	194	萍 乡	2326
159	临 沂	3242	195	咸 阳	2314
160	承 德	3181	196	崇 左	2313
161	运 城	3122	197	南 平	2296
162	龙 岩	3068	198	河 池	2290
163	阜 阳	3059	199	北 海	2278
164	厦 门	3055	200	荆 州	2265
165	乐 山	3026	201	资 阳	2260
166	益 阳	3013	202	平 凉	2260
167	大 庆	3002	203	榆 林	2259
168	池 州	2999	204	巴彦淖尔	2258
169	怀 化	2989	205	滨 州	2242
170	丹 东	2976	206	宝 鸡	2234
171	四 平	2892	207	日 照	2221
172	盘 锦	2882	208	广 安	2206
173	来 宾	2805	209	防城港	2201
174	丽 水	2788	210	景德镇	2171
175	自 贡	2785	211	宣 城	2164
176	上 饶	2729	212	玉 溪	2161

5—30 续表 3

单位:万吨

序号	城市名称	数值	序号	城市名称	数值
213	渭南	2159	249	亳州	1519
214	德州	2137	250	桂林	1464
215	许昌	2130	251	鹰潭	1447
216	银川	2127	252	定西	1441
217	佳木斯	2109	253	思茅	1440
218	乌兰察布	2101	254	巴中	1407
219	揭阳	2083	255	保山	1380
220	泸州	2076	256	眉山	1350
221	西宁	2037	257	遂宁	1340
222	菏泽	2029	258	松原	1334
223	铜川	1983	259	黄山	1332
224	河源	1935	260	莱芜	1315
225	九江	1920	261	梧州	1315
226	绥化	1892	262	鹤壁	1271
227	汕尾	1883	263	白城	1227
228	宿迁	1876	264	聊城	1198
229	潮州	1875	265	金昌	1136
230	黄冈	1853	266	安顺	1135
231	马鞍山	1849	267	鄂州	1106
232	漯河	1829	268	黑河	1066
233	南充	1771	269	延安	1056
234	吴忠	1737	270	雅安	1051
235	汉中	1701	271	丽江	1011
236	濮阳	1697	272	张家界	998
237	辽源	1691	273	钦州	975
238	铜陵	1688	274	克拉玛依	924
239	临沧	1686	275	随州	915
240	百色	1680	276	宁德	827
241	庆阳	1642	277	咸宁	799
242	莆田	1640	278	三亚	710
243	十堰	1632	279	张掖	679
244	酒泉	1612	280	昭通	634
245	天水	1611	281	固原	627
246	新余	1601	282	石嘴山	599
247	汕头	1599	283	伊春	527
248	抚州	1540	284	商洛	412

5—31 电信业务收入

单位:万元

序号	城市名称	数值	序号	城市名称	数值
1	北京	2486977	35	厦门	205381
2	上海	2415282	36	合肥	201398
3	深圳	1890000	37	常州	197526
4	广州	1464520	38	海口	196281
5	天津	1067333	39	淄博	192650
6	沈阳	860781	40	南宁	178236
7	成都	627800	41	兰州	169003
8	杭州	566791	42	包头	150646
9	佛山	559038	43	唐山	147126
10	武汉	544875	44	福州	139000
11	重庆	528387	45	银川	135321
12	南京	516128	46	鞍山	132636
13	西安	449252	47	台州	131943
14	东莞	407694	48	呼和浩特	128674
15	哈尔滨	379242	49	泉州	123400
16	大连	362481	50	烟台	118511
17	郑州	342500	51	漳州	114553
18	乌鲁木齐	335408	52	岳阳	114480
19	汕头	326740	53	本溪	109259
20	宁波	326286	54	营口	106493
21	青岛	319451	55	西宁	105200
22	贵阳	310131	56	徐州	103225
23	中山	295163	57	湛江	102474
24	长春	288384	58	株洲	99762
25	惠州	281485	59	盘锦	95712
26	长沙	279390	60	大庆	95126
27	南昌	270491	61	潍坊	95082
28	济南	268000	62	黄石	93052
29	苏州	267105	63	临沂	92748
30	无锡	256501	64	绵阳	91458
31	石家庄	252970	65	宜宾	89900
32	温州	252549	66	金华	86368
33	太原	240056	67	洛阳	86001
34	珠海	219183	68	邯郸	83914

5－31 续表 1 单位：万元

序号	城市名称	数值	序号	城市名称	数值
69	茂名	82892	105	梅州	54143
70	柳州	81591	106	晋城	53683
71	常德	79678	107	新乡	52933
72	嘉兴	77369	108	枣庄	52036
73	扬州	76835	109	张家口	52002
74	镇江	76757	110	阳江	51331
75	吉林	74422	111	乐山	50972
76	秦皇岛	71659	112	连云港	50927
77	清远	71447	113	阳泉	49883
78	湖州	71341	114	荆州	49221
79	大同	70392	115	葫芦岛	49149
80	锦州	69762	116	济宁	48460
81	莆田	69331	117	泰安	47572
82	绍兴	69205	118	长治	45359
83	益阳	68855	119	巢湖	45302
84	景德镇	68283	120	漯河	44310
85	江门	67512	121	信阳	43872
86	辽阳	67237	122	平顶山	43710
87	廊坊	66227	123	攀枝花	43103
88	晋中	65526	124	许昌	39975
89	宝鸡	65359	125	驻马店	39820
90	保定	64695	126	赤峰	39237
91	抚顺	64397	127	南充	38970
92	衡阳	62872	128	赣州	38865
93	湘潭	62332	129	南通	38851
94	丹东	61821	130	商丘	38701
95	东营	60175	131	邢台	38594
96	宜昌	59133	132	萍乡	38556
97	南阳	58880	133	沧州	38347
98	运城	58434	134	芜湖	38242
99	淮安	58289	135	日照	38088
100	桂林	58004	136	巴彦淖尔	38083
101	舟山	56487	137	梧州	38075
102	北海	56386	138	铜陵	37058
103	韶关	55315	139	娄底	36796
104	衢州	54174	140	淮南	35265

5－31 续表 2

单位：万元

序号	城市名称	数值	序号	城市名称	数值
141	渭南	34758	177	通辽	24209
142	泰州	34197	178	通化	24000
143	内江	34015	179	永州	23428
144	齐齐哈尔	33576	180	玉溪	23426
145	白城	32245	181	佳木斯	23056
146	龙岩	31757	182	海拉尔	22265
147	十堰	31338	183	钦州	22012
148	朝阳	31236	184	九江	21785
149	玉林	30888	185	安阳	21286
150	德阳	30520	186	汉中	21244
151	盐城	30387	187	保山	21241
152	襄樊	29334	188	临汾	20843
153	莱芜	29216	189	辽源	20829
154	牡丹江	29106	190	六盘水	20075
155	广元	29078	191	双鸭山	20016
156	蚌埠	28924	192	滨州	19760
157	丽水	28732	193	七台河	19574
158	三亚	28550	194	泸州	19475
159	南平	28527	195	贵港	19440
160	德州	27977	196	开封	19337
161	焦作	27815	197	上饶	19164
162	肇庆	27465	198	咸阳	18732
163	衡水	27247	199	四平	18626
164	遂宁	27215	200	周口	18508
165	铁岭	27091	201	宣城	18493
166	濮阳	26842	202	菏泽	18342
167	眉山	26695	203	安顺	17752
168	怀化	26271	204	自贡	17671
169	邵阳	26193	205	酒泉	17628
170	三门峡	26048	206	宿州	17571
171	松原	25843	207	鄂尔多斯	17537
172	三明	25552	208	阜新	17537
173	聊城	24855	209	淮北	17515
174	安庆	24749	210	潮州	17477
175	云浮	24514	211	达州	17024
176	黄山	24213	212	阜阳	16591

5—31 续表 3　　单位:万元

序　号	城市名称	数　值	序　号	城市名称	数　值
213	武　威	16574	249	新　余	10725
214	白　银	16543	250	孝　感	10710
215	鹤　壁	16257	251	鹤　岗	10555
216	朔　州	15963	252	巴　中	10134
217	承　德	15925	253	池　州	10080
218	乌　海	15739	254	延　安	9806
219	咸　宁	15724	255	来　宾	9748
220	榆　林	15600	256	鄂　州	9450
221	遵　义	15441	257	宜　春	9357
222	宁　德	14958	258	克拉玛依	9338
223	鸡　西	14597	259	随　州	9202
224	天　水	14413	260	平　凉	9120
225	贺　州	14359	261	忻　州	8806
226	马鞍山	14243	262	铜　川	8459
227	吉　安	13857	263	思　茅	8326
228	张　掖	13687	264	乌兰察布	8305
229	郴　州	13600	265	黑　河	8275
230	庆　阳	13593	266	广　安	8140
231	嘉峪关	13316	267	石嘴山	7900
232	揭　阳	13310	268	亳　州	7784
233	伊　春	13307	269	张家界	7579
234	雅　安	13256	270	防城港	7176
235	汕　尾	13083	271	丽　江	6838
236	曲　靖	13000	272	金　昌	5403
237	资　阳	12987	273	吴　忠	5400
238	宿　迁	12721	274	定　西	4172
239	昭　通	12716	275	商　洛	4160
240	滁　州	12249	276	鹰　潭	3790
241	六　安	12191	277	黄　冈	3743
242	绥　化	12118	278	固　原	3082
243	百　色	11281	279	抚　州	2523
244	荆　门	11117	280	崇　左	2147
245	安　康	11053	281	威　海	0
246	吕　梁	11013	282	河　池	0
247	河　源	10975	283	昆　明	0
248	白　山	10916	284	临　沧	0

5—32 年末本地电话用户

单位:万户

序号	城市名称	数值	序号	城市名称	数值
1	上海	734	35	中山	88
2	北京	662	36	长沙	86
3	广州	414	37	南昌	83
4	深圳	354	38	厦门	82
5	天津	352	39	贵阳	80
6	重庆	344	40	南宁	79
7	成都	272	41	海口	73
8	武汉	269	42	烟台	71
9	西安	233	43	鞍山	68
10	杭州	229	44	徐州	62
11	南京	211	45	珠海	60
12	沈阳	205	46	淮安	59
13	东莞	204	47	洛阳	58
14	哈尔滨	196	48	南阳	57
15	佛山	191	49	台州	57
16	大连	174	50	合肥	55
17	济南	161	51	大同	55
18	青岛	128	52	临沂	54
19	汕头	124	53	大庆	54
20	郑州	123	54	惠州	52
21	福州	115	55	莆田	51
22	兰州	109	56	邯郸	50
23	太原	107	57	江门	48
24	宁波	107	58	吉林	47
25	苏州	105	59	漳州	46
26	唐山	100	60	扬州	46
27	无锡	99	61	齐齐哈尔	45
28	乌鲁木齐	94	62	韶关	44
29	泉州	94	63	丹东	44
30	长春	91	64	镇江	44
31	石家庄	91	65	包头	44
32	温州	90	66	潍坊	44
33	淄博	89	67	泰安	43
34	常州	88	68	抚顺	42

5—32 续表 1

单位:万户

序号	城市名称	数值	序号	城市名称	数值
69	枣庄	39	105	常德	29
70	锦州	39	106	衡阳	29
71	湛江	39	107	九江	28
72	西宁	38	108	日照	27
73	湖州	38	109	芜湖	27
74	柳州	38	110	平顶山	27
75	绵阳	38	111	南充	27
76	桂林	37	112	阜阳	27
77	呼和浩特	37	113	安阳	26
78	张家口	37	114	咸阳	26
79	保定	36	115	荆州	26
80	株洲	36	116	聊城	26
81	银川	36	117	肇庆	26
82	济宁	35	118	廊坊	25
83	襄樊	35	119	贵港	25
84	本溪	35	120	乐山	25
85	盘锦	33	121	岳阳	25
86	营口	33	122	泸州	25
87	南通	33	123	东营	24
88	宜昌	33	124	菏泽	24
89	绍兴	33	125	衢州	24
90	新乡	33	126	宿州	24
91	开封	33	127	葫芦岛	24
92	嘉兴	32	128	天水	23
93	宝鸡	31	129	焦作	23
94	舟山	31	130	长治	23
95	莱芜	31	131	湘潭	23
96	秦皇岛	30	132	泰州	23
97	牡丹江	30	133	蚌埠	23
98	金华	30	134	自贡	23
99	佳木斯	30	135	阜新	23
100	连云港	29	136	黄石	22
101	威海	29	137	临汾	22
102	淮南	29	138	伊春	21
103	辽阳	29	139	松原	21
104	茂名	29	140	攀枝花	21

5—32 续表 2

单位:万户

序号	城市名称	数值	序号	城市名称	数值
141	马鞍山	21	177	三明	16
142	阳江	21	178	新余	16
143	十堰	21	179	铜川	16
144	赤峰	20	180	遵义	16
145	鸡西	20	181	汉中	16
146	萍乡	20	182	鹤岗	16
147	宿迁	20	183	梧州	16
148	商丘	20	184	清远	16
149	内江	20	185	阳泉	16
150	晋城	20	186	滨州	16
151	德州	19	187	绥化	16
152	赣州	19	188	随州	15
153	德阳	19	189	南平	15
154	双鸭山	19	190	梅州	15
155	信阳	19	191	潮州	15
156	铁岭	19	192	鄂州	15
157	盐城	19	193	安庆	15
158	玉林	19	194	乌海	15
159	宜宾	18	195	辽源	15
160	渭南	18	196	遂宁	15
161	通化	18	197	宣城	14
162	揭阳	18	198	邵阳	14
163	龙岩	18	199	沧州	14
164	六安	18	200	达州	14
165	承德	18	201	三门峡	14
166	濮阳	18	202	四平	14
167	景德镇	17	203	永州	14
168	克拉玛依	17	204	白城	14
169	邢台	17	205	怀化	13
170	三亚	17	206	张掖	13
171	晋中	17	207	通辽	13
172	郴州	17	208	益阳	13
173	亳州	17	209	丽水	13
174	巢湖	17	210	许昌	13
175	广元	17	211	武威	13
176	北海	17	212	石嘴山	13

5—32 续表 3 单位:万户

序号	城市名称	数值	序号	城市名称	数值
213	钦州	13	249	曲靖	10
214	孝感	13	250	来宾	9
215	运城	13	251	广安	9
216	宜春	13	252	周口	9
217	安康	13	253	巴彦淖尔	9
218	黄山	13	254	金昌	9
219	荆门	13	255	池州	9
220	白银	12	256	河源	8
221	铜陵	12	257	庆阳	8
222	衡水	12	258	嘉峪关	8
223	吉安	12	259	防城港	8
224	朝阳	12	260	雅安	8
225	七台河	12	261	张家界	8
226	漯河	12	262	安顺	7
227	汕尾	12	263	朔州	7
228	六盘水	12	264	延安	7
229	玉溪	12	265	海拉尔	7
230	眉山	12	266	乌兰察布	7
231	云浮	12	267	定西	7
232	鹤壁	12	268	丽江	7
233	宁德	11	269	黄冈	6
234	滁州	11	270	昭通	6
235	鄂尔多斯	11	271	商洛	6
236	淮北	11	272	吕梁	6
237	驻马店	10	273	保山	5
238	娄底	10	274	吴忠	5
239	百色	10	275	抚州	5
240	资阳	10	276	鹰潭	5
241	上饶	10	277	黑河	5
242	咸宁	10	278	固原	5
243	白山	10	279	临沧	4
244	巴中	10	280	平凉	4
245	忻州	10	281	思茅	4
246	贺州	10	282	崇左	3
247	酒泉	10	283	河池	0
248	榆林	10	284	昆明	0

六、附　　录

附录1　城市统计分组(非国家标准)

一、按城市市辖区人口规模分组

1. 巨型城市：1000万人口及以上；
2. 超大城市：500－1000万人口；
3. 特大城市：200－500万人口；
4. 大城市：100－200万人口；
5. 中等城市：50－100万人口；
6. 小城市：50万人口以下。

二、按区域分组

1. 东部地区：北京、天津、河北、辽宁、上海、江苏、浙江、福建、山东、广东、海南共11个省、自治区、直辖市。
2. 中部地区：山西、内蒙古、吉林、黑龙江、安徽、江西、河南、湖北、湖南共9个省、自治区。
3. 西部地区：广西、重庆、四川、贵州、云南、西藏、陕西、甘肃、宁夏、青海、新疆共11个省、自治区、直辖市。
4. 沿海开放城市：大连、秦皇岛、天津、青岛、烟台、威海、连云港、南通、上海、宁波、温州、福州、广州、湛江、北海、防城港。
5. 经济特区城市：深圳、珠海、汕头、厦门。
6. 副省级城市：沈阳、大连、长春、哈尔滨、南京、杭州、宁波、厦门、济南、青岛、武汉、广州、深圳、成都、西安。

附录 2 主要统计指标解释

年末总人口:是指本市本年 12 月 31 日 24 时的人口总数。

非农业人口:是指从事农业以外的职业维持生活的人口以及由他们抚养的人口,本年报采用按农业、非农业户口分类的户籍统计口径。

年平均人口:指一年内各个时点的人口的平均数。年平均人口数是综合反映年内的人口规模的主要指标,也是计算出生率、死亡率、自然增长率、人均国内生产总值等经济指标的必要指标。其计算方法可利用一年中 12 个月的月末人口相加除以 12 求得,在实际工作中,经常根据年初人口数加年末人口数除以 2 计算求得。

暂住人口(一个月以上):指离开常住户口地的市区或乡、镇到其他地区城市居住 1 个月以上的人员。

年末单位从业人员数:是指在各级国家机关、政党机关、社会团体及企业、事业单位中工作,并取得劳动报酬的全部人员。包括在岗职工、再就业的离退休人员、民办教师以及在各单位中工作的外方工作人员和港、澳、台人员、兼职人员、借用的外单位人员和第二职业者。不包括离开本单位仍保留劳动关系的职工。

年末城镇登记失业人员数:是指有非农业户口,在一定的劳动年龄内,有劳动能力,无业而要求就业,并在当地就业服务机构进行求职登记的人员。

行政区域土地面积:是指在该行政区划内的全部土地面积(包括水面面积)。计算土地面积是以行政区划为准。

建成区面积:指市政区范围内经过征用的土地和实际建设发展起来的非农业生产建设地段,包括市区集中连片的部分以及分散在近郊区与城市有着密切联系,具有基本完善的市政公用设施的城市建设用地(如机场、污水处理厂、通讯电台)。

国内生产总值(GDP):指按市场价格计算的一个国家(地区)所有常住单位在一定时期内生产活动的最终成果。

地方财政一般预算内收入:包括:(1)各项税收;(2)国有资产经营收益;(3)国有企业计划亏损补贴;(4)行政性收费收入(5)罚没收入;(6)海域场矿区使用费收入;(7)专项收入;(8)其他收入。不包括中央补助收入(含税收返还)、地方向国外借款收入、国债转贷收入、国债转贷资金上年结余、上年结余收入和调入其他资金等。

地方财政一般预算内支出:包括:(1)基本建设支出;(2)企业挖潜改造资金;(3)地质勘探费;(4)科技三项费用;(5)流动资金;(7)农业支出;(8)林业支出;(9)水利气象支出(10)工业交通等部门的事业费;(11)流通部门事业费;(12)文体广播事业费;(13)教育支出;(14)科学支出;(15)医疗卫生支出;(16)其他部门的事业费(17)抚恤金和社会福利救济费;(18)行政事业单位离退休支出;(19)社会保障补助支出;(20)行政管理费;(21)武装警察部队支出;(22)公检法司支出;(23)城市维护费;(24)政策性补贴支出;(25)支援不发达地区支出;(26)海域开发建设和场地使用费支出;(27)车辆税费支出;(28)债务利息支出;(29)专项支出;(30)其他支出;(31)总预备费。

不包括上中央支出、建设预算周转资金、地方向国外借款安排的支出、地方向国外借款还本付息支出、国债转贷收入安排的支出、国债转贷收入结余、调出资金和年终滚存结余等。

基本建设支出:反映按规定属于基本建设范围内的各项支出。

企业挖潜改造资金:反映用于企业挖潜、革新和改造方面的资金(包括经济战备动员费)。

科技三项费用:反映新产品试制费、中间实验费、重要科学研究补助费等科学技术三项费用。

城市维护费:反映道路、桥涵、给水、排水、公共污水处理、防洪堤坝、供气、供热、城市交通管理、消防、路灯等项公共设施的维护费;园林、苗圃、公共绿地、风景绿地等园林绿化设施维护费;中小学校舍维修补助费;公共厕所、清扫垃圾、街道洒水、扫雪等公共环境卫生补助费;城市其他公用事业和公共设施的维护费。

医疗卫生支出:反映卫生、中医药、和食品药品监督管理部门的事业费及行政事业单位医疗费。

科学支出:反映用于自然科学、社会科学和科学技术普及及其他支出。

教育支出:反映各普通教育、职业教育、成人教育、广播电视教育、留学教育、特殊教育、教师进修及干部教育其他支出。

抚恤和社会福利救济费:指地方预算用于抚恤、安置、社会福利、其他民政、残疾人事业、自然灾害生活救助费支出。

年末金融机构存款余额:是指金融机构按一定的利率和期限向企业等单位吸收货币资金的信用活动。

城乡居民储蓄年末余额:包括城镇居民储蓄、农民个人储蓄两部分的年末余额。不包括工矿企业、部队、机关团体等集团存款。

年末金融机构各项贷款余额:是指金融机构按一定的利率和期限向企业等单位提供货币资金的信用活动。

保费收入:是指保险合同订后,被保险人必须向保险人付出一定的费用才能取得保险人根据合同内容承担赔偿责任。这种费用叫"保费"。

赔款、给付:是指保险人在年内实际支付给被保险人遭到损失时的赔款。无论哪年承保业务和发生的损失,凡在本年内支付赔款、结案均计在本年内。

保险指标数据收集渠道可由各省(区)统计局或城调队向中国保险监督管理委员会在各省会城市的派出机构收集。如没有保监会分支机构,可直接向驻地各保险公司搜集。

年末耕地总资源:指能够种植农作物的田地。包括当年实际耕种的熟地;新开荒且已种植的地;"沿海"、"沿湖"地区已围垦利用三年以上的"海涂"、"湖田";弃耕、休闲不满三年,随时可以复耕的地;因灾害或其他因素,虽然当年未种植农作物但仍可复耕的地;以种植农作物为主,附带种植桑树、果树和其他林的地;年年进行耕耘种草的地,南方小于2米宽的沟、渠、路、田埂。不包括:因灾害或其他因素,已不能复耕的地;弃耕、休闲满三年的地,或者虽不满三年,但已经成为荒地的地;不进行耕耘,种植牧草已成为永久性草地的土地;专业性的桑园、茶园、果园、果木苗圃地、芦苇地、天然草场等;以混凝土等铺设的温室、玻璃室,导致栽培的植物体与地面隔绝的基地。

蔬菜产量:指生产的各种蔬菜,包括菜用瓜、茭白、芋头、生姜在内的产量。

肉类总产量:是指当年出栏并已屠宰的畜禽肉产量。即屠宰后去头、蹄、下水后的带骨肉量,也叫胴体重。

奶类产量:是指全社会产量,包括出售给国家部分,农贸市场交易部分和农牧民自食部分。

不包括牛犊和乳羊直接吮食部分。

水产品产量:是指本年度内捕捞的水产品(包括人工养殖并捕获的水产品和捕捞天然生长的水产品)产量。

水果产量:指园林水果产量,即本年度内从果树上收获的全部水果产量。不论自食的或出售的都应计算在内。但不包括果用瓜(如西瓜、甜瓜、白兰瓜、哈密瓜、脆瓜等)和主要作蔬菜食用的藕、西红柿等。也不包括采集的野生水果。水果的产量按鲜果计算,干枣、葡萄干、柿饼、桔饼等应统一折成鲜果计算。

工业企业数:包括独立核算法人工业企业和附营工业生产单位。独立核算法人工业企业是指从事生产经营活动的单位。它同时具备以下条件:①依法成立,有自己的名称、组织机构和场所,能够独立承担民事责任;②独立拥有和使用资产,承担负债,有权与其他单位签订合同;③会计上独立核算,能够编制资产负债表。

工业总产值:是指货币表现的工业企业在报告期内生产的工业产品总量,它反映工业生产的总规模和总成果。包括范围:(1)成品价值;(2)对外加工费收入;(3)自制半成品、在制品期末期初差额价值。

从业人员年平均人数:(工业企业经济效益指标)指实际上报《工业企业主要经济指标》(国家统计局 B202 表)企业的从业人员平均人数之总和。

流动资产年平均余额:指工业企业在年度内全部流动资产的平均余额。计算公式为:流动资产年平均余额等于 1 至 12 月各月月初、月末流动资产余额之和除以 24。

固定资产净值年平均余额:指工业企业在报告期内全部固定资产净值年平均余额。计算公式为:固定资产净值年平均余额等于 1 至 12 月月初、月末固定资产净值之和除以 24。

产品销售收入:指企业销售产品的销售收入和提供劳务等主要经营业务取得的业务收入总额。本项根据“损益表”中“产品销售收入”项的本年累计数填列。

利润总额:是指企业在生产经营过程中各种收入扣除各种耗费后的盈余,反映企业在一定时期内实现的盈亏总额。亏损以“－”表示。反映企业最终的财务成果。计算公式为:利润总额＝营业利润(产品销售利润＋其他业务利润－管理费用－财务费用)＋投资收益＋补贴收入＋营业外收入－营业外支出。本项根据会计“损益表”中“利润总额”项的本年累计数填列。

货运量:指年内以重量单位(吨)计算的由各种运输工具实际完成运输过程的货物数量。包括铁路货运量、公路货运量、水运货运量(其中包括内河、沿海、远洋货运量)、民航货邮运量和管道运输量。本制度按铁路、公路、水运和民航分列。

民用航空货邮运量:指航空站在一年内从航站发运的行李、邮件、货物的重量总和。包括始发运量和联运量。发运量是根据进出港舱单、载重表等原始记录计算的。

境内铁路营业里程:又称营业长度(包括正式营业和临时营业里程),指办理客货运输业务的铁路正线总长度。凡是全线或部分建成双线及以上的线路,以第一线的实际长度计算;复线、站线、段管线、岔线和特殊用途线以及不计算运费的联络线都不计算营业里程。

境内等级公路里程:指在一定时期内实际达到《公路工程技术标准 JTJ01—88》规定的等级公路,并经公路主管部门正式验收交付使用的公路里程数。

客运量:指分别按各类运输方式实际运送的旅客人数。

铁路旅客运量:指在一定时期内使用铁路客车运送的旅客人数。铁路旅客运量的计算方法:不论票价多少或行程长短,均按单程计算为一人次;不足购票年龄免购客票的儿童,不记运量;

月、季票按往返 25 人计算。

公路客运量: 指公路运输企业及由其组织的其他单位在一定时期内实际运送的旅客人数。计算时,以客票为依据,用"人"为计算单位,不论乘车路程远近和票价的多少。不足购票年龄的免票儿童不计算客运量。

水路客运量: 指水运企业及由其组织的其他单位在一定时期内实际运送的旅客人数。

民用航空客运量: 指由空运企业从各航空港运送的购票乘机人数及由国外班机接运的人数。

民用汽车拥有量: 指年末在公安交通管理部门注册登记并领取牌照的民用机动车辆的实用数量。包括载客汽车、普通载货汽车、专用载货汽车、其他专用汽车、特种汽车。不包括拖拉机、摩托车、其他机动车等。

年末邮政局(所)数: 是指有固定的局所地址,领有上级发给的日戳或戳记;对外营业,直接为用户办理邮政业务的服务机构,不包括代办点。

邮政、电信业务总量: 是以货币形式表现的邮政、通信企业为社会提供各类邮政、通信业务的总和。

固定电话用户数: 指接入国家公众固定电话网,并按固定电话业务进行经营管理的电话用户。1997 年以后按用户所在地域划分为"城市电话用户"用"乡村电话用户"。城市电话用户指直辖市、省辖市、地级市、县级市的市区、市郊区及县城(包括县人民政府所在地的县城市关镇)范围内接入局用交换机的电话用户数,包括分布在农村地区的独立工矿区、林区、驻军等接入局用交换机的电话用户数;乡村电话用户是指城关区以下的集镇和农村接入局用交换机的电话用户数,小灵通用户计算在固定电话用户数内。在收集该数据时需注意与本统计制度中的"全市"及"市辖区"范围区别开。

移动电话用户: 指在邮电部门登记,通过移动电话交换机进入移动电话网,占有移动电话号码的电话用户。用户数量以实际办理登记手续进入邮电部门移动电话网的户数计算,一部或一台移动电话统计为一户。

国际互联网用户数: 互联网是连接计算机网的网络,范围遍及全世界,包括局域网、城域网和广域网。用户数包括在邮电部门办理登记手续且已入网的用户数。

全年用电量: 按用户的用电性质分为:"农村用电"、"工业用电"、"交通运输用电"和"城乡居民生活用电"等,各类用电中均包括电力企业售给本市用户的电量、自备电厂自发自用电量(包括余热发电量)和自备电厂售给附近用户的电量以及趸售电量。本制度中的全年用电量为规模以上企业。

限额以上批发零售贸易业商品销售总额: 指对本企业(单位)以外的单位和个人出售(包括对国(境)外出口及售给本单位消费用的商品额)的商品总额。本指标反映批发零售贸易业在国内市场上销售商品以及出口商品的总量。包括:(1)售给城乡居民和社会集团消费用的商品;(2)售给工业、农业、建筑业、交通运输邮电业、批发零售贸易业、餐饮业、服务业等作为生产、经营使用的商品;(3)售给批发零售贸易业作为转卖或加工后转卖的商品;(4)对国(境)外直接出口的商品;不包括:(1)出售本单位自用的废旧包装用品和其他废旧物资;(2)未通过买卖行为付出的商品,如随机构移交而交给其他单位的商品,借出的商品,交付代其他单位保管的商品,加工原料付出和赠送给其他单位的样品等;(3)经本单位介绍,由买卖双方直接结算,本单位只收取手续费的业务;(4)购货退出的商品;(5)商品损耗和损失。

社会消费品零售总额: 指国民经济各行各业售给城乡居民直接用于生活消费的商品和社会

集团直接用于公共消费的商品的总量。

限额以上批发、零售贸易企业数：指包括从工农业生产者或从商品流通企业购进商品，转卖给工业、农业、建筑业等各行业生产经营单位作为生产经营用的商品流通企业（单位）和从工农业生产者、批发贸易业或居民购进商品，转卖给城乡居民作为生活消费和售给社会集团作为公共消费的商品流通企业（单位）。法人企业数以最低一级限额以上的从事批发零售贸易活动的法人企业为计数单位。

当年新签项目（合同）个数：是指本年内经有关部门批准、签有正式协议合同书的我国企业事业单位与外商、侨商、港澳商签订的投资协议合同个数。不包括意向性的项目，分对外借款、直接投资和其他三种类型。

当年合同外资金额：是指本年内经有关部门批准、签有正式协议合同书的我国企业事业单位与外商、侨商、港澳商签订的协议合同的投资，分对外借款、直接投资和其他三种类型。

当年实际使用外资金额：是客商根据投资协议合同实际执行的投资额，分对外借款、直接投资和其他三种类型。

全社会固定资产投资完成额：是以货币表现的在一定时期内建造、购置固定资产的工作量以及与此有关的费用总称。它是反映固定资产投资规模、结构和发展速度的综合性指标。又是观察工程进度和考核投资效果的重要依据。包括基本建设投资、更新改造措施投资、房地产开发和其他固定资产投资（含农村投资）。

房地产开发投资完成额：指各种登记注册类型的房地产开发公司、商品房建设公司及其他房地产开发法人单位和附属于其他法人单位实际从事房地产开发或经营活动的单位统一开发的包括统代建、拆迁还建的住宅、厂房、仓库、饭店、宾馆、度假村、写字楼、办公楼等房屋建筑物和配套的服务设施，土地开发工程（如道路、给水、排水、供电、供热、通讯、平整土地等基础设施工程）的投资；不包括单纯的土地交易活动。

住宅：是指专供居住使用的房屋，包括职工家属宿舍和职工单身宿舍、学生宿舍等。但不包括住宅楼中作为人防用、不住人的地下室等。不包括购置的商品住宅。

普通高等学校：是指按国家规定的标准和审批程序批准建立的，通过全国普通高等教育统一招生考试、招收高级中等学校毕业为主要培养对象，实施高等学历教育的全日制大学、独立设置的学院和高等专科学校、高等职业学校和其他机构。

中等职业技术学校：是指按国家规定的设置标准和审批程序批准建立的，招收初中（或部分高中）毕业生或同等学历者，实施中等职业技术教育，培养中等职业技术人才的学校。招收初中毕业生的，修业年限一般为三至四年；招收高中毕业生的，修业年限一般为二年至三年。包括中等专业学校、技工学校、职业中学（高中）等。统计中等职业学校时应注意，已承担培养学生任务的中等职业技术学校和独立设置的高等学校中专部或中专学校计算校数。正在筹建、尚未招生的中等职业学校和高等学校附设的中专班不计校数。

普通中学：指按国家规定的审批程序批准设立的，招收小学、初中（或部分高中）毕业生或同等学历者，实施普通中学教育的学校。

专任教师：指主要从事教学工作的人员。包括临时（一年以内）调去帮助做其他工作的教学人员。高等学校函授部、夜大学的专任教师和承担科研任务，未担任教学工作仍属教师编制的人员，应计入专任教师中。不包括调离教学岗位，担任行政领导工作或其他工作的原教学人员。

成人高等学校在校学生数：是指按照国务院有关规定，经省、自治区、直辖市人民政府、国务院有关部、委批准举办，招收高中毕业或同等学历者，利用脱产、半脱产、业余或函授多种形式对成人实施高等教育，培养相当普通高等学校专科毕业水平的专业人才，修业年限、课程设置和总学时相当二年以上的学校。包括广播电视大学、职工高等学校、管理干部学校、教育(教师进修)学校、独立设置的函授学院和高等学校举办的函授部、夜大学等。

在校学生数：是指具有学籍的注册学生总数。

各类专业技术人员数：指从事专业技术工作的人员以及从事专业技术管理工作且已在1983年以前评定了专业技术职称或在1984年以后聘任了专业技术职务的人员。从事专业技术工作的人员具体指工程技术人员，农业技术人员，科学研究人员(含自然科学研究及实验技术人员)，卫生技术人员，教学人员(含高等院校、中等专业学校、技工学校、中学、小学)，民用航空飞行技术人员，船舶技术人员，经济专业人员，会计人员，统计人员，翻译人员，图书资料、档案、文博人员，新闻、出版人员，律师、公证人员，广播电视播音人员，工艺美术人员，体育人员，艺术人员及企业政治思想工作人员。从事专业技术管理工作的人员是指企业、事业单位领导；企业、事业单位下设的职能机构、企业的生产车间的辅助车间(或附属辅助生产单位)中从事生产、技术、经济管理和政治工作的人员。按照公务员管理或参照公务员管理的人员不统计为专业技术人员。

剧场、影剧院数：是指独立核算的专用剧场和属文化部门主管的能演出戏剧的影剧院、兼映电影的剧场，以及附属在剧院、团公开营业的非独立核算的剧场、排演场。

公共图书馆图书总藏量：指图书馆已编目的古籍、图书、期刊和报纸的合订本、小册子、手稿、以及缩微制品、录像带、录音带、光盘等听视文献资料数量总和。

体育场馆数：体育场指有400米跑道(中心含足球场)、有固定道牙、跑道6条以上并有固定看台的室外田径场地。体育场按看台容纳观众人数分为：甲级25000人以上，乙级15000－25000人，丙级5000－15000人，丁级5000人以下。体育馆指有固定看台、可供篮球、排球、羽毛球、乒乓球、体操等项目训练比赛活动用的室内运动场地。体育馆按看台容纳观众人数分为：甲级6000人以上，乙级4000－6000人，丙级2000－4000人，丁级2000人以下。

医院、卫生院数：是指卫生部门、工业及其他部门(如农业、铁道、邮电、公安、文教、民政、社团等)、集体所有制单位、私人、各种合作方式(全民与集体或个体合办、集体与个体合办、中外合资等)举办的医院和卫生院数(包括县及县以上医院数、城市街道卫生院、农村卫生院及其他医院数)。

医院、卫生院床位数：指各级各类医院本年10月底的固定实有床位(非编制床位)。包括正规床、简易床、监护床和正在消毒、修理的床位及因扩建或大修理而停用的床位(按扩建或大修理前的床位计算)，但不包括产科的新生儿床、库存床、临时增设的床位、病人家属的陪床、接产室的待产床等。

在岗职工平均人数：是指在国有经济、城镇集体经济和其他各种经济类型单位及附属机构生产或工作，并由单位支付工资的在岗人员人数(包括在乡镇一级管理机构中工作、由国家支付工资的干部)，不包括已退休的职工、在农村乡镇企、事业单位中参加劳动并取得收入的劳动者和城乡个体劳动者。职工平均人数等于12个月月未人数之和除以12或4个季度的季未人数之和除以4求得。

在岗职工工资总额：指各单位在一定时期内直接支付给本单位在岗职工的劳动报酬总额。包括：计时工资、计件工资、奖金、津贴和补贴、加班加点工资和其他工资。

基本养老保险参保职工：指报告期末参加基本养老保险的职工人数。

基本医疗保险参保人数：指报告期末参加基本医疗保险的职工人数。

失业保险参保人数：指报告期末参加失业保险的人数。

社会福利院数：指年末在所辖区内由民政部门主办的社会福利院、儿童福利院、精神病人福利院、其他收养性单位，以及民政部指导的城乡社会办的各类敬老院、养老院等

社会福利院床位数：指福利院报告期末床位的实际收养能力。

社区服务设施数：指报告期末城镇设立以非盈利为目的，为本社区居民服务，特别是为老年人、残疾人、儿童服务的社区服务中心、活动站、服务站、养老院、老年公寓、残疾人工疗站、家务服务站、婚姻介绍所等福利性设施以及职工社会保险管理服务的机构数。几种不同类型的社区服务单位，共用一个场所的，只能统计为一个社区服务设施。条件是：(1)独立核算单位；(2)有固定的从业人员；(3)有一定的服务项目；(4)有一定的场所。

居民最低生活保障线以下人数：指在报告期末，家庭平均收入在当地规定的最低生活保障线以下的城镇居民数。包括"三无对象"、失业人员和在职、下岗、退休人员。

居民最低生活保障已保人数：指在开展居民最低生活保障制度的城市领取最低生活保障费的城镇居民数。包括"三无对象"、失业人员和在职、下岗、退休人员。

城市建设维护资金：指用于城市维护和建设的资金，包括城市维护建设税、公用事业附加、中央和地方财政拨款、国内贷款、债券收入、利用外资、土地出让转让收入、资产置换收入、市政公用企事业单位自筹资金、国家和省规定收取的用于城市维护建设的行政事业性收费、集资收入以及其他收入。

年末实有城市道路面积：是指路面经过铺筑的、路面宽度在3.5米以上(含3.5米)的道路。包括高级、次高级道路和普通道路，不包括街道内部路面宽度不足3.5米的胡同、里弄。

道路面积只包括路面面积和与道路相通的广场、桥梁、停车场面积。不包括街心花坛、侧石、人行道和路肩的面积。

排水管道总长度：排水道是指汇集和排放污水、废水和雨水的管渠及其附属设施所组成的系统。包括干管、支管以及通往处理厂的管道，无论修建在街道上或其它任何地方，只要是起排水作用的管道，都应作排水管道统计。排水管道按其排水性质分为污水管、雨水管、合流管三种。

供水综合生产能力：是指城建部门系统自来水公司所属自来水厂及各单位自备水源取水、净化、送水、出厂输水干管等环节的综合生产能力，以四个环节的薄弱环节为主，超负荷运行增加的能力不应计算。

供水总量：是指自来水厂供出厂外的全部水量，包括有效供水量及损失水量。

居民家庭用水量：指城市范围内所有居民家庭的日常生活用水。包括城市居民、农民家庭、公共供水站用水。

用水普及率：指城市非农业用水人口数与城市非农业人口数之比。计算公式：

$$用水普及率=\frac{城市非农业用水人口数}{城市非农业人口数}\times 100\%$$

用水人口：指供应生活用水的年末实际人口。包括非农业人口和农业人口。

煤气(人工煤气、天然气)供气总量：是指城市煤气企业向城市生产用户、家庭用户和其他用户供应的全部煤气量，包括外购及损失量。

气化率：指使用燃气的城市非农业人口数与城市非农业人口总数之比。计算公式：

$$气化率=\frac{城市非农业用气人口数}{城市非农业人口数}\times 100\%$$

用煤气人口:指报告期末家庭用户的用气人口。

年末实有公共汽(电)车运营车辆数:是指城市公共交通企业可参加营运的全部车辆数。包括技术完好的、在修的、待修的、长期停驶的,以及拟报废尚未经上级主管部门批准报废的运营车辆数。不包括公交企业的油罐车、货车和其他专用车等非运营车,也不包括借入、租入的客运车辆。

全年公共汽(电)车客运总量:指运送乘客的总人数。包括普通票乘客人次,月票乘客人次和包车乘客人次。普通票乘客人次按上车付现金购票,一张票计算一个人次;月票日乘车次按5个人次计算;团体包车,一个乘客按一个人次计算,往返按二个人次计算。

年末实有出租汽车数:指经有关部门批准的专门从事出租业务的一切营业车辆。包括轿车、面包车、大客车。

园林绿地面积:指用作园林和绿化的各种绿地面积。包括公共绿地、单位附属绿地、居住区绿地、生产绿地、防护绿地和风景林地的总面积。

人均园林绿地面积=(公共绿地+单位附属绿地+居住区绿地+生产防护绿地+风景林地)÷城市非农业人口

公共绿地面积:指开放的各级各类公园和街头绿地。

建成区绿化覆盖面积:指城市建成区内各单位管理的一切用于绿化的乔灌木和多年生草本植物的垂直投影面积。包括园林绿地以外的道路绿化覆盖面积(即道路的隔离带、中心绿岛和林荫道及行道树的覆盖面积)和单株树木的覆盖面积。行道和单株树覆盖面积,可按各种树的平均垂直投影面积乘以各种树木的总株数求得。乔木树冠下重叠的灌木和草本植物不再重复计算。

污染源治理本年完成投资总额:指企事业单位本年在污染治理工程(或设施)建设中实际投入的资金总额。包括工业污染源治理投资、新建项目环保设施"三同时"投资两部分。

城市环境基础设施建设本年完成投资总额:包括用于城市建设中的燃气、集中供热、污水处理、园林绿化、垃圾处理及其他行业的固定资产投资额。

三废综合利用产品产值:指报告期内利用"三废"作为主要原料生产的产品产值,已经销售或准备销售的,应计算产品产值;但留作生产上自用的,不应计算产品产值。

工业废水排放量:是指经过工业企业厂区所有排放口排放到企业外部的全部废水总量。包括外排的生产废水和厂区生活污水,也包括外排的直接冷却水和矿区的超过排放标准的有毒有害的矿井地下水;不包括外排的间接冷却水。有些企业间接冷却水和直接冷却水混合排放分不开的,可以合并统计在内。

工业废水排放达标量:是指全面达到国家、地方排放标准的外排废水,包括经过处理和未经过处理的,但不包括经过处理仍未达到国家排放标准的。

工业废水排放达标率:指全部达到国家、地方排放标准的外排工业废水量与工业废水排放总量的比率。

$$\text{工业废水排放达标率}=\frac{\text{工业废水排放达标量}}{\text{工业废水排放总量}}\times 100\%$$

工业二氧化硫去除量:指燃料废气和生产工艺废气经过各种废气治理设施处理后去除的二氧化硫总量。

工业二氧化硫排放量:指工业企业在厂区内的生产工艺过程和燃料燃烧过程中排入大气的二氧化硫总量。

工业烟尘去除量:烟尘是指在燃烧过程中产生的烟气中夹带的颗粒物。工业烟尘去除量指报告期内企业利用各种废气治理设施去除的烟尘量。

工业烟尘排放量:指报告期内企业排入大气的烟尘量。

工业固体废物综合利用率:指工业固体废物综合利用量占工业固体废物产生量的百分率。

环境噪声达标区总面积:指在建成区内建成并达到国家规定标准要求的环境噪声达标区总数及面积。环境噪声达标区,指在国家《城市区域环境噪声标准》适用区域划分的基础上,对工业噪声、交通噪声、施工噪声、社会生活噪声进行强化管理和综合整治,达到规定要求的城市区域。

烟尘控制区总面积:烟尘控制区指在城市街道和行政区为单位划定的区域内,对各种锅炉、窑炉、茶炉、营业性炉灶和食堂大灶排放的烟气黑度,各种窑炉、工业生产设施排放的烟尘浓度进行定量控制,使其达到规定的标准。

高污染燃料禁烧区面积:指按照国家环保总局关于划分高污染燃料的规定,建成的禁止销售、使用高污染燃料区的面积。

生活污水处理率:指城镇生活污水处理量占城镇生活污水产生量的百分率。

生活垃圾无害化处理率:指报告期生活垃圾无害化处理量与生活垃圾产生量的比率。

附录3　如何使用城市统计资料

《中国城市统计年鉴》主要是以城市作为统计对象，向政府等其他用户提供反映中国城市在人口、就业、经济、市政公用事业、资源和环境保护、以及社会环境等方面统计资料的官方出版物。

本年鉴提供的统计资料，以国家统计局《城市基本情况年报》为基本数据源，经系统整理后编辑出版，是一套从多方面反映城市基本特征的重要参考资料。因为并非所有的用户都是统计学家或统计人员，对如何正确使用本年鉴提供的资料，编者提供如下几个方面的说明：

1.城市，是指经中华人民共和国民政部批准的建制城市。《中国城市统计年鉴——2004》收录了2003年所有的建制统计。因此该资料对城市的定义，属行政范畴。主要是基于城市统计的可操作性。为了满足各种不同用户的需要，现行的城市统计设定了两个统计范围：一是市辖区（即市辖区，包括城区和郊区）；另一个是全市（包括市辖区、下辖的县和县级市）。因此，城市统计资料分别以"全市"和"市辖区"两栏格式提供。

2.对所有地级及地级以上的城市，"全市"栏反映了整个市行政区域内的情况，"市辖区"栏则仅反映该城市包括城区和郊区在内的情况。对县级城市，则分两种类型，其一是由地级城市下辖的，"全市"栏资料未列，因为已被其上一级地级城市的全市一栏所包括；"市辖区"栏则反映该县的整个面貌。其二是部分省直辖的县级城市，为便于资料汇总，则在全市和市辖区一栏中，同时罗列。

3.城市统计提供"市辖区"资料，一是因为辖县的功能不是城市功能的主体，城市的各项功能又主要集中体现在市辖区。市辖区的基本情况，基本上反映了（狭义上的）城市各个主要方面；另一方面，该资料便于剔除非城市的因素，比较正确反映城市的作用和发展特点。二是为了便于比较分析。由于地级市所管辖县（市）的数量不等，且不时发生变动，或有县级市从上一级地级市中分离，升格为地级市等。而"市辖区"则相对稳定，便于城市自身的历史资料对比和国内外城市间的横向对比。

4.城市统计提供"全市"资料，是适应1983年以来，不少市实行市带县的管理体制，将市周围的县划给市领导，以加强城乡经济联系，利用城市优势，带动周围农村地区，达到城乡经济全面发展，共同繁荣的目的。该资料有利于用户全面地了解本市所辖的整个行政区划之内的基本情况。

5.对部分城市的统计数据，年度增长率比较高，请注意参考行政区域的变动情况（表1—2和表1—3）。不少城市的全市范围或市辖区范围的行政区域有所调整，务必在使用中加以注意。

欢迎各界用户对城市统计资料提出质疑或咨询，并对城市统计的方法和内容提出建设性意见，以便我们进一步改进城市统计工作。

国家统计局城市社会经济调查总队城市处
（电话：(010)63266600转27091—27095）